EUREGIO
Vor dem Hintergrund der Urwirtschaftsräume und des Europas der Flusslandschaften

エウレギオ
原経済圏と河のヨーロッパ

渡辺 尚
［著］

京都大学
学術出版会

まえがき

　本書は、ドイツ・ネーデルラント・ベルギー国境を挟む地域間協力の組織である五つのエウレギオ euregio の分析により、ニーダーライン原経済圏 Niederrheinischer Urwirtschaftsraum（以下、NRUW と略記）の外縁（漸移地帯）の検出を目的とする研究の成果を、なかじきりとしてまとめたものである。「エウレギオ」、「原経済圏」、「外縁（漸移地帯）」という鍵用語の概念規定については本論で詳述するので、ここでは凡例として、章別構成、時期対象、利用資料、用語法、注記方式について説明しておきたい。

　まず章別構成について。本書は序章、第1～10章、終章の全12章から成る。序章では、問題提起および「ドイツ」概念の再検討をふくめた方法的準備をおこなう。第1章では、エウレギオ形成の歴史的基盤となった現代ドイツ・ネーデルラント関係史を通観する。第2章では、エウレギオとはなにかを概説し、五つのエウレギオ、EUREGIO, ERW, ermn, EMR, EDR の位置と組織を総覧する。第3章から第7章までの五つの章では、各エウレギオを順次分析する。第8章では、エウレギオの活動に制度的枠組みを設ける二つの全ヨーロッパ機構、ヨーロッパ共同体・連合 European Communities/Union（以下、EC/EU と略記）およびヨーロッパ評議会 Council of Europe（以下、CE と略記）の地域政策を概観し、現代ヨーロッパにおける「地域」概念を検討する。第9章では、CE および EC/EU の国境地域政策ならびに中間組織であるヨーロッパ国境地域協会 Arbeitsgemeinschaft Europäischer Grenzregionen（以下、AGEG と略記）の事業活動に焦点を当てる。第10章では、第3～7章の五エウレギオの実態分析にもとづき、エウレギオの類型設定をおこなったうえで、隠れていた NRUW の漸移地帯の検出をこころみる。終章では、第10章までを総括し、ヨーロッパの史的空間構造の把握のために原経済圏の漸移地帯の検出がもつ意義を確認する。

　註は脚注にし、図と表は本文の叙述にできるだけ近いペイジに配置する。ただし、協定や定款の逐語訳のようにかなりのペイジ数をついやすものは、資料として別掲する。

次に時期対象について。本書が現状分析にあたり対象とする時期は、主に1980年代〜2000年代である。これは資料収集を1990年代〜2000年代に集中的におこなったことによるのだが、結果として、史的空間構造の解明を目ざす本書の目的にむしろ適うものになったと、わたくしは考えている。冒頭で述べたように、本書の目的はエウレギオ制度そのものの紹介にあるのではなく、原経済圏が今日なお「ドイツ」の空間構造を、したがって隣接諸国の、ひいては大陸部ヨーロッパ（ドイツは九か国との国境をもつ！）のそれをも規定している例証として、NRUWの漸移地帯を検出することにあり、1980年代〜2000年代はまさにこの作業に適合する時期だからだ。すなわち、東西両ドイツの統一とソ連の解体によりヨーロッパの政治・経済空間に地殻変動が起き、この激変をうけてCEにつづいてEC/EUもあらたな空間政策分野である国境地域政策INTERREGを打ちだした。この状況変動は、地下水脈のように伏流する原経済圏の外縁（漸移地帯）の水位を高め、これの試錐を比較的容易にしたことが期待されるのだ。

　第三に利用資料について。主たる利用資料は各エウレギオ事務局、ラント・ノルトライン-ベストファーレン（以下、NRWと略記）およびミュンスター市の関係部局を歴訪して、インタビュウをおこない、その際もしくは事後的に提供を受けたものである。すべての歴訪先が、ヨーロッパ人にさえ今なおなじみの薄いエウレギオに、非ヨーロッパ人が着目したことを多として協力を惜しまなかったことは感謝に堪えない。またこのこと自体が、提供された資料の利用価値を保証するとわたくしは評価している。とはいえ、提供された資料は内部文書だけでなく広報文書もふくむので、資料価値は一様でない。そのうえエウレギオにより提供資料の種類と範囲が異なるので、基礎的数値資料が比較可能なかたちでそろったわけではない。そこで、統計年鑑などの各種公刊資料によって数値資料のばらつきを補正するよう心がけた。なお、第5章（ermn）、および第6章（EMR）は不釣りあいに紙数をついやすことになろうが、その理由は当該章の行論のうちに明らかになろう。

　第四に用語法について。まず、国名の表記を説明する。
　ドイツの国号は、1871年から1945年まで一貫して *Deutsches Reich* であった。ライヒの国号は、帝国 *Kaiserreich*, 共和国 *Republik*, 大ドイツ *Großdeutschland* と、異なる体制変動をとおして変わることがなかったのである。

よって本書は、これをドイチェスライヒまたはドイツ国と表記する。1949 年から 1989 年までの二つのドイツを、ドイツ連邦共和国 *Bundesrepublik Deutschland*（BRD）または西ドイツおよびドイツ民主共和国 *Deutsche Demokratische Republik*（DDR）または東ドイツと表記する。東西ドイツの統一後に西ドイツが承継国家となったため、1990 年以降も国号は BRD だが、これを「ドイツ」と略称する。

　ネーデルラントの国号はネーデルラント王国 *Koninkrijk der Nederlanden* なので、「ネーデルラント」と略称する。自国が他国人により *Holland* と呼ばれることをネーデルラント人が許容するようになったとはいえ、「オランダ」（この日本語表記はスペイン語・ポルトガル語に由来する）と呼ぶことは控えるべきであろう。

　ベルギー王国の国号は、*Royaume de Belgique*（ワロン語）、*Koninkrijk België*（フラーンデレン語）、*Königreich Belgien*（ドイツ語）と三言語による正称があるが、本書では「ベルギー」と略記する。

　ちなみに、本書でしばしば言及されるルクセンブルク大公国は、*Grouss Herzogtum Lëtzebuerg*（リュツェブルク語）、*Grand-Duché de Luxembourg*（フランス語）、*Großherzogtum Luxemburg*（ドイツ語）の三言語による正称をもつが、本書では「ルクセンブルク」と略記し、原語がフランス語表示のときにのみリュクサンブールと表記する。

　行政制度名については、ネーデルラントのプロフィンシ *provincie*、ヘウェスト *gewest*、ヘメーンテ *gemeente*、ベルギーのプロバーンス *province*、アロンディスマン *arrondissement*、ミュニシパリテ *municipalité*、ドイツのレギールングスベツィルク *Regierungsbezirk*、クライス *Kreis*、ゲマインデ *Gemeinde* を、日本の行政制度になぞらえて県、郡、市町村などの訳語を当てることを避け、原語のままカタカナで表記する。彼我の行政制度の相違を無視した当て推量は誤解を生むばかりだからだ。ちなみに、ドイツのラント *Land* はラントまたは邦と表記する。日本の行政制度にない「州」という語の、これまた当て推量の濫用を慎むべきであり、BRD にドイツ連邦（「連州」ではない）共和国の訳語を当てる以上、「邦」の方が整合するからでもある。

　人名、地名の固有名詞のカタカナ表記法は、外国研究に従事するすべての者が直面する古くて新しい問題である。本書では、まず原音発音を確かめるため

に、ドイツ語では *Duden Aussprachewörterbuch* に依拠した。ネーデルラント語については、すくなからぬ同語の固有名詞を立項している *Duden* に加えて、『オランダ語辞典』（講談社）および『世界地名大事典』（朝倉書店）を参照した。ただし、判断が困難な事例がすくなからずあったことを、お断りしておく。

　読者を混乱させるおそれがないかぎり、できるだけ原音に近い表記を心がけた。長母音と短母音の区別を重視し、また、二重母音では、たとえばドイツ語の au の発音は、［アウ］よりは［アオ］に近いので、*Adenauer* をアーデナオアと表記する。有声音［v］については、この音素が日本語にないので、［v］音はバ行音で表記する。［l］と［r］の区別もつけられないので、ラ行音で表記するほかはない。よって、たとえば *Wesel* はベーゼルと表記する。強音アクセントを促音便で表記すると拍数が異なるので、たとえば *Düsseldorf* をデュセルドルフと表記する。読みなれた表記と異なる表記が頻出するので、あらかじめ読者の了解を乞うておく。

　記数法も、横書きのときははなはだ厄介な問題になる。本書では原則として基数には算用数字を、序数には漢数字を使う。また、訓読のときは漢数字とする（「1つ」でなく「一つ」）。音読のときも周知の固有名詞の集合である含意が強いときは漢数字を使うよう心がける（ベネルクス三国）。ただし、年月日や項目列挙の際の番号（章、節、条、項など）は、煩を避けて算用数字を用いる。いずれとも判断しがたい場合がすくなくなく、また、同じ段落のなかでの漢数字と算用数字の使い分けがかえって読みづらくするおそれがあるときは、どちらかに統一する。そのため、記数法にぶれが生じるのは避けがたいことをあらかじめお断りしておく。

　算用数字の位取りで、ドイツ、ネーデルラントでは三桁ごとに半角空けるかドットを打つ。小数点はカンマで、これは日本と逆である。また、統計数値の桁数の多い数を概数で表すとき、千、百万を単位とすることはあらためて言うまでもない。これに対して、日本の記数法は四桁（万）区切りである。そこで、四桁以上の数に位取りのカンマや半角の隙間を入れることをせず、本文にかぎり万以上の大数の記数の際に万を入れるにとどめる。

　第五に注記について。本書では引用資料・文献が日本語であるか欧語であるかを問わず、説明語としては「前掲書」、「同上」、「ペイジ」などと日本語を使う。著者名、書名、出版社名のような著作権にかかる項目は国際標準図書番号

（ISBN）に登録されたものを遵守しなければならないが、参照のための説明語を当該資料・文献の原語によって変える必要がないからである。また、日本語文献の出版年の紀年法については、当該文献の奥付にしたがう。和暦と西暦のいずれを使うかは各出版社に独自な立場があるはずで、それを尊重するべきだからだ。

　最後に一言つけ加えさせていただきたい。本書では、日本の町や村にあたる最小集落や小川のような支支流の名が頻出し、読者をドイツ・ネーデルラント・ベルギー国境地域の「地名の迷路」に誘きいれることが必定である。資料に表れる地名をもっとも詳細な地図で同定しようとすると、ルーペが必要なほどの最小の文字で記載されている地名まで、できるだけ本書に採録することに努めたからである。地域とは何よりも地名であり、地名にこそ当該地域の歴史と地理にかかる全情報が凝縮されていると考えるからにほかならない。本書が、「河のヨーロッパ」の縮図というべきドイツ・ネーデルラント・ベルギー三国国境の水郷地帯にあえて足を踏みいれようとする、忍耐づよい好奇心にみちた読者の良き道案内になればと願っている。

目　次

まえがき ……………………………………………………………………… i

序章　問題提起と方法的準備 ……………………………………………… 1
 1　原経済圏と外縁（漸移地帯） ……………………………………… 3
 2　地理的仮称としての「ドイツ」 …………………………………… 7
 3　「ドイツ」経済の空間構成 ………………………………………… 9
 4　ニーダーライン原経済圏 ………………………………………… 15

第1章　ドイツとネーデルラント ………………………………………… 17
 1　構造的不均衡 ……………………………………………………… 19
 2　国境線 ……………………………………………………………… 22
 3　ライン河 …………………………………………………………… 25
 4　連邦国家と単一国家 ……………………………………………… 29
 5　ドイツ・ネーデルラント関係の修復 …………………………… 34

第2章　エウレギオ euregio の形成 ……………………………………… 47
 1　エウレギオの概観 ………………………………………………… 49
 2　エウレギオの領域性 ……………………………………………… 53
 3　エウレギオの法的形態 …………………………………………… 54
 4　エウレギオの空間動態ベクトル ………………………………… 56
 5　エウレギオと INTERREG ………………………………………… 56

第3章　EUREGIO …………………………………………………………… 59
 1　地域概観 …………………………………………………………… 61
 2　EUREGIO の法的形態——私法人から公法人へ ………………… 65
 3　EUREGIO と INTERREG …………………………………………… 72

第4章　Euregio Rhein-Waal ／ Euregio Rijn-Waal ……………………… 77
 1　地域概観 …………………………………………………………… 79

2	加盟団体と成立過程　82
3	ERW 域内の区域別産業構造　85
4	ERW の形態、構造、機能　103
5	ERW と INTERREG　107
6	小括　KAN の位置づけ　117

第5章　euregio rhein-maas-nord／euregio rijn-maas-noord　119

1	地域概観　121
2	ermn の成立過程と組織　127
3	経済構造　133
4	経済構造（1990年代央）　154
5	INTERREG IIIA（2000〜2008）　194

第6章　Euregio Maas-Rijn／Euregio Maas-Rhein／Euregio Meuse-Rhin　221

1	地域概観　223
2	マース河流域はラインラントか？　229
3	アーヘンはラインラントの一部か？　231
4	ハンゼマン対カンプハオゼン　250
5	「アーヘン圏」の多義性　255
6	レギオ・アーヘンの実態　262
7	アーヘン圏経済の現状　268
8	1980年代央の EMR の経済・社会状況　273
9	越境通勤者の流れ　303
10	1990年代の EMR　311

第7章　Eems-Dollard-Regio／Ems-Dollart-Region　347

1	はじめに　349
2	EDR の成立と組織　353
3	1990年代の EDR 域内の動向　360

4	国境を越える行動計画 Grenzüberschreitende Aktionsprogramm（GAP） ……………………………………………………………………… 363	
5	INTERREG ……………………………………………… 369	
6	1990年代後半の EDR 域の状況 ……………………… 379	
7	東隣域オルデンブルクとの関係 …………………… 416	
8	小括 ………………………………………………………… 422	

第8章 エウレギオとヨーロッパの「地域」……………… 423

1 「地域のヨーロッパ」の生成 …………………………… 425
2 地域化の共同体憲章 ……………………………………… 430
3 「地域化」と連邦化 ……………………………………… 432
4 CE ………………………………………………………… 439
5 EC／EU …………………………………………………… 450
6 ドイツのラント ………………………………………… 453
7 統計上の地域単位：NUTS …………………………… 461
8 「地域のヨーロッパ」、または「境界のヨーロッパ」… 465

第9章 CE および EC／EU の地域政策 ……………… 469

1 CE の地域政策 ………………………………………… 471
2 EC／EU の地域政策——構造基金 …………………… 475
3 EC／EU の国境地域政策 ……………………………… 491
4 中間組織：ヨーロッパ国境地域協会 ………………… 501

第10章 エウレギオと原経済圏 ………………………… 515

1 エウレギオの諸類型 …………………………………… 517
2 河のエウレギオとニーダーライン原経済圏 ………… 520

終章　総括 ……………………………………………… 527

あとがき …………………………………………………… 533
参考文献 …………………………………………………… 537
資料1　ラント・ノルトライン-ベストファーレン、ラント・ニーダーザク

　　　　　セン、ドイツ連邦共和国、ネーデルラント王国の間の地域公共団
　　　　　体およびその他の公共団体のあいだの国境を越える協力にかかる
　　　　　協定 ………………………………………………………………… 555
資料 2　目的組合 *EUREGIO* の定款と注釈 ……………………………… 561
資料 3　*ermn* の INTERREG IIIA 企画 …………………………………… 577
資料 4　登記社団レギオ-アーヘン *REGIO Aachen e.V.* の定款（2007 年）と
　　　　注釈 ………………………………………………………………… 583
資料 5　*EMR* の寄付行為と注釈 …………………………………………… 593
索引 ……………………………………………………………………………… 597

序章　問題提起と方法的準備

1　原経済圏と外縁（漸移地帯）
2　地理的仮称としての「ドイツ」
3　「ドイツ」経済の空間構成
4　ニーダーライン原経済圏

デュースブルクのライン河航運用船取引所．

1　原経済圏と外縁（漸移地帯）

　本書は、現状分析をもって史的構造を解明しようとする試みであり、『ラインの産業革命』[1]の続編である。前著では課題として残した、ニーダーライン原経済圏の外縁、すなわち漸移地帯の検出が本書の目的である。前著でわたくしは、ライン河下流域における18世紀後半以降の経済圏形成過程を追跡し、その成果をふまえて、経済空間史分析のための方法概念として、「原経済圏」 *Urwirtschaftsraum; proto-economic area* という理念型を提示するにいたった。この概念は、産業革命が新しい地域経済圏の析出という資本制経済空間形成過程でもあること、すなわち、産業革命が政治空間としての国家領域とは異なる、地域水準の経済体制変革であることを実証するための手段として考案されたものである。したがってこれは、産業革命が国民経済圏の形成過程であり、国民経済の確立をもって資本制経済圏の完成態とする通説への批判にほかならない。それでは、なぜわたくしはこのような批判的見地に立ったのか。また、原経済圏概念をどのように規定したのか。当概念の諸構成要素が整合的関係に立っているかの再点検も併せて、敷衍することから始めたい。

　わたくしがドイツ経済史研究に踏みだした1960年代初は、ドイツ連邦共和国、いわゆる西ドイツが敗戦直後の経済崩壊からほぼ立ち直ったばかりか、「奇跡の復興」とまで言われた経済復興過程を突きすすんでいるさなかであった。国土がいくつにも分割され、ベルリーン首都圏からも切り離された旧ドイツ国（ドイチェスライヒ）の一小部分が、かくも急速な経済復興を遂げられるというのは、国民経済的立場からすればありえない現象であった。したがって、この現実に直面してなお国民経済論的立場をとり続けようとするならば、20世紀央までのドイツは国民経済の形成にいたらず、もしくはその仮象を呈したにすぎず、西ドイツ体制になってようやく本来の国民経済圏を形成しえたとの解釈をほどこすほかはない。しかしこの解釈では、19世紀央以降のドイツ経済の急速な興隆と、これが世界経済に占めるにいたった地位を説明できなくなる。そればかりか、日本が1880年代央から19世紀末までの間に産業革命を遂

1　渡辺尚『ラインの産業革命——原経済圏の形成過程』東洋経済新報社、1987年。

行し、おそくとも一次大戦勃発までには資本制生産様式を確立していたとする日本経済史の定説に照らしあわせるならば、ドイツの資本制生産様式の確立が日本より遅れたという背理に陥ることになる。わたくしは、国民経済論をもってしては近現代ドイツ経済史を理解することが困難であるとの認識に立たざるをえなかったのである。

そこで、わたくしは2本の論考[2]において、ドイツ国統計の数値を用いて地域比較をこころみ、ドイツ国領域内が相似的な産業構造を具える四つの経済地域に分けることができることを見いだした。もちろん、部門間不均等があるので、これが地域間の相互補完関係を生んだことは当然に推定される。このような地域間分業関係は国民経済のドイツ的形態であるとする解釈もありうるだろう。しかし、ライヒ内分業関係と国際分業関係とを経済的に峻別するべき理由がどこにあるのだろうか。むしろ、これを峻別すること自体が、すでに国民経済の枠組みを所与の前提としていると言うべきでないのか。それでは、ドイツ国における複数の相似的経済圏の併存をどのように理解したらよいのか。これがわたくしにとり新たな課題となった。この問題意識をもって、ライン河下流域の工業化過程に焦点を当てて実証分析をおこなったのが、『ラインの産業革命』であり、当書での分析結果にもとづいて、わたくしはドイツ経済史分析に有効と思われる原経済圏という理念型を提示するにいたったのである。

これを方法上の準拠枠とした、幸田によるドイツ工作機械工業史[3]、山田によるドイツ鉄道史[4]、黒澤による高ライン経済圏形成史[5]、森によるビュルテンベルク産業史[6]、それぞれの分析成果がもたらした「ドイツ」経済空間の地域性の多面的な解明は、原経済圏概念の有効性を裏づけてくれるものであった。

2 　同「ドイツ資本主義と地帯構造」大野英二・住谷一彦・諸田實編『ドイツ資本主義の史的構造――松田智雄教授還暦記念論文集Ⅰ』有斐閣、1972年、所収、および「1870年代におけるドイツ資本主義の産業構造」『西洋史研究』新輯第5号、1976年、所収。両論文とも試論の域をでるものではなかったが、前者は、日本におけるドイツ地域計画研究の開拓者である祖田修の業績と、問題視角を共有することができた。同『西ドイツの地域計画――都市と農村の結合』大明堂、1984年。

3 　幸田亮一『ドイツ工作機械工業成立史』多賀出版、1994年：同『ドイツ工作機械工業の20世紀　メイド・イン・ジャーマニーを支えて』多賀出版、2011年。

4 　山田徹雄『ドイツ資本主義と鉄道』日本経済評論社、2001年。

5 　黒澤隆文『近代スイス経済の形成――地域主権と高ライン経済地域の産業革命――』京都大学学術出版会、2002年。

原経済圏概念は以下のように規定される。理念型としての原経済圏は、中核、周域、外縁という三重の同心円構造を具えるものとして措定されている。中核は、内部構造を具える空間であり、点ではない。いずれも不断に伸縮、変形しているが、空間変動の震源は中核にある。企業・産業立地の無窮動がその動因である。資本制的動態が生みだす歴史的産業連関の蓄積が、中核の内部循環の度合いをしだいに強めてゆくと、内部性の深化につれて中核の位置の安定性が高まり、同時に周域にはたらく引力も強まる。引力圏の拡張は周域により吸収されながら、周域に拡張圧力をおよぼす。外縁はこれを吸収する一方で拡張圧力も受ける。しかし、これの拡張は一定限度内にとどまる。というのも、隣接原経済圏の外縁の拡張と均衡域に達するからである。原経済圏の限界域として外縁は、線ではなく帯状をなす漸移地帯として措定され、隣接の原経済圏のそれと部分的に重なりあう。かくて、中核の無窮動にもかかわらず、位置と範囲が安定した資本制経済空間、すなわち原経済圏が析出する。これは、多層の包摂関係にある経済空間一般のなかで、その長期安定性のゆえに歴史的個体性をもっとも強く具える位相であり、本来の経済地域 *economic area proper* と呼ぶに値する。

　『ラインの産業革命』作成にあたり、ニーダーライン原経済圏の中核がライン‐ルール圏と呼ばれる歴史的地域であることは比較的容易に確認することができたが、外縁の検出は課題として残った。その検出が方法上とりわけ困難だからである。総じて、非領域空間である経済空間の境界は不定形の帯状をなすばかりか、領域空間として線状・可視的境界を具える政治空間と異なり、隠れているか、きわめて見えにくいかのいずれかである。したがって、外縁の検出は間接的手法によらざるをえない。そこでわたくしが着目したのが、ドイツ・ネーデルラント・ベルギー国境地域の国境を挟む地域間協力組織、エウレギオ *euregio* の存在である。現在この国境地域は五つのエウレギオ域によって隙間なく覆われている。各エウレギオ内部の国境の両側域間関係を分析することによって、歴史的空間構造としてのニーダーライン原経済圏の漸移地帯の位置を

6　森良次『19世紀ドイツの地域産業振興――近代化のなかのビュルテンベルク小営業――』京都大学学術出版会、2013年。西南ドイツ分析では、原経済圏に方法的関心を寄せた三ツ石郁夫『ドイツ地域経済の史的形成――ヴュルテンベルクの農工結合――』勁草書房、1997年、も逸することができない。

探ることができるかもしれない、この期待をもって書いたのが、3本の試論である[7]。

ここで、原経済圏の構成要素としての外縁の意義に疑問を呈した黒澤の批判[8]に答えておきたい。高ライン原経済圏の検出という自らの実証作業の成果をふまえて、かれは、資本制経済確立の最終局面としての産業革命の空間的基盤となり、よって資本制経済の自立的な基礎単位空間となるものを政治空間から独立に検出して原経済圏と呼ぶことを認めたうえで、三点について批判を展開している。そのうちの一点は、原経済圏の自立性の根拠は内部市場にではなく、「中心性、中核性」に、すなわち、企業家的能力と金融機能とを具える投資決定主体が再生産されるという意味での中心機能を具える場の実在に求められ、境界、外縁は無視してよい、すなわち、境界ではなく中心の位置こそが基本条件という主張である。これに対して、わたくしはこう答える。原経済圏の「中核部」とは点でなく、相当の広がりをもつ面もしくは点の集合であるという理解で、黒澤とわたくしとの間に相違がないはずである。もしもこれを単一の点と解するならば、原経済圏は大都市圏の一形態になってしまうからである。次に指摘するべきは、黒澤は「中核部」をわたくしのいう中核と周域とを合わせたものと解しているので（2002年3月31日開催の経済空間史研究会第一回研究報告会での合評において、評者のわたくしに対する黒澤の回答）、原経済圏とその「中核部」とはそれぞれの範囲が大幅に重なりあい、よって、そもそも原経済圏と「中核部」とを概念的に区別する必要もなくなることである。そればかりでない。「中核部」を検出することは、これと「非中核部」との境界を検出することにほかならない。黒澤は「中核部」の重視により原経済圏の外縁を無視することはできても、「中核部」の外縁を無視することはできないはずである。外

7　渡辺尚「越境する地域——エウレギオと原経済圏——」『国民経済雑誌』第180巻第4号、1999年；「エウレギオとEU国境地域政策」『日本EU学会年報』2002年；Watanabe, Hisashi, Euregios und Wirtschaftsräume-Führt die Relativierung der Staatsgrenzen Europas zur Gestaltung neuer Wirtschaftsräume? in: Schneider, Jürgen (Hrsg.), *Natürliche und politische Grenzen als soziale und wirtschaftliche Herausforderung: Referate der 19. Arbeitstagung der Gesellschaft für Sozial- und Wirtschaftsgeschichte vom 18. bis 20. April 2001 in Aachen*, VSWG-Beihefte 166, Wiesbaden 2003.

8　スイス・ドイツ・フランス三国国境地域にひろがる経済圏（*Regio Basiliensis*というエウレギオ域が中核を成す）の成立史を解明したかれは、原経済圏概念を綿密に検討している。黒澤（2002）、28-34ページ。

縁の形状が線であるか帯であるかをさておき、原経済圏概念の構成要素として外縁の措定は、必須の理論的要請なのだ。問題はその検出である。

この目的のために本書が採る、エウレギオの実態分析により間接的に原経済圏の外縁を探りだそうとする手法は、たかだか 60 年のエウレギオの歴史を産業革命以降の 200 年にはめこみ、現状分析をもって史的構造を検出しようとする、時代的標本調査というべき試みにほかならない。これがどこまで成功するかは、本書を書き終えた後に判ることである。

2　地理的仮称としての「ドイツ」

ドイツ・ネーデルラント・ベルギー国境地域に焦点を当てる前に、「ドイツ」の政治的空間構造の史的特性に触れておこう。西ヨーロッパにおける国家領域と経済空間との不一致の典型的な例が「ドイツ」である[9]。東部国境については、1990 年 8 月 31 日締結の統一条約第 4 条第 2 項により基本法第 23 条が削除されたのを受けて、1990 年 11 月 14 日に締結され、1992 年 1 月 16 日に発効したドイツ・ポーランド国境確定条約により、オーダー−ナイセ（オドラ−ニサ）線が両国国境と再確認された。現在のドイツ東部国境を確定したのはこの条約である。しかし、つとに 1950 年 7 月 6 日締結されたゲルリツ条約により、東ドイツがオーダー−ナイセ線を「ドイツ・ポーランド」国境として承認し、その 20 年後 1970 年 8 月 12 日に西ドイツがソ連と締結したモスクワ条約で、「統一ドイツの外部国境は、ドイツ民主共和国とドイツ連邦共和国との［外部］国境である」ことが確認された。これにもとづき 1970 年 12 月 7 日西ドイツがポーランドと締結したワルシャワ条約により、オーダー−ナイセ線が「ポーランド共和国の西部国境」であることが確認されたことで、おそくとも 1970 年までに対ポーランド国境問題は事実上解決していたのである[10]。それまでは 1937 年 12 月 31 日現在（オーストリア、ズデーテン地域、メーメル地域、グダニスク等の併合の前年）のドイツ国の国境が本来の「ドイツ」国境とされつづけ、これは 1919 年のベルサイユ条約で確定した国境である[11]。これはこれで 1871 年成立のドイツ国の国境の修正であった。小ドイツ的統一の成果としての第二帝政期の領域こそ、その後大幅な変更を余儀なくされたとはいえ近現代「ドイツ」国領域の原型とみなされてきたのである。

以上の概観から、「ドイツ」は 1871 年から 1990 年までの 120 年間に、1919 年、1938 年、1949 年、1990 年と、実に四度も (1957 年のザールラントの西ドイツ加入をさておく) 国家領域を大幅に変えたのであり、平均 30 年の周期で政治空間の変動が繰りかえされてきたことがわかる。これはヨーロッパの大国として異例の過程である。とはいえ、これが近現代「ドイツ」経済の趨勢的成長をけっして妨げるものでなかったことを、「ドイツ」経済史が証明している。と

9 1871 年にオーストリアを排除した小ドイツ方式でライヒ統一をはたした後の「ドイツ」の国号は複雑に変動しているので、「ドイツ」は便宜的な地理上の呼称にすぎない。1871〜1945 年の国号は *Deutsches Reich* (ドイツ国) であり、帝政、共和政、独裁政の体制変動にもかかわらず一貫して不変であった。いわゆる *Weimarer Republik* (ワイマル共和国) は通称である。1949〜1990 年は *Bundesrepublik Deutschland* (BRD＝ドイツ連邦共和国、通称：西ドイツ) および *Deutsche Demokratische Republik* (DDR＝ドイツ民主共和国、通称：東ドイツ) の「二つのドイツ」が併存した。さらに、1947〜1956 年は経済的にフランスと一体化し、事実上フランスの被保護国化したとはいえ、国際法上は国家としての最小限度の実体性を具えたザールラントが存続したので (宮崎繁樹『ザールラントの法的地位』未来社、1964 年、参照)、正確には三つのドイツの鼎立状態であったと言うべきである。1990 年東ドイツ五ラントの西ドイツへの加入、および東ベルリーンの西ベルリーンへの加入と同時に、東ドイツが消滅し、西ドイツが存続国家となった。フランスに倣えば、1919〜1932 年が第一共和政、1949〜1989 年が第二共和政、そうして 1990 年〜が第三共和政ということになろう。

ちなみに、1918 年革命で解体したオーストリア-ハンガリー帝国の残存国家であるドイツ-オーストリア *Deutsch-Österreich* は、ドイツ共和国の一部であることを宣言したが、1919 年 9 月 10 日に連合国と締結したサンジェルマン-アン-ライエ平和条約で「ドイツ-オーストリア」の国号使用とドイツ国との合併とが禁止された。1938〜1945 年のドイツとの合併 *Anschluss*, いわゆる *Großdeutschland* (大ドイツ) の成立という幕間劇を経て、1955 年 5 月 15 日にオーストリア・連合国間で締結された「国家条約」により主権を回復した。占領終結の代わりに中立が義務づけられ、西ドイツまたは東ドイツとの合併が事実上禁止された。その意味で、1955〜56 年には四つのドイツが存在したと言うことさえできるのである。しかし、1995 年 1 月 1 日のオーストリアの EU 加盟とともに、*Anschluss* または「大ドイツ的統合」の理念は運動目標としての意義を失った。ドイツと同じく連邦国家であるオーストリアの国号は「オーストリア共和国」*Republik Österreich* であり、1920 年 11 月 20 日制定の憲法が何度か修正をほどこされながら今日にいたっている。

10 Weidenfeld, Werner & Korte, Karl-Rudolf (Hrsg.), *Handbuch zur deutschen Einheit*, Frankfurt/Main et al. 1993, 230-231 ページ。ちなみに、オーダー河には同名の二本の支流が中流と上流で合しており、「オーダー-ナイセ」のナイセは、中流で合する *Lausitzer Neiße* (ラオジツァーナイセ、ニサウジッカ) を指す。同上、514-515 ページ。

11 1937 年末の国境を基準にするのは、実は占領地域確定のために連合国が戦時中に締結した協定による。しかしポツダム協定により、オーダー-ナイセ以東地域は「ソ連占領地区」ではなく、ソ連またはポーランドの領土主権下に置かれることになった。同上、230 ページ。

りわけ、二次大戦後の分割占領期を経て1949年に成立したドイツ連邦共和国が、持続的高成長をとげたことはすでに触れた。

再言する。政治空間と経済空間との本来的不一致、すなわち「国民経済」なるものの虚構性をこの事実ほど直截に衝く事例は、現代ヨーロッパ経済史において他に見いだされない。したがって、1990年の東西両ドイツの「統一」は、EU統合過程の一局面にほかならず、「ドイツ国民経済」の復元と呼ぶべき事象ではおよそなかったのである[12]。

3 「ドイツ」経済の空間構成

次に、「ドイツ」各地の産業革命によって形成された「ドイツ」経済空間の史的構造が、二次大戦後も存続していることを、旧西ドイツについて確かめておきたい。ここの人口分布の長期変動を表序-1により追ってみる。これは中層行政区域である「行政区」*Regierungsbezirk* (RB) の1950年から1989年までの人口密度変動の一覧である。1991年末にRBの数は26を数えたが、その後ニーダーザクセン4、ラインラント-パルツ3、合わせて7が無くなり、2015年現在で19に減少した。それ以前からもすべてのラントがRB制度を敷いていたわけでなく、また、ノルトライン-ベストファーレンでは1972年に6から5に減っている。とはいえ、西ドイツのRB制度は比較的安定していたので、表序-1の数値により通時的比較ができる。これから見てとられることは、総数30RB（またはラント）のうち西ドイツ平均を上まわるのが12で増減がな

---

[12] 西ドイツ経済の戦後復興の始期と要因とをめぐり1980年代央に起きたアーベルスハオザー・クルンプ論争において、潜在的成長力の復元過程を重視するアーベルスハオザーも、統制経済から社会的市場経済への体制転換を重視するクルンプも、西ドイツの経済空間の構成と国家領域とが1945年以前よりも適合的な関係に立ったからではないのかという、経済空間史的分析への問題関心は薄い。Abelshauser, Werner, *Wirtschaftsgeschichte der Bundesrepublik Deutschland 1945-1980*, Frankfurt a. M. 1983; Klump, Rainer, *Wirtschaftsgeschichte der Bundesrepublik Deutschland*, Wiesbaden 1985, を参照。この論争と時を同じくして政策課題として浮上した「南北差」論が、経済空間史的問題意識を生んでしかるべきであったが、万人の予想を超えた東西ドイツの統一という劇的な転換が、それを阻んでしまった。EU統合の一局面としての「ドイツ統合」とは、経済空間的観点からすれば、「統一ドイツ」が「南北差」に加えて、あらたに「東西差」を抱えこんだことにほかならない。

表序-1　RB別人口密度（人/km²）

	1950/9/13	1961/6/6	1970/5/27	1987/5/25	1989/12/31
BW	180	217	249	260	269
Stuttgart	225	277	319	331	342
Karlsruhe	252	296	337	346	359
Freiburg	137	166	190	200	207
Tübingen	116	138	159	172	178
Bayern	130	135	149	155	159
Oberbayern	145	162	190	205	212
Niederbayern	101	90	95	99	102
Oberpfalz	94	93	99	100	102
Oberfranken	151	146	149	143	146
Mittelfranken	176	189	205	210	216
Unterfranken	122	128	138	141	145
Schwaben	129	134	147	155	159
Bremen	1382	1747	1788	1633	1667
Hamburg	2126	2426	2375	2109	2153
Hessen	205	228	255	261	268
Darmstadt	319	382	437	456	469
Gießen	153	159	175	177	182
Kassel	136	134	143	140	143
Nds	144	140	150	151	154
Braunschweig	201	198	205	196	199
Hannover	209	215	227	221	225
Lüneburg	92	81	88	95	96
Weser-Ems	126	124	136	142	145
NRW	388	467	496	491	502
Düsseldorf	782	976	1015	958	977
Köln	356	447	501	523	538
Münster	273	324	342	346	353
Detmold	231	247	268	275	284
Arnsberg	382	452	469	451	461
RP	151	172	184	183	186
Koblenz	139	155	167	167	170
Trier	89	94	98	96	97
RHP	211	248	265	265	270
Saarland	372	417	436	411	414
SH	165	147	159	162	165
BRD	204	226	244	246	252

注：（1）1989年12月31日現在のラント領域。
　　（2）BW: Baden-Württemberg, Nds: Niedersachsen,
　　　　NRW: Nordrhein-Westfalen, RB: Rheinland-Pfalz, SH: Schleswig-Holstein, RHP: Rheinhessen-Pfalz
　　（3）Saarlandは1950/9/13でなく1951/1/14。
出所：*Statistisches Jahrbuch für Bundesrepublik Deutschland*, (1991), 54ページ。

3 「ドイツ」経済の空間構成 | 11

図序-1　東西ドイツの人口分布

出所：*Diercke Weltatlas*, 16. Auflage 1977, 29 ページ。

く、また入替りもないことである。その分布をみると、西南部のバーデン-ビュルテンベルク2、ヘセン1、ラインラント-パルツ1、合わせて4 RB がライン河中・上流域に固まって一つの集団を成している。これに対して西北部では、ノルトライン-ベストファーレンの5 RB がライン河下流域にもう一つの集団を形成している。この二つの人口密集地域から距離を置き、飛び地のよ

うに北に二つの都市ラント、ハンブルクとブレーメン、西側国境沿いにザールラントが位置している。表序-1では隠れているが、西南部バイエルンのRBオーバーバイエルンにラント首都のミュンヘンがふくまれており、これはベルリーン、ハンブルクに次ぐドイツ第三の都市である。このRBが人口希薄な20クライスを抱えるために、巨大都市ミュンヘンの存在が隠されてしまったのである。

　以上の概観をまとめると、南端にミュンヘン、北端にハンブルクという両巨大都市が孤立圏として位置する一方で、ライン河流域に人口百万以下の諸都市が比較的高密度に集中する三つの広域、ライン-ネカル圏（中心都市、シュトゥトガルト）、ライン-マイン圏（中心都市、フランクフルトa.M.）、ライン-ルール圏（中心都市、ケルン）が分布するという特徴的な地域構成が認められる。特徴的というのは、ライン河と交差するタオヌス、フンスリュク両山地に沿って、ライン-マイン圏とライン-ルール圏との間に東西線を引いてみるならば、南北対称の構造が透けてみえるからである。この人口分布は、戦後西ドイツ時代に特有の様相というよりも、おそくとも19世紀のうちにその骨格がほぼ形成された「ドイツ」経済空間の構造特性と見ることができる。

　1990年以降もこの構造に変化はみられない。旧東ドイツでは別格の巨大都市ベルリーン（これをとりまくブランデンブルクの人口密度は全ドイツ16ラントうちで二番目に低い）および中小都市が密集するザクセン（中心都市、ライプツィヒ）という二芯構造が認められる。これまた19世紀のうちに形成されたもので、東ドイツの社会主義体制が生みだしたものではない[13]。

　このような近現代「ドイツ」の空間構造を通時的に把握するための方法概念として構想されたのが、原経済圏にほかならない。しかし、ベルリーン、ハンブルク、ミュンヘン等の大都市圏の散在を理解するためには、原経済圏とは別の方法概念が必要となる。そこで、これとならぶ本来の経済地域の第二形態として措定されたのが、孤立大都市圏 *Solitärer Großstadtraum; solitary metropolitan area* である。発生史からみれば、前者は資本制経済様式の確立過程としての産業革命を経て析出した経済空間であり、後者は、その成立期が前資本

13　渡辺尚「「東西較差」と「南北較差」——ドイツ的経済空間の史的構造——」、田中豊治・柳澤治・小林純・松野尾裕編『近代世界の変容——ウェーバー・ドイツ・日本——住谷一彦先生記念論集Ⅰ』所収、リブロポート、1991。

制社会にさかのぼる事例が多いとはいえ、前者の規定を受けて資本制経済様式に適合的な機能転換をはたした大都市空間である。両者はともに産業革命により空間的属性が規定され、相互依存関係にある[14]。

　領域空間としての政治空間は概して一円空間であるが[15]、非領域空間としての経済空間には一円面空間と網状点空間とがある。原経済圏は前者であり、輪郭が見えにくい空間であるが、孤立大都市圏は後者を構成する凝集空間単位なので、比較的見えやすい空間である。また、原経済圏は内部循環が決定的重要性をもつのに対して、孤立大都市圏の第一属性は、網状空間組織の結節点として機能することにあり、内部循環よりも外界との関係が決定的重要性をもつ。

　後者の規定をもうすこし立ちいって敷衍すれば、次のようになる。ここで「孤立」とは、周辺地域との人口密度の差が不連続的に大であり、よって圏域の境界が比較的明瞭であるという相対的な意味であると同時に、連接都市（コ

14　渡辺尚「現代ヨーロッパの企業行動と地域経済の精神」、渡辺尚・作道潤編『現代ヨーロッパ経営史』有斐閣、1996年、所収、35-40ページ。ちなみに、キーゼベターは地域経済史的観点に立つ「ドイツにおける産業革命」研究の成果を集大成した労作、Kiesewetter, Hubert, *Industrielle Revolution in Deutschland −Regionen als Wachstumsmotoren−*, Neuausgabe, Stuttgart 2004（高橋秀行・桜井健吾訳『ドイツ産業革命——成長原動力としての地域』晃洋書房、2006年）およびその続編というべき ders., *Region und Industrie in Europa 1815-1995*, Stuttgart 2000, で「地域間の競争」こそドイツ産業革命の推進力であったと主張している。この論争的労作の検討にここでは立ちいらない。ただ、かれが「産業革命」と「工業化」とを同一視し、ドイツの「産業革命」＝「工業化」を1815〜1914年の1世紀におよぶ長期過程と観るばかりではなく、ドイツにおける産業革命においても綿工業のはたした原商品としての役割を軽視していること、以上に加えて、「地域」を主要領邦国家とほぼ同一視していることに疑問を呈するにとどめる。ちなみに、かれとの往復書簡（2017年8月24日）のなかで、かれが「あなたの Niederrheinischer Urwirtschaftsraum は実にうまい用語だ」（Ihre Bezeichunung des Niederrheinischen Urwirtschaftsraums gefällt mir sehr gut）と、評価してくれたことを附言する。

15　大陸国が飛び地をもつ典型的事例はアメリカ合衆国のアラスカであろうが、ヨーロッパではバルト海沿いの旧東プロイセンの事例が挙げられる。これはベルサイユ条約によりドイツ本土と切り離されて飛び地となり、その北半分のカリーニングラードは現在ロシアの飛び地である。ドイツ連邦共和国を構成する十六ラントの中でブレーメンはブレーマーハーフェン市という飛び地をもつ二重都市国家である。ちなみに、政治的領域空間としての EU にとり、フランスの海外県 *département d'outre-mer*（D.O.M.）のなかでギヤン *Guyane* は南アメリカ大陸における、また、スペイン領の両都市セウタ *Ceuta*, メリリャ *Melilla* はアフリカ大陸における EU の飛び地である。ギリシャの飛び地と言えなくもない2004年に EU に加盟したキプロスは、アジアの島国である。EU 領域は「ヨーロッパ」を越え出ているのだ。

ナーベイション）でなく単一巨大都市であることを含意している。ライン-ルール圏の連接都市は総体としてベルリーンを上まわる規模をもつが、両者の機能はまったく異なる。「大都市圏」とは、クリスタラーのいう高次中心機能をはたす中心地点とその補完区域から成る機能空間と部分的にかさなるが、むしろ遠隔の同水準大都市圏とむすんで全ヨーロッパ規模の大都市網を形成したり、複数の原経済圏の隙間や重複域（漸移地帯）に位置して、これらを媒介する機能を重視した概念である。広大な圏域をもつ孤立大都市圏はそれ自体として原経済圏に準ずる内部構造をもち、そのかぎりで原経済圏同様に面としての属性を具えるが、その本来的機能を重視するかぎり、クリスタラーの中心地点と同様に範疇的に点とみなされるべきものである[16]。

　西ドイツ空間の分析にもとづき、原経済圏概念でもって「ドイツ」経済空間の歴史構造を理解しようとするならば、次のように総括されよう。1871年のドイツ国成立に先だちドイツ各地はすでに産業革命を終了しており、ドイツ国はライン河中・上流部、ライン河下流部、エルベ河中流部、オーダー河上流部をそれぞれ形成軸とする四つの原経済圏、およびこれらの漸移地帯が重なる部分や隙間に位置するいくつかの孤立大都市圏をゆるやかに包摂する連邦制的政治空間であった、と。各原経済圏の漸移地帯がドイツ国の国境線とどの程度の重なり具合を見せたかは、さしあたり措く。このような見取図を描くことができるならば、「ドイツ」の名を冠すべき単一の経済圏は虚構にすぎず、強いて言うならば、「ドイツ経済」はいくつもの「国民経済」から成るということに

16　経済空間の単位を中心地点 *Zentraler Ort* とその中心機能（＝中心性 *Zentralität*）がおよぶ範囲である補完区域 *Ergänzungsgebiet* とにより構成される空間として捉え、この単位空間の低次から高次におよぶ重層体系の空間モデルをもって、ストラスブールやフランクフルト a.M. をふくむ南ドイツ地域の理念型的再構成を試みたのが、周知のようにクリスタラーである。かれの場合、中心地点は現実の都市であるか否かを問われず、また規模も問われない。ここでは「多面的な現象形態としての集落 *Siedlung* を考えてはならず、中心点 *Mittelpunkt* となるという機能の立地 *Lokalisation*、いわば集落の幾何学的位置 *der geometrische Ort* だけが考えられなければならない」のであり、その意味で範疇的に点である。したがって、たとえば南ドイツ最大の中心地点ミュンヘンの影響範囲はラインパルツやティロールまでおよぶとされながらも、ミュンヘン市域の内部構造は問題とされない。Christaller, Walter, *Die Zentralen Orte in Süddeutschland*, Jena 1933: reprograf. Nachdr., Darmstadt 1980, 23-27, 30-31, 165-166 ページ（ヴァルター・クリスタラー著・江沢譲爾訳『都市の立地と発展』大明堂、昭和44年）。クリスタラー理論の多くの解説が、*zentraler Ort* を「中心地」と訳しているが、江沢のように中心地点と訳すのが、原意に添う。

なろう。

4　ニーダーライン原経済圏

　準備作業の最後に、作業仮説としてライン河下流部を形成軸とするニーダーライン原経済圏 *Niederrheinischer Urwirtschaftsraum*（NRUW）を描いてみる。地勢から見た NRUW の位置と範囲は、次のようなものとなろう。すなわち、ライン河中流部、コーブレンツ附近から下流部アルンヘム・ネイメーヘン附近までの区間を主軸として、その全流域を覆い（ただし、支流モーゼル川上流域を除く）、南はタオヌス・フンスリュク両山地、西はマース河流域、東はトイトブルガーバルト、北はエムスラントに囲まれる空間である。ノルトライン‐ベストファーレンのラント領域と大幅に重なるが、南はラインラント‐パルツ北部、東・北はニーダーザクセン西部に食いこんでいるというのがさしあたりの見取図である。したがって、これの漸移地帯は、南側でオーバーライン原経済圏（ORUW）およびモーゼル‐ザール原経済圏（MSUW）の漸移地帯と重なりあい、西側ではドイツ・ネーデルラント・ベルギー国境と交錯していると見られる[17]。漸移地帯の全区間の検出が NRUW の全体把握のために必須の作業となるが、本書の課題は NRUW の西側漸移地帯とドイツ・ネーデルラント・ベルギー国境との位置関係の解明にある。この作業仮説がどれほど当をえているかは、第 10 章で確認される。

17　ORUW および MSUW の見取図は、渡辺尚「越境する地域──ライン河流域──」、渡辺編著『ヨーロッパの発見──地域史のなかの国境と市場──』有斐閣、2000 年、第 5 章、283 ページに示されている。ちなみに、MSUW は *EuRegio SaarLorLuxRhin asbl*（asbl は *Association sans but lucratif*［非営利団体］）の区域と大幅にかさなるとみられる。渡辺（1999）；Watanabe, Hisashi, Can We Learn from the Experiment for Cross-border Regional Cooperation in Europe？；呉聰敏（編）『張漢裕教授記念研討会論文集』、台大経済研究学術基金会、2001 年、所収；Schulz, Christian, *Interkommunale Zusammenarbeit im Saar-Lor-Lux-Raum: Staatsgrenzeüberschreitende lokale Integrationsprozesse*, Saarbrücken 1998；Hahn, Christoph, Grenzüberschreitende Clusterstrukturen in der Großregion Saar-Lor-Lux ? Ein konzeptioneller und empirischer Beitrag zur regionalen Wirtschaftsgeographie, Berlin 2015, を参照。当地域の産業史の概観は、石坂昭雄「西ヨーロッパの国境地帯における工業地域の形成と展開──トゥウェンテ＝西ミュンスターラント綿工業地域とザール＝ロレーヌ＝ルクセンブルク石炭・鉄鋼業地域の例より」、篠塚信義・石坂昭雄・高橋秀行『地域工業化の比較史的研究』北海道大学図書刊行会、2003 年、を参照。

ここで、原経済圏の形成軸としてだけでなく、原経済圏間の通路としてのライン河の機能について附言しておきたい。いま仮にネーデルラントの経済空間の構成を無視して、これが単一の経済圏を形成していると仮定するならば[18]、ネーデルラントとNRUWとの経済的相互依存関係は、長い国境を挟む両側地帯間に生ずる地続き効果ばかりでなく、NRUWとライン河口ロテルダムとをつなぐライン河の通路機能によっても、空間的に規定されているにちがいない。前者は国境を越える面としての経済空間形成作用を、後者は線としての経済空間形成作用をともなうものである。経済空間動態のこの二相性がNRUWの漸移地帯の形状をどのように規定しているかについて、わたくしはこう考える。二つの原経済圏をつなぐ通路が沿線に中間地域を形成し、これがしだいに成長してついには両原経済圏の接合にいたることは想定されていない。なぜならば、二つの原経済圏の合体とは概念矛盾であり、また事実、ニーダーライン地域とライン河口域とは、相互に空間的自立性を歴史的に保持してきたからである。ライン河の通路機能は、NRUWの漸移地帯の弾力性を強めるにとどまったとみなすべきであろう。

　以上、方法的準備を整えたところで、本論をドイツ・ネーデルラント関係の史的特性の検討から始めることにする。

18　ネーデルラントは12のプロフィンシ *Provincie* から成るが、近年これらは四つの群にくくられるようになった。すなわち北部（Friesland, Groningen, Drenthe）、東部（Gelderland, Overijssel）、西部（Noord-Holland, Zuid-Holland, Utrecht, Flevoland）、南部（Limburg, Brabant, Zeeland）の広域 *landsdeel* であり、これはEU地域統計単位でNUTS 1とされている。Anderweg, Rudy B. and Irwin, Galen A., *Governance and Politics of the Netherlands*, 2nd. ed, Basingstoke, 2005, 173-174 ページ。この4 landsdeelがそれぞれ単一の経済圏を構成しているかは、今後の検討課題である。

第<i>1</i>章　ドイツとネーデルラント

1　構造的不均衡
2　国境線
3　ライン河
4　連邦国家と単一国家
5　ドイツ・ネーデルラント関係の修復

ボーデン湖から流れでるライン河。このライン橋が河口までの距離標の起点。

1　構造的不均衡

　1815年のウィーン会議でネーデルラント連邦王国 *Koninkrijk der Verenigde Nederlanden* が成立したとき、これに東部国境で接するのはプロイセン王国の西側飛び地ライン、ベストファーレン両プロビンツ *Rheinprovinz, Provinz Westfalen* およびハノーファ王国 *Königreich Honnover* であり、ネーデルラントの国土はこれらのドイツ同盟諸邦（あるいはその一部）に勝るとも劣らない規模を具えていた。1830年にベルギー王国が分離して国土が縮小し、1832年に国号をネーデルラント王国 *Koninkrijk der Nederlanden* と改めたのちも、隣接ドイツ側諸地域との均衡が大きく崩れることがなかった。しかし1866年にハノーファ王国が消滅してプロイセン王国の1プロビンツとなり、プロイセン王国の領土一円化が達成されるにおよびこの均衡が破れた。これより以降150年間、ネーデルラントが東部国境で隣接するドイツ（プロイセン、北ドイツ連邦、ドイツ国、ドイツ連邦共和国）とのいちじるしい規模の不均衡と一方的なドイツ経済依存とが、ネーデルラント人の対ドイツ意識を刻印してきた。これは、1994年に外相コーエイマンス *Kooijmans* が洩らしたという、「ドイツに近づきすぎると、ネーデルラントは国境をはみ出したドイツの1ラントになってしまう」という危惧や、「ネーデルラントはドイツなしでやってゆけないが、ドイツはネーデルラントなしでもやってゆける」という認識に集約されている[1]。一種の近親憎悪に似た歴史的対ドイツコンプレックスに加えて、1940年5月ナチス-ドイツの宣戦布告なしのネーデルラント侵攻以来、1945年5月の解放までの5年間にわたる被占領期間の悪夢のような記憶が、二次大戦後のネーデルラントの対ドイツ和解を西側諸国のなかでもっとも遅らせた要因とされる[2]。ここで1939年以降65年間のドイツ・ネーデルラント関係史を一覧すると表1-1のようになる。

1　Wielenga, Friso, *Vom Feind zum Partner-Die Niederlande und Deutschland seit 1945* Münster 2000, 408, 414 ページ。

2　二次大戦後のドイツ・ネーデルラント関係史を刻印したネーデルラント人のドイツによる占領の記憶については、同上および Romijn, Peter, *Der lange Krieg der Niederlande: Besatzung, Gewalt und Neuorientierung in den vierziger Jahren,* Jena 2017, を参照。

表1-1　戦後ドイツ・ネーデルラント関係史

1939/8/28	ウィルヘルミナ女王中立声明
1940/5/10	DE軍宣戦布告なしにNL侵攻→女王、政府ロンドンに亡命
1940/5/15	NL軍降伏
1942/1	日本軍NL領インド *Nederlandsch-Indië* 作戦開始→1942/3/9NL軍降伏→日本軍政宣言
1945/5/5	連合軍カナダ部隊NL解放
1945/5/7-5/8	DE, ランース、ベルリーン-カールスホルストで無条件降伏文書署名
1945/8	法相コルフスホーテン、NL居住の全DE人追放令（最終的に3691人）
1945/8/15	日本ポツダム宣言受諾→9/2 無条件降伏文書署名
1945/8/17	スカルノとハッタ、インドネシア独立宣言
1945/9/8	UK・NL軍先遣隊ジャカルタ降下、9/29 UK・インド軍上陸→年末NL軍主要都市占領
1946/11/15	リンガルジャティ仮協定（1947/3/25正式署名）、インドネシア共和国を事実上承認。インドネシア連邦共和国およびNL・インドネシア連合（NL女王元首）設立を目ざす
1946/12	NL, 敵方資産法→敵性住民の全資産没収（4億5000万hfl）
1947/7/21	NL, インドネシアで一次「警察行動」 *Politieacties*
1947	NL, Bizone（DEのUS・UK統合占領地区）と最初の貿易支払協定
1948/1/17-19	レンビル協定
1948/2/23-3/6	西側6か国会議（ロンドン）、3/6 コミュニケ→ルール国際管理勧告、USはNLの対DE領土要求を拒否するもルール国際管理参加は承認
1948/8	NL・Bizone通商条約
1948	NL・DEの政治的・宗教的交流組織の上部団体として「対ドイツ文化関係調整委員会」（CCCD）設置
1948/12/19	NL, インドネシアで二次「警察行動」開始
1948/12/24	国連安保理事会、停戦・スカルノ等の釈放をもとめる決議
1949/4/23	DE領土69km^2（住民数1万人）がさしあたりNL管理下に
1949/8/23-11/2	デンハーフ円卓会議、12/27 協定発効, インドネシア連邦共和国成立→NL-インドネシア連合創設（ユィリアーナ女王元首）→1954/8 連合解消
1949/9/9	ライン商業会議所連盟、ロテルダム商工会議所会頭 Karel Paul van der Mandele の主導で成立
1950/5/2	NL・DE内航船・RM建て有価証券返還協定
1950/7	元アムステルダムのSD長官 Willy Lages 二審で死刑判決→DE政府介入
1952	NL憲法改正で西イリアンをネーデルラント領と明記
1952/12/26	無期懲役で服役中のNS協力者7人ブレダ収容所からDEへ脱走、DE政府全員釈放、UK占領当局の圧力により一人のみNLへ送還
1954/9/28-10/3	西側9か国会議→ロンドン議定書→1954/10/19-10/23 パリ諸条約
1955/5/5	パリ諸条約発効、BRD主権獲得→5/9 NATO加盟、NL積極的支持
1956/3/3	西イリアン紛争でインドネシア、デンハーフ協定破棄

1958	初の NL・DE 国境を挟む地域間協力組織として *EUREGIO*（Gronau）設立
1959	13 人の DE 人戦争犯罪人が NL で服役→ 1960 年末には 4 人のみ
1960/ 4/ 8	NL・DE 和解条約締結（国境条約：NL が没収した国境地域 4400ha のうち 2070ha を DE に返還；Ems-Dollart 条約：常設 Ems-Dollart 委員会設置, 係争水域の共同管理；補償金条約：NL2 億 8000 万 DM を取得：ライン河航行協定：マンハイム協定の解釈を国際裁判所に委ねる；慰霊碑協定）→ 1962/ 5 補完協定→ DE は 1961 春批准、Ems-Dollart をラント国境とする案をニーダーザクセンのみ連邦参議院で保留票；NL は 1963/ 2/ 20 批准
1960/ 8/ 17	インドネシア、NL と断交
1961	NL、西側最後の国として DE と文化協定
1962/ 4/ 17	Fouchet Plan（1960 ドゴール提唱、アーデナオア支持の国家連合［Union of States］構想）NL 外相 Luns の抵抗で頓挫
1962/ 1/ 22	ドゥゴール、アーデナオア、エリゼ宮で FR・DE 友好和解条約署名、NL は批判、FR 服役中の DE 戦争犯罪人最後の二人を釈放
1963/ 1	ブーデル協定 DE・NL 部隊の相互駐屯→ 1963/ 8 DE 訓練部隊ブーデルに駐屯
1964/ 3	エーアハルト、DE 首相として初の NL 公式訪問
1965/ 5	NL 王女ベーアトリクス、DE 外交官 Claus Georg Wilhelm Otto Friedrich Gerd von Amsberg との恋愛関係が漏れる、Alfred Mozer がクラオスを弁護→ 1966/ 3/ 10 挙式
1966/ 7/ 1	AFCENT（Allied Forces Central Europe）司令官にドイツ人 von Kielmansegg 任命
1969/ 8/ 16	西イリアン、インドネシアに帰属
1969/ 11/ 24-27	ハイネマン、DE 大統領として初の NL 公式訪問
1970/ 7	Anholt 協定締結
1971/ 5/ 4	Regio Rhein-Waal（Kleve）設立→ 1978/ 4/ 28 Arbeitsgemeinschaft Regio Rhein-Waal
1971	Alfred Moser ヨーロッパ国境地域協会 *AGEG* 設立
1971/ 10	ユィリアーナ女王 DE を答礼訪問
1971/ 11/ 30	Moser, *EUREGIO* に Moser Commissie を設置
1973/ 1/ 5-2/ 9	NL をふくむ 15 か国、DDR を承認
!976	*Euregio Maas-Rijn*（Maastricht）設立
1977/ 2/ 28	*Eems Dollard Regio*（Nieuweschans）設立→ 1997/ 10/ 20 目的組合
1978/ 12/ 13	*Grenzregio Rhein-Maas-Nord*（Mönchengladbach）設立→ 1993/ 1/ 1 *euregio rhein-maas-nord*
1985/ 5	フォンバイツゼカー、DE 大統領として最初の訪問国を NL に
1988 夏	サッカー・ヨーロッパ選手権準決勝で NL が DE を破る→ 1945 年の解放以来の国民的熱狂
1989/ 1	終身懲役刑に服していた最後の二人が恩赦で 43 年ぶりに釈放→国外退去
1990/ 1	NL の Lubbers 首相 DE 統一に否定的見解を公表
1991/ 5/ 23	Isselburg-Anholt で「地域公共団体およびその他の公共団体の国境を越える協力にかかるネーデルラント王国、ドイツ連邦共和国、ラント・ニーダーザクセン、ラント・ノルトライン-ベストファーレ

1993	ンの協定」締結→ *Euregio Rhein-Waal* 1993/11/1 目的組合 Institut Clingendael の世論調査の結果、若年層の反ドイツ感情（51％）判明→ 1994 リュベルス首相のヨーロッパ委員会委員長選出にコール DE 首相拒否権行使
1994	DASA（Daimler-Benz Aerospace）「ネーデルラントの誇り」Fokker を「略奪」
1994 夏	NL の Kooijmans、DE の Kinkel 両外相、毎年外相会議開催を決定
1995/1	コール首相 NL 訪問、ロテルダムの慰霊碑「焼尽された街」に献花
1995/10	ヘルツォーク DE 大統領 NL 公式訪問
1999/1/1	ユーロ、11 か国の共通通貨→ 2002/1/1 12 か国の単一通貨に
2004/10/29	EU 憲法条約締結（25 か国、ローマ）
2005/6/1	NL 国民投票で EU 憲法批准否決（62％対 38％）

注：DE はドイツ、NL はネーデルラント。NL 経済の生命線であった旧ネーデルラント領東インド（インドネシア）独立過程も参考のため附記した。
出所：主に Wielenga（2000）に依拠したが、適宜、渡辺が補充し、インドネシア独立過程については、石井米雄監修『インドネシアの事典』同朋舎、1991、および浦野起央編著『20世紀世界紛争事典』三省堂、2000、を利用した。

2　国境線

　1990 年 10 月 3 日の旧ドイツ民主共和国五ラントのドイツ連邦共和国編入により、図 1-1 に示されるようにドイツ連邦共和国は十六ラントから成り、九か国と陸上国境をもつにいたった。これは西ヨーロッパ諸国のなかで最も多い。ドイツは大陸部ヨーロッパの中心に位置し、そのため「国境のドイツ」というべき相貌を具えている。対ネーデルラント国境は対オーストリア・対チェコ国境に次ぐ三番目の長さで、対フランス・対ポーランド国境を上まわる[3]。北はデルフセイル *Delfzeil* から南はファールス *Vaals* にいたるまでの現在 576km におよぶドイツ・ネーデルラント国境は、それほど遠からぬ過去にいたるまで、かつてハイズィンハをして「西部・中部ヨーロッパ間の境界線である」とまで言わしめたほどの歴史的地雷原を形成していた[4]。加うるに自由航行を原則とする国際河川であるライン河両岸をドイツ・ネーデルラント国境に準ずるとみなしうるならば、両国の境界線の長さは国境線をはるかに上まわることになる。このような長距離にわたる地続き効果とライン-ルール圏とロテルダムとの飛び地的連結とを考えれば、ドイツからみて小国のネーデルラントがドイツにと

[3] *Statsistisches Jahrbuch fur die Bundesrepublik Deutschland 2004*, 14 ページ。
[4] Wielenga（2000）, 301-302 ページより引用。

2　国境線　23

図 1-1　ドイツ連邦共和国の国境と邦（ラント）境

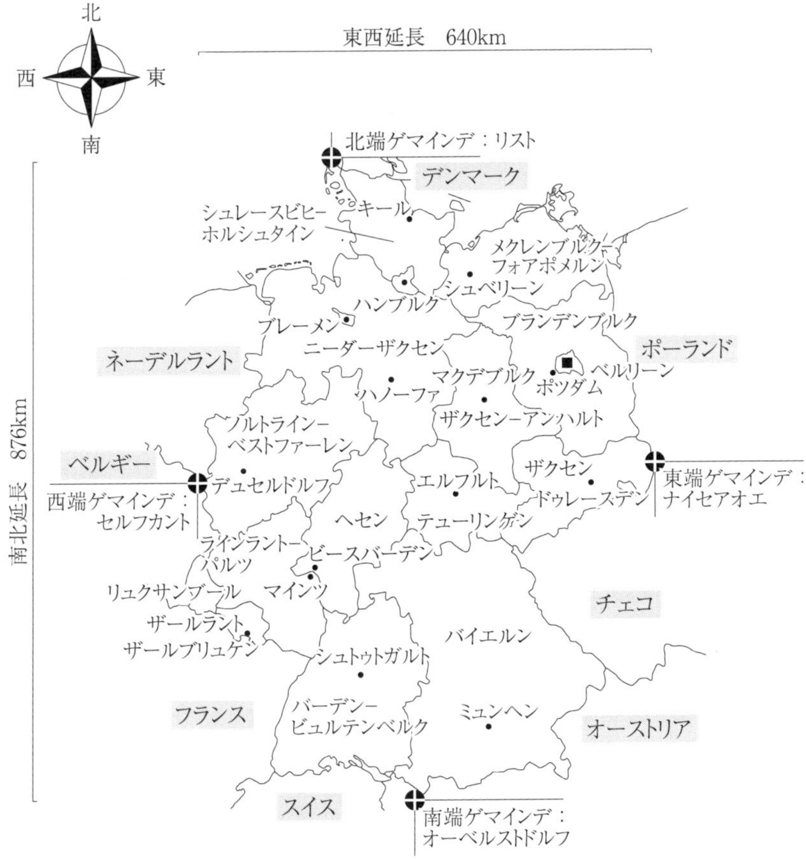

北
西　東
南

東西延長　640km
南北延長　876km

北端ゲマインデ：リスト
デンマーク
シュレースビヒ―
ホルシュタイン
キール
メクレンブルク―
フォアポメルン
シュベリーン
ハンブルク
ブレーメン
ブランデンブルク
ニーダーザクセン
ネーデルラント
ハノーファ
マクデブルク
ベルリーン
ポツダム
ポーランド
ノルトライン―
ヴェストファーレン
ザクセン―アンハルト
ベルギー
デュッセルドルフ
エルフルト
ザクセン
東端ゲマインデ：
ナイセアオエ
西端ゲマインデ：
セルフカント
ヘッセン
テューリンゲン
ドゥレースデン
ラインラント―
プファルツ
ヴィースバーデン
リュクサンブール
マインツ
チェコ
ザールラント
ザールブリュケン
バイエルン
シュトゥットガルト
フランス
バーデン―
ビュルテンベルク
ミュンヘン
オーストリア
スイス
南端ゲマインデ：
オーベルストドルフ

出所：*Statistisches Jahrbuch*（2013）

り輸出で五位、輸入で二位の相手国であることはふしぎでない[5]。

　他方でネーデルラントが陸上国境で隣接する国は、**図 1-2**に示されるように東部のドイツと南部のベルギーのみである。かつてベルギーはネーデルラントの一部であったので、ネーデルラントの南部国境は東部国境と異なる歴史的緊張関係をはらんでいるものの、両国の国力がほぼ均衡していることを考慮すれば（2002 年の人口［万人］：ネーデルラント 1615、ベルギー 1033；GDP［億ユー

5　1997〜2003 年の 7 年平均。*Statsistisches Jahrbuch*（2004），529 ページ。

24 | 第1章　ドイツとネーデルラント

図1-2　ネーデルラント王国の国境とプロフィンシ境

出所：Andeweg and Irwin (2005), 2ページ。

ロ]：ネーデルラント 4446 [27530／人]、ベルギー 2600 [25170／人])[6]、経済的、政治的不均衡が対ドイツ東部国境を刻印していると言えよう。とりわけ国境沿いにドイツ領内を北流するエムス河の河口部ドラルト Dollart／Dollard は、

6　Eurostat, *EC Economic Data Pocket Book*, Quarterly 1/2004

ネーデルラントとの水上国境を形成し、戦後ながらく両国間の係争の地であった。1960年に締結されたドイツ・ネーデルラント和解条約は三つの個別条約と二つの協定の包括呼称であり、その一つ、エムス-ドラルト条約により、当該紛争水域の共同管理のための常設機関エムス-ドラルト委員会が設置されることになった。しかし、条約締結直後にエムス河口域でニーダーザクセンが天然ガスと石油採掘の認可をくだしたために、この水域の帰属問題が再燃し、1962年に両国に同等の権利を認める協定の締結をもってようやく決着した[7]。

　ドイツはベルギーとも157kmの国境線で隣接している。しかし、ドイツ・ベルギー国境がもつ意義は、ドイツ・ネーデルラント国境のそれと異なる。ドイツと国境を挟んで向きあうベルギー領域は、今日の「ドイツ語共同体」*Deutschsprachige Gemeinschaft* である。これは歴史的地域オイペン-マルメディ *Eupen-Malmedy* の東部と重なる。オイペン-マルメディは1815年にプロイセン領となった歴史から、ドイツ語住民が80％を占めたにもかかわらず、1919年のベルサイユ条約でベルギーに割譲された。住民投票はベルギー当局の露骨な圧力の下でおこなわれたという。ドイツ領への返還の試み（1924～26年）はそのつどフランスの反対でつぶされた。1940～45年ドイツ領に復したが、戦後ベルギー領に戻った。1949年に国境の一部が修正されたのち、1956年のドイツ・ベルギー条約で現行の国境が確定した。1963年に Lontzen, Raeren, Eupen, Bütgenbach, Büllingen, Amel, Sankt Vith, Burg-Reuland の8ゲマインデがドイツ語区域、Plombière, Malmedy, Waimes の3コミューンがフランス語区域になった。ドイツ語共同体は1970年以降 Région Wallonne に属しているが、1984年に一定の制約のもとで自治権を認められた[8]。以上を念頭に置きながら、本書が対象にする五エウレギオのうち、ドイツ・ベルギー国境地域をふくむエウレギオは一つしかないので、本書の主要関心はドイツ・ネーデルラント国境地域に向けられる。

3　ライン河

　西部ドイツ・ネーデルラント経済関係を規定するもう一つの地理的要因は、

7　Wielenga（2000）, 261-263ページ。
8　*Brockhaus Enzyklopädie*, 19. Aufl. Bd.6, 1988, "Eupen-Malmedy" の項目参照。

図1-3 ネーデルラントのライン河分流

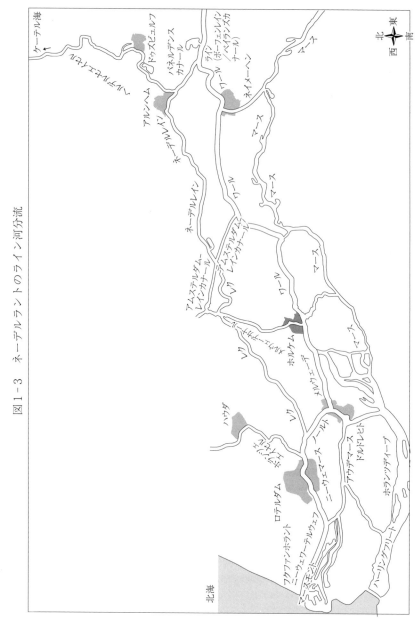

注：ボーデンゼー畔コンスタンツのライン橋を起点（0km）として、ニーウェワーテルウェフが北海に注ぐマースモントまで1031km、ヘルデルセエイセルがケーテル海に注ぐケーテルディープまで1006km。
出所：Fenzl (2003), 137ページの原図に渡辺が加筆。

ライン河が国境を突きやぶってネーデルラント領内に流れこみ、東西方向に向きを変えて貫流し、北海に注いでいることである。しかも、図1-3が示すように、ライン河は三本に分流し、流路が複雑にからみあい、随所で運河でむすばれて、網状の広幅水路帯を形成している。この網がロテルダムで絞られ、ロテルダム港と河口のフクファンホラント *Hoek van Holland* の対岸に位置するエーロポールト *Europoort* とが、ライン-ルール圏の外港として機能している[9]。

ここでライン河が西北ドイツとネーデルラントをつなぐ物流経路としてはたしている役割を確認しておこう。表1-2から明らかなように、1970～2000年の間に両国とも道路輸送の比率が増大し、これと反比例して内航水運および鉄道輸送の比率が低下傾向にある。この傾向は1990年代に加速し、とくにドイツにおいて顕著である。実数値では内航水運は横ばいで推移しており、鉄道輸送も30年間で20%減にとどまっている。構成比率の激変を惹きおこしたのは、道路輸送量の激増である。1990年以降のドイツ国内東西物流が鉄道網の未整備のために道路輸送に頼らざるをえなかったというよりも、むしろ後者を主軸に物流経路が構築されてきたこと、すなわち環境問題重視政策の標榜とうらはらに、現実は逆モーダルシフトが進んできたことが読みとられるのである。ともあれ、2000年のドイツの国内輸送方式における内航水運比率は6.7%に落

表1-2　輸送方式別国内輸送量（1000t）

	ドイツ				ネーデルラント			
	1970	1980	1990	2000	1970	1980	1990	2000
内航水運	24,0001	24,0985	23,1574	24,2223	23,8780	26,7472	31,7712	31,4287
構成比（%）	28.2	24.6	22.0	6.7	54.3	45.7	50.0	33.1
ライン河運	19,1086	19,5803	19,9113	20,4898	19,3428	21,3595	20,1818	22,3059
構成比（%）	22.5	20.0	18.9	5.6	44.0	36.5	31.8	23.5
鉄道輸送	36,4515	36,4300	31,0433	29,4200	2,6743	2,2142	1,5919	2,8063
構成比（%）	42.9	37.2	29.5	8.1	6.1	3.8	2.5	3.0
道路輸送	16,4939	29,8234	43,8141	300,5100	15,0050	25,1732	26,0815	52,6231
構成比（%）	19.4	30.4	41.6	82.8	34.1	43.0	41.0	55.4
油送管[1]	8,0739	7,6115	7,4067	8,9398	2,4500	4,4253	4,1146	8,2007
構成比（%）	9.5	7.8	7.0	2.5	5.6	7.6	6.5	8.6
合計	85,0194	97,9634	105,4215	363,0921	44,0073	58,5599	63,5592	95,0588

注：（1）油送管輸送は25km以上。
出所：Commission Centrale pour la Navigation du Rhin, *Evolution Economique de la Navigation Rhénane 2002*, 36-37ページ。一部渡辺が算出。

9 ネーデルラント領に流れこんだライン河は、三本に分流するばかりか、名称も区間によって頻繁に変わる。まず国境都市エメリヒ Emmerich 下流のドイツ領ヒュートゥム Hüthum（コンスタンツから 857.9km）からネーデルラント領ミリンヘン Millingen のパデルネン岬 Pannerdense Kop（同、867.46km）まで約 10km の区間は、左岸域がネーデルラント領、右岸域がドイツ領で、ライン河が両国の国境をなす。この国境区間の流路はドイツ語ではニーダーラインのままだが、ネーデルラントではベイランズカナール Bijlands kanaal またはボーフェンレイン Boven-Rijn（上ライン）と呼ぶ。ミリンヘンで左へワール Waal、右へパネルデンスカナール Pannerdens Kanaal と分流し、ワールはホルケム Gorinchem からボーヘンメルウェーデ Boven Merwede と河名を変え、これはすぐまたベネーデンメルウェーデ Beneden Merwede に変わる。ドルドレヒトで南北に分流し、北流はレク Lek と合流し、ニーウェマース Nieuwe Maas となる。ロテルダムを過ぎるとニーウェワーテルベルフ Nieuwe Waterberg となり、フクファンホラントのベルクハーフェン Berghaven（同、1029.9km）の先、マース河口 Maasmond（1031km）で北海に注ぐ。他方パネルデンスカナールはアルンヘム Arnhem でネーデルレイン Neder Rijn とヘルデルセエイセル Gelderse Ijssel とに分かれ、前者はアムステルダム-レインカナール Amsterdam Rijnkanaal との交差点からワールとの合流点までレクと呼ばれる。このようにラインはネーデルラント領内で大別するとワール、レク、ヘルデルセエイセルに分流するが、レクがニーダーレインの下流部の呼称であることから窺われるように、歴史的にレクが主流でワールが副流とみなされてきた。しかし、今日では両者は複雑に連結し、また、レクは閘門が多くそれだけ長い輸送時間を要するので、ワールが主たる輸送経路とされている。Fenzl, Manfred *Der Rhein‒Schaffhausen-Nordsee und zum IJsselmeer*, Hamburg 2003, 134 ページ以下。なお、別資料では、ドイツ・ネーデルラント国境はコンスタンツから 857.68km の距離にあり、ネーデルラント側の国境港ローピト Lobith（同、863.20km）からミリンヘン（同、866.50km）までをベイランツカナール Bijlands Kanaal と呼ぶとしている。また、北海に注ぐ河口の位置を、同、1035.40km としている。Verein für europäische Binnenschiffahrt und Wasserstraßen e. V. (Hrsg.), *WESKA-Westeuropäischer Schiffahrts- und Hafenkalenderr*, 62. Jg., Duisburg 1995, A78, A87 ページ。ライン、マース、スヘルデ三水系が形成する複雑な水路網を一瞥するためには、小島健「ヨーロッパ統合の中核——ベネルクス経済同盟——」、渡辺 (2000)、所収、144 ページ、「図 2-1 ベネルクスの水路」が便利である。ちなみに、レク、ワールともライン河の下流として国際的に承認されたのは、ベルギー王国分離・独立直後の 1831 年 3 月にマインツで締結されたライン河航行協定によってである。渡辺 (1987)、249 ページ。

なお、ワール、レク両河が貫流するプロフィンシ Provincie (Pr) はヘルデルラントとザイトホラントである。Pr ザイトホラントの時計回りにドルドレヒト、ロテルダム、スフラーフェンハーフ、レイデン等の都市は、Pr ノールトホラントのハールレム、アムステルダム、Pr ユトレヒトのユトレヒト等の都市とともにネーデルラント最大のコナーベイション、馬蹄形のいわゆるラントスタト Randstad を形成している。他方で Pr ヘルデルラントの、ネーデルレインとヘルデルセエイセルとの分岐点に位置するアルンヘムおよびワール沿いのネイメーヘン Nijmegen は、ラントスタトに次ぐネーデルラント第二のコナーベイションを形成する。ドイツ国境に隣接するこのコナーベイションと NRUW の漸移地帯との位置関係の解明が本書の課題の一つである。Commission of the European Communities, *Portrait of the Regions*, Vol.1, 1993, 220-225, 244-249 ページ。

表1-3 ライン河諸港間荷動き量（1000t）

	1998	1999	2000	2001	2002
DE港→NL港 比率（％）	2,4958 33.8	2,5067 33.2	2,6858 34.1	2,7203 36.2	2,7097 36.1
DE港からの総積出量	7,3786	7,5407	7,8678	7,5245	7,5165
NL港→DE港 比率（％）	7,9318 88.2	7,2810 87.9	8,0076 88.7	7,7885 87.2	7,6226 86.7
NL港からの総積出量	8,9967	8,2870	9,0299	8,9288	8,7928

出所：CCNR（2002），32-33ページ。一部、渡辺が算出。

こんだとはいえ、そのうち5.6％をライン河水運が占めており、内航水運におけるライン河輸送の比率は増大していきえする。これに対してネーデルラントでは、ドイツ並に内航水運の比率が低下してきたものの、2000年にまだ国内輸送方式の33.1％を占め、そのうち23.5％がライン河水運である。30年の間に内航水運と道路輸送との比率が逆転したが、ネーデルラントにとって内航水運、とりわけライン河水運（ワール、ネーデルレイン＝レク、ヘルデルセエイセル）が堅持している意義は、ドイツにおけるよりはるかに大きいことが明らかである。

そこで、ライン河水運におけるドイツ・ネーデルラント関係を点検しよう。表1-3に示されるように、ドイツ諸港からライン河諸港に仕向けられる総積出量に占めるネーデルラント諸港向け積出量の比率は、1998～2002年平均で34.7％を占め、ほぼ3分の1の比率で安定した推移を見せている。これに対してネーデルラント諸港からドイツ諸港に仕向けられる積出量比率は平均87.7％に上り、これまた安定して推移している。すなわち、ライン河水運がドイツ・ネーデルラントの経済的相互依存関係を媒介する太い動脈であるばかりでなく、ネーデルラントの対ドイツ依存度がその逆よりもはるかに高いことを見てとることができる。

4　連邦国家と単一国家

ドイツが連邦国家であるのに対して、ネーデルラントは単一国家である[10]。ゆえにネーデルラントの側からみればネーデルラント・ドイツ国境は、対ブン

ト（連邦）国境であると同時に対ラント国境、すなわちネーデルラント／ノルトライン-ベストファーレン国境およびネーデルラント／ニーダーザクセン国境でもあるという二重性をもつ。したがって、ネーデルラントはこの二重国境の対ラント国境としての属性を重視することに、対ドイツ不均衡を多少とも是正する可能性を見いだすであろう（2002年の人口はネーデルラント1615万人に対し、ノルトライン-ベストファーレン1808万人、ニーダーザクセン798万人）。また、ドイツ内部で隣接するノルトライン-ベストファーレンおよびニーダーザクセン両ラントが相互にラント主権をもって対峙し、牽制しあう関係に立つかぎり、ネーデルラントは両ラントそれぞれとの関係において有利な立場を占めうる。他方で、両ラント政府はネーデルラント政府に呼応して、ドイツの外部国境沿いの国境地域統治におけるラントの優位を主張することに、ブントに対するラントの権限の堅持に適合的な手段とみなすであろう。ここにネーデルラントとノルトライン-ベストファーレン、ニーダーザクセン両ラントとの一種の利益共同体が成立する根拠がある。

　もちろん、ドイツ基本法第32条［対外関係］第1項は、「諸外国 *auswärtige Staaten* との関係の処理は連邦の任務である。」と規定しており、外部国境が「諸外国との関係」の構成要素であるかぎり、外部国境は連邦の排他的管轄下

10　ネーデルラントは1840年以来十一のプロフィンシから構成されてきたが、1986年ザイデルゼー *Zuiderzee* の干拓事業完了により十二番目のプロフィンシ、フレーボラント *Flevoland* が成立した。プロフィンシの最高意思決定機関であるプロフィンシ議会が *provinciale staaten* と呼ばれるので、ネーデルラントはあたかも連邦制であるかのような印象をあたえるが、実体は集権的な単一国家である。Lepszy, Norbert & Woyke, Wichard, *Belgien Niederlande Luxemburg*, Opladen 1985, 99-100 ページ; Andeweg and Irwin (2005), 172-174 ページ。ネーデルラント王国1983年憲法によれば、勅令により任命される長官 *Commissaris van de Koning*（Royal Commissionor）および首長 *burgemeester*（Mayor）がプロフィンシ議会 *provinciale staaten*（provincial states）およびヘメーンテ議会 *gemeenteraad*（municipal council）の議長を務め（第125条第3項、第131条）、法律により長官に政府の命令を執行する義務を課すことができ（第126条）、地域税制およびプロフィンシと国 *Rijk* との財政関係は法律によってさだめられる（第132条第6項）。ネーデルラント王国憲法は1815年に制定され、改正をかさねて今日にいたる。Athenaeum – Polak & Van Gennep, *De Grondwet van Nederland*, Amsterdam 2006. 英訳は、Kortmann, Constantijn A.J.M. & Bovend'Eert, Paul P.T., *Constitutional Law of the Netherlands: An Introduction*, Alphen aan den Rijn 2007, に収録。ドイツ語訳は *Die Verfassungen der EG-Mitgliedstaaten*（2005）、454-456 ページ。provinciestaat の英訳は provincial council である。

にあると考えられる。しかし、外部国境に不可分に附着している国境地帯はラントの領域でもあり、国境管理が国境地帯に直接の影響をおよぼすときにラントが国境管理にまったく関与しえないとすれば、それはラントの権限の不当な制約となろう。事実、同条第2項は「あるラントの特別の事情にかかわる条約は、その締結に先だって、そのラントから時宜をえた意見の聴取がなされなければならない。」とし、第3項は「ラントは立法について権限を有する限度において、連邦政府の同意をえて、外国と条約を締結することができる。」としている[11]。さらに、国または国に類するもののいずれでもない外国の公法的組織 *öffentlich-rechtliche Gebilde* との条約に対する規定が基本法になく、ドイツのラントと外国の諸地域との友好条約には、その諸地域が国としての性格を具えないかぎり、第32条は適用されないという。同じ理由から、友好都市関係に対しても第32条は適用されない。連邦の権能の推定が諸外国との関係に限定されているために、第32条第3項に妨げられることなく外国またはドイツ国境の外部にかかるラントの権能が存在するのであり、ローマ教皇庁との取決め(コンコルダート)、外国の諸地域とラントとの条約、友好都市関係などに第32条は適用されず、よって連邦政府の同意を要しないという憲法解釈が通説のようである[12]。

次にラント憲法を検討すると、2004年11月時点で憲法に国境条項もしくはこれに類する条項をもつラントは、表1-4に示されるように十六のうち六を数える。これらの条項に共通する鍵概念は、微妙な表現の違いをひとまず措くならば、①ヨーロッパ統合(統一ヨーロッパ)、②ヨーロッパの諸地域(地域のヨーロッパ)、③国境を越える地域間協力(関係)[13]、この三点に集約される。さらに三つのラントで連邦制原則と補完性原則とが挙げられている。これらの事例から導きだされることは、ヨーロッパ統合の枠組においてラントが地域の実体として認識され、国境を越える地域間協力の主体としてのラントの正当性が、連邦制原則と補完性原則との強調により主張されていることである。国境を越

---

11 基本法条文の和訳は、樋口陽一・吉田善明編『解説 世界憲法集』[第4版]、三省堂、2001年;高田敏・初宿正典編訳『ドイツ憲法集』[第5版]、信山社、2007年;阿部照哉・畑博行編『世界の憲法集』[第四版]、有信堂、2009年;初宿正典・辻村みよ子編『新解説世界憲法集』第4版、三省堂、2017年を参考にした。

12 Schmidt-Bleibtreu, Bruno/Klein, Franz, *Kommentar zum Grundgesetz*, 8. Aufl., Neuwied et al. 1995, 633-646ページ。

表1-4　ラント憲法の国境地域条項

① バーデン-ビュルテンベルク（隣接国：フランス、スイス、オーストリア）
前文「神と人間とに対する責任を自覚して、人間の自由と尊厳とを保障し、平和に貢献し、社会的公正の原則にしたがう共同生活に秩序あらしめ、万人の経済的進歩を促進しようとする意志に満ちて、またこの民主的ラントを、その構成が連邦制原則 *föderative Prinzipien* と補完性原則とに則る、統一されたヨーロッパ *ein vereintes Europa* におけるドイツ連邦共和国の活力ある一員として形成し、地域のヨーロッパ *ein Europa der Regionen* の創出および国境を越える協力 *die grenzüberschreitende Zusammenarbeit* の促進に積極的に参画することを決意して、バーデン-ビュルテンベルクの人民 *Volk* は、不可侵かつ譲渡できない人権とドイツ人の基本権とに対する厳粛な信念の告白をもって、憲法制定ラント会議による憲法制定権力に基づいてこの憲法を制定した。」

② バイエルン共和国（隣接国：スイス、オーストリア、チェコ）
第3a条 [ヨーロッパの統一 *Europäische Einigung*]「バイエルンは、民主的、法治国家的、社会的および連邦制の原則ならびに補完性原則にしたがい、諸地域の自立性 *Eigenständigkeit* を保全し、ヨーロッパ水準の決定 *europäische Entscheidungen* に諸地域が参画することを保証する、統一されたヨーロッパ *ein geeintes Europa* を希求することを告白する。バイエルンは他のヨーロッパの諸地域と協力する。」

③ メクレンブルク・フォアポメルン（隣接国：ポーランド、デンマーク）
第11条 [ヨーロッパ統合 *Europäische Integration*、国境を越える協力]「ラント・メクレンブルク-フォアポメルンはその権限の枠内において、ヨーロッパ統合を実現し、とくにバルト海域 *Ostseeraum* における国境を越える協力を促進する目的に協力する。」

④ ラインラント-パルツ（隣接国：ベルギー、ルクセンブルク、フランス）
第74条a [ヨーロッパ連合]「ラインラント-パルツはヨーロッパ統合 *die europäische Vereinigung* を推進し、民主的、法治国家的、社会的、連邦制的原則と補完性原則とにしたがうヨーロッパ連合に協力する。ラインラント-パルツはヨーロッパ連合と統一ヨーロッパ *das vereinte Europa* との意思形成に自立的諸地域が参画することを支援する。ラインラント-パルツは他のヨーロッパ諸地域と協力し、隣接する地域公共団体および組織の間の *zwischen benachbarten Gebietskörperschaften und Einrichtungen* 国境を越える関係 *grenzüberschreitende Beziehungen* を支持する。」

⑤ ザールラント（隣接国：ルクセンブルク、フランス）
第60条 [民主主義、社会的法治国家、ヨーロッパ] 第 (2) 項「ザールラントはヨーロッパ統合 *die europäische Einigung* を促進し、ヨーロッパ共同体 *die Europäischen Gemeinschaften* と統一ヨーロッパ *das vereinte Europa* との意思形成に自立的諸地域が参画することを支援する。ザールラントは他のヨーロッパ諸地域と協力し、かつ隣接する地域公共団体間および諸組織間の国境を越える関係を支持する。」

⑥ ザクセン共和国（隣接国：チェコ、ポーランド）
第12条 [隣人関係のもとでの協力]「ラント [ザクセン] は、隣人関係 *nachbarschaftliche Beziehungen* の構築、ヨーロッパの融合 *das Zusammenwachsen Europas* および世界の平和的発展に向かう国境を越える地域間協力 *grenzüberschreitende regionale Zusammenarbeit* を目ざして努力する。」

注：(1) なお、同一民族がドイツ国境を越えて分布し、ドイツ領域内居住集団が少数民族とされる場合、

その権利を保障する条項として、ゾルベ（ベンデ）人に対するブランデンブルク憲法第25条［ゾルベ（ベンデ）人の権利］、またデンマーク人、ドイツ系ズィンティ・ロマおよびフリース人に対するシュレースビヒ-ホルシュタイン憲法第5条［少数民族、人民集団］第2項が挙げられるが、これは本書とは別の観点から検討されるべきものである。
（2）16ラントのなかでバイエルン、ザクセン、テューリンゲンの3ラントは、邦号を共和国 *Freistaat* としている。

出所：*Verfassungen der deutschen Bundesländer*（2014）

　える地域間協力という新しい空間関心が、連邦制のもとでの二重の外部国境をむしろラント国境として照らしだす効果を生んでいると言えよう。

　ここで目につくのは、ラインラント-パルツ、ザールラント、バーデン-ビュルテンベルク、バイエルンの南部四ラントが、地域または国境を越える協力を比較的くわしく規定しており、とくにバーデン-ビュルテンベルクが前文で理念として謳っているのと対照的に、デンマークまたはネーデルラントに接するシュレースビヒ-ホルシュタイン、ニーダーザクセン、ノルトライン-ベストファーレンの北部三ラントが、この時点で憲法に国境条項をもたないことである。シュレースビヒ-ホルシュタインにはデンマーク系少数民族が居住するので、このラントが憲法上国境を越える地域間協力を謳うことに慎重であるとしても、それはうなずけることである[14]。しかし、ネーデルラントに接するニーダーザクセン、ネーデルラント、ベルギーに接するノルトライン-ベストファーレン両ラントの憲法が、2005年時点で国境条項を備えていなかったのはなぜなのか。西南国境と西北国境とでラントの外部国境の意義になにか相違があるのだろうか。この問いに答えるためにもドイツ・ネーデルラント国境に潜む固有な事情をさぐる必要があろう。

13　「国境を越える地域間協力」はEU国境地域政策の対象として、①「国境を挟む隣接地域間協力」*cross-border cooperation*、②「国境を越える飛び地間協力」*interregional cooperation*、③「広域的多国間協力」*transnational cooperation* に三別される。ラント憲法の *grenzüberschreitende Zusammenarbeit* は、①を主としながら②も想定していると見られるので、さしあたり「国境を越える地域間協力」と訳出しておき、第9章で詳論する。渡辺（2002）、264-265ページ、参照。

14　その意味で、ラント-ブランデンブルク憲法が第25条第2項で、「ラント［ブランデンブルク］はソルベ人のラント境界［対ポーランド国境］を越える文化的自律性の保障に努める。」と謳っているのは、危うさをはらむ文言であるまいか。*Verfassungen der deutschen Bundesländer*, 87ページ。

5　ドイツ・ネーデルラント関係の修復

(1) 二次大戦後の初期条件

　これまでの回顧と概観でほぼ確かめられたことは、戦後西ドイツと各隣接諸国との二国間関係において、東ドイツとチェコを除き最も厳しい緊張が最も遅くまで残ったのが、対ネーデルラント関係であったことである。他方で、ヨーロッパ統合政策の展開と並行して、「国境を越える協力」（CBC）*cross-border cooperation; grenzüberschreitende Zusammenarbeit; grensoverschrijdende samenwerking* の先鞭をつけたのも、ほかならぬドイツ・ネーデルラント国境沿いの諸地域であった。国家間の統合を「上からの統合」とすれば、地域公共団体間の統合は「下からの統合」と呼ぶことができ、戦後西ヨーロッパ統合が下降と上昇の双方向でもって進展しはじめたことが注目に値する。EEC と最初の CBC 組織である *EUREGIO* との発足がともに 1958 年であったことは偶然であったとしても、時期を同じくして二つの歴史事象が生起したことの意義は重い。これ以後 1970 年代までに、576km におよぶドイツ・ネーデルラント国境およびドイツ・ベルギー国境を挟み、五つの CBC 組織が部分的に重なりあいながら隙間なくつらなるにいたった。しかも、*EUREGIO* につづいた四つのうち三つが、先行者に倣って *Euregio* を名称の一部に取りいれたため、CBC の基本形態が「エウレギオ」*euregio* と総称されるようになったのである[15]。

　それでは、険悪な関係がつづいていたドイツ・ネーデルラント間で、なぜ国境を越える協力の動きが他地域に先行してはじまったのか。両国関係の独自性を生みだす歴史的諸条件を検討するために、この問いは索緒的意義をもつ。たしかに、ライン河口を扼して大陸部ヨーロッパ最大の物流基地を形成しているネーデルラントの経済再建にとり、古くからの後背地である西部ドイツとの物流関係の復活が緊急課題であったことに疑いをいれない。とはいえ、東部国境が山岳や河川等によって画される自然国境でなく、平野部に引かれた政治的境界にすぎないことが、ネーデルラント人に対ドイツ警戒心を容易に解かせない事由の一つであったことも推察できることである[16]。実際、ネーデルラントに

とり東部国境で接するドイツは、西部海岸線で接する北海と同じく、ときに猛威を振う巨大な隣人なのであり、後者の脅威は堤防建設により克服できても、前者に対してはなす術がないのである[17]。5年におよぶ占領からようやく解放されはしたものの、フランスとちがい小国であるがゆえに隣国でありながらドイツ占領に直接関与できず、ドイツ軍国主義復活の防止を他国に頼るほかなかったネーデルラントにとり、どのような自主努力の余地が残されていたか。地勢上、「堤防」を築くことが不可能な東部国境では、むしろ国境の溝をできるだけ浅くして国境の両側域の一体化を図り、ここを事実上の緩衝地帯にする方が安全保障上得策であるとの判断がはたらいたとしても不思議でない。ネーデルラント東部では伝統的地続き効果の蓄積がものを言い、住民の間で比較的反ドイツ感情が弱かったことも[18]、このような動きを容易にした一要因であっただろう。

しかし、このような構造的条件のほかに、二次大戦終了直後の時代状況がネーデルラントの対西ドイツ再接近をうながす要因としてはたらいたことも見すごせない。そのうちとくに重要なのが、イギリスによるルール占領および

---

15 *Brockhaus Enzyklopädie*, 19. Aufl., Bd.6, 1988, に *Euregio* が立項され、「これは Europäische Region の省略形で、国境地域の地区公共団体 *kommunale Körperschaften* の非国政分野における国境を越える協力を指す概念である。西ヨーロッパには約 30 のかかる団体がある。」と解説している（625 ページ）。これにより、*euregio* という用語がおそくとも 1980 年代まで西ドイツで定着していたことが判る。固有名詞としての *EUREGIO* は、後出の *Interessengemeinschaft Rhein-Eems* が 1965 年に主催した域内巡回展覧会の際に初めて公式にもちいられ、これ以降、当該団体を指す名称として使われるようになったという。Raich, Silvia, *Grenzüberschreitende und interregionale Zusammenarbeit in einem > Europa der Regionen <: Dargestellt anhand der Fallbeispiele Großregion Saar-Lor-Lux, EUREGIO und > Vier Motoren für Europa < - Ein Beitrag zum Europäischen Integrationsprozeß*, Baden-Baden 1995, 140 ページ。普通名詞としての *euregio* との混同を避けるため、本書では前者を EUREGIO と原語で、後者をエウレギオと片かなで表記する。*euregio* はドイツ語ではオイレギオ、ネーデルラント語ではエーレヒオ、フランス語ではウレジオとそれぞれ発音し、他の国境地域でも同一の綴りがそれぞれ当該地域の母語で発音されている。日本語表記は中立性を守るためにラテン語発音でエウレギオとするのが望ましい。

16 現在 576km におよぶ国境の大部分は、1648 年のベストファーレン条約によりネーデルラント連邦共和国の神聖ローマ帝国からの独立が承認されたことをもって確定した。Woyke, Wichard, *Nordrhein-Westfalen und die Europäischen Gemeinshaft*, Opladen 1990, 117 ページ。

17 Wielenga の指摘。Schürings, Ute, *Zwischen Pommes und Praline*, Münster 2003, 25 からの引用。

ネーデルラント領インド（今日のインドネシア）の独立である。

① イギリスのルール占領

　これまで戦後ドイツ占領政策史の研究は、アメリカ、イギリス、ソ連、フランス四占領国間の対抗・連携関係の分析に焦点が合わせられてきたため、ネーデルラントにとり最重要な後背地であるラインラント−ベストファーレンを中核とする西・北ドイツを、イギリスが占領地区としたことが、ネーデルラントにどのような影響をおよぼしたのかという問題関心は、英語・ドイツ語文献でみるかぎり弱かったようである。

　この問題では、なぜイギリスが西・北ドイツを自らの占領地区にしようとしたかではなく、なぜイギリスがそれに成功しえたのかが論点となる。というのも、「ライヒの兵器廠」とみなされたルール鉱工業地域を擁するドイツ西・北部を自らの占領地区として確保することは、当初アメリカにとり自明であったからである。ところが、占領地区選定をアメリカより早くから、かつ、より周到に練ってきたイギリスは、1944年9月11〜16日ケベックでおこなわれたローズベルト・チャーチルの二回目の会談で、西・北部を自己の占領地区とする案をアメリカにのませることに成功した[19]。もっとも、実際にドイツ占領がはじまるとイギリスは自己の占領地区をもてあまし、それをアメリカは辛辣な眼で傍観していたようである。このことは、1946年12月2日に発足した統合経済地区 *Vereingtes Wirtschaftsgebiet*（いわゆる Bizone）の費用負担をめぐり、直前の11月ワシントンでおこなわれた交渉で、過重な占領費用負担にあえぐイ

---

18 同上、29ページ。1648年の国境確定の後も、国境の両側のカトリック、改革派、ルター派の住民集団はそれぞれ国境を越える交流を持続し、このような歴史的風土のなかで18世紀以来、行商の群れがミュンスターラントからネーデルラント側に向かい、両側地域の経済的一体性を強めた。18世紀後半以降、国境の両側地域における農村亜麻織物工業と都市綿・毛織物工業との興隆および国境を越える資本・労働力移動により、国境を挟む一大繊維工業地帯が形成された。このような工業化の遺産のうえに *EUREGIO* が成立したことになる。Adelmann, Gerhard, *Die Baumwollgewerbe Nordwestdeutschlands und der westlichen Nachbarländer beim Übergang von der vorindustriellen zur frühindustriellen Zeit 1750-1815*, Stuttgart 2001. 加えて西北ドイツはネーデルラント向け季節労働者の供給地となり、「オランダ行き」*Hollandgang* が国境を越える労働力移動を刻印した。Gladen, Albin et al., *Hollandgang im Spiegel der Reiseberichte evangelischer Geistlicher: Quellen zur saisonalen Arbeitswanderung in der zweiten Hälfte des 19. Jahrhunderts*, Teil 1 & 2, Münster 2007.

ギリスがアメリカの大幅な負担引受けを要請したところ、イギリスが占領地区の交換に応ずるなら過半の負担を引きうけるとアメリカが応じたことからも窺われる[20]。もちろんイギリスは拒否したが、統合経済地区成立がイギリスのルール占領・管理にアメリカが直接干渉する道を開いたことは事実である。

イギリスがルール地域をふくむ西・北ドイツを占領地区としたことは、ネーデルラントにとりさしあたり不利に作用した。その第一は、労働党政権下のイギリスが1946年11月にルール石炭鉱業・鉄鋼業の公有化(「社会化」)政策に踏みきったことである。これはルール地域に対する投下資本の接収をおそれたネーデルラントをはじめ、フランス、ベルギー、ルクセンブルクからのはげしい抗議を惹きおこした。結局、アメリカが介入し、1947年8月～9月ワシントンで開催された「石炭会議」で、イギリスは「社会化」構想の棚上げを余儀なくされた。1948年11月10日発効の統合経済地区法律第75号により、石炭・鉄鋼業の所有権の確定は自由な選挙によって成立するドイツ政府の決定に任されることになった[21]。

第二に、イギリスがフランスのように安全保障政策上の関心からでなく、すぐれて貿易政策上の関心からルール占領にあたったことである。石炭資源に富み産業構造が相似的なドイツ経済は、イギリスからみれば世界市場をめぐる強力な競争相手であり、したがってルール鉱工業の再建をイギリスの輸出市場を侵食しない限度におさえることに占領政策の重点が置かれたという認識で、先

---

19 Dauerlein, Ernst, Die Rhein-Ruhr-Frage nach der Kapitulation, in: Först, Walter (Hrsg.), *Ruhrgebiet und Neues Land*, Köln und Berlin 1968, 159ページ；Milert, Werner, Die verschenkte Kontrolle－Bestimmungsgründe und Grundzüge der britischen Kohlenpolitik im Ruhrbergbau 1945-1948, in: Petzina, Dietmar und Euchner, Walter (Hrsg.), *Wirtschaftspolitik im britischen Besatzungsgebiert 1945-1949*, Düsseldorf 1984, 105ページ。ミレルトは、第二回ケベック会談でチャーチルがモーゲンソー案に賛成してみせたのは、ロウズベルトが西・北部獲得に固執することを封じるためだったと推測している。渡辺尚「ラントとブント——西ドイツ政治・経済空間の形成過程——」諸田實・松尾展成・小笠原茂・柳澤治・渡辺尚・E. シュレンマー『ドイツ経済の歴史的空間——関税同盟・ライヒ・ブント——』昭和堂、1994年、193-195ページ。

20 Steiniger, Rolf, Grossbritannien und die Ruhr, in: Först, Walter (Hrsg.), *Zwischen Ruhrkontrolle und Mitbestimmung*, Köln 1982, 36ページ。

21 同上、39-43ページ；Lüders, Carsten, Die Regelung der Ruhrfrage in den Verhandlungen über die politische und ökonomische Stabilisierung Westdeutschlands 1947-1949, in: Petzina und Euchner (1984), 98ページ。

行研究はほぼ一致している[22]。しかし、膨大な食料需要発生源であるルールの占領統治は予想を超える費用を要し、よってこれをまかなうためにルール鉱工業産品の輸出促進を図らざるをえなかったことは、イギリスのルール占領統治に潜む根本的矛盾であった。この矛盾をはらんだイギリスのルール占領政策がネーデルラントにどのような作用をおよぼしたかは、まだあまり解明されていないようである。したがって、当面は断片的な状況証拠を積みかさねるほかはない。

　まず注目されるべきことは、1947年6月にアメリカのマーシャル国務長官が提唱したヨーロッパ復興計画がルール石炭・鉄鋼業の活用を必要条件としたことを機に、フランスの対ルール姿勢が軟化したことである。この状況変動に直面して、ネーデルラントはベルギー、ルクセンブルクと共同でルールの国際管理を要求する覚書を西側占領国に送った。ネーデルラントの動きが結局、ドイツ連邦共和国基本法の公布（1949年5月23日、翌24日発効）の直前4月28日に西側三占領国にベネルクス三国を加えた六か国の間で署名されたルール規約に結実したこと[23]、ルール規約によってデュッセルドルフに設置された国際ルール庁（IRA）*International Ruhr Authority* の主たる機能がルール炭の西ドイツ国内消費分と輸出分との配分比率の決定、監視にあったことを考量するならば[24]、イギリスのルール占領政策が隣接地域ネーデルラントへのルール炭の安定供給を保証するものでなく、したがってこれに後者が強い不満をもっていたことが窺われるのである。

22　Steiniger（1982），39ページ；Dauerlein（1968），161、163ページ；Milward, Alan S., Großbritannien, Deutschland und der Wiederaufbau Westeuropas, in: Petzina und Euchner,（1984）、26、34-36ページ；Pingel, Falk, Die aufhaltsame Aufschwung－Die Wirtschaftsplanung für die britische Zone im Rahmen der außenpolitischen Interessen der Besatzungsmacht, in: Petzina und Euchner（1984），42-43ページ；Milert（1984），105-106ページ。

23　Dauerlein（1968），199-201ページ。ルール規約締結にいたる、ルール地域国際管理をめぐるアメリカの政策決定過程については、河﨑信樹『アメリカのドイツ政策の史的展開――モーゲンソーからマーシャルプランへ――』関西大学出版部、2012年、167-171ページを参照。西ドイツ側からみたIRAについては、中屋宏隆「西ドイツの国際ルール庁（IRB）の加盟問題――ペータースベルク協定調印交渉過程（1948年）の分析を中心に――」『社会経済史学』82巻3号、2016年11月、を参照。

24　Steiniger（1982），62ページ；Först, Walter, Die Ära Arnold, in: Ders.（Hrsg.），*Politik und Landschaft*, Köln und Berlin, 1969, 240-243ページ。

さらに、イギリス炭とルール炭との競合市場であったネーデルラント[25]への
ルール炭の供給にイギリスが事実上の制約を設け、またイギリス占領地区への
食料輸入がネーデルラント経由でなく、北海諸港（ハンブルク、ブレーメン、エ
ムデン）経由となるよう政策的に誘導したことを、次の事例が示唆している。
すなわち、1949 年 1 月 20 日いわゆる「ライン会議所連盟」*Rheinkammeruni-
on* 創設を呼びかけるためにケルン大学で講演をおこなった当時のザイトホラ
ント商工会議所会頭カーレル・ポウル・ファンデルマンデレ *Karel Paul van
der Mandele* の訴求は、明らかにネーデルラントのイギリス占領行政に対する
批判的立場からのものであった。かれは次のように言う。「イギリスは西・北
ドイツの占領地区を行政的に単一のものとして統治している。イギリス占領地
区内の地域的差異が他の西側占領地区におけるようには重視されていない。こ
のような政策は、たとえ意図的でないにしても、［イギリス占領地区の］ニー
ダーライン地域に経済的な不利なドイツの北海沿い地域との関係を強いること
により、前者とライン河口地域［ネーデルラント］との自生的な相互依存関係
の復元をさまたげずにはおくまい[26]。」事実、西部ドイツ・ネーデルラント貿
易が戦後の低迷を脱しえたのは、ドイツ連邦共和国が成立して主権を大幅に回
復した 1949 年以降のことである[27]。

25　19 世紀後半にイギリス炭の優越に挑戦する形で興隆した「ルール石炭鉱業の蓄積基盤
　　は、……ラインラント、ヴェストファーレン中心とする西部地域およびオランダ市場に
　　あった」という石垣信浩の指摘を参照。同『ドイツ鉱業政策史の研究――ルール炭鉱業に
　　おける国家とブルジョアジー――』御茶の水書房、1988 年、293 ページ（付表 II、
　　301-303 ページも参照）。
26　Watanabe, Hisashi, Gründungsjahre der Rheinkammerunion – unter besonderer Berück-
　　sichitigung der Industrie- und Handelskammer zu Köln（1）, in: *The Kyoto University
　　Economic Review*, Vol. LVII, No.2, 1987, 4 ページ。ライン（商業）会議所連盟は、ライン
　　河を軸とする経済圏を再興するためのライン河沿い地域の商業会議所の国境を越える協力
　　組織として、1949 年に設立された。ロテルダムに本拠を置き、当初ライン河本流・支流
　　に沿うネーデルラント、ベルギー、ルクセンブルク、西ドイツ、フランス、オーストリア、
　　スイス七か国の 40 商工会議所が加盟した。今日これはローヌ河・ドーナウ河沿いの商業
　　会議所も包括する全ヨーロッパ的組織「ヨーロッパ商工会議所連盟ライン・ローヌ・ドー
　　ナウ・アルプス」*Union europäischer Industrie- und Handelskammern Rhein, Rhône,
　　Donau, Alpen* に拡大し、1999 年現在 80 会議所を擁している。渡辺（2000）、297-301 ペ
　　ージをも参照。
27　Milward（1984）, 32 ページ。かれによれば、1948 年以後の西ドイツ経済の急速な復興
　　にともなう輸入の増大から最大の恩恵を受けたのがネーデルラントであった。

ここでファンデルマンデレは、慎重に「意図的でないにしても」という外交辞令を挿入しているが、イギリス占領軍政府が占領地区の貿易にかかる物流基軸を、ルール－ネーデルラントからルール－ハンブルクへ変える政策を意図的にとったことは十分に考えられる。なぜなら、ドイツ諸地域のなかでも歴史的にとくにイギリスと関係が深く、占領統治の最大の拠点である北部ドイツのハンブルクの中心地機能を蘇らせることにくらべれば、ライン河軸の復興による西部ドイツ・ネーデルラント関係の修復の優先度は、イギリスにとり低かったにちがいないからである。というよりも、イギリスはすぐれて通商政策的観点から、ネーデルラント人の対ドイツ感情に刻みこまれた後遺症を奇貨として、占領期間中にネーデルラントをルールと切り離し、イギリスの市場として確保する条件を整えようと狙っていただろう。他方で、ハンブルクは、ソ連占領地区と西側占領地区との境界線がエルベ河を分断したため、後背地であるエルベ河中流部のベルリーン、ザクセンと切りはなされてしまった。エルベ河水運が中部ドイツ経済の大動脈としての機能を失った現状に照らして、イギリス占領軍政府がハンブルクにエルベで失ったものをルールである程度取り返させてやり、占領統治の実を上げようとしたことはむしろ当然であると言うべきであろう。

　皮肉なことに、イギリス占領軍政府によるハンブルク経済への梃いれが、東西冷戦構造のもとで効を奏するはずもなかった。1952年に発足したECSC（ヨーロッパ石炭鉄鋼共同体）の枠組のなかで、ネーデルラントは西ドイツと石炭・鉄鋼業における単一市場を形成し、つづいて1955年に西ドイツが主権を回復したのちは、ライン河がフランスおよびネーデルラントと西ドイツとの和解を担保する、西ヨーロッパ統合の主軸機能を発揮するにいたったからである。そのため、河口のロテルダムがヨーロッパ最大の海港として繁栄の時代を迎えたのとうらはらに、ドイツ最大の海港ハンブルクは、1990年の両ドイツ統一により中部ドイツが後背地としての位置に復帰するまで、長期経済停滞を余儀なくされたのである。

　ここで石炭輸送の主要な担い手であったライン河水運とイギリスとの関係にも触れておこう。連合国の空爆が鉱工業施設でなく、輸送路と大都市とに集中したことは周知の事実である。終戦時、ライン河のイギリス占領地区間、バートホネフからネーデルラント国境にいたるまでの約220kmの航区で、19本の

橋が破壊され、1665隻の船が沈められていたという。1945年5月に西側占領軍政府代表から構成される「ライン航行庁」(RNA) *Rhein Navigation Agency* が設置され、水路に横たわる障害物の除去にあたった。RNA解散ののちイギリス占領地区に「ブリテン・ライン河輸送管理部」*British Rhine Transport Control* がデュースブルクに設立され、これにはフランス、ベルギー、ネーデルラントの代表も加わった。1945年9月コーブレンツ・ロテルダム間でベルギー、ネーデルラント籍船の航行が再開された。終戦当時、名目的には「ライン河航行中央委員会」(CCNR) *Central Commission for the Navigation of the Rhine* がまだ存続していたが、ドイツが脱けて機能麻痺におちいっていたため、応急措置として1945年8月にアメリカ・イギリス両占領軍政府、フランス、ベルギー、ネーデルラントが「ライン河臨時作業委員会」*Rhein Interim Working Committee* を設置した。この過度的段階を経て、ようやくCCNRが二次大戦後活動を再開したのは1945年11月20日のことである。1950年4月に西ドイツがCCNRに復帰し、1964年12月にアメリカが脱退した[28]。

ところがイギリスがCCNRから脱退したのは、じつに1993年12月である。ベルサイユ条約により1919年にCCNRに加盟して以来75年後に、イギリスはようやくライン河管理から完全に手を退いたことになる[29]。CCNRの加盟国でありつづけたとしても、大陸部ヨーロッパ諸国の産業・物流政策の展開にイギリスがなんらかの影響をおよぼしえたわけではなかろう。とはいえ、すくなくとも1973年のEC加盟までは、イギリスにとり大陸部ヨーロッパの物流情報を収集するための貴重なアンテナであったにちがいない。

② インドネシアの独立

時代状況の第二に挙げられるべきは、インドネシア独立がネーデルラント経済の復興にきびしい制動をかけたことである。ネーデルラントにとり遠隔の東インドは隣接後背地ドイツとならぶ生命線であり、イギリスにとってのインドに相当する国富の蓄積基盤であった[30]。したがって、日本の敗戦直後に独立宣言を発したインドネシアの独立運動を、ネーデルラントはインドの独立をおそ

---

28 Hoederath, Roland , *Großbritannien und das internationale Rheinregime*, Berlin 1981, 101-113ページ。
29 CCNR, *Rapport 1991-1995*, Tome 1, 22ページ。

れるイギリスの支援を仰いで圧殺にかかった。アメリカを中心とする国際世論の批判を受けて、ネーデルラントは新生インドネシアと 1946 年 11 月 15 日にリンガルジャティ仮協定（1947 年 3 月 25 日に正式署名）、1948 年 1 月 17 日にレンビル協定を締結して停戦に応じたものの、そのつど協定を一方的に破棄し、執拗にインドネシア再植民地化をねらう軍事行動（いわゆる「警察行動」*politie acties*）をつづけた。結局 1949 年 8 月 23 日～11 月 2 日のほぼ 4 か月におよぶデンハーフ円卓会議の結果、インドネシアに主権を譲渡する協定の締結にいたり、同年 12 月 27 日に協定が発効してインドネシア連邦共和国が成立した。しかし、この協定にはまだ、ユィリアーナ女王を元首とするネーデルラント-インドネシア連合の創設という、ネーデルラントへの譲歩条項がふくまれていた。これは、一足先に独立したインドが「イギリス連合」*the Commonwealth* にとどまった先例に倣ったものだろう。ところが、西イリアン問題（ニューギニア島の西半分、西イリアンは、1963 年までネーデルラントによる植民地支配がつづいていた）の先鋭化を機に 1956 年 3 月 3 日インドネシアがデンハーフ協定を破棄し、1960 年 8 月 17 日にはネーデルラントと国交を断絶するまでにいたった。そうして 1969 年 8 月 16 日の西イリアンのインドネシア帰属をもって、ネーデルラントは 17 世紀初以来 370 年間植民地支配をつづけてきた東南アジアからの完全撤退を余儀なくされたのである[31]。

　ネーデルラントの対インドネシア作戦を当初（1947 年 8 月 15 日にインドが独立を達成するしばらくまえ、リンガルジャティ仮協定締結の直後 1946 年 11 月 30 日にイギリス軍はインドネシアから撤退した）イギリスが支援した理由は、アジアに広大な植民地をもった両国の利害状況の共通性であったことは疑いをいれない。しかしそれにとどまらず、イギリスの西・北ドイツ占領政策に対するネーデルラントの批判を和らげ、ネーデルラントとの関係強化を図る思惑も、イギリス側に働いていたであろう。ともあれ、イギリスのルール占領政策が結局アメリカの主導権への屈服に終わったように、東南アジアでもネーデルラント支援策は

30　Sluyterman, Keetie E., *Dutch enterprise in the Twentieth Century – Business strategies in a small open economy –*, Oxon 2005, 23 ページ。

31　インドネシア独立戦争の経過は、石井米雄監修『インドネシアの事典』同朋舎、1991 年；浦野起央編著『20 世紀世界紛争事典』三省堂、2000 年、による。地名と日附は両書でかならずしも一致していない。

アメリカの圧力の前に挫折した。ネーデルラントは国連安全保障理事会で非難決議を受けた最初の国の一つとなり、アメリカはマーシャル計画を、ネーデルラント政府に植民地支配を終わらせ、インドネシアから撤退させる圧力手段として利用したという[32]。

ネーデルラント史を画する地殻変動がネーデルラント国内におよぼした影響は、地域によって異なる。とりわけ東部国境地域 Pr オーフェルエイセルのトゥウェンテが打撃を受けたことが、注目に値いする。ネーデルラントの工業化は19世紀末に始まり、その主導部門は綿工業を中心とする繊維工業とこれに関連する金属加工業で、それはドイツ国境に近接するトゥウェンテに集中していた。トゥウェンテ綿工業の主軸は製織業であり、その代表的製品であるキャリコや太糸生地（ドゥーク doek,「ズック」の語源）の主たる市場が東インド植民地にほかならなかった。1890年代に繊維工業製品の45％が東インド植民地向けであり、1900年代に入っても40％の水準を維持したという。1913年に東インド植民地の輸入総額の44％が本国からの輸入であったのに対して、後者の輸出総額に占める前者向けの比率は11％であった。したがって、ネーデルラント輸出産業にとり東インド植民地は主要外部市場の一つにすぎなかったと言えようが、トゥウェンテ綿工業にかぎっては、東インド植民地市場の確保が死活的意義をもっていたと見るべきであろう[33]。

一次大戦前の事情は大戦間期にもあてはまる。1930年代各国が競って保護主義の強化に向かう情勢のなかで、ネーデルラントも東インド植民地との排他的経済関係を強めた。これはとくに本国工業のための市場確保を狙いとしていた。すなわち、東インド政庁の輸入割当制度の導入は、安価な日本製品の流入に対するトゥウェンテ綿工業の保護を主目的とするものであった[34]。また、

32　Andeweg and Irwin（2005），9, 205ページ；Sluyterman（2005），168ページ。
33　Sluyterman（2005），24-28ページ。トゥウェンテ綿工業史については石坂（2003）を参照。
34　Sluyterman（2005），44-45, 100ページ。日本側の文献は以下のように記述している。一次大戦勃発を機に、日本商社がネーデルラント領東インドに進出して綿布輸出の攻勢をかけたため、ネーデルラント系商社が輸入していた「欧州品」がしだいに駆逐されていった。そこで、東インド庁が1933年9月から次々に輸入制限措置を講じたため（繊維関係は1934年から実施）、日本からの輸出の太宗をなす繊維製品の取扱いが制約されるにいたった。疋田康行編著『「南方共栄圏」：戦時日本の東南アジア経済支配』多賀出版、1995年、74-75ページ（鈴木邦夫執筆）。

1914年のネーデルラントの対外直接投資累計額に占める東インド植民地向けの比率は75％に上った。もっとも、大戦間期にこの比率が低下してイギリス、フランス、ベルギーとは対照的な傾向を見せた。とはいえ、1938年になお60％、1947年にいたっても48％を占め、本国に対する東インド植民地の直接投資市場としての意義は依然として高水準をたもっていた[35]。もしも東インド植民地の経済的意義が大幅に低下していたら、植民地再獲得をねらい国際的批判を無視してまで執拗に繰りかえされた「警察行動」は、打算にたけたネーデルラントの政策としておよそ理解に苦しむものになるであろう。

（2）隣人関係の復活

　以上の概観から、最初の国境を挟む協力組織 EUREGIO のネーデルラント側域、トゥウェンテが大戦間期以来、最大の市場東インド植民地で日本製品の競争圧力に直面し、戦後インドネシア独立により致命的な痛手を被ったことが浮かびあがってきた。「下からの統合」がまずこの地で始まったことが、ドイツ・ネーデルラント関係一般の構造特性に帰せられない固有の地域的要因がはたらいていたのであり、しかもその諸要因の一つとしてほかならぬ日本が影を落としていたことは注目に値する。

　このような地域的事情をつつみこみながら、1949年にヨーロッパにおけるドイツ連邦共和国の成立につづき、東南アジアにおいてインドネシアが独立を達成したことが、ネーデルラントに新しい対西ドイツ関係の構築を迫ったと理解してよかろう。巨大な隣人の復活はネーデルラントの戦後安全保障を試練にさらすものであったが、西ドイツの成立に先だって発効したルール規約および集団安全保障条約の署名（北大西洋条約1949年4月4日、8月24日発効、NATOの成立）は、ネーデルラントの対西ドイツ不安をかなり軽減する作用をはたらいた。他方で、1949年に西ドイツの輸入が大幅に自由化され、引きつづき1950年9月にヨーロッパ復興計画の一環としてヨーロッパ支払同盟 European Payments Union が設立されると、ネーデルラントの対西ドイツ輸出が激増し

35　Sluyterman, 104-105, 173ページ。ちなみに国民所得に占める対植民地投資収益の比率は1938年に8％であったが、1940年代末～1950年代初に2～3％に低下したという。同上、170ページ。

た[36]。最大の海外領土を失ったうえに、いまや「奇跡の復興」の道を歩みだした西ドイツの威圧を受ける一方で、「奇跡の復興」の恩恵に最も与ることができたことは、ネーデルラントをドイツ軍による5年におよぶ占領のトラウマが癒えないまま、西ドイツとの経済関係強化に踏みきらせる機縁になったのである。

　当初、超国家機関による西ヨーロッパ統合に懐疑的だったネーデルラントは、やがてその尖兵となった[37]。そのために国際ルール庁が恰好の足場を提供した。ドイツ占領政策においてアメリカ、イギリスに疎外されつづけたフランス、およびルールを占領したイギリスに疎外されつづけたネーデルラント、この両者に共通の利害状況が生まれ、国際ルール庁の設立は両者の連帯の最初の成果と呼ばれるべきものとなった[38]。なぜならこれこそ ECSC の胚芽となったからである。ネーデルラントは、1948年のベルギー－リュクサンブール経済同盟（UEBL）*Union économique belgo-luxembourgeoise* との関税同盟発足をふまえて、ベネルクス三国の経済統合の深化を図る一方で、国際ルール庁の ECSC への改変、さらにこれをいっそう高い水準の経済統合に向かわせるべく政策努力を傾注した。その努力が、1958年の EEC の発足およびベネルクス経済同盟（Union économique Benelux）条約の締結（1960年発効）という二重統合の実りをもたらしたのである[39]。

　とはいえ、このことはネーデルラントが地続き空間の範囲内での地域統合のみに安全保障の担保を見いだそうとしたことをけっして意味しない。ネーデルラントは自らを、大陸部ヨーロッパにありながら「非大陸国」と位置づけて、アメリカ、イギリスとの環大西洋的連携の堅持によりフランス、西ドイツからの圧力に拮抗する努力をけっして怠らなかった[40]。ヨーロッパ統合の尖兵をもって任じてきたネーデルラントが、2005年6月ヨーロッパ憲法条約を国民

36　同上、166ページ。
37　Andeweg and Irwin（2005），211-212ページ。
38　Steiniger（1982），62ページ。
39　EEC 設立過程でベネルクス関税同盟が先行事例もしくは助産婦としての役割をはたしたことについては、小島（2000）、147-154ページ；小久保康之「ベネルクス三国――欧州統合と小国外交――」百瀬宏編『ヨーロッパ小国の国際政治』東京大学出版会、1990年、26-40ページを参照。
40　Andeweg and Irwin（2005），205ページ。

投票で否決したことは、この歴史的文脈のなかではじめて理解することができる。

第2章　エウレギオ *euregio* の形成

1　エウレギオの概観
2　エウレギオの領域性
3　エウレギオの法的形態
4　エウレギオの空間動態ベクトル
5　エウレギオと INTERREG

アーヘン中央駅から国境を越えてヘールレンに向かう近距離列車。列車番号と行先表示の間にエウレギオ鉄道とある。

第1章で顧みたドイツ・ネーデルラント関係史をふまえて、いよいよエウレギオに焦点を当てることにする。個別エウレギオの分析に先だち、本章ではエウレギオとはなにかを概観する。エウレギオは、単に経済面のみならず、国境を挟む隣接地域間の協力関係を多面的に強めることを目指す組織である。それは、地続き効果を弱める国境の遮断作用をできるかぎり抑制しようとする、当該地域の共同行動の場である。それでは、エウレギオがこの目的達成のために、どのような組織形態をもって、どのような手段をとってきたか、これを概観するのが第2章の課題である。

1　エウレギオの概観

　まずドイツ・ネーデルラント国境地域の五エウレギオの位置を図示すると図2-1のようになり、要目を一覧表にまとめると、表2-1のようになる。資料は2001年現在のものであるが、その後の変動にもとづき可能なかぎり修正をほどこした。この表から読みとられることは、さしあたり以下の諸点である。

　①五エウレギオがドイツ・ネーデルラント・ベルギー三国間国境を隙間なく覆い、部分的に重なりあってさえいることが見てとれる。事務局は、三エウレギオがドイツ側に置き（グローナオ、クレーフェ、メンヘングラトバハ）、二エウレギオがネーデルラント側（ニーウェスハンス、マーストリヒト）に置いている。ただし、後者のうちの一つ EMR は、その後事務局をマーストリヒトからベルギーのオイペンに移した。

　②五エウレギオの成立年は最初の EUREGIO が1958年、最後の euregio rhein-maas-nord が1978年で、20年の開きがある。当然にこの間のドイツ・ネーデルラント関係の変化が国境地域にも影響をおよぼし、エウレギオの成立事情の違いをもたらしたはずである。前述のように、ECSC成立まではフランスの苛烈な対西ドイツ政策が、ネーデルラントの対西ドイツ安全保障政策に適合した。しかし、1950年代末以降ドゥゴール、アーデナオア両首脳の親密な関係を梃にフランスと西ドイツが急速に和解に向かい、この機運が1963年1月の「エリゼ条約」締結に結実すると状況が一変した。いまや、両大国によるあらたな西ヨーロッパ支配に対抗するために、ネーデルラントの安全保障政策は大西洋同盟志向を明確にするようになった。フランス・西ドイツ間の接近は

図2-1　ベルギー・ドイツ・ネーデルラント国境地域のエウレギオ

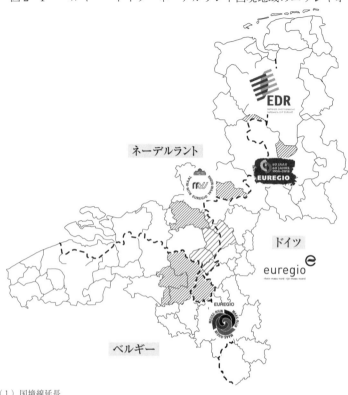

注：(1) 国境線延長
　　ベルギー（BE）・ドイツ（DE）間　　156km
　　ベルギー・ネーデルラント（NL）間　450km
　　ドイツ・ネーデルラント間　　　　　577km
　　　　　　　　　　合計　1183km
　(2) 人口
　　Eems Dollard Regio　　　　　　200万人
　　EUREGIO　　　　　　　　　　　320万人
　　Euregio Rhein-Waal　　　　　　270万人
　　euregio rhein-maas-nord　　　　180万人
　　Euregio Maas-Rijn　　　　　　　370万人
　　Benelux Middengebied/IGRES　　620万人
　　Euregio Scheldemond　　　　　　290万人
　　　　　　　　　　合計　2250万人
　(3) 斜線部は隣接エウレギオの重複地区。
　　細線はアロンディスマン（BE）、クライス・ラントクライス・クライス級市（DE）、コロプ区域（NL）の境界。

出所：Ministerie van Economische Zaken & Ministerium für Wirtschaft und Mittelstand, Energie und Verkehr des Landes Nordrhein-Westfalen（Hrsg.）, *Grenzübergreifende Zusammenarbeit des Königreiches der Niederlande, der deutschen Bundesländer Niedersachsen, Nordrhein-Westfalen und Rheinland-Pfalz sowie der Regionen und Gemeinschaften Belgiens im Rahmen der EU-Gemeinsehaftsinitiative INTERREG: Bilanz und aktuelle Förderphase INTERREG 111A(2000-2006)*, 2001, 附表。

1 エウレギオの概観 | 51

表 2-1 ベルギー・ドイツ・ネーデルラント国境地域の五エウレギオ

エウレギオ（法的形態）	設立年	事務局所在地	人口	加盟自治体
Eems Dollard Regio Ems Dollart Region （目的組合）	1977	Nieweschans (NL)	200万	NL (Pr): Groningen, Drenthe DE (Lk): Emsland, Leer, Aurich, Wittmund, Cloppenburg, Friesland, Ammerland (KfSt): Emden
EUREGIO （目的組合）	1958	Gronau (DE)	320万	NL (Pr): Gelderland (Regio Achterhoek), Overijssel (Regio Twente, Regio Noord-Overijssel*), Drenthe* Nds (Lk): Grfsch. Bentheim, Emsland*, Osnabrück (KfSt): Osnabrück NRW (Kr): Borken, Coesfeld, Steinfurt, Warendorf (KfSt): Münster
Euregio Rhein-Waal Euregio Rijn-Waal （目的組合）	1963	Kleve (DE)	270万	NL (Regio): Achterhoek, Arnhem/Nijmegen, Noord-Limburg, Noordoost-Noord-Brabant, NRW (Kr): Wesel, Kleve (KfSt) Duisburg
euregio rhein-maas-nord euregio rijn-maas-noord （任意協同団体）	1978	Mönchengladbach (DE)	180万	NL (Gewest): Noord-Limburg, Midden-Limburg NRW (KfSt): Mönchengladbach, Krefeld (Kr): Neuss, Viersen, Kleve*
Euregio Maas-Rijn Euregio Maas-Rhein Euregio Meuse-Rhin （財団 Stichting）	1976	Eupen (BE)	370万	NL (Pr): Limburg* BE (Pr): Limburg, Liège Deutschsprachige Gemeinschaft NRW: Regio Aachen

注：*は一部。
出所：Ministerie van Economische Zaken & Ministerium für Wirtschaft und Mittelstand, Energie und Verkehr des Landes Nordhein-Westfalen (2001) 発行資料

かえって西ドイツ・ネーデルラント間の和解を妨げる作用をおよぼしたのである。フランスでドゥゴールが退陣し、西ドイツで社民党・自民党連立政権が成立する1969年まで、西ドイツ・ネーデルラント関係は概して冷えきったままであったとみてよい。

　このような状況下で二つのエウレギオ、EUREGIO および Euregio Rhein-Waal を先行的に成立させた諸要因は、きわめて複雑にからみあっていたにちがいない。一方でネーデルラント側にのこる西ドイツに対する不信と敵意、西ドイツ側の四大国に対する恭順とうらはらの「小国」ネーデルラント軽視、他方でネーデルラント領東インドの喪失を補う西ドイツ経済復興のいなみようのない余沢、そうしてネーデルラント人の実利志向に裏うちされた自由貿易主義、これらの諸要因の複合的作用の結果として、戦後初の国境を越える地域間協力の試みが動きはじめたことになる。

　1970年前後を境として、ドイツ・ネーデルラント関係にもようやく和解の兆しが見えはじめた。すでに表1-1で示されたように、1969年ハイネマンが西ドイツ大統領として初めてネーデルラントを訪問し、1971年にユィリアーナ女王が答礼に西ドイツを訪問したことは、両国関係の基調の変化をもたらすきっかけとなった。この機運に乗り、1971年にモーゼル（Alfred Mozer 1905-79）の主導のもとで「ヨーロッパ国境地域協会」（AGEG）Arbeitsgemeinschaft Europäischer Grenzregionen が結成されて、国境を越える地域間協力をヨーロッパ規模にひろげる態勢がととのった。他方で、同年 EUREGIO 内に「モーゼル委員会」が設置され、国境の両側の住民の心理的接近促進のため、あらゆる手だてが講じられるようになった[1]。いまや一人歩きをはじめた感のあるかれの箴言、「国境は歴史の傷跡」Grenzen sind die Narben der Geschichte は、ドイツ・ネーデルラント関係が負った傷の癒しがたさを直視してきた者の嘆息でもあったのだろう。

　1970年代後半に後続三エウレギオが相次いで成立し、ようやく西ドイツとネーデルラント・ベルギーとの国境が五つのエウレギオにより隙間なく覆われ

---

[1] Wielenga, Friso, Alfred Mozer und die deutsch-niederländischen Beziehungen, in: Mühlhausen, Walter et al. (Hrsg.), *Grenzgänger: Persönlichkeiten des deutsch-niederländischen Verhältnisses: Horst Lademacher zum 65. Geburtstag*, Münster 1998, 215ページ以下参照。

るにいたった。三エウレギオのうち *Euregio Maas-Rijn* と *euregio rhein-maas-nord* は、18／19世紀の替り目に勃興した西部ドイツ繊維工業の主要立地を包摂しており、いずれも1960年代のうちに構造不況に陥っていた。先行した二エウレギオ内の諸鉱工業立地も、同じく1960年代に構造不況に直面していた[2]。したがって、民族間の反目がすくなくとも表面的に沈静化した1970年代になると、エウレギオの設立動機として経済的関心が前面に出てきて当然である。国境を越える地域間協力は、総じておそくとも1970年代のうちに、社会・文化面だけでなく社会・経済面にもその活動の重点を置きはじめていたと見てよかろう。

③人口規模は最小の *euregio rein-maas-nord* の180万人から最大 *Euregio Maas-Rijn* の370万人にいたるまで幅があり、単純平均すれば約270万人となる。概して200〜300万人という人口規模の意味を理解するために、広域行政地区であるRB（Regierungsbezirk）、Pr（Provincie／Province）の人口規模と比較してみよう。NRWは5RB構成で人口は1808万人（2003年末）、最大はRBデュセルドルフの525万人、最小はRBデトモルトの207万人で、平均約360万人となる。Ndsは4RB構成で人口は799万人、最大はRBベーザ-エムスの247万人、最少はRBブラオンシュバイクの166万人で、平均200万人となる[3]。他方ネーデルラントの人口は1626万人（2004年初）で12Pr構成だから、平均136万人である[4]。すなわちエウレギオの200〜300万人という人口規模は、西部ドイツのRBの規模に相当し、ネーデルラントのPrより一まわり大きい。したがって、人口規模からいえばエウレギオは国境を挟むRB相当の区域形成と見ることができる。

2　エウレギオの領域性

　エウレギオの構成単位は、多層から成る地域公共団体である。このうち、

---

[2]　Raich（1995），140ページ。
[3]　Statistisches Bundesamt, *Statistisces Jahrbuch 2005 für die Bundesrepublik Deutschland*, Wiesbaden 2005.
[4]　*European Union-Encyclopdia and Directory- 2006*, London and New York, 2005, 546ページ。

ネーデルラントの *Regio* やニーダーザクセンの *Landkreis* のような地区公共団体が、エウレギオ境界により分断されている事例は注目に値する。なぜなら、これはエウレギオが既存の行政境界の枠組を前提としない、新しい地域形態を創りだす可能性をはらんでいることを示唆するからである。地区公共団体とは別水準の経済的領域空間（管区）を形成する商工会議所や手工業会議所とも密接な連携をたもっていることは、エウレギオの空間的可能性の弾性を強めるはたらきをしている。

エウレギオによる空間動態はさまざまな方向をとりうるが、次の二つが現実的可能性として考えられよう。それはまず、エウレギオがドイツ側において国境地域に対するラントの権限を相対的に強化する結果をもたらし、対ネーデルラント国境がブント境でなくラント境としての性格を強めることである。そのかぎりで、エウレギオ形成はラントの利益に適う。

もう一つの可能性は、エウレギオがEUとの直接的関係を強めることにより、ブントばかりでなくラントに対しても空間的自律性を強めてゆく方向である。それはいくつかの歴史的先行例に照らして、けっして非現実的想定ではない。たとえば、1954年10月23日のパリ条約の一部として締結された「ザール規約」*Saarstatut* で謳われたザールラントの「ヨーロッパ化」*Europäisierung* とは、一種の「ヨーロッパ地域」*regio europaea* の形成であった（このザール規約は1年後の住民投票で否決され、結局ザールラントは1957／59年にドイツ領に復帰した）。さらにさかのぼれば、両大戦間期1920年から1939年まで国際連盟の保護領として「自由都市」*Freie Stadt* であった現ポーランド領のグダニスクも、「ヨーロッパ地域」の一先行形態であったと言えるであろう。

3 エウレギオの法的形態

五エウレギオの法的形態は、2017年現在、目的組合が三，任意協同団体が一，財団が一であり、一様でない。これに関して画期的意義をもつのは、1991年5月23日に国境沿いのドイツの小都市イセルブルク-アンホルト *Isselburg-Anholt* で、ドイツ連邦共和国、ネーデルラント王国、ラント・ノルトライン-ベストファーレン、ラント・ニーダーザクセン四者間で締結された協定である（資料参照）[5]。これにより初めて、ドイツ・ネーデルラント国境を越える地域

公共団体間協力の法的基盤が創りだされた。この協定によって認められる国境を越える協力には、目的組合 Zweckverband, 公法上の協約 Öffentlich-rechtliche Vereinbarung, 地区公共団体間の共同事業体 Kommunale Arbeitsgemeinschaft の三形態がある。いずれの形態においても適用されるのは、いずれかの締約国の国内法であり、たとえば目的組合には、同協定第3条第3項により、その所在地が属する締約国の法規が適用される。2018年現在、目的組合は EUREGIO, Euregio Rhein-Waal, Eems Dollard Regio の三つであり、前二者はグローナオおよびクレーフェに事務局を置くのでNRWラント法が、後者はニーウェスハンスに事務局を置くので、ネーデルラント法がそれぞれ適用される。したがって、機能上の活動領域は国境を越えるとしても、エウレギオ自体は締約国のいずれかに属すると擬制される。1990年代以降 euroregion という名称が、国境を挟む協力の総称として euregio にとって代わる傾向が見られる。とはいえ、どの締約国の国内法にも服さずEU法のみに服する、ことば

---

5 この協定はネーデルラント政府の発議にもとづき、ドイツ連邦政府の了解を得て、ネーデルラント政府と NRW・Nds 両ラント政府との代表者が交渉した成果である。しかし、協定原案がほぼ確定したときになってドイツ連邦政府は、基本法第32条第1項（外国との諸関係の処理は、連邦の任務である）を根拠に、両ラント政府の協定締結権を認めないと言明し、協定に対する同意を拒否した。これに対抗して両ラント政府は、同条第3項（ラントは、立法について権限を有している限度において、連邦政府の同意を得て、外国と条約を締結することができる）に拠り、ラントの締結権を主張した。結局、国境を越える協力の長年の実績にかんがみて、この協定に両ラントだけでなく、連邦も署名することで妥協が成立した。Raich (1995), 579-580 ページ。ここにもエウレギオをめぐる連邦とラントとの対抗関係が表面化している。なお、Pfeiffer は、当協定は何よりもネーデルラント政府の努力によって締結されたと、強調している。Pfeiffer, Thomas, *Erfolgsbedingungen grenzüberschreitender regionaler Zusammenarbeit*, Frankfurt a.M. 2000, 129 ページ。

ちなみに、目的組合の法源は、ネーデルラントでは Wet Gemeenschappelijke Regelingen, ドイツでは NRW ラント法としての Gesetz über kommunale Gemeinschaftsarbeit, および Nds ラント法としての Niedersächsisches Gesetz über die kommunale Zusammenarbeit である。Mayen, Thomas/Sachs, Michael/Seibert, Max-Jürgen (Hrsg.), *Landesrecht Nordrhein-Westfalen*, 7. Aufl., Baden-Baden 2013, 372-378 ページ; Götz, Volkmar/Starck, Christian (Hrsg.), *Landesrecht Niedersachsen*, 26. Aufl., Baden-Baden 2018, 245-251 ページ。たとえばNRW法では、第4条（1）で、「諸任務を引きうける権限をもつ、または義務をもつゲマインデおよびゲマインデ連合は、その任務を共同で達成するために、目的組合に結合することができ（自由な目的組合 Freiverband）、義務的任務であるときも目的組合に結合することができる（義務的目的組合 Pflichtverband）」; 第5条（1）で「目的組合は公法人である。」と謳っている。

の厳密な意味での「ヨーロッパ地域」regio europaea は法的にまだ存在しない。

4　エウレギオの空間動態ベクトル

現在、どのエウレギオも生成途上にあり、その領域もまだ不確定である。概して加盟団体を増やす傾向が見られ、その際二つの方向が認められる。一つは国境と直角の方向に拡大する動きで、それぞれの国境の内側に向かって新規加盟の地域公共団体を地続き的に増やしてゆくものである。エウレギオにおいては国境の両側の均衡を図ることが原則であるから、一方が拡大すれば他方も等しい範囲で拡大することになろう。かくてそれぞれ国境の内側に向かって拡大すればするほど、国境を挟む協力という局地的性格が弱まり、エウレギオ内の地域的一体性が損なわれる一方で、広域化がラントや連邦による規制の余地をひろげることになろう。

もう一つは、国境沿いに加盟公共団体を増やす方向である。ドイツ・ネーデルラント国境地帯はすでに隙間なくエウレギオに覆われている以上、この方向での個別エウレギオの拡大は、隣接する両エウレギオの境界に位置する地区公共団体の争奪にいたることが避けがたい。場合によればこれを媒介にしたエウレギオ間の連携、ひいてはエウレギオの合併という事態をまねくことさえ予想される[6]。これはこれで、局地的利益を不鮮明にして、エウレギオ本来の目的から外れてゆくことになろう。

各エウレギオにとり最適規模の模索は困難な、しかし必須の課題であり、また、隣接するエウレギオ間の境界に位置する地区公共団体の取扱いも軽視できない問題である。EU 統合の拡大と深化がはらむ空間政策的矛盾が、フラクタル構造のごとくエウレギオの水準においても潜んでいることが浮かびあがる。

5　エウレギオと INTERREG

1980 年代までは、エウレギオの連合組織「ヨーロッパ国境地域協会」（AGEG）

---

[6] 2005 年 11 月 28 日に *Euregio Maas-Rijn* の事務局（マーストリヒト）を再訪し聴取り調査を行った際、この可能性について質問したところ、「その通りだ。EU はドイツ・ネーデルラント間のエウレギオを一つにまとめたがっているのだ。」という回答があった。

がECのオブザーバーの地位を与えられていたものの、ECによるエウレギオへの直接関与はなかった。したがって、EC統合という「上からの統合」とエウレギオという「下からの統合」とは、相互に独立する動きとして並行する軌跡を描いてきた。ところが1990年代に入ると、二本の軌跡が交差する方向に向かいはじめた。1990年にECが地域構造政策の一環として国境地域政策 INTERREG を策定したことを契機に、エウレギオがECの地域政策の対象となるにいたったからである。一次（1991〜1993年）、二次（1994〜1999年）、三次（2000〜2006年）と更新されてきた INTERREG ついては後章で詳論するとして、これとエウレギオとの関係にかかる基本的論点を、ここであらかじめ挙げておく。

第一に、なぜ1990年代初にECが INTERREG という国境地域政策の具体化に踏みきったのか、という問いである。ECは西ドイツ・ネーデルラント国境のエウレギオの活動の成果に触発され、すでに1980年代後半から、国境を越える地域間協力に政策関心を寄せはじめていた。第9章において詳論するように、中間団体である AGEG もエウレギオに対するECの積極的支援を求めて、早くから働きかけを続けてきた。国境にECの地域政策関心を向けさせる直接の契機となったのは、おそらくピレネー山脈を越える地続きの南方拡大、すなわち1986年のスペイン、ポルトガルのEC加盟であっただろう。しかし、国境地域政策の本格化に踏みきらせたのは、地続きの東方拡大、すなわち1990年の旧東ドイツのEC加盟であったにちがいない。旧東ドイツのEC領域編入により、EC拡大がそれまでとは本質的に異なる局面を迎えたこと、すなわち、ECが西部ヨーロッパと中・東部ヨーロッパを分ける長大な不連続線を越えはじめたことを、両ドイツ統一が示唆したからである。それは、ECの積極的国境地域関与を正当化する契機となったはずである。INTERREG Ⅰが始動した1991年にアンホルト協定が締結されたことは、このようなECの新しい動きに対応するドイツ・ネーデルラント両国の共同行動であった。

第二に、1990年代に入ると国境地域にかかる政策の策定、実施の実質的主導権をめぐり、エウレギオ（地域公共団体）、国・ラント、EC／EUという利害関係機関が鼎立する局面を迎えた。これは、本来「下からの統合」であったエウレギオが、INTERREG を梃とするEC／EUによる「上からの統合」に直接影響される可能性が生まれたことを意味する。1990年代以降に冷戦期の

東西境界に沿って叢生したエウレギオは、おしなべて INTERREG を所与の前提としており、もはや「下からの統合」と言えるものではなくなったのである。

　第三に、INTERREG は、地元公共団体が補助対象にかかる総費用の 20％以上を自己負担し、EU の補助金が 50％以下、国・ラントの負担分が 30％以下にとどまることを原則としている。ここで問題となるのは、最低 20％という自己負担割合でなく、補助金の負担割合にある。EU の負担割合の上限が国・ラントのそれを上回ることは、INTERREG を通して国境地域の経済助成に EC／EU が国・ラントより強く関与する道を開いたことを示唆する。これがはたして補完性原則 *Principle of Subsidiality* もしくは追加原則 *Principle of Additionality* に適うことなのだろうか。地区公共団体、ラント、国・連邦、EC／EU という政策主体の重層構造のもとで、最下層の地区公共団体に対する経済助成に際し、中間層のラント・国からの補助金を最上層の EC／EU からの補助金が上まわるという実情は、補完性原則もしくは追加原則に抵触するものではないのか。

　第四に、INTERREG がドイツ・ネーデルラント国境の五エウレギオをはじめ、1980 年代までに形成された先行的エウレギオの実績にもとづいて策定されたものであるとはいえ、その主目的が 2000 年代にはいり、EC／EU の東方拡大を見すえて国境両側域の経済水準差の縮小に置かれるようになった以上、両側域間にそもそも経済水準差が存在しない先行エウレギオに対する INTERREG の政策効果は、中・東ヨーロッパの新しいエウレギオに対するそれと同一でありえない。INTERREG という国境地域政策にかかる問題状況は、とりわけドイツの東部国境と西部国境とで大きく異なるはずである。

　以上を念頭に置きながら、ドイツ・ネーデルラント・ベルギー国境地域のエウレギオが直面する独自な問題状況を把握するために、いよいよ各エウレギオを歴訪することにする。

第3章 *EUREGIO*

1 　地域概観
2 　*EUREGIO*の法的形態──私法人から公法人へ
3 　*EUREGIO*とINTERREG

グローナオの*EUREGIO*事務局。

1　地域概観

　本章ではエウレギオの原型、*EUREGIO* を検討対象とする。これには、ライン、ヘルデルセエイセル（ラインの分流）、エムスの三本の河川にかこまれる国境地域の地区公共団体が加盟している。これらは、ドイツ側は NRW, Nds の両ラントに、ネーデルラント側はヘルデルラント、オーフェルエイセル、ドゥレンテの三プロフィンシにそれぞれ属する。加盟団体数は、2001 年時点で 134 ゲマインデ／ヘメーンテおよびドイツ側 6 クライス、合わせて 140 団体であったが（図 3-1 参照）、2013 年には、ドイツ側が 47 ゲマインデ、9 狭域ゲマインデ組合（Nds）、42 市、4 クライス、2 ラントクライス、合わせて 104 団体、ネーデルラント側が 25 ヘメーンテ、合計 129 団体であった（2013 年現在の定款附表）。2017 年には、ドイツ側が 29 ゲマインデ、34 市、5 狭域ゲマインデ組合（Nds）、4 クライス、3 ラントクライス、合わせて 75 団体、ネーデルラント側が 25 ヘメーンテ、2 水利組合 *Waterschap*, 合わせて 27 団体、総計 102 団体である（2017 年現在の定款附表）。この間の加盟団体数の変動は、加盟ゲマインデの脱退や合併による減少と新規加盟による増加によるものであり、なんらかの傾向を見てとることはできない。

　まず、この *EUREGIO* 域の経済状況を概観する。既述のように 19 世紀後半の綿工業の勃興により、ヨーロッパ大陸の繊維工業の一大立地となったこの地域は、1990 年代にはいっても中小企業性の機械工業、繊維工業を中心とする二次産業の比重が大きい就業構造を示し、そのため失業率が両側域ともそれぞれの国の平均を上まわっていた。ドイツ側 NRW に属する地域で国境沿いに、最盛時には工業労働力の 3 分の 2 を雇用した繊維工業がシュイタインフルト *Steinfurt*, ボルケン *Borken* に残っていたが、バーレンドルフ *Warendorf* の機械工業に重心が移っていた。Nds ではオスナブリュク *Osnabrück* 周辺に金属加工業、機械工業が見られるのみであった。ネーデルラント側ではオーフェルエイセルの「トゥウェンテ連接都市」*Twentse stedenband*, すなわちアルメロ *Almelo*, ヘンゲロ *Hengelo*, エンスヘデ *Enschede* の三市を中心とする一帯で、かつて繁栄した繊維工業と金属加工業が衰退し、代わってヘルデルラントのアハテルフク *Achterhoek* が、農業地域を基盤とするアグリビズネスおよび金属

図3-1　EUREGIO の構成区域

注：ドイツ：Ld：ラント, Kr：クライス, Lkr：ラントクライス, KfSt：クライス級市
　　ネーデルラント：Pr：プロフィンシ, COROP-regio's：コロプ区域
出所：図2-1に同じ。

1 地域概観 | 63

図 3-2 EUREGIO

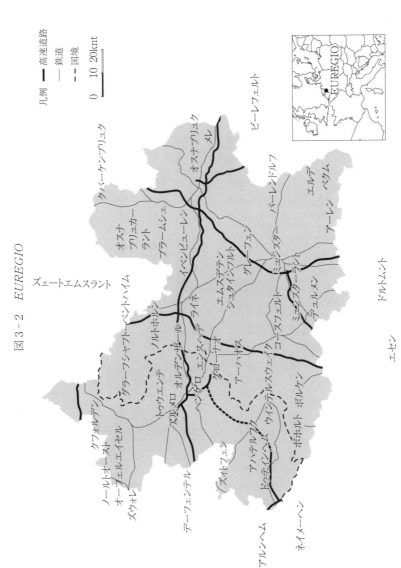

出所：EUREGIO 提供資料。

表3-1　RBミュンスターの失業率

労働局管区	1997	1998	1999	2000	2001	2002	2003	2004	2005
Ahlen	9.3	8.1	7.8	6.7	7.2	7.4	8.5	8.5	10.1
Coesfeld	8.9	8.1	7.7	6.3	6.6	7.6	8.0	8.0	9.1
Münster	9.8	9.4	9.0	7.4	7.4	8.1	8.7	9.4	9.9
Rheine	8.9	7.9	8.0	6.5	6.5	7.0	7.8	7.7	8.3
NRW	11.9	11.1	10.8	9.5	9.4	10.0	10.7	11.0	13.0

出所：Landesamt für Datenverarbeitung und Statistik Nordrhein-Westfalen, *Statsistisches Jahrbuch Nordrhein-Westfalen 2004, 2005*.

表3-2　*EUREGIO*ドイツ側域の製造業・鉱山業企業（2003年）

地区	企業数（A）		従業員数（B）		B/A		外国売上高比率（％）	
	2003	2004	2003	2004	2003	2004	2003	2004
KfSt Münster	90	91	10931	11220	121	123	31.8	31.2
Kr Borken	313	314	34048	33380	109	106	30.7	30.9
Kr Coesfeld	117	123	10121	10326	87	84	22.5	22.2
Kr Steinfurt	311	310	34645	34174	111	110	33.6	36.6
Kr Warendorf	208	210	27726	27146	133	129	33.9	35.5
RB Münster	1442	1427	174803	171339	121	120	25.0	25.0
NRW	10596	10577	1345222	1298344	127	123	36.0	37.7

注：20人以上を雇用する企業。RB Münsterにはこの他にKfSt Bottrop, Gelsenkirchenの両クライス級市およびKr Recklinghausenが属するが、いずれも*EUREGIO*には属さない。
出所：表3-1に同じ。第3、4欄は渡辺が算出。

　加工業の立地として、産業的重心の位置を占めるようになった。このように両側域ともそれぞれ域内立地変動をともないながら、総じて1990年代初は停滞基調にある二次産業部門がドイツ側域で最大でありつづけ、ネーデルラント側域でも三次産業部門に抜かれはしたものの、二次産業部門の比率がネーデルラントの平均値を上まわっていた。このような工業優位の産業構造に規定されて、就業者一人当たりの附加価値生産は両側域ともNRW、ネーデルラントそれぞれの平均値を10％以上も下まわっていた。19世紀からつづく伝統的繊維工業地域に成立した*EUREGIO*は、1990年代初にINTERREGを利用して産業構造の転換を促進する必要にせまられていたのである[1]。

　ところが、この間に様相が変わったようである。ドイツ側のRBミュンスターについて、2004年統計にもとづく表3-1および表3-2の数値を対照すると、興味深いことが読みとれる。失業率についてみれば、1997年から低下傾向をたどったが、2000／2001年に反転した。各地区労働局管区の動きは

NRW の動きと並行している。しかし、いずれの年も当該地区の失業率は NRW 平均より低く、1990 年代のうちに雇用構造の改善が効果的に進んだことが読みとられる。他方で従業員数でみた製造業・鉱山業の経営規模は、Kr バーレンドルフを例外として NRW の平均以下である。とくに企業数で RB ミュンスターの 43.7%（2004 年）を占めるボルケン、シュタインフルト両クライスの平均経営規模は、NRW 平均 123 人に対して 108 人にすぎず、この地区の企業構造の中小企業性が示される。さらにまた、外国売上比率も NRW 平均とくらべてあきらかに低い。このことから、第一に、すくなくともドイツ側域に関するかぎり、*EUREGIO* 内部の国境貿易とまで言わずとも対ネーデルラント貿易一般が、当該地域経済にとってもつ意義が大きいと言えないこと、第二に、したがって当該地区の雇用構造の相対的改善に寄与した要因を、輸出拡大以外に求めなければならないこと、以上が導きだされる。*EUREGIO* および INTERREG がドイツ側域の経済状況の好転にどの程度、どのような形で貢献したかは、あらためて検討されるべきことである。

このような観点からすれば、*EUREGIO* がその活動目的として謳う、「国境沿いに位置する従来の辺境を、ヨーロッパ共同市場の中心地に転化すること」も検討の余地があろう。19 世紀後半以来の綿工業の興隆がまさに国境地域の立地の優位に支えられたことを考量すれば、これの衰退の要因を「辺境性」に求め、市場環境の変化を「辺境性」と重ねることは無理があるからである。

2　*EUREGIO* の法的形態——私法人から公法人へ

（1）*EUREGIO* の成立過程

EUREGIO が公法人たる目的組合に変わった 2016 年まで、これを構成した

1　*Portrait of the Regions*（1993）, 90-91, 102-103, 214-219 ページ。19 世紀に、国境線沿いに延びたいわゆる「綿街道」*Baumwollstraße* に興隆した綿工業については、Lassotta, Arnold und Lutum-Lenger, Paula (Hrsg.), *Textilarbeiter und Textilindustire: Beiträge zu ihrer Geschichte in Westfalen während der Industrialisierung*, Hagen 1989; Mietzner, Erhard/Semmelmann, Winfried/Stenkamp, Hermann Josef (Hrsg.), *Geschichte der Textilindustrie im Westmünsterland: Mit einer ausführlichen Bibliographie*, Vreden/Bredevoort 2013, を参照。

地区公共団体は、ドイツ側は EUREGIO e.V.（1999 年までライン-エムス・ゲマインデ連合 Kommunalgemeinschaft Rhein-Ems e.V.）に、ネーデルラント側は Regio Twente, Regio Achterhoek および Hardenberg, Gramsbergen, Ommen, Dalfsen, Coevorden, Schoonenbeek（Emmen）のヘメーンテ群に、それぞれ統括されていた。ゆえに EUREGIO は、ドイツ側ゲマインデ連合としての狭義の EUREGIO（登記社団＝私法人）およびネーデルラント側ヘメーンテ連合（公法人）が連合した、法人格を欠く国境を越える団体たる広義の EUREGIO という、複合的構成をとっていたことになる[2]。

　EUREGIO の成立史は屈折している。1954 年にベストミュンスターラントのいくつかの市、ゲマインデ、クライスおよびニーダーザクセンのグラーフシャフト-ベントハイム Grafschaft Bentheim およびリンゲン Lingen の両クライスの経済界代表と政治家が、当該地域の経済的苦境を打開するために、常設団体としてのライン-エムス利益共同体 Interessengemeinschaft Rhein-Ems を結成した。これの目標は、当該地域の構造基盤改良およびネーデルラントとの国境を越える関係の強化に置かれた。このドイツ側の動きに呼応して、エンスヘデ市長が 1958 年にトゥウェンテおよびオーストヘルデルラントの諸市をもってヘメーンテ連合を結成し、これにより IG Rhein-Ems との協力関係を強めようとした。1960 年にトゥウェンテ地区および Pr ヘルデルラントの一部のヘメーンテから成る常設団体としてトゥウェンテ-オーストヘルデルラント利益共同体 Belangengemeenschap Twente-Oost-Gelderland（今日のトゥウェンテ協力連盟 Samenwerkingsverband Twente）が結成された。今度はこの動きがドイツ側に作用して、1962 年に IG Rhein-Ems がライン-エムス地区公共団体連合 Kommunalgemeinschaft Rhein-Ems に変わり、これにつづいてネーデルラン

2　アンホルト協定にもとづき EUREGIO を目的組合にする案が検討されたが、グローナオの事務局に勤務する 12 人のネーデルラント側職員の課税・社会保障問題でそれが困難であることが判り、代替案として Kommunalgemeinschaft Rhein-Ems e.V.を EUREGIO e.V.に（登記社団＝私法人）改組し、これに従来の EUREGIO の機関を承継させて事実上、目的組合（公法人）として機能させることになったという。ただし、ネーデルラント側のヘメーンテは法的に私法人に加盟することができないので、厳密に言えば社員総会はドイツ側ゲマインデのみで構成されるべきことになったと言われる。ミュンスター市の Detlef Weigt 氏提供の文書（Dezernat Obm, Vorlagen-Nr.: 569/99, Datum: 16.05.1999: ミュンスター市長から市議会へ提出されたミュンスター市の EUREGIO e.V.への完全正式加盟に関する議案）による。Weigt 氏のご厚意に記して謝意を表する。

ト側の Pr ヘルデルラントのアハテルフクでオーストヘルデルラント協力連盟 Samenwerkingsverband Oost-Gelderland が形成された。この三者が近年まで EUREGIO の構成単位でありつづけた。加盟団体は共同事業体 EUREGIO フォールム Arbeitsgemeinschaft EUREGIO-Forum に包括され、1966 年に執行機関としての EUREGIO 執行部 EUREGIO-Arbeitsgruppe（現在の EUREGIO 理事会 EUREGIO-Vorstand）が設置された。さらに 1978 年、最高の政治的意志決定機関としての EUREGIO 評議会 EUREGIO-Rat が発足した[3]。

このように、国境を挟む両側地域の動きがこだまのように反響しあい、ほぼ四半世紀をかけて EUREGIO はゆっくりと制度化を進めてきたことになる。そうして、IG Rhein-Ems に対応するへメーンテ連合がネーデルラント側にも結成された 1958 年を、EUREGIO は自らの生年としている。戦後ヨーロッパの「上からの」統合である EEC と「下から」の統合の原初形態である EUR-EGIO の発足が、同年になったのは偶然にすぎない。ライヒの叙述は、戦後の国境を挟む対話の開始にドイツ側が先手をとったことを示唆している。しかし、繊維工業地帯の構造不況という点からいえば、インドネシア市場を失ったネーデルラント側域がすでに 1950 年代に苦境を迎えていたはずである。これに対して、繊維工業の構造不況が西ドイツ側域におよぶのは 1960 年代以降であった。したがって、国境を越える協力の機運が生まれたのがはたしてドイツ側だったのか、また、事実そうだとしても、その理由が「主に繊維工業の構造改革の困難」（ライヒ）だったのか、疑わしい。パイファがネーデルラント側の動きに注目していることは、示唆を与えてくれる[4]。

3　Woyke（1990），116 ページ；Raich（1995），141-143 ページ；Manfred Miosga, *Europäische Regionalpolitik in Grenzregion: Die Umsetzung der INTERREG-Initiative am Beispiel des nordrhein-westfälischen Grenzraums*, Passau 1999, 90 ページ。Miosga は *IG Rhein-Ems* の設立を 1953 年とし、また 1958 年に国境を越える接触が軌道に乗り、1968 年に T. O.G. および *IG Rhein-Ems* の「執行部」*Arbeitsgruppe* がエンスヘデにおいて会合したことが、今日の EUREGIO の核を形成していると、Kolck（1992: 筆者未見）にしたがって述べている。Woyke はそれぞれの国の中心地域に対する遅れを取りもどすことがさし迫った課題だったので、国境を越える接触はなによりも経済面に重点が置かれていたと述べている。

（2）定款分析

　EUREGIO の目的、組織、機能を把握するためには、定款の分析が有用である。また、多数のエウレギオのなかで果たしてきた *EUREGIO* の主導的役割からして、*EUREGIO* の定款は他のエウレギオの定款の見本となるので、なおのこと *EUREGIO* の定款分析は高い意義をもつ。*EUREGIO* の定款は、その発展につれてたびたび改定されている。1999 年の *EUREGIO e.V.* の原始定款および 2013 年の最後の改正定款の第 19 条、発効 *Inkrafttreten* によると、それまでの経緯は以下のとおりである。

　まず KG Rhein-Ems e.V. の定款が 1972 年 12 月 11 日に制定されて KG が登記社団となり、1979 年 5 月 25 日に最後の定款改正がおこなわれた。前述のように、この時期の *EUREGIO* は三つの地区公共団体連合、すなわちドイツ側の KG Rhein-Ems e.V. ならびに、ネーデルラント側の Regio Twente, Regio Achterhoek およびヘメーンテ小集団から構成されていた。定款を具えるのは、四団体のうち KG だけであり、ここでは、社員総会 *Mitgliederversammlung* と執行委員会 *Arbeitsausschuss* が社団機関であった。1999 年に *EUREGIO* 事務局が、KG Rhein-Ems e.V. の承継者となるべき *EUREGIO e.V.* の定款案を作成した。これによると、新 *EUREGIO e.V.* がそれまでの *EUREGIO* 諸機関、すなわち *EUREGIO* 執行部および *EUREGIO* 評議会を引き継ぎ、*EUREGIO* フォールムが消滅することで諸機関の重複がなくなり、評議会と執行部の構成に両側域均等原則を適用することで、国境を越える活動の活性化を狙い、また、目的組合の機関構成と事実上似たものとなった。1999 年 6 月 9 日の KG の社員総会で新定款が承認され、同年 11 月 15 日グローナオの地区裁判所から定款認可が下りて、社団登記簿に登記された。かくて、新私法人 *EUREGIO. e.V.* が発足した。これが、2016 年 1 月に公法人たる目的組合に変わったのである。

---

4 「1958 年に国境を越える協力が制度化され、これは 1965 年から *EUREGIO* の名をもっておこなわれている。」Woyke（1990）. 他方で Pfeiffer は、「ネーデルラント側からの働きかけによって、今日の *EUREGIO* が kommunale Arbeitsgemeinsahft としてついに誕生するにいたった。」と、ネーデルラント側の主導を示唆している。Pfeiffer（2000）, 118 ページ。

目的組合の新定款 Satzung für den niederländisch-deutschen Zweckverband EUREGIO（以下、[ZV] と略記）と登記社団期最後の定款 Satzung EUREGIO e.V.（以下、[e.V.] と略記）とを対照しながら、別掲資料2（本書末尾）で一覧に供し○以下で注釈をほどこす[5]。

　EUREGIO の登記社団および目的組合、両形態の定款を比較対照すると、総じて前者では執行機関である理事会および事務局の権限が比較的強く、後者では政治的意思決定機関である評議会の権限が比較的強いことが浮かびあがった。目的組合では、総会、評議会、理事会、三機関の議長が同一人であるが、登記社団では、評議会議長は理事会の構成員であるものの、職務上当然に理事長を兼ねるという規定を欠く。また、登記社団では事務局長が理事会の構成員であるのに対して、目的組合では事務局長は理事会での出席・発言権をもつにすぎない。このほか、評議会会議に出席して発言する権利をもつ一群として、登記社団ではネーデルラント側の市長または副市長のみが挙がっているのに対して、目的組合ではドイツ側域をふくむ全 EUREGIO 域のクライス長、市長または副市長もしくは市長代行にこの権利が認められている。さらにまた、全 EUREGIO 域の堤防管理官または水利管理官の理事も評議会に出席して発言する権利をもつ。加えて、他団体の代表者に出席権または発言権を付与する権限も評議会に認められている。これらからして、目的組合において政治機関としての評議会の権限が、登記社団におけるよりも強まったと言ってよい。

　評議会が EUREGIO の政治機関である以上、評議会の権限の強化は、EUREGIO の政治団体化を示す。目的組合は本来、特定の目的の実現のための特殊な公法人であるにもかかわらず、EUREGIO はそのきわめて多面的な活動範囲により、国境を挟む区域にかかる行政一般に関与する権限を具え、新しい地域公共団体としての性格を事実上具えるにいたったことを否めない。他

5　登記社団の定款については、Weigt 氏提供文書に附された EUREGIO e.V. の原始定款（1999 年）および EUREGIO 事務局からの提供による最後の改正定款（2013 年）、さらに EUREGIO, *EU-Gemeinschaftsinitiative INTERREG-II für die EUREGIO: Förderung aus dem Europäischen Fonds für Regionalentwicklung-EFRE Nr. 94/00/10/020-Endbericht 31. 12. 2001*, Gronau 2002, 1-6 ページによる。目的組合の定款は、EUREGIO の Marie-Lou Perou 氏の提供による。Perou 氏によれば、2 年間の準備期間を経て 2016 年 1 月に EUREGIO は目的組合に変わり、2018 年 1 月に新しい定款が発効するということである（2017 年 11 月 13 日インタビュウ）。

方で、これ自体が EUREGIO をラント－クライス－ゲマインデという階層的地域統治構造に組みこみ、RB ミュンスターをとおして、ラント NRW の空間政策規制が私法人であったときよりも直接にはたらくことが必至である。ラント NRW との政策調整がかえって複雑になることが予想される。

　EUREGIO が長らく登記社団の形態にとどまったのは、既述のように技術的困難のために目的組合化を当面見送っていたからにすぎず、すでに 1999 年 6 月 9 日に制定された EUREGIO e.V. の原始定款が、後年の目的組合への転換を想定した条項を多分にふくんでいた[6]。領域性を具え、しかも、きわめて広範な目的を掲げる目的組合の形態を目ざすこと自体が、新しい水準の地域公共団体の創出に向かう可能性を秘めていることを、EUREGIO が意識していなかったはずがない。たしかに、EUREGIO は自らを「新しい行政水準」 eine neue Verwaltungsebene ではけっしてなく、EUREGIO 内外の地域公共団体、市民、社会経済的協力者、文化団体、諸官庁、諸団体の国境を越える協力のための「回転盤」Drehscheibe、「接触取引所」Kontaktbörse、「仲介者」 Vermittler、「支援者」Förderer とみなし、地域公共団体との峻別を強調している。しかし、この自己規定がかえって、EUREGIO が国境地域の既存の地域公共団体と交錯する「新しい行政水準」の創出の可能性を認識していることを窺わせる[7]。他方で、この自己規定が半ばしいられた自主規制であることも、否めない。というのも、モーゼル委員会創設 25 周年を記念して、1996 年 11 月 30 日、ネーデルラント側域のデルテ De Lutte で開かれた、NRW 首相ラオ、NL 首相コク、Nds 首相シュレーダーの三者会談の共同声明は、「EUREGIO のような団体は、いかなる新しい行政水準でもない。これはむしろ、あらゆる公的、私的施設が利用できる、国境を越える関係と接触のために「役だつ場所」eine Servicestelle をもって任じる［べき］ものである。」と謳っているからである。エウレギオが新しい水準の地域公共団体であってはならないと、上から枠がはめられているのだ[8]。

6　EUREGIO, *Erläuterungen zu dem Satzungsentwurf des EUREGIO e.V.*, 09.03.1999.
7　EUREGIO, *ALMANACK*, 32, 36 ページ；EUREGIO, *Endbericht*, 5 ページ。「多くが国境を越える現地議会（または評議会）を具えるこれらの団体は、地域行政の新しい階層 tier を意味する。」Scott, J. W., Euroregions, Governance, and Transborder Cooperation Within EU, in: van der Velde, M./van Houtom, H. (ed.), *Borders, Regions, and People*, London 2000, 108 ページ。

表3-3　*EUREGIO* の活動（実施、調整、指導）

1	*EUREGIO* 向け INTERREG I（1990〜1993）・II（1994/95〜1999）・IIIA（2000/01〜2008）企画の実施
2	*EUREGIO* のための国境を越える空間開発構想
3	国境を越える商工業地域の開発の可能性
4	国境を越える交通基盤開発
5	LVS（物流、交通、通信）産業の国境を越える協力
6	*EUREGIO* における技術
7	*EURO-Info-Center EUREGIO*（中小企業のための情報と助言）
8	国境を挟む観光構想
9	統合された環境総合計画
10	統合された廃棄物処理・再生計画
11	農業経済のネットワーク
12	EU社会窓口 *EURES*（European Employment Services）
13	国境を越える職業教育（労働行政当局および商工会議所との共同による）
14	国境を越える職業斡旋（労働行政当局との協定およびその委託をうけて）
15	社会文化的協力（青少年、高齢者、学校、文化、メディア、専門家交流）
16	民衆から民衆へ・行動・人集め企画（People-to-People-Action-Sammelprojekt）
17	健康保険制度における国境を越える協力
18	越境通勤者相談、国境を越える救急制度、国境を越える災害防止をふくむ日常的国境問題
19	国境を越える消費者相談
20	国境を越える警察協力
21	ヨーロッパ国境地域協会（AGEG: Arbeitsgemeinschaft Europäischer Grenzregionen）の事務局が *EUREGIO* 事務局に同居

出所：EUREGIO, *Endbericht*, 2002, 5-6 ページ。

　さらに、ライン水系の二つの水利組合が新たに加盟したことも重い意味をもつ。これにより、*EUREGIO* はライン河流域に位置する地域特性をより明確にしたからである。とはいえ、他方で、ライン河と独立のエムス河の流域に属するオストミュンスターラントやオスナブリュカーラントが、*EUREGIO* 域の東半分を占めている。西に向かうライン水系と北ないし東に向かうエムス水系の方向性は逆向きであり、これから生ずる遠心力作用は軽視できないはずである。これをどのように制御して *EUREGIO* の一体性を保持するかが、*EUREGIO* の空間政策の固有の課題となろう。

8　Erklärung anläßlich des Treffens der Ministerpräsidenten des Königreichs der Niederlande und der Länder Nordrhein-Westfalen und Niedersachsen am 30. November 1996, in: *EUREGIO Mozer Commissie/Kommission 25 jaar/Jahre*.

表3-4　*EUREGIO*のINTERREG I企画の費用負担（実績値）

事業分野 （企画）	経費総額	EC	NRW	Nds	NL	地元 公共団体
1　通信・情報 網形成（17）	5144260 19.7	2401793 24.0　46.7	325987 16.6　6.4	104023 27.5　2.0	433474 17.0　8.4	1878983 16.8　36.5
2　交通・輸送・ 構造基盤（3）	4265324 16.3	1171556 11.7　27.5	32588 1.7　0.8	36469 9.6　0.9	124975 4.9　2.9	2899736 25.9　68.0
3　観光・休養 （13）	4936016 18.9	1606692 16.1　32.6	99908 5.1　2.0	45809 12.1　0.9	832086 32.6　16.9	2351521 21.0　47.6
4　職業訓練・ 労働市場（8）	2443026 9.4	637695 6.4　26.1	130647 6.6　5.4	47472 12.6　1.9	300522 11.8　12.3	1326690 11.9　54.3
5　環境・農業 （11）	2369138 9.1	1126114 11.3　47.5	291792 14.8　12.3	144381 38.2　6.1	221918 8.7　9.4	584933 5.2　24.7
6　革新・技術 移転（6）	6278990 24.1	2731120 27.3　43.5	1087212 55.2　17.3	－ －	542461 21.2　8.6	1918197 17.1　30.6
7　企画管理 （1）	664422 2.6	331500 3.3　49.9	－ －	－ －	98000 3.8　14.8	234922 2.1　35.4
合計（59）	26101176 100.0	10006470 100.0　38.3	1968134 100.0　7.5	378154 100.0　1.5	2553436 100.0　9.8	11194982 100.0　42.9

注：上段は実数値（ECU）、下段は負担割合。ただし左側は費用負担者毎の分野別構成比、右側は分野毎の費用負担者別構成比。
出所：EUREGIO, *EU-Gemeinschaftsinitiative INTERREG-I für die EUREGIO*, 19, 84, 95, 131, 160, 199, 225ページ。

3　*EUREGIO* と INTERREG

　*EUREGIO*のINTERREG企画の検討に入るまえに、*EUREGIO*の重点目標、中長期的計画、具体的企画を概観すると、表3-3のようにまとめられる。
　*EUREGIO*は、1987年に策定した「国境を越える開発構想」（当時は「行動計画」）による初めての「*EUREGIO*のための実施計画」*Operationelles Programm für die EUREGIO*（1989～1992年）にもとづく総費用800万ECUの11試行企画に対し、ヨーロッパ構造基金から約220万ECUの補助を得た。EC当局は1980年代末までに、西ドイツ・ネーデルラント国境地域における国境を越える地域間協力の実績に注目しはじめていたのである。引きつづき*EUREGIO*は、INTERREG I（1990～1993年申請期間、1995年事業終了）およびINTERREG IIA（1994～1999年申請期間、2001年事業終了）によるEC／EU（ヨー

表3-5 *EUREGIO* の INTERREG IIA 企画の費用負担（実績値）

重点分野 （企画）	経費総額	EU	NRW	Nds	NL	地元 公共団体
1 空間構造 （9）	14734184 23.0	3067594 13.9 20.8	2100053 34.0 14.3	178945 15.3 1.2	5950447 58.1 40.4	3437145 14.1 23.3
2 経済・技 術・革新（32）	23960568 37.4	10207112 46.3 42.6	2266184 36.6 9.5	670962 57.2 2.8	2829434 27.7 11.8	7986876 32.7 33.3
3 環境・自 然・景観（6）	1974560 3.1	908049 4.1 46.0	255883 4.1 12.9	90913 7.8 4.6	198990 1.9 10.1	520725 2.1 26.4
4 資格教育・ 労働市場（17）	16187565 25.3	4585822 20.8 28.3	996770 16.1 7.5	117804 10.0 0.9	554614 5.4 4.2	9932555 40.7 61.4
5 社会文化的 統合（14）	4720556 7.4	2075353 9.4 44.0	254969 4.1 5.4	58169 5.0 1.2	351466 3.4 7.4	1980599 8.1 42.0
6 技術的支援 （2）	2452487 3.8	1193568 5.4 48.7	312148 5.1 12.7	56667 4.8 2.3	349926 3.4 14.3	540178 2.2 22.0
合計（80）	64029920 100.0	22037498 100.0 34.4	6186007 100.0 9.7	1173460 100.0 1.8	10234877 100.0 16.0	24398078 100.0 38.1

注：（1）六重点分野 *Schwerpunkt* はそれぞれ以下のような実施分野 *Aktionsbereich* から成る。1）空間構造：①国境を越える空間秩序、②構造基盤、輸送、交通、産業立地、2）経済・技術・革新：①中小企業間の協力、②観光、休養、その連携網、3）環境・自然・景観：①環境、自然、景観、②農業、4）資格教育・労働市場：①国境を越える労働市場の発展、②国境を越える企業間の連携網、③国境を越える教育連携網、5）社会文化的統合：①社会文化的連携網の編成、②文化・観光遺産の保護、6）技術的支援：①研究、②計画管理。
（2）上段は実数値（Euro）、下段は負担割合。ただし左側は費用負担者毎の分野別構成比、右側は分野毎の費用負担者別構成比。

出所：EUREGIO, *EU-Gemeinschaftsinitiative INTERREG-II für die EUREGIO-EFRE Nr. 94/00/10/020-: Endbericht 31.12.2001*, 2002, 26 ページ。

ロッパ地域開発基金 *ERDF* およびヨーロッパ社会基金 *ESF*）ならびにネーデルラント、NRW, Nds からの補助金を受けて、それぞれ59、80企画を実施した。

INTERREG IIIA（申請・実施期間 2001～2008 年）では、2004 年末現在で、77 企画を実施中であった[9]。すでに実績値が確定した INTERREG I、IIA および総予算の 80％以上を消化した時点での IIIA の暫定値にもとづく費用配分・負

---

[9] EU の国境地域政策の対象となる国境を越える地域間協力には三形態があり、国境を挟んで隣接する地域間の包括的協力（Cross-Border Cooperation）を支援するのが、I, IIA, IIIA であり、かならずしも隣接しない地域間の特定事業企画にかかる協力（Interregional Cooperation）を支援するのが、IIB, IIIC であり、単一の目的のための広域にわたる多国間協力（Transnational Cooperation）を支援するのが、IIC, IIIB である。第三形態が第II期より導入され、また、第II期と第III期でBとCとが入れ替わったことに注意。渡辺、前掲（2002）、264-265 ページ。これについては後章で詳論する。

表3-6　*EUREGIO* の INTERREG IIIA 企画の費用負担（2004年末現在暫定値）

重点分野（企画）	経費総額	EU	NRW	Nds	NL	地元公共団体
1　空間構造（9）	24087121	4593757	8489913	351767	1021476	9630210
	22.8	11.1　19.1	50.4　35.3	13.8　1.5	9.7　4.2	27.9　40.0
2　経済・技術・革新（30）	45201046	20809772	4693055	1005185	5609513	13083520
	42.8	50.4　46.0	27.9　10.4	39.5　2.2	53.3　12.4	37.9　29.0
3　環境・自然・景観（5）	2462261	1228028	262564	102276	364849	504545
	2.3	3.0　49.9	1.6　10.7	4.0　4.2	3.5　14.8	1.5　20.5
4　資格教育・労働市場（11）	18320027	7195827	1674526	502605	1439525	7507544
	17.3	17.4　39.3	9.9　9.1	19.7　2.7	13.7　7.9	21.7　41.0
5　社会文化的統合（17）	8615809	4157551	724817	258613	769219	2705608
	8.2	10.1　48.3	4.3　8.4	10.2　3.0	7.3　8.9	7.8　31.4
6　技術的支援（5）	7038521	3279592	993374	326005	1319378	1120172
	6.7	8.0　46.6	5.9　14.1	12.8　4.6	12.5　18.8	3.2　15.9
合計（77）	105724785	41264527	16838249	2546450	10523960	34551599
	100.0	100.0　39.0	100.0　15.9	100.0　2.4	100.0　10.0	100.0　32.7

注：（1）六重点分野の実施分野構成は INTERREG IIA と同様であると見られる。
　　（2）上段は実数値（Euro）、下段は負担割合。ただし左側は費用負担者毎の分野別構成比、右側は分野毎の費用負担者別構成比。
　　（3）INTERREG IIIA（2000/01～2008）に対する *EUREGIO, Euregio Rhein-Waal, eurgio-rhein-maas-nord* の三エウレギオによる初めての共同申請に対して、ヨーロッパ委員会は2001年10月1日に補助金枠を決定し、*EUREGIO* に対しては4870万ユーロの補助金枠を認可した。これに基づく *EUREGIO* の INTERREG IIIA 企画の総費用は1億1140万ユーロと見積もられている。2004年末時点での実施総支出は1億572万ユーロであり、EU補助金4126万ユーロであった。これは認可枠の84.7％である。これについての詳細を示したのが表3-6である。確定実績値ではなく暫定値であるとはいえ85％を実施済みの時点のものなので、とくに表3-5との比較は十分に可能であると考えられる。
出所：EUREGIO, *EU-Gemeinschaftsinitiative INTERREG IIIA für die EUREGIO, Euregio Rhein-Waal und euregio rhein-maas-nord: Förderung aus dem Europäischer Fonds für Regionalentwicklung–EFRE-Nr. 2000 RG 16 0 PC 021–: 4. Durchführungsbericht für die EUREGIO*（31.12.2004）: ZUSAMMENFASSUNG.

担割合をまとめたのが、表3-4、表3-5、表3-6である。IおよびIIA・IIIAの事業・重点分野区分が同一でないので通時的比較に制約があるが、それでも3表の比較検討により、すくなくとも以下の点が導きだされる。

①まず費用総額が期を追うごとに増大し、IIIAではIの4倍増となっている。EUの支出も4倍増だが、費用総額の4.05倍増に対しEUの支出が4.12倍増と上まわっていさえする。このことから、INTERREGによるEU資金投入が *EUREGIO* の財政構造に占める比重の傾向的増大が見てとられる。それは、EUが INTERREG を手段にして *EUREGIO* の諸機能の選別作用をおよ

ぼしはじめたことを示唆するものである。

②ドイツ側で「国」として費用を負担するのは、NRW, Nds 両ラント政府であり、ドイツ連邦政府は費用を負担していない。これはドイツ側国境地域の統治権を事実上ラント政府が掌握していることを窺わせるものである。エウレギオに関するかぎり、ネーデルラントのドイツ側相手方はラントであって連邦ではない。よって対ネーデルラント国境がすぐれてラント境の性格を具えていることは否みがたい。

③ INTERREG の費用分担について、補完性原則に立ち、EC／EU の補助金は 50％を、国・ラント政府の補助金は 30％を超えてはならず、地元公共団体は 20％以上を自己負担しなければならないという基準がある[10]。実際の負担割合の変化は、EC／EU が 38.3％→34.4％→39.0％、ドイツ側両ラント合計が 9.0％→11.5％→18.3％、ネーデルラントが 9.8％→16.0％→10.0％である。傾向的に上昇しているのはドイツ側ラントであり、I, II 期ではネーデルラントを下まわっていたのに、III 期では NRW だけでネーデルラントを上まわるにいたった。その結果、EU とドイツ側両ラントとの負担割合の差が縮小し、負担割合における EU の両ラント対する倍率は、I 期の 4.3 倍から III 期の 2.1 倍に半減している。これは INTERREG を梃に国境地域統治への関与を強めようとする EU と、ドイツ側域に関して *EUREGIO* を梃に国境地域統治の主導権確保を意図するラント、とくに NRW との競合関係が発生していることを窺わせるものである。

④他方で、ネーデルラントの負担割合は低迷している。これに対して *EUREGIO* はネーデルラント政府の協調助成に対する消極的な姿勢を批判して、次のように指摘している。「ネーデルラント経済省はその管轄分野にかかる企画にしか参画しない。たとえば保健、環境、農業の企画のように他の管轄分野にかかる企画は経済省により助成されず、また当該諸官庁は通例国境を越える企画に参画しない。」[11]

---

10 *EUREGIO, EDR, ERW* に対する INTERREG 計画の実施および資金にかかる手続きは 1991 年にデーネカンプ Denekamp で署名された *Vereinbarung zum NL-NRW/Nds-EG-Programm INTERREG* により規定されている。これに署名したのは、NL, NRW, Nds, DE／NL 国境沿いのプロフィンシ、三エウレギオである。これによって、INTERREG 計画の枠組みで実施される諸企画が、ネーデルラント政府および NRW・Nds 両ラント政府の政策目的と合致することが保証された。Pfeiffer（2000）, 121, 123-124 ペイジ。

⑤地元公共団体等の負担割合は42.9%→38.1%→32.7%と減少傾向にあり、Ⅰ・Ⅱ期ではEUの負担割合を上まわっていたのに、Ⅲ期ではEU負担割合を下まわった。これは*EUREGIO*のEUおよび国・ラントへの財政的依存度の増大を示唆するものである。これが補完性原則に合致する動きといえるのか疑問無しとしない。

⑥経費配分の比較的大きい事業分野でEC／EUからしても重点分野は、Ⅰ期では通信・情報網形成および革新・技術移転、Ⅱ・Ⅲ期では経済・技術・革新および資格教育・労働市場である。分野区分がⅠ期とⅡ・Ⅲ期とで異なるため正確な比較ができないが、EC／EUが一貫して重視しているのが、技術分野であることは明らかである。Ⅰ期で独立の項目として立てられていた観光・休養分野が、Ⅱ・Ⅲ期では経済・技術・革新分野に組みいれられているので、Ⅰ期の技術革新・技術移転と観光・休養との両分野を合わせると、ECは助成総額の43.4%をこれに投入したことになる。この構成比がⅡ期では46.3%、Ⅲ期では50.4%と傾向的に上昇しており、地場中小企業に対する技術移転に*EUREGIO*向けINTERREG補助金政策の最大の重点が置かれていることが、ほぼ確かめられる。

ただ、なぜⅡ期以降中小企業の技術支援と観光・休養とが同一分野に組みこまれたのか疑問が残るが、これにはネーデルラント政府の意向が反映している可能性がある。

⑦EC／EUと対照的な動きを示すのが、NRWの配分比率である。Ⅰ期の通信・情報網形成および交通・輸送・構造基盤との両分野が合してⅡ・Ⅲ期の空間構造分野となったとみられるので、これへの同ラントの配分比率をみると、18.3%→34.0%→50.4%と傾向的に上昇している。これと対照的に、技術分野への配分比率は60.3%→36.6%→27.9%と傾向的に低下している。EC／EU対NRWという対抗図式でみると、EC／EUは技術分野に、NRWは空間構造に助成の重点を置くという違いがみられ、そのかぎりである程度補完関係が生じていると見ることができる。

---

11 EUREGIO, *4. Durchführungsbericht INTERREG IIIA.*

第4章 Euregio Rhein-Waal / Euregio Rijn-Waal

1　地域概観
2　加盟団体と成立過程
3　ERW域内の区域別産業構造
4　ERWの形態、構造、機能
5　ERWとINTERREG
6　小括　KANの位置づけ

木立ちにかこまれたERW事務局。

1　地域概観

前章の EUREGIO につづき 1963 年に設立されたのが Euregio Rhein-Waal ／ Euregio Rijn-Waal（ERW）である。ERW には以下四つの地理的特徴が見いだされる。

まず、図 4 - 1 から明らかなように、また ERW という名称が示すように、空間形成軸が国境でなくこれと交差する交通軸としてのライン-ワールという国際河川であることに、国境を軸とする EUREGIO との対照的相違が認められる。そればかりか、ライン-ワールに沿う 2 本の国際高速道路、1 本の国際幹線鉄道が ERW 域を貫通し、ERW は大陸部ヨーロッパ西北端と内陸部とをむすぶ大動脈上に位置するという、交通経済上の特性を具えている。

第二に、ドイツ側の河川軸ラインがネーデルラント領に入ると分岐し、また複雑に名称が変わるとはいえ、交通経済上はワールが主流であることが、ERW の名称に反映している。ライン河がドイツ領域から流れでた後の分流の様相と、めまぐるしい呼称交替についてはすでに第 1 章で詳述した。

第三に、国境沿いにネーデルラント側をラインと並流するマースは、ERW のドイツ側域を外れているとはいえ、ヘネプ Gennep でマースに注ぐ支流ニールス Niers がマースと並流して、ドイツ・ネーデルラント両側域を貫通しており、したがってマース河流域経済圏の一部を ERW 域が形成していることである。ライン、マース、ニールスの三河川が ERW に流域共同体としての等質空間的一体性を強めていることは、軽視できない[1]。さらに、ヘルデルセエ

---

[1] ユトレヒトからクレーフェを経てデュースブルクにいたる地域は、16 世紀初までは単一のネーデルラント-ニーダーライン文化圏を形成していた。19 世紀初にいたってもニーダーラインでは日常ネーデルラント語が使われていたので、プロイセン領のレース、クレーフェ、ゲルデルン各クライスでは、公式行事の際にネーデルラント語を使うことが、政府から固く禁じられたほどだという。さらに、1815 年のウィーン会議による国境画定でクレーフェ、ゲルデルンがマース河との接続を遮断されたうえに、プロイセンの関税線がニーダーラインとネーデルラントとの伝来の通商関係をさまたげたため、ドイツ関税同盟成立（1833）後はルール地域から西、北の地域が辺境に追いやられた。政治国境＝関税国境が経済的・文化的地続性を損なった傷痕が、この地域を刻印しているという。Burkhard, Wolfgang, *Abriß einer Wirtschaftsgeschichte des Niederrheins*, Duisburg 1977, 15-16, 38 ペイジ。

第4章 Euregio Rhein-Waal / Euregio Rijn-Waal

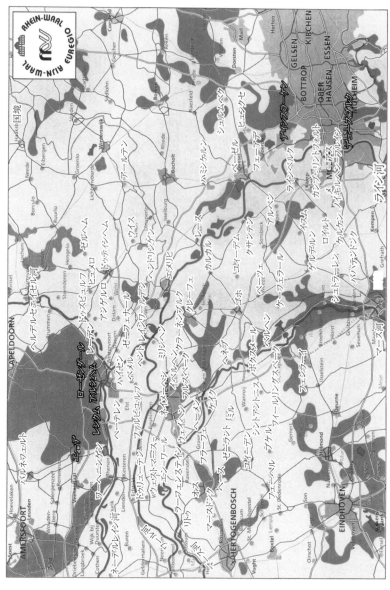

図4-1 ERWと河川

出所：ERW提供資料。

イセル、ネーデルレイン、マース-ワール-カナール *Maas-Waalkanaal*, ベーゼル-ダテルン-カナール *Wesel-Datteln-Kanal*, ライン-ヘルネ-カナール *Rhein-Herne-Kanal* 等の河川・運河が、ライン-ワール、マースを両軸とする地域水路網を *ERW* 域内に張りめぐらしている。*ERW* はまさに河のエウレギオと呼ばれるにふさわしい。

　第四に、*ERW* 域はラントスタトおよびライン-ルール圏という二大連接都市圏（コナーベイション）の中間にあって、両者を結合する機能を果たしていることである。それだけでなく、*ERW* 域内でそれぞれ強度の中心性を具えるネーデルラント側の「アルンヘム（ネーデルレインとヘルデルセエイセルとの分岐点）・ネイメーヘン（ワール河畔）連接都市」(KAN) *Het Knooppunt Arnhem-Nijmegen* とドイツ側の巨大都市デュースブルクとが、国境を挟んでひろがる比較的人口希薄な農業地域を間に置いて向かいあっている。その意味で一種のフラクタル構造が認められる。

　以上から、少なくとも二つの論点が導きだされる。第一に、巨大連接都市圏であるラントスタトとライン-ルール圏（これを介してさらに内陸部）とを直結する大陸部ヨーロッパの大動脈上に位置するという通廊性が、*ERW* による地域形成にどのような作用をおよぼしているか、また、政策空間としての *ERW* 域の位置と形態がこの通廊性にどれほど適合しているか、という問題である。

　第二に、デュースブルク都市圏がライン-ルール圏の一部を成すことは言うまでもないので、問われるべきは、ラントスタトに次ぐネーデルラント第二の連接都市圏 KAN の位置づけである。*ERW* ネーデルラント側域の KAN に向かう向心力はきわめて強いが、多数の小都市が散在するドイツ側域には「ネーデルラント側に匹敵する一致した方向性」*eine solche gebündelte Orientierung* が欠ける一方で、東南端に位置するデュースブルクがクレーフェ、ベーセル両クライスに上位中心地としての引力をおよぼしているという[2]。この記述はやや混乱しているとはいえ、KAN とデュースブルクに挟まれるドイツ側農村地域が、ネーデルラント寄りの西北部では KAN を、東南部ではデュースブルクを向いている蓋然性が示唆されている。言いかえれば、それは KAN 経済圏が国境を越えてドイツ側にも相当食いこんでいることを示唆する。すると、

---

[2]　ERW, *Zusammengefaßt*. 刊行年とページ数とを欠く薄い冊子であるが、記述からして刊行年は 1993 年と推定される。

KANの位置附けは、①ラントスタトを中核とするネーデルラント経済圏の東端にある、②逆にライン-ルール圏と連続している、③ラントスタトを中核とする経済圏とライン-ルール圏を中核とする経済圏（ニーダーライン原経済圏）との漸移地帯上にある（よって比較的自立性の強い都市圏を形成している）、これら三つのうちいずれかになろう。したがって、これらの比較検討が、ERW分析の第二の論点となる。

以上の二点を念頭に置きながら、以下、分析作業を進めることにする。

2　加盟団体と成立過程

ERWの加盟団体は、2007年現在で50ゲマインデ／ヘメーンテおよびドイツ側のクレーフェ、ベーゼルの2クライス、ニーダーライン商工会議所 Niederrheinische Industrie- und Handelskammer Duisburg-Wesel-Kleve, ラインラント・クライス組合 Landschaftsverband Rheinland, ネーデルラント側のセントラールヘルデルラント商業会議所 Kamer van Koophandel voor Centraal Gelderland である。総人口は約370万人である[3]。これを図示すると図4-2のようになる。

ERWの設立過程は、1997年にERWから出版された大部の広報誌によると次のとおりである。ネーデルラント国道15号線拡幅工事を機に、1963年7

---

[3] http://www.euregio.org/, 2007/06/25. 1992年に人口規模が232.5万人、加盟団体数が38地区公共団体および7中級地域公共団体（1994年に人口規模260万人、41地区公共団体および6中級地域公共団体）であったので、15年間に加盟団体が10増え、人口は1.6倍増になったことになる。1992年だけで6地区公共団体が加盟し、とくにデュースブルクが加わったことで、ネーデルラント側に傾いていた人口分布の不均衡が解消され、重心が地理的均衡点近くに移動した。ただし、この間にドイツ・ネーデルラント両側において地区・中級地域公共団体、商工会議所の再編がなされているので、加入率の時系列比較は難しい。なお、原加盟団体で脱退したのは、ネーデルラント側のRecreatieschap Oost-Gelderland である。Zusammengefaßt; ERW, INTERREG-2 Programm 1994-1999 Euregio Rhein-Waal, 1994, 4ページ。「地区」「地域」の用語法については第8章で詳論する。

Landschaftsverband Rheinland は旧ライン-プロビンツに属するクライスおよびクライス級市の組合。旧プロビンツ-ベストファーレンならびにラント-リペ Lippe に属するクライスおよびクライス級市は Landschaftsverband Westfalen-Lippe を構成する。両者は公法人であり、自治権を具える。Landschaftsverbandsorduntung für das Land Nordrhein-Westfalen, in: Landesrecht Nordrehin-Westfalen (2012), 356-370ページ。

図4-2　*Euregio Rhein-Waal* の構成区域

出所：図2-1に同じ。

月11日にネーデルラントのデドールネンビュルフ城 *Kasteel de Doornenburg* で、「ラントスタト-ホラントとルール地域との経済関係、および両者の中間にあるライン河沿いドイツ・ネーデルラント国境地域がこれにより発展する可能性」を主題とする会議がひらかれた。これの参加者は、ヘルデル河川地域利益共同体 *Belangengemeenschap Gelders Rivierengebied*、ロテルダム商業会議所、デュースブルク-ベーゼル商工会議所、その他の諸都市、地区公共団体であった。これをきっかけに、さらに当時のネイメーヘン大都市圏 *Agglomeratie Nijmegen*、オーストヘルデルラント地区財団 *Stichting Streekbelangen Oostlijk Gelderland*、クレーフェルト商工会議所その他の両側諸都市、地区公共団体の代表者が加わり、国境を越える交流がかさねられた。その結果、1969年6月

23日に「エイセル、マース両河に挟まれたドイツ・ネーデルラント国境地域の発展のための協議体」*Arbeitskreis für die regionale Entwicklung des deutsch-niederländischen Rhein-Grenzgebietes zwischen IJssel und Maas / Werkgroep voor de regionale ontwikkeling van het Nederlands-Duitse Rijngrensgebied tussen IJssel en Maas* の創設にいたった。これにはネーデルラント側からヘルデルラント商工会議所連合 *Samewerkende Kamers van Koophandel en Fabrieken van Gelderland*, アルンヘム大都市圏 *Agglomeratie Arnhem*, オーストヘルデルラント保養組合 *Recreatieschap Oostlijk Gelderland*, ドイツ側から当時のクレーフェ、レース両クライスが加わった。1971年5月4日に正式な創立総会がひらかれ、協議体は *Regio Rhein-Waal / Regio Rijn-Waal* と名称をあらためた。1978年4月21日に定款を改正し、名称が *Arbeitsgemeinschaft Regio Rhein-Waal / Werkgemeenschap Regio Rijn-Waal* に変わった。前出の「アンホルト協定」が1993年1月1日に発効したのを受けて、ERW は1993年11月1日にヨーロッパで初めての国境を越える公法人である目的組合 *grenzüberschreitender öffentlich-rechtlicher Zweckverband / grensoverschrijdend Nederlands-Duits Openbaar Lichaam* となった。この間に加盟団体数は1991年に35、1994年に47に増加した[4]。

以上のような設立経緯に照らせば、ERW の制度上の設立年は1971年であり、それまでの8年間は準備段階と解するべきである[5]。しかし、設立年をで

4　D'Hondt, E. M., Ontstaan en Ontwikkeling van de Euregio Rijn-Waal in: van Beek, J. J. & Sturme, Anja (Hrsg.), *Euregio Rhein/Rijn-Waal*, Oldenburg 1997, 16-17, 20 ページ; *INTERREG-2 Programm*, 26-27 ページ。前書は広報誌としての性格から、資料として利用するには制約が多いが、1990年代末の ERW を構成する各区域の経済構造と INTERREG 計画の各重点分野の問題状況を一覧できる利点がある。なお、本書の記述を、前掲の *INTERREG-2 Programm*, およびほぼ同時期に出版された *Portrait of the Regions* により随時補強する。
　　ちなみに、ERW がヨーロッパ初の国境を越える目的組合を目ざすにあたり、エウレギオとして先行した EUREGIO に対する競争心がはたらいていたと、Miosga は指摘している。Miosga (1999), 124 ページ。
5　Woyke は設立年を1971年としている。Woyke (1990), 113 ページ。また、Miosga は1971年に *Arbeitskreis für die regionale Entwicklung des deutsch-niederländischen Grenzgebietes Regio Rhein-Waal* が「制度化された団体」*feste Einrichtung* として設立されたと、微妙に異なる記述をしており、ERW の創設年の理解は先行研究で一致していない。Miosga (1999), 108 ページ。

きるだけ古くさかのぼって誇称する一般的傾向にもれず、ERW は 1963 年を設立年としているので、本書ではとりあえずこの時期表示にしたがう。とはいえ、ERW の制度的成立年の確定はここでの論点ではない。ライン、マース二大国際河川が貫流する国境地域で、国境を越える交流の強化にどのような形をとってであれ 1963 年にネーデルラント側が先手を打って踏みだした事実こそ、注目に値いするのだ。なぜなら 1963 年はエリゼ条約締結の年にほかならないからである。前述のように、ドゥゴールとアーデナオアがフランス、西ドイツ両国の歴史的和解を世界に印象づけた戦後ヨーロッパ史を画する国際政治上の演出は、ネーデルラントに自国の安全保障を脅かしかねない事態として映った[6]。エリゼ条約締結の半年後にネーデルラント側から、直接には道路拡幅工事という非政治的問題を機に国境の両側域の交流強化に向かう動きを始めたことは、フランス、西ドイツ接近の動きに対する危機意識が、ネーデルラント側で国境地域の住民層にまで浸透していたことを示唆する。すなわち、ERW 結成でネーデルラント側が積極的に動いたのは、フランス、西ドイツ接近に対するネーデルラント側からの官民一体となった牽制行動の一環として解せられる。その際、フランス・西ドイツ間のようにライン河を越える協力でなく、ライン河に沿う協力を顕示することで、ネーデルラントは対西ドイツ関係におけるフランスに対する差異化をねらっていたにちがいない。ERW がとくに国境を越える交通基盤と交通サービスの改善のために設立されたとされることは、この推定を裏づける[7]。これはまた、当初、域内唯一の大都市圏であったネーデルラント側域 KAN（後出）の国境を越える圏域拡張の動きと見ることもできよう。

3 ERW 域内の区域別産業構造

ここで、ERW 域内の産業構造を主に van Beek & Sturme（1997）の記述にしたがって、構成区域別に点検することにする。

6　Wielenga（2000）, 109-112 ページ。
7　Martin, Hans-Peter, Grenzüberschreitende Verkehrsinfrastruktur und Logistik in der Euregio Rhein-Waal, in: van Beek & Sturme（1997）, 142 ページ。

① アルンヘム−ネイメーヘン結節点（KAN）*Knooppunt Arnhem-Nijmegen:*
　前述のように、ヘルデルラントの主都アルンヘムはネイメーヘンとともに、ラントスタトに次ぐネーデルラント第二の連接都市圏を形成しており、とくに三次部門でラントスタトを除く最大の集積地である。KAN はトゥウェンテ、エイントホーフェン、ユトレヒト、アムステルダム、デンハーフ、ロテルダムとならび、「修正行政大綱法」*Kaderwet bestuur in verandering* の対象として特別の地位をもつネーデルラント七レヒオ *regio* の一つであり、Pr ヘルデルラントの経済・技術的中核である。KAN は 25 の都市・ヘメーンテから構成される「公法上の目的組合」*regionaal Openbaar Lichaam* で、1997 年現在で約 67 万人の人口を擁し、このうちアルンヘムが 13.4 万人、ネイメーヘンが 14.7 万人と拮抗していた。後述のデュースブルクの人口が 1995 年に 53.6 万人だったから、KAN によってネーデルラント側は、ドイツ側の巨大都市圏デュースブルクとの中心地機能上の均衡をようやく保てることになる。

　KAN の立地特性はなによりも、ラントスタトとライン−ルール圏とをつなぐ鉄道、道路、ライン−ワール輸送経路の要衝に求められる。ネイメーヘンの CTN、ネイメーヘンとアルンヘムの間に位置するファルビュルフ *Valburg* の貨物積替地としての複合一貫輸送センター *Multimodaal Transport Centrum: MTC Valburg* はとくに重要な物流拠点である。総じて製造業と物流業との融合、すなわち附加価値物流（VAL）*Value Added Logistics*, いわゆる *Industribution* の重要性が、ここでは 1990 年代央までに十分認識されていた。これにもとづく KAN の地域政策上の戦略的重点が、20 年間で 1000 ヘクタールの事業用地開発と、100 万 m^2 の事務所面積創出に置かれていた[8]。

　際だった立地上の優位を目あてに、Philips Information Systems や Digital Eguipment のような多国籍企業が両市のいずれかに活動拠点を置き、AKZO はアルンヘムに本社を置いていた。先端技術企業の数はネーデルラントの他の地域と比較しても多いと言われていた。先端技術企業団地としてネイメーヘンの Universitair Bedrijvencentrum, Mercator Technology & Science Park, アルンヘムの HBO-Businesspark 等も挙げられている。さらにまた、比較的大規

　8　Jansen, G. J., Het Knooppunt Arnhem-Nijmegen（KAN）, in: van Beek & Sturme（1997）, 24 ペイジ。

模な保険会社は ERW 域内ではネーデルラント側だけに存立し、いくつかの保険会社が本社機能を KAN に集中していた。

KAN の産業構造は三次部門が 74％（1988 年）で Pr ヘルデルラントの 69％、ネーデルラント全国の 70％を上まわっていたにもかかわらず、ヘルデルラントで失業率がもっとも高いのがこの連接都市圏であった。ユーロスタットによると 1990 年の KAN の失業率は 10.4％で、ヘルデルラント（7.2％）、ネーデルラント（7.4％）の失業率を大幅に上まわっていた。これと対照的に二次部門が 39％とヘルデルラントで最高の比率を示すアハテルフクの失業率が 5.1％で、最低値を示した[9]。同時期のドイツとの対比のために、表 4-1 を掲げておく。この時期は NRW の失業率がネーデルラントのそれの 1.5 倍に達したこと、ドイツ側ではデュースブルクが NRW 平均を、ネーデルラント側では KAN のみが全国平均をそれぞれ大幅に上まわっていることが目だつ。三次産業化がかならずしも雇用状況の改善をもたらすものでないことを示す事例として、見すごすことができない。さらにまた、KAN とデュースブルクの失業率の連動性が窺われることも、両者の空間動態をさぐる上で参考になる。

KAN の三次部門企業は売上げの 3 分の 2 を ERW 域外に負っており、また、とくに商業・管理分野企業が集積していた[10]。ラントスタトに次ぐ商業機能を具える KAN が、売上げの 3 分の 1 を ERW 域内で実現していることは、KAN の補完区域 Ergänzungsgebiet が国境を越えてドイツ側に食いこんでいることを示唆する。

アルンヘム、ネイメーヘン、クレーフェ、エメリヒにかこまれる 2 万 ha におよぶ国境地域は、「ヘルデルの門」De Gelderse Poort と呼ばれる。この地域

表 4-1　ERW 両側域の失業率

	1990	1993		1990	1993
Duisburg	12.5	13.4	KAN	9.2	8.5
Kr Kleve	7.6	8.6	Achterhoek	3.0	4.3
Kr Wesel	9.5	9.7	Veluwe	3.7	4.6
			Noord-Limburg	3.8	3.7
			Noordoost-Brab.	5.3	5.5
NRW	9.0	9.6	NL	5.9	6.5
BRD（West）	7.2	8.2			

出所：*INTERREG-2 Programm*, 18 ページ。

は特有の景観に富み、自然保護地域であるが、ネーデルラント側の砂、粘土採掘業が景観をそこねており、景観保護と経済発展の両立という課題に直面していた[11]。

また KAN の西隣りの、ワールとマースの両河に挟まれるレヒオ-リフィーレンヘビート Regio Rivierengebied のベーテュウェ Betuwe は、果物生産の中心地である。このレヒオの就業人口の 4 分の 1 が域外、とくにラントスタトに通勤していたという[12]。よって KAN の西側地域の経済空間ベクトルは、ラントスタトを向いているとみてよかろう。

② **レヒオ・アハテルフク Regio Achterhoek**

レヒオ・アハテルフクはヘルデルセエイセル、ライン、国境にかこまれ、「伯爵領」de Graafschap と呼ばれてきた地域で、17 都市・ヘメーンテから構成される「目的組合」bestuurlijk samenwerkingsverband であり、1997 年現在で人口は 25.6 万人であった。このレヒオは EUREGIO にも加盟しており、同時に二つのエウレギオに加盟する地域の一例である。当レヒオの経済構造は農・工業の絡みあいから生まれた中小企業性の業種に刻印されており、金属工業、出版業、印刷業、建設業、木材加工業、煉瓦製造業、食品・嗜好品加工業と、かなり多岐にわたる。東ヘルデルラントの河川地域の沼鉱床 Sumpferze ／ moraeserz の堆積により、古くからとりわけアウデエイセル Oude IJssel 川沿いに「小屋」hutten と呼ばれた鋳鉄場が、ドイツ領のイセルブルクから国境を越えてエイセル河畔のドゥズビュルフ Doesburg まで広範にいとなまれていた。当レヒオの金属工業はこの伝統を継ぐもので、そのかぎりで国境を越える金属工業の連続的ひろがりが歴史的基盤を具えていることになる[13]。

当レヒオの基幹産業というべき農業とむすびついた製粉業、ビール醸造業、芥子加工業の中小企業性食品加工業は、元来、地元の需要に応えるものであっ

9　*Portrait of the Regions*, Vol. 1, 220-224 ページ；von Ameln, Hermann, Kredit- undVersicherungsgewerbe, in: van Beek & Sturme（1997），110 ページ；*INTERREG-2 Programm*, 11 ページ。

10　*INTERREG-2 Programm*, 22-24 ページ。

11　Boxem, J. C, Landschapsontwikkeling: Voorbeeld "De Gelderse Poort", in: van Beek & Sturme（1997），148, 150 ページ。

12　*Portrait of the Regions*, 221, 223-224 ページ。

た。他方で、建設業と木材加工業では資材を供給する多数の中小企業が生まれ、その商圏は「国境」Landesgrenzen を越えてひろがっていた。これらの指摘から、当地の地場産業が国境を越えてドイツ側市場にも食いこんでいる現状を見てとることができる。このレヒオはドイツ側地域との経済的連続性がかなり強いとみてよい。当地の中心地はドゥティンヘム Doetinchem である[14]。

③　レヒオ・ウェストフェーリュウェ／ファレイ Regio West-Veluwe／Vallei

　当レヒオはワーヘニンゲン Wageningen, エーデ Ede, バルネフェルト Barneveld 等6ヘメーンテの連合で、人口は1997年現在で25万人であった。ラントスタトとルール地域との中間にある地の利にめぐまれ、ネーデルラントで有数の高成長地域と目されていた。当レヒオの経済的重心は南部にあり、エーデとレク河沿いのワーヘニンゲンが中核をなしている。ワーヘニンゲンは農業大学（LUW）Landbouwuniversiteit Wageningen, 農学研究所本部（DLO）Directie Landbouwkundig Onderzoek, ヘルデル開発株式会社（GOM）N. V. Gelderse Ontwikkelingsmaatschapij, ヨーロッパ環境研究機関（EERO）European Environmental Research Organisation, 環境機関であるウェトランズ・インターナショナル Wetlands International, 農業・農村開発技術センター（CTA）Technical Centre for Agricultural and Rural Development, 干拓・開発国際研究所（ILRI）International Institute for Land Reclamation and Development, 農業開発研究国際センター（ICRA）International Centre for Development-orientated Research in Agriculture, ネーデルラント海事研究所（MARIN）Maritiem Re-

---

13　イセルブルク—アンホルト協定でひろく知られるようになったイセルブルクは、ERW 境界の外側にとどまっている。イセル川 Issel（下流はネーデルラント領内のアウデエイセル）に面し、1794年ニーダーラインでもっとも早く製鉄所（Minerva-Eisenhütte）が設立された市である。ミネルバ製鉄所は1861年時点でなお、高炉1基、キューポラ4基を備え、年間6650ツェントナーの鋳鉄、4950ツェントナーの鋳鉄製品を生産して、ニーダーライン鉄鋼業の最古参としての存在感を保持していた。最大手の Niederrheinsiche Hütte, Phönix AG, Johannis-Hütte, Eisenhütte Vulcan が設立されたのは、ようやく1850年代前半にいたってからである。Burkhard（1997），149ページ。なお沼鉱床 bog ore とは沼沢などの低湿地で鉄などの金属物質の酸化物が沈殿して形成された低品位の鉱床をいう。『マグローヒル科学技術用語大辞典』改定第3版，日刊工業新聞社2000年。

14　Peters, L. H. J., Regio Achterhoek, in: van Beek & Sturme（1997），28, 30 ページ；Portrait of the Regions, 221, 225 ページ。

search Instituut Nederland, 民間の気象研究所 Meteo Consult その他の研究・国際機関が密集し、また、とくに分離・独立企業のためにアグロ・ビズネス団地 AGRO-Businesspark や企業技術センター Bedrijfstechnologisch Centrum が開設されていた。なかでも 1918 年創立の LUW は、ネーデルラントがヨーロッパでフランスに次ぐ農産物輸出国となるのに大きな役割をはたしたと言われる。ワーヘニンゲン市は Pr ヘルデルラント、GOM その他の公的機関とともに、1996 年ワーヘニンゲン知的都市財団 Stichting Kennisstad Wageningen を設立した。その中核を成すのが LUW と DLO である。

1978 年にネーデルラント王国および Pr ヘルデルラントにより設立された GOM の「ベンチャーキャピタル回転基金」他各種基金が、多くの企業にリスク資本として投入されていた。さらに 1997 以来 GOM は EU の革新推進計画の実施を委託されており、この計画により革新企業に 2300 万 hfl が支援された。1994 年からは銀行、GOM、大学、当局によって設立された基金、Linnaeusfonds が、高度に革新的な製品の開発に資金援助をしていた。さらに GOM は 1998 年の開設を目ざして、地域取引所「ユーロ・ネット市場」 Euro Click Market の創設にあたっていた。

交通基盤についてみれば、ワーヘニンゲン港はロテルダムとデュースブルクの間の最大港であり、主な取扱貨物は飼料と砂である。また、ウェストフェーリュウェ北部のネイケルク Nijkerk 港はアムステルダムと直結する重要港である。ユトレヒト－アルンヘム間、アーメルスフォールト Amersfoort－エーデ／ワーヘニンゲン間の鉄道も重要な輸送軸である。水路、鉄道にまして重要なのが高速道路網であり、とりわけユトレヒト－アルンヘム－オーバーハオゼン Oberhausen 路線は、すでに人口 10 万人を超えるエーデを要衝とするウェストフェーリュウェが輸送、商業で果たす役割を支えていた。バルネフェルトとネイケルクを要衝とする北部では、アムステルダム－アーペルドールン Apeldoorn 路線、アーメルスフォールト－ズヲレ Zwolle 路線が重要である。

他方でフェーリュウェでは製紙業が発展しており、また農業もウェストフェーリュウェで依然として重要性をたもっていた。畜産が全地域にひろがり、バルネフェルトは家禽・鶏卵生産の一大拠点であった[15]。

当レヒオがネーデルラント輸出農業の発展のための開発拠点となったことは、とりわけ NRW 市場との関係で意義深い。今日、ネーデルラントはヨーロッパ

でフランスに次ぐ農産物輸出大国であり、よってネーデルラントの産業構造を三次産業主導型とみるのは一面的にすぎる。ネーデルラントからNRWへの食料輸出は33億5131万€（2005年、暫定値）に達し、これはNRWの食料輸入総額115億2285万€の29.1％に上った。ネーデルラントはNRWへの最大の食料供給者で、フランスのほぼ3倍規模に達する[16]。この意味で、NRWとネーデルラントとの経済的相互依存関係の一つの結節点がワーヘニンゲンということになろう。

ここで資料は、ERWの産業構造の一基幹部門である農業が、1990年代来厳しい状況に直面していることにも眼を向ける。ここでの農業は乳牛飼養、資本集約的肉牛・豚飼養、施設園芸が中心である。いずれも過剰生産による収益性の低下、EC共同農業政策の価格保証から所得保障への転換、「肥料協定」Mestakkoordによる化学肥料投入規制が、とくにネーデルラント側域の集約的畜産業を直撃していた。施設園芸も生産規模を拡大したベルギー、フランスおよび低賃金と品質改良を武器にした南ヨーロッパ、北アフリカからの競争圧力にさらされていた。とくに環境問題への対応として農業の粗放化が選択肢の一つとなるが、ERW農業はすでに土地利用の限界に達していた。そのため、現実的選択肢として飼養家畜頭数の削減を迫られていた[17]。

④　レヒオ・ブラーバント-ノールトオースト *Regio Brabant-Noordoost*

当レヒオでは16ヘメーンテが Streekgewest Brabant-Noordoost を形成している。伝統的な純粋農業地域であったが、スヘルトーヘンボス *'s Hertogenbosch* ／エイントホーフェン／ネイメーヘン／フェンラーイ-フェンロー *Venraij-Venlo* 四角地域の基盤上で、急速に産業構造の転換が進行していた。工業化の拠点はボクスメール *Boxmeer*, キュエイク *Cuijk*, オス *Oss*, ユィーデン *Uden*, フェーヘル *Veghel* であり、伝統的な農業・畜産の蓄積の上に食品加

15　Sala, J. F., Regio West-Veluwe/Vallei: Kennis en Distributie, in: van Beek & Sturme, 32-34ページ；Karrsen, C. M., Landbouwuniversiteit Wageningen, 同上所収, 59ページ；Vrijhoef, W.I.J.M., Innovatie in de Grensregio, 同上所収, 135-136ページ；*Portrait of the Regions*, 221, 224ページ；*INTERREG-2 Programm*, 11ページ。

16　Landesamt für Datenverarbeitung und Statistik Nordrhein und Westfalen, *Statistisches Jahrbuch Nordrhein-Westfalen 2006*, 437, 441ページ。

17　*INTERREG-2 Programm*, 20-21ページ。

工業が開花した。今日ではこれがアグリビジネス的性格を具えるにいたり、さらに生命工業も芽生え始めていた。オスには化学工業が立地し、ユィーデンは医学産業の拠点であった[18]。

Pr ノールトブラーバント全般に視野をひろげれば、かつてプロテスタントが支配的なネーデルラントにあってマース河の南側はカトリックの基盤として知られていた。ERW 西隣の主都スヘルトーヘンボスは 800 年の歴史をほこる商都であるとともに、ネーデルラントのカトリック地域の中心であった。ここでは、ながらくノールトブラーバントを代表した繊維工業、皮革工業、タバコ工業が 1960／70 年代に衰退し、代わって 1980 年代央より先端技術と三次部門とを軸にして新しい産業展開が始まった。電機工業、食品・嗜好品工業、金属加工業、機械製造業が中心となり、さらにいったん衰退した伝統的な繊維・皮革工業も、経営立直しと技術革新とによって盛りかえしていた。その結果、ノールトブラーバントはいまやネーデルラントでもっとも工業化されたプロフィンシとなり、わけてもノールトオーストはザイトオーストに次いで二次部門の比率が高かった（1988）。

このための労働力供給は、マース、ワール両河以北からの移住の増大により可能になった。それはラントスタト経済圏の拡大がノールトブラーバントにもおよびはじめたことを意味し、また不可避的にカトリック色を弱める効果を生んだ。なお、ノールトブラーバント全域で見れば、二本の通勤の流れが認められ、それは、西隣のゼーラントおよびベルギーから当プロフィンシ南部へ向かう流れと、当プロフィンシ西部とラントスタト間の地域へ向かう流れとである[19]。そのかぎりで Pr ノールトブラーバント西部の空間ベクトルは、ラントスタトに向いているとみることができよう。

⑤ レヒオ・ノールト-リンビュルフ *Noord-Limburg* 北部

マース河沿いの3ヘメーンテから成る当レヒオは人口が約3万人で、*ERW* 加盟レヒオのうちで最小である。1980 年代初頭以来、農業地域から物流・保

---

18 Drs. Bouwmans, O. P. M., Regio Brabant-Noordoost: Een landelijk gebied met een bedrijvige traditie, in: van Beek & Sturme (1997), 36-39 ページ；INTERREG-2 *Programm*, 22 ページ。

19 *Portrait of the Regions*, 256-260 ページ。

養・観光地域への転化がすすみ、アグリビズネスも発展した。当地の失業率は比較的低く、3 ヘメーンテの一つ、マース河畔のヘネプがキュエイク、ノールトリンビュルフ、KAN からの通勤者を吸引しており、Pr リンビュルフの「ノールト／ミデンリンビュルフ地域計画」*Streekplan Noord- en Midden-Limburg* において中核的地位を与えられていた。物流、卸売、輸送業の企業がヘネプ周辺に集中している。2 本の高速道路が交差する物流基地「国境」*De Grens* は、北海岸地域とドイツをむすぶ機能を発揮して高成長をつづけていた[20]。

Pr リンビュルフはドイツとベルギーとに挟まれ、マース河に沿って細長い形をしており、丘陵地帯の南部と比較的平坦な北部とで地域性が二分される。南部ではかつて石炭鉱業が栄え、都市化が進み人口稠密であるが、1965〜75 年の石炭鉱業の衰退のため高失業率地帯になった。しかし、産業構造転換がしだいに効を奏し、1980 年代央より失業率が低下傾向にある。これに対して北部は、農業地帯であるため失業率がはるかに低かった（1990 年）。マース河底の砂の採取のため水面がひろがった結果、北部と中部とに水上スポーツに適した地点が随所に現れ、観光業促進の好条件となっていた。立地条件からしてリンビュルフ農業も輸出性向が強い。*ERW* に近接するマース河畔のフェンローには、ヨーロッパ最大のコンテナターミナル「陸の港」*droog haven* がある[21]。

⑥　Kr クレーフェ *Kreis Kleve*

当クライスは 16 市・ゲマインデから成り、2005 年初の人口は 30.7 万人であった[22]。1990 年初に 26.6 万人であった人口は増加傾向を示す。ネーデルラントのヘルデルラントの地名は、当クライスの南部にある中都市ゲルデルン *Geldern* に由来し、国境の両側域の歴史的等質性を物がたる。クレーフェの産業構造は比較的均衡がとれているが、隣接のブラーバント−ノールトオーストに似て食料・嗜好品工業が比較的発達しており、しかもこれらは地場農業と結合したアグリビズネス的性格を具えていた。これは景気変動に左右されにくい

20　Berger, E. A., De kop van Noord-Limburg, een regio met toekomst, in: van Beek & Sturme（1997）, 40, 42 ペイジ。

21　*Portrait of the Regions*, 263, 266 ペイジ。

22　以下ドイツ側の人口統計は、*Statistisches Jahrbuch Nordrhein-Westfalen 2006*, に拠る。

業種であり、当クライスの雇用状況の安定化に役だっていた。製造部門では富士フィルムの子会社が立地し、南部のシュトラーレン *Straelen* にはドイツ最大の冷凍食品・アイスクリーム製造企業の本社があった[23]。

ここでクレーフェの食品加工業が、歴史的にみればネーデルラント資本により成立したことが注目される。1888年、ネーデルラント企業がドイツの保護関税を回避するため当地に進出した。原料調達に有利であるばかりでなく、ネーデルラントの本社工場にも、大消費地のライン-ルール圏にも近いことが決め手となった。さらに20世紀初に、ネーデルラント企業2社がクレーフェに製菓工場を設立した。このようなネーデルラント資本の積極的進出により、シュピク *Spyck*, エメリヒ、クラーネンブルク *Kranenburg* にも油脂、乾パン、チョコレート、ココア、喉飴などの食品加工業、食品加工用機械製造業が成立した。その結果、一次大戦前までにニーダーライン北部はまさに国境地域であるがゆえに、経済成長地域に転化したのである。一次大戦勃発を機にシュトラーレンに開設された果物・花卉卸売市場も、ネーデルラントの市場組織を模したものである[24]。

物流では、さらに国境を挟む貨物輸送拠点 *Logi'TradePort Emmerich-'s-Heerenberg* が重要であった。貨物航空については、イギリス英空軍用のベーツェーラールブルフ *Weeze-Laarbruch* 空港が、イギリス軍撤退により1999年から貨物空港として供用されている。このほかにもフォルケル *Volkel* とデーレン *Deelen* に軍用空港があり、これまた民間空港への転用が期待されていた[25]。

EWRドイツ側域で直接国境に接しているのはKrクレーフェだけなので、ここで国境を越える通勤者の動きを一瞥しよう。1990年代の動向を表4-2に示す。ネーデルラント側からの目的地は、クレーフェ、エメリヒ、ベーゼルだけで1560人と95％を占め、またドイツ側からネーデルラントに向かう越境通勤者はすべてクレーフェ、ベーゼル両クライスの住民であった。ドイツ側よりもネーデルラント側の失業率が低いにもかかわらず、ドイツ側が入超、しかも

---

23 Mörs, Norbert, Lebensraum mit Perspektiven-Der Kreis Kleve, in: van Beek & Sturme (1997), 44, 46 ページ；*INTERREG-2 Program*, 22 ページ。
24 Burkhard (1977), 54, 76, 122 ページ。
25 Martin (1997), 138 ページ；*INTERREG-2 Programm*, 9 ページ。

表4-2　*ERW*域内越境通勤者

	1990	1992	1993	1997
NL側（全国）→ DE側（全国）	(12120)	1650	(14580)	2495
DE側（全国）→ NL側（全国）	(1450)	170	(1550)	275

注：参考値としてNL/BRD（West）間の総数を括弧内に挙げた。
1997年はベーゼル労働局管区の対NL入出数。
出所：*INTERREG-2 Programm*, 19ページ；Janssen（2001），123ページ。

ほぼ10倍に達するのはなぜか。これについて、ヤンセンは次のように指摘している。「1990年代、ドイツ・ネーデル間の越境通勤者は漸増した。しかし、社会保険義務者のみを対象とする統計調査は実態を反映せず、自営業者や高給専門家がこれから漏れており、実際の数値は公式統計の2倍に達する。また、賃銀水準はドイツがネーデルラントよりかなり高く、したがって地価の安いネーデルラントに住んで、ドイツへ通勤するドイツ人が相当数に上る。」と[26]。

国境を越える買い物行動については、かならずしも一致しない二つの調査結果がある。一つは1995年のネイメーヘン大学人文地理学部の調査で、これによれば、ネイメーヘン市民にとりドイツ側のクレーフェが、距離、規模が似ている自国内のユィーデンより重要な買回り品購入地だったという。これに対して、それぞれ国境に近いネーデルラント側のミリンヘン *Millingen* およびドイツ側のクラーネンブルクを比較したINTERREG企画による買い物行動調査では、ミリンヘン市民は89.7%が自国内のみ、0.4%がドイツ側のみ、9.9%が双方に向かうのに対して、クラーネンブルク市民は、62.9%が自国内のみ、9.2%がネーデルラント側のみ、27.9%が双方に向かい、ドイツ側住民の方がはるかに行動範囲が広い。とりわけ国境を挟むネイメーヘンに向かう流れが強く、その意味でクラーネンブルクはネイメーヘンの後背地にさえなっている趣がある。とはいえ、ルール地域西部に買い物行動範囲がひろがっており、ネイメーヘンへ向かう流れは部分的な域を出るものではないという結果評価であった[27]。

概して国境を越える労働市場の不全は、租税、社会保険、資格承認にかかる

---

26 *INTERREG-2 Programm*, 19ページ；Janssen, Manfred, Borders and Labour-Market Integration: Where is the Difference between Interregional and Cross-border Mobility? in: van der Velde/van Houtom（2000），51-53ページ。

制度の相違に起因し、さらにドイツ側のネーデルラント語能力の欠如が足枷になっていると指摘されていた。後出のように、*ERW* の INTERREG IIA, IIIA の企画のうちで資格教育・労働市場分野が、国境を越える労働市場の展開を促進するための直接の企画分野だとすれば、社会・文化的統合分野の企画は、とりわけ両側住民の接触を多面的にうながすことにより、ドイツ人のネーデルラント語習得意欲を遠まわしにそそる、国境を越える労働市場の間接的な拡大策とみることができる[28]。

すでに言及したように、ニーダーラインでは元来ネーデルラント語が使われていた。というよりも、ドイツ北部からベルギーのフラーンデレンにひろがる *Niederdeutsch* の一方言としての *Niederfränkisch* が、ニーダーライン／ワール-レク地域の共通語だった。言語政策を根幹にすえる近代民族国家の政治国境の画定が、言語境界を生みだしたのだ。200 年前の言語状況にすこしでも戻そうとするエウレギオの努力がどこまで成功するか、予測はむずかしい。

ここで、別の文献により、1990 年代の *ERW* の越境通勤者の流れを見ておく。1993 年にヨーロッパ委員会の主導により労働力の国際移動のためのヨーロッパ協調網 EURES（European Employment Services）が生まれ、*ERW* と *ermn* には 1996 年に設置された。1997 年に EURES 運営委員会の調査により、ネーデルラントからドイツに向かう通勤者が逆向きより多いことが確認される一方で、ドイツからネーデルラントに向かう通勤者が過少評価されていることが判った。失業率がネーデルラントでは 7.5％（1990）から 2.9％（2000）に減小した一方で、ドイツでは 4.8％（1990）から 8.4％（2000）に増大したのだから、ネーデルラント側国境地域で求人が増加したのは当然の成りゆきである。1997 年にベーゼル労働局管区にネーデルラントから 2495 人が通勤し、逆に当

27　van der Velde, M., Shopping, Space, and Borders, in: van der Velde/van Houtom (2000), 168, 173-175 ページ。

28　INTERREG II 計画にかかる社会・文化的統合では、①市民と当局間の対話、②社会・健康保険の調整という二つの措置が挙げられ、前者では、「国境を越える市民同士の接触がやがて日常茶飯事 *eine Selbstverständlichkeit* となることを目ざして、1) 市民、団体、当局等のための接触と催事を組織すること、2) 多様な分野における（国境の両側の）官庁・公務員同士の接触を強めること、3) 国境を越える活動、可能性、諸問題にかかる市民向け情報提供を、メディアと協力しながら強化すること、4) *ERW* の市民と当局との間の国境を越える対話を促進する場の提供、5) 消費者相談の強化、以上の企画が挙げられている。*INTERRREG-2 Programm*, 60-61 ページ。

管区からネーデルラントに 275 人が通勤したが、この統計数値はドイツから
ネーデルラントへ向かう通勤者数を過少評価しており、2000 年 8 月にはベー
ゼルおよびクレーフェルトの両労働局管区で、ドイツ側からネーデルラント側
に向かう通勤者数が逆向きを上回ったという。1990 年代の越境通勤者数の増
加に与って力があったのが、EURES およびエウレギオの活動であった。これ
の好例が、EURES 運営委員会が発議し、補助金をだして開かれた「雇用取引
所」 Stellenbörse である。これの第一回が、1998 年 6 月 5・6 日にフェンロー
で開かれた。国境地域の各労働局、ERW, ermn の共催で、ネーデルラント企
業 40 社が参加し、7500 人が来場し、このうちドイツ人が 2500 人、600 件の雇
用契約がむすばれ、150 人がドイツからの越境通勤者となった。第二回が同年
10 月 10・11 日クレーフェで 19 社の参加をえて開かれ、3500 人が来場し、そ
のうち 10%がネーデルラント人で、200 件の雇用契約がむすばれた。1999 年
にも、フェンロー、クレーフェで開かれ、それぞれ 3500 人、850 人が来場し
た。しかし、この間にドイツ人をネーデルラントに送りこむ紹介業務が各国境
地域労働局の日常業務となったため、補助金が打ちきられることになった[29]。

⑦ Kr ベーゼル Kreis Wesel

当クライスは 1975 年にディンスラーケン Dinslaken, メーアス Moers, レー
ス Rees 三クライスが合併してできたもので、13 市・ゲマインデから成り、
2005 年初の人口は 47.7 万人であった。1990 年初は 43.9 万人で、Kr クレー
フェとならび人口が増加傾向をたどっていた[30]。当クライスは NRW でもっと

---

29 Platen, Anton/Merzig, Rudi, Grenzüberschreitende Arbeitsvermittlung in der euregio rhein-maas-nord und der Euregio Rhein-Waal, in: Hamm, Rüdiger/Wenke, Martin (Hrsg.), *Europäische Grenzregionen-Brückenköpfe für die Integration regionaler Arbeitsmärkte?* Aachen 2001, 74-82 ページ ; Jansen, Manfred, Grenzüberschreitende Arbeitsmärkte: Realität oder Fiktion? in: Hamm/Wenke (2001), 123-124 ページ ; Strüver, Anke, Transnationale Arbeitsmärkte in der deutsch-niederländischen Grenzregion? Hemmnisse der grenzüberschreitenden Integration, in: Hamm/Wenke (2001), 146 ページ。
30 1987 / 88 年に鉄鋼業が構造危機に陥った状況のもとで、1980 年代後半に ERW の平均人口増加率 (3.2%) を大幅に上まわったのは、ネーデルラント側でレヒオ・ブラーバント-ノールトオースト (7.4%)、ドイツ側で Kr ベーゼル (6.9%) であった。KAN の南への拡張とライン-ルール圏の西北への拡張とが同時的現象として認められ、両者が次第に接近している様子が窺われる。*INTERREG-2 Programm*, 15 ページ。

も経済力の強いクライスの一つで、就業人口の40％が製造業、エネルギー・水供給業、鉱山業に従事していた。石炭鉱業は20世紀にはいって当クライスの南部、東南部の基幹産業となり、1970年代以降構造不況におそわれながらも、20世紀末になお3炭坑が稼働していた。1984年にフェーアデ Voerde でヨーロッパ最大の石炭火力発電所が稼働を開始している。また1990年代央にいたってもなお、製造業部門の雇用の50％以上が直接、間接に石炭鉱業に関連する業種に依存していた。総じて ERW のドイツ側域は投資財製造業が弱く、よって鉄鋼・石炭鉱業の再構築へと向かいがちであった。

　他方で、クレーフェ、ベーゼル両クライスでは石炭鉱業に依存しない、機械製造業、電機工業が育ちはじめており、Kr ベーゼルではさらに、環境技術、再生技術も芽ぶいていた。当クライスにはこのほかヨーロッパ最大の岩塩鉱の一つが立地している。当クライス北部の屋根瓦製造業は地場産業として知られていた。砂・砂利生産は NRW の需要の半分をみたすばかりか、相当量をネーデルラントに輸出して、ライン-ルール圏とラントスタトの膨大なコンクリート需要に応える供給拠点をなしていた。農業では肉牛飼養・養豚が重要であった。

　当クライスを貫流するライン河の延長は左岸が45km、右岸が30kmで、NRW で最長であり（ライン河の NRW 貫流部分の長さは226km）、5港がある。当クライスはライン-ルールとネーデルラント・ベルギーの経済地域の「連結環にして緩衝地域」Bindeglied und Ausgleichsregion とみなされていた[31]。事実そうであるならば、当クライスよりも国境寄りの Kr クレーフェは KAN の補完区域をなすことになろう。

⑧　デュースブルク

　2005年に50.4万人の人口を擁したデュースブルクは、ERW の最大都市である。しかし、1990年の人口は53.2万人であり、1995年に53.6万人に微増したもののその後は減少傾向をたどり、クレーフェ、ベーゼル両クライスと対照的動態を示した。とはいえ、デュースブルクの課題は、市人口の維持よりも、

31　Nebe, Bernhard, Kreis Wesel-Hochwertiger Gewerbestandort, in: van Beek & Sturme (1997), 48, 50 ページ；INTERREG-2 Programm, 20-22 ページ；Burghard (1997), 120 ページ.

総人口が 1200 万人を超え、市場規模が 6000 万人といわれるライン-ルール圏における中心性の堅持であると、指摘されている。デュースブルクがライン河水運の最大の要衝であり、世界有数の内水港の立地であることに加えて、大陸部ヨーロッパ最大の鉄道貨物駅の立地でもあることが、当市の物流上の中心地機能を保証する最重要の条件である[32]。環境保護の社会的要請に応えるモーダルシフトの機運のもとで、河運と鉄道とを連接する複合一貫輸送の発展により、ライン河水運で 1990 年代末で年間 1.4 億 t であったドイツ・ネーデルラント国境通過貨物量が、2010 年までに 1.7 億 t と 20％増が見こまれていた。この予測にもとづき、安定水位 (GIW) を 2.50m から 2.80m に深める浚渫工事が、1990 年代後半にネーデルラント側で始まっていた。

ここで、NRW の主要ライン河口別貨物取扱量の推移をみると、**表 4 - 3** から見てとられるように、取扱量は漸増傾向にある。表出した NRW14 港のうちでデュースブルク港の占める比率は、2000 年を頂点としてそれ以前は漸増、それ以後は漸減というゆるやかな波をえがいているが、総じて 55～60％ の間を比較的安定して推移している。このことから、デュースブルクがライン河水運の最大の要衝としての地位を堅持していることが窺われ、これは過去半世紀の構造改革が効を奏していることを物がたる。今日、デュースブルク諸港は「貨物輸送センター・デュースブルク-ニーダーライン」(GVZ-DUN) *Güterverkehrszentrum Duisburg-Niederrhein* に結集して、相互に密接な協力を目ざし

---

32 ルール川がライン河に注ぐ地点で、前者を挟んで向かいあうデュースブルク港とルールオルト港が、19 世紀をとおして熾烈な競争をつづけた結果、1905 年に両港の公共港部門が合併して、1925 年にこれを管理するデュースブルク-ルールオルト港株式会社 (Hafag, 2001 年にデュースブルク港株式会社に社名変更) が設立された。ルールオルト築港開始の 1716 年 (供用開始は 1732 年) が今日のデュースブルク港の開設年とされている。この間の経緯について、渡辺尚「近代ヨーロッパにおける海と陸との変容」川勝平太・濱下武志 [編]『海と資本主義』東洋経済新報社、2003 年、所収、を参照。19 世紀のルールオルト港の拡張を産業技術史的観点から追った、Gottwald, Vicente Colom, *Der Ruhrorter Hafen: Techinik und Innovation 1800-1870*, Duisburg 1991. また、鉄鋼業が構造危機に陥った 1980 年代央までのデュースブルク港の通史として、築港開始 275 周年記念誌、Edition Haniel (Hrsg.), *Hafen-Zeit: der Lebensraum Rhein-RuhrHafen Duisburg im Focus von Wirtschaft, Geschichte und Kultur*, Tübingen 1991 および Achilles, Fritz Wilhelm, *Rhein-Ruhr Hafen Duisburg: Größter Binnenhafen der Welt*, Duisburg 1985、を参照。デュースブルク地区の 19 世紀の発展過程を一覧できる詳細な経済・企業統計は、Burkhard (1977) の附録 (130-167 ペイジ) に表出されている。

表4-3 NRWのライン河港別貨物取扱量（1996～2005年・単位：1000t）

港　湾	1996	1997	1998	1999	2000	2001	2002	2003	2004	2005
Bonn	577	463	500	493	449	509	483	462	519	478
Lülsdorf	353	358	378	397	398	381	289	281	318	315
Wesseling	3200	3144	3258	2560	2257	2709	2606	2499	2970	3179
Köln	10543	11210	11437	11229	12288	13103	13190	13220	14710	14976
Leverkusen	1872	2112	2110	1746	1764	1433	1887	1983	2243	2265
Stüzelberg	115	318	370	414	424	414	518	681	820	1021
Neuss/Düsseldorf	7566	7791	7891	7222	7194	7281	7232	7198	8032	8519
Krefeld-Uerdingen	3263	3058	2849	2737	3082	3066	3553	3318	3292	3380
Duisburg	42208	47037	47621	45816	50148	46961	47110	45962	48945	49243
Duisport	14720	16594	16756	14086	14406	14986	14177	12978	13318	14636
Homberg	1767	1994	1664	1456	1287	887	918	897	945	975
Huckingen	7585	8786	7980	8364	8684	9919	9678	9277	9459	8980
Rheinhausen	-	-	-	-	-	-	-	-	-	-
Schweigern	14905	16623	18455	19131	22481	18644	19739	19812	22220	21749
Walsum	2691	2789	2528	2530	3024	2303	2387	2681	2745	2781
Rheinberg	2756	2729	2794	2603	3040	2731	3059	3254	3663	2940
Wesel	538	440	493	632	691	949	1171	1116	1078	1003
Emmerich	948	961	1126	1339	1437	1261	1135	962	930	1085
Kleve	131	152	154	191	186	174	172	86	106	65
Spyck	1082	1072	1158	1022	1062	1245	1311	1306	1406	1476
合　計	75152	80845	82139	78401	84420	82217	83716	82328	89032	89945
Duisburg（％）	56.2	58.2	58.0	58.4	59.4	57.1	56.3	55.8	55.0	54.8

注：(1) 原表は港湾名がアルファベット順に列記されており、ライン河物流の動きが解りにくいので、上流から下流に向かって立地順に並べ変え、さらに合計値およびデュースブルク港のみの構成比を算出した。
(2) デュースブルク港は総称であるので、これを構成する個別主要港別の数値も参考値として表出した。Duisport は Duisburger Hafen AG（旧 Ruhrorter Häfen AG）が管理する公共港であり、他は企業専用港である。ティセン-クルップ製鉄所が管理するラインハオゼン港の数値は不明。
出所：LDS NRW, *Statistisches Jahrbuch Nordrhein-Westfalen 2006*, 452ページ。

ている。

　戦後西ドイツ経済の復興を支えたルール石炭・鉄鋼業の衰退は、1957年の石炭不況から始まり、1987／88年の鉄鋼業の不況をもって構造危機が閾値に達した。この間にデュースブルクの雇用は3分の1に減り、1990年代末に人口でデュースブルクの6割にすぎないマンハイム並に落ちこんだという。石炭・鉄鋼業の衰退で直撃されたのは従業員50人未満の中小企業で、1961年以来ほぼ40年間で約6500の中小企業が倒産し、その後をなお埋めきれていなかった[33]。表4-4から明らかなように、デュースブルクはNRWで依然とし

表4-4　*ERW*ドイツ側域の失業率

地区労働局	1997	1998	1999	2000	2001	2002	2003	2004	2005	2006
Duisburg	17.4	15.8	15.2	13.8	13.5	13.6	14.8	15.3	18.7	17.4
Wesel	11.1	10.5	10.1	8.9	8.7	8.4	9.1	9.2	10.5	10.7
NRW	11.9	11.1	10.8	9.5	9.4	10.0	10.7	11.0	13.0	12.1

出所：LDS NRW, *Statistisches Jahrbuch Nordrhein-Westfalen 2004, 2005, 2006*.

て失業率が最も高い労働局管区であり、隣接のベーゼルがNRW平均を下まわっているのと対照的である。この苦境から脱するための構造改革がつとにはじまり、かつての石炭・鉄鋼業の立地から多様な経済活動立地への脱皮を図る努力が重ねられてきた。それにもかかわらず、1990年代央にいたっても製造業部門の雇用の70％が鉄鋼業およびこれに関連する部門で占められていた。

　ここで、デュースブルクの基幹産業であった鉄鋼業の発展にも、ネーデルラント資本が貢献したことに触れておかなければならない。いずれも1854年にデュースブルク-ホホフェルトに設立されたJohannishütte（Deutsch-Niederländischer Actienverein）とHütte Vulkanは、ネーデルラント資本の進出事例である。ちなみに前者はクルップに吸収合併され、後者は二次大戦直後の工場解体により撤去された。

　化学工業もデュースブルクを代表する産業である。1850年代に鉄鋼業勃興の大波が生ずる前に、1824年にクルティウス*Friedrich Wilhelm Curtius*による硫酸塩工場がデュースブルク-カスラーフェルトに設立され、1838年にデュースブルク-ホホフェルトにソーダ工場*Sodafabrik Matthes & Weber*が設立されて、すでに一時代を築いていた[34]。

　他方で、1992年来の長期不況で商業、交通、金融、保険部門が打撃をうけながらも、デュースブルクの三次産業化がゆっくりと進行していることは事実である。その結果、石炭鉱業の撤退の傷がかなり治癒し、かつての炭坑が今日、商工業地区に転化している。たとえばかつての*Neumühl*、*Diergardt Schacht*

33　Bensch, German, Indutrielandschaft im Wandel, in: van Beek & Sturme（1997），72ページ。1990年代前半の*ERW*企業のうちで、ドイツ側では75％、ネーデルラント側では80％が、従業員50人未満の製造業部門中小企業もしくは手工業であった。*INTERREG-2 Programm*, 20ページ。

34　Burkhard（1977），30-33, 149-151ページ。

I, II がそれぞれ商工業団地 Neumühl, Diergardt ／ Mevissen, Gewerbepark Asterlagen に変わり面目を一新した。すでに 1995 年に地域粗生産（GRP）における三次産業部門の比率が 58％ に達して鉱工業を上まわり、デュースブルクは物流・流通部門における中心地機能を高める方向に向かいはじめていた。すなわち、デュースブルク港はライン-ルール圏の国際貨物輸送機関間の回転盤となり、貨物輸送のための顧客サービスセンターの設立や、企業内研修活動施設の提供により、鉄道にかかる多様なサービス業が集中しはじめていた。ロテルダム起点の遠距離貨物輸送鉄道用のベーテュウェ線 Betuwelijn 建設や、アムステルダム－アルンヘム－デュースブルク－ケルン間の高速鉄道線の延伸計画が、国境を越える交通基盤の拡充をうながしていた。他方で、「内港」Innehafen の改造により、かつての穀物倉庫集積場が「インネハーフェンサービス団地」Dienstleistungspark Innehafen に変わった。「ニーダーラインビズネス団地」Businesspark Niederrhein には企業向けサービス事業や企業管理部門が移転してきた。とはいえ、都市規模で同等の他のドイツ都市とくらべると三次産業部門の比率が依然として低かった。それは、もともと鉄鋼業と関連するサービス業種が多いために、鉄鋼業の立直しが関連サービス業種の縮小までともなう皮肉な結果であるとの指摘がなされていた。

さらにまた、工業都市デュースブルクの印象が強いために、三次産業部門導入の必須条件としての居住環境の、つとに固定した低い評価をくつがえすのが容易でないという事情も、当時はたらいていた。それだけに、「国際建設展示場エムシャー園区」Internationale Bauausstellung Emscher Park（IBA）の枠組での企画、「景観団地北デュースブルク」Landschaftspark Duisburg-Nord 等が、「緑の都市」としてのデュースブルクを訴求する努力の事例として挙げられている[35]。

1950 年代から半世紀もつづくデュースブルクの構造危機は、原経済圏の中核部がつねに産業構造の新陳代謝の過程にあることを示す一例である。産業構造の無窮動にもかかわらず産業立地一般としてのデュースブルクの位置がゆるがないのは、産業革命期の石炭輸送が確立した交通経済上の位置の優位が、デュースブルクの歴史的産業連関を貫いているからにほかならない。

4　*ERW* の形態、構造、機能

　1991年に締結されたイセルブルク-アンホルト協定にのっとり、*ERW* は1993年11月1日にそれまでの共同事業体 *Arbeitsgemeinschaft* から目的組合に変わった。以下、1999年10月1日に修正された定款に即して紹介する。同じ目的組合 *EUREGIO* の定款（資料2：本書末尾）とほぼ重なるが、エウレギオのなかで初めての目的組合なので資料的価値があり、条文を抄訳する[36]。

　第1条　法的形態
　　1. *ERW* はクレーフェを所在地とする目的組合である。ERW は専業の吏員および職員を任命・雇用しうる。2. 目的組合 *ERW* は1978年設立の共同事業体 *ERW* の承継団体である。3. アンホルト協定第3条第3項により、*ERW* にはドイツ法、とくに NRW の地区公共団体の共同事業にかかる法律が適用される。

　第2条　組合区域
　　組合区域は、*ERW* の組合員である市とゲマインデの区域を包摂する。

　第3条　任務と権限
　　1. *ERW* は、組合員の第3条第2項に挙げられる国境を越える地域間協力を促進し、支援し、調整することを任務とする。この目的のために *ERW* は企画を実施する。*ERW* は第三者に資金を申請し、第三者から資金の給付を受

---

[35]　Dressler, Jürgen, Duisburg: Stadt am Schnittpunkt von Rheinschiene und Ruhrgebiet, in: van Beek & Sturme, 52, 54-55 ページ；Bensch（1997）, 72, 78, 94 ページ；Martin（1997）, 138 ページ；*INTERREG-2 Programm*, 21, 23-24 ページ。IBA はルール地区でも構造転換の遅れた北部、エムシャー-リペ地区 *Emscher-Lippe-Region* の再生のために、NRW 政府が EU 構造基金からの補助を得て1989～1999年に実施した企画である。これはデュースブルクからカーメン／ベルクカーメン *Kamen / Bergkamen* にいたるエムシャー川・ラインーヘルネ運河沿いの延長70km、幅数 km の地区を、自然を残し、事業所跡地を再活性化し、住宅建設をおこない、産業遺産を活用し、先進的建築による技術・サービス・中小企業「公園」（Parks）を建設し、明渠排水路として利用されてきたエムシャー川とその支流を、観光もしくは環境保全のために改造することを事業内容とした。Wissen, Markus, *Die Peripherie in der Metropole: Zur Regulation sozialräumlicher Polarisierung in Nordrhein-Westfalen*, Münster 2000, 175-179 ページ。
[36]　*ERW* 提供の Satzung des Zweckverbandes Euregio Rhein-Waal による。

ける。*ERW* は第三者に資金を配分する。*ERW* は、組合員、市民、企業、団体、官庁、その他の諸機関に国境を越える活動に際し、また問題が生じた際に助言する。2．国境を越える協力は以下十三分野でおこなわれる：1）経済発展、2）教育・授業、3）交通・輸送、4）空間秩序、5）文化・スポーツ、6）旅行・保養、7）環境保護・廃棄物再利用、8）自然・景観保全、9）社会的諸問題、10）保健制度、11）災害予防、12）電信電話、13）安寧秩序。

第4条　組合員資格

　1．本定款に署名をしたドイツおよびネーデルラントの市、ゲマインデ、ゲマインデ連合、その他の公法人は、原組合員 *Gründungsmitglieder* である。2．ERW の目的に賛同する他の市、ゲマインデ、ゲマインデ連合、公法人は、書面による申請を受けたエウレギオ評議会 *Euregiorat* の決定により、組合員資格を取得しうる。3．組合員は3年の告知期間をおいて *ERW* から脱退できる。以下略。4．略。

第5条　組合員の権利と義務　略

第6条　機関

　ERW の機関はエウレギオ評議会 *Euregiorat* と理事会 *Vorstand* である。

第7条　エウレギオ評議会

　1．エウレギオ評議会は *ERW* の最高機関である。2．各組合員はその最高機関からその議長をふくむ一人または数人の代表者をエウレギオ評議会に派遣する。組合員ゲマインデのうち人口2万人以下は1名、2万人超10万人以下は2名、10万人超は3名の代表を派遣する。他のドイツまたはネーデルラントの組合員は、その管轄区域の一部が第2条の意味での組合区域のドイツ側またはネーデルラント側をふくむならば、それぞれ1名の代表者をエウレギオ評議会に派遣する。その管轄区域がすべて組合区域のドイツ側またはネーデルラント側にふくまれるときは、2名の代表者を派遣する。基準人口はLDSNRW および CBS により告知された、前年1月1日以降の最新の数値である。3．さらにネーデルラント側へメーンテは *College van Burgermeester en Wethouders* の構成員1名を、ドイツ側ゲマインデおよびゲマインデ連合は専任の首長もしくはラントラートまたはその法的代理人を、その他のネーデルラント側およびドイツ側の公法人は会長、理事長、事務局長、連合議長または

その代理を派遣する。4．各代表は1票をもつ。5．組合員は各代表の代理人を任命する。6．エウレギオ評議会は、4年任期のエウレギオ議長 *Euregiovorsitzender* および議長代理をドイツ側、ネーデルラント側から交互に互選する。ただし、ネーデルラント側が議長のときはドイツ側から議長代理が選出され、その逆もしかりである。7．エウレギオ評議会は、定款に別段の規定が設けられないかぎり、*ERW* のすべての事案を管掌し、とりわけ以下の事項に対して決定権をもつ：1）予算、政策立案、目的設定、2）収支決算、理事会・専務理事の任期満了承認、3）定款の改定、4）新組合委員承認、5）拠出金規定、6）6年任期の事務局長の選任、事務局長代理の任命、ネーデルラント側が事務局長のときは代理はドイツ側、その逆もしかり。再任が認められる。事務局長に重大な過失があるときは早期に更迭される。7）委員会、臨時作業部会の設置、業務規則制定、8）委員会委員長の互選、9）委員会委員長代理の互選、10）臨時委員会委員長の互選、11）臨時支出の承認、12）勤務評価、13）組織構築、職制設計、14）就業条件。8．,9．略。

第8条　エウレギオ評議会の会議規定

　1．エウレギオ評議会はすくなくとも年に二回開会する。2．略。3．投票権をもつ代表の過半数をもって定足数とする。以下、略。4．採決は出席した評議会構成員の単純多数による。定款改定は、アンホルト協定の第8条第1項を害することなく、定款にもとづくエウレギオ評議会構成員の3分の2の多数決を要する。5．略。6．エウレギオ評議会の会議は原則として公開される。7．,8．略。

第9条　理事会 *Vorstand*

　1．*ERW* の理事会は、以下七名の理事から成る。エウレギオ評議会議長・副議長、エウレギオ評議会の三委員会委員長、二名のエウレギオ評議会構成員。理事会はドイツ側、ネーデルラント側構成員の均衡が重視される。市、地区公共団体の規模の相違が理事会構成に反映されるものとする。2．理事会は事務局長の上司であり、以下を管轄する。1）事務局長に委任されていないかぎり、エウレギオ評議会の決議の準備と実施、2）人事配置の提示、3）事務局長を除く職員の任免、昇進、4）広報活動。3．エウレギオ評議会議長は、事務局長が第11条により権限を与えられていないかぎり、*ERW* を裁判および裁判外で代表する。以下、略。4．略。5．理事会および理事会構成員はエウレギオ

評議会によって責任を問われ、エウレギオ評議会の信頼をうしなったときは解任される。

第10条

1．議決は出席した理事の単純多数決をもっておこなわれる。2．理事会の定足数は、投票権をもつ構成員の過半数である。3．会議は非公開でおこなわれる。4.,5. 略。

第11条　事務局 *Geschäftsstelle*

1．事務局は事務局長 *Geschäftsführer* により統率される。事務局長は、エウレギオ評議会および理事会により定められた方針の枠組みで、日常的管理のすべての事務において ERW を裁判外で代表する。2．事務局長は、委任を受けて理事会の決議を準備し、実施する。さらに理事会の委任を受けて、エウレギオ評議会の議決を準備し、実施する。3．事務局長は ERW の吏員および職員の上司である。事務局員の構成がドイツ、ネーデルラント双方で均衡を保つよう努められるものとする。4., 5. 略。

第12条　委員会 *Ausschüsse*

1．エウレギオ評議会はすくなくとも以下の三委員会を置く：1）財務・企画委員会（財務計画、企画、企画資金を担当）、2）経済委員会（空間秩序等担当）、3）国境を越える相互理解委員会（社会的問題、スポーツ・文化等担当）。以下、略。2．エウレギオ評議会は4年任期の各委員長、副委員長を互選する。委員長がドイツ側のときは副委員長はネーデルラント側とし、その逆もしかりである。3．各委員会はエウレギオ評議会により選出された委員長、副委員長および16名の委員から成る。ドイツ側委員は、デュースブルク市、Kr ベーゼル、Kr クレーフェから各1名、商工会議所から1名、ベーゼル、クレーフェ両クライスに属するゲマインデから各2名、ネーデルラント側委員は、人口10万人超のヘメーンテ［アルンヘム、ネイメーヘン］から2名、商業会議所から1名、人口10万人未満のヘメーンテから4名、さらに自由枠で1名が推薦される。4．委員長の提議にもとづき、派遣元の組合員と協議のうえ、理事会が委員を任命し、エウレギオ評議会がこれを承認する。以下、略。5．委員会の協議結果は理事会をとおしてエウレギオ評議会の決議に附される。

第12条 a　臨時作業部会 *ad hoc Arbeitsgruppen*

1．このほかエウレギオ評議会は、企画に関連する臨時作業部会を委員会に附置することができる。2．略。

第13条　財務
1．組合員は年度拠出金を納付する。以下、略。2．次年度の予算案ならびに政策目標設定および計画は当年度の7月1日より前に提出されることとする。会計年度は暦年である。3．決算は次年度7月1日より前に提出される。4.,5.略。

第14条　監督
1．監督官庁は、アンホルト協定第9条第3項の規定にしたがい、NRW内務省またはこれが指定する官庁である。2．監督官庁は同上協定の第9条第4項の規定にしたがい、ヘメーンテ間の協力事業を管轄するネーデルラント側の監督官庁（ヘルデルラント、リンビュルフ、ノールトブラーバント各プロフィンシ）と協議する。

第15条　公告
公告はERWの公報 *Amtsblatt* で行われる。

第16条　解散および第17条 定款の発効、略。

目的組合 *ERW* の定款の条文は以上である。

5　*ERW* と INTERREG

(1) INTERREG I

1976年に国境地域の行動計画策定にかかるEC命令が、1981年に地域開発分野における国境を越える協調のEC勧告が、それぞれヨーロッパ委員会から発せられ、1984年に「ヨーロッパ地域開発基金」が加盟国に国境を越える行動計画の策定を勧告した。*ERW* がこれに応えてこの問題分野における補助金確約をとりつけたのは、1988年であり、1990年5月に国境を越える開発・行動構想を策定し、100万DMの最初の補助金がEUから下りた[37]。

この構想に具体的な事業分野の一覧が盛りこまれており、これは1991年2

月に提出された INTERREG I（1991〜93 年）における *ERW* の実施計画 *Operationelles Programm* に具体化された。同年 12 月にヨーロッパ委員会から認可が下り、325.2 万 ECU の補助金が確定した。この計画の最も重要な目標は、① 1993 年以後のヨーロッパ共同市場へのなめらかな移行の促進、②地域に固有な国境問題の解決、③国境を越える統合の強化、の三点であった。ネーデルラントおよび NRW の両経済省との協議の結果、ネーデルラント・ベルギー・ドイツ国境地域に関して七重点分野が確定した。

各重点分野の企画案は、まず *ERW* 事務局で①国境を越える性質か、②域内に広くかかわるか、③経済構造改善・雇用創出に役だつか、④地域的基盤が保証されているか、⑤自生的条件を活用しているか、⑥計画期間内に完遂できるか、という六点に即して審査されたうえで、エウレギオ評議会により INTERREG 運営委員会の審査にかけられるべきものが選定される。運営委員会はネーデルラント経済省、Pr ヘルデルラント庁、NRW 経済省、RB デュセルドルフ庁、*ERW* の各代表から構成される。すでに *EUREGIO* の項で述べたように、運営委員会は企画採択の最終決定だけでなく、ネーデルラント、NRW の協調負担額の決定もおこなう。決定は全会一致制である。なお、INTERREG 計画の資金管理は NRW, ネーデルラント、NRW 投資銀行 *INVESTITIONS-BANK NRW* 三者間の特別取決めによっておこなわれる。NRW 投資銀行は *EUREGIO, ERW, ermn* 三エウレギオの EU 補助金とネーデルラント、NRW の共同補助金を管理する[38]。

INTERREG I の EC 補助は表 4-5 に示すとおりである。ネーデルラント、NRW、地元公共団体等の負担割合が不明なので資料として不十分であるが、EC が平均で 45.5% とほぼ限度（50%）に近い補助金を出していること、EC の重点補助対象が 1 と 2 であるにもかかわらず、経費総額に占める EC 負担の割合が比較的小さいことが、注目される。経費総額の 49.5% を占める 1 と 2 とに対する EC 補助率が、44.0% と平均以下であるのは、この分野におけるネーデルラント、NRW の自主努力もまた比較的強いことを表すものである。

37　D'Hondt（1997), 18 ページ。Miosga は、1989-91 年期の ERDF 予算により、*ERW* に対して EC から年間 230 万 DM の補助金が下りたと述べており、D'Hondt の記述と一致しない。Miosga（1999), 112 ページ。

38　*INTERREG-2 Programm*, 26, 29-30 ページ。

表4-5　*ERW*のINTERREG I 企画の費用負担

	重点分野	企画	経費総額	EC負担	(%¹)	(%²)
1	通信・情報網形成	7	1862881	836825	25.7	44.9
2	交通・輸送・構造基盤	2	1387000	693500	21.3	50.0
3	余暇・観光	7	1673470	720000	22.1	43.0
4	職業訓練・労働市場	2	620000	310000	9.5	50.0
5	環境保護	3	489200	214950	6.6	43.9
6	革新・技術移転	3	815000	326725	10.1	40.1
7	企画管理	1	300000	150000	4.6	50.0
	合　計	25	7147551	3252000	100.0	45.5

注：(1) 単位はECU。
　　(2) (%¹) はEC負担総額に占める各重点分野の割合、(%²) は経費総額に占めるEC負担の割合。
　　(3) 2の大部分は、2企画のうちの一つ、1993年末に完成した事務局棟、クレーフェのHaus Schmithausen 改築費用にかかるものであり、よってEC補助金は1と3とに重点的に配分されたことになる。
出所：*INTERREG-2 Programm*, 31ページ。

　さらに注目されるのは、*ERW*自身が25企画のうち12企画の主体になっていることで、これは*ERW*が目的組合になったことで初めて法的に可能になったという。このうち最大の費用が計上されたのが、クレーフェ市郊外の旧貴族の館、Haus Schmithausen を*ERW*事務局棟に改築する事業で、121.7万 ECU、総経費の17％を占めた。さらに1993年末の開館式典の際に二日間にわたるシンポジウムが開催され、これの費用11万ECUも INTERREG 資金から支出された。*ERW*独自企画の一覧は表4-6のとおりである。INTERREG 計画における独自企画と他の企画主体への干渉により、*ERW*が一つの新しい「［行政］水準」、「当局」としての性格を強めるにいたったことは否みがたい[39]。また、*ERW*事務局棟の改築に最大の費用が投じられたことはお手盛りの印象を拭えず、これがはたして INTERREG の本来の目的に適うものなのか、疑問とせざるをえない。

（2）INTERREG IIA

　INTERREG IIA（1994～99年）の企画構想は、1980年代末に策定された基本

39　Miosga（1999），116, 120, 125ページ。

表4-6　INTERREG I における *ERW* の独自企画

	企　画　名	ECU
1	Haus Schmithausen 改築（事務局用）[1]	1217000
2	開館記念シンポジウム[1]	110000
3	事業用不動産の国境を越えるデータ・バンク開設（エウレギオ諸機関と他の諸組織のためのソフトウェア開発と配備をふくむデータ・バンクの開設）	68630
4	自動電子情報網形成による国境を越える通信・情報交流改善のための国境を越えるメイルボックス体系の構築	548040
5	情報資料、行事日程表、博物（美術）館一覧、消費者情報、EC 規制に関する情報の発信による、また、大綱計画 *GUIDE*[2] の枠組での地域新聞との共催企画や語学講座などの組織による、隣国の社会・文化的、社会・経済的状況のエウレギオ住民に対する情報提供	220000
6	*ERW* 内の国境を越える部材供給・受委託関係促進のための国境を越える企業目録の作成	400000
7	国境を越える性格を具える計画、企画に関する *ERW* 構成団体間の相互相談のための申込み・情報センターの設立	150000
8	*ERW* の4観光企画の調整と共同広告：地域全体にわたる小冊子と旅行者用地図の作成	60000
9	隣国にかかる語学力、一般的知識および *ERW* 組織の拡充のための公務員交換実施計画（研修講座設計と実施）	320000
10	国境を越える労働力流動性と職業教育の改善のために既存の教育施設の現状調査：雇用の相互代替の促進、EC 資格基準 *Euro-Qualifikationen* の利用しうる情報の調査と広報、資料センターの開設	300000
11	国境を越える協力の推進による *ERW* 内医療体制の利用可能性と質の改善のための研究の実施	210000
12	企画管理	300000
	合　　　計	3903670

注：(1) 1と2だけで1～12合計の34％を占め、またこの合計はINTERREG I の総経費の54.6％に達する。
　　(2) EC の「TELEMATICS APPLICATIONS 計画」の枠組での教育・訓練企画のためのテレマティクス。Ramsay, Anne, *Eurojargon*, 6th ed., 2000.
出所：Miosga (1999), 116-117 ページ。

構想で試用され、INTERREG I の経験で有効性が確認されたSWOT 分析の成果をふまえたものである。この分析によって導きだされた *ERW* の特性は、以下のとおりである。

①経済条件は比較的すぐれている。販路の大きな可能性、すぐれた構造基盤、ひいでた企業立地条件、サービス・施設の比較的すぐれた供給、すぐれた環境、多様な労働力の供給、観光と余暇利用のゆたかな可能性。

②両側域の統合は企業誘致のための条件の改善をもたらす。すなわちサービ

表4-7　*ERW*のINTERREG IIA 企画の費用負担

重点分野		経費総額		EU		NRW/NL		地元公共体等	
1	空間構造		2306		1153		691.8		461.2
		10.0	100.0	10.0	50.0	10.0	30.0	10.0	20.0
2	経済・技術・革新		9224		4612		2767.2		1844.8
		40.0	100.0	40.0	50.0	40.0	30.0	40.0	20.0
3	環境・自然・景観		2306		1153		691.8		461.2
		10.0	100.0	10.0	50.0	10.0	30.0	10.0	20.0
4	資格教育・労働市場		3459		1729.5		1037.7		691.8
		15.0	100.0	15.0	50.0	15.0	30.0	15.0	20.0
5	社会・文化的統合		3459		1729.5		1037.7		691.8
		15.0	100.0	15.0	50.0	15.0	30.0	15.0	20.8
6	技術的支援		2306		1153		691.8		461.2
		10.0	100.0	10.1	50.0	10.0	30.0	10.0	20.0
	合　計		23060		11530		6918		4612
		100.0	100.0	100.0	50.0	100.0	30.0	100.0	20.0

注：(1) 六重点分野はそれぞれ以下のような実施分野 *Maßnahme* から成る。1　空間構造：①地域計画、②構造基盤・輸送・交通・電気通信網・事業用空間創出、2　経済・技術・革新：①経済、②革新・技術移転、③観光・休養、3　環境・自然・景観：①自然再生・自然保護、②環境汚染防止、4　資格教育・労働市場：①労働市場、②通信教育・研修、5　社会的・文化的統合：①市民・官庁間の対話、②社会・健康保険政策との調整、6　技術的支援：①計画実施の支援、②計画管理。*EUREGIO* の場合と重点分野は同一だが、これの *Aktionsbereich* と *ERW* の *Maßnahme* とは完全に同一ではない。前章の表3-5、注1を参照。
(2) 上段は実数値（1000 ECU）、下段は負担割合（%）。ただし、左側は費用負担者ごとの分野別構成比、右側は分野ごとの費用負担者別構成比。
(3) 企画数は不明。
出所：*INTERREG-II Programm*, 68-69ページ。

スと施設との供給がある程度相おぎない、市場拡大に寄与する。
③経済構造は弱くない。しかし雇用減少の危険がある。
④労働市場の状況は比較的不調である。
⑤両側域はかなり大きい相違を見せる。*ERW* はけっして等質地域 *homogene Region* ではない。社会的、経済的絡みあいの程度がひくい。
⑥環境の質にもっと注意をはらわなければならない。

以上の認識をふまえて、INTERREG IIA 計画のための一般的戦略目標が次のように定式化された。すなわち、「持続的発展の原則を考慮にいれながら、国境に位置するがゆえに眠っている社会・自然・経済部面の可能性が実現するための諸条件を創りだすこと。」これから、さらに三つの下位目標が設定され

た。

①営業面、非営業面をとわず、相互の接触をもたらすERW内の経済的絡みあいの強化。

②とくに両側域での相おぎなう諸施設の活用による地域経済的立地条件の改善。

③域内における組織上の資源の統轄[40]。

以上の目標設定にもとづいて策定されたINTERREG IIAの重点分野別の費用負担を、表4-7に示す。六分野すべてにおいてEU 50%、NRW／NL 30%、地元公共団体等20%と負担割合が一律であり、また、重点分野2が経費総額の40%を占め、費用負担者ごとの分野別構成比も2が一律40%となっている。この表は予算案であって、これからは、重点分野2がいずれの費用負担者にとっても最重要な分野と目されていることが確認できるだけである。

（3）INTERREG IIIA

表4-8はINTERREG IIIA（2001〜2008年）の枠組みで認可された企画名の名称と主体の一覧であり、表4-9は重点分野 Schwerpunkt・実施分野 Maßnahme 別の費用負担である。この両表から以下のことが読みとられる。

第一に、経費総額の重点分野別構成比は、2（40.5%）、5（17.7%）、4（12.2%）、6（12.0%）、3（10.7%）、1（6.9%）の順である。これをINTERREG IIAと比較してみると、後者は2（40.0%）、4（15.0%）、5（15.0%）、1（10.0%）、3（10.0%）、6（10.0%）の順であるから、ほとんど変りがない。ともに重点分野2の比率の高さが目だつだけである。

そこで次に、EUREGIOの場合（IIIA）と比較すると、ここでの順位、2（42.8%）、1（22.8%）、4（17.3%）、5（8.2%）、6（6.7%）、3（2.3%）と一致するのは、首位（2）と3位（4）のみである。とくに、EUREGIOで二位につけた1がERWでは最下位に落ち、EUREGIOで四位にとどまった5がERWでは二位に上がっていることが目だつ。しかも、重点分野1の実施分野①「国境を越える統合された空間・機能開発」の企画数が、EUREGIO

---

40 INTERREG-2 Programm, 40ペイジ。

表 4-8　*ERW* の認可企画一覧（2004 年末現在）

企画名	企画主体	企画名	企画主体
1　空間構造　　②交通・移動・調達/通信		経済・労働市場構造の強化	
1）航空・物流・商工業のため交通結節点エウレギオセンター	Kreis Kleve	**3　環境・自然・景観・農業**　　①環境・自然・景観	
2）SPNV Emmerich-Arnhem	Stadt Emmerich	1）「緑の帯」行動	Naturschutzbund Deutschland Landesverband NRW
3）国境を越える洪水の防止	Deichschau Kranenburg		
4）Kleve-Nijmegen 両市間の国境を越える近距離公共輸送力の改善	Stadt Kleve	2）Ketelwald	Naturschutzbund Deutschland Landesverband NRW
2　経済・技術・革新・観光　　①中小企業間協力・国境を挟む市場		②農業	
1）eBusiness Rhein-Waal fe-M@le power	ESTA Bildungswerk e.V.	1）国境を越えて統合された品質保証制度	GIQS e.V.
2）Euregio-Communication-Center（ECC）設立	Kreis Kleve	2）農業用の建物の新利用	Landwirtschaftskammer NRW
3）エウレギオ中小企業相談	LGH	**4　資格教育・労働市場**　　①労働市場開発・労働者流動性・資格教育／職業訓練／雇用の国境を越える連携網	
②技術開発・移転			
1）Ecopolis Wageningen Rheinberg	Gemeente Wageningen	1）運行代行業者のための現代的物流	Stadt Emmerich
2）Netzwerk Rhein/Waal	BRUT	2）*ERW* 職業教育の情報事務所	Stichting ROC-Nijmegen
3）極小化学反応器：拡大市場向けの微小素子	Fraunhofer Gesellschaft e.V.	3）*ERW* の高知能化のために	Stichting ROC-Nijmegen
4）国境を越える無線広帯域・農村地域用の通話網	Fraunhofer Gesellschaft e.V.	4）*ERW/ ermn* 向けの国境を越える労働市場監視の開発・試験	Pro Arbeit Niederrhein
③休養・観光		5）*ERW* 内の教育統一・邦認可の養老研修	BFZ Wesel
1）ローマ時代の昔を蘇生させる	Museum Het Valkhof, Nijmegen	6）国境を挟む雇用政策の原動力としての労働志向の活動家	DGB-Bezirk NRW
2）文化と城郭	Culture & Castles e.V.		
3）ライン河沿い自転車道	Touristik Agentur NiederRhein GmbH	7）*ERW* 内の Hogeschool van Arnhem en Nijmegen / Fachhochschule Gelsenkirchen の国境を越える協力	Hogeschool van Arnhem en Nijmegen
4）地域を超える旅行市場形成による *ERW* の	*ERW*		

8）ESPRO-Uni.Nijmegen/ Maastricht/ Aachen/ Duisburg/ Düsseldorfのエウレギオ学習計画：ヨーロッパの生活と労働	Universität Duisburg-Essen	5）相談業務と経験交換・養護教育施設 6）バイキング 7）余暇と路上での若者の麻薬常用	Landschaftsverband Rheinland Provinz Gelderland Abt. Wasser Caritasverband Kleve e.V.
9）Euregio Transfer: DE/ NL国境地域の透明な労働市場促成のための代理人	ROC Nijmegen	②文化・文化遺産・啓発 1）人々同士　第1段 2）Transistor 3）人々同士　第2段 4）60年の余暇 5）国境を越えるレンブラント	ERW St. Hamminkeln ERW Bevrijdings-museum Groesbeek Stichting Schloss Moyland
10）多国間水管理 11）ERW技術情報－社会事業センター 12）EAB-エウレギオ内研修施設取引所	RU Nijmegen Hogeschool van Arnhem en Nijmegen Theodor Brauerhaus		
5　社会・文化的統合 ①社会的連携網・日常的国境問題の処理 1）ERWの小料理人 2）国境を越える保健衛生基本計画 3）障害者のための連携網 4）スポーツ2004（スポーツによる教育のヨーロッパ年）	Hotel-u. Gaststättenverband Nordrhein e.V. Universitair Medisch Centrum St Radbourd Stichting Arbeidsintegratie Werkenrode Europäische Akademie des Sports Velen e.V.	**6　技術的支援** ①計画管理INTERREG IIIA 1）INTERREG共同事務局 2）INTERREGIIIA計画管理 ②報告・検査・評価・情報・広報 1）情報と広報INTERREG IIIA 2）EUREGIO/ ERW/ ermnのPGI*およびEDRのPGIのための半期評価実施 3）PGIのための5％検査実施	ERW ERW ERW ERW ERW

注：*PGI: Programm der Gemeinschaftsinitiative（EC行動計画）
出所：Gemeinsames INTERREG-Sekretariat bei der Euregio Rhein-Waal（Hrsg.）. *Bilanz 2004 INTERREG IIIA.* 2005

では6を数えるのに対し、*ERW*では皆無である。これは*EUREGIO*で交通基盤の整備が比較的重視されるのに対して、*ERW*ではその逆であるという印象をあたえる。それは*ERW*の経済構造がライン河に沿う交通基盤を基軸にしており、*ERW*はとりわけ国境を越える交通基盤・サービスの改善を目的として設立されたという自己認識[41]にそむくように見える。しかし、*ERW*域を

41　Martin（1997），142ページ。

表4-9 *ERW*のINTERREG IIIA企画費用負担（2004年末現在暫定値）

重点分野（企画数）	経費総額	EU	NRW/NL	地元公共団体
1 空間構造				
②交通・移動・調達/通信（4）	3188750.70	1465667	828200	894883.70
	6.9　100.0	6.6　46.0	7.1　26.0	7.0　28.1
2 経済・技術・革新・観光				
①中小企業間協力H・国境を挟む市場（3）	4404015	2202007	1321204	880804
	9.5　100.0	10.0　50.0	11.4　30.0	6.9　20.0
②技術開発・移転（4）	6331328	3151279	1660168	1519881
	13.6　100.0	14.3　49.8	14.3　26.2	11.9　24.0
③休養・観光（4）	8097317	3542708	1584146	2970463
	17.4　100.0	16.0　43.8	13.7　19.6	23.3　36.7
3 環境・自然・景観・農業				
①環境・自然・景観（2）	1031457	215728	256692	259037
	2.2　100.0	2.3　50.0	2.2　24.9	2.0　25.1
②農業（2）	3951336	1975668	1185474	790194
	8.5　100.0	8.9　50.0	10.2　30.0	6.2　20.0
4 資格教育・労働市場				
①労働市場開発・労働者流動性・資格教育/職業訓練／雇用の国境を越える連携網（12）	5645573.09	2672313.74	1568653.26	1404606.09
	12.2　100.0	12.1　47.3	13.5　27.8	11.0　24.9
5 社会・文化的統合				
①社会的連携網・日常的国境問題の処理（7）	5143850	2568954	893774	1681122
	11.1　100.0	11.6　49.9	7.7　17.4	13.2　32.7
②文化・文化遺産・啓発（5）	3080492	1540242	163212	1377038
	6.6　100.0	7.0　50.0	1.4　5.3	10.8　44.7
6 技術的支援				
①計画管理 INTERREG IIIA（2）	4403448	1881578	1788287	733583
	9.5　100.0	8.5　42.7	15.4　40.6	5.8　16.7
②報告・検査・評価・情報・広報（3）	1186002.95	593001.48	355800.08	237201.39
	2.6　100.0	2.7　50.0	3.1　30.0	1.9　20.0
合　計（48）	46463569.74	22109146.22	11605610.34	12748813.18
	100.0　100.0	100.0　47.6	100.0　25.0	100.0　27.4

注：（1）上段は実数値（Euro）、下段は負担割合、ただし左側は費用負担者ごとの分野別構成比、右側は分野ごとの費用負担者別構成比。実数値は原表の企画ごとの数値を「措置」ごとにまとめて集計し、この集計値から2種の構成比を算出した。
（2）1①にかかる*ERW*の企画はない。
（3）*EUREGIO*ではNRW, Nds, NLの負担割合が区分できたが、*ERW*では*Nationale Mittel*として一括上計されているので細目が判らない。*ERW*にはNL/Ndsの境界がないので、対象はNRWとNLだけである。
（4）同一資料の別表で、*ERW*にかかる2004年末までに実行された企画数は48、これに対して支出が認可されたEU補助金は2183万9143ユーロで、2001～2008年の補助金認可枠2983万8377ユーロの73.2%が消化され、799万9234ユーロが未消化とされている。この数値は本表の数値と一致しない。

出所：Gemeinsames INTERREG-Sekretariat bei der Euregio Rhein-Waal (Hrsg.), *Bilanz 2004 INTERREG IIIA*, 2005.

貫通する交通基盤の基本的機能が、ラントスタトとライン-ルール圏の直結にあることを考えるならば、これはあながち不自然でない。EUREGIO のように域内輸送路が国境の両側で並行しているところでは、国境を越えて両者をつなぐというエウレギオ域内の結束を目ざす事業が戦略的意義を持ちうるであろう。これに対して、ERW 内のライン-ワール沿いの物流拠点の能力拡大や輸送路線の延伸、拡充は、ライン-ルール圏に属するドイツ側域のデュースブルクをもっぱら潤すことが予想される。したがって、これを ERW の直接の活動目標に設定することは、エウレギオ本来の目的から逸脱することになりかねず、よって、EU からの補助金も期待できないことになる[42]。ゆえに ERW での重点分野１にかかるエウレギオ内構造基盤の拡充が、たとえば域内の近距離公共交通網の整備などにかぎられることになってもおかしくない[43]。

総じて、ERW では国境を貫通する国際河川ラインが、つとに国境の断絶効果を他地域より比較的弱めているという初期条件のもとで、どうすればライン河軸の通廊機能を域内空間密度を高めるために活用できるかが、ERW にとり古くて新しい戦略的課題であることが浮かびあがる。

ここで、重点分野１の活動分野②の４企画のうち３）「国境を越える洪水の防止」企画だけで、重点分野１の総経費の 84.3%、地元公共団体等負担の 82.8% を占めていることが注目される。これはラインとニールス、さらにはイセル-アウデエイセルという河川により、事実上、国境が突破されているだけでなく、国境を越える等質空間としての流域共同体が、災害（洪水）共同体としての側面を具えることも示唆しているからである[44]。

---

42 INTERREG IIA 企画策定に際して、ERW は醒めた認識を示している。「国境を越える構造基盤と企業立地空間造成のエウレギオ内での可能性という面における、諸問題解決を目ざす空間政策的企画の遂行は、INTERREG II の枠組ではかなり困難である。この枠組の EU 予算が構造基盤投資のために不十分であることを忘れてはならない。したがって、活動分野は主に、特殊で小さな問題の解決や、第三者の投資に必要な諸条件の創出に向けられる。電子情報網はこの活動分野でとくに重視される。というのも、経済界と当局との間の情報交換と接触のためにその意義がますます増しているからだ。」INTERREG-2 Programm, 48 ページ。

43 ERW 内の国境を越える旅客輸送体制は不備であり、1994 年時点で鉄道路線が１本、バス路線が３本残るだけで、ネイメーヘン-クレーフェ間の鉄道路線およびゴホ Goch-ベルヘン Bergen（マース河畔のネーデルラントの小都市）間のバス路線は数年前に廃止されたという。INTERREG-2 Programm, 9 ページ。

第二に、EU の負担割合が EUREGIO で平均 39.0％にとどまっているのに対し、ERW では 47.6％とほぼ限度に達していることである。逆に地元公共団体等の負担割合が EUREGIO では 32.7％を占めるのに対して、ERW では 27.4％と比較的低い。ラント・国の負担割合は、EUREGIO で 28.3％、ERW で 25.0％と大きな差がなく、しかも、いずれも地元公共団体等の負担割合を下まわっている。このことから、総じて ERW とくらべ EUREGIO の方が、地元公共団体等が自己資金調達において ERW より積極的であることが窺われる。

　第三に、EU は各エウレギオに対する補助金額の 50.4％（EUREGIO）または 40.2％（ERW）を重点分野 2 に支出しており、EU にとりいずれのエウレギオに対しても 2 が最重点分野とされていることが明らかである。他方で、地元負担比率が平均値を大幅に上回っているのは、EUREGIO では 1（40.0％）、4（41.0％）だが、ERW では 5（37.2％）のみである。概して、地元公共団体等は制約された自己資金を緊急度がもっとも高い分野に集中投入するはずだから、EUREGIO は 1 と 4 に、ERW は 5 に重点を置こうとしている姿勢が読みとられる。EU と各エウレギオとの重点分野のずれを補完関係とみるか、それとも基本関心の食いちがいとみるかは、なお検討されるべき課題である。

6　小括　KAN の位置づけ

　以上の検討作業から、ERW の空間ベクトルについてどのようなことが言えるであろうか。ERW 域内を貫流するライン-ワールが、ERW 域内を流域共同体として等質空間たらしめているだけでなく、鉄道、道路、パイプラインが束になった陸上輸送軸の脊髄として国境障壁をつとに打破していること、そのため ERW 域内を一種の機能空間たらしめる統合効果が生まれていることがほぼ確かめられた。産業革命期以来、ネーデルラント資本が地続き効果をね

44　ニールス川は長さが 115km、流域面積 1350km^2, 住民数は 75 万人に達する。かつては暴れ川だったが、1927 年に「ニールス組合」Niersverband が結成されて洪水防止と水質浄化の本格的努力がはじまり、今日ではこれとリンビュルフ浄水組合 Zuiveringschap Limburg が共同で水質保全にあたっている。Melsa, Armin K., Die Niers, Ein Grenzüberschreitender Fluss/De Niers, een grensoverschrijdende Revierin, in: van Beek & Sturme (1997), 151 ページ。

らって繰りかえしニーダーラインに進出してきた歴史に照らしても、*ERW*両側域に「辺境性」を見てとることはできない。

　したがって、問題はむしろKANの位置づけである。KANは西側のラントスタトに対して相対的自立性を保持し、そのためネーデルラント内部において孤立大都市圏に準ずる位置特性を具えていることがほぼ明らかになった。KANのラントスタトに対するこの相対的自立性が、KANのライン-ルール圏への接近を容易にしているように見える。失業率においてネーデルラントでも突出して高かったKANと、デュースブルクとの相関がこれを示唆している。他方で、ライン-ワールの同じ通廊機能がKANのライン-ルール圏への接近に制動をかけていることも見落とせない。したがって、ラントスタトにもライン-ルール圏にも相対的自立性を保持しているKANは、東北から西南にかけて弧状に延びるニーダーライン原経済圏の漸移地帯上に位置して、ニーダーライン原経済圏とラントスタトをつなぐ機能をはたしているのではないかというのが、さしあたりの見通しである。

第5章 *euregio rhein-maas-nord／euregio rijn-maas-noord*

1 地域概観
2 *ermn* の成立過程と組織
3 経済構造
4 経済構造（1990年代央）
5 INTERREG IIIA （2000〜2008）

メンヘングラトバハ（ライト地区）の *ermn* 事務局が入る市庁舎。

1　地域概観

euregio rhein-maas-nord / *euregio rijn-maas-noord*（以下 *ermn* と略記）は、図5-1に示される地区から成り、図5-2に示されるように、マース河右岸から2～3 km 離れて河沿いに伸びるドイツ・ネーデルラント国境にまたがり、北は ERW、南は EMR（第6章で分析）に挟まれている。ドイツ・ネーデルラント国境地域五エウレギオのうちで最も遅く成立し、最も小ぶりなエウレギオ

図5-1　*euregio rhein-maas-nord* の構成区域

出所：図2-1に同じ。

図5-2　ermn 加盟地区公共団体

注：（1）ヘウェスト Gewest はネーデルラントの中位地区公共団体。
　　（2）2007年時点で、ヘネプ Gennep が加盟する一方で、ノールトリンビュルフのメイエル Meijel とミディンリンビェルフのネーデルウェールト Nederweert が脱退している。
出典：ermn 提供資料（1996）。

である。一足早く成立した南隣の EMR が ermn の 2 倍の人口規模を具える最大エウレギオであるだけに、ermn の小ささが目だつ。また、ライン、マース二大河川沿いに位置するとはいえ、ライン河は ermn の東側境界線となっており、マース河が地理上の主軸のように見える。しかし、後述するように経済的重心はドイツ側域にあり、それはすぐれてライン河に負っている。ただ、南隣の EMR との混同を避けるために nord／noord という附加語を配したばかりか、あえて小文字表記にしたのは、不釣りあいに大きい先行エウレギオに挟まれた最小エウレギオの自己差異化のためであろう。みるからに慎ましい自称は、ermn より 20 年早く成立した最古のエウレギオが、EUREGIO と大文字表記で肩を怒らせているのと対照的である。これはまた、いつかエウレギオ間の吸収、合併が起きるとすれば、まっ先に併合対象となるのがおそらく ermn であろう、との予想を抱かせるものである。

とはいえ *ermn* 域は、ニーダーライン産業革命期にクレーフェルト *Krefeld*（「絹の都」）、メンヘングラトバハ *Mönchengladbach*（「ラインのマンチェスター」）を中心に、多様な繊維工業、繊維機械工業が興隆した古典的工業地域である。その意味では、19世紀の後半に綿工業が急激に拡張した *EUREGIO* 域に先行した地域として、ライン-ルール圏のまぎれもない一部を成す[1]。当圏内の他の諸地域同様、*ermn* 域も 1960 年代以降、古典的工業部門が軒なみに陥った構造不況を免れることができなかった。まさに 19 世紀初以来の産業構造の建直しが地域の存続をかけた課題となったときに、*ermn* が成立したことになる。

そこでまず、*ermn* の概況を 2000 年代央の統計数値によって確認する。以下は主に EIS（Euregionaler Informations-Service／Euregionale Informatie Service）が刊行した *EIS 2006 euregio rhein-maas-nord in Zahlen / euregio rijn-maas-noord in cijfers* に拠る。ただし、EIS の統計対象となるノールト／ミデンリンビュルフ、Kr クレーフェは *ermn* に未加盟のゲマインデ／ヘメーンテをふくむので、*ermn* 全体または平均にかかる数値は概数でしか表すことができない。

ermn の総面積は 3318km^2 で、ドイツ側域 1910km^2、ネーデルラント側域 1408km^2、58：42 という配分である[2]。ドイツ側はメンヘングラトバハ、クレーフェルトの両クライス級市、およびノイス *Neuss*, フィーアゼン *Viersen*, クレーフェの三クライスが加盟している。ただし Kr クレーフェの 16 ゲマインデのうち *ermn* に加盟しているのは南部の 8 のみであり、北部の 8 は *ERW* に加盟している。ネーデルラント側ではノールトリンビュルフ、ミデンリンビュルフの両 COROP-regio（「地域調査計画調整委員会区域」*Coördinatiecommissie Regionaal Onderzoeksprogramma-Gebieden / Coordination Committee Regional Research Programme-Areas*）が加盟している。ただし、ノールトリンビュルフの Meijel, Mook, Middelaar, ミデンリンビュルフの Nederweert, 合わせて四ヘメーンテが当時、未加盟であった。

表 5-1 に示されるように、*ermn* の 2006 年初の人口は 186 万人であり、そのうちドイツ側が 4 分の 3 を占めた。*ermn*（当初は *GRMN: Grenzregio Rhein-Maas-Nord*）創設直後の 1980 年の人口は約 130 万人で、人口分布は 2（DE）：1（NL）の割合であったから、4 半世紀後人口重心がさらにドイツ側に移動

1　川本和良『ドイツ産業資本成立史論』未来社、1971 年；渡辺（1987）。
2　*EIS*, 35 ページ。

表5-1　ermnの経済概況

構成区域	人口[1]	GRP[2] 2003/€	GRP/人[3] 2002/€	可処分所得 2003/€	失業率 2005/%[4]	部門別附加価値生産構成[5]			
						一次	二次	三次	四次
ノールトリンビュルフ	234202	6111740	24000	11700	9.2	7.2	28.4	44.5	20.9
ミデンリンビュルフ	278385	4540390	23433	12100	9.8	2.6	34.7	38.5	24.2
クレーフェルト	237701	6956168	29152	17170	13.5	0.3	42.0	38.4	19.2
メンヘングラトバハ	261444	6263826	25145	18232	15.4	0.5	29.1	46.5	23.8
クレーフェ	307703	6419691	20866	17202	9.5	3.7	26.8	44.8	24.7
ノイス	445255	13481020	28389	19840	9.6	0.7	29.8	54.8	14.6
フィーアゼン	314140	6146214	20494	18348	9.3	1.8	27.1	49.5	21.5
ermn	1858080	50639996	24711	16823	9.8	2.2	31.0	46.5	20.3
NL	16334210	509000000	25085	12300	3.6	2.5	24.9	48.5	24.1
NRW	18058105	469672000	25978	17982	13.0	0.7	28.8	47.2	23.3

注：（1）2006年1月現在。それぞれCOROP地区、クライス、クライス級市の総人口なので、合計は*ermn*人口を上まわる。ノールトリンビュルフは未加盟の2へメーンテを除くと約220万人、ミデンリンビュルフは未加盟の1へメーンテを除くと約262万人、Krクレーフェは加盟8ゲマインデの合計が約127万人になる。
（2）NLは2006年、eurostatによる。NRWはLDS NRWによる。
（3）*ermn*のネーデルラント側域は23962€、ドイツ側域は24951€。ノールトリンビュルフ、NL, NRWは2003年の数値、2003年の*ermn*の数値は27383€でNL, NRWを超えていた。
（4）ネーデルラント側域は年初、ドイツ側域は年央。失業率は対生産年齢人口比。NLは2007年1月、eurostatによる。NRWはLDS NRWによる。
（5）2002年。EUの標準産業分類（NACE）*Nomenclature générale des activités économiquees dans les Commuinautés Européennes*によれば、三次部門には交通、通信、金融、商業、飲食・宿泊業が、四次部門には政府部門（役務、教育、保健）が属する。

出所：EIS, *euregio rhein-maas-nord in Zahlen 2006;* Landesamt für Datenverarbeitung und Statistik Nordrhein-Westfalen, *Statsitisches Jahrbuch Nordrhein-Westfalen 2006;* eurostat, *Eurostatistics Data for short-term economic analysis 3/2007.*

したことになる[3]。

　*ermn*の人口密度は557人／km^{2}であり、ドイツ側域が715人／km^2、ネーデルラント側域が343人／km^{2}と、前者が後者の2倍に達している[4]。人口分布がいちじるしくドイツ側にかたよっていることが明らかである。メンヘングラトバハ26万1444人、クレーフェルト23万7701人、ノイス15万1610人と、10万人以上の3市はいずれもドイツ側にあり、ライン河左岸域のコナーベイ

3　Grenzregio Rhein Maas Nord, *Grenzüberschreitendes Aktionsprogramm für die Grenzregio Rhein-Maas-Nord*, 14ページ。
4　*EIS*, 38ページ。

ションを形成している。とくに *ermn* の東縁に位置するクレーフェルト市および Kr ノイスの両地域だけで *ermn* 総人口の 36.8％を占めている。5 万人以上 10 万人未満の 6 ゲマインデ／ヘメーンテのうちネーデルラント側にあるのは、マース河右岸に位置するフェンロー市（9 万 2052 人）だけである。逆に 1 万人未満の 12 ゲマインデ／ヘメーンテのうちドイツ側にあるのは、Kr クレーフェの 2 ゲマインデのみである[5]。

　人口動態についてみると、*ermn* の人口は 1990 年初 173 万 7911 人で、その後 10 年間漸増傾向をたどり、2005 年に 186 万 0364 人と最大値に達した。2006 年に漸減傾向に転じ、その延長線上で 2025 年には 179 万 3376 人と、1995 年ごろの水準に落ちこむと推計されていた。これは Kr クレーフェを唯一の例外として、すべての地域がおそくとも 2010 年以降減少過程にはいると予測されていたからである。とくにクレーフェルト、メンヘングラトバハ両市で最も早く、すでに 1990 年代後半に人口減少が始まっており、将来の減少率も最も大きいと予測されていた。ただし、Kr クレーフェの人口が増加傾向にあり、加えて Kr ノイスの人口減少速度が比較的低いことから、2025 年の両側域の人口比はほとんど変動がないと予測されていた[6]。このことから、2000 年代初に *ermn* が直面していた最大の域内経済問題は、このドイツ側域両最大都市の人口縮小速度の高さにあったことが判る。

　経済力をみると、表 5-1 に示されるように、クレーフェルト市と Kr ノイスだけで域内粗生産の 40.4％を占め、これは人口比 36.8％を上まわる。人口と域内粗生産の分布からして、地理的位置から受ける印象と異なり、ライン河沿いの *ermn* 域東縁地帯が域内空間形成軸となっており、総じてネーデルラント側域に対してドイツ側域から強い吸引力が作用していることが窺われる。

　以上の概観から、*ermn* の人口・産業立地分布がドイツ側域にいちじるしく偏っていることが判った。このような空間構造特性は、ライン-ルール圏が国境近くまで拡がっていることを物がたる。それはまた、NRUW の中核もしくは周域が国境に迫っている（もしくは越えている）ことを示唆し、したがって、*ermn* 域内または域外に伏在する漸移地帯の検証もとりわけ慎重を要する。それだけに、本書では産業構造分析に他章よりも多くのペイジを割くことになろ

5　同上、23-24 ペイジ。
6　同上、19-20 ペイジ。

う。

　失業率を一瞥すると、EIS によれば表5-1のような数値になる。しかし、他表の数値と合わないところがあるので、参考値として NRW の失業率統計を表5-2にかかげる。Kr ノイスを管轄地域の一部とするデュセルドルフ管区および Kr クレーフェ南部を管轄地域にふくむベーゼル管区とメンヘングラトバハ管区との対比が、2001 年を境として逆転しているのが目だつ。他方で、メンヘングラトバハ管区の失業率が NRW の平均失業率を一貫して下まわっており、クレーフェルト管区でも 2001 年以降 NRW 平均を下まわっている。両管区の企業構造が市場環境の変動に対して比較的高い適応力を具えていることが浮かびあがる。

　ただし、失業率と産業構造に何らかの相関を見いだすことは難しい。失業率が群をぬいて高いクレーフェルト、メンヘングラトバハ両市の二次部門比率を比較すると、クレーフェルトが 42.0％と最大値を示すのに対して、メンヘングラトバハは 29.1％で ermn 平均を下まわるからである。むしろミデンリンビュルフの二次部門比率が 34.7％と、クレーフェルトに次いで高いことが目につく。ミデンリンビュルフは近年ネーデルラントでもっとも製造業に傾斜した地域の一つになったと見てよさそうである。

　以上、経済概況を一瞥したところで、次に ermn の成立をうながした初期条件を明らかにするために、ermn の成立過程を検討する。

表5-2　ermn ドイツ側域の失業率（％）

地区労働局	1997	1998	1999	2000	2001	2002	2003	2004	2005	2006
クレーフェルト	12.8	11.8	11.4	9.6	9.3	9.7	10.6	10.6	11.9	11.5
メンヘングラトバハ	11.1	10.5	10.0	8.4	8.5	9.3	10.0	10.5	12.2	12.0
デュセルドルフ	12.0	10.8	10.4	9.1	8.6	8.6	9.4	9.8	12.0	11.4
ベーゼル	11.1	10.5	10.1	8.9	8.7	8.4	9.1	9.2	10.5	10.7
NRW	11.9	11.1	10.8	9.5	9.4	10.0	10.7	11.0	13.0	12.1

出所：LDS NRW, 2004, 2005, 2006.

2 *ermn* の成立過程と組織

（1） *Grenzregio Rhein Maas Nord ／ Grensregio Rijn Maas Noord* の成立

　以下は主として *Grenzregio Rhein Maas Nord Geschäftsbericht 1991/92* を資料として利用する。これは、おりしも EC の国境地域政策 INTERREG がはじまった年度に公刊された年次報告書であり、対外的訴求効果を強めるために団体史観点にも立脚した全般的組織情報となっているので、同時代資料として小さからぬ価値をもつ。

　これによると、本レギオは 1978 年 12 月 13 日にルールモントの美術館 (Oranjerie) で開かれた、レギオ評議会 *Regio-Rat* の設立総会決定にもとづく「*Grenzregio Rhein-Maas-Nord ／ Grensregio Rijn Maas Noord* (以下 GRMN と略記) の形成のための協定 *Übereinkommen*」により成立した。この「協定」はその後 1979 年 5 月 29 日、1981 年 7 月 16 日、1985 年 10 月 7 日の評議会決定により改訂され、さらに 1992 年 12 月の評議会決定により、1993 年 1 月 1 日から *euregio rhein-maas-nord ／ euregio rijn-maas-noord* と称することになった。その理由は、「国境の意義が減少しつつあることに照らして」であったという[7]。

　しかしそれに加えて、おそらく *Grenzregio ／ Grensregio* と綴りが異なる表記を併記する不便にくらべて、ラテン語形の造語 *euregio* であれば一語ですむという便宜上の理由からでもあっただろう。しかし、なぜ頭文字まで小文字にしてしまったのかの説明がない。

　本年次報告書に、幸いにも 1985 年の三次改訂時点での「協定」の本文が採録されているので、ここで「協定」内容を条項順に見てゆくことにする（*Geschäftsbericht*, 7 -11 ページ）。

　これによると、創設期の正構成員は協定の冒頭に列挙されている 11 団体、および国境沿いのドイツ側クライス、ゲマインデであった。前者は、ネーデル

7　Grenzregio Rhein Maas Nord, *Geschäftsbericht 1991/92*, 5, 7 ページ。

ラント側が三ヘウェスト (Gewest Noord-Limburg, Stadsgewest Roermond, Streekgewest Weert) および二商工会議所 (Kamer van Koophandel en Fabrieken voor Midden-Limburg te Roermond, Kamer van Koophandel en Fabrieken voor Noord-Limburg te Venlo) の5団体、ドイツ側が四クライス・クライス級市 (Kr Kleve, Krefeld, Mönchengladbach, Kr Viersen) および二商工会議所 (Industrie- und Handelskammer Mittlerer Niederrhein Krefeld-Mönchengladbach-Neuss zu Krefeld, Niederrheinische Industrie- und Handelskammer Duisburg-Wesel-Kleve zu Duisburg) の六団体であった。このうちルールモントとウェールトとは1988年3月1日に統合してGewest Midden-Limburgとなった。後者は、第2条でBrüggen, Geldern, Kevelaer, Nettetal, Niederkrüchten, Straelen, Weeze, Kreis Neussとされている。審議権のみをもつ構成員 Beratende Mitglieder は、RB デュセルドルフ長官 Regierungspräsident Düsseldorf, デュセルドルフ地区計画評議会議長 Vorsitzender des Bezirksplanungsrates Düsseldorf, Pr リンビュルフ長官 Commissaris van de Koningin in de Provincie Limburg, Pr リンビュルフ空間秩序委員会議長 Voorzitter van de Commissie Ruimtelijke Ordening van de Provinciaale Staten van Limburg, デュセルドルフ手工業会議所 Handwerkskammer Düsseldorf, ドイツ労働組合連盟（3クライス支部）Deutscher Gewerkschaftsbund（Kreisverbände Krefeld, Mönchengladbach, Viersen）であった。

　ここで注目されるべきは、ERW の構成員であるデュースブルク商工会議所が ermn の構成員でもあることである。Kr クレーフェはその北半分が ERW に、南半分が ermn に分割加盟しているのと対照的に、当会議所は全域が両エウレギオに二重加盟している。これは、当会議所が（ということは当会議所管区が）ERW と ermn をつなぐかすがいの役割を果たしていることを窺わせる。それは、隣接する ERW と ermn の二つのエウレギオ域が、一つの経済圏の構成部分であることを示唆する。

　次に第2条で、GRMN のドイツ側南部周辺のゲマインデ、商工会議所に加盟を呼びかける一方で、ネーデルラント側のヘメーンテはすでに挙げたヘウェストにより代表されるとしていることである。これにはすくなくとも以下三つの問題が潜んでいると考えられる。

　第一に、GRMN の南隣りにはすでに EMR が成立しているので、南部周辺地域の加盟を呼びかけることは、EMR の加盟団体に二重加盟をうながすこと

になる。それは隣接する先行エウレギオの切りくずしとなりかねない。なぜこのような穏当ならざる方針を協定で明示的に謳ったのか、また、これに当然反撥するはずの *EMR* が、*GRMN* に対して何らかの対抗措置を講ずることがなかったのか、検討の余地がある。この問いは、デュースブルク商工会議所の例が示すように、ともにライン、マース二大河川を空間形成軸として *ermn* と同一の経済圏に属するとみられる *ERW* が、なぜ南隣に *ermn* が成立する前に南方拡大に向かわなかったのか、という疑問につながる。おそらく、重工業立地のデュースブルクを抱える *ERW* の地域再生戦略が、すぐれて繊維工業立地であった *ermn* のそれになじまないという事情がはたらいたからであろうというのが、さしあたりの推測である。

　第二に、ネーデルラント側では本レギオの加盟単位がヘメーンテより上位のヘウェストであるのに対して、ドイツ側ではゲマインデもクライスも対等の加盟単位であるように見えることである。連邦国家と単一国家との相違が、地域公共団体の階層間関係にも反映していることが考えられる。

　第三に、地区公共団体とならび商工会議所も原初加盟団体であったにもかかわらず、EIS 統計ではこれに触れられていないことである。その理由は不明である。ちなみに、強制加入制をとる公法人として、ラントの枠内で管区制を敷くドイツの商工会議所は、経済的地域公共団体であり、「自治体」*Selbstverwaltungskörperschaft* の範疇に属する。本書でゲマインデに「(基礎) 自治体」の訳語を当てない理由はここにある。

　GRMN の目的は、第1条で「域内の文化、社会、経済、交通、その他にかかる構造的発展の調整と推進」にあると謳われている。ここで文化がまず挙げられ、経済が三番目に挙げられていることが注目される。事実、レギオ評議会副議長とレギオ委員会委員長との連署による年次報告書序言でも、「レギオ活動が当初はスポーツ・文化領域での協力への意欲がいちじるしく強かったのに対して、1988年より他の活動の比重が増した。……INTERREG 計画とともに本レギオは経済振興と自域の構造改革に積極的に向かうようになった」(5ページ) と述べられている。*GRMN* がまずルールモントに設立されたことは、成立期のネーデルラント側の主導を窺わせる。そのネーデルラント側が、一次石油危機後の経済低迷期に経済関係緊密化よりも文化交流に強い関心をよせ、また構造不況に直面しはじめていたドイツ側が、ネーデルラント側のこのよう

な関心に呼応したのはなぜか。1960年代央までに西ドイツの戦後復興を支えた「古典的産業」が構造不況に陥り、これに石油危機が追い討ちをかけ、1978年には雇用状況が深刻化していたにもかかわらず、文化交流を第一目的に掲げるドイツ・ネーデルラント間協力が、この地でこの時期に始まった理由は、なお問われるべき課題である。

　第3条はGRMNの機関を規定している。機関はレギオ評議会 Regio-Rat とレギオ委員会 Regio-Ausschuss から成る。当評議会は基本的重要性を帯びるすべての案件を管轄する。双方それぞれ42名の代表により構成され、議長と副議長は互選で、一方がドイツ人のときは、他方はネーデルラント人である。評議会の会議はすくなくとも年に一回、両側域で交互に開催される。決定は出席者の単純多数決による（第4条）。

　レギオ委員会は経常的案件を管轄し、とくに構成員間の調整と意見交換、および評議会の決定と命令との枠内で本レギオの告知、通達を管轄する。本委員会の構成員は、ドイツ側のクレーフェ、ノイス、フィーアゼン三クライスのクライス長 Oberkreisdirektor, メンヘングラトバハ、クレーフェルト両市の市長 Oberstadtdirektor, 両商工会議所の専務理事、クレーフェ、フィーアゼン両クライスから各一名のゲマインデ首長 Hauptgemeindebeamter, ネーデルラント側のノールトリンビュルフ、ルールモント、ウェールト三ヘウェスト、ルールモント、フェンロー、ウェールト三ヘメーンテの首長および二商工会議所の各専務理事 secretaris である。当委員会委員長と副委員長は互選で選出される。当委員会はすくなくとも年に二回会議を開く。その業務遂行のために作業部会 Arbeitskreis を設置することができる（第5条）。

　第7条が会計規定である。当レギオ加盟にともなう経常費用は各構成員の負担となる。特別費用は、レギオ評議会によってさだめられる拠出金および第三者からの贈与金によりまかなわれる。

　1992年末時点で、レギオ委員会の下にスポーツ、文化・若者、レギオ構造開発、広報の四作業部会が置かれていた。さらに「レギオ構造開発」作業部会の下に、「構造資料・方法」Strukturdaten u.-methoden および「域内市場」Binnenmarkt の二作業小委員会 Arbeitsgruppe が置かれていた。この組織編成は一見、文化、社会にくらべて経済の比重が小さい印象を与える[8]。しかし後述するように実態はまさに逆であった。

事務局はメンヘングラトバハの助役室に置かれ、ネーデルラント側の連絡事務所がルールモントの商工会議所内に置かれていた。人口、経済の重心がドイツ側にかたよっていることを考えれば、事務局がドイツ側に置かれるのは不自然でない。とはいえ、そもそもネーデルラント側の主導によって GRMN が成立したことが推定されるばかりか、すべてのエウレギオが国境を挟む両側域の均衡を最大限に図ることを旨としてきたことを考慮するならば、事務局がドイツ側域に置かれたことはけっして自明と言えない。これの立地がメンヘングラトバハといっても、実は 1975 年初にこれに併合されたばかりの旧ライト Rheydt 地区であることが、立地選定が妥協の産物であることを示唆している。

（2）財務

　上述のように、GRMN の発足時にかかげられた主目的に対応して、組織編成も経済でなく文化・社会に重点が置かれていたかに見える。しかし、財務構造にそれが反映していたのは 1987 年までであり、1988 年以降は「レギオ構造開発」委員会、すなわち経済部門が最大支出部門となっている。1991／92 年の決算をみると、収入で 9 企画に対する INTERREG による EC 補助金および NL／NRW 政府からの協調補助金だけで 52.7％、25.1％ を占めている。繰越金を除く純収入に占める比率は 74.8％、56.2％ とさらに上昇する。これに対して GRMN の自主財源である構成員拠出金および雑収入の合計の純収入に対する比率は、7.0％、11.3％ にすぎない。支出では「レギオ構造開発」部門の占める比率が、85.5％、90.1％ と他を圧している[9]。

　1987 年 7 月に単一ヨーロッパ議定書が発効すると、これにもとづく EC の共同市場完成を目ざす努力が本格化した。1989 年に諸構造基金が一体化されて五つの優先目的の設定にいたり、この目的達成の一手段として EC が国境地域政策に向かいはじめた（第 9 章で詳述）。GRMN がこれに即応して、その活動の重点を文化、社会から経済に切りかえた様子が浮かびあがる。とくに 1991 年の EC 国境地域政策 INTERREG 開始を契機として、GRMN の活動が経済面に集中しはじめたことが明らかである。もちろん INTERREG の対象と

8　同上、12 ペイジ。
9　同上、40-42 ペイジ。

なる活動は経済面に限定されず、文化・社会面もふくまれる。しかし、GRMN 財政支出における「レギオ構造開発」の突出ぶりは、INTERREG がもっとも先進的なドイツ・ネーデルラント国境地域のエウレギオにも、その活動をいちじるしく経済面に傾かせる効果を生んだことを物がたる。

(3) 域外活動

1991／92 年次報告は GRMN の域外活動にも触れている[10]。それは「ヨーロッパ国境地域協会」[11]、「ドイツ・ネーデルラント空間秩序委員会-南下部委員会」[12]、「アルンヘム協議」への参加である。前二者については後の章で詳論するので、ここではアルンヘム協議のみの紹介にとどめる。

アルンヘム協議（Arnhem Overleg）はつとにネーデルラントで開かれてきた対話集会（gespreksforum）で、ネーデルラントの各省庁、プロフィンシ、各エウレギオのネーデルラント側により構成される。他方で、1990 年 6 月のドイツ・ネーデルラント国境地域の全エウレギオの会合で、今後定期的に調整協議をおこなうことが決まった。この協議の重点項目は、経済、構造基盤、社会問題、日常の国境問題、具体的な企画と多岐にわたり、同様な問題を対象にするアルンヘム協議との協力も決まった。そこで、1991 年 12 月 7 日の拡大アルンヘム協議が開催され、ドイツ側（NRW, Nds 両ラント）およびネーデルラント側の関係省庁、RB・プロフィンシ当局、五エウレギオを構成員として、年に二回会議を開催することになった。拡大アルンヘム協議は基本的な案件を隣接エウレギオと協議し、さらに管轄当局と調整できる場として、GRMN にとり大きい意義をもつようになったという。

ドイツ・ネーデルラント国境地域五エウレギオの協力・調整の場が、ドイツ側でなくネーデルラント側の既存組織の枠組みのなかで設定されたことが興味

---

10 同上、71-76 ペイジ。
11 AGEG: Arbeitsgemeinschaft Europäischer Grenzregionen; WVEG: Werkgemeenschap van Europese Grensgebieden. 1971 年設立の当協会に GRMN は 1979 年 11 月 9 日に加盟した。AGEG については第 9 章で詳述する。
12 Deutsch-Niederländische Raumordnungskommission-Unterkommission-Süd/Duits-Nederlandse Commissie voor de Ruimtelijke Ordening-Subcommissie Zuid. 1980 年 5 月 20 日の当委員会の決定により、当委員会とエウレギオとの協力が制度化した。

ぶかい。本年次報告書に、1951年5月に締結されたイセルブルク-アンホルト協定への言及がないのは、これが響いているのかもしれない[13]。

3　経済構造

　1981年、ヨーロッパ委員会がECの内部国境沿いの国境を越える行動計画の策定を勧告した。GRMNもこれに呼応し、1983年初より「レギオ構造開発」作業部会で行動計画原案策定の準備作業がはじまった。さらに1976年のEC命令をふまえて、あらためて加盟国に国境を越える行動計画の策定を要請した1984年のERDF命令にしたがい、1986年8月に完成した報告書が、*Grenzüberschreitendes Aktionsprogramm für die Grenzregio Rhein-Maas-Nord*（ドイツ語版、以下 GA と略記）である。これの作成に当たりリンビュルフのプロフィンシ庁が資金上の支援をおこない、マーストリヒトにあるリンビュルフ経済技術研究所 *Economisch Technologisch Instituut Limburg*, ネイメーヘン、ティルビュルフ *Tilburg*、ボーフム、ドルトムント四大学の研究所が学術上の支援をおこなった。本報告書は、A 地域分析、B 現行の開発活動、C 行動計画の諸目的、D 実施されるべき措置、以上の4章から構成されている。これもまた、1980年代の構造不況の最中にあった古典的工業地域の状況の記録として価値に富むので、以下、GA の記述に即して1980年代央の GRMN 地域の経済構造およびそれに内在する諸問題を検討する。

（1）地域経済の現状

　GA によれば、1985年末時点で GRMN は人口が約130万人、面積が3000km^{2}であった。従来から「辺境」とよばれてきた当地域の「辺境性」が、ネーデルラント側域の南北交通路が不備なためにドイツ側域より強く表れ、ドイツ側域でも東西方向の交通路が不十分で、とくにネーデルラントおよびベルギーの交通網との接続に難があることに表れていると指摘される。他方で、ラントスタト、ライン-ルール、ライン-マインというヨーロッパ規模のコナーベ

13　*Geschäftsbericht* 1991/92, 73ページ。

イションに挟まれているという点で、当レギオは本来的に「中心性」を具えており、これを辺境にしているのは国境にほかならないと、GA は述べる[14]。

このような自己認識はドイツ・ネーデルラント国境地域のエウレギオに共通するものであり、しかも「中心的位置」zentarale Lage と「中間的位置」mittlere Lage とが混同されがちであることも共通している。ermn の場合この混同は、国境地域に位置するという点で ermn は「辺境」と言えようが、そのドイツ側域がライン-ルール圏に属している（逆に言えば、ライン-ルール圏が国境に迫っている）という両義性から生ずる。ともあれ、ermn 域のかかる「中間性」が当時、通廊機能を発揮していたことが注目されるべきである。

ベネルクス、フランス、スイスと西ドイツとの国境の主な 14 税関での自動車通行量をみると、1983 年に西ドイツに入国する自動車台数が最多だった地点はアーヘンで 918 万台、これに次ぐのがフェンロー－ニーダードルフ Niederdorf／シュバーネンハオス Schwanenhaus の 573 万台であった[15]。フェンロー経由は西ドイツ西側国境の第二の道路交通路線だったのである。これは、まさに「中間性」の機能的現象形態としての「通廊性」にほかならない。

前述のように、ニーダーラインですでに 17 世紀のうちに亜麻工業がひろまり、これを基盤として、18・19 世紀に絹工業と綿工業が興隆した。これが繊維機械・器具需要を生んで金属加工業、機械製造業の成立をうながす一方で、染料、漂白剤需要が化学工業成立の基盤となる後方連関効果を生んだ。しかし、ライン河左岸域の産業集積の西方拡大が国境によりさまたげられたため、マース河流域は農業地域にとどまった。19 世紀が進むにつれて、マース河右岸域、とくにフェンローとルールモントとの間に小工業が成立した。それはマース河沿いの粘土層の上に成立した瓦・煉瓦製造業を主とし、これが農業部門の需要に応える金属工業の成立をうながしたという。これに対してマース河西岸域で工業が芽ばえたのは、ようやく二次大戦後であり、とくに 1960 年代に工業化が進んだ。こうして成立したノールト／ミデンリンビュルフの工業部門は、少数の大企業と、これをとりまく多数の中小企業という二層構造を形成していた。両側域で景気循環のずれが認められるものの、総じて ermn 域は 1978〜83 年

14 *Grenzüberschreitendes Aktionsprogramm*（GA）、10 ページ。
15 同上、11 ページ。1993 年 EU 域内移動の自由化により税関が廃止されたため、国境通過にかかる統計数値の把握が困難になった。

にかけて深刻な不況に見舞われ、1985年ごろようやく景気回復軌道に乗ったという[16]。

　ermn域の産業構造は、域内粗生産の部門別構成からすれば、1981年に、製造業、農業・建設業・他の生産業、商業・交通業、サービス・政府の四部門の比率がそれぞれ36％、13％、16％、34％であった。これに対応する数値はネーデルラントが、20％、14％、21％、45％で、NRWが34％、13％、16％、37％であった。製造業部門の比較優位はドイツ側域で41％といっそう顕著であり、逆に農業部門の健在が、ネーデルラント側域およびKrクレーフェを特徴づけていた[17]。ドイツ側域でKrクレーフェだけが産業構造の面でネーデルラント側域と似ている点は、注目すべき現象である。以下、部門別に状況点検をおこなう。

① 　農業

　当レギオで特筆されるべきことは、とくに施設園芸を中心とする農業部門の比重の大きさで、ノールトリンビュルフおよびKrクレーフェで域内粗生産の11％、ミデンリンビュルフで6.5％、Krフィーアゼンで4～5％を占めていた。ネーデルラント側域では畜産（豚、肉用鶏、採卵鶏）と野菜栽培が主であり、ドイツ側域では耕作農業に重点が置かれていた。ただ、Krクレーフェでは施設園芸（花卉・野菜栽培）も重要であった。ここにも当クライスとネーデルラント側域との相似性が表れている。

　農産物の販路は国境を越えてひろがり、とくに19世紀にフェンロー内外での施設園芸の発展にともない、ドイツ向け輸出が増大した。当初から西ドイツ市場に狙いをさだめた輸出が、ノールト／ミデンリンビュルフの施設園芸を特徴づけていたという。施設園芸、集荷、卸売制度、輸送、販売は、とくにノールトリンビュルフの経済構造の中核となる産業複合（アグリビズネス）を形成していた。フェンローとグリュベンフォルスト *Grubbenvorst* の卸売が輸出用卸売市場となっていることが、西ドイツ市場への依存度の大きさを物がたる。

　1980年の両リンビュルフ産青果の販路は、両リンビュルフ1％、他のネーデルラント10％、合わせて11％、NRW26％、他のドイツ37％、合わせて

16　同上、20ページ。
17　同上、20-21ページ。

63%、ベルギー7%、フランス3%、他のEC諸国8%、非EC諸国8%、という構成比であった。西ドイツ市場が3分の2を占め、ネーデルラント市場は1割にすぎないことが、農業地域としての両リンビュルフとNRWを中心とする西ドイツ市場との強い結びつきを示唆する。これを例証する数値を挙げれば、フェンロー卸売協同組合（C.C.V.）の1984年の売上げ3.8億hflのおよそ60%が西ドイツ市場向けであった。フェンロー野菜卸売（V.G.V.）の年間売上げ7千万hflの90%を輸出が占め、その大部分が西ドイツ向けであった。この対西ドイツ輸出における主要産物は、サラダ用・漬物用胡瓜、サラダ菜、トマトという「伝統的ドイツ人好み青果」であった。近年、これらの大量産物に加わったのがピーマンである。

　C.C.V.の花卉卸売の年間売上高は、1984年に5千万hflに達し、ネーデルラント市場とならび西ドイツ市場が重きをなした。ノールトリンビュルフの花卉栽培農家のなかには、卸売と輸出業者をとおしてネーデルラント産の花卉を西ドイツ市場に供給するほかに、ドイツ側のシュトラーレンで卸売にかける者もいた。

　ノールト／ミデンリンビュルフは、青果のほかに加工食品を西ドイツ市場に供給していた。当地の野菜・果物加工企業の売上で国内市場向けは11%にとどまり、89%が輸出された。西ドイツ、とりわけNRWが最重要な販路となっていた。ノールト／ミデンリンビュルフのシャンピニオン栽培も西ドイツの需要に依存していた。逆に、西ドイツの10万t／年に達するシャンピニオン輸入の40%がネーデルラント産であった。ネーデルラントの全シャンピニオン栽培農家のほぼ半分がノールト／ミデンリュンビュルフに集中しており、その加工物はネーデルラント産出量の89%を占めていた。

　ermn のネーデルラント側域とくらべて、ドイツ側域の施設園芸のネーデルラント市場への依存度は低く、西ドイツ国内市場志向が強い。ドイツ側域にとっても施設園芸が大きな意義をもつことは、「施設園芸販売市場連合有限会社」（UGA）*Union gartenbaulicher Absatzmärkte GmbH* の卸売がシュトラーレンを拠点にしていることで示される。これは1984年に約2.5億DMの売上を計上した。花卉卸売において、シュトラーレンは西ドイツの一大中心地となっていた。ただし、ドイツ側域の施設園芸の輸出比率は12%にとどまった。主要輸出品は鉢植え植物であり、ネーデルラント向け花種はアザレアとエリカで

あった。

　集約的畜産は *ermn* 西部に集中し、その中心地がフェンラーイとネーデルウェールトである。ここの輸出志向も強いが、西ドイツ市場への依存度は施設園芸より低い。肉牛・豚・子豚市場ではクレーフェルトが重要な地位を占めており、「クレーフェルトの子豚市場」はヨーロッパ最大の市場であった。

　耕作農業は *ermn* の南部、とくにドイツ側域に集中していた。ここの主要作物であるジャガイモはポンフリ加工のために、ネーデルラント側域の食品加工業向けに大量に輸出されていた[18]。

② **製造業**

　1983年の製造業被用者の業種別比率は表5-3のごとくであった。食品、嗜好品加工業が両リンビュルフおよびKrクレーフェで比較的高い比率を示しているのは、果物・野菜栽培地に近接していることが大きい。なお、Krクレーフェの当該業種企業の多くが、実は *ermn* に属していないゲマインデに立地していた。

　1978〜1983年の間に、製造業における雇用の平均対前年減少率が、両リンビュルフでネーデルラントを下まわったのに対して、メンヘングラトバハではNRWを大幅に上まわった。当市の主要業種である繊維・衣料工業の構造不況がその主因とみなされていた[19]。とはいえ、すでに見たように1997年以降地区労働局メンヘングラトバハ管区の失業率はNRW平均を下まわっている。1980年代後半以降メンヘングラトバハが、産業構造の転換にある程度成果を

表5-3　製造業被用者の業種別比率（1983年）

	化学	土石	金属・機械	木材・製糸・印刷	皮革・繊維・衣料	食品・嗜好品
ノールトリンビュルフ	11	8	55	13	5	10
ミデンリンビュルフ	10	13	43	14	6	14
クレーフェルト	26	2	50	5	10	6
メンヘングラトバハ	2	1	56	10	25	6
Kr フィーアゼン	13	3	39	10	25	11
Kr クレーフェ	9	4	37	13	13	24
NL	13	4	48	13	5	17
NRW	13	4	59	10	7	8

出所：*Grenzüberschreitendes Aktionsprogramm*, 23ページ。

収めはじめたことが推定される。

　当レギオ内に開業した工業企業の調達および販路の一覧が、表5-4、表5-5である。まずネーデルラント側域の調達先をみると、繊維・皮革では*ermn*内ドイツ側域から33%を調達しているものの、これは例外であり、平均すればドイツ側域から4%、他の西ドイツ地域からを合わせても10%にとどまった。他方で、ドイツ側域がネーデルラント側域から調達する比率は1%、他のネーデルラント地域からの調達を合わせても12%で、逆方向をやや上まわるものの有意の差ではない。

　次に販路を見ると、ネーデルラント側域の対西ドイツ輸出は、*ermn*域内外向けを合わせて18%、これに対して自国市場向けは地元販売もふくめて70%に上る。ドイツ側域の対ネーデルラント輸出は5%にすぎない。工業部門の調達と販売との両面で、*ermn*域内での国境を越える取引は、低水準にとどまっていたというのが実情である。国境を越える商取引の弱さについて*ermn*の経営者たちは、相手側域の企業の取引可能性や経営規模、価格、品質にかかる情報を把握することの困難さを挙げており、多くの小企業にとり、代理商取引をおこなう費用が負担限度を超えていたという[20]。とはいえ、ネーデルラント側域の新規開業企業の対ドイツ輸出が23%と比較的高いことを、見すごすことができない。また、総じてネーデルラント側域の西ドイツ市場志向が逆よりも比較的強いことも、留意されるべきである。

　以上、すくなくとも1980年代前半まで国境を越える工業製品移動が低水準にとどまっていたことを確認したが、それでは資本移動はどうであったか。1970／75／80年に*ermn*のネーデルラント側域で開業した工業企業総数2647件のうち、新規設立が2412件で91.2%を占めた。他地域からの進出では、ラントスタトからノールトリンビュルフへの進出例がすくなくなかったという。他方で、1978／80／82年に当レギオのドイツ側域で開業した企業総数は、商工会議所の商業登記簿に登記されたのが1852件、手工業会議所に登記されたのが2483件であった。前者をみると、新規設立は1400件で75.6%にとどまり、ネーデルラント側域とくらべて15%低い。他地域からの転入または子

18　同上、22-23ペイジ。
19　同上、23-24ペイジ。
20　同上、28-29ペイジ。

表5-4 新規開業した工業企業の業種別物資調達先（1978~82年、％）

	R. NL	R. DE	他の NL	他の DE	NL/DE 以外	R. NL	R. DE	他の NL	他の DE	NL/DE 以外
農産物	6	1	25	−	68	7	60	11	18	4
鉱産物	28	6	25	14	27	−	73	−	18	9
エネルギー	66	−	34	−	−	−	100	−	−	−
化学	8	3	78	6	5	−	2	16	64	18
建材	85	−	14	−	1	−	25	−	74	1
金属製品	32	5	28	10	25	1	42	2	40	15
機械	11	1	63	19	6	−	37	5	53	5
輸送	43	−	47	9	1	−	6	−	94	−
電機	22	1	26	5	46	1	23	−	65	11
木材・家具	28	9	48	9	6	−	87	−	13	−
製紙	13	5	46	11	25	−	42	3	55	−
繊維・皮革	4	33	25	7	31	−	8	1	60	31
食品・嗜好品	4	−	96	−	−	−	8	−	92	−
建設	97	−	3	−	−	−	65	−	35	−
合計	24	4	32	6	34	1	22	11	52	14

注：（1）左欄はネーデルラント側域、右欄はドイツ側域
　　（2）R: *ermn*
出所：*Grenzüberschreitendes Arbeitsprogramm*, 28ページ。

表5-5 工業製品・半製品販路構成（1978~82年、％）

	企業全般	製品	半製品	新設企業	製品	半製品	企業全般	製品	半製品	新設企業	製品	半製品
R (NL)	25	72	28	17	76	24	1	78	22	1	98	2
R (DE)	6	83	17	3	66	34	18	45	55	13	73	27
他の NL	45	71	29	44	77	23	4	90	10	2	100	0
他の DE	12	92	8	20	95	5	55	83	17	58	91	9
NL/DE 以外	12	92	8	16	81	19	22	87	13	26	95	5
平均	100	77	23	100	81	19	100	77	23	100	90	10

注：（1）左欄はネーデルラント側域、右欄はドイツ側域
　　（2）R: *ermn*
出所：*Grenzüberschreitendes Aktionsprogramm*, 29ページ。

　会社設立の形で進出した件数は355件のうち、域外地からの転入が130件、子会社設立が225件で、合わせて24.4％であった。とくにメンヘングラトバハでは隣接のデュッセルドルフ地域の拡張にともなう進出が目だったという。両側域とも自国内他地域との流動性は弱くなかったが、国境を越える資本移動の例はなかったという[21]。

　以上が、1993年EC共同市場実現以前の当レギオ内新設工業企業の、ドイ

ツ・ネーデルラント国境を越える商品・資本移動の実情であった。10年後の共同市場の実現はこの状況に変化をもたらしたのだろうか。これは後論するとして、ここで既存企業をふくめた域内全企業の貿易一般の実情を確認しておきたい。

③　貿易一般

商品貿易一般に眼を向けると、②で見られた様相とかなり異なることがわかる。ノールト／ミデンリンビュルフの商品貿易は、ネーデルラント国内市場との取引が19億hfl／DMであるのに対して、ermn内外の西ドイツ市場との取引が53億hfl／DMに上り、前者を圧倒している。これに対してermnのドイツ側域の対外取引先は、ermn内外のネーデルラント市場が23億hfl／DM、域外西ドイツ国内市場が274億hfl／DMであった。商品貿易総体を見るかぎり、両リンビュルフはネーデルラント国内市場よりもむしろ西ドイツ市場に組みこまれていたとみることができよう。

1980年に生産高に対するermn外部への移輸出比率が40％以上であった業種は、ドイツ側域で、機械製造（66.9）、建設（64.9）、電機（53.3）、繊維・衣服（53.0）、化学（49.9）、食料（43.5）、鉄鋼・非鉄（40.2）の順であり、そのうち機械製造業は41％をネーデルラント以外の外国に輸出していた。他方でネーデルラント側域からの移輸出比率は、鉄鋼・非鉄・機械製造（78.2）、不動産賃貸（72.5）、建設（64.3）、繊維・衣服（54.4）、印刷（48.7）、木製品（47.1）、農林水産（46.3）の順であった[22]。

④　人口移動

ここで国境を越える人の移動をみよう。第一の範疇は国境を越える通勤者で、これは東西方向に流れていた。1970年代央に5500人を超える両リンビュルフ住民がドイツ側域、とくにクレーフェルトとメンヘングラトバハに通勤していた。しかし1974年からこの数が減りはじめ、1980年代央には3000人にまで半減した。その主因は、建設業、金属工業からの求人の落ちこみであった。さらに、ネーデルラントと西ドイツとの賃銀水準差が縮んだことも、ネーデルラ

21　同上、26-27ペイジ。
22　同上、32-34ペイジ。

ント人の西ドイツへ向かう求職意欲を減退させたという。ネーデルラントからの通勤者の流れがもっぱら単純労働者を需要する建設業と金属工業に向かったのは、相応のドイツ語能力を要求するサービス産業が、ネーデルラントから国境を越えてくる通勤者を受けいれなかったからであるという。しかし、これが社会保障措置違反と不法労働者斡旋をはびこらせる一因となったと指摘されている。

　ネーデルラント側域からドイツ側域への通勤者の流れの隘路は、1980年以後ある程度改善されてきた。その例として、給与所得税の年末調整請求権、「特別出費」に対する一定額控除の請求権、本国で児童養育費を受給する権利、60歳に達すれば早期に年金を受給する権利、年金制度の改善、国境を越える通勤に自家用車を使用することの制約の軽減等が挙げられている。しかし、隘路は随所に残っており、その最大のものが住宅ローンの利息控除の問題で、本国で所得税を納めないために、持家に対するローンの利息控除が不可能であったという。さらに社会保険料の二重払い、学校・教育制度の相違により、当局が求職者の資格を適正に認証することが困難であること、罹病の際の措置の問題もあった。

　ドイツ側域からネーデルラント側域への通勤者が約100人にとどまったため、国境を越える通勤者の流れは、一方的であった。1990年代に入っても、この流れに大きな変化はみられなかった。1997年にネーデルラントからクレーフェルト労働局管区に2430人、メンヘングラトバハ労働局管区に355人が越境通勤していたが、逆方向はそれぞれ105人、70人にとどまった。ネーデルラントでもっとも工業比率と労働力率が高く、労働力不足に陥っていたリンビュルフでは、ドイツからの求職者を募集、斡旋する専門家集団機関 *Euroselexxion* がザイトオーストネーデルラント労働行政当局 *Arbeidsvoorziehung Zuidoost Nederland* の肝いりで2000年初にフェンローに設置され、転職斡旋会社 *mobiliteitsbureaus* や職業教育機関およびドイツ側国境地帯労働局と協力して、活動を開始した。

　人口移動の第二の範疇は国境を越える買物行動である。この流れも一方的であったが、方向は通勤者の流れと逆であった。国境を越える買物行動の唯一の目的地はフェンローで、当市中心部の買物客の半数が西ドイツ人であり、年間600万人に上ったという。もっとも近隣の国境地域からの来訪者は少数で、大

部分がライン-ルール圏の大都市住民であった。その主な購入対象は、たばこ（紙巻、刻み、葉巻）、コーヒー、茶、チーズ、生鮮野菜であった。他方で、ドイツ側域住民はフェンローよりも遠い自国内のクレーフェルト、メンヘングラトバハ、フィーアゼンに向かうことが多かったという。もっとも、このような状況は、1993年の共同市場の実現で根本的に変わったはずである[23]。

⑤ 交通

　GAがとくに詳細な分析をほどこしているのが、交通問題である[24]。まず国境を越える近距離公共交通について、当時当レギオ内で国境を越えるバス・鉄道路線はフェンロー経由だけであり、これが移動人口増加をさまたげていたという。

　貨物輸送分野では、ラントスタトとライン-ルール圏をむすぶ当レギオの中継機能をになう、鉄道・道路・水上輸送のうちで、ルール地域とロテルダムをむすぶライン、マース両河による水上輸送量が圧倒的に多かった。総じて、当レギオに立地する1000の輸送企業の大部分がこの中継機能にかかわり、これは1980年央に直接、間接に数千の雇用を生みだしていたという。

　道路輸送では、ドイツ・ネーデルラント間の国境を越える道路貨物輸送量の40％が当レギオ内の国境を通過しており、なかでもフェンロー－ニーダードルフ／シュバーネンハオス経由がドイツ・ネーデルラント間貨物輸送の3分の1を占めていた。1984年に120万台の荷積みトラックが本レギオで通関したという。

　鉄道貨物輸送は、ラントスタトとライン-ルール圏とをむすぶ二つの路線があった。北側路線はロテルダム・アムステルダム－ユトレヒト－アルンヘム－エメリヒ－デュースブルク－ケルンという経路をたどり、南側路線はロテルダム－エイントホーフェン－フェンロー－フィーアゼン－メンヘングラトバハ－ケルンという経路をたどった。後者は、フィーアゼンでブリュセル－アーヘン－クレーフェルト－ルール地域－ハンブルク路線と交差する。1982年にドイ

23　同上、30-31, 33, 50-51ページ；van Maanen, Rob, Strukturen und Entwicklungen im Arbeitsmarkt im niederländischen Teil der eurgio rhein maas nord, in: Hamm Wenke (2001), 63-66ページ；Janssen (2001), 123ページ。
24　GA, 35-48ページ。

ツ・ネーデルラント国境を通過した鉄道貨物量675万tのうち204万tが、フェンロー経由であった。そのうち115万tがドイツ向けであり、その56％がロテルダム、6％がアムステルダムを発送地としていた。これに対してドイツからフェンロー経由でネーデルラントに仕向けられたのは89万tで、66％がロテルダム、7％がアムステルダムを仕向地としていた。主要貨物は化学製品と鋼管であった。1982年にEuropees Container Terminal（ECT）がフェンローにコンテナターミナルを開設し、1985年に年間50万個のコンテナを取りあつかうと推定されていた。つづいて1984年に、Trailstarがフェンローに「台車輸送」*Huckepack*（いわゆるピギィバック輸送）ターミナルを開設した。ここでは、セミトレーラ、普通トラック、フルトレーラが貨車に積みこまれる。また、1985／86年の時刻表では4本の「GONG列車」(国境停車時間短縮貨物列車) *Güterzüge ohne nennenswerten Grenzaufenthalt* が、ラントスタトからフェンロー経由でドイツの諸工業地域向けに運行されることになっていた。

このように、ラントスタトとライン-ルール圏をむすぶ鉄道物流の大動脈が当レギオを貫通しているのだが、隘路としてGAは二点を指摘している。その一は、クレーフェルト－フィーアゼン－フェンロー間に直通の路線がなく、フィーアゼンで進行方向を逆向きにしなければならなかったことである。その二は、フェンロー－フィーアゼン－メンヘングラトバハ経由南ドイツに向かう路線に、いくつかの単線区間が残っていたことである。

アントウェルペンとライン-ルール圏をむすぶ鉄道路線は、すでに1869～79年にアントウェルペン－ウェールト－ルールモント－メンヘングラトバハ区間が開通した。メンヘングラトバハからはクレーフェルト経由ルール地域にいたる路線と、ノイス経由デュセルドルフにいたる路線が延びていた。しかし、一次大戦後の国際政治情勢の下で、この路線がアントウェルペン－ハセルト *Hasselt*－ビゼ-モンツェン *Visé-Montzen*－アーヘン－メンヘングラトバハと、それまでより94kmも長い南側迂回路線に切りかえられた。二次大戦後これの運行が過密になってきたため、1970年以後、毎日1往復の列車がルールモント経由で運行されるようになり、主としてアントウェルペン－ルール地域間の自動車部品輸送およびオーステンデ *Oostende*／アントウェルペン－ノイス間の「台車輸送」にあたっていた。

南側迂回路線の隘路は何よりも過密な運行にあったが、リーエージュ－アー

ヘン間の急勾配のために載貨重量に制約があることも指摘されている。これに対して、ルールモント経由路線は平地をとおり、しかも94kmも短縮できるためヨーロッパ規模での輸送に有利であるばかりか、ウェールトールールモントーメンヘングラトバハ間に立地する企業が、アントウェルペンおよびラインールール圏と直結できる利点、さらにデュセルドルフ経済圏の西方拡張をうながす効果が期待されていた。

　GAによれば、全ヨーロッパ規模での鉄道網の拡充にとり最大の隘路は、電流規格が標準化されていなかったことである。ドイツは15KVの交流、ネーデルラントは1.5KVの直流、ベルギーは3KVの直流であり、したがってフェンローで機関車取換のために長時間停車を余儀なくされていた。これは、第6章で対象とするEMRでも問題とされていた。

　貨物運賃では、国境を越える直通運賃率があるにはあったものの、これは道路輸送に対して競争力を持ちえないと、GAは指摘している。輸送時間もGONG列車を除けば長すぎた。当時ドイツ連邦鉄道利用の際は、夕方に積みこまれた荷の目的地到着が翌朝であることが原則であった。しかし、メンヘングラトバハで積みこまれた荷が国境を越えてエイントホーフェンに到着するのは、翌夕か翌々日の朝であるのが実情であったという。

　最後に水路輸送についてみると、ドイツ・ネーデルラント国境を通過する貨物輸送総量3分の2がライン河輸送によっておこなわれていた。当時、当レギオのクレーフェルト-ライン港は年間400万tを取りあつかい、デュースブルク、ケルンに次ぐニーダーライン第三の貨物港であった。最新式の艀6艘編成の押航輸送方式はネーデルラントでまだ試行段階にとどまっていたが、ドイツのニーダーラインにはすでに導入されていた。さらに1980年代に入るとライン河水運にコンテナ船が導入され、これは増大傾向を見せていた。

　このようにライン河水運が本レギオを貫通する水陸輸送網の主軸であることは明らかであるが、これまた隘路を免れなかった。それはニーダーラインの水路が年に1.5〜2cm浅くなることである。1985年に連邦輸送路計画でニーダーラインの浚渫がうちだされたが、GA作成の時点でまだ最終決定にいたらなかった。

⑥　エネルギー供給

　1980年代までネーデルラントの発電、送電、配電は、国の規制下にある企業によっておこなわれ、Pr リンビュルフではプロフィンシが98％を出資している PLEM（Provinciaale Limburgische Elektriciteitsmaatschappij）が電力供給を独占していた。当社は石油・天然ガス火力発電所（Maasbracht）と石炭火力発電所（Buggenum）の二発電所体制をとっていた。ノールト／ミデンリンビュルフは PLEM の送配電によるか、フェンロー、テーヘレン *Tegelen*, ルールモント、ウェールトのように市営の送配電によるかして、電力供給をおこなっていた。ただ、PLEM の送電網が150KV であったのに対して、電力生産者組合（SEP）の送電網は350KV という送電圧の違いがあった。他方で、西ドイツ側の電力供給は民間企業により担われていたが、最大のライン－ベストファーレン電力会社（RWE）*Rheinisch-Westfälische Elektrizitätswerke AG* へのラント、地区公共団体の出資比率が30％に達していた。

　天然ガスについては、ネーデルラントはこれを北海海域のスロホテルン *Slochtern* で掘削しており、掘削は「ネーデルラント石油会社」*Nederlandse Aardolie Maatschappij* が、配管は「ガス連合株式会社」*Gasunie N.V.* がおこなっていた。Pr リンビュルフでのガス供給は「リンビュルフーガス配管会社」*Limagas* と二、三の市営ガス配管会社がおこなっていた。Limagas への出資比率は、ヘメーンテが45％、プロフィンシが45％、Gasunie が10％であった。当レギオ地域のフェンロー、ルールモント、ウェールトは市営のガス企業からの供給にたよっていた。

　他方で、西ドイツは1980年代後半に天然ガス供給の76％を輸入に仰ぎ、しかもそのうちの32％がネーデルラントからの輸入であった。NRW の天然ガス輸入をルール－ガス株式会社が一手ににぎり、当レギオのドイツ側域への供給はティセン－ガス AG によっておこなわれていた。ネーデルラントは石炭供給を全面的に輸入に仰ぐ（PLEM は石炭火力発電所用燃料炭の80％をアメリカ炭に、20％をルール炭にたよった）一方で、天然ガスを西ドイツに輸出していたのである。他方で西ドイツは、1960年代以来の「石炭優遇政策」により1980年代になってもまだ補助金政策と合理化を推しすすめ、石炭火力発電所の存続をねらっていた。エネルギー源について、ネーデルラントと西ドイツとの間にある

程度の補完関係が成立していたことになる。

　電力価格は当レギオの両側域とも本国平均価格より低かった。とくに西ドイツ側について、最大の電力会社 RWE が当レギオの南部にひろがる西ヨーロッパ最大の褐炭田の排他的権益を有し、露天掘りである上に徹底的な自動化によって廉価な燃料を自給できることが、RWE に抜群の価格競争力を与えていたことはよく知られている。褐炭田はケルンとアーヘンを東西にむすぶ線から北に Kr フィーアゼンまでひろがっている。埋蔵量は 550 億 t、すでに 50 億 t が採掘されたが、残る可採量は 350 億 t、年産 1 億 2 千万 t の現在の採掘量（RWE はエネルギー供給安定のためにこの年産量を維持する方針であった）でも今後 300 年間は採掘可能という、桁違いな規模の褐炭田である。これからの産出量の 85％を RWE が火力発電所燃料炭として使用し、15％が工業用、化学原料用、家庭燃料用（当時はまだ利用されていたブリケト）に使われていた。しかし、この褐炭田が比較的安価なエネルギー供給を保証する一方で、地下水位の低下、生態系と文化財の破壊、住民の移転と廃田の埋戻し、というさまざまな問題を生んでいる側面も見すごせず、GA はこの問題にかなりの紙数をついやしている[25]。排煙による環境汚染が社会問題となるのはまだ先のことであった。

（2）開発活動

① ドイツ側域の地域振興政策

　1985 年の西ドイツの「地域経済構造改善のための共通課題（GRW）」の十四次枠組計画の対象になった、東西国境沿いの 18 地帯のなかにふくまれた ermn のドイツ側域は、メンヘングラトバハ、Kr フィーアゼン（Brüggen, Nettetal, Niederkrüchten, Schwalmtal, Viersen）、Kr クレーフェ（Weeze）であった。

25　同上、59-61 ペイジ。ちなみに RWE AG のウェブサイト（2007 年 12 月 17 日）によれば、2006 年の同社の販売電力量の 39％が褐炭火力によるものであった。1932 年 RWE がフリツ-ティセンおよびフリートリヒ-フリクからケルンに本拠を置く Rheinische AG für Braukohlebergbau und Brikettfabrikation（RAG）を買収し、戦後の 1959 年に RAG がその他の RWE 傘下の褐炭企業と合併して、Rheinische Braunkohlenwerke AG Rheinbraun となった。これは 2000 年に RWG が VEW（Vereinigte Elektrizitätswerke Westfalen AG）を吸収した後、RWE Rheinbraun AG と社名を変え、後に RWE コンツェルンの RWE Power AG に統合された。

当該地域にNRWも雇用創出推進計画の枠組で、復興金融公庫やドイツ負担調整銀行と組んで融資による助成をおこなった。その際、NRWからの融資は必要資金の50％を限度とし、他の公的融資措置を加えても3分の2を超えない原則であった[26]。

② ネーデルラント側域の地域振興政策

1986年初から始まったネーデルラントの地域政策は、経済省の覚書「地域社会・経済政策1986-1990」*Regionaal Sociaal-Economisch Beleid 1986-1990*に集約されているという。これは市場経済部門を地域水準で強化することをねらい、西・中部にくらべて経済的に弱体な東部地域（対ドイツ国境沿い）に力点を置くものとみなされていた。その具体的な方策は、経済活動を直接にうながす政策、枠組条件の改善を図る政策、雇用創出政策、この三つから成っていた。とくにノールト／ミデンリンビュルフに対する方策を一覧表にまとめると、表5-6のようになる。

表5-6 ノールト／ミデンリンビュルフに対する地域振興政策

直接政策

a 投資優遇規則 *Investerings Premie Regeling*：投資にかかるNLで最重要な補助金政策
　＊工業・サービス部門の企業創設・拡張に対して、NL側域大部分、とくにフェンラーイ、フェンロー、ルールモント周辺では15％、ルールモントより南は25％。
　＊ノールト/ミデンリンビュルフに対する優遇措置は1989年1月1日をもって終了。
　＊対象は、工業企業、革新的サービス企業、大企業本社、試行施設、実験所、成長が見こめる観光計画の設立（立案）、拡張（生産能力または雇用の10％以上の拡大）、建直し（新商品開発のための生産計画・方法の抜本的変更）。

b 地域開発会社（ROM）*Regionaal Ontwikkeling Maatschappij*
　＊1986年からリンビュルフ開発金融公庫（LIOF）*Linburgs Instituut voor Ontwikkeling en Finaciering* に対してROM予算から補助金支出。

c 投資助成法（WIR）*Wet Investerings Rekening* 全NL規模の投資助成法

間接政策

a ザイトリンビュルフの「展望覚書」（PNL）*Perspectivennota Zuid-Limburg*：ザイトリンビュルフの構造改革地域に新しい経済・雇用構造の創出を目的とする。
　＊ヘウェスト・ルールモントの南部とルールモント市も対象、1990年末で終了予定。
　＊PNL計画に4300万hfl/年を支出。

b 全般的枠組条件の改善

＊地域水準の重要な社会基盤施設の建設または市場経済の発展をさまたげる構造的隘路の除去のための協調融資。
　　　＊Pr リンビュルフに当基金は 4300 万 hfl/ 年、これに中央政府予算から 1500 万 hfl の追加融資。
　c　ヨーロッパ地域開発基金
　　　＊NL 向け 5100 万 hfl/ 年の当基金からの補助金の一部が PNL 地域向けに。さらに当基金の一部は、国境を越える行動計画を策定して ermn 内の隘路の除去を目ざし、そのために IPR も適用される区域にも向けられる。

雇用創出計画

　a　教育政策の重視
　　　＊現存の、または確実に予想される求人［の増加］。
　　　＊求人条件を大幅に変更した職場［の創出］。
　　　＊一般に期待されている、または目ざされているレギオ内経済活動の展開。
　b　特別に地域性の強い企画（BRP）*Bijzondere Regionaale Projecten*
　　　＊地域の社会経済的構造と労働市場における失業者の立場との強化。
　c　労働市場での需給一致ををさまたげる多数の隘路の除去
　　　＊1986 年に当計画のためにリンビュルフで投入された資金は 3 億 4500 万 hfl。

出所：*Grenzüberschreitendes Aktionsprogramm*, 81-84 ページ。

③　自力開発

　経済振興策は地区公共団体当局の共通課題であり、多くはこれらが直接管轄するが、有限会社という独立法人の形態をとることがある。Kr クレーフェとメンヘングラトバハ市では当局の所管部局が担当する。Kr クレーフェの各ゲマインデはそれぞれ独自な経済振興政策を進めており、クライスのそれとの調整が必要であった。

　他方で Kr フィーアゼンとクレーフェルト市は、経済振興のためにそれぞれ独立の会社を設立していた。前者にはクライスとゲマインデが出資しており、ゲマインデは企業誘致政策を当社に委託することができる。両社ともその活動内容は、とりわけ経営指導、広報、企業誘致、土地の購入と開発であった。

　ネーデルラント側で経済振興にかかるヘメーンテの活動は、従来西ドイツよりはるかに制約されていた。1982 年にノールト／ミデンリンビュルフのヘメーンテと商工会議所が協力して「経済接触活動家」を生みだすことになった。この「活動家」の課題は企業支援にあり、一方でヘメーンテ行政内部の手続き（秩序法／排出法、建設認可、土地購入等）にかかる情報提供や調整をおこない、

26　同上、76-77, 81 ページ。

他方で企業がプロフィンシ、商工会議所、LIOF等と接触する際に、助言者、仲介者として支援することにある。その後ノールト／ミデンリンビュルフの大部分のヘメーンテがこのような「活動家」をかかえるにいたった。

　商工会議所についてみれば、ネーデルラントの商工会議所は独自な企業誘致政策をおこなわず、その活動は経済強化と雇用増大を目ざす努力に限定されていた。具体的には、補助金、空間秩序、輸出等にかかる経営指導、語学教室、若手経営者教育である。これに対して西ドイツの商工会議所の課題は、経営指導、商工業用地の十分な確保と最適な交通網形成による枠組条件の改善にあり、ネーデルラント側と大きく異なるのは、職業教育分野で重要な役割をはたしていることである。若年者のために見習い口を増やすための調整、仲介をおこなうことも商工会議所の役目である。

　当レギオの両側域当局の権限、機能が異なる現状に照らして、ネーデルラント側域の「活動家」とドイツ側域の経済振興所管当局もしくは当該会社の代表者とが接触を図り、経験交換をおこなうことが望ましいと、GAは提言している[27]。

（3）行動計画の目的設定と措置

　以上の検討結果にもとづいて、GAは具体的目的を設定し、それらを達成するための方策を列挙する。ここでGAは、国境を越える行動計画の基本目的は$ermn$域の経済発展の推進と雇用創出・増大にほかならず、交通、余暇、教育、空間秩序、環境等の個別課題は、この基本目的にかかわらせてのみその意義が問われるべきであると、あらためて強調している。ここには国境を挟むドイツ・ネーデルラント住民の相互理解促進への積極的関心がもはや窺われず、$EUREGIO$やERWとくらべて、$ermn$の経済面への傾斜ぶりが目だつ。

　当レギオは本来立地条件に恵まれているので、なお残存する隘路を除去してこの立地優位を最大限に活かすことにより、上述の基本目的の実現を図ることがGAの課題であるとして、GAは以下六つの具体的措置を挙げる。それは、1）国境を越える交通基盤の隘路の除去、2）経済的潜在力のより効果的な活

27　同上、85-86ページ。

用、3）労働市場の機能十全化、4）国境障壁の除去、5）空間秩序におけるより効果的な調整、6）環境保護、である。それぞれについて敷衍したものを一覧表にまとめると、表5-7のようになる。

表5-7　勧奨措置一覧

国境を越える行動計画目標	優先度	行動	所管当局
1　国境を越える交通基盤の隘路の除去			
（1）広域道路網			
①RW A73 延伸、Venlo における BAB A61 との接続	1	M	MVW, BMV
②BAB A61 補修、Venlo で A73/E34 と接続	1	M	〃
③BAB A52 延伸、Roermond で Rijksweg A68 と接続、A68 の拡張	1	M	〃
④BAB A57 北方延伸、Gennep での RW A73 との接続	1	M	〃
⑤Uerdingen のライン橋の建替え			
⑥BAB A44 延伸、BAB A52 の補完路機能強化	2	M	BMV
⑦BAB A40 / BAB A42 マース河までの西方延伸	2	M	MVW, BMV
（2）近距離公共交通網、とくに Roermond-Weert 間	3	S	MVW, MV, BMV, RP, DB
（3）広域鉄道網			
①Nijmegen-Venlo-Roermond 路線の電化、複線化	2	M	MVW
②南 DE-Köln-M'gladbach-Venlo-Randstad Holland 軸線上の Dülken-Kaldenkirchen、Rheydt Hbf-Rheydt-Odenkirchen 間の複線化	1	M	BMV, DB
③ライン沿河域-Krefeld-Viersen-Venlo-Randstad Holland 間直行輸送の実現のためフィーアゼン曲線建設	2	M	MVW, BMV, VM, DB
④ M'gladbach-Dalheim-Roermond-Weert-Antwerpen 路線の活用と老朽区間の改修	3	M	MVW, NS, BMV, DB
⑤国境横断 Nijmegen - Kranenburg 線の維持、Krefeld - Nijmegen 間の電化、Geldern - Nijmegen 間の再複線化	1 / 3	M/E	〃
⑥DE、NL、BE 間の異なる鉄道技術規格の整合	3	M	〃, MV
⑦道路輸送に対して競争力をもつ貨物運賃設定	3	E	〃, MV
⑧貨物輸送時間の短縮	3	M	NS, NMBS, SNCB, DB
⑨ermn 域が将来高速鉄道網にかかる可能性の検討	3	S	MVW, NS, BMV, DB
⑩ Antwerpen-Maastricht-Köln 間のインターシ	3	S	BMV, DB

ティ路線の分岐線としての Aachen-M' Gladbach-Krefeld-ルール地域線の可能性の検討

(4) 国境を越える水路

①ライン河下流の水路安定措置の迅速な実施	1	M	BMV
②ライン河下流の水路の掘削	1	M	MVW, BMV, EC
③ライン河下流とワール河における艀6艘連結の押航方式	3	M	MVW
④ Krefeld 港と Venlo 港にコンテナ基地を建設する可能性調査	1	S	MVW, BMV
⑤ Brabant と Midden-Limburg の運河の四級水路(1350t)への拡張と Lozen の一時停止点の除去、DE/NL 計画の調整	3	M	MVW, MOWBV
⑥ CEMT の議題に、マース河とライン河との結合を維持、NL の地域計画 *Streekplan*、DE の GEP に水路用地を保留、運河の環境技術的側面などの研究	3	E/S	MVW, Pr, Gemn, BMV, RP, MSWV, MURL, Kommunen

2 経済的潜在力のより有効な活用

(1) 経済に対する大枠の改善

①広域経済基盤の隘路の除去			
②高度な教育施設の拡充	3	M/E	KvK, MOW, LIOF, IHK, BMFT, EC, Kultusm.
③エネルギー低価格の維持、取引障碍の除去	3	E/M/S	BMBW, LIOF, MEZ, Pr, MWMT, NEOM GRMN

(2) 立地活動の共同開発

① *ermn* で未利用の営業用地の案内の作成	1	M	GRMN
② *ermn* の立地条件に関する説明書の作成	1	M	GRMN

(3) データバンク設立

①どの企業が何を作っているか	1	M	KvK,
②どの企業が何を輸出または輸入しているか		S	IHK

(4) その他の研究

① *ermn* の経済的潜在力の部門別研究	3	S	GRMN
②雇用、附加価値生産、収益におよぼす国境効果の研究	3	S	GRMN

(5) 国境を越える企業の協力取引所の設立 | 2 | M | KvK, IHK

（6）農業と園芸のために			
①国境を越える交通基盤の隘路の除去			
②傷みやすい農業、園芸作物の国境通過の迅速化	3	M	MF, FM, EC, Zollb
③認可された殺虫剤に関する統一的 EC 命令の公布	3	E	EC
④ DE/NL の農家・園芸農家間の公正な競争関係にかかる比較検討	3	S	ML, BMELF, MURL, EC
⑤両側域の農業・園芸団体間の恒常的交流の強化	3	M	MURL, LWK
（7）ermn 域の保養機能の拡充			
①国境を越える道路・鉄道網の隘路の除去			
②両側域の当局間の協力	3	M	Pr, Gew, Gem, KvK, VVV, MF, ZV, RP, St, Kr, LV,
③砂利採掘により生じた水面の利用に関する相互了解の改善			
④両側域の日帰り・宿泊客向け施設の共同公告	3	M	VVV, St, Kr, LV
⑤自転車路、歩道、乗馬路、Maas 河、Schwalm・Rur 川の国境を越えるカヌー水路網の形成			Pr, Gew, VVV, St, Kr, LV, ZV
⑥国境を越える周遊道路網と宿泊施設の開発	3	M	Pr, Gew, VVV, St, Kr, ZV
⑦「緑の」国境横断帯の増加	3	M	MF, FM, IM
⑧国境を越える自然公園 Maas-Schwalm-Nette における自然と環境のための高度な情報センターの設立、その立地として Nettetal の Krickenbeck 城を推奨	1	M	ZV
3　労働市場機能の改善			
①長期失業者向けの再教育企画の策定	1	M	MSW, MOW, AV, IHK, HK
②若年失業者向けの企業教育の開設	1	M	MSW, KvK, GAB, IHK, HK
③若年失業者向け職業体験企画の策定	1	M	", AV
④若年失業者向け教育を企業が共同であたる協同組合設立	1	M	MSB, KvK, AV
⑤国境地域内職業安定所間の定期的接触と求人にかかる共同データバンク開設	3	M	GAB, MSB, AV
⑥不正労働と不法労働斡旋撲滅のための両側域当局間の協力	3	M	MSV, AV

⑦教育修了証明書の相互承認

4　国境障壁の打破

（1）国境通過

①国境での待ち時間の短縮	1/3	E/M	MF, IM, FM, EC, NA
②地場的国境通過点の受付け時間の統一	3	E	MF, IM, FM
③国境沿い住民の夜間国境通過に関する規制緩和	3	E	〃

（2）越境通勤

①越境通勤者に対する税法上の措置の改善	3	E	MF, MSW, BMF, BMAS
②公共職業安定所間の恒常的連絡			
③不正労働と不法労働斡旋撲滅のための協力			

（3）通商障壁

①課税と補助金、環境保護立法、輸入規定、転入条件、技術的規格、閉店時間、不当競争、価格規定、郵便・電話料金にかかる法令、規定の一致を目ざす	3	E	EC
②専門・職業団体間の情報交換	3	M	MEZ, WiMi, IG

5　地域計画の協力の改善

①地域公共団体計画の国境を越える調整	3	E	Pr, Gew, Gem, RP, MURL, St, Kr
②計画体制間の相違の縮小	3	E	Na
③共同目的の設定	3	E	Pr.RP, MURL
④統一的地図作製	3	M	Pr, RP, LVA

6　環境保護

①環境保護立法およびこれにもとづく経済規制の一致を目ざす	3	E	EC
②環境を危険にさらす企画について国境を越える相互了解	3	M	Pr, Gem, RP, St, Kr
③認可された露天掘り褐炭田の排水による影響の国境を越える監視、排水が地盤におよぼす作用のデータ収集、自然・農業保護のための即応措置の確定	3	M	Pr, Gew, Gem, RP, MURL, St, Kr
④農業と自然の損壊をふせぐため代替水源の導入			
⑤住民と工業のために従来守られてきた水経済を制約しない			
⑥新規褐炭田露天掘り計画・開発（Frimmersdorf West-West）の決定に先んじて LEP 法を慎重かつ多面的に検討の要	3	M	〃
⑦計画された新規露天掘り褐炭田の排水作用に影			

| 響を受けるすべての地区公共団体と *ermn* の適切な参加 | | |
| ⑧自然公園 Maas-Schwalm-Nette の保全 | | |

注：（1）優先度の3は ständiges Anliegen（留意）、行動のMは konkrete Maßnahmen（具体的措置）、Eは Empfehlungen（勧奨）、Sは vorgeschlagene Studien（研究勧奨）
（2）略語の正式名称は以下の通り：AA＝Arbeitsamt（地区労働局）；AV＝Arbeitsverwaltung（労働行政当局）；BAB＝Bundesautobahn（連邦高速自動車道）；BMAS＝Bundesministerium für Arbeit und Sozialordnung（連邦労働社会秩序省）；BMBW＝Bundesministerium für Bildung und Wissenschaft（連邦教育科学省）；BMELF＝Bundesministerium für Ernährung, Landwirtschaft und Forsten（連邦食料農林省）；BMF＝Bundesministerium für Finanzen（連邦財務省）；BMFT＝Bundesministerium für Forschung und Technologie（連邦研究技術省）；BMV＝Bundesministerium für Verkehr（連邦交通省）；CEMT＝Conférence Européene des Ministres des Transports（ヨーロッパ交通相会議）；DB＝Deutsche Bundesbahn（ドイツ連邦鉄道）；FM＝Finanzministerium（財務省）；GAB＝Gewestlijk Arbeidsbureau（ヘウェスト労働局）；Gem＝Gemeente（ヘメーンテ）；GEP＝Gebietsentwicklungsplan（地区開発計画）；Gew＝Gewest（ヘウェスト）；HK＝Handwerkskammer（手工業会議所）；IG＝Interessengemeinschaft（利益共同体）；IHK＝Industrie-und Handelskammer（商工会議所）；IM＝Innenministerium（内務省）；LVA＝Landesvermessungsamt（土地測量庁）；Kr＝Kreis（クライス）；LIOF＝Limburgs Instituut voor Ontwikkeling en Financiering（リンビュルフ開発金融公庫）；LV＝Landschftsverband Rheinland（ラインラント・クライス組合）；LwK＝Landwirtschaftskammer Rheinland（ラインラント農業会議所）；MEZ＝Ministerie van economische Zaken（経済省）；MF＝Ministerie van Financiën（財務省）；ML＝Ministerie van Landbouw en Visserij（農業水産省）；MOW＝Ministerie van Onderwijs en Wetenschappen（教育科学省）；MOWBV＝Ministerie Openbare Werken Bestuur Vaarwegen（公共事業水路管理省［BE］）；MSZ＝Ministerie van Sociaale Zaken（社会省）；MSWV＝Ministerium für Stadtentwicklung, Wirtschaft und Verkehr（都市開発・経済・交通省）；MURL＝Ministerium für Umwelt, Raumordnung und Landwirtschaft（環境・空間秩序・農業省）；MV＝Ministrie van Verkehrswesen（交通省［BE］）；MVW＝Ministerie van Verkeer en Waterstaat（交通水利省）；MVMT＝Ministerium für Wirtschaft, Mittelstand und Technologie（経済・中間層・技術省）；Na＝Nationale Regelungen（中央国家規制）；NEOM＝Nederlandse Ontwikkelings Maatschappij（ネーデルラント開発公社）；NMBS＝Nationaale Maatschappij der Belgische Spoorwagen（ベルギー国有鉄道公社）；NS＝Nederlandse Spoorwegen（ネーデルラント鉄道）；Pr＝Provincie；RW＝Rijksweg（国道）；RP＝Regierungspräsident（RB長官）；SNCB＝Société Nationale des Chemins de Fer Belges（ベルギー国有鉄道会社）；St＝Stadt（市）；VM＝Verkehrsministerium（交通省）；VVV＝Vereniging voor Vreemdelingenverkeer（観光協会）；Zollb＝Zollbehörde；ZV＝Zweckverband Maas-Schwalm-Nette（マース–シュバルム–ネテ目的組合）
出所：*Grenzüberschreitendes Aktionsprogramm*, 92-99, 104 ページの叙述、表出を要約。

4　経済構造（1990 年代央）

　本節では *GA* よりほぼ 10 年後の 1995 年 1 月に作成された、*Euregio-Plan: Grenzüberschreitende räumliche Entwicklungsperspektive für die euregio rhein-maas-nord ／ Grensoverschrijdend ruimtelijk ontwikkelingsperspectief voor de euregio rijn-maas-noord*（以下 *EP* と略記）の分析結果を、この間の EC 共同市場の実現がドイツ・ネーデルラント国境を越える商品・資本・労働力移動にお

よぼした影響を念頭に置きながら、検討することにする。

この資料は、*ermn* の INTERREG I（1991-93）企画として企画責任を負うメンヘングラトバハ市の委託を受けた Paul G. Jansen & BRO Adviseurs が作成した、INTERREG II（1994-99）の準備の実施計画の指針となったものである。内容は、I 空間・絡みあい分析（現状認識）[28]と II 空間開発・戦略勧告（戦略提言）との二部に分かれる。本文は I 部（13～179 ペイジ）が 167 ペイジ、II 部（187～280 ペイジ）が 94 ペイジで合わせて 261 ペイジ、ドイツ語・ネーデルラント語両語による叙述を併記する構成をとっている。

分担執筆による本資料は、数値や細部の相違、図表と説明との不整合が散見される一方で重複が多く、とくに II に I との重複箇所の多さがめだつ。そのうえ、委託研究の制約からか婉曲な表現を多用する傾向があるので、ペイジ数ほどには資料価値が高いと言いがたい。とはいえ、EC 共同市場実現直後の *ermn* の現状を概観する同時代資料として、小さからぬ利用価値を具えていることは疑いない。叙述に重複が多いことが分担執筆者間の調整の不十分さによるとしても、*ermn* の地域特性に対する共通認識がそれだけ浮きぼりにされている面も見おとせない。したがって、むしろ叙述の重複と韜晦の裏に潜む本資料作成者の基本認識をどれほど読みとることができるかが、本資料の利用価値を左右すると言ってよかろう。

以下、I を主たる対象として、I との重複が多い II の叙述から必要に応じて補足しながら検討をおこなう。I は 1　地域構造・絡みあいの枠組、2　エウレギオの立地条件、3　空間秩序・地域政策の成果と影響の統制、4　将来の空間・地域発展の決定要因：空間にかかる傾向と展望、以上 4 部から成るが、この構成順序にとらわれずに問題分野別に叙述内容を整理したうえで検討をほどこす。

序章で提示される *EP* の基本観点は、*ermn* 域が一つにまとまった空間構造と内部の均質な絡みあいに欠け、対外関係、とくにライン-ルール圏との関係

---

[28] 経済用語としての *Verflechtung* / *vervlechting* の英訳は、*amalgamation*（融合）/ *integration*（統合）とされている（*Pons*）。英訳では複数の空間または組織が単一になること（新空間形成結果）に主たる関心が向かうのに対して、*Verflechtung* / *vervlechting* は、当該の空間または組織を構成する諸経済主体それぞれの機能が複合的に噛みあう面（新空間形成要因）に焦点があてられる。この語は経済空間分析におけるドイツ語・ネーデルラント語文献の基本概念でもあるので、「絡みあい」という直訳をそのまま使うことにする。

が、今日広範な部面でエウレギオ内部の絡みあいより重要なので、支配的な隣接諸地域との絡みあいをとくに重視するというものである（14 ペイジ）。これは、*ermn* のドイツ側域内のみならずネーデルラント側域内にもまた、ライン−ルール圏からの引力が近隣ネーデルラント大都市圏からよりも強くはたらいているとの執筆者の認識を窺わせる。この認識が *EP* の一つの基調をなすが、*EP* がこれに徹底しているわけでもない。*ermn* の地域的指向性の把握に曖昧さをのこしていることは、これがきわめて困難な課題であることを映しだす。よって検討の重点がここに置かれる。

以下、各項目について、まず記述内容を要約し、随時、注釈、分析をほどこす。なお、煩を避けるために引用ペイジを脚注とせず、文中かっこ内にペイジ数のみを表示する。

（１）地域概観

① *ermn* の面積は 1995 年に 3437km^2 であった。前述のように 2006 年には 3318km^2 と 1995 年より 119km^2 減少しているが、その原因は不詳である。また、1995 年に Kr クレーフェ南部の 8 ゲマインデが *ermn* と *ERW* の両方に属していたが、2006 年にもこの事情に変わりがなかったかはさだかでない。*ermn* の位置づけは以下のようである。*ermn* の西・中部（ネーデルラント側域と国境地帯）は NRW およびネーデルラントの諸都市圏に対して「中間地域」*inbetween- Lage* の性格が強く、東部ではライン−ルール圏が上級中心地 *Oberzentrum* クレーフェルトおよびメンヘングラトバハをふくんで国境附近まで迫っている。ドイツ側域内全体に NRW の首都デュセルドルフが強い影響をおよぼしている。西・北部からは「中部ネーデルラント環状都市群」*Stedenring Centraal-Nederland* からの引力が作用し、とくに「都市的結節点」*stedelijk knooppunt* エイントホーフェンからネーデルラント側域に最大の引力がはたらき、アルンヘム、ネイメーヘンからもある程度の作用が認められる。*ermn* 南部には MHAL（マーストリヒト *Maastricht*、ヘールレン／ハルセト *Heerlen / Hasselt*、アーヘン *Aachen*、リエージェ *Liège*）域からの影響がおよんでいる。*ermn* はドイツ・ネーデルラント国境地域の五エウレギオのなかで最小だが、工業密度が最も高い。他のエウレギオにはそれぞれサービス部門中心地があるが（エンスへ

デ、ヘンゲロ［*EUREGIO*］、アルンヘム、ネイメーヘン［*ERW*］、マーストリヒト、ヘールレン、アーヘン［*EMR*］）、*ermn* にとりサービス機能を担うのは域外のライン河東岸域のデュセルドルフである（20-25）。

　以上の叙述から、*ermn* のドイツ側域がライン-ルール圏の一部であること、デュセルドルフの中心地機能が国境地帯までおよんでいることが明らかである。

　②ライン河を挟むデュセルドルフ、メンヘングラトバハ、クレーフェルト三市およびメトマン *Mettmann*、ノイス、フィーアゼン三クライスは、「デュセルドルフ中部ニーダーライン地域」*Region Düsseldorf／Mittlerer Niederrhein* なる地域開発単位を成す。ただし、Kr クレーフェ南部のゲマインデは、デュースブルク市とベーゼル、クレーフェ両クライスから成る「ニーダーライン地域」*Region Niederrhein* の中心地、デュースブルクを指向している。

　Pr ノールトブラーバントの主都、人口25万人でネーデルラント第五の都市エイントホーフェンは、66.5万人の人口を擁するノールトブラーバント東南部の中心地である。ゆえに政府から「全国的意義を持つ結節点」*knooppunt van nationaale betekenis* の地位を認められている。ここには電機・金属工業が集中し、多数の大企業（Philips, IBM, DMV-Campina, Honeywell, DAF）や World Trade Center Electronics, Centrum voor Micro-Elektronica, Microcentrum voor de fijnmechanische industrie 等の研究・開発機関が立地していた（27-31）。

　③人口の約4分の3を占める *ermn* ドイツ側域内の中心地は、メンヘングラトバハとクレーフェルト両市である。前者の機能的影響圏は Kr フィーアゼンの西南部、Kr ノイスの西縁部、Kr ハインスベルク *Heinsberg* の北部におよぶ。クレーフェルトの影響圏は Kr クレーフェ南部、Kr フィーアゼン東北部、Kr ノイス北部の一部におよぶ。ただし、Kr ノイスの大部分は、機能的にデュセルドルフと密接に絡みあっている（187 ペイジでは、Kr クレーフェ南部にデュースブルクの、Kr ノイス南側にケルンの影響もおよぶとしている）。クレーフェルトとメンヘングラトバハをくらべると、前者は金属、化学、港湾、それにライン河軸への傾斜により、後者より明らかに多様化している（31）。メンヘングラトバハは隣接のライトと合併したため、都心の求心力を欠く（242）。

　他方で、ネーデルラント側域内にドイツ側域内に相当する供給中心地がない。北、西、南の大都市圏はいずれも離れている。そのなかでもエイントホーフェンの後背地がヘウェスト・ノールトリンビュルフの大部分とヘウェスト・ミデ

ンリンビュルフの西北部にひろがっている。ミデンリンビュルフの東南部は、ヘウェスト・ザイトリンビュルフの大都市圏マーストリヒト-ヘールレンを指向している。ノールトリンビュルフの北部で *ermn* の域内はアルンヘム-ネイメーヘンともある程度絡みあっている（32）。

④ノールトリンビュルフでヘメーンテ再編がおこなわれないため、多数の「自立性の強い小ヘメーンテ」*zelfstandige kleine gemeenten* が残存するので、各ヘメーンテが「中都市」*grotere steden* 機能を具えている（67）。

⑤このように両域内の機能的絡みあいの境界が国境と大幅に一致しているため、国境の障壁効果が依然として大きい。この現状でマース河沿いのフェンローがある程度独自な位置に立つ。ドイツ側域のクレーフェルト、メンヘングラトバハに比較的近接しているにもかかわらず、国境・言語障壁のために大きい心理的距離がある一方で、ネーデルラントの大都市圏から比較的離れているので、フェンローはネーデルラントの「国土秩序」*nationaale ruimtelijke ordening* により、小中心地ながら広大な人口希薄な後背地に対する供給地機能をはたす「競合地をもたぬ都市」*stad zonder regionaale concurrentie*（ZRC）と認定され、そのためフェンローに物流の結節点機能を具える「都市ヘウェスト」*stadsgewest* の地位があたえられている（35）。ここは中央政府の空間政策の枠組でいわゆる「二次的結節点」*tweedelijns knooppunt* とされ、複合一貫貨物輸送の先駆者の役割を演じている（101）。

⑥ Pr リンビュルフ北部の中心地フェンローは商業、輸送・物流立地として独特の意義をもち、ルールモントは工業・サービス業立地、また保養地としてミデンリンビュルフで中心地機能をはたしている。フェンローとルールモントはその国境線上の位置からして、「都市網」における「踏石」*opstap* または「橋脚」*brugpeiler* の機能をはたしうる。ドイツ側のメンヘングラトバハとクレーフェルトの人口はそれぞれ25万人で、エイントホーフェンと同規模であり、ライン-ルール圏の西橋頭堡を形成している（205-206）。ここでも、メンヘングラトバハ、クレーフェルトがライン-ルール圏に属することが指摘される。

⑦国境にまたがる都市網の観念は、*ermn* の高密で統合された空間発展のための起点となる。常設の「エイントホーフェン-フェンロー-ルールモント-メンヘングラトバハ-クレーフェルト・DE／NL 都市会議」の枠組のなかで、エウレギオ水準の地区公共団体間協力が「中部ネーデルラント環状都市群」と

ライン-ルール圏との橋渡しとなることを目ざすべきである。その際、エイントホーフェンは、環状都市群の最東端に位置すると同時に、国境にまたがる都市網の西極ともなる。当市はネーデルラント側域内におけるその潜在的中心地機能から、デュセルドルフよりクレーフェルト、メンヘングラトバハに相当する (205)。

⑧この「DE／NL 都市会議」は国境にまたがる地区公共団体間協力の新しい方策として両国内部都市網（ブラーバント都市列 Brabantse stedenrij とライン河軸）の蝶番機能を引きうけて、ermn の統合機能を補強することができよう (208)。

⑨ライン河沿い（クレーフェルト-ノイス）の複芯的居住地域とならび、マース河沿い（フェンロー-ルールモント）とフェンロー-フィーアゼン-メンヘングラトバハ-グレーフェンブローホ Grevenbroich 軸の方向とに、人口集中地帯形成の方向が現われている (224)。

⑩ ermn の都市機能は今後とも三本の居住地帯に集中するべきである。i) マース渓谷地帯、ここでは居住地機能と都市改造が重視される。重点はフェンロー-テーヘレン、ルールモント、ii) フェンロー-メンヘングラトバハ間の西北-東南方向の地帯。ここではフェンロー-ネテタール Nettetal-シュトラーレンおよびフィーアゼン-メンヘングラトバハを重点に産業機能の拡張がなされるべきである。iii) クレーフェルト-メンヘングラトバハ-ノイス（-デュセルドルフ）の三角地帯。ライン-ルール圏の一部として、とりわけサービス機能が重点的に拡張されるべきである (234)。

⑪人口集積地として、マース河沿い（フェンロー-テーヘレン-ルールモント-エフト Echt）と国境横断軸フェンロー-フィーアゼン-メンヘングラトバハ-グレーフェンブローホ-ケルンが挙げられる。工業立地の重心はドイツ側域ではクレーフェルト、ノイス、メンヘングラトバハ、これらに次いでフィーアゼン、ビリヒ Willich, カールスト Kaarst, グレーフェンブローホ（世界最大の褐炭発電所二か所、褐炭採掘ほか）である。ネーデルラント側域内ではフェンロー、ルールモント-メリク Melick, ウェールト、フェンラーイが挙げられ、両側域内とも土地利用をめぐり集約農業、褐炭露天掘り、軍用地需要が競合して摩擦が起きている (43-44)。

⑫ ermn 内でライン-ルール圏西縁が人口稠密地帯を形成し、国境沿いのグ

レーフラート Grefrath-ネテタールもこの地帯の一部になるため、人口稠密地帯がライン左岸のクレーフェルト、ノイスからメンヘングラトバハを経て国境を越えてマース右岸のフェンローまで延びていることになる。これは ermn の諸都市がこの間比較的安定した成長軌道を進んできたことを物がたる。まず郊外化、ついで近年の脱大都市化のあおりをうけて ermn の人口が持続的に増大した。居住地としての立地条件に恵まれ、内部国境地域の状況改善により今後とも人口増が見こまれる。その際、大都市だけでなく、大都市や人口稠密地域から排出される過剰人口を受けいれることにより、いくつもの中小都市の成長が見こまれる。ドイツ側域内では、例えばノイス郊外で大規模宅地建設が進行中であり、ネーデルラント側域内では宅地需要増と宅地用地の減少とで需給が逼迫している。市街地が事実上国境を越えてつながっているにもかかわらず、また EC 共同市場の達成にもかかわらず、国境地域の住民で越境買物行動をとったのは 50〜60% にすぎず、ネーデルラント側域内は西向きにエイントホーフェンと、ドイツ側域内は東向きにデュセルドルフ、デュースブルクとの絡みあいが ermn の空間構造を規定している (157-158)。

　以上の詳細な叙述から、国境を挟んで人口稠密地帯がすでにつながっているにもかかわらず、この居住様式と両側域住民の行動様式とが乖離している実態が浮かびあがる。ここで、EP は以下の提言をおこなう。

　⑬国境に接する両側域内は二重の施設をしだいに減らし、国境による社会基盤の溝をなくすべきである。もちろん統合過程を進めるにしても、各側域内の文化的独自性が堅持されるべきであり、各側域は今後とも隣国に向けられた「文化的陳列窓」の機能をはたすことができる。両国共同の自然公園マース-シュバルム（スワルム）-ネテのための評議会が空間秩序と景観改善のためにすでにおこなったように、「継ぎ目」としての国境に固有の空間的・機能的欠陥と調整欠如を、国境沿いの地区公共団体の共同企画をとおして減らすことができる。ネーデルラント側では、ベルヘン、アルセン Arcen, フェンロー、テーヘレン、ベルフェルト、ベーセル Beesel, スワルメン Swalmen, ルールモント、ルールダーレン Roerdalen の九ヘメーンテ、ドイツ側ではベーツェ、ケーフェラール Kevelaer, ゲルデルン、シュトラーレン、ネテタール、ブリュゲン Brüggen, ニーダークリュヒテン Niederkrüchten の七ゲマインデがこれに該当する (208-209)。

⑭ *EP* では国境を越える居住動向にも触れている。これによれば、1993 年初にネーデルラント側域内に 4369 人のドイツ人が居住しており、フェンロー 1230 人、テーヘンレ 602 人、ルールモント 515 人であった。1980 年代にネーデルラント居住のドイツ人は 4 分の 3 に減少したが、1990 年から反転し、とくにフェンロー居住者が増加した。他方で、1993 年初にドイツ側域内居住のネーデルラント人が 1 万 2500 人を数え、総人口の 0.9％ を占めた。内訳は Kr クレーフェ 1 万 305 人、フィーアゼン 3442 人、Kr ノイス 2033 人、クレーフェルト 1509 人、メンヘングラトバハ 1400 人であった。数世代つづけてドイツ側域内に住む例が多く、しかも、さまざまな理由から大部分がドイツ国籍を取得していない（たとえば徴兵制適用を避けるため）。1980 年代に始まるドイツ在住のネーデルラント人の減少傾向は、90 年代にはいっても変わらなかった。

国境の向い側に住む動機は、ドイツ人とネーデルラント人とで明白に異なる。ネーデルラント在住のドイツ人は、建築費の低さとドイツ側の住宅供給の逼迫を挙げる。ネーデルラント住宅地の住み心地の良さ（緑地が多く、子育てがしやすい）や良質の家屋（庭の広さと開放感）も指摘されている。これにくらべて結婚や職業を理由とする事例は少ない。逆にドイツ居住のネーデルラント人には、むしろ後者が主要動機となる（67-68）。

⑮ 当時ネーデルラントは住宅価格がドイツより 40％ 安く、家賃も 25％ 安いと言われた。両側域をくらべると、ネーデルラント側の住宅の質が高いというのは、両側の住民共通の認識であった（77-78）[29]。

都市の分布と成長にかかる *EP* の以上の観察と展望は、細部で異なるものの、また部分的に矛盾を見せるものの、*ermn* 域の空間動態の方向性を浮きあがらせる。すなわち、マース河畔のルールモントから河沿いに東北方向に、他方でメンヘングラトバハから国境を越えて西北方向に延びる二本の都市連鎖が、マース河右岸のフェンローで合して松葉のような形状を見せていることである。フェンローをいわば生長点とするこの連鎖が、*ermn* 西側境界を越えてエイントホーフェンに達する可能性を秘めていることは、エイントホーフェンが KAN とならびライン-ルール圏の漸移帯上の、またはこれに隣接する準孤立大都市圏である可能性をも示唆するものである。この意味で、⑦、⑧でライン-ルール圏とノールトブラーバント（ラントスタトでなく！）の環状都市群との関係が問題にされていることが留意されるべきである。

(2) 人口移動

(i) 概観

　ライン-ルール圏の西端に位置する *ermn* は顕著な社会増地域となった。ドイツ側域では 1989～91 年に旧ユーゴスラビアやポーランドから、また世界各地からの難民流入が増大したが、旧東ドイツからの流入は 1989 年の 5700 人から 1991 年の 2000 人に激減した。ネーデルラント側域内では総じて流入超過（1991 年に 500 人）だが、トルコ、モロッコをはじめとする非 EC 諸国、さらにドイツからも流入する一方で、国内の都市集積圏への転出が目だった。ネーデルラント国内の移動でみれば、1989～91 年は転出超過である。最大の転出超過を示した目的地はエイントホーフェン圏および KAN で、ノールトブラーバント中・西部やラントスタト南・西縁（ザイトホラント、ユトレヒト）に対しても転出超過であった。

　ネーデルラント側域からドイツ側域への転入が安定しているのに対して（これは他の叙述と整合しない）、その逆の流れが増加傾向にあり、それは前者の地価、建設費、家賃が安いからであると、ここでも指摘されている。ともあれ、ネーデルラントからの転入は NRW の社会増の 1.5％、前者への転出は NRW

29　興味深いことに、ドイツとネーデルラントの住環境に対する評価は 2000 年代にはいって逆転した。*EUREGIO* の INTERREG IV 企画としてミュンスター大学地理学教室が実施した調査結果「*EUREGIO* のドイツ側域内における移動と居住にかかるアンケート結果」が 2009 年に公表された。これによると、ネーデルラント人が自国より広く、優れた不動産を安く入手できることが移住の主要動機であることが明らかになった。ネーデルラントにおける人口増にともなう不動産価格の高騰が、ネーデルラント人のドイツ移住を促しているのである。国境沿いのグローナオ、アーハオス *Ahaus*、ズィートローン *Südlohn*、シュタトローン *Stadtlohn*、四市に住む 390 人のネーデルラント人のうち 53％が職場をネーデルラントに持ち、43％がドイツに持ち、4％が両方に持った。すなわち、ドイツに住み、ネーデルラントに通勤するネーデルラント人が、実に半数を超えているのである。ドイツ・ネーデルラント間の越境通勤者といっても、ネーデルラントに住み、ドイツへ通うネーデルラント人またはドイツ人、ドイツに住み、ネーデルラントへ通うドイツ人またはネーデルラント人という四つの集団から成り、勤務条件と居住条件の相対比較によって、集団の構成比が変動することになる。Krajewski, Christian/Neumann, Peter, *Ergebnisse der Umfrage zum Wohnen im Wandel in dem deutschen Teil der EUREGIO*（*Werkstattbericht*）, WWU Münster, Institut für Geographie 2009. この貴重な資料の情報を提供してくださった Herr Konrad Dahlmann, Münster, に篤く御礼を申し上げる。

の社会減の2.1%にすぎない。ドイツ側域の対近隣人口動態は明白に東方のラ
イン河軸に向いており、北はKrクレーフェ北部から東はKrメトマン（デュセ
ルドルフ東隣）、南はKrエルフト *Erft*（ケルン南隣）までひろがっている
（47-49）。

(ii) 通勤者

①ドイツ、ネーデルラント双方を正確に比較できる数値はないという。そこ
で*EP*は、ドイツ側域についてNRW労働省による1991年央の調査結果を、
ネーデルラント側域についてリンビュルフ経済・技術研究所の企業登記簿
Vestigingenregister Limburg van het ETIL（1991）および中央統計局*CBS*の調
査を使う（表5-8）。

総じてエウレギオ内越境通勤の水準は低いものの、ネーデルラント側域から
ドイツ側域への通勤者が逆よりはるかに多い。ネーデルラント側資料によると、
ノールト／ミデンリンビュルフからドイツに向かう通勤者が3170人（フェン
ローから1410人、ミデンリンビュルフから1120人、フェンラーイから640人）、逆が
260人とされている。ネーデルラント側からドイツへの通勤者は大部分が
*ermn*のドイツ側域に向かうと推定されている。

NRWの労働省統計によると、ネーデルラントからドイツ側域内への通勤者
は1473人（1433人？）で、目的地の内訳は、Krフィーアゼン707人、メンヘ
ングラトバハ223人、Krクレーフェ南部221人、クレーフェルト154人、Kr
ノイス128人であった。ネーデルラント側統計との食いちがいは、ネーデルラ

表5-8　*ermn*の越境通勤者数（1991年）

		クレーフェ	ベーゼル	デュースブ	デュセルド	メトマン	ケルン	ハインスベ	その他のNRW	合計
DE側域	流入	257	7182	6710	9617	2779	3508	9789	12440	54726
	流出	2328	5209	4427	57047	3920	8551	1029	9726	93237

		ヘルデルラ	北ブラーバ	南リンビュ	その他のNL	BE	DE		合計
NE側域	流入	1621	8313	3725	250	1919	260		16099
	流出	1757	7653	5360		150	3170		18090

注：（1）クレーフェ、ベーゼル、メトマン、ハインスベルクはクライス。
　　（2）NL側域流出を除き、各区域の数値の合算は合計と一致しない。
出所：*EP*, 95ページ。原数値はETILおよびLandesarbeitsamt Nordrhein-Westfalen。

ントからドイツに向かう通勤者の相当数が社会保険義務の無い者であるからと推定されている。かれらの大部分が男で、下請け業者のもとで建設業や金属工業に従事していた。高資格の職種は言語能力への要求水準が高くなるので、いまなお存在する意思疎通の難しさ（おもにドイツ側）が国境を越える労働力需要増大を抑える結果となっていた。また、両国の賃金水準差の縮小がネーデルラントからドイツへの越境通勤者の減少をまねく傾向が、1990年代にはいっても続いていた。総じてネーデルラント側域内にとり労働市場としてのドイツ側域の意義が相対的に大きく、これより強い吸引力をおよぼすのはノールトブラーバントとザイトリンビュルフの両プロフィンシだけであった (50-52)。

② *ermn* のドイツ側域からネーデルラントへの越境通勤者は全通勤者の0.15％ (1987年) にすぎず、ドイツ側域のライン河軸との絡みあいの強さを物がたる。1991年央にドイツ側域からデュセルドルフに5.7万人が通勤し、その3分の2がKrノイス居住者であった。このほか4～9千人がケルン、Krベーゼル、デュースブルク、Krメトマンに、千人以上がKrクレーフェ北部、Krハインスベルク、エセン *Essen*、Krエルフトに通勤し、さらにミュンスターラント西南部、ルール地域東部、ラインラント-パルツとのラント境地帯にまで通勤先がおよんでいた (53)。

③対域外通勤者の対域内通勤者に対する超過比率は、ドイツ側域がネーデルラント側域よりはるかに大きい。また、ドイツ側域内に域外から通勤する5.6万人（表では5.5万人）のうち97％（表では96％）がNRWに、残りがネーデルラントに居住していた。

1987年の人口調査によると、*ermn* のドイツ側域でネーデルラント以外からの通勤者が15.5万人であった。48.9万人の総就業者の3分の1に上る。ドイツ側域内への通勤者の居住地は、Krハインスベルク、デュセルドルフ、Krベーゼル、デュースブルク、Krエルフト、ケルン、Krメトマン、Krクレーフェ北部にひろがっていた。*ermn* がとりわけデュセルドルフ住民の雇用の場としてもつ意義は大きい。1987年にデュセルドルフの対外通勤者の28％が *ermn* のドイツ側域で就業していた。Krハインスベルク、デュースブルク、Krクレーフェ北部では、*ermn* に向かう通勤者が12～22％を占めた。対 *ermn* 通勤者の居住地は、さらにニーダーザクセン南部、ベストファーレン東部、ラインラント-パルツ北部にまでひろがっていた (53)。

②と③から、ドイツ側域がラインラント-パルツ北部からニーダーザクセン南部にいたる地域と、一つの通勤圏を形成していた実情が浮かびあがる。

　失業率について、ネーデルラント側域では1991年ノールトリンビュルフ7.2%、ミデンリンビュルフ6.5%で、これがすでにみたように2005年にそれぞれ9.2%、9.8%に上昇している。ドイツ側域でも1992年末クレーフェルト、メンヘングラトバハ両市がともに9.8%だったのが、2005年央でそれぞれ13.5%、15.4%といちじるしく悪化している。クライス部でも7.2%から9.3〜9.8%に上昇している (100)。

　④総じてドイツからネーデルラントに向かうときの国境障壁を100とすれば、その逆は5〜10にとどまる。ドイツ人にとりネーデルラント労働市場が逆向きにくらべて高い障壁をなしているのは、ドイツ人側の言語能力不足に起因する。加えてドイツ側域が域外東側の都市集積圏と一体化していることが、国境を越える労働市場形成に不利に作用している可能性もある (54)。ここでも、ドイツ側域がライン-ルール圏に属することが示唆されている。

　⑤通勤者とくらべて通学者ははるかに少なく、通勤・通学者総数の11%を占めるのみである。しかし、域内の結合は通勤者より強い。1.7万人の *ermn* 域内越境通勤・通学者のうち6割が通学者で、通学者の8割が *ermn* 内居住者である。この間に *ermn* 内越境通学者はさらに増大したと見こまれている。たとえばフェンロー高等専門学校 *Hogeschool Venlo* と交通学院 *Vervoersacademie* に数百名のドイツ人学生が在籍した (54-55)。実務教育分野においてドイツ側域からネーデルラント側域への通学者がかくも多いのは注目するべき現象である。

(iii) 越境買出し

　国境を越える買物行動の面でフェンローが別格の地位に立つとの *GA* の指摘を、*EP* も繰りかえし、やや新しい数値情報を提供している。1988年（この時点ではEC共同市場が未完成なので、93年以降大きく変化したことが推定される）に、フェンローの買物客の42%がデュセルドルフ、デュースブルク、エセン、ケルン、メンヘングラトバハ、Krノイス、Krメトマンから来ており、1991年に44%に微増している。このうち8%がデュセルドルフ住民であった。ゲルデルン、フィーアゼン、ケンペン *Kempen* 等の、フェンローから25km以内

の農業地域に居住するドイツ人でフェンローに来る者は、ネーデルラント側域住民とおなじく、最寄品、買回品の購買者で、買物行動は飲食をともなわず、最小限度の時間しかついやさない。概して国境の障壁作用によりフェンローがドイツ側域住民にとっての購買中心地になれず、国境沿いのドイツ側域住民はフェンローより遠いドイツ諸都市に、すなわちデュセルドルフ、クレーフェルト、メンヘングラトバハに向かった（62-63）。

1992年のクレーフェルト、メンヘングラトバハの買物客調査によると、クレーフェルトの買物客の30％以上が市外居住者で、Krフィーアゼン13.1％、Krクレーフェ南部2.6％、Krノイス2.5％、ベーゼル1.6％、デュースブルク1.5％、メンヘングラトバハ1.2％であった。メンヘングラトバハの買物客は周辺住民が37.8％、とくにフィーアゼン、ハインスベルク、ノイス各クライス住民が13.8％、8.5％、4.2％を占めた。ドイツ側域の諸都市はネーデルラント人にとっても購買地としての魅力を増しており、高所得者がクレーフェルト、メンヘングラトバハのような中都市に、低所得者はカルデンキルヘン *Kaldenkirchen* やロベリヒ *Lobberich* のような国境沿いの小都市に向かう。概して高所得者にとり国境はさほど障壁にならない。購買力の差により、越境購買の流れもまたネーデルラントからドイツに向かう方が逆向きより強い（64-65）。

以上（i）〜（iii）の調査結果は、*GA* が指摘した事情がこの間にほとんど変わっていないことを示す。共同市場実現の前の調査結果であるから、これはむしろ当然と言うべきであろう。ここで以下の二つが論点となる。

第一に、エウレギオ境界を越える通勤者の流れで、*ermn* のネーデルラント側域住民が同じPrリンビュルフ内部と隣のPrノールトブラーバントとを指向していることが示唆されている。これがライン-ルール圏とラントスタトの中間に位置するリンビュルフ、ノールトブラーバント両プロフィンシの相対的自立性を窺わせるものなのか、それともライン-ルール圏拡大がリンビュルフを越えてノールトブラーバントにまでおよびはじめていることを示唆するのか、なお慎重な検討を要する。いずれにしても通勤者の流れの方向は、（1）⑦、⑧で指摘される国境を越える都市連鎖の形成方向とほぼ一致するように見える。

第二に、*ermn* からの越境通勤者の目的地および *ermn* への越境通勤者の居

住地の南限が、ラインラント-パルツ北部（ライン河中流域）であることである。これはニーダーライン原経済圏の南限を検討する際の資料になるであろう。

（3）一次産業

(i) 農業

　農業にかかる解説の基調は GA のそれとほぼ同一であり、この間に大きな変化がなかったことが窺われる。

　①ノールト／ミデンリンビュルフで農業の比重が比較的大きく、ノールトリンビュルフ東部で施設園芸と露地栽培が、ノールト／ミデンリンビュルフのそれぞれ西部で集約的養豚・養禽が、ミデンリンビュルフ南部で耕作農業が主体である。

　$ermn$ は露地・施設栽培経営が高度に集中しているため、農業・園芸生産と出荷でぬきんでた地位に立つ。とくにフェンロー、ホルスト $Horst$（フェンローの西北）は現代的アグリビジネスの中心である。新栽培方法・処理法の導入、実施とフリュベンフォルスト $Grubbenvorst$（フェンロー北隣、マース左岸）での卸売市場の強い影響力により、ノールトリンビュルフは園芸中心地としての地位を高めた。ここでの雇用比率はネーデルラント平均を上まわる。野菜が主要作物で、フリュベンフォルストの売上の3分の2を占める。専門特化と経営規模でネーデルラント側がドイツ側を上まわり、加えてドイツでは夏期栽培に限定されているのに対して、ネーデルラントでは通年栽培が普及している。

　ドイツ側域でも耕作・畜産と園芸が主体である。1988年に Kr フィーアゼンの専業農家比率67％は「全ラインラント」（NRW のノルトライン区域の意か、それともラインラント-パルツのラインラント区域もふくむ旧ラインプロビンツを指すのか不詳）で首位に立ち、これに Kr クレーフェ66％、Kr ノイス54％が続いた。Kr クレーフェは面積でラインラントの14％を占め、穀物生産で12％、飼育乳牛頭数で19％、養豚頭数で40％を占めた。Kr クレーフェ南部と Kr フィーアゼン北部にもドイツで唯一、1600戸もの園芸農家が集中している（244ペイジでは約800戸の園芸農家とされ、いずれかが誤記）。生産の集約化が進み栽培品目が近年いちじるしく減少した。集約農業・園芸地域で地下水および地表水の硝酸塩、殺虫剤、除草剤の濃度が基準値を超え、湿地生態系やその他の自然保全地

区がますます乾燥し、酸性度を高めている。

　ドイツ側域の園芸では主に観賞用植物が栽培されている。相互に独立のシュトラーレン-ケーフェラール（国境沿い、シュトラーレンの支部）、およびノイス-リュリンゲン Lüllingen（ケーフェラールの南、国境沿い、ノイスの支部）の二大「販売協同組合」Vermarktgenossenschaft が、鉢物と切り花の広域供給機能をはたしている。1993 年初から園芸作物販売協同組合連合 Union Gartenbaulicher Absatsgenossenschaften（GA では Union gartenbaulicher Absatzmärkte GmbH と表示されており、いずれかが誤記なのか、この間に改称したのか不詳）とニーダーライン花卉販売登記協同組合ノイス Niederrheinische Blumenvermarktung e G Neuss（NBV: e G は「登記協同組合」eingetragene Genossenschaft）との統合交渉が進んでいたが、園芸農家の強い要請にもかかわらず提携にいたっていない。他方、NBV と園芸作物販売会社 Gartenbau-Vertriebs-Gesellschaft（GVG）との統合が鉢物の出荷状況を改善した。1990 年にドイツで初めての鉢物向け電子卸売装置 Topfpflanzenuhr ／ veilingklok voor sierplanten がリュリンゲンに導入されて以来、園芸農家に仲介・出荷、倉庫業務、契約栽培、定時販売のサービスが提供されるようになった。これらの卸売組織は半径 75km 以内に年間 55 億 hfl を園芸作物購入に支出する 1200 万人の人口［ライン-ルール圏］を商圏とする。その 20％がフリュベンフォルストとシュトラーレンの売上となる。

　②農業経営の困難は主に、農業政策の基本的枠組が農家に不利にはたらく一方で、環境負荷が増大することに由来する。よって両側域とも多くの農家が経営の限界に直面し、負債が増加しており、とくにドイツ側域の農家が不利をこうむっている。とはいえ、ネーデルラント側域も環境問題の増大により生産条件が厳しさを増している。その結果、農業就業者の減少が 1.3 万人に達した。ermn の農村地域はもはや農家だけで維持されているのではない（84-86）。

　③デュセルドルフ区域発展計画では、シュトラーレン-ゲルデルン-ケーフェラールが地域計画的観点から集約園芸の空間的集中に適している地域とされている。モデル事業としての枠組計画の規模は 50〜80ha が適当で、経営単位は栽培空間もふくめて平均 4 ha が妥当である（244-245）。

　④　アグリビズネス立地の開発拠点として、ネーデルラント側域では園芸農家と諸関連施設がすでに集中しはじめているホルストが候補地となりうる。さらに農業研究の全国的中心であるウェーヘニンゲン大学のほかに、ホルスト、

フェルプ *Velp*, デンボス *Den Bosch*（農業高等専門学校）が、NRW 側ではラインラント農業会議所の研修・実験施設、シュトラーレンの農業学校が挙げられる (247)。

以上の叙述から明らかなように、ネーデルラント第二の園芸地域とドイツ唯一の園芸地域が国境を挟んでひろがり、事実上、連続する施設園芸地帯が形成されていることは、*ermn* 両側域の農村地域としての等質性を物がたる。国境の障壁作用はこの分野において最小限にとどまっていたようである。

(ii) 鉱業

①ライン・マース両河沿いで砂利・砂採掘がおこなわれている。ネーデルラント側のミデンリンビュルフ産砂利はネーデルラント需要の 90% をみたす。1989 年に 3200ha が採掘され、その跡の大部分が水面にもどされた。今日、主力のマース右岸域 *grensmaas*（とくにベルヘン）での採掘は、Pr リンビュルフとネーデルラント交通・水利省との協定により、3500 万 t の砂利・砂継続採掘の後、ミデンリンビュルフの採掘が禁止されることになった。

ネーデルラントはすでに砂利・砂の輸入国に転じており、1992 年に RB デュセルドルフは 1400 万 t の砂利をネーデルラントに輸出し、これは当地年間産出量の 40% を占めた。いくつかのネーデルラント企業がドイツ側域での採掘許可を得て、砂利・砂をネーデルラントに輸出している。ベーツェ地区だけでも年間 200 万 t の砂利が隣接の Pr リンビュルフに輸出されている。NRW およびイギリス側大陸棚からのネーデルラントの砂利輸入が今後増加すると見こまれている (87-88)。

②ニーダーライン褐炭田について、*EP* は *ermn* 南部に直接の影響をおよぼしている大規模褐炭露天掘りとして、とくに *Garzweiler II* を挙げている。これは縮小されたとはいえ、埋蔵量 13 億 t、炭層厚平均 30m、深度 210m におよび、年産 3500～4500 万 t の現行規模で 2045 年まで採掘可能であるという (89)。

以上の叙述から、砂利・砂経済に関するかぎり、Pr リンビュルフは NRW と一体化していると見てよい。

(iii) 軍用地

　EP はここで、ヨーロッパにおける東西冷戦が終わる直前の状況を描きだす。軍用地は農・鉱業と同じく広大な面積を必要とするので、直面する問題状況は農・鉱業と共通している。

　ermn はドイツ・ネーデルラント国境全域のなかでもっとも軍用地の密度が高い。とりわけ広大な面積をとる軍用空港のような施設は、ドイツ側域に集中していた（266）。軍用地総面積は $45km^2$ を超え、その内訳は以下のとおりである（92）。

　①ブリュゲン・イギリス軍弾薬庫（1200ha）。ブリュゲンにあるイギリス軍の旧弾薬庫用地は約 1200ha で、転換面積で最大となる。構内はさまざまな基盤施設を備え、ゲマインデ面積の５分の１を占める。この用地の広さと、一方では自然公園にあり、他方で既存の産業地区に近接する位置とに照らし、どの用途に転換するかの検討を急ぐべきである（270）。

　②ブリュゲン・イギリス空軍空港（883ha）。

　③ベーツェ-ラールブルフ *Laarbruch* イギリス空軍空港（616ha）。NATO軍用空港ベーツェ-ラールブルフは約40年間ヨーロッパ最新の軍用空港とされてきたので、民間用中距離用空港としてそのまま使える。1999年にイギリス空軍の撤退が確定していた。住民人口の35％をイギリス人が占め、その購買力が２億 DM と見こまれるので、撤退によりベーツェが打撃を受けることは必定である（266）。空間計画目標設定の背後に再生立地 *Recycling Standort* の観念があり、とくに軍用地跡地の活用が重視される。ベーツェ-ラールブルフで目下イギリス空軍が利用している NATO 空港が、おそくとも1999年に軍用停止となる。Kr クレーフェは NRW と共同でここを民間空港として利用し、産業界からの航空需要に応えることを構想している。「産業空港」の発想は NRW とネーデルラントとの既存空港を補完する多面的な利用範囲（貨物航空、商用旅行航空、航空機検査・修理・整備、試験・訓練飛行、物流業務）が考えられている（227）[30]。

　④フェンラーイ（NL）のデペール *De Peel* 軍用空港（550ha）。

　⑤メンヘングラトバハの NATO 司令部（病院をふくむ）（421ha）。

　⑥メンヘングラトバハのホルト／ダーレン原野 *Holter / Dahlener Heide*

(289ha)。メンヘングラトバハ市内で軍用地が700ha以上におよぶ。それゆえ当市は、軍用土地台帳面積比率がケルンに次ぐNRWで第二の市である。軍用地を使用しているのは連邦国防軍の北部国内司令部、NATO連合戦術空軍・陸軍北部部隊の司令部である。イギリス軍にとりメンヘングラトバハはドイツにおける最重要基地であり、ベルギー・アメリカ軍もここに軍用車両・兵器庫を保持している。最大の面積をとっているのはNATO司令部（ラインダーレンコンプレックス）でアメリカ軍が撤退したあと、ここに多国籍干渉部隊が駐留している。ビクラート *Wickrath*（メンヘングラトバハ市南部）でかつての軍用地にすでに新しい住宅地用地が整備され、イギリス軍施設の再利用が検討されている。これ以外でもメンヘングラトバハ都心への近さのために地価の高い土地として、イギリス軍電気・機械技師団（REME）*Royal Electrical and Mechanical Engineers* 工場（8.6ha, 1992年春撤退）、現在イギリス軍が駐屯している連邦道路57北側のホルト原野（166ha）、アメリカ軍が駐屯している南側のダーレン原野（124ha）が挙げられる（267-268）。

⑦ヘロンゲン *Herongen* 弾薬庫（フェンロー東北隣）、ロイト *Leuth* 演習場（フェンロー東南隣）、フェンロー原野、シュトラーレン、ネテタール（203ha）。連邦国防軍弾薬庫ホルトハイス原野 *Holthuyser Heide*（50ha）はシュトラーレンの UGA Niederrhein の立地に近接している。弾薬庫用地は中心的園芸作物卸売市場（EuroMarkt Rhein-Maas）の敷地として確保されるべきである。*EuroMarkt Rhein-Maas* は長期的に園芸作物卸売において、大卸売市場フリュベンフォルスト、シュトラーレン、リュリンゲン、ノイスの機能的、地域的協力関係を強める可能性を秘めている。短中期的にこれらの協力や集中が期待できないにしても、約55億hflの園芸作物を需要する1200万人の販路［ライン－ルール圏］のすぐ近くにあるため、長期的にはヨーロッパ最大の出荷基地の一つが成立するだろう（268-269）。ヘロンゲン－バンクム *Wankum* 原野の弾薬庫（約150ha）は景観保護区域にあり、生態系条件に恵まれている（270）。

⑧ルールモント演習場（約200ha）。

30　ベーツェ空港のその後の動向を、山田徹雄『ドイツ資本主義と空港』（日本経済評論社、2009年）が「もうひとつの「デュッセルドルフ空港」」（214-225ページ）で丹念に追っている。これによると予定通り1999年にイギリス空軍が撤退し、2003年5月に民間空港として操業開始のはこびとなった。

⑨ケーフェラール-トゥビステーデン *Twisteden*（130ha）弾薬庫。ケーフェラール-トゥビステーデンのアメリカ軍の弾薬庫は1994年初にケーフェラール市に返還される。60％が森林の160haおよぶ敷地の20haが連邦資産局の所有である。この土地は約1000万DMを投じて馬飼育場 *Traberpark*（Den Heyberg）に転換されることになった。1995年春に最初の馬がトゥビステーデンに搬入される予定で、最大2000頭まで収容可能である（92, 267）。

以上の軍用地の列挙から見てとれる、*ermn* のドイツ側域におけるNATO基地の偏在は、戦後のドイツ占領期の連合国軍事施設配置の遺産という歴史的、地政学的条件によるものである。1990年代にその基地の騒音公害、地下水汚染が表面化し、用途転換が問題になったのは、まさに冷戦終結による緊張緩和を映しだす。他方で、この地域に広大な軍事基地に供することができる原野が多いという自然的条件もまた軽視できない。それは、この広大な等質空間である国境地帯が経済圏の「隙間」であったことを示唆するからである。この「隙間」の小さからぬ部分が長らくNATO軍という多国籍軍の基地に利用されてきたことは、この「隙間」をヨーロッパ共有地として脱国籍化し、国境の意義の低下をもたらす作用をおよぼしたはずである。この点も留意されるべきであろう。

（4）二・三次産業

(i) 産業動向

① *ermn* の1992年の就業者数は60万人で、ネーデルラント側域とドイツ側域との比は1：3であった。このうち域外就業比率が5～10％にとどまったので、雇用の地元集中度は比較的高いと言える（94）。

両側域とも一次部門比率が比較的高いのは、前述のように農業・園芸が主要産業だからである（表5-9）。

② *ermn* は工業部門の比重が大きく、製造業はクレーフェルト（化学、金属、機械製造、繊維）、Krフィーアゼン（消費財、食品、嗜好品）、Krノイス（金属、化学）、ノールトリンビュルフ（機械製造、金属）、ミデンリンビュルフ（電機、金属）に分布している。建設業は雇用力が大きいものの局地的市場に依存しているので、*ermn* 域内に均等に分布している（メンヘングラトバハがもはやクレー

表5-9　*ermn* の産業部門別就業者数比率（1992年、％）

	一次	二次 （製造業）	三次 商・交通業	四次		
				対生産者S	対消費者S	公務
NL側域	3.7	36.3　(29.3)	20.4	8.4	25.1	5.7
ノールトリンビュルフ	4.8	34.5　(28.4)	21.1	8.2	25.6	5.2
ミデンリンビュルフ	2.1	38.6　(30.5)	19.5	8.7	24.5	6.4
DE側域	1.3	48.0　(40.2)	22.7	8.3	13.3	6.5
クレーフェルト	0.6	51.0　(45.1)	20.4	8.3	12.6	7.1
メンヘングラトバハ	0.5	45.7　(38.6)	22.1	8.4	15.6	7.6
Kr フィーアゼン	1.4	48.5　(42.3)	21.9	7.4	13.4	7.1
Kr ノイス	1.0	47.8　(38.0)	25.3	8.2	12.6	5.1
Kr クレーフェ（南）	4.9	42.6　(32.5)	22.2	2.7	20.6	7.0
ermn	2.0	44.8　(37.2)	22.1	8.3	16.6	6.3
NL	1.7	26.9　(19.6)	22.7	13.0	28.7	7.0
NRW	0.8	46.4　(37.0)	19.5	9.8	15.3	8.3

注：四次部門の対生産者サービスは、金融、保健、法務・経営助言等。対消費者サービスは、飲食業、学術、芸術、保健等。これはECの標準産業分類と異なる。表5-1、注5を参照。
出所：*EP*, 95ページ。原資料はRWI (Dr. Paul G. Jansen).

フェルトと並ぶ工業中心地とみなされないことが注目される）。　サービス部門はドイツ側域外のデュセルドルフが中心的地位を占める。中心地に立地する必要のない企業が周辺に移転する傾向にあるため、その受け皿としてライン-ルール圏の西端に位置する *ermn* のドイツ側域が恩恵をこうむっている。これにともない、「デュセルドルフ・中部ニーダーライン」の全域がNRWのサービス業立地に発展した。他方で、ネーデルラント側域のサービス部門の比率が60％で、ネーデルラント平均の70％を下まわるのは、ラントスタトから離れた内陸部に位置しているからとされる。総じて *ermn* は工業地域（44％）であるが、いわゆる二次部門にもサービス業性を具える職種が増大する傾向にあることが軽視されてはならないと、指摘されている（96-97）。ここでも、*ermn* のドイツ側域がライン-ルール圏の一部であることが、重ねて指摘されている。

③域外就業が5～10％にとどまるほどに高い域内雇用は、クレーフェルトとメンヘングラトバハの存在に加えて、かつて支配的であった繊維工業およびその関連諸産業の衰退が、他の諸分野の伸長で補足されているからである。この経済的多様性により *ermn* は地域経済として比較的高い自立性を堅持し、他の立地に対して構造的優位を示すと評価されている。

NRWで1987～92年に最大の雇用の伸びを示した製造業は、建設業、消費財加工業、金属加工業、自動車製造業、電機製造業で、ドイツ側域内で製造業

被用者の52％、もしくは全就業者の25％が成長力に富む工業部門に就業していた。サービス業では全就業者の30％もしくは広義のサービス業就業者の61％が、成長力に富む諸分野（商業仲介、輸送部門、飲食店経営、法務・経営助言、その他のサービス）に従事していた。

他方でドイツ側域の製造業の輸出比率は高く（1990年41％、NRWは28％）、これが隣接諸経済地域に対する経済的自立性の強さを支えていた。クレーフェルトはNRWのクライス級市のなかでレバークーゼン（バイエルの本社工場が立地）に次ぐ輸出力を具えていた（99-100）。

④ ermn 内部または周辺に立地する技術志向企業、とりわけ情報・通信技術分野におけるエイントホーフェン、フェンロー、ノイス-デュセルドルフに拠点を置く企業として、Philips, Océ van Grinten, Print Service, Rank Xerox, IBM, Canon, Mannesmann, Nokia 等が挙げられる。ネーデルラント側で「技術革新拠点」InnovatieCentra の網がフェンロー、ヘールレン、エイントホーフェン、アルンヘムにかかり、ドイツ側には商工会議所の技術助言（メンヘングラトバハ、デュセルドルフ、デュースブルク）や技術移転施設（ZENIT Mülheim, TZK Kleve, GTT Duisburg 等）がある。ermn 全域を視野に収めるケンペンの「ニーダーライン技術・起業拠点」Technologie- u. Gründerzentrum Niederrhein が、当時建設中であった（248-249）。

⑤「理念的主導部門としての繊維」Leitbranchen-Konzept Textil は、この部門が ermn ドイツ側域で伝統的に占めてきた、また今後とも長期にわたり占めるはずの特別の経済的地位から導きだされる。たえざる構造変動に繊維部門がさらされているとはいえ、この部門はすでに業績で底入れして、工業部門において成長モーターの役割をになうまでにいたった。機械製造、生産、販売、研究・開発、教育・資格付与を包括して、繊維・デザイン部門の諸企業の協力体制を築くことが望ましい。ノウハウと経験をほこる老舗企業、国際的大市としてのデュセルドルフの IGEDO（「婦人服［モード市］組合」Interessengemeinschaft Damenoberbekleidung）、ニーダーライン単科大学、繊維専門学校がそのための起点となる。繊維部門は国際指向が強く、クレーフェルト、メンヘングラトバハの企業はアメリカの南カロライナ州に30以上の子会社 Dependencen を持っており、ermn は繊維産業の国際網の「継ぎ手」Textilrelais の役割を引きうけることができるほどである（249-250）。

⑥両側域の国境沿いに立地して「国境を挟む」*grenzübergreifend* 関係を生む産業地域と異なり、「国境を越える」*grenzüberschreitend* 産業地域はフェンロー、テーヘレン、シュトラーレン、ネテタールに集中するべきである。というのもこれらの市街地が隣接しているからだ。とくにネテタール－テーヘレン－フェンロー地区は、高速道路のドイツ側 A61 の付替えおよびネーデルラント側（A67／73）との接続により、国境を越える一つの産業団地 *Gewerbepark／bedrijvenpark* に発展できる。この共同目標は地元の合意を得て、両側域の商工会議所により支持されている。さらにドイツ側国境沿いのシュトラーレン－ヘロンゲンに産業団地の建設が考えられる（264-265）。

⑦ *ermn* と上級中心地機能をになう諸都市は、将来三次産業化の全般的傾向により利益を受けるだろう。ドイツ側域のクレーフェルト、メンヘングラトバハはデュセルドルフからの溢出効果を受け、商業・サービス企業、とくに生産者向けサービス企業が成長の担い手になろう。ネーデルラント側域では地域的発展政策がとりわけ園芸と物流部門の強化に向けられ、ノールトリンビュルフ、とくにフェンロー区域に後者が集中している。営業用地の開発が効果を発揮し、ノールトリンビュルフをヨーロッパの分配中心立地として選択した国際的大企業が進出している。園芸では、両側域で異なるそれぞれ特化した栽培技術による地域間競争が激化している。総じて *ermn* 域は全体として「自己充足性の高い経済地域」*eine komplementäre Wirtschaftsregion* に発展しており、*ermn* 内部の局地的特化にそれが表れている（100-102）。

⑧ドイツ・ネーデルラントの地域的「継ぎ目」*Nahtstelle* である *ermn* の経済は、総じて製造業が雇用を減らす傾向と対照的にサービス部門が重要性を増すであろう。とくに「古典的」産業部門（繊維・鉄鋼業）が打撃を受け、ひろく展開した工場立地ばかりでなく、本社立地にもその影響がおよんでいる。その反面、交通の便に恵まれ、上級中心地機能を具えたクレーフェルトやメンヘングラトバハが、三次部門化の一般傾向の恩恵に与ることになろう。サービス部門内部ではとりわけ分配サービスのための位置に恵まれているため、商業と交通業への集中がさらに進むであろう（174）。

⑨ライン-ルール圏の西端にあるという位置により、*ermn* は将来デュセルドルフ経済圏の溢出効果により利益を受け、新サービスの重点が *ermn* の東部、とくにクレーフェルト、メンヘングラトバハ、ノイスに置かれることになろう

(240)。*ermn* がライン-ルール圏に属する指摘が、ここでまた繰りかえされる。

以上（i）の現状分析の問題点は、⑤と⑧が明らかに矛盾していることである。⑤は、いったん衰退した繊維産業が持ち直し、新しい発展過程にはいったと述べているのに対し、⑧では繊維産業の構造危機の深化を伝えているからである。繊維産業の現状と先行きに対する評価は当時割れていたようである。

EP のこれまでの検討で、*ermn* の経済的重心がドイツ側域にあり、そのドイツ側域がライン-ルール圏の一部であるというのが *EP* の基本的認識であることが明らかになった。ここで、*ermn* 域の経済的自立性の強さが強調されることの含意が問われる。これは、*ermn* がライン-ルール圏内部の域内分業関係において一つの自立的空間単位を成すとの認識を映しだす。これはまた、*ermn* のネーデルラント側域に隣接する Pr ノールトブラーバント、とくに中部ネーデルラント環状都市群が、ライン-ルール圏と経済空間として連続しているとの認識を潜ませていると言えないか。もしもそう言えるならば、この認識は Pr ノールトブラーバントがニーダーライン原経済圏の漸移地帯を成すことの反映とみることができるであろう。

(ii) 日本企業

①当時盛んであった日本企業のデュセルドルフ圏進出（約400社、7000人以上）に、*EP* は強い関心を寄せている。空間余地がとぼしくなったデュセルドルフ圏への進出が今後困難になるので、代わって *ermn* が日本企業の受け皿となることが予想される。この間にドイツ側域のメンヘングラトバハ、ビリヒばかりでなく、ネーデルラント側域のフェンローにもいくつかの日本製造企業が進出した（175）。

②デュセルドルフ圏の拡張は西方向にのみ可能であり、そのため近年 *ermn* の企業誘致努力が成功を収めている。対 NRW 直接投資で、日本はアメリカとネーデルラントに次ぐ国である。デュセルドルフ圏に約400社の日本企業が進出している。デュセルドルフ対岸のメーアブシュ *Meerbusch* に日本企業の第二の集中拠点がある。大デュセルドルフ圏に7000人の日本人が居住している。メンヘングラトバハ-ビリヒ域は日本の製造企業の一つの重点立地を形成している。近年ここに10社を超える日本製造企業が進出した。フェンロー圏にも日本およびアメリカから多種の企業が進出しており、ここがヨーロッパの分配

基地となっている（263）

　日本企業の進出先が右岸のデュセルドルフからライン河を越えて左岸にひろがり、さらに国境を越えてマース河流域にいたる動きは、総じて多国籍企業の進出が国境の障壁効果を弱める作用をおよぼす可能性を示唆する。多国籍企業の立地選択が国境の障壁効果におよぼす作用という、興味深い論点がここで浮かびあがる。そればかりか、この作用がライン-ルール圏のマース河までひろがる方向性を強めていることが注目される。

(iii) 国境を越える取引

　① 1991 年におこなわれた *ermn* の 450 企業（製造業、商業、サービス業）の仕入れと販売の地域分布調査の結果は、表 5-10 に示される。*ermn* の両側域ともそれぞれの域外国内市場が販路の 50％前後を占めている点で似ている。他方で、ネーデルラント企業の域外ドイツ市場依存率が 14％であるのに対して、その逆は 3％にとどまり、大きな開きがある。とくに、ネーデルラント側の機械製造業、建設業、繊維工業、電機工業の輸出性向が強い（60-62）。

　② *ermn* は空間的・機能的構造の現状をみると、その多彩な共同企画・活動にもかかわらず、「自意識」*Selbstverständnis* を具え、「それにふさわしい相貌」*angemessene Außenwirkung* を見せる「地域」*Region ／ regio* にまだいたっていない。現在の両側域間の絡みあいは各側域内の絡みあいとくらべて弱く、これはとくに労働市場のような持続的絡みあいにおいてそうである。それでは *ermn* 域を国境を越える「自律的生活空間」*selbsttragender Lebensraum* に発展させるためにどうしたらよいか。ここで、*ermn* 域の二様の発展方向が考えられる。一つは現状維持で近隣の都市集積圏と強くむすびつく「結合シナ

表 5-10　*ermn* 企業の仕入地・仕向地（1991 年、％）

		ermn 域内	域外 NL	ルール圏	ケルン・デュセルドルフ圏	その他の DE	他の EC 諸国	他のヨーロッパ	非ヨーロッパ
NL 企業	仕向地	19 *	48	2	4	8	12	3	4
	仕入地	21 *	40	6	4	9	13	3	4
DE 企業	仕向地	29	3	11	14	26	9	2	6
	仕入地	20	9	12	12	33	4	2	8

注：＊原表数値を本文の叙述に合わせて修正。
出所：*EP*, 61 ページ。原資料は *Stadt- und Regionalplanung Dr. Paul G. Jansen*.

リオ」と、逆に自己を隣接地域から切りはなし、不足部分のみを移入する自立的発展戦略、「アウタルキーシナリオ」である。望ましくかつ現実的戦略は、「両者を統合した自律的発展」*Eigenentwicklung im integrierten Kontext* であろうと言う（200-201）。つまり両シナリオの結合である。

経済的自立性の強さに着目しながら、*ermn* 域がまだ「地域」になりえていないとみる *EP* の判断は、矛盾しているようにみえる。しかし、国境を挟む両側域の絡みあいの弱さによる地域的個体性の弱さと、*ermn* 域の比較の均衡のとれた産業構造にもとづく経済的自立性の強さを、前者を現実態、後者を可能性に置きかえるならば、かならずしも矛盾しているとは言えない。ともあれ、*ermn* 域がデュセルドルフ圏（ライン-ルール圏）に組みこまれているとの基本認識に *EP* が立っていることに疑いをいれない。

（5）交通、物流

(i) 鉄道・道路・水路網

①東西軸としてデュースブルクーエイントホーフェンをむすぶ高速道路（A40［DE］・A67［NL］）が、ライン-ルール圏とラントスタトまたはベルギー諸海港をむすぶ幹線として *ermn* 中央部を貫通しており、エイントホーフェンーフェンローーメンヘングラトバハーケルンの鉄道路線（ブラーバント線［NL］・490号線［DE］）も重きをなしている。水路ではマース、ライン両河の間にはネイメーヘンのマース-ワール運河があるだけで、国境を越える運河がない。マース河に並行するユィリアーナ運河（右岸、マーストリヒト-ヘール *Heel*［ルールモント南隣］）のほかに、ミデンリンビュルフがワセム-ネーデルウェールト運河 *Kanaal Wassem-Nederweert*（ルールモント南-ネーデルウェールト）およびザイト-ウィレム運河 *Zuid-Willemsvaart*（ローゼン *Lozen*［BE］-ウェールトーヘルモント *Helmond*-スヘルトーヘンボス）両運河によりベルギー水路網に接続している。ドイツ側にはライン河港（左岸）としてクレーフェルト、ノイス、シュテュルツェルベルク *Stürzelberg*, ドルマーゲン *Dormagen* がならぶ。マース河には砂利・砂採掘用に築かれた港が数多く、フェンローとならび貨物取扱量からして重要な諸港が、ミデンリュンビュルフのヘーレン *Haelen*（左岸）、ルールモント（右岸）、ヘール（左岸）、マースブラハト *Maasbracht*（右岸）間

に集中している。さらにユィリアーナ運河沿いのマーストリヒト、ステイン Stein、ボルン Born の諸港、および程度はおとるがライン-ワール河沿いのエメリヒ、ネイメーヘン両港の後背地が、ermn 域にもおよんでいる（39）。

②ライン-ワール河でネーデルラント領域からクレーフェルトまでの区間の浚渫と水路拡張が計画され、マース-ユィリアーナ運河でも載貨重量2000t、艀2列連結押航方式 Doppelschubverband ／ 2-baks duwvaart 規模への水路拡張が計画されていた（217-218）。

③マース河の艀2列連結押航方式導入を可能にする拡張と、両運河の拡張工事の続行が水運競争力をつよめることになる。ドイツ側域経済中心地とマース河域重要港との接続の改善が望ましい（223）。

EP の以上の叙述は、ネーデルラント側域の運河網の四通八達ぶりが、この地域とネーデルラント中心部との結合をつよめる交通基盤として機能していることを示唆する。しかし、その結合が Pr リンビュルフから遠隔のラントスタトやベルギー海港都市群に向かうのか、それとも Pr リンビュルフ西隣の Pr ノールトブラーバントに向かうのか、検討の余地を残す。

(ii) 貨物輸送

1991 年に ermn 域内越境貨物輸送量が 3640 万 t、その9分の1が鉄道輸送であった。これはネーデルラント－NRW 間の越境貨物輸送量の 55.9％にのぼる。1980 年から道路輸送が倍増し、鉄道輸送は 25％増にとどまったが、ネーデルラント－NRW 間の全鉄道輸送量の 90％が ermn 域経由であった。1991 年に 318 万 t を記録し、対 NRW 輸送の 95％に達した。対ネーデルラント輸送は 75 万 t で、対ネーデルラント鉄道貨物輸送の 74％を占めた。このうちエイントホーフェン－フェンロー－メンヘングラトバハ－ケルン経路による NRW の輸入が 317 万 t、輸出が 63 万 t であった。これに対してエメリヒ（NRW）経由ライン河沿いの鉄道輸送による NRW の輸入は 16 万 t、輸出も 24 万 t にすぎなかった。

道路貨物輸送は、1991 年に 210 万台、3240 万 t が ermn 域の国境を越えた。このうち NRW 向けが 120 万台、1850 万 t、ネーデルラント向けが 90 万台、1390 万 t であった。これはネーデルラント－NRW 道路貨物輸送の、台数で 52％、貨物重量で 53％に達する。GA によれば、この経路は 1980 年代央にド

イツ・ネーデルラント間の道路貨物輸送量の40%を占めていたから、*ermn* 域経由が増加傾向にあったことが窺われる。三本の高速道路のうち、シュトラーレン経由（A67 [NL] – A40 [DE]）が90万台、1530万 t、シュバーネンハオス経由（フェンロー – A61 [DE]）が50万台、680万 t、ゴホ経由（A77 [NL] – A57 [DE]）が30万台、480万 t であった。

　ermn 域で1980年以降の道路輸送が、ネーデルラントからNRW向けで台数117％増、輸送量116％増とそれぞれ倍増し、逆方向が台数64％増、輸送量71％増となった（58-59）。

(iii) 物流拠点

　①ネーデルラントはロテルダムとスヒプホル *Schiphol* という二つの「一次結節点」*knooppunten van de eerste orde*, いわゆる「主港」*mainport* をもつが、これに次ぐ結節点を欠く。よって「主港」はベーテュウェ線（ロテルダム – ゼーフェナール *Zevenaal* [パネルデンス運河沿い]）でドイツの後背地とむすぶ貨物輸送路線をもたねばならない。その沿線域にいくつもの「二次結節点」*knooppunten van de tweede orde* が集中することになろう。ネイメーヘン – ファルビュルフ（ワールを挟みネイメーヘンの対岸）とフェンロー – テーヘレンが「第四特別文書」*Vierde Nota Extra* で「内陸基地」*binnenlandse terminal* として認定されたので、フェンローは二次結節点として認められている。「主港」ロテルダムの衛星、「延長された埠頭」*verlengde Kade* とされるフェンローでは、貨物積替拠点と輸送・物流団地がフェンロー貿易港 *Venlo Trade Port*（VTP、150ha）およびその拡張部 *Trade Port West*（200ha）の敷地で開発されている。物流企業用の特化したVTP用地は過去5年でほぼ完売された。最終的に350haの用地に約1万人の雇用が見こまれている。高速道路・鉄道網に直結し、水路にも近いフェンローの目標は、所与の位置の優位を活かして「輸送都市」*transportstad* に発展することである（107-109）。

　②ネーデルラントは「流通立国ネーデルラント」*Nederland Distributieland* という標語をかかげ、これが「全国交通計画」（交通・水利省、住宅供給・空間秩序省、環境保護省、1989／90）で具体化された中心目標の一つとなっている。全国交通計画でフェンローは複合一貫貨物輸送拠点 *intermodaal (goederentransport-) knooppunt* の資格をあたえられている（132）。

③近年ロテルダムに入荷する貨物の流れが変わった。今日では高附加価値製品の部材となる半製品の入荷が増え、これは販売市場の近くで最終的に組みたてられる。より川下の加工企業の進出や高附加価値製品の組立てと品質検査が、生産基地としての *ermn* の今後の課題となる（257）。

④VTP に拠点を置く企業の重点はますます物流の特別な機能（生産的物流）に移り、輸送機能は外部企業に委託されるようになった。国境を越える密接な協力がフェンロー−ネテタール間でおこなわれ、後者が貨物輸送拠点フェンローの機能の一部を代替することが望ましい。貨物輸送拠点フェンローはかくて「国際的・分散的貨物輸送拠点フェンロー−ネテタール」に発展できよう。競争条件が変化したため、多くのドイツの輸送取扱業者がフェンロー−テーヘレンの拠点から撤退し、本拠地への新しい集中が進むと、*ermn* の分配中心地で交通経済の集中がいちだんと進むだろう。計画中の「エウレギオ産業立地メンヘングラトバハ−ユーヘン *Jüchen*（前者の東南で隣接）」の一部が一つの候補となろう（258-259）。

⑤他方で、NRW にはすでに 10 の貨物輸送基地があり、デュセルドルフ、デュースブルクがその中核である。中部ニーダーラインではデュセルドルフの既存および計画中の諸施設とともに、*ermn* のドイツ側域から複合一貫貨物輸送拠点があるノイス港、ドルマーゲン、シュテュルツェルベルク両港、郵便貨物基地のクレーフェルト−ヒュケルスマイ *Krefeld-Hückelsmay* もこれに入れられるべきである。ニーダーライン物流の最適化のために「分散的貨物輸送基地デュースブルク−ニーダーライン」*GVZ DUNI* が構想されてよい。これの後背地はライン−ルール圏を超えてひろがるはずである。企業港ラインハオゼンとデュースブルク公共港以外にも、リペ川口域（ベーゼル、フェーアデ、ヒュクセ *Hüxe*）、パトベルク *Pattberg*, ニーダーベルク *Niederberg*, ホーエンブートベルク *Hohenbudberg* およびクレーフェルトの諸港がこの基地に属すれば、両立地ともライン−ルール圏西部への供給分担と負荷軽減に役だつだろう（109）。

⑥複合一貫貨物輸送の拠点をなす貨物輸送基地、一貫輸送拠点、港湾など、機能が異なる多様な分散的施設が協力することで全体供給能力が強化される。ドイツ側域のこれらの諸立地はフェンローとともにライン河左岸全域を後背地とする「国境を挟む分散的貨物輸送拠点」*grenzübergreifendes dezentrales Güterverkehrszentrum* となろう（223）。

⑦ ermn は位置と交通の便により、回転盤機能の条件にめぐまれている。優れた鉄道・港湾関連基盤を具える立地で輸送に重点を置く諸部門をたばねることで、通過地帯にとどまる危険を回避できる。［そのためには］輸送貨物の流れの一部を ermn 内部で堰きとめ、これに加工をほどこして附加価値を高めること［が重要］である（239-240）。

(iv) 鉄道改革

① ermn の両域内でモーダルシフトのための対策が優先されるようになった。ベーテュウェ線計画が実現すると、貨物輸送量が大幅に増加するため、ライン河沿い輸送の負荷がいちじるしく増大する。よって、ドイツ・ネーデルラント国境地域は 1993 年 9 月に、鉄道路線がヘンゲロ経由ベルリーン方向への北方迂回線とフェンロー経由ケルン方向への南方迂回線とを建設するという、ベーテュウェ線補完にかかる基本合意に達した。この二本の迂回線は通過貨物輸送の分散を可能にするものである。二本の迂回線のうち ermn 域をとおる南方迂回線は、マース河沿いにフェンローまで延び、そこからフェンロー－メンヘングラトバハ－ケルンという経路をとる。そのためにネーデルラント側域でマース河沿いに路線を複線化・電化し、またドイツ側でもすでに単線では限界に達しているため複線化することが必要である（カルデンキルヘン－デュルケン Dülken 間、ライト中央駅－オーデンキルヘン Odenkirchen 間、さらにメンヘングラトバハ、ライト両中央駅間の三線化：219 ペイジ）。二次大戦までに複線規格で建設されているので、路盤、橋梁、地下路線も複線化に問題はない。そこから分岐するいわゆる「フィーアゼン大曲り」の複線化も望ましい。これはデュースブルクのライン河鉄橋の拡張の必要性とも直接に関連している。長期的にみれば、アントウェルペン港とライン-ルール圏をむすぶ鉄道路線の拡充も今後の問題であろう。これはライン河とベルギーの海港を直接にむすび、ermn のドイツ側域南部に経済効果をおよぼすはずである。現在国境でとぎれているウェールト－ルールモント－ダールハイム Dalheim（DE）－ベークベルク Wegberg－メンヘングラトバハ路線は、まだ半分しか複線化・電化されていないが、国際的貨物輸送に供せられる必要が生ずれば全線複線化・電化に迫られよう。これにとどまらず、同路線はエウレギオ内の近距離旅客輸送区間としての機能を発揮しうる（109-110）。

②1994年8月にノイス-ライン河港で自動車輸送基地が開業した。建設費5000万DMを要しECおよびNRWから補助を受けたこの施設は、新車輸送を道路輸送から水路・鉄道輸送に切り替えることを目的とする。製造企業がノイスで新車を仕向地ごとに仕分けし、VW［ヴォルフスブルク］、BMW［ミュンヘン］両社がこれを利用するならば、新車を運んだ船や列車が帰り荷を積めるので合理的となる（111）。

③目下、ライン-ルール環状鉄道 *Ringzug Rhein-Ruhr* により、地域内梱包貨物輸送を鉄道に取りもどすことが検討されている。これはライン-ルールを周回する路線に24時間運転で貨物列車を短い間隔で運行し、任意の地点で積下しをおこない、遠距離輸送への中継点まで輸送する構想である。この環状鉄道に *ermn* はライン-ルール圏西縁で接続が可能である（168）。

④近距離公共交通について、局地的にドイツ側ネテタールと国境を挟んで向かいあうネーデルラント側諸ヘメーンテの間で、国境を越える交通が盛んだが、場所により事情がかなり異なる。これも考慮し、近距離公共交通では以下が検討課題となる。i) クレーフェルトおよびメンヘングラトバハに区間準急 *InterRegio* の停車、IC停車駅へ格上げ、ii) フェンローにIC停車、iii) ライン左岸域の近郊鉄道網の拡充と近距離交通線としてウェールト-ルールモント-ベークベルク-メンヘングラトバハ鉄道路線の復活、iv) 近距離公共交通網、時刻表、運賃表の国境を越える調整と接続、v) 国境を越える交通供給体制改善のため、メンヘングラトバハ-ウェールト間の利便性の向上。たとえばメンヘングラトバハでの接続を便利にしたうえでタクト運行、新型車両の導入、駅の増設など、vi) 農村地域向けの近距離公共交通の供給保証（219, 256）。

以上の鉄道輸送にかかる *EP* の提言は *GA* の提言とほぼ同一なので、この間に *GA* 提言がほとんど活かされていなかったことが浮きぼりになる。*ermn* 域内の旅客、貨物の流れの大部分が通過輸送であり、*ermn* 内両側域間の流れはまだ比較的細いというのが *EP* の実態認識である。逆説的にいえば、「通過輸送地帯」にとどまっていること自体が *ermn* 域の負の等質性を生みだす一要因になっていると見ることもできる。しかし問題はそれにとどまらない。輸送分野にかかる *EP* の現状分析は、ネーデルラントがロテルダム（エーロポールト）とアムステルダム（スヒプホル）を核とする多層的輸送中心地をむすぶ網を全国規模でひろげているのでなく、両者が後背地のライン-ルール圏に直結

している実態を描きだしている。それは、この中間に位置する *ermn* 域が現状では「通過輸送地帯」にとどまっているとの認識と整合するかに見える。しかし、*ermn* 域がライン-ルール圏の一部をなすという認識と、*ermn* 域がラントスタト、ライン-ルール圏両コナーベイションの間の「通過輸送地帯」にとどまるという認識は明らかに食いちがう。EP はこの矛盾する二つの認識の間を揺れうごいているようである。逆に、まさにこの認識の揺れにこそ、*ermn* 域の地域性把握の鍵が潜んでいるのではあるまいか。

（6）環境問題

　環境問題は、国境を越えて *ermn* の両側域を等質空間化（負の等質化）する社会的・自然的要因である。それは軍事基地化と別の意味で、国境の遮断効果を弱める。1990年代という時代の要請をうけて、EP は以下のように詳細に環境問題を検討する。今日の問題状況とことなるとはいえ、この叙述は1990年代初の *ermn* 域の環境状況の証言として、資料的価値をもつ。

　① *ermn* の大気汚染物質の大部分はライン-ルール圏から排出される。Pr リンビュルフの硫黄・窒素酸化物の80～90％が国外から飛来し、その半分がドイツを発生源とする。他方で、Pr リンビュルフの主に工業部門からの排出物の95％が域外に飛散し、硫黄・窒素酸化物の総排出量はネーデルラント平均の2倍に達した。この20年来の対策により硫黄酸化物排出は大幅に減ったが、アンモニアの排出量が集約畜産の拡充でむしろ増加している。ネーデルラントで最も深刻な問題はアンモニアによる大気汚染で、これはリンビュルフ西北部でネーデルラント平均の2倍に達している。これがノールト／ミデンリンビュルフの森林と自然保全地区にゆゆしき損害をもたらし、農業と観光業に被害をおよぼしている。その元凶は農業自体、とりわけ畜産である。とくに過敏な環境のデペール地域で雨水の酸性が全国平均を20％以上も上まわり、樹木の3分の1が枯れ死、またはそれに瀕している。当地はネーデルラントで最も甚大な森林減少に見舞われている地域となった（121-122）。

　② *ermn* には無数の河川が流れ、国境を横断する流水にかかる調停がつとに重視されてきた。ドイツ・ネーデルラント国境条約にもとづき、1963年にドイツ・ネーデルラント国境河川委員会が設置され、水量調整ばかりでなく近年

は水質・地質保全にも取りくんでいる。PrリンビュルフもPr河川保全の分野で望ましい国境を越える合意と統合をめざして、ドイツの諸水利組合と協力している。

国境地域の水質が近年大幅に改善されてきたとはいえ、1990／91年のリンビュルフ・NRW国境地域調査により、23か所の検査地点のうちケンデル *Kendel* とスワルム *Swalm*／*Schwalm* 二本の川だけしか、「一般環境水準規定」 *Normen Algemene Milieukwaliteit*（AMK: NL）と *Allgemeine Güteanforderungen*（AGA: DE）を同時に満たさないことが判明した。最近のマース河の水質が1982年にくらべて明らかに改善されたとはいえ、年間100日におよぶ低水位期間にかなりの区間で汚染される。汚染物質の多くは上流のフランス、ベルギーから流出してくる。これよりはるかに少ないとはいえ、国境地域の支流、支支流からも汚染物質が流れこんでいる。ルール川 *Roer*／*Rur*（ルールモントで右岸からマース河に合流）は塩化物、硝酸塩の濃度が高く、ニールス川（ヘネプ附近で右岸からマース河に合流）、スワルム／シュバルム川（スワルメン *Swalmen* で右岸からマース河に合流）も汚染度が高く、酸素含有量が少なく、酸性が強い。

ライン河は1980年代に水質改善が進み、とくに酸素含有量、重金属、各種有機ハロゲンの指標が改善したが、富栄養化は改善の余地をのこしている。1990年の品質検定でライン河の水質は中位水準（II級）ないし要注意水準（II／III級）であった。

1993／94年の年末年始のライン、マース両河の大水は流路の可航化がおよぼす悪影響をまざまざと示した。生態学上の水質だけでなく、地表水の急速な排出により水流の自己浄化作用がうしなわれた。この悪影響は農業の排水設備が春・秋期に地中水分を急速に排出することにより強められ、夏期に水が不足し、農地にも森林地区にも悪影響をおよぼしている。

農業への悪影響をできるだけ軽減するために、ノールトリンビュルフでマース河から小川への導水がおこなわれている。これにより水の化学成分が変わり、とりわけペール川上流域で水流と川岸の植生および動物の構成変化を惹きおこした。ドイツ・ネーデルラント自然公園マース-シュバルム-ネテには水質の変化に敏感な湿地帯の生物圏が無数にある。地表水の質はとくにノールト／ミデンリンビュルフの砂地で、大気の成分悪化と過剰施肥により損なわれている。

とりわけマース、ルール、ニールス三河川の川岸と氾濫池が重金属と有機微細不純物により悪影響をうけている（123-125）。

　③ ermn 域にはネテタール、ブリュゲンの飲料水取集施設の保全域の一部がネーデルラント側域に、逆にベルヘン、ハニク Hanik, グローテヘイデ Groote Heide, テーヘレン、レーフェル Reuver, ヘルケンボス Herkenbosch の同様の施設がドイツ側域にひろがっている。地下水も排水設備と潅水による急速排水により悪影響を受けている。そればかりか、ermn 各地で飲料・工業用水供給のための地下水の取集、広大な面積を要する砂利・砂採掘、褐炭露天掘り、ラテラール Lateraal 運河建設が甚大な影響をおよぼしている。そのため源流が細り、地下水位が低下し、それにともない環境上の機能がたえず損なわれるという結果をまねいている。地下水位低下による脱硝化能力の減少および過剰施肥と大気中の有害物質量の増加がかさなり、地下水最上層の硝酸塩含有量に対する飲料水基準を、ノールト／ミデンリンビュルフ、とくにマース河西側の地下水取集地域の 50％以上が守ることができないでいる。

　ドイツ側域でも過剰で不要な肥料、液肥、殺虫剤の投入により、とりわけ集約農業地域（フィーアゼン、ハインスベルク、クレーフェ三クライス）の地下水の濃度が飲料水命令の基準を大幅に超える。国境にまたがる水保全地域レーフェル（NL）／ブリュゲン（DE）では地下水の汚染がひどく、汚染度の低い水と混ぜてやっと最低限の水質を確保している（125-126）。

　④さらに農業と環境保護の軋轢が、デペール区域とマース河岸域北部でとくに目だつ。ここでは集約農業が自然・景観、保養・余暇機能のいちじるしい障碍になっている。それゆえデペール区域は第四特別命令で、とくに重大な、また特殊な環境問題のため、統一的にして土地柄にあった地域開発と環境政策とが推進されるべきであるとされる ROM (ruimtelijk ordening en milieubeleid) -gebieden の一つに数えられている。環境問題対処のために、ネーデルラント政府のいくつもの省とノールトブラーバント、リンビュルフの両プロフィンシが 1992 年に協定をむすび、デペールとマース河岸域北部のために ROM 政策の一層の具体化を図ることになった。ここでの全般的目標は、地下水の限界値を超える結果を惹きおこす過剰施肥を制限することにある。燐酸塩汚染をおそくとも 2000 年にそれ以上の悪化を食いとめ、窒素も 1986 年比で 70〜90％減らすことが目標である。そのために人工肥料と家畜排泄物が大幅に制限されるこ

とになる。とはいえ、当面ごく少数の農家しか規定基準を守ることができないので、地表水と地下水の硝酸塩と燐酸塩の負荷はしばらくさして減らず、目標年までの目標達成は無理であろう（126. *EP* のこの見通しが正しかったかを確認するための資料を今は欠く。）。

⑤農業によるアンモニア汚染がデペールほど高いところは、ヨーロッパで他にない。そこで、1988 年基準で 2000 年までに 50〜70%、2010 年までに 80〜90%減らす計画である。地域ごとの機能分担を実現するために、環境改善地域 *milieu-herstructureringsgebied* と環境基盤地域 *milieu-basisgebied* に分けられた。前者に集約農業を集中し、後者に自然・環境機能を保持しようというものである（127）。

⑥ゴミ焼却に関して、マースブラハト（NL）とベーツェ（DE）で計画中のゴミ焼却場と国境近くのゴミ集積場、ドイツ側域のベーツェ-ベンプ *Weeze-Wemb*, ニーダークリュヒテン、ローテンバハ *Rothenbach*, ネーデルラント側域のワンバハ坑 *Wambach-Groeve*（テーヘレン）、フェルゴーセン坑 *Groeve Vergoossen*（エフト）は、それぞれ隣国に懸念を惹きおこしている（130）。

⑦さらに国境地域にいくつもの軍用地があり、それらが土壌汚染をもたらしている可能性がある。とりわけ水質を損ねる物質使用で、たとえばラールブルフとブリュゲンの両空港は土壌汚染が推定され、しかも国境を越えて影響をおよぼしている恐れがある（130）。

⑧総じて *ermn* 域は環境価値が高く、魅力的景観に恵まれているにもかかわらず、国境地域であるため、軍事施設が広大な土地を占拠して景観をそこね、地表・地下水汚染が進み、さらにドイツ側域でイギリス軍使用のラールブルフ、ブリュゲン両空港から発生する離着音が隣接地域に被害をおよぼしている（92）。

⑨ *ermn* 域では甚大な騒音公害が軍用空港から惹きおこされる。とくに NATO 空港ラールブルフは、ネーデルラント側域のベルヘンと国立公園デハーメルト *de Hamert* に公害をおよぼしている。またブリュゲン空港は、とくに国境にまたがる自然公園マース-シュバルム-ネテおよびスワルメン、ルールモント、ルールダーレン、さらに国立公園メインウェフヘビート *Meinweggebied* に公害を生んでいる。ネーデルラント航空法には自国内に騒音公害をもたらす外国の空港に対する規制がない。そこで、これらの空港に対して「騒

音公害法」wet geluidhinder に則り、航空法と「大規模空港騒音公害命令」ge-lundbelasting grote luchtvaartterreinen の規定に準拠して「騒音防御地区」ge-luidzones が設定された。1984 年に外国空港に対する「騒音防御命令」geluids-zoneringsverordening がノールト／ミデンリンビュルフで決定された。これにより、ドイツ側域にある軍用空港ブリュゲンとラールブルフに対する騒音防御区域が確定した。

この間にマーストリヒト（ベーク Beek）空港がデペール空港の代わりに拡大する見通しとなった。というのもデペール空港が引きつづき軍用に使われるからである。ドイツ側域の軍用空港が民間空港に転ずることがあっても、騒音公害が減ることは期待できない (127-128)。

（7）空間経済政策

(i) 国・ラント水準

①ネーデルラント政府は、農業に関して「構造基準　緑の空間」Structuur-schema Groene Ruimte（農業・自然保護・漁業省、住宅供給・空間秩序・環境保護省、1993）で、フェンロー－テーヘレン区域を施設園芸のための地域的中心として規定し、当区域が地元農家増大の余地を十分にのこすだけでなく、拡大余地のない西部の園芸農家を受けいれる役割をはたすべきものとしている (132)。

② NRW ではいわゆる「地域化された構造改革」（経済・中間層・技術省、1990）路線を目ざすラント政府の勧告にもとづき、十五地域が設定された。そのうちの一つが ermn ドイツ側域をふくむ「デュセルドルフ–中部ニーダーライン」であり、地元主導の地域開発構想が練られた。交通部門では「連邦交通路計画」（連邦交通省、1992）が 2012 年までの 20 年間の見通しを策定している。環境・景観保護分野では Natur 2000（環境・空間秩序・景観省、1990）に基本構想が盛りこまれている (134-135)。

(ii) プロフィンシ・RB 水準

①ネーデルラント側では、ノールト／ミデンリンビュルフに対して Pr リンビュルフが新しい「地区計画」streekplan (1994) により、全国水準の空間秩序的開発の局地的具体化を提示した。他方で、1992 年のノールト／ミデンリン

ビュルフの構造展望の作成にあたり、とりわけ工業と物流の複合の強化による経済構造改善が重視されている。1992年の地域計画では、ノールト／ミデンリンビュルフに多様な機能が期待されていた。それは、i) 接続機能：「主港」との複合一貫貨物輸送を推進する必要から、フェンローを二次的結節点として建設する、ii) 部材納入機能：地場小規模工業指向、iii) 在庫機能：アグリビズネス重点の開発をねらう、iv) 滞在機能：自然空間が秘める可能性を活かして観光・保養分野を地域経済政策の眼玉（「槍の穂先」*speerpunt*）にする、以上である。新しい地域政策案は、「自立した地域」*regio's op eigen kracht* という国家的目標と足並をそろえて、ノールト／ミデンリンビュルフそれぞれに、自己組織化の可能性を自由に開発させようとするものである。ノールト／ミデンリンビュルフの諸計画は、地域経済開発と地域的組織能力を強めることをねらっている（135-136）。

②ドイツ側では、*ermn* のドイツ側域に対する RB 水準の空間秩序・ラント計画目標が、「デュセルドルフ地域開発計画」（1986）で明文化されている（137）。

ここで、NRW のラント計画法 *Landesplanungsgesetz*（2012現在）に眼を向ける。参照するべきは以下の条文である。第1条（2）「ラントおよび地域の計画は、本法律の詳細な規定にしたがい、空間秩序法にのっとり、「対流原則」*Gegenstromprinzip* にしたがう、邦 *Staat* および自治体 *Selbstverwaltung* の共同任務である。」；第2条（1）「空間秩序計画は、ラント開発計画、地域計画、褐炭計画、地域的土地利用計画 *Flächennutzungsplan* である。」；同（2）「ラント計画は全ラント域に対する計画である。」；同（3）「地域計画は、デトモルト、ケルンの各 RB の区域、ルール地域連合 *Regionalverband Ruhr*, 同連合に属する部分を除いたアルンスベルク、デュセルドルフ、ミュンスター各 RB の区域に対する計画である。」；第3条「空間秩序を管轄する最上位のラント当局（ラント計画当局）は、ラント開発基本計画 *Landesentwicklungsprogramm* およびラント開発実施計画 *Landesentwicklungsplan* を策定する。」；第4条（1）「地域開発を管轄する当局は、デトモルトおよびケルンの各 RB に対する RB 庁、地域連合域に対するラント当局としてのルール地域連合の事務局長、同連合に属する部分を除くアルンスベルク、デュセルドルフ、ミュンスター各 RB に対する RB 庁である。」

「ラントおよび地域の計画は……邦および自治体の共同任務である」と謳ってはいるものの、地域計画における「地域」がラント行政の区域単位であるRBである以上、ラントの主導性が明らかである。たしかに、第6条で各RBに地域評議会 Regionalrat を置くことを規定し、第7条（1）で「地域評議会の投票権のある構成員の3分の2はクライス級市およびクライスから選出される」と謳い、「対流原則」を具体化している。とはいえ、第6条第3段「ラント計画当局は、本法律の規定にしたがい指図をおこなうことができる」により、ラントの権限の優越が明示されている[31]。

(iii) ゲマインデ・ヘウェスト水準

　ermn の構成単位である地区公共団体が、近年いっそうの自己責任と自発性をもって地域開発構想・計画を策定した。ネーデルラント側では、ノールト／ミデンリンビュルフそれぞれのヘウェスト水準で、地域開発計画が策定された。ドイツ側域にかかる地域協力は、「デュセルドルフ・中部ニーダーライン地域会議」（1986年）を機に制度化された。ここで初めて、この経済地域の基本条件と立地条件の改善のための協力のあり方が包括的に協議され、その結果、「一つの共通の地域観念」 ein gemeinsames Regionalkonzept（1993年）が生みだされた。当会議による今後の地域内協力の重点項目として、土地の活用、交通、廃棄物、職業教育、近隣地保養、旅行、軍用地の諸問題が挙げられている。1995年時点で33ゲマインデが参加しているが、まだ規約もなく、地域誘導委員会、地域委員会、在デュセルドルフの事務局があるだけである。当会議と ermn の活動がうまく噛みあうために、両方に加盟しているゲマインデの存在がものを言うはずである。当会議のこれまでの活動が地域的観念をかなり強めたとはいえ、まだ「一つにまとまった地域としての自己意識」 ein einheitliches Regionalbewußtsein が育つまでにいたっていない（137-139）。

　EPによる以上の叙述から、ネーデルラント政府もNRW政府も、「地域」

31　Mayen, Thomas/Sachs, Michael/Seibert, Max-Jurgen, *Landesrecht Nordrhein-Westfalen*, 7. Aufl., Baden-Baden 2013. 1950年のラント計画法制定以来のNRWラント計画法制史の概略については、Nutz, Manfred, Landesplanung/Raumordnung,in: *NRW-Lexikon: Politik.Gesellschaft.Wirtschaft.Recht.Kultur*, 2. Aufl., Opladen 2000, 168-171ページ、を参照。

の自己責任の原則をかかげて、下位地域の自立的発展の促進を空間政策の根幹に置いていることが認められる。ただし、ネーデルラント、NRW 双方とも下位地域が重層化しており、「地域」観念はけっして一義的でない。ネーデルラント側では、国、プロフィンシ（リンビュルフ）、へウェスト（ノールト／ミデンリンビュルフ）の三層に、ドイツ側でも、ラント（NRW）、RB（デュセルドルフ）、構造改革地域（デュセルドルフ・中部ニーダーライン）の三層に多層化している。それにもかかわらず、国境を挟む両側域それぞれの重層的地域政策を調整する仕組みについて、EP は言及していない。

そもそも国境にまたがる空間としての *ermn* 域に、ネーデルラント、NRW 両政府が「自己責任」と「自発性」に裏打ちされた「一つにまとまった地域としての自己意識」を具える新しい地域の生成を期待しているのか、疑わしい。また、双方の政策当局者が地域政策上 *ermn* をどのような地域単位として位置づけているかを、EP の記述から読みとることも難しい。むしろ、国境の両側でそれぞれ策定される重層的地域政策が、かえって *ermn* 両側域間の地続き効果をさまたげる結果をまねいていないか、検討の余地がある。隣の *ERW* と対照的に、*ermn* は公法人になることをこれまで拒みつづけてきた。非官僚的、弾力的な長所を具えるゆるやかな団体の形態をとってきたことの実績に照らし、これを変える必要がないとの理由からであるという（142）。この立場には、国境の両側の「上からの」地域政策が、地域としての *ermn* 域の自己形成にかえって妨げになるとの認識が潜んでいるのではあるまいか。

（8）*ermn* の自己認識

ermn は国境の両側の住民をたがいに近づけ、国境障壁を低めるために設立された団体である。これの活動により、かつてたがいに接触がなかった諸団体がいま *ermn* の作業部会で協働している。利益関心はほぼ共通しているが、言語問題がドイツ側に潜在する。住民間の「エウレギオ意識」*Euregio-Bewußtsein* はまだきわめて低く、電話調査によると回答者の 6 ％が *ermn* を多少とも知っているか、自分がこのエウレギオの住民であることを知っているにすぎない。これに対して回答者の 4 分の 1 が、ゲマインデや商工会議所の間の国境を越える協力を知っていた。ヨーロッパ統合の進展につれて国境を越え

る協力が必至であることを少なからぬ人たちが理解しているといっても、かれらがエウレギオをただちに連想するわけではないのだ。

　ermn が一つの「統一体」*Einheit* か否かについて見解が分かれる。ドイツ側域住民の「一体性」*Zusammengehörigkeit* に対する肯定的態度は明らかだというものの、まだいかなる「共属感情」*Gemeinschaftsgefühl* も生まれていない。企業水準では両国の大企業の3分の1が国境を越える協力を知っている。ただ、ネーデルラント側の認知度はドイツ側にくらべて明らかに低い。ゲマインデ／ヘメーンテと商工会議所では、後者が *ermn* の構成員であるために協力を高く評価する一方で、前者の半数は、傾向として評価が低いか、そもそも存在を認識していない。企業は *ermn* を、しばしば手にあまるほどの広範な分野をかかえこんだ「疑似地域公共団体」*Quasi-Gebietskörperschaft* とみている (142-144)。

　EP の以上の所見は、*ermn* の構成員、すなわち住民、企業、地区公共団体、商工会議所等の間における *ermn* 認知度が総じてきわめて低いこと、いわんや共属感情はまだ芽生えてさえいないことを指摘している。国／ラントやプロフィンシ／RB の地域政策の対象として十分に認められていないだけでなく、両側域住民の共属感情の点からも地域としての個体性がきわめて弱いとみなければならない。

　このような現状認識は、すでに物流拠点としての地位を確立したフェンローと、今後サービス業拠点に転化するべきクレーフェルト、メンヘングラトバハとの間のなくもがなの競合を避けるために、機能分化が必須となることを含意する。しかし、機能分化の具体的な展望を *EP* は示していない。国境を挟む地区公共団体が競合する面があることを、当初 NRW 側でもフェンローを越境貨物輸送中心地として連邦交通路計画にとりいれることが予定されていたにもかかわらず、ドイツ側のさるゲマインデがこれに応じないため実現にいたらなかった事例（109）が示している。

　ここで、企業水準の *ermn* の認知度で、ネーデルラント側がドイツ側より低い（数値が欠けているが）と指摘されていることが注目される。むしろ逆であって当然だからである。この意外な現象は、表5-10から見てとれるように、ネーデルラント側域企業にとっての重要度において、域外ドイツ市場（ライン-ルール圏）が域内ドイツ側市場を上まわるのに対して、ドイツ側域企業にとっ

ての相対的重要度において、域内ネーデルラント側市場が域外ネーデルラント市場を上まわる非対称の実態が、ネーデルラント側域企業の *ermn* 関心の相対的低さをもたらしているからであろうと考えられる。

（9）小括

　以上、*EP* の叙述を8項目に整理して、現状分析と展望・提言を点検し、随時解釈をほどこした。ここで、あらためて論点をまとめると以下のようになる。
　第一に、*ermn* 域のドイツ側域がライン-ルール圏に属することは自明のごとく繰りかえし言及されるものの、*ermn* 域全体がライン-ルール圏の一部をなしているのか否かについては、*EP* の観点が定まっていないことである。ネーデルラント側域からの越境通勤者の17.6％がドイツに向かい、その逆方向は0.3％にとどまること、ネーデルラント側域企業の販路の14％、仕入地の19％をドイツが占めるのに対して、ドイツ側域企業の販路の3％、仕入地の9％をネーデルラントが占めるにすぎないこと、以上の事例はドイツ側域からネーデルラント側域に働く引力が、逆向きの引力に勝っている例証となろう。ネーデルラント側域の農業が NRW を主要販路としていることも、ネーデルラント側域もまた、したがって *ermn* 域全体がライン-ルール圏の一部であることの例証となる。デュセルドルフ圏（ライン-ルール圏の中核）からの溢出効果が、ドイツ側域のみにとどまらずネーデルラント側域にもおよんでいることが、繰りかえし強調されてもいる。そうであるならば、*ermn* 域が地域的個体性を具えるかいなかは二義的な問題と言うべきであろう。政治・言語国境の断絶作用が依然として働いている以上、住民感情として地域的一体感がまだ生まれていないとしても不思議でないからである。問題はむしろ、*ermn* 域の西側のどこまでがライン-ルール圏の漸移地帯とみなされるべきであろう。
　そこで第二に、エイントホーフェンを中心とするノールトブラーバントの位置づけがあらためて論点となる。*EP* の検討により、*ermn* のネーデルラント側域がもっとも強い地域的絡みあいを示すのはノールトブラーバントであることが確かめられた。そのノールトブラーバントがエイントホーフェンからクレーフェルトまでの都市連鎖の形成により、*ermn* ドイツ側域との空間的連続性を見せはじめたことも指摘されている。この点を考慮するならば、ライン-

ルール圏の漸移地帯はノールトブラーバントにまで達していると見ることもできるであろう。

　第三に、ここでフェンローの位置づけが問題になる。ネーデルラント政府はフェンローをロテルダムの「延長された埠頭」と位置づけ、ラントスタトとライン-ルール圏をつなぐ中継機能を期待している。他方でフェンローは、同じマース河沿いのルールモントとともに、国境にまたがる都市連鎖の「踏み石」、「橋脚」の役割をも期待されている。後者は、ライン-ルール圏がノールトブラーバントまで拡張するための橋頭保の役割を、フェンローが都市連鎖を介してはたす可能性に着目していることになる。言いかえれば、フェンローがラントスタトとライン-ルール圏の中継地なのか、それともノールトブラーバントとライン-ルール圏との中継地なのかという位置づけが、新しい論点として浮かびあがってくる。

5　INTERREG IIIA（2000〜2008）

（1）資料と分析方法

　これまでの *ermn* の地域特性の検討をふまえて、ここで INTERREG IIIA（2000〜2008）企画の検討をおこなう。INTERREG IIIA の総括的数値情報は *ermn* のウェブサイトから入手できたが、それは十分なものでない[32]。表5-11で示されるように、2008年計画期間満了時の集計は、最重要な重点分野2「経済、技術、革新、観光」および同6「技術支援」にかかる数値情報を欠くので、全体像を把握することができないからである。そこで、表5-11の欠落をおぎなうために、全重点分野の数値が揃っている2004年末時点の中仕切りを参考資料として利用する（表5-12参照）。本書の目的は INTERREG IIIA 企画それ自体の分析ではなく、これを手がかりにして *ermn* 域の空間構造・動態をさぐることにあるので、この目的に適う情報を見いだすことができればそれで足りる。

　ただ、注意しなければならないのは、表5-11では費用負担区分が EU,

---

[32]　euregio rhein-maas-nord:INTERREG IIIA（abgeschlossen）: http://www.euregio-rmn.de/de/euregio-foerderungen/interreg-iiia-abgeschlossen.html, 2010/4/21.

表5-11 *ermn* の INTERREG IIIA 企画の費用負担（2008年終了）

重点分野・企画	実施期間	経費総額	EU	NRW	Provincie	地元
1　空間構造						
①*euregio*地域資料	2005. 7. 1.～2008. 7. 30	2188375 75.4 100.0	1094187 75.4 50.0	328256 70.1 15.0	328256 70.1 15.0	437675 83.3 20.0
②A52/N280	2001. 1. 1～2003. 11. 30	275000 9.5 100.0	137500 9.5 50.0	68750 14.9 25.0	68750 14.9 25.0	
③大気浄化	2006. 10. 1～2008. 5. 31	440000 15.2 100.0	220000 15.2 50.0	66000 14.3 15.0	66000 14.3 15.0	88000 16.7 20.0
小　計		2903375 100.0 100.0	1451687 100.0 50.0	463006 100.0 16.0	463006 100.0 16.0	525675 100.0 18.1
2　経済、技術、革新、観光	別表参照					
3　環境、自然、農業						
①国境を越える生態圏	2002. 5. 1～2007. 12. 31	1795400 57.0 100.0	897700 57.0 50.0	269310 57.0 15.0	269310 57.0 15.0	359080 57.0 20.0
②マース-シュバルム-ネテ公園	2002. 7. 1～2007. 6. 30	815000 25.9 100.0	407500 25.9 50.0	122250 25.9 15.0	122250 25.9 15.0	163000 25.9 20.0
③LOEWE-GIS	2006. 9. 1～2008. 6. 30	539963 17.1 100.0	269982 17.1 50.0	80994 17.1 15.0	80994 17.1 15.0	107993 17.1 20.0
小　計		3150363 100.0 100.0	1575182 100.0 50.0	472554 10.0 15.0	472554 100.0 15.0	630073 100.0 20.0
4　資格教育、労働市場						
①ITアカデミー	2002. 7. 1～2003. 6. 30	300000 8.6 100.0	150000 8.6 50.0	45000 8.6 15.0	45000 11.2 15.0	60000 7.3 20.0
②隣国での職業教育	2006. 1. 1～2008. 6. 30	486000 13.9 100.0	243000 13.9 50.0	72900 13.9 15.0	72900 18.1 15.0	97200 11.8 20.0
③物流の回転盤	2003. 8. 1～2006. 6. 30	75200 2.1 100.0	37600 2.1 50.0	11280 2.2 15.0	11280 2.8 15.0	15040 1.8 20.0
④一般教育のエウレギオ化	2002. 8. 1～2007. 7. 31	1224213 34.9 100.0	612000 34.9 50.0	183632 35.0 15.0	75000 18.6 6.1	353581 42.7 28.9
⑤2週間隣国実習	2006. 1. 1～2007. 12. 31	148600 4.2 100.0	74300 4.2 50.0	22290 4.3 15.0	22290 5.5 15.0	29720 3.6 20.0
⑥越境する壮健	2006. 1. 1～2008. 6. 30	705715 20.1 100.0	352858 20.1 50.0	105857 20.2 15.0	105857 26.3 15.0	141143 17.1 20.0
⑦ジョブロボット	2006. 7. 10～2008. 6. 30	252841 7.2 100.0	126421 7.2 50.0	37926 7.2 15.0	37926 9.4 15.0	50568 6.1 20.0
⑧失業者の資格教育	2003. 1. 13～2004. 2. 28	315357 9.0 100.0	157679 9.0 50.0	45411 8.7 14.4	32076 8.0 10.2	80191 9.7 25.4
小　計		3507928 100.0 100.0	1753858 100.0 50.0	524296 100.0 15.0	402329 100.0 11.5	827443 100.0 23.6

5 社会・文化的統合

	期間					
①EIS規格	2005.9.1〜 2008.6.30	177038 2.7 100.0	88519 2.8 50.0	26555.7 3.7 15.0	26555.7 3.7 15.0	35407.6 2.0 20.0
②記憶の蘇生	2005.7.1〜 2008.6.30	839743 12.9 100.0	419871 13.1 50.0	123461 17.2 14.7	123461 15.7 14.7	172950 9.6 20.6
③健康 フォーラム	2003.1.1〜 2005.12.31	299800 4.6 100.0	149900 4.7 50.0	30488 4.2 10.2	30488 3.9 10.2	88924 4.9 29.7
④HERMAN	2006.9.1〜 2008.6.30	978547 15.0 100.0	468687 14.6 47.9		60000 7.6 6.1	449860 24.9 46.0
⑤若者を寛容に	2005.4.1〜 2008.6.30	170673 2.6 100.0	88335 2.7 50.0	25300.5 3.5 14.8	25300.5 3.2 14.8	34737 1.9 20.4
⑥ガラス彩画	2004.1.1〜 2006.12.31	624000 9.6 100.0	312000 9.7 50.0	93000 12.9 14.9	93000 11.8 14.9	126000 7.0 20.2
⑦人間と教会	2001.9.9〜 2005.12.31	2245492 34.4 100.0	1122746 35.0 50.0	285218 39.7 12.7	285218 36.3 12.7	552310 30.6 24.6
⑧高齢者 施設改善	2004.11.1〜 2007.11.30	745100 11.4 100.0	372550 11.6 50.0	111275 15.5 14.9	111275 14.2 14.9	150000 8.3 20.1
⑨プロイセンの 遺徳	2003.3.1〜 2004.4.1	159000 2.4 100.0	79500 2.5 50.0	23850 3.3 15.0		55650 3.1 35.0
⑩ケセル伯の年	2005.5.22〜 2006.12.31	26750 0.4 100.0	13375 0.4 50.0			13375 0.7 50.0
⑪対話のオーケ ストラ	2005.3.15〜 2005.8.8	11428 0.2 100.0	5366 0.2 47.0			6062 0.3 53.1
⑫エウレギオの ための声	2006.2.1〜 2006.11.15	49000 0.8 100.0	22000 0.7 44.9		18000 2.3 36.7	9000 0.5 18.4
⑬ルールモント の三つの世界 選手権	2006.6.17〜 2006.6.24	62450 1.0 100.0	25000 0.8 40.0		12500 1.6 20.0	24950 1.4 40.0
⑭ルール- メインウェフ 地域	2006.3.1〜 2008.6.30	94300 1.5 100.0	25000 0.8 26.5			69300 3.8 73.5
⑮世界音楽が 結ぶ	2006.9.1〜 2007.9.30	39238 0.6 100.0	19619 0.6 50.0			19619 1.1 50.0
小　計		6522559 100.0 100.0	3209468 100.0 49.2	719148.2 100.0 11.0	785798.2 100.0 12.1	1808144.6 100.0 27.7

注：（1）各企画の上段は実数値（€）。下段は負担割合（％）。左側は費用負担者ごとの企画別構成比。右側は企画ごとの費用負担者別構成比。
　　（2）5③はProvincieの原数値が25500となっているが、66000の誤記と推定される。以下、誤記・書き落としは修正した。
　　（3）4②はProvincieの原数値が10000となっているが、72900の誤記と推定される。
　　（4）5⑤は総費用の原数値が173670となっているが、170673の誤記と推定される。
　　（5）5⑧は地元負担の原数値が80500となっているが、150000の誤記と推定される。
　　（6）5⑪は地元負担が空欄になっているが、6062の書き落としと推定される。
出所：本文注32に同じ。

表5-12 *ermn* の INTERREG IIIA 企画の費用負担（2004年末暫定値）

重点分野・措置（企画数）	経費総額	EU	国	地域・地元
1 空間構造				
①国境を挟む統合空間・機能開発（1）	198874.05 0.8 100.0	99437.03 0.8 50.0		99437.03 1.7 50.0
2 経済、技術、革新、観光				
①中小企業間協力、国境を越えて拡がる市場（4）	3307134 12.8 100.0	1653567 12.9 50.0	889014 12.7 26.9	764553 12.8 23.1
②技術開発・移転（2）	3259604 12.7 100.0	1629802 12.8 50.0	871188 12.4 26.7	758614 12.7 23.3
③休養、観光（3）	1965000 7.6 100.0	982500 7.7 50.0	589500 8.4 30.0	393000 6.6 20.0
3 環境、自然、景観、農業				
①環境、自然、景観（3）	5582986 21.7 100.0	2791493 21.8 50.0	1663826 23.8 29.8	1127667 18.9 20.2
4 資格教育、労働市場				
①労働市場開発、労働者流動性、資格教育・職業訓練・雇用の国境を挟む連携網（5）	2768832 10.8 100.0	1384309.5 10.8 50.0	698298.25 100.0 25.2	686224.25 11.5 24.8
5 社会・文化的統合				
①社会的連携網、日常的国境問題の処理（2）	642522 2.5 100.0	321261 2.5 50.0	163792 2.3 25.5	157469 2.6 24.5
②文化、文化遺産、啓発（5）	5270864 20.5 100.0	2635342 20.6 50.0	1150252 16.4 21.8	1485090 24.9 28.2
6 技術的支援				
① INTERREG III の計画管理（1）	2005200 7.8 100.0	911204 7.1 45.4	756280 10.8 37.7	337716 5.7 16.8
②報告、検査、評価、情報、広報（1）	747737 2.9 100.0	373868 2.9 50.0	224320 3.2 30.0	149549 2.5 20.0
合計（27）	25748573.05 100.0 100.0	12782783.53 100.0 49.6	7006470.25 100.0 27.2	5959319.28 100.0 23.1

注：（1）各措置 *Maßnahme* の上段は実数値（€）、下段は負担割合（％）。左側は費用負担者ごとの措置別構成比、右側は措置ごとの費用負担者別構成比。実数値は原表の企画ごとの数値を措置別にまとめて集計し、この集計値から2様の構成比を産出した。
（2）2①の第4企画の地元負担額が18€過大に計上されていると推定されるので、原表数値を訂正した。また、2②の第1企画の国および地元の負担額の合計が10€過小計上されていると推定されるので、原表数値を訂正した。
（3）1②交通・移動、輸送、調達、通信および3②農業の両措置にかかる *ermn* の企画は、2004年時点で挙がっていない。
（4）「国」*Nationale Mittel* として一括計上されているので、NRW と NL の負担割合が不明である。
（5）同一資料の別表で、*ermn* にかかる2004年末までに実施に移された企画数は27、これに対して支出が認可された EU 補助金は13030305€で、2001～2008年の補助金認可枠21428150€の60.8％が消化されたとしている。

出所：euregio, *Bilanz 2004 INTERREG IIIA*, 2005, 15～23ページ。

NRW, Provincie, Eigenmittel の四区分、表5-12では EU, Nationale, Regionale／Eigenmittel の三区分となっていることである。後者の Nationale とは NRW および NL を指し、Provincie がヘウェスト／ヘメーンテと同一範疇とされていることはほぼ確かである[33]。したがって両表の数値をそのままつなげることができない。

　以上を念頭に置いて、エウレギオの・空・間・政・策が現実にどのような・空・間・効・果を生むかという問題関心から、以下、各企画内容を順次資料の叙述に即して紹介しつつ、検討を加えることにする。空間政策の準拠枠として、現在の自・然・地・理・的・等・質・空・間への指向、現在は衰退した歴・史・的・等・質・空・間への回帰、現在の問題状況に適合する新・し・い・結・節・空・間の形成、以上三方向のいずれであるかを問う。たとえば環境保全のための共同事業に向かう場合は第一の、かつての共同文化圏の再生に向かう場合は第二の、国境を越える技術開発協力に向かう場合は第三の方向とみなす。空間効果については、凝集効果と拡散効果のいずれが予測されるかを基準にする。地域政策の成果としてエウレギオ内部に向心力が生まれ、空間的一体性を強める可能性が認められるときは前者だし、逆に遠心力が生まれ、たとえばエウレギオがライン-ルール圏もしくはラントスタトに吸引される可能性が強まることが予見されるときは後者である。

　以下の方法的検討をふまえて、これから検討作業にはいる。各企画の要旨は資料3（本書巻末）に別掲する。

（2）重点分野別検討

i）重点分野1：空間構造（3企画）

　①「エウレギオの地誌情報一覧」は、RB デュセルドルフや Pr リンビュルフもかかわる広域政策策定・実施のための基礎資料作成作業の一部である。当企画が地誌情報の精緻化と広報活動によって、*ermn* の自己認識を深めるかぎり凝集効果が期待される。他方で *ermn* より上位の行政水準を前提とする当企画は拡散効果も生み、よって両者が相殺しあい、結果として空間効果は中立的であろう。

33　Gemeinsames INTERREG-Sekretariat bei der euregio, *Bilanz 2004 INTERREG III*, 2005, 8 ペイジの行論を参照。

②「ヨーロッパ横断道路網の拡充」はあたかも国境を越える結節空間形成に向かう政策であるかのように見える。当時、$ermn$ 域内の国境横断高速道路はフェンロー北側で接続する A67［NL］／A40［DE］があるだけで、ルールモント北側を迂回する A280［NL］（本企画で A でなく N となっている理由は不明）と A52［DE］とはつながっていなかった。たしかにこれの接続が、国境を挟むラント（DE）とプロフィンシ（NL）の経済的相互依存関係を強めることが期待できるにしても、ただちに両者それぞれの領域空間としての一体性にひびくわけではない。ましてやそれぞれの一小部分の不安定な結合でしかない $ermn$ 域に、凝集効果を生むことは期待できない。むしろ、高速道路接続による国境の遮断機能の低下が、かえって $ermn$ 空間に拡散効果をおよぼさないかとの問が発せられる。そもそも地元公共団体が費用を負担しない当企画に $ermn$ がかかわるのは、接続箇所がたまたま $ermn$ 域内にあるという理由だけからでないのか。

③「共同で微細塵に立ちむかう：エウレギオの大気浄化のための革新的構想」は重点分野3に組みいれておかしくない企画であり、しかも事実上、隣接 ERW のネイメーヘン、デュースブルク両市と組んだ二つのエウレギオの共同企画である。大気汚染が国境だけでなく、エウレギオ間境界も越える以上、これの防止策として個別エウレギオ単位の企画が適合的でないことを浮きぼりにする事例である。大気汚染という環境悪化を共有するという意味で、負の等質空間を対象とする空間政策は、国境ばかりでなく個別エウレギオの境界も相対化する結果をもたらし、よって $ermn$ 空間に対し拡散効果を生むこと、すなわち隣接 ERW 域との統合の可能性が生まれることが予測される。

ii) 重点分野2：経済、技術、革新、観光（18企画）

すでに述べたように、この重点分野の詳細は不明なので、企画名だけを**表5-13**に挙げる。

表5-13 重点分野2：経済、技術、革新、観光の企画一覧

1	B2B-製品発見機：国境を越える取引引合いの検索 インターネットによる B2B 製品発見機で中小企業に業種を超える取引引合いを可能にさせる。

2 Crossart-現代美術の道
　ニーダーライン・ネーデルラント国境地域の現代美術館の協力体制。景観と建築も対象にする。

3 あなたのための供給連鎖管理（SCM）
　中小企業にもSCM利用を可能にさせる。

4 2-Land：魅力的な国境地域景観の創造的、革新的な提供
　両国チームが *ermn* への日帰り・週末旅行の対象提供範囲を拡充する。

5 未来への一歩：エウレギオにおけるRFIDによるプロセス最適化
　倉庫在庫やトラック積み荷の内容を無線周波数（Radio-Frequency Identification）により自動的に同定する技術を中小企業にも導入することを図る、RFID NRW-NL企画の一環。

6 エウレギオ塗装ネット
　ニーダーラインとPrリンビュルフの800塗装企業に助言をおこなう。

7 エウレギオの起業家支援：起業家のためにすべてをまとめて
　「エウレギオ起業家支援」*Euregionale Gründer-Initiative*（EGI）はエウレギオ域内市場に向かう若い起業家を支援する。

8 弾性に富む粉のヨーロッパセンター：古ゴム問題の新しい解決
　スポーツ競技場の表層や燃料としてしか使い道がなかった古ゴムを、高価値の原料として再利用する。

9 航空基地フェンローで歴史を発見する
　徒歩・自転車旅行者が旧軍事基地周辺の歴史をたどることを容易にする。

10 食品・飼料企業の国境を越える品質保証
　消費者保護のために、両国の専門家チームが欠落のない生産経歴保証、HACCP（Hazard Analysis Critical Control Point）、サルモネラ菌対策について、研究、開発する。

11 青果生産・流通の国境を越える品質保証制度
　ermn と *ERW* の青果を生産・出荷する全企業に対する、品質保証制度の国境を越える調整と改善を目的とする。現行の取引・出荷経路の情報交換の最適化を、当地域で最重要な果菜（実）、トマトとりんごに対しておこなう。

12 IBIS：エウレギオ企業のために革新的風土の改善
　中小企業の組織革新を推進する。

13 北運河 *Nordkanal* の農村美術
　Euroga 2000plus の灯台企画で、北運河を価値の高い農村美術として、その歴史的遺跡の全体を体験できるように、旧運河の跡に沿う徒歩・自転車旅行を可能にする。

14 *ermn* のメディア向け教育推進施策
　印刷とメディアの国境を越えてひろがる協力網を作りあげ、両分野の教育・労働市場の相互交流度を高め、*euregio* をメディア拠点とする。

15	北運河	
	ermn を横断してリンビュルフにいたる 100km の北運河跡を、旅行ルートにする。	
16	マウスのクリックでエウレギオを駆け抜ける：国境を越える自転車旅行	
	ドイツとネーデルラントの現存の道路網をむすぶ約 20 の新しい連絡路が、自転車旅行者のために整備される。そのためのホテル一覧が刊行され、フィーアゼン、クレーフェ両クライスが協力して、インターネットプラットフォームによる二か国語の旅行代理店を立ちあげた。	
17	危険を克服する：危機に備える調整を改善	
	国境を越えて最適に調整された、現代的な早期警告体制が、家畜感染症による経済的打撃を軽減する。農家が将来の危機によく備えられるように、効果的手法を開発、試行する。	
18	マース−シュバルム−ネテ湿地生態圏の一体化	
	危機に瀕している水生動植物の生存圏を拡大し、マース−シュバルム−ネテ自然公園の生態圏としての一体化を妨げている要因を除去する。	

注：13 と 15 が事実上同様の企画であるにもかかわらず、別個の企画として採用された理由は、企画内容の詳細が不明なので、判らない。
出所：本文注 32 に同じ。

iii) 重点分野 3：環境、自然、景観（3 企画）

　当重点分野の 3 企画は、いずれも自然環境面における等質空間に準拠する政策である。とくに①「国境を越える生態圏の保存」と②「自然の魅力：国境公園」は *ermn* に固有の自然環境条件に取りくむものであり、よって凝集効果が見こまれる。自然空間の等質性が自然の自己再生産力によってのみならず、人為との相互作用によっても維持される以上、その人為をエウレギオにより国境を越える相互協力として制度化することが、自然環境的等質空間を地域化する効果を生むはずだからである。それが観光業の発達をうながすことも期待されているならば、さらに自然空間を経済空間に転化する展望も開けよう。

　他方で③「LOEWE-GIS：国境を越える水防」について、その空間効果は二面的である。地表水であろうと地下水であろうと水系も等質空間形成因になるので、その保全のための協力は一方で *ermn* 空間の凝集性を強めるであろう。しかし他方で、水系域と *ermn* 域が相互に独立した境界を具える以上、*ermn* の地域政策が前者に準拠すれば必然的に政策対象が *ermn* 境界を越え、よって *ermn* 空間に対して拡散効果をもたらすことが避けがたい。後出の歴史・文化空間と同じく、自然空間であっても一般に等質空間を局地的地域政策の準拠枠

とするのは諸刃の剣である。

iv) 重点分野 4：資格教育・労働市場（8 企画）

　労働にかかる分野は経済分野の一部をなすにもかかわらず、前者が後者とならぶ重点分野として別建てになっていることは、ermn にとり労働市場の拡充が格別の経済的重要性をもつことを物がたる。とくに不熟練労働者、失業者、若手労働者の就業機会を増やすための国境を越える労働市場形成政策は、エウレギオ空間に凝集効果を生むであろう。8 企画のうち、①「IT アカデミー・ライン-マース-ノルト」、②「隣国での職業教育：エウレギオならではの好機をつかむ」、④「労働市場向きの一般教育と準備のエウレギオ化」、⑤「エウレギオの労働市場に合わせる：隣国での 2 週間の企業実習」、⑥「エウレギオで国境抜きの爽快 Wohlbefinden を：壮健 Wellness のための国境を越える教育」の 5 企画はそのようなものとみなしうる。他方で③「ermn：北海とルール地域との間の工業・物流の回転盤」、⑦「国境を越える職場紹介：エウレギオのジョブロボットがこれを可能にする」、⑧「国境を越える物流の資格教育が失業者にふたたび機会を与える」はそれぞれ問題をはらんでいるように思われる。

　④は北海［ラントスタト］とライン-ルール圏の間の物流の回転盤となる労働市場の形成を謳い、ermn 空間を「回転盤」に擬制しているかぎりで凝集効果が期待できるかもしれない。しかし、クレーフェルト、メンヘングラトバハ、フェンローによる三角地域であるケンペナラント Kempener Land がライン、マース両河の間に位置するとはいえ、職業学校が立地するロベリヒは国境を挟んでフェンローの向かい側にある町である。よって、当企画が対象とする物流軸が ermn 全域でなく、マース河流域を空間的準拠枠としていることは否みがたい。それは ermn 域内にはたらくそれぞれライン、マース両河に向かう逆向きのベクトルの伏在を表面化することになり、よって拡散効果をもたらす可能性を孕んでいないか。おそらくそれを意識してか、企画名にあえて「北海とルール地域の間」を謳ったのであろう。しかし、これはこれでマース河流域が広義の「ルール地域」にふくまれるという認識を含意する標語となり、ネーデルラント側が受け入れがたいはずの企画名がなぜ採用されたのか、疑問がのこる。もしも、ネーデルラント側が、北海沿いのラントスタトこそ最重要視されるべき自国の経済空間であるとする一方で、ermn 域のマース河岸域が広義の

ライン-ルール圏に包摂されることを容認しているとすれば、それはそれでライン河下流域経済空間の現実の範囲を示唆するものかもしれない。

　⑦で隣国の職場紹介の実を上げようとするならば、$ermn$ 域内に限定することが目的に適うのだろうか。たしかに、まずは最近隣地域で試行するという段取りをふむことが現実的なやり方であろう。とはいえ、中長期的には相互に国境を越える労働市場をできるだけ広く紹介しあうことを目的として掲げることが、当企画の主旨に適うはずである。したがって、労働市場形成政策は個別エウレギオの単独企画でなく、複数のエウレギオが連携して共同企画にする方が効果的である。事実、当企画に隣接 ERW も企画参加者として名をつらねており、そのため $ermn$ を越える広域企画となっている。⑧も広域機関が企画参加者に名をつらねている点で、⑦と同様である。国境を越える労働市場形成を個別エウレギオ領域に限定することは、起点として意義があっても、最終目的にはなじまない。総じて労働市場形成政策は個別エウレギオの境界を越える方向性を秘めており、よって長期的拡散効果により短期的凝集効果が弱められるおそれがあることに留意する必要がある。

v）重点分野 5：社会・文化的統合（15 企画）

　15 企画は 3 群に分けることができよう。まず、①「EIS 企画：潜在的投資家のための構造関連データ」、③「健康フォーラム」、④「$HERMAN$：国境を越える災害救助の最適化」、⑥「光る壁画：$ermn$ のガラス彩画」、⑧「測定し、評価し、改善する：高齢者施設の質の管理」、⑪「対話のオーケストラ－舞台上の若者たち」、⑭「ルール-メインウェフ $Rur\text{-}Meinweg$ 地域の休養と観光」の 7 企画は、国境を越える協力により $ermn$ 空間に新しい文化的等質性を生みだし、もってその一体性＝地域性を強めようとするものである。これらは文化面での空間形成政策であり、概して凝集効果をもたらすことが予想される。このうち⑥は、「ガラス彩画」という文化遺産の分布を空間的準拠枠とするので過去への回帰のように見えるかもしれない。しかし、これはまだ一般にその価値が十分に認識されていない現代美術としてのガラス彩画を、文化財として新たに発見し、その保存活動をとおして新しい文化空間形成の展望をひらこうとする積極的空間政策である。ただし、ニーダーライン全域が対象になるかぎり、エウレギオ空間に凝集効果よりむしろ拡散効果を生む可能性が強い。逆に②

「記憶の蘇生：マース、ライン両河間の時間の旅」、⑦「時間と国境を越えて対話する人間と教会」、⑨「若者のためのプロイセンの遺徳：ゲルデルン征服300周年記念展覧会」、⑩「〈ケセル伯の年〉二つの都市の根」、⑫「エウレギオのための〈声〉」の5企画[34,35]は、歴史的文化空間を準拠枠としてこれの再生を図ることにより、ermn 域の文化的一体性を発掘しようとするものである。これは後述のように大きな問題をはらんでいると思われるが、ここでは指摘だけにとどめる。残る⑤「若者を寛容に向ける」、⑬「ルールモントの三つの世界選手権」、⑮「世界音楽がむすぶ」の3企画は、空間政策としての意義

---

34 重点分野5の15企画のなかでとりわけ問題をはらんでいるのが、この企画である。プロイセンのゲルデルン支配がネーデルラント側からもなぜ「遺徳」*Tugend* として評価されるのか、ただちには理解しがたい。そこで、近代史家 Hantsche によるゲルデルンの略史に一瞥を加えると、以下のようになる。中世に強盛を誇ったゲルデルン公国は近代初頭に独立を失い、その後分割がくりかえされ、今日ではネーデルラント、ドイツ、ベルギー領に分属するばかりか、ゲルデルンとしての地域的自己意識さえ失ってしまった。16世紀央に神聖ローマ帝国の西北部でまだ領土の一体性を保持していたゲルデルン公国は、これをフェンロー条約（1543年）で手中に収めたハープスブルク家により四地区 *Quartier* に分割され、北部三地区 *Nierderquartier* が1648年ネーデルラント連邦共和国の一部となった。これは現在の Pr ヘルデルラントとほぼ重なる。これに対して南部ゲルデルン *Oberquartier* はスペイン継承戦争（1701-1714年）の結果さらに四分割され、その大半を獲得したのがプロイセンである。すでにスペイン継承戦争のさなか1703年に、プロイセンはゲルデルン要塞ほか、やがて自領となる区域の大半を占領していた。当企画で「300年前にゲルデルン市ほかがプロイセンにより占領された」としているのはこれを指す。従来の区域中心地ルールモントがオーストリア領になったので、ゲルデルン市が新設のプロイセン領ゲルデン公国の行政中心地となり同時に駐屯地ともなった。ゲルデルン公国併合によりプロイセンはカトリック地域を初めて領土に抱えるにいたり、ユトレヒト条約（1713年）でプロイセン国王はゲルデルンの諸身分の信仰を保証することを義務づけられた。言語面でもこの新領土は19世紀にはいっても数十年間ネーデルラント語が優勢な言語圏に属した。プロイセンにとりゲルデルン統合は容易でなかったというのが、ハンチェの解釈である。Hantsche, Irmgard, *Atlas zur Geschicte des Niederrheins*, 5. Aufl., Bottrop/Essen 2004, 70-71, 94-95 ページ。

ウィーン会議により旧ゲルデルン公国が最終的に解体した。マース河の東沿いに大砲の射程距離に国境線が引かれ、これは歴史的に成長して一体となった地域を分断し、風俗、文化、言語を共にした住民を分けへだてる結果をまねいた。プロイセン領からネーデルラント領に変わった地域は Pr ヘルデルンに属することなく、Pr リンビュルフとなった。こうしてゲルデルンはもはや地域名でなくなり、かつての南部ゲルデルンはドイツ側でも、ネーデルラント側でもゲルデルン／ヘルデルンと呼ばれず、ドイツ側部分は地理的にむしろマース地域に属するにもかかわらずニーダーラインの一部とされる。さらに大幅なクライス再編過程で1974年末 Kr ゲルデルンが新設の Kr クレーフェに統合され、ゲルデルンはわずかに市名に残るのみとなった。同上、130-131ページ。

をさほど認められない。とくに若者を対象にするこのような催事への共同参加をとおして、国境を越える人々の交流の機会が増えれば、たしかに国境の分断作用を減じる効果が多少生まれるかもしれない。しかし、それが ermn 空間の凝集効果を上げることはまず期待できない。このような企画はむしろ、INTERREG の政策意図とエウレギオの存在意義との微妙なずれを露呈するように思われる。

重点分野5でとりわけ地元公共団体等の負担比率が相対的に高いことをすで

ちなみに、ブランデンブルク-プロイセンのニーダーライン進出は、ハンチェによればおよそ次のような経過をたどった。1609年のユーリヒ-クレーフェ領主の家系断絶のあと、クサンテン条約（1614年）およびクレーフェ条約（1666年）で、パルツ-ノイブルクがユーリヒ、ベルク両公国を、ブランデンブルクがクレーフェ公国とマルク、ラーフェンスベルク両伯領をそれぞれ獲得した。これによりブランデンブルクはライン河域への進出を初めてはたすことができた。次いで、ブランデンブルク大選帝侯とオーラニュエ家王女との結婚により、1702年ブランデンブルク-プロイセンはメーアス伯領とその飛び地クレーフェルトを取得した。加えてユトレヒト条約で南部ゲルデルンの大半を獲得したことにより、ニーダーラインにおけるプロイセンの地位が支配的となった。ナポレオン戦争中ティルジト条約（1807年）でエルベ河以西の領土の放棄を余儀なくされたプロイセンは、いったん失った西部ドイツの旧所領をウィーン会議で取りもどしただけでなく、全ラインラントを手中に収め、いまやニーダーラインの独占的支配者となるにいたった。同上、96-97 ペイジ。

以上のように、中小領邦が分立したニーダーラインは、統合公国の成立により16世紀前半にいったん内発的政治統合の方向性が生みだされたにもかかわらずそれが挫折し、オーストリア（ハープスブルク家）、ブランデンブルク-プロイセン（ホーエンツォレルン家）、パルツ-ノイブルク／バイエルン（ビテルスバハ家）の角逐の場となった。結局、革命期フランスが、中小領邦の分立を一掃したのを奇貨として利用することに成功したプロイセンが、ラインラント形成によってライン河下流域に国家統合の枠組をはめたことになる。しかしそれは、ドイツとネーデルラントの国境を絶対化することにもなった。これを象徴するのがゲルデルンの解体と消滅にほかならない。

このような歴史過程に眼を向けるならば、企画⑤に参加したネーデルラント側の真意が何であったかがあらためて問われる。ゲルデルン公国南部が北部から切りはなされてプロイセン領になったことが、プロイセンの西方拡張政策に一段階を画したことを考慮するならば、これをもって ermn の文化空間的等質性を再認識しようとすることは理解に苦しむ。プロイセンのゲルデルン支配を「遺徳」として讃えるドイツ側にあえて異を唱えるまでもないほどに、ネーデルラント側がプロテスタント国家プロイセンの対ニーダーライン宗教・言語政策が見せた「寛容」を評価しているということであろうか。

35　グレーフェンブローホは12世紀にマースラントのケセル伯の所領となり、13世紀にケルン選帝侯領の封土となった。ケセル家の断絶の後、14世紀初にユーリヒ伯領となった。*Handbuch der historischen Stätten Deutschland: Nordrhein-Westfalen*, 2. Aufl., Stuttgart 1970, 265 ペイジ；Siefert, Fritz, *Das deutsche Städtelexikon*, Stuttgart 1983, 190 ペイジ。

に述べた。平均負担率は 27.7% であり、これを超えるのは③、④、⑨、⑩、⑪、⑬、⑭、⑮の 8 企画で、第一群に属するのが 4、第二群が 2、第三群が 2 という分布に偏りは認められない。それでは、総じてこの重点分野で地元公共団体等の積極性が目だつのはなぜかが、あらためて問われる。すると、この地域、ermn だけでなく ERW をも合わせた空間のドイツ側域、いわゆる「ニーダーライン」Niederrhein と呼ばれる地域の歴史的文化空間が、地域性というよりむしろ局地性の混在というべき観を呈していなかったか、という問いが誘発される。そこで以下、「ニーダーライン」という広域概念について立ちいった検討をほどこすことにする。

(3)「ニーダーライン」の概念規定と空間特性

「ニーダーライン」概念を検討するにあたり、とりわけ参考になるのは、これに地理的、歴史的観点から多面的に再検討を加えたおそらく最新の成果と思われる、ゴイエニヒ Geuenich 編の論文集である[36]。以下、これに依って「ニーダーライン」の文化空間的特性を把握したい。

① 「ニーダーライン」の概念規定

社会・経済地理学者ブローテフォーゲル Blotevogel によれば、ラインラント北部、すなわちボン以北の自然空間的編成は二つの大きな景観 Landschaft に分けられる。レス境界 Lößgrenze の南がニーダーライン湾状地 Niederrheinische (Kölner) Bucht、北がニーダーライン低地 Niederrheinisches Tiefland である。今日の地域政策の枠組における計画空間としての「ニーダーライン」は、たとえば、NRW が Natur 2000 Programm で行政的観点も加味してラント内を八大景観域に分けたときのその一つである Niederrhein は、ニーダーライン低地にほかならない。そもそも地理学用語に Landschaft Niederrhein はな

---

36 Geuenich, Dieter (hrsg.), *Der Kulturraum Niederrhein: Von der Antike bis zum 18. Jahrhundert*, Bd.1, 1996; *Im 19. und 20. Jahrhundert*, Bd.2, 1997, Bottrop/Essen. これはデュースブルク大学と登記社団・文化空間ニーダーラインの共催で、1996 年と 1997 年に 2 回に分けておこなわれた、のべ 16 人の演者による連続講演の記録である。政治・行政・文化史の分野で多面的かつ通時的な検討がほどこされているが、社会・経済史分野が手薄であるのが惜しい。

く、ふつう不正確に「ニーダーライン」と呼ばれるものは、地理学で「ニーダーライン低地」とされるものである。しかも、この自然空間単位は一連の共通の景観指標で特徴づけられるとはいえ、自然空間上の諸指標の一部においてのみ隣接の諸景観単位から明確に区別されるにすぎないと、かれは指摘する[37]。

ちなみに、1988／89年のデュースブルク-ラインハオゼンのクルップ製鉄所閉鎖がきっかけとなり、NRW政府が地域政策の重視に向かうようになった。そこで「NRW諸地域のための将来先導政策」地域 ZIN-Regionen (*Zukunftsinitiative für die Regionen Nordrhein-Westfalens*) が設定された。これは現在の五RB水準より下位の水準で、いくつかのクライス級市とクライスとの組合せから成る。ニーダーラインには *Niederrhein* (デュースブルク市、ベーゼル、クレーフェ両クライス)、*MEO* (ミュールハイム、エセン、オーバーハオゼン三市)、*Mittlerer Niederrhein* (デュセルドルフ、クレーフェルト、メンヘングラトバハ三市、メトマン、ノイス、フィーアゼン三クライス) の三地域が設定された。このうち *ZIN-Niederrhein* は *NiederRhein* と自称し、*Niederrheinische Industrie- und Handelskammer Duisburg-Wesel-Kleve* 管区、よって上級中心地デュースブルクの引力圏と重なる。他方で同じくデュースブルク引力圏内のオーバーハオゼンとミュールハイム、さらにまたデュセルドルフとの絡みあいを切断することになる。逆にクレーフェ南部 (ゲルデルン地域) は伝統的に上級中心地クレーフェルトの引力圏内にある。総じて *NiederRhein* は、ミュンスターラント、ルール地域、デュセルドルフ-ノイス-メンヘングラトバハとの間に明確な境界を引くことが難しい。要するに「ニーダーライン」は現代の地域政策においても便宜的な呼称にとどまるというのが、ブローテフォーゲルの見解である[38]。

カトリック神学史家ブスマン *Bussmann* によれば、地理的空間としての「ニーダーライン」概念には、i) ケルンの北からクレーフェ、エメリヒがあるネーデルラント国境までの空間、ii) アイフェル北部からアーヘン地域を経てニーダーライン沃野 *Börde* にいたる空間、iii) とくに [バート] ゴーデスベルクからエメリヒまで、西はケルン・リエージュ大司教領間の境界、東はベルク

---

37 Blotevogel, Hans Heinrich, Gibt es eine Region Niederrhein? Über Ansätze und Probleme der Regionsbildung am unteren Niederrhein aus geographisch- landeskundlicher Sicht, in: Geuenich (1997), 158-159, 164 ページ。

38 同上、178-179, 183 ページ。

地域の山腹までの地域、すなわちケルン選帝大司教領、ユーリヒ、クレーフェ、ベルク西部の諸公領域、iv) デュースブルク市とベーゼル、クレーフェ両クライス、以上のようないくつもの規定があり、明確な境界を引くことが容易でない。しかも、1815年までニーダーラインにいかなる大領邦も形成されず、小領邦、小教会領が政治的自立性を維持し、1815年に全地域がプロイセン領になったときでも、行政的統一ができただけで、共同意識が生まれたわけではなかった[39]。ニーダーライン概念の多義性、不明確性を指摘する点で、かれもブローテフォーゲルと見解をおなじくする。

近代史学者ハンチェ Hantsche も、ニーダーラインの地理的概念規定が容易でないことを、以下のように指摘する。ベストファーレンとの境界はところによりライン河から15kmも離れていないので、ベストファーレンの縁部もニーダーライン地域とされたところがある（たとえばRBミュンスターに属するKrボルケンのアンホルト）。地誌からすればこれは妥当である。18世紀末までラインラントとベストファーレンの諸領邦は強くむすびついており、ケルン選帝侯領にケルン大修道院領 Erzstift Köln のほかベストファーレン伯領とベストレクリングハオゼン Vest Recklinghausen が属し、1723年以降ケルン選帝侯がミュンスター司教領を同君連合により支配していた。ラインラントのクレーフェ公国とベストファーレンのマルク伯領は、1609／1614／1666年のブランデンブルク-プロイセンの支配下に移るはるか前（1398年）から統合していた。西側でもニーダーラインからマース河流域への移行が漸次的で、1815年マース河の東側0.5マイル、すなわち大砲の射程距離に国境線が引かれ、かつてのゲルデルン公国の歴史的一体性を破壊した。その結果、マース河流域のドイツ領になった部分もニーダーラインの一部となってしまった。ニーダーラインの北限はドイツ・ネーデルラント国境とほぼ一致するが、南限については不明確である。南限のケルン湾状地は地誌上ニーダーラインに属するが、ニーダーラインとは言われない。以上から、ニーダーラインが自然地理的にも人文地理的にも不正確もしくは不明確な概念であることが明らかである、と[40]。

---

39 Bussmann, Claus, Gibt es "Niederrheiner"? Historische Gründe für das Fehlen eines niederrheinischen Identitätsbewußtseins, in: Geuenich（1996), 161-162ページ。

② 行政史・政治史的「継ぎはぎ細工」としてのニーダーライン

　歴史的にみるならば、この地域が政治史的、行政史的雑多性に特徴づけられて一体性に欠けていたこと（図5-3を参照）、また、このような歴史的形相を一変させたのが革命期フランスのライン河左岸域併合であったことを、各論者が指摘する。

　社会経済史家フェルトマン Feldmann によれば、1794年のライン河下流左岸の政治地図は色とりどりの「継ぎはぎ細工」Flickenteppich であった。一次対仏同盟戦争を終わらせた1797年のカンポフォルミオ講和条約でフランスがライン河左岸域を併合したことにより、神聖ローマ帝国の特徴であった領邦分立 Vielstaaterei が一掃され、ラインの諸領邦が初めて統一体として現れた。フランスによる支配の決定的功績は、ライン河左岸域の領邦分裂を除去し、1815年のプロイセンへの、1871年のドイチェスライヒへの統合をかなり容易にしたことである[41]。

　ブローテフォーゲルも次のように言う。ミュンスターラントやオストフリースラントとことなり、ニーダーラインは集団の記憶に保持されて今日の地域的一体性の基盤となりうる、共通の歴史をもつ地域でない。たしかに、ニーダーラインにも地域形成の歴史的萌芽があった。とりわけ1299年から1521年にかけて次々に進んだニーダーラインの諸公国、ユーリヒ、ベルク-ラーフェンスベルク、クレーフェ-マルクの統合 Vereinigung がそれである。ヨハン三世とビルヘルム五世の両公爵のもとでニーダーラインの統合公国は1538-43年にはゲルデルンも加え、16世紀の一時期に一大地域勢力となった。しかし不運が重なってこれは長続きせず、ニーダーラインの比較的大きな領邦が分割され、クレーフェ-マルクは（1702年にメーアス Moers-クレーフェルト、1713年にゲルデ

40　Hantsche, Irmgard, Vom Flickenteppich zur Rheinprovinz. Die Veränderung der politischen Landkarte am Niederrhein um 1800, in: Geuenich（1997）, 12-13 ペイジ。
　　ちなみに Vest Recklinghausen の Vest は Veste の短縮形で Feste（要塞）と同義語である（Duden; Wahrig）。前掲の Handbuch der historischen Stätten Deutschlands によれば、Vest は Gogericht を意味する（625 ペイジ）。これは Gaugericht と同義であると推認されるので（Duden）、Vest Recklinghausen は「レクリングハオゼン地区裁判所管区」の意味であろう。

41　Feldmann, Irene, Der Niederrhein in der Franzosenzeit. Die französische Verwaltung im Departement Roer 1798-1814, in: Geuenich（1997）51, 53-55, 66 ペイジ。

210 | 第5章　*euregio rhein-maas-nord ／ euregio rijn-maas-noord*

図 5-3　ニーダラインの諸領邦（1789 年）

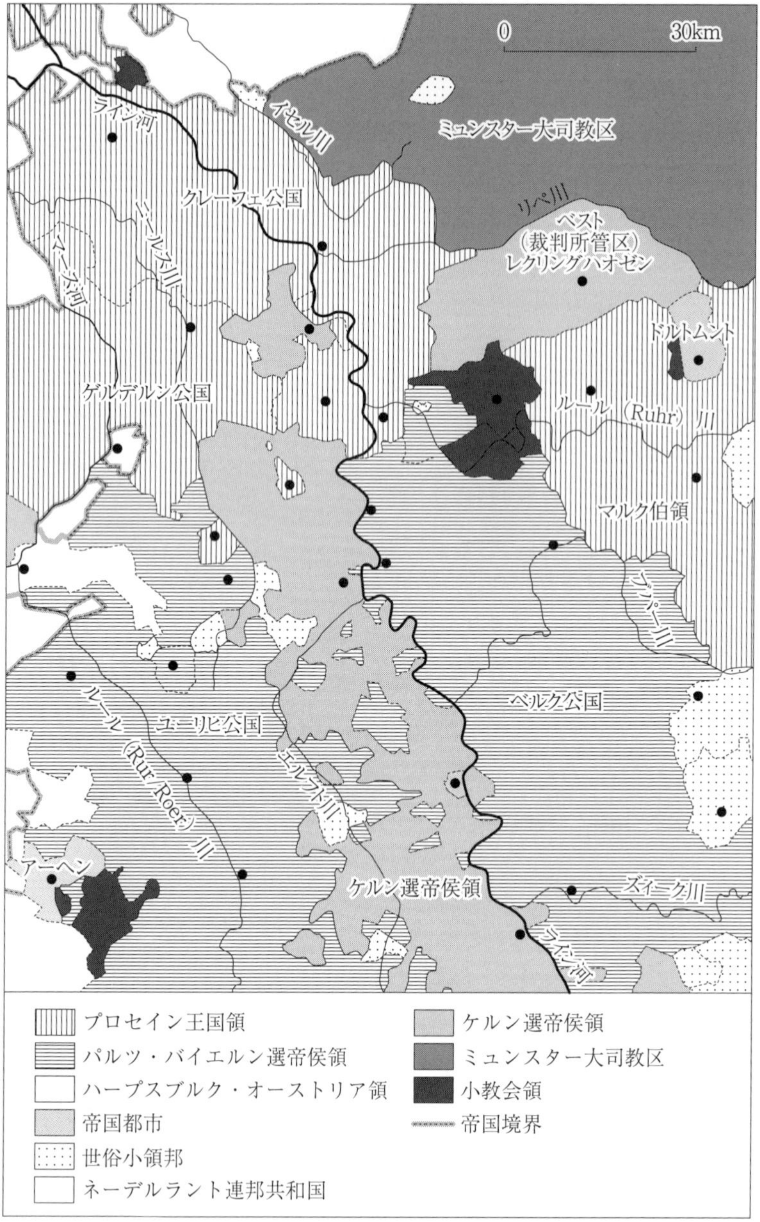

出所：Hantsche（1996），130 ページ

ルン南部)ブランデンブルク-プロイセンに、ユーリヒ-ベルクはパルツ-ノイブルクに(したがってバイエルンに)併合された。クレーフェ、ユーリヒ、ベルクの間に多くの飛び地に細分されたケルン大司教領がはまりこみ、その他多数の帝国直属の伯領、騎士領、修道院領、ケルン、アーヘン両帝国都市により、近代初期の領邦体制のかかる継ぎはぎ細工が仕立てられた。ニーダーライン北部で自律性を具えた領土的・政治的一体性は、せいぜい16世紀に一時的にできたにすぎない。それ以後この地域の展開は政治的、宗教的雑多性により、そうして19世紀以降は辺境性により特徴づけられている、と[42]。

寄稿の表題に「継ぎはぎ細工」という語を使ったハンチェも次のように言う。クレーフェ、メーアス、ゲルデルンは1713年にともにプロイセン領となったが、プロイセン王国内部では従来の境界が保持された。幾多のドイツ諸侯の努力をもってしても実現できなかった、統一原則のもとで領土を統治する国家制度の創出がフランス人により一挙に実現し、ラインラントでも多数の領邦の分立状況がフランス人により一掃された。ラインラントにとっても、したがってニーダーラインにとっても抑圧的なフランスの支配か、さもなければ小領邦への分裂状態への回帰かという危機に直面して、プロイセン支配に服するほかの選択肢はなかった。1800年ごろの政治地図の変動は、単なる国境の移動、廃止、支配者の交替だけでなく構造的変動だった、と[43]。ハンチェによれば、ニーダーラインの近代政治史を特徴づけるのは、古いライヒの雛型ともいうべき中小領邦の分立状況と、これを一掃したフランスによる支配、そうしてウィーン会議でその遺産を受けついだプロイセンの統治権確立であった。

③ 多元的言語空間

「ニーダーライン」を刻印する雑多性は言語史にも反映している。言語学者コルネリセン *Cornelissen* によれば、ニーダーラインの書き言葉は18世紀末にドイツ語、ネーデルラント語が、話し言葉は各地の方言が使われていた。19／20世紀に書き言葉が「公用ドイツ語」*das Standarddeutsche* に統一され、話し言葉は「標準ドイツ語」*Hochdeutsch,* ニーダーライン会話語、局地的方言の三層構造をなした。19世紀初に使われた書き言葉は、もっぱらネーデル

---

42 Blotevogel(1997), 172-173, 176 ページ。
43 Hantsche(1997), 13, 28, 44-46 ページ。

ラント語がゲルデルン、二言語併用がクレーフェ、エメリヒ、ドイツ語がメーアス、デュースブルクであった[44]。

とくにゲルデルンの事例が興味深い。コルネリセンは次のように述べる。プロイセン領ゲルデルンのマース河左岸域では18世紀末もっぱらネーデルラント語が使われ、右岸域および飛び地フィーゼンでもこれが優勢であった。しかし、フランス領期にドイツ語圏のルール-デパルトマン *Roer Departement* に組みいれられたためにドイツ語への転換が始まり、1815年以降プロイセン領に残った部分に対してドイツ語が強制された。庶民の会話語はこれ以降もネーデルラント語方言が使われ、今日でも多少それが残っているものの、プロイセンのゲルデルンに対するドイツ語化政策は、ニーダーラインの二言語併用の消滅にみちびいた、と[45]。

民族国家の形成がドイツ・ネーデルラント国境で政治国境と言語境界とを一致させる結果をもたらしたことは、否むべくもない。とはいえ、部分的にであれ今日にいたるまで、ニーダーラインの会話語の一部にネーデルラント語の痕跡が残っていることが興味ぶかい。それは、ネーデルラント語が「低地ドイツ語」*Niederdeutsch* の一分派であることを見せつける事例である。中世には一つの共通言語地域であったニーダーラインで、*ermn* にかぎらず *EUREGIO* でも *ERW* でも国境分断効果の最たるものが言語障壁とされる現状は、むしろ戦後人口の社会変動、とくにニーダーラインに流入した中・東部ドイツからの難民、被追放者の増大が、新たに言語障壁を高めた結果でないのかという問いを誘発する。言語障壁とはかならずしも歴史構造的遺物でなく、状況変動のなかで再生産されるものでもあるのだ。

④ 教会分裂と寛容の宗教空間

ニーダーラインはカトリック、改革派、ルター派、メノー派、ユダヤ教徒等

---

44 Cornelissen, Georg, Zur Sprache des Niederrheins im 19. und 20. Jahrhundert. Grundzüge einer regionalen Sprachgeschichte, in: Geuenich (1997), 87-88 ページ。コルネリセンは *Standarddeutsch* と *Hochdeutsch* を区別しているが、その根拠は不詳である。とりあえず「公用ドイツ語」、「標準ドイツ語」と訳し分けておく。

45 Hantsche (2004), 98-99 ページ。ちなみに12世紀に「ライン-マース三角域」に今日のドイツ語でもネーデルラント語でもない「ライン-マース語」*das Rheinmaasländische* が書き言葉として成立したという。同上、66-67 ページ。

が共存し、宗派間の対立が戦乱をまねくほどには先鋭化しなかったことが特徴とされる。ただしこれの解釈は論者により相異なる。

　ブスマンは宗教的分裂が地域意識の成立をはばんだことに眼を向ける。かれによれば、アオクスブルク宗教和議（1555年）で確立した領邦教会制（「統治者の信仰が領内のそれとなる」*cuius regio, eius religio*）により、ニーダーラインのような領土的に分裂した地域は支配者によって宗教政策がことなり、カトリック（ゲルデルン）、改革派（メーアス）、「中間の道」（*via media*：クレーフェで一時、厳密な意味での領邦教会制の成立をはばむ）が混在し、16世紀後半に領土と信仰の相違を超えてひろがるいかなる地域意識も生まれなかった。その意味でニーダーラインの「宗教の時代」*das konfessionelle Zeitalter*は1945年まで続いたというのがかれの見解である。これに対して戦後は、住民構成が避難民、外国人労働者、他地域からの流入で多様性を増し、交通基盤の多面的な発展で全人口の流動性が高まったことで、1945年まで思考様式を染めあげた信仰色が褪せ、その結果ニーダーライン住民意識の一体化のための条件が過去400年より整ったと、逆説的な解釈をほどこす。かれによれば、ニーダーライン宗教史の最大の画期点はフランス革命でもウィーン会議でもドイチェスライヒ成立でもなく、第二次大戦の敗戦なのだ[46]。

　ブローテフォーゲルも、領邦水準でさえ宗派統一が不徹底であったことを批判的に指摘する。かれによると、領邦教会制の原則が徹底しなかったクレーフェ、ベルク両公国では、ドイツで他に例を見ない局地的信仰の寄木細工 *Gemengelage* が成立した。ニーダーラインでは他の地域でも16世紀の政治地図が今日の信仰分布に反映している。宗教境界は今日にいたるまで、婚姻、移住、交際の境界でもあったと述べ[47]、ブスマンと逆に宗教の時代が戦後も続いているとの見解を示す。

　他方で、領邦教会制の不徹底と宗教的寛容をむしろ肯定的に見る論者もいる。教会史家シューテーフェ *Stöve* は、1521年以来統合したユーリヒ、クレーフェ、ベルク三公国とマルク伯領、それらに属する諸地域（とくにラーフェンスベルク）をニーダーラインと呼び、この地域が今日ニーダーラインと呼ばれる地域を大幅に超えていることを認めたうえで、ニーダーライン教会史の独自な伝統とし

46　Bussmann（1996）, 162-164 ページ。
47　Blotevogel（1997）, 173 ページ。

て、*Heinrich Lutz* にしたがい、「中間の道」と呼ばれる 16 世紀のエラスムス的教会政策、領邦貴族と領主との対立の際に良心を審判基準とすることの早くからの承認、領邦君主による教会統治から独立した教会制度たるプロテスタント教会における「教会会議」*Synode* 原則、以上三つを挙げる。そうして、このような教会生活の様式がネーデルラントからの知的「移転」なしには実現できなかったと、かれは指摘する。かれによれば、ここではすべての知識人や人文主義教育を受けた者が、教会生活の状況の改革を願っていた。とはいえ、誰ひとりとして教会の分裂を欲していなかった。改革か伝統墨守かの二者択一を性急に過ぎるとみる少なからぬ知識人、司教、政治家を擁したニーダーラインの統合公国の状況は、例をみないものだった。ここでは数十年にわたり「中間の道」の信念にもとづく教会政策が首尾一貫しておこなわれ、宗教改革が教会分裂を惹きおこすことなく実施された。これが比較的短期に終わったとはいえ、「中間の道」政策の終焉はこの地に根づいた「中間の道」傾向の終りを意味しないというのが、シュテーフェの解釈である[48]。かれは、宗教的不寛容を是とする立場からつねに批判と疑惑の眼を向けられる宗教的寛容と諸宗派共存にこそ、「ニーダーライン」の宗教の時代にむしろ理性と自己抑制がはたらいていたことを見いだそうとしているかのようである[49]。

⑤ ネーデルラントからの影響

これまでの検討で、近代初期のニーダーラインとネーデルラントとの強い結びつきが言及されてきたが、ネーデルラントからの経済的、文化的影響が 19 世紀にいたるまでニーダーライン各地で通奏低音のように続いたことがあらためて注目される。

中世史家シェーラー *Scheler* によれば、ライン河下流域は 18 世紀にいたるまで *Niederlande* と呼ばれていた。これは 15 世紀にブラーバントより北、フリースラントより南の地域をさす語として使われた。大雑把にいえば、この時

---

48 Stöve, Eckehart, Die Religionspolitik am Niederrhein im 16. Jahrhundert und ihre geschichtlichen Folgen, in: Geuenich（1996), 70-71, 78 ページ。かれはロテルダムのエラスムスを教会改革の「中間の道」の始祖 *Ahnherr* と呼んでいる。同上、71 ページ。

49 Hantsche（2004), 76-81 ページの地図と解説も、16-17 世紀のニーダーラインの宗教事情の理解に参考になる。

代ニーダーラインから北海岸にいたる空間は、ブルグント宮廷文化を模範とする一つの共通文化圏を形成していたと、かれは見る。他方で、これと一見相反するような「田舎者根性」*Localborniertheit*,「お偉方経済」*Honorationenwirtschaft*,「教区政治」*Kirchturmspolitik* と揶揄されるほどの、局地的、地域的な同族的つながりが根を張り、プロテスタンティズム（とくにゲマインデ原則に立つ改革派）の影響もあってこれが18世紀末まで続いたことも指摘する。

つづいてかれは、18世紀にはいると植民地大国ネーデルラント（ホラント）の吸引力が、15／16世紀のブリュヘ、アントウェルペンを中心とするフランデレンより強くなったと言う。ネーデルラント人が牧畜と海運に集中したため、クレーフェルト、メンヘングラトバハやライン河右岸域のベルク、マルクの工業都市までも、ネーデルラント向けおよびそこからさらに海外向けの輸出のために生産し、アムステルダムは西部ドイツにとり最大の貿易港となった。アムステルダムは近代初頭にすでにドイツの貿易港と言われていた、とかれは指摘する。

ウィーン会議による西部の国境決定も大きかった。政治的理由からプロイセン領ゲルデルンがマース河で切断され、かつての空間的一体性が根本的に破壊された。このとき以来ニーダーラインはドイツの、田園的アハテルフク *Achterhoek*（「片隅」、ネーデルラントの東部を指す）になりはじめた。ニーダーラインは工業地域と国境の中間地帯となり、政治的にも、経済的にも18世紀までと逆に東を向くにいたり、今日なおそうである。かつてのクレーフェの首都デュースブルクは重工業が衰退したとはいえ、周域 *Umland* の中心地であるとの自己認識を新たにし、周域もまたかかる位置認識を共有するようになった。すなわち、ニーダーラインの東方指向に変わりがないというのが、シェーラーの理解である[50]。

シェーラーはニーダーライン経済史を発展から衰退へという動きで捉え、その転換点を1815年のウィーン会議、すなわちドイツ・ネーデルラント国境画定にみているようである。これにより西のネーデルラントとの一体性を分断されたためニーダーラインの産業発展がとまり、東のルール地域の周辺部という位置づけに甘んじざるをえなくなったという解釈である。この解釈はクレー

---

50 Scheler, Dieter, "Die niederen Lande": Der Raum des Niederrheins im späten Mittelalter und in der frühen Neuzeit, in: Geuenich（1996）, 93, 104, 107, 110-112ページ。

フェルト、メンヘングラトバハをニーダーラインの外部または縁辺に位置づけることを前提にしており、ニーダーラインの経済空間を狭く限定しすぎるきらいがある。ともあれ、近代初期ニーダーライン経済がネーデルラント経済と不可分であったとの指摘は、注目に値する。

　シュテーフェも、ニーダーラインがネーデルラントから強い影響を受けてきたことを強調する。かれによれば、ニーダーラインは明確な輪郭をもつ単一体でなく、根拠とするべき部族 Stamm もなく、明確な宗教上の特徴もなく、政治的帰属がつぎつぎに変わる歴史をもち、民族性からしてもいささか怪しい。そうして何よりも外国から、わけても隣のネーデルラントから理念の輸入をつづけてきた。統合公国内で成立した改革派教会は、さしあたりネーデルラントからの避難民教会であった。それは 1568 年ベーゼルでの会合、1571 年エムデンでの教会会議で一つの教会団体に結集した。独立の教会会議にもとづく教会組織が、とりわけベルクとマルクに浸透していたルター派教会にも後に採用された。改革派とルター派の二つの教会制度は、いかなる領邦君主の教会統治にも服さず、各領主の支配地域を超えて、部分的にケルン選帝司教領にも成立した。ニーダーラインには今なお、ネーデルラントとの密接な近隣関係のために発展しえた多くの側面が典型的な形で残っている、とかれは指摘する[51]。

　このゴイエニヒ編『ニーダーライン文化圏』(注 36 参照) にただ一人、二つの論考を寄稿しているハンチェも、ニーダーラインに宗教と産業をもたらした、ネーデルラントからの宗教難民のはたした歴史的役割を論じている。彼女が焦点をあてるのはカルバン派を受けいれたルター派のベーゼルと、メノー派を受けいれたカルバン派のクレーフェルトである。まずベーゼルについて彼女は次のように言う。クレーフェ-ユーリヒ-ベルク-マルク-ラーフェンスベルク統合公国の領主ビルヘルム富裕公 Wilhelm der Reiche はエラスムスから強い影響を受け、カトリシズムとルター主義との間の「中間の道」に沿う教会改革に努めた。その結果、ハープスブルク家支配によるネーデルラント弾圧と異なる統合公国の「中間の道」政策が、プロテスタントに比較的大きな行動の余地をあたえた。統合公国はワロニやフラーンデレンからの難民がまず向かう目的地となり、クレーフェ公国ではベーゼルに難民が集中した。その理由は、この都市

51　Stöve (1996), 67, 85-86, 88 ページ。

がネーデルラントに最も近い位置にあり、すでにネーデルラントと深い経済的関係をむすんでいただけでなく、市参事会も市民の多くも新移住者を積極的に受けいれたからである。その動機は宗教よりも経済であった。1540年に公然とルター派に変わった市民の大半が当初カルバン派の移住者を敵視したが、1560年代以降ネーデルラント人に寛容をもって接するようになったのは、すぐれて経済的理由による。すなわち、16世紀央に経済的衰退に向かいはじめたベーゼルに、フラーンデレン出身者を主とするネーデルラント人が繊維工業の新しい製造技術と取引関係を持ちこんでくれたために、ベーゼル経済が盛りかえすことができた。毛織物工業だけでなく絹工業もまた、ネーデルラント人によりベーゼルに初めてもたらされた。1567／68年にベーゼルは1000人以上の難民を受けいれた。1570年代に迫害が最高潮に達したとき、7000～8000人のネーデルラント人がベーゼルに住み、全人口の40％を占めたほどである。1585年以降も推定4000人が在住した。カルバン派のネーデルラント人はルター派教区の内部でその教義をひろめ、しだいにカルバン派市民をふやしていった。1568年にベーゼルでネーデルラント人難民の最初の全区教会会議 *Generalsynode* が開かれ、翌年にネーデルラント人改革派教会の長老会 *Konsistorium* が設置された。このような前史を経て、ブランデンブルク-プロイセンが統合公国の支配権を握った1609年に、ベーゼルはカルバン派に正式に変わったのである、と。

　ハンチェによれば、この時代カルバン主義はニーダーラインの他の地域にも浸透していった。クレーフェ公国の首都デュースブルクでも当初の敵視のあとネーデルラント人が許容され、ルター派はしだいにカルバン派により押しのけられていった。16世紀末にデュースブルクの教会制度がカルバン派の方式に変えられたほどである。総じて16世紀のネーデルラント人難民はニーダーラインに避難地を見いだすことができた。その理由は宗教的寛容もしくは信仰上の共感というよりも、むしろ経済関心だった。ネーデルラント人難民の故郷である南ネーデルラントの諸地域、フラーンデレン、ブラーバント、アルトア、ヘネガウは経済的、社会的先進地であった。そのためこれらの地からの難民がニーダーラインでも経済発展を先導し、受入地の商工業者との摩擦を避けることができたとき、かれらは歓迎され、カルバン派信仰の普及のための条件をととのえることさえできたと、彼女は指摘する[52]。

メノー派については、ハンチェは次のように言う。メーアス伯領は16世紀のうちに公式にプロテスタンティズムに変わり、宗教難民の避難地となっていた。ネーデルラント総督オーラニュエ家 Oranje 支配が1607年に始まり、宗教的寛容が保証されたメーアスは他の多くの領邦のなかで際だった存在になった。カルバン派のオーラニュエ家の公子たちは領邦教会制の権利を行使せず、カトリックも容認するほどだったからだ。1542年以降このメーアス伯領の飛び地となったクレーフェルトへのメノー派流入の波は、1654年ごろと1694年の二回起きた。ただし、いずれもかつての統合公国の一部がカトリック化したためそこから流出した難民であって、ネーデルラント人難民ではない。とはいえ、メノー派は16世紀央にネーデルラント人メノー・シモンズ Menno Simons（1496-1561）に始まる平和主義的信仰集団で、ネーデルラントからニーダーラインにもひろがり、後者の信者たちはネーデルラントの同胞集団と深くむすびついていた。また、メーアス伯領の低地ドイツ語がネーデルラント語と似ているため、クレーフェルトには言語境界が事実上なかった。カルバン派のクレーフェルト市民は当初、宗派的対抗からも経済的競争からもメノー派を敵視したが、オーラニュエ家の総督府はメノー派の経済力を認めて保護し、1657年かれらにクレーフェルト在留権をあたえた。こうして17世紀末までにメノー派はクレーフェルトに根をおろし、1793年に独自な教会堂を建立するまでにいたった。クレーフェルトはベーゼルよりも宗教的要因がより強く作用したとはいえ、宗派対立はメノー派の経済力と社会的同化努力とにより相対化された。以上がハンチェの所論である[53]。

（4）小括

ニーダーライン近代史の以上の検討から、この地が近代に入ってネーデルラ

52　Hantsche, Flüchtlinge und Asylanten am Niederrhein vom 16. bis 18. Jahrhundert, in: Geuenich（1996），117-123 ページ。
53　同上、124-126, 129 ページ。ちなみに、メーアスは1519年ノイエナール Neuenahr 伯領になり、同伯は宗教改革を遂行した。1600年に所領をオーラニュエ家が継承し、1702年プロイセン国王がクレーフェ公の資格でこれを取得し、1707年侯領になった。Köbler, Gerhard, Historisches Lexikon der deutschen Länder: Die deutschen Territorien vom Mittelalter bis zur Gegenwart, 7. Aufl., München 2007, 433 ページ。

ントからみてもドイツからみても辺境であったこと、経済と文化の波が18世紀までは西から、19世紀以降は東から繰りかえし押しよせて非等質性を再生産し、地域的一体性の成熟をさまたげてきたことが明らかになった。しかし逆説的ながら、ライン-マース地域がまさに異質な諸要素の混在という点で、一種の空間的等質性を具えていることも見すごすことができない。あたかも、吹きだまりがその内部構成は非等質的な堆積にすぎないとしても、外状が一つの形をなしているかのようにである。それでは、このような歴史的空間特性を具えるライン-マース地域において、過去の「文化空間」への回帰を準拠枠とする空間政策にどのような現実的意義を見いだせるのだろうか。この疑念は、回帰するべき「文化空間」と思われているものがそもそもどのようなものであったのか、という問いを誘発する。

　そこでまず確認されるべきことは、ウィーン会議により確定し現代まで続くドイツ・ネーデルラント国境が強力な分断効果を発揮する前の時代に、現国境を越えてひろがる一体化した文化空間が存在したはずと考えるのは歴史的幻想だということである。すでにみたように、地域史の専門家たちはライン-マース空間が、政治史・行政史から見て「継ぎはぎ細工」以外の何物でもなく、それが文化史にも妥当すると見ることで一致している。現国境がまだなかったことは、国境そのものがなかったことを意味しない。それにもかかわらず、現国境を越える地域的一体性の準拠枠を過去の「文化空間」に求めようとすれば、それは領邦分立の「古き良き、しかし小さき」昔に戻るだけのことだろう。

　ここで、以下二点を附けくわえておきたい。第一に、総じて文化が等質空間を形成し、地域形成の基盤になるとしても、地域的文化空間が多層的入れ子構造を具えることである。エウレギオ単位の文化空間的一体性の強調は、入れ子構造の文化空間のなかから $ermn$ という小領域空間に相当する層だけを恣意的に固定することになる。逆にまた、$ermn$ 空間を構成する諸部分空間のそれぞれの局地的文化の一体性を $ermn$ 全体のそれに一般化することにならないかという問いは、すべてのエウレギオの文化政策に対して向けられる。

　第二に、ライン-マース地域の文化的、政治的一体性が弱かったことは、経済発展のための制度基盤の不備の一面を否めないにしても、経済過程による新しい空間形成をむしろ容易にしたのではないかということである。もっとも、このような辺境における「ラインの産業革命」が生みだした資本制経済空間が、

1815年に固定された政治国境を越えでていることがありうるにしても、それは経済空間として固有の境界（漸移地帯）をもつはずである。ただし、それがブスマンが待望するようなネーデルラントとフラーンデレンをふくむ全ライン-マース地域の言語の、いまでは忘れられた共通性の蘇生による文化圏の外延と重なるか否かは、なお検討されるべき課題である[54]。

54　Bussmann（1996），165ペイジ。

第6章 Euregio Maas-Rijn／Euregio Maas-Rhein／Euregio Meuse-Rhin

1 地域概観
2 マース河流域はラインラントか？
3 アーヘンはラインラントの一部か？
4 ハンゼマン対カンプハオゼン
5 「アーヘン圏」の多義性
6 レギオ・アーヘンの実態
7 アーヘン圏経済の現状
8 1980年代央の EMR の経済・社会状況
9 越境通勤者の流れ
10 1990年代の EMR

マース河畔の政府プロフィンシーリンビュルフ庁所在地。1986年4月22日、ベーアトリクス女王により開設される。

1 地域概観

　1976年にネーデルラント法にもとづく財団 *Stichting*（所在地マーストリヒト *Maastricht*）として創設された *EMR*（Euregio Maas-Rijn ／ Euregio Maas Rhein ／ Euregio Meuse-Rhin）の管轄区域を図示すると、図6-1、図6-2、図6-3のようになる。NLとNRWの両経済省が共同編集した図6-1（2001年）には、*EMR* 域に RP の Kr Bitburg-Prüm および Kr Daun の両クライスがふくまれているため、他の地図と境界が異なる。図6-2（2005年）はすべての加盟地区公共団体名を記載したものであるが、詳細に過ぎてかえって判りにくい。そこで、図6-3（1993年）を添える。

　EMR は、二つの点でこれまで検討してきた三つのエウレギオとことなる。第一は、既出エウレギオがドイツ・ネーデルラント国境のみにまたがるのに対して、*EMR* は図6-1が示すようにドイツ、ベルギー、ネーデルラント三か国の国境にまたがることである。国境地域といっても、二国間国境と三国間国境とで国境性の内容が当然にことなるはずである。

　第二は、*Provincie Limburg*（NL）の南部、*Provincie Limburg*（BE）, *Province de Liège, Deutschsprachige Gemeinschaft*（BE）, *Regio Aachen*（DE）の五区域から構成される *ERM* が、当初、長官もしくは首長（Commissaris, Gouverneur, Minister-Präsident, Regierungpräsident）の協議体 *Arbeitsgemeinschaft* の形態をとり、他の三エウレギオのような地区公共団体連合の性格を欠いていたことである[1]。

　EMR の人口構成は表6-1に示される。国土別人口比はネーデルラント18.6％、ドイツ32.3％、ベルギー49.2％で、ベルギー人が半分を占めるが、言語圏別人口比ではネーデルラント語圏39.4％、ドイツ語圏34.2％、フランス語圏26.5％と、比較的均衡がとれた分布になる。この複雑な国土・言語圏構成はこの地域の歴史に由来する。そこでまずこの点を検討しよう。

　中世中期の領邦国家時代に、現ネーデルラント-リンビュルフにファルケンビュルフ騎士領 *Heerlijkheid Valkenburg* およびヘルレ伯領 *Graafschap Gerle*

1　Woyke (1990), 113-114 ページ。

224 | 第6章 Euregio Maas-Rijn ／ Euregio Maas-Rhein ／ Euregio Meuse-Rhin

図6-1　Euregio Maas-Rijn の構成区域

出所：図2-1に同じ。

1 地域概観 | 225

図6-2 *EMR* 構成地区公共団体

注：ドイツ側域の Reg. Bez. は行政区 *Regierungsbezirk*. ベルギー側域の Pr はネーデルラント語圏がプロフィンシ *Provincie*, フランス語圏がプロバーンス *Province de* 下位地区の Arr はアロディスマン *Arrondissement*. 他は図6-1に同じ。
出典：*EMR* 提供資料

表6-1 *EMR* 区域別人口

	人口	比率	言語
Regio Aachen	1287014	32.3	ドイツ語
Province de Liège	1053722	26.5	フランス語[1]
Provincie Limburg （BE）	826690	20.8	ネーデルラント語
Provincie Limburg-Zuid （NL）	740868	18.6	ネーデルラント語
Deutschsprachige Gemeinschaft	74169	1.9	ドイツ語
	3982463	100	

注：(1) 一部にネーデルラント語地域をふくむ。EMR, *EUROPA(E)C(K)ONK(C)RE(E)T(E)*, 2005, 参照。
出所：http://www.euregio-mr.com/de/euregiomr/allgemeines/bevoelkerung, 20011.02.05.

図6-3　EMR 構成区域別人口（1993年）

Pr リンビュルフ（NL）73万人
Pr リンビュルフ（BE）75
Pr リエージュ（BE）　94
ドイツ語共同体（BE）6.8
レギオ - アーヘン（DE）120
　　　　　　　合計 368.8

出所：EMR 提供資料。

が、現ベルギー領リンビュルフにローン伯領 *Graafschap Loon* が、現 Pr リエージュにリエージュ公国 *Principauté de Liège* およびスタブロ-マルメディ大修道院 *Abbaye de Stavelot-Malmédy* が、現ドイツ語共同体にリンブルク公国 *Herzogtum Limburg* およびリュクサンブール公国 *Duché de Luxembourg* が、現レギオ-アーヘンにユーリヒ公国 *Herzogtum Jülich* および帝国都市アーヘンがそれぞれ成立した。小領邦が割拠するこの地域を一挙に統合したのが、大革

命期フランスによる占領である[2]。

　1815年のウィーン会議で、この地域はネーデルラント連合王国領とプロイセン王国領とに二分された。1830年のベルギー独立宣言は1831年のロンドン議定書で諸大国に承認されたものの、ネーデルラントが承認したのはようやく1839年のロンドン条約によってである。これにより、ネーデルラント議会直轄地 Generaliteitslanden の一つで両国の係争の地であったリンビュルフは、マース河東岸域のマーストリヒトを主都とするネーデルラント領 Pr リンビュルフと、マース河西岸域のハセルトを主都とするベルギー領 Pr リンビュルフに分割された。同時に、リュクサンブールの大半がベルギー領に割譲されてドイツ同盟から離脱したのとひきかえに、ネーデルラント領リンビュルフがリンビュルフ公国 Hertogdom Limburg としてリュクサンブール大公国 Grand-Duché de Luxembourg（ネーデルラント王国と君主同盟）とともにドイツ同盟に加盟した。1867年の北ドイツ連邦成立後に前者はネーデルラント領に復した。この間1842～67年に、リュクサンブール大公国とリンビュルフ公国はドイツ関税同盟に加盟した。このように1815年から1867年にかけて半世紀間のリンビュルフ公国の位置づけは多義的であり、これはとくにプロイセン領アーヘンとの地域関係を検討するときに軽視できない点である[3]。

　レギオ-アーヘン Regio Aachen は1815年にプロイセン王国領 Pr ニーダーライン（1822年 Pr ユーリヒ-クレーフェ-ベルクと統合してラインプロビンツ）の一行政区 Regierungsbezirk（RB）になり、二次大戦後1967～75年の NRW の地区公共団体再編成の過程で、1972年に RB としての自立性をうしない、RB ケルンに編入された。旧 RB アーヘンの行政的自立性の低下をある程度修復する善後策が、文化的、したがって歴史的独自性を再確認するレギオ-アーヘンの創設であったと言ってよかろう。これは NRW が1996年来推進している地域

2　EMR, *EUROPA(E) C(K)ONK(C)RE(E)T(E)*, 2005.
3　Köbler（2007), 378-379ページ；Koopmans Joop W. & Huussen Jr., Arend H., *Historical Dictionary of the Netherlands*, 2. ed., Lanham et al., 2007, 92, 137ページ；Kellenbenz, Hermann, Die Wirtschaft des Aachner Bereichs im Gang der Jahrhunderte, in: Bruckner, Clemens, *Zur Wirtschaftsgeschichte des Regierungsbezirks Aachen*, Köln 1967, 462ページ。ルクセンブルクの通史は、Lepszy & Woyke（1985）および Pauly（2011）のほか、G. トラウシュ／岩崎允彦訳『ルクセンブルクの歴史——小さな国の大きな歴史——』刀水書房、1999年、を参照。

文化政策のために邦域を十文化地域に分けたその一つだからである⁴。後論するように、RB アーヘンが RB ケルンに編入された 4 年後に、独自な国際地域である EMR の創設に参加したことは、アーヘンの経済史・経済地理的ベクトルを再検討する必要性を示唆する⁵。

現ドイツ語共同体および Pr リエージュ *Province de Liège* の Arr ベルビエ *Arrondissement Verviers* の一部からなる、いわゆるオイペン-マルメディは 1815 年以来プロイセン領であったが、ベルサイユ条約および 1920 年 7 月 24 日の住民投票の結果にもとづき、オイペン、マルメディ両クライスおよび Kr モンシャオ *Monschau* の一部とともにベルギーに割譲された。二次大戦中の 1940 年 5 月にドイツ領に戻ったが、1944 ／ 45 年にふたたびベルギー領となり、1949 年国境の一部修正の後、1956 年 9 月 24 日のドイツ・ベルギー国境条約で現国境が確定した⁶。後論するように、17 世紀以来アーヘンを中心に形成された一大毛織物工業地域が国境によって分断されたことは、政治空間と経済空間とのずれが明るみにでた事例の一つである。

南部ワロニと北部フラーンデレンの対立に国土が二分されたベルギーは、1967～71 年の三次憲法改正で連邦化に向かいはじめ、1993 年の六次憲法改正で連邦制度を確立した⁷。

以上の概観から、EMR 構成区域の歴史的変遷が複雑をきわめるばかりでなく、ネーデルラント、ドイツ、ベルギー三国にまたがり、同時にベルギーの三共同体（フランス語・フラーンデレン語［フラームス］・ドイツ語）にまたがっても

---

4 *NRW-Lexikon*, 2. Aufl., Opladen 2000, 157-158, 330 ページ。ノンによると、NRW は 1966～78 年の SPD ／ FDP 長期政権のもとでゲマインデ、クライス、RB の再編成をおこなった。RB 水準では 1968 年に専門家委員会が六 RB を三 RB（Rheinland、Westfalen、Rhein-Ruhr）に半減する提案をおこなったが、強い反対にあい、実現したのはケルン、アーヘン両 RB の合併だけであった。これと対照的に地区公共団体水準では大幅な再編成が実現し、1975 年初にゲマインデが 2292 から 369 に、クライスが 57 から 31 に、クライス級市が 37 から 23 に激減した。Nonn, Christoph, *Geschichte Nordrhein-Westfalens*, München 2009, 98-99 ページ。

5 アーヘンは古くから西方のリンビュルフの牧草地帯、東のユーリヒの耕作地帯、南のフェン *Venn*、アイフェル *Eifel* 両山地の山麓の森林地帯に囲まれた経済中心地であった。1815 年および 1919 年敷かれた国境線が、経済的・住民的一体性を分断して、アーヘンを国境都市にしてしまった。Barkhausen, Max, Der Aufstieg der rheinischen Industrie im 18. Jahrhundert und die Entstehung eines industriellen Großbürgertums, in: *Rheinische Vierteljahrsblätter*, Jg. 19, Heft1/2, 1954, 149 ページ。

おり、さらにまた単一国家ネーデルラントのプロフィンシであるリンビュルフが、ドイツとベルギー二つの連邦国家に挟まれて位置することを確認できた。しかも、EMR が成立した 1976 年は、ベルギーが単一国家から連邦国家に向かいはじめ、ドイツで RB アーヘンが 1815 年以来 1 世紀半にわたり保持してきた最上級行政区域である *Regierungsbezirk* の地位を失い、そうしてまた、戦後世界経済史の転換期となる二度の石油危機に挟まれた時期にあたる。EMR 内の地域間関係の歴史的複雑性は、その発足時が各構成区域にとり危機の時代であったことと相まって、EMR 分析にあたり他のエウレギオ分析におけるよりもいっそう経済史的観点に立つことを要求する。

そればかりでない。三国間国境をはさんでアーヘン、マーストリヒト、リエージュという大都市（上級中心地）がコナーベイション状に密集する様相は、とりわけドイツ側域アーヘンの経済地理的位置づけの見直しを迫る。したがって、第 5 章につづき第 6 章も構造分析に相当のペイジ数を費やすことになろう。

2　マース河流域はラインラントか？

EMR の空間形成力を検討するにあたり、構成単位五区域のうちネーデルラント領、ベルギー領の両リンビュルフおよび Pr リエージュがマース河流域に属することは明らかなので、残るレギオ-アーヘンおよびかつてアーヘン圏の一部であったドイツ語共同体にはたらく、マース河およびライン河からの引力

6　Köbler（2007）、178 ペイジ。ブロクハオスによると、Eupen-Malmedy（Malmédy）ではドイツ語住民が 81.7%（1910）を占めたにもかかわらず、ベルギー官憲の露骨な圧力のもとでおこなわれた 1920 年の「住民投票」の結果、ベルギーへの割譲がきまった。ドイツ領復帰運動（1924／26 年）はいずれもフランスの反対でつぶされた。1963 年 8 月 2 日の法律により、Lontzen, Raeren, Eupen, Bütgenbach, Büllingen, Amel, Sankt Vith, Burg-Reuland の 8 ゲマインデがドイツ語域、Plombière, Malmédy, Weims の三コミューンがフランス語域となった。ドイツ語共同体は 1970 年以降 Région Wallonne（Arrondissement Verviers）に属したが、1984 年に一定の制約のもとで自治権を認められた。624 ペイジ。ちなみに、オイペン-マルメディの中心都市オイペンは、リンブルク伯領の一農村であったが、14／15 世紀に、ブリュヘ *Brügge*、ヘント *Gent* から毛織物業者が流入、18 世紀にフランスからユグノーが流入して、繊維工業立地として興隆した。1797／1801 年にフランスに併合され、1808 年都市権を得て、1815 年にプロイセン領に編入された。Brockhaus（1988）, Bd. 6, 623-624 ペイジ。

7　武居一正「ベルギー王国」、阿部・畑（2009）、所収、418 ペイジ。

の強弱関係の解明が重要な論点になろう。そこでまず、EMR の名称の含意を考察する。EMR の主軸河川はマース河であり、ライン河は EMR よりはるかに東側を流れている。それにもかかわらず EMR はなぜ名称にラインとマースをならべたのか。そもそもこの「ライン」は何を含意しているのか。これに答えるために当然にレギオ-アーヘンの位置づけを確かめなければならない。

　レギオ-アーヘンはクライス級市アーヘンおよびアーヘン、ハインスベルク、デューレン Düren, オイスキルヘン Euskirchen の四クライスから成る。このうちアーヘン市は可航河川沿いでなく（このことがライン河沿いのケルンに対するアーヘンの不利を致命的にした）、比較的近くを流れるのはインデ川 Inde であり、これは東北流してユーリヒでルール川 Rur／Roer（ライン河右岸域の支流 Ruhr 川と同じ発音）に合流し、ルール川はさらに西北流してルールモントでマース河に注ぐ。デューレンはそのルール川沿いにあり、ハインスベルクもルール川から離れているものの、その流域にある。例外的に EMR 東端のオイスキルヘンだけがエルフト川 Erft 沿いにあり、これは北流してノイス附近でライン河に注ぐ。すなわち、アイフェル山地とマース、ライン両河に囲まれたラインラント中西部を、ルール、エルフト両川が並行して北流し、東南隅にある Kr オイスキルヘンを除けば、両川の分水嶺が EMR の東側境界をなしている。レギオ-アーヘンが RB ケルンの一部となり、ライン河支流のエルフト川流域の Kr オイスキルヘンがレギオ-アーヘンの一部であるがゆえに、EMR はラインをも名称の一部に入れたということであろうか。

　しかし、この区域構成はやや奇異な印象を与える。というのも、プロイセン領ラインプロビンツに RB 制度が導入されて以来、Kr オイスキルヘンはつねに RB ケルンに属してきたのであり、ルール川とエルフト川との、したがってマース流域とライン流域とを分ける分水嶺上にケルンとアーヘン、両 RB の境界線が引かれてきたからである。それではなぜ 1972 年の RB アーヘン解体にあたり、事実上それを継いだレギオ-アーヘンに、19 世紀以来 RB ケルンの一クライスであった Kr オイスキルヘンを属せしめたのか。アーヘン、ケルン両市間の歴史的対抗関係、およびこれに集約されるマース、ライン両流域間の地域的対抗関係を考慮すると、これは単なる行政区域改革の一局面にとどまらない歴史的奥行きを秘めているように思われる。

　たとえアーヘン圏が行政単位である RB の資格を失おうとも、独自な地域性

を具えた経済・文化圏であることに変わりがない。1815年にプロイセン王国ラインプロビンツの一部となり、今日もNRWの一部であるという国制・行政史面での連続性を重視するならば、アーヘン圏がラインラントの一部であることは疑うべくもない。しかし経済空間史面からみて、アーヘンがはたしてニーダーライン原経済圏の一部を成すか否かは、検討の余地があろう。この問いは、18世紀後半以降のアーヘン圏の産業発展がニーダーライン産業革命の最初の局面とみなされうるのかという、時期規定にかかる問いを誘発する。このような問題関心からすれば、今日のEMRの空間形成力と産業革命期アーヘンの地域形成ベクトルとの相関を検討することが、必須の作業となる。そこで以下、EMRを念頭に置きながら、まず経済空間史的観点に立ってアーヘン圏工業化過程の再検討に向かうことにする[8]。

3　アーヘンはラインラントの一部か？

(1) 産業集積

　18世紀末から19世紀前期の産業革命期に、アーヘン圏がプロイセン王国ラインプロビンツの最先進経済地域であったことは、周知である。アーヘン経済史についてもっとも包括的な文献はブルクナーの労作であるが、むしろ、このなかに補論として収録されたケレンベンツの長大な「終章」Schlußwort (Kellenbenz) の方が、長期的産業展開過程を鳥瞰するうえで役にたつ。そこでおもにケレンベンツにしたがい、ブルクナーの分析を随時補論として参照しながら、アーヘン圏の産業発展過程を追うことにする[9]。

　中世後期以来18世紀までの産業発展の初期条件としてまず挙げられるべきは、アーヘン近辺の豊富な自然資源の賦存であり、したがって、ここでは資源立地型産業が主導的役割を演じたことである。南に横たわるアイフェル山地の

---

[8] わたくしはかつて、「アーヘン（商業）会議所によってその利益が代表されるべき地域が、ライン河を基軸として形成されつつある地域的分業関係の中で、不可欠の構成要素としての位置を占めることができたのか、……アーヘン地域はむしろ漸移帯上にあったのではないか」との問題提起をおこなった。当時はまだこの問題関心を現状分析に向けるための方途を見いだせなかったが、EMR分析はこのための手がかりを与えてくれるものと期待できる。渡辺（1987）、226ページ。

山腹、渓谷、山麓や、ここから流れでるブルム川 Wurm、フィヒト川 Vicht、インデ川などの流域は、森林資源と鉱物資源（鉛、鉄、亜鉛、石炭、褐炭など）に富み、多様な金属加工業の展開を可能にした。また温泉水を含む豊富な水資源は[10]、交通路として利用できない難があるものの、それだけに用水・動力資源として存分に活用された。その汎用性が製粉、砕石、鍛冶、製材、縮絨、研磨、搾油等の多彩な手工業を展開させたのである[11]。

なかでも毛織物生産でアーヘンはケルンを超える中世ドイツ最大の都市となり、西側のマース河流域につらなる諸毛織物工業都市（ユイ Huy、マーストリヒト、リエージュ、ナミュール Namur、ディナン Dinant、シントトロイデン St. Truyden、トンゲレン Tongeren、ハセルト、ルールモント）とともに、西北ヨーロッパの一大毛織物工業地域を形成した。17世紀以降は、ツンフト規制にしばられて停滞気味のアーヘンから周辺の小都市に毛織物工業の重心が移り、モンシャオ、デューレン、ブルトシャイト Burtscheid、コルネーリミュンスタ Kornelimünster、ファールス、さらにリンビュルフにまで毛織物工業地域が拡大した。とりわけルール川の軟水とフェン山地の木材と泥炭に恵まれたモンシャオが、毛織物工業の一大中心地となり、17世紀末以降同じくユーリヒ公国のベルク地域、とくにレネプ Lennep と激しい競争を展開した。1780年に最大の Scheibler 家（以下、煩を避けるために企業、経営者名の日本語表記を省略する）の5製造場だけで、モンシャオ毛織物生産の72％を占めた。1822年にはブルトシャイ

9　注3を参照。経済地理学者のBirkenhauerもアーヘン圏の1980年代前半までの経済史を詳説しているが、巻末に当該章の参考文献を挙げるだけで、叙述の精度においてケレンベンツに劣る。なお、前者はアーヘン圏の産業発展の基盤を、「水」、「鉱山業」、「鉄道」（1841年以後）の三つに求めている。Birkenhauer, Josef, *Das Rheinish-Westfälische Industriegebiet*, Paderborn 1984, Kap. X. ちなみに、これより *Aachener Raum, Raum Aachen, Aachener Region* という多様な呼称に、「アーヘン圏」という訳語をあてることにする。

10　原毛の洗浄と毛織物の縮絨とに温泉水が利用された。Barkhausen（1954）, 150ページ。「アーヘンの歴史にとり温泉と毛織物は同義語であった。」Rouette, Hans-Karl, *Aachener Textil-Geschichte(n) im 19. und 20. Jahrhundert*, Aachen 1992, 16ページ。

11　Kellenbenz（1967）, 463-464ページ。ただしバルクハオゼンは、アーヘン工業を資源立地型として一般化することを避けている。かれは次のように指摘する。アーヘンの三大工業部門は輸出向けであり、そのかなりの部分が外来原料に依存した。高級毛織物は外国産細毛を紡いだ原糸で織られ、ガルマイ鉱（亜鉛鉱）所有者は真鍮製造のために外部から銅を移入しなければならず、針の中間製品である細い鋼製針金も外部から調達されなければならなかった。Barkhausen（1954）, 150ページ。

トで蒸気機関を動力とする羊毛紡績工場が操業しており、工場制度への転換が一段落した1829年に、RBアーヘンで28羊毛紡績工場、150羊毛・カシミヤ毛製織場 *Fabrik*, 47けば立て・剪断場 *Mühle*, 42染色場、5毛布製織場 *Fabrik* を数えた。興味深いことに、1822年の繊維別織機分布を見ると、RBデュセルドルフと対照的にRBアーヘンが圧倒的に毛織物に集中していることである。アーヘン圏における毛織物業の綿織物業に対する比較優位を生みだした要因の追究はなお残された課題である[12]。

亜麻ぼろ布を主原料とする製紙業は、亜麻産地であり水資源にも恵まれたデューレンで始まった。1579年ごろに最初の製紙場ができ、17世紀の前半に興隆期をむかえた。18世紀後半に新しい成長がはじまり、1837年に最初の製紙機械が導入された。技術的優位に立つイギリス・フランス製紙業からの競争圧力のもとで、当地の製紙業は1840年代に構造危機におちいったが、それでも1861年にKrデューレンの製紙工場数は16にのぼり、*Hoesch, Schoeller, Schleicher, Schmitz* が代表的製造業者であった。このころまでにデューレンはドイツ最大の製紙業中心地となり、原料にセルローズを使用するようになると、さらに15工場が設立された[13]。

真鍮生産も中世以来アーヘン圏の主力産業の一つであった。16世紀にアーヘンで発展した真鍮生産の重心は17世紀以降シュトルベルク *Stolberg* に移り、18世紀後半以降シュトルベルク真鍮製造業はライン右岸域のイザローン *Iserlohn* やイギリスからの競争に押されるようになったものの、フランスとネーデルラントに販路を確保することができた[14]。

製鉄業は産業革命期アーヘン圏の主軸産業であったが、19世紀後半にルール地域への移転例が続出した。この立地変動過程からして、アーヘン製鉄業は

12　Kellenbenz（1967），468，482-483ページ。Bruckner（1967），197-201ページ。Zorn, Wolfgang, Neues von der historischen Wirtschaftskarte der Rheinlande, in: *Rheinische Vierteljahrsblätter*, Jg. 30, 1965, 336-339ページ, Karte 3。バルクハオゼンによれば、モンシャオは18世紀の工業繁栄の記念碑であったが、フランス領に編入されて営業の自由が実現すると、アーヘンが再び毛織物工業の中心地となり、立地上不利なモンシャオは19世紀に主導的地位を失った。Barkhausen（1954），153，160ページ。日本語文献でアーヘン圏毛織物工業史におけるシャイブラー経営の意義に初めて着目したのは、川本の開拓者的労作である。川本（1971），88-96ページ。

13　Kellenbenz（1967），483，496ページ; Bruckner（1967），391-398ページ。

14　Kellenbenz（1967），474，481ページ; Bruckner（1967），269-283ページ。

ライン–ヴェストファーレン重工業の原型とみることができる。よって、対象時期を 18 世紀後半以降に限定して企業名をできるだけ挙げながら、その展開過程を追跡しよう。その起点は当時、大陸部ヨーロッパで最先進の製鉄・圧延工場と謳われたスラン Seraing の Cockerill の経営である。コカリルをはじめネーデルラント企業が、18 世紀末以来圧倒的な競争力によってラインラント市場をも支配していた。このような状況のもとで、1823 年に *Eberhard Hoesch* が *Samuel Dobbs* とともにイングランドに渡りパドル法を習得して帰国、1824／25 年にイギリス人熟練工の助けをかりてレンダースドルフ *Lendersdorf* にパドル・圧延工場を設立した。すでに 1822 年に *Friedrich Englerth, Jacob Springsfeld, Ludwig Beissel* ほかが、エシュバイラ *Eschweiler* で *Drahtfabrik Compagnie Eschweiler* を設立していた。1832 年にこの経営を引きついだのが *Friedrich Thyssen* であり、かれの息子アオグストは、アーヘン圏での経験をふまえてやがてルール地域に自己の企業を起こした。1828 年 *Reinhard Poensgen* がゲミュント *Gemünd* で *Puddel-Walz- und Drahtwerk Marienhütte* を設立した。つづいて 1841 年に *Carl Englerth* が *Matthias-Hubert Cünzer* と組んでパドル法製鉄工場を設立し、これは後述のライン鉄道会社を顧客とした。おなじころベルギーの工業家 *Télémaque Michiels* と *Nicolaus Joseph Bourdouxhe* が、エシュバイラ・アオエに *Puddel- und Walzwerk Michiels & Co.* を設立した。当工場は多くのベルギー人熟練工を雇い、当初はベルギー製、つづいてドイツ製、イングランド製の銑鉄を加工した。1844 年に *Albert Poensgen* と *F. W. Schoeller* が *Walz- und Röhrenwerk Mauel* を設立し、1846 年に *Eberhard Hoesch* が *Eschweiler Puddel- und Walzwerk* を設立した。同年ボイラー製造業者 *Piedboeuf*、車輛製造業者 *Talbot*、機械製造業者 *J. H. Neuman* および *T. Esser* が、アーヘンに *Rothe Erde* と呼ばれる鉄圧延・鍛造工場を設立し、これが 1864 年から *Aachener Hütten-Aktien-Verein Rothe Erde* となり、ドイツ製鉄業のなかで最大級の総合製鉄所 *gemischtes Werk* となった。これは原料銑鉄確保のためにアルゼト *Alzette* 川畔の *Luxemburger Hochofen AG zu Esch* と合併し、さらに鉄鉱山や製鉄所を併合して、1902 年に *Gruben und Hochöfen der AG Deutsch-Oth in Luxemburg* となった。こうして企業活動の重点がルクセンブルクにしだいに移っていった。つづいて当社は、原料炭確保のために 1905 年に *Gelsenkirchener Bergwerks-AG* および *Schalker Gruben- und*

Hüttenverein と利益共同体を形成し、1907 年に三社が合併した。このほかにも、1851 年にエシュバイラとハセルトに鉄道用製品を製造する *Englerth, Cünzer und Fuhse* が設立された。エシュバイラでは 1852 年に、*Henry Josef Orban* と *Adrien Dawans* による釘・帯鉄製造工場も設立された。1855 / 57 年に *Eschweiler Bergwerksverein* の *Konkordiahütte* の高炉が稼働を始め、アーヘン圏初の一貫製鉄所となった。こうして 19 世紀央アーヘン圏に 12 もの製鉄・鉄加工業の大企業が群生した[15]。

ガラス製造の主要立地となったのはシュトルベルクである。1841 年に *Société de Charleroi* がミュンスタブシュ *Münsterbusch* に窓ガラス工場を設立し、これがシュトルベルク鏡用ガラス製造業の起点となった。この工場は 1853 年に *Sassenay*(Aachener Spiegel-Manufactur Aktiengesellschaft)に買収された。1859 年に最初の鏡用ガラスがミュンスタブシュで製造され、1863 年にこの工場はサンゴバンの所有となり、のちに製造拠点がシュトルベルクに移った。1873 年にアーヘンとヘルツォーゲンラート *Herzogenrath* に *Rheinische Spiegelmanufaktur* が設立され、1877 年に株式会社に転換した[16]。

製針業もアーヘンの主要産業の一つであった。これは大陸封鎖期に再生したものの、大陸封鎖後は技術力にまさるイギリスとの競争で苦しめられた。しかし、アーヘンとイザローンの製針業は手工業技術の強みを活かしながら、ガラス頭針、機械針、安全針、後には蓄音器針などへの製品多様化によってもちこたえた。1884 年にドイツ製針業者協会が生まれ、1911 年に 18 企業が合同したとき、そのうちの 12 企業がアーヘン圏に立地していた[17]。

すでに 14 世紀から地下採掘が始まったアーヘン圏の石炭鉱業は、ブルム炭田、インデ炭田、北部炭田からなり、最古がブルム炭田である。1836 年にブルム炭田のいくつかの炭坑が合併して、*Vereinigungsgesellschaft für Steinkohlenbergbau im Wurmrevier* が成立した。1842 年に *Pannesheider Bergwerksverein* が設立され、これは 1858 年に前者により買収された。インデ炭田では 1834 年に *EBV*(*Anonyme Gesellschaft des Eschweiler Bergwerks-Vereins zu Eschweiler-*

---

15 Kellenbenz(1967), 486-487, 490 ページ; Bruckner(1967), 94-97, 298-312, 382-391 ページ。
16) Kellenbenz(1967), 495 ページ; Bruckner(1967), 286-292 ページ。
17 Kellenbenz(1967), 490 ページ; Bruckner(1967), 184-193 ページ。

Pumpe) が設立され、これが石炭鉱業におけるプロイセン初の株式会社となった。亜無煙炭 Magerkohle を産出してきたブルム炭田で、1840 年代央に瀝青炭層が開発された。これは、ライン鉄道の開通、とくに 1859 年のライン鉄橋開通により、ライン河左岸域にも進出してきたルール炭との競争にさらされることになった。他面で、掘削技術の進歩により石炭鉱業の立地が北に移動し、1899 年にヘールレン Heerlen 近郊で採炭がはじまった。それはネーデルラント領リュンビュルフにおける石炭鉱業発展の起点となり、アーヘン炭をネーデルラント炭との競争にさらすことにもなった。アーヘン炭は 20 世紀初以来ザールラント、ルクセンブルク、ロレーヌの製鉄業へのコークス供給に活路を見いだし、1907 年 EBV と Vereinigungsgesellschaft が合併し、さらに 1913 年にこれと ARBED (Aciéries Réunies de Burbach-Eich-Dudelange) との利益共同体が成立した[18]。

褐炭採掘は、1875／76 年にブリケット製造が開発されてから急激な展開を見せた。1877 年にブリュール Brühl の共同鉱業組合である Roddergrube で最初のブリケット工場ができたのをきっかけに、褐炭採掘が盛んになり、1910 年ごろより火力発電所用燃料として用途がひらけたためいっそう拡大した。1888 年に Maria-Theresia 褐炭田採掘を目ざして、アーヘン圏初の褐炭共同鉱業組合が設立された。これはヘルツォーゲンラートにブリケット製造工場を設立したが、1890 年からはじまるケルン鉱区との競争に負けて、1898 年に操業を停止した[19]。

以上の検討から、アーヘン圏に多様な産業立地が集中して、強い向心力を具える経済空間が形成されたことがほぼ確かめられた。ツォルン作成の 1820 年ごろの RB アーヘンの産業分布から、アーヘンを中心としてシュトルベルク、エシュバイラ、デューレン、モンシャオ、オイペンをふくむ同心円状にひろがる地域に、炭鉱、製鉄所、機械製造工場、毛織物工場、真鍮・ガラス・紙製造場が集中して密集空間 Intensivraum を形成し、東南部の飛び地シュライデン渓谷 Schleiden からメヘルニヒ Mechernich にいたる狭い地域に、製鉄・鍛鉄所と鉛鉱・製鉛所が集中して衛星空間を形成していることが認められる[20]。

たしかに、石炭・鉄鋼業のこれ以上の発展は、水路の欠如をはじめとする交

18　Kellenbenz（1967), 491-492 ペイジ; Bruckner（1967), 107-118 ペイジ。
19　Kellenbenz（1967), 492 ペイジ; Bruckner（1967), 126-131 ペイジ。
20　Zorn（1965), 図 7。

図 6-4

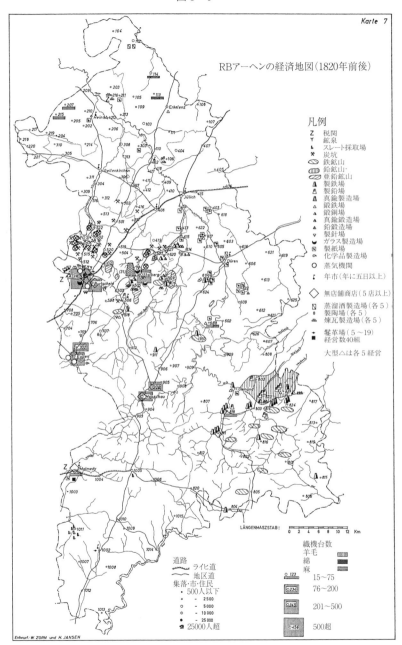

Zorn, Wolfgang, Neues von der historischen Wirtschafskarte der Rheinlande, in: *Rheinische Vierteljahrsblätter*, Jg. 30, 1965, 344 ページ。

通条件の不利および政治国境による制約によって望めず、(3)で詳論するようにライン-ルール圏への企業流出が目だった。しかし、既存の産業立地には多様な分化が進む製造業が展開し、それとともに工業化地域が連続的に北へ拡大し、オーバーブルフ Oberbruch やエルケレンツ Erkelenz に近代的大工業が成立し、新しい炭田も開発された。アーヘン圏の産業的中心性はまだ健在であった[21]。

以上の概観から、森林・水力・地下資源に恵まれたアーヘン圏が、中世以来金属工業と繊維工業を柱に多様な産業を展開し、この産業蓄積を歴史的基盤として 18 世紀後半から 19 世紀前半にかけてラインプロビンツの最先進工業地域を形成したことが確かめられた。資源賦存と工業発展の様相とがライン河右岸域のベルク-マルク地域と酷似しており、両者が対蹠的位置にあったことが興味ぶかい。毛織物工業におけるモンシャオとレネプ、真鍮製造業におけるシュトルベルクとイザローン、製針業におけるアーヘンとイザローン、製紙業におけるデューレンとベルギシュグラトバハ Bergisch Gladbach などの対抗・補完関係が、これを示す好例である[22]。しかし 19 世紀後半、鉱産物資源の枯渇と河川交通の制約のために競争劣位となった石炭・鉄鋼業が、アーヘン圏からライン河右岸域に移転した。受入れ先のルール地域が 1960 年代以降直面した構造危機に、アーヘン圏はすでにその 1 世紀前に直面したことになる。

ここで発せられるのは次の問いである。すなわち、この重工業の立地移動はニーダーライン産業革命の先端地域の役割を演じたアーヘン圏が、産業革命によって形成されたニーダーライン原経済圏内部における最高位の中心性をルール地域に譲ったことを、すなわちこれが原経済圏中核内での重心移動にすぎな

---

21 Kellenbenz (1967), 506 ページ。

22 18 世紀のうちにラインラントに高度に工業化された三地域が形成された。最大がベルク地域、これに続いてアーヘン地域、第三がライン左岸域の繊維工業地域である。そのうちアーヘンは、手工業が近代の工場制工業にまで連続的に発展した数少ない中世都市の一つであり、毛織物工業が最重要で、これに真鍮製造業と製針業とが次いだ。Barkhausen (1954), 139, 150 ページ。ベルク地域の事例研究としてレネプに焦点をあてた、渡辺尚「19 世紀半 Kr. Lennep (Rheinland) の産業構造—ドイツ産業革命の特質解明のために—」『土地制度史学』第 51 号、1971 年、を参照。ビルケンハオアもアーヘン圏の後背地、ノルトアイフェルとベルク-マルク地域との地勢の相似、インデ/ブルム炭田とルール炭田との相似（川による炭層の切断、厚い白亜層の被覆、原料炭に適した瀝青炭等）を挙げている。Birkenhauer (1984), 223-225 ページ。

いことを意味するのか、という問いである。これに対する答えは、石炭・鉄鋼業にかぎらず資源指向立地型部門一般が、資源供給の制約のために他地域へ移転することは、移転元地域の移転先地域への依存度を高めて、当該両地域を経済空間統合へ向かわせるものではかならずしもない、ということである。アーヘン圏の重工業がルール地域だけでなく、リンビュルフ（NL）やルクセンブルクにも移転していることに照らして、アーヘン圏からの重工業流出は地域経済の新陳代謝の一局面とみなされるべきであろう。

（2）ネーデルラントからの技術移転

アーヘン圏の産業発展を特徴づける第二点は、すでに（1）でいくつもの事例が挙げられたように、ネーデルラント南部、後のベルギーからの企業家、技術者の来住による技術移転が継続したことである。アーヘン金属加工業でまず中核となったのが真鍮製造業である。これの発展をうながしたのは、近隣のアルテンベルク Altenberg で産出する亜鉛鉱 Galmei に恵まれただけでなく、15世紀央にマース河流域から新しい技術がもたらされたことである。とくにディナンから移住した Daniel van der Kammen のはたした役割が大きい。16世紀に銅・真鍮製品がアーヘン輸出品のなかで重きをなすようになり、伸銅親方 Kupfermeiser と呼ばれたその製造業者のなかに多数のネーデルラント系の名が見いだされると、ケレンベンツは指摘している[23]。

この分野で、アーヘン圏・マース河流域間の技術移転が一方的でなく双方向的であったことは、両地域の経済空間的一体性を示唆するものである。1612年マース河畔のエイスデン Eysden に、真鍮製造がアーヘンの伸銅親方 Nicolas Ruland により導入された。また1656年のアーヘン大火のあと、アーヘンの武器製造業者がこぞってリエージュに移住したことが、リエージュの武器製造業発展の起点となったと、ケレンベンツは指摘している[24]。

---

23 Kellenbenz (1967), 471-472 ペイジ。ベルギーからの技術移転については、Seeling, Hans, *Télémaque Fortuné Michiels, der PHOENIX und Charles Détillieux : Belgiens Einflüsse auf die Wirtschaftliche Entwicklung Deutschlands im 19 Jahrhundert*, Köln, 1996. も参照。

24 Kellenbenz (1967)、474-475 ペイジ。

製鉄業においても、マース河流域からアーヘン圏に新しい動きがもたらされた。デューレン製鉄業にとりリンビュルフ出身の *Hoesch* 家がはたした役割が大きい。1600 年ごろアーヘンの伸銅親方になった *Jeremias Hoesch* が、のちにシュトルベルクに移り、さらにコルネーリミュンスタ修道院領でもいくつかの製鉄場を経営した。また製釘業でも、18 世紀央以来多くの製造業者がとくにリエージュから移住してきた[25]。

18 世紀にデューレンで毛織物生産が拡大したのは、1753 年にベルビエ *Verviers* 出身の *Anton Lejeune* が市民権を得て、その品質で有名なベルビエ毛織物の生産を始めたことによる。かれは多くの同郷人をデューレンに誘致し、後に市長にさえなった[26]。

総じて 17 世紀後半から 18 世紀にかけて、アーヘン圏に大規模製造業経営が生まれ、これが 19 世紀の同地域の工業化に大きな役割をはたした。この過程はアーヘン西側の隣接地域、とくにリエージュ司教区で羊毛工業と金属工業に大規模経営が成立したことにより推進力をえたと、ケレンベンツは指摘している[27]。

機械製造業でもネーデルラントとの隣接がものを言い、イギリス人技術者を重用することができた。1818／19 年に *Samuel Dobbs*[28] が *Joseph Reuleaux, Friedrich Englerth* とともに、エシュバイラ-プンペ *Eschweiler-Pumpe* でライン河左岸域で二番目の蒸気機械・機械製造工場を設立した。繊維機械製造では *William Cockerill* が 19 世紀初頭までにイギリス型繊維機械の製造をベルビエではじめており、モンシャオやアーヘンの企業を顧客としていた。ブルトシャイトの紡績業者 *Heinrich Pastor* の娘と結婚したウィリアムの息子ジェイムズが、1825 年にアーヘンに定住して繊維機械の製造を始めた。コカリル製機械を装備したパストアの工場は、ながらく最先端工場とみなされた。このほかブリュセルから移住した機械工 *P. Lambert Daelen* も *Johann Leonhard Neuman* と組み、1831 年に繊維機械製造会社を設立した。ドブズは 1832 年にエシュバ

---

25 同上、476, 481 ペイジ。
26 同上、483 ペイジ。
27 同上、478 ペイジ。
28 イギリス人ドブズはコカリルとともに、またはかれの招きで来住し、スランのコカリル工場やアーヘンで活動していた。Bruckner (1967), 178-179 ペイジ。

イラの *Englerth, Reuleaux & Dobbs* から離れてアーヘンに移り、機械製造工場を羊毛商人 *Franz Nellessen* とともに設立した。おもに蒸気機関を製造し、1836 年にプロイセン初の蒸気機関車を製造したほど多様な品目を生産した。1837 年に *Samuel Dobbs und Eduard Poensgen KG* となったが、1841 年廃業に追いこまれた。1836 年にアーヘン圏に 9 機械製造工場があり、1000 人の労働者を雇っていた。エシュバイラとオイペンをふくむ全アーヘン圏で、1848 年に 36～40 の機械製造工場が 1700～1800 人を雇っていた。繊維機械、製革機械、蒸気機関、鉱山・製鉄業向け機械が主要品目で、当時のアーヘン圏は製造業でプロイセンの他の RB の先頭に立っていた[29]。

針金製造もアーヘンの伝統的生産部門であり、16 世紀末以来ライン河右岸域のアルテナ *Altena* とイザローンで製造された中間製品がアーヘンで梳毛具の部材に最終加工されていた。ここでも 1822 年にベルギー人 *Peter Josef Cassalette* が梳毛機製造工場を設立したことが、新しい発展の起点となった。一次大戦前、ドイツで稼働する全梳毛機の過半がアーヘン製であったという[30]。

このように、中世後期の金属加工業、毛織物工業、真鍮・鉄加工業からはじまり、18 世紀後半からの工業化にいたるまで、アーヘン圏が一貫して一大産業中心地でありつづけられた条件として、とりわけ西隣りネーデルラント地域からの断続的技術移転をケレンベンツは重視している。ニューコメン機関（1794 年）、19 世紀初期のコカリルの繊維機械、ライン河左岸域第二の機械製造工場（1818／19 年）、パドル法によるヘシュの圧延工場（1825 年）、最初のイギリス型製紙機械、これらはすべてアーヘン圏への西部からの先進技術の導入であった。アーヘン圏はドイツの産業技術発展史にとり西正面入口の位置にあったと言ってよかろう。さらにまた、一次大戦前に特徴的だったベルギー、ルクセンブルク、フランス、ネーデルラントの西側隣接地域の産業との絡みあいの傾向が、大戦後いっそう強まった。二次大戦後はアーヘン圏にも外人労働者が増え、わけてもネーデルラントおよびベルギーからの越境通勤者 *Grenzgänger* が重みをもつという 1960 年代のケレンベンツの認識は、その 10 年後に成立した EMR の経済空間としての位置づけの検証にあたり、貴重な示唆をあたえてくれる[31]。

29　Kellenbenz (1967), 489-490, 493 ページ。
30　同上、475, 491 ページ。Bruckner (1967), 193-195 ページ。

(3) ルール地域への移転

　他方で、アーヘン圏に生まれ成長した重工業企業が、ライン河右岸域、とくにルール地域に続々と移転したことも事実である。1852 年に *Eduard-Georg-Christian Springsfeld* が他の出資者とともにアーヘンに炭鉱・製鉄の株式会社 *Phoenix* を設立し、翌年 *Michiels & Cie.* を吸収した。さらに 1855 年に *Détillieux* と合併して自社炭鉱を持つにいたった。しかし、同年に本社をケルンに移し、1860 年に商号を *Phoenix AG für Bergbau und Hüttenbetrieb zu Laar bei Ruhrort* に変えた。1861 年軌条・継目板生産をエシュバイラからルールオルトに移したのにともない、当社の重心が最終的にインデ地域からルール地域に移った。これ以降、鉄と石炭の組合せにきわめて不利なアーヘン圏からの流出傾向が、目だつようになった。シュライデン渓谷の発展の見通しも暗くなり、1860／61 年に *Reinhard Poensgen* のパドル・圧延工場であるゲミュントの *Marienhütte, Albert Poensgen* の圧延・鋼管工場、*Julius Poensgen* の鉛管工場、さらに条鋼工場 *Marienhütte* がアイフェルからデュセルドルフ－オーバービルク *Düsseldorf-Oberbilk* に移った。1852 年以来伯父の企業の責任者となった *Leopold Hoesch* も、エシュバイラ製鉄所とレンダースドルフ製鉄所の各種重工業部門をライン河右岸域に移すことを決め、1871 年にドルトムントに *Eisen- und Stahlwerk Hoesch* を設立し、1876 年にエシュバイラの全生産をドルトムントに移した。1855～76 年の約 20 年間に、とりわけ輸送条件が不利なためにアーヘン圏の鉱山業の発展の可能性が消えたと、ケレンベンツは指摘している[32]。

　31　Kellenbenz（1967），505, 507 ペイジ。ビルケンハオアも、アーヘンを外国資本のドイツ市場への参入を目ざす直接投資に適した「別格の地」*Vorort* と位置づけ、いくつかの事例を挙げている。また、一次大戦中に興隆したザイトリンビュルフの石炭鉱業が競争力を失った結果、1965 年から 1974 年にかけて計画的に閉山され、職を失った 5 万人の労働者のうち 2 万人がアーヘンに越境通勤をしていると指摘している。Birkenhauer（1984），225-227 ペイジ。コカリルをはじめベルギーの企業家や技術者がドイツの工業化にはたした貢献を石坂も重視しているが、隣接アーヘン圏との地域連関についての関心は弱い。石坂昭雄「ベルギー企業とヨーロッパ」渡辺尚・作道潤編『現代ヨーロッパ経営史』1996 年、所収、69-71 ペイジ。

　32　Kellenbenz（1967），487-488 ペイジ。

Fritz Henkel は漂白ソーダ製造企業 *Henkel & Cie.* を 1876 年にアーヘンに設立したが、1878 年に経営拠点をデュセルドルフに、さらに 1899 年に同市郊外のライスホルツ *Reisholz* に移した[33]。

　アーヘン圏重工業の移転先はライン河右岸域ばかりでない。1864 年以来ドイツ製鉄業のなかで最大の総合製鉄所の一つとなった *Aachner Hütten-Aktien-Verein Rothe Erde* が、原料銑鉄確保のために *Esch* の *Luxemburger Hochofen AG* と合併し、さらに 1902 年に *Gruben und Hochöfen der AG Deutsch-Oth in Luxemburg* が成立した。こうして企業活動の重心がしだいにルクセンブルクに移っていった[34]。

　以上のように、重工業発展の立地制約によりアーヘン圏からとくにライン–ルール圏への企業流出が続出したことは事実である。しかし前述のように、これはアーヘン圏がライン–ルール圏に吸収されたことを意味するものではない。アーヘン圏の厚い産業集積がその構成部分の新陳代謝をつづけながら、経済空間としての向心力を維持しえたとみる方が、むしろ妥当であろう。これを示唆するのがアーヘン市の中心性の変わらぬ強さであり、それはライン–ルール圏の最高位の中心地でありつづけるケルン市との抜きがたい対抗関係に、もっともよく表れている。アーヘン圏の新陳代謝機能がいまなお保持されているかどうかは、EMR 分析で一つの基本的論点となるのだが、これは後論するとして、その前にアーヘン対ケルンという観点から、アーヘン経済史の再点検をおこなうことにする。

（4）アーヘン対ケルン、またはマース対ライン

　ともに帝国都市でありながら、ケルンとことなりアーヘンがハンザ同盟に属さなかったことほど、両市の対抗関係の根深さを物がたるものはないであろう。両都市の歴史的対立はすでに 12 世紀に始まる。ケレンベンツによれば、1173 年フラーンデレン人がケルンと同じくアーヘンでも毛織物市場を開くことが認められたことがその起点である。19 世紀以降アーヘンが銀行・保険業の立地として相当の発展を見せながらも、ついにドイツ金融業の中心地の一つになれ

33　同上、495 ページ。
34　同上、490 ページ。

なかったのは、アーヘンの辺境性 Randlage（たとえば、一次大戦後フェン鉄道がベルギーに移管されたことは、さなきだに不利なアーヘン圏の交通事情をいっそう不利にした）だけでなく、隣接するケルンとの競争にもよるというのが、ケレンベンツの解釈である[35]。このような歴史的文脈からすれば、ラインラントの中核都市ケルンに対抗することをやめないアーヘンがはたしてラインラントに属するのか、という問いが発せられてもおかしくあるまい。アーヘンがラインラントよりもむしろ「マースラント」Maasland に属するとの解釈が、十分に可能だからである。

ここで重視されるべきことは、産業革命期アーヘン圏の新しい経済発展が、とりわけネーデルラント（ベルギー）との伝統的な地域連関にもとづく技術移転によって推進された面よりも、伝統的な地域連関が新しい産業発展により再生産され、しかもアーヘン圏の空間動態に新しい方向性が生まれたことである。もっとも、それはけっして伝来の西方指向を東方指向に切りかえたのではなく、西方指向に東方指向が加わっただけのことである。このような観点に立つと、これまでライン河の圧倒的な基軸性の陰にかくれてさほど関心が向けられなかったマース河の、固有な経済空間形成軸としての意義が浮かびあがってくる。それはマースとラインという二つの河川軸の対抗・補完関係の検討の必要性を示唆している。この関係を集約的に表現するのがライン鉄道会社 Rheinische Eisenbahn-Gesellschaft（REG）の成立過程の紆余曲折にほかならない。

ベルギー、プロイセン双方からケルン（ライン河）とアントウェルペン（スヘルデ河）をむすぶ「鉄のライン」（カンプハオゼン）のプロイセン区間として構想された REG の成立過程は、1830年代の西北ヨーロッパの政治・産業革命の進行とかさなっている。1830年7月27～29日の民衆蜂起にはじまるフランス7月革命がネーデルラント南部にただちに波及し、8月25日のブリュッセルの民衆蜂起をきっかけに革命がはじまった。9月26日に成立したベルギー臨時政府が10月4日に独立を宣言し、この事態に対処するために同年11月から

35　同上、469, 498 ペイジ。ちなみに 1815 年の人口統計で、ラインラントの最大都市はケルンで4万9000人、これにアーヘン3万2000人、デュセルドルフ2万2000人、エルバーフェルト2万1500人、バルメン1万9000人、クレーフェルト1万3200人が続いた。営業の自由の導入による工業化の進展で、アーヘンがすでにケルンの対抗勢力となるだけの人口増を見せていることが判る。Barkhausen (1954), 170 ペイジ。

ロンドン会議が開催された。1831年1月20日にベルギー独立が列強の承認をえたもののネーデルラントはかたくなにこれを認めず、ようやく受けいれたのは8年後であった。すなわち、1839年4月19日のロンドン条約でベルギー独立が確定した。その際リンビュルフが東西に二分され、ネーデルラント領リンビュルフは大公国として相対的自立性を保障されてドイツ同盟の一員となり、1842年リュクサンブール大公国とともに、1834年に成立したドイツ関税同盟に加入したことはすでに述べた。REGの設立過程はかかるベルギー独立過程と軌を一にして進み、ケルン-アントウェルペン鉄道路線はこのリンビュルフを迂回するようにして敷設されたのである。

イギリスでは1825年9月27ストクトン-ダーリントン間で先駆的な鉄道開通(蒸気機関車牽引は貨物列車、旅客列車は馬が牽引)の後、1830年の七月革命とベルギー独立宣言の間の9月15日にマンチェスター-リバプール間に本格的鉄道(旅客列車も蒸気機関車が牽引)が開通した。つづいて大陸部でも、1835年5月5日にベルギーのブリュセル-メヘレン間、同年12月7日にドイツのニュルンベルク-フュルト間、1839年9月20日にネーデルラントのアムステルダム-ハールレム間で鉄道が開通した。とりわけベルギーは沿海部と内陸部をむすぶ鉄道建設を国策として推進し[36]、ブリュセルとアントウェルペンとの間に位置するメヘレンを結節点として、1837年までにアントウェルペン-リエージュ間が、1838年までにオーステンデ-リエージュ間が開通し、大陸部ヨーロッパにおける鉄道建設の先頭に立った。

他方で、河川での汽船就航が鉄道に先行し、1816年にはじめて汽船がライン河口からケルンまで、翌年にコーブレンツまで試験航行をおこなった。1822年ロテルダムにネーデルラント汽船会社が設立されて1823年アントウェルペン-ロテルダム-ケルン間の運航がはじまり、1825年ライン河のドイツ域内区間で初の汽船会社、バーデン大公国ライン汽船会社、つづいて1826年ライン-マイン汽船会社(マインツ)とプロイセン-ライン汽船会社(ケルン)の設立が認可された。1827年ケルン-マインツ間の定期運航がはじまり、ロテルダムの会社がケルンより下流区間に、ケルンの会社がケルン-マインツ間に、マ

---

36 当初プロイセンで建設されたのは民間鉄道であり、1842年末までREGに出資したのはベルギー政府だけであった。Fremdling, Rainer, *Eisenbahnen und deutsches Wirtschaftswachstum 1840-1879*, Dortmund 1985, 125-126ページ。

インツの会社がマインツより上流区間およびマイン川にそれぞれ就航する区間独占体制のもとで、1820年代のうちにライン河口から上流部にいたる汽船運行体制がととのった。1830年代にはいると、1832年ケルンとマインツの会社が合併してライン汽船会社となり、1836年デュセルドルフにニーダー-ミテルライン汽船会社が設立されて1838年ロテルダムへの乗入れをはじめた。1841年ケルン汽船曳航会社が設立され、翌年には鉄製艀による貨物輸送がはじまり、伝来の馬による曳船が姿を消した。この交通革命は1831年3月31日マインツでのライン河航行協定署名をもたらし、「外洋にいたるまで」 *jusqu' à la pleine mer* のライン河航行自由化が大きく進展した[37]。

このような水陸両面での交通革命は西北ヨーロッパ産業革命の終期を告げるものであり、これが政治革命と連動して起きたことは、ヨーロッパ政治・経済史における1830年代の画期性を物がたる。

ところで、ベルギーの独立によりネーデルラントが南北に二分されたことは、ウィーン会議以降のドイツにおける政治・経済統合の展開と奇妙な対照をなしている。アメリカの南北戦争につづくドイツの「南北戦争」というべき、1866年のドイツ戦争の結果成立した北ドイツ連邦により、北海、バルト海への通路を抑えられたことが南ドイツ諸領邦に北ドイツ連邦加盟を強いて、1871年のドイチェスライヒ成立にいたったことは、内陸国が地政学上の弱みをさらけだした歴史的好例である。ところが、ネーデルラントで起きたのはドイツの経緯と逆行する動きであった。ベルギーは独立を達成したものの、北海への最重要な出口、アントウェルペンは、スヘルデ河口海域をネーデルラント領 Pr ゼーラントに挟まれて、地政学上きわめて不利な立場に自らを追いやってしまった。しかもベルギーは、ライン河沿いの国に参加国が限定された1831年ライン河航行協定当事国から外されたうえに、マース河下流部とマーストリヒトからの運河とがネーデルラントにより抑えられていた[38]。交通地理的観点からすればなかば内陸国に自らを追いこんだベルギーにとり、プロイセン領ラインラントを後背地としてアントウェルペンの地位強化をはかることが戦略的重要性をもつことを認識したベルギー政府は、ラインラントとの鉄道結合を国策として打

---

37 渡辺（1987）、223-224, 248-252 ページ。
38 Kumpmann, Karl, *Die Entstehung der Rheinischen Eisenbahn-Gesellschaft 1830-1844*, Essen-Ruhr 1910, 51 ページ。

ちだした。他方でラインラントでも、ライン河航行協定後もライン河口を抑えるネーデルラントの海運独占から脱するために、アントウェルペンと直結する「鉄のライン」建設に向かう機運が生じていた。このような大状況を背景にして、しかも曲折に富む過程をたどった REG 成立史の要点を、もっとも基本的な文献であるクンプマンの著作におもに依りながら確認する[39]。

ライン河航行協定が締結された5ヶ月後、1831年8月24日のベルギー内閣令で、二人の技術者 Simon と De Ridder がアントウェルペン、マース、ラインをむすぶ鉄道計画の策定を命ぜられた。同年12月にベルギー政府からプロイセン政府に対して、すでにベルギー側で構想が練られはじめていたアントウェルペン−ケルン鉄道路線建設の提案がなされている。1832年3月21日に国王令により、アントウェルペン−リエージュをアントウェルペン−ケルン鉄道の最初の区間とすることが決定した。まずマース河流域をアントウェルペンとむすぶことが第一歩だったのである。他方で、リエージュの市民層もすでに

---

[39] 渡辺（1987）、224-226 ページおよび山田徹雄（2001）、47-48, 56-58, 74-75 ページをも参照。スヘルデ河口をネーデルラントに抑えられたベルギーが、陸の孤島化を避けるためにラインラントとむすぶ国策を打ちだしたことは理解できるが、ケルンがなぜアントウェルペンとむすぼうとしたのかは自明でない。「通商の「オランダからの完全な解放」」を達成するために、「ケルンとアントウェルペン間の鉄道建設がプロイセンにとり北海に出るための「最初の手掛かり」Erste Fühlfaden であり、ライン河［航行］の自由化の最終的［達成］」となろうというカンプハオゼン Ludorf Camphausen の提言は（van Eyll, 220 ページより引用）、当時の状況の下でどのような根拠にもとづいたものなのか。ケルンからみて、アントウェルペンとの鉄道結合が、ネーデルラントによるライン、スヘルデ両河の事実上の統制を回避する道であるためには、アントウェルペンをネーデルラントの実効支配がおよばない西北ベルギーの海港オーステンデにいたる中継点と位置づけて、初めて合理的根拠を得ることになるはずである。1838 年までにオーステンデ−リエージュ間の鉄道路線が開通しているので、カンプハオゼンが最初の鉄道論（Zur Eisenbahan von Köln nach Antwerpen (I), Köln, 1833）を発表した時点で、オーステンデとの接続の見通しが立っていたと推定できる。事実、ベルギー国内ではブリュセル−メヘレン（1835 年）、メヘレン−アントウェルペン（1836 年）、メヘレン−ヘント（1837 年）、メヘレン−リエージュ附近（1837 年）、ヘント−オーステンデ（1838 年）、メヘレン−リエージュ全線（1842 年）、リエージュ−ドイツ国境（1843 年）と、ドイツ国境からオーステンデにいたる区間がつぎつぎに繋がっていったからである。カンプハオゼンは、北海に向かって開かれている（はずの）ベルギー諸港の象徴として、アントウェルペンに焦点をあてた可能性が高い。van Eyll, Klara, Camphausen und Hansemann−Zwei rheinische Unternehmer 1833-1844, in: *Tradition: Zeitschrift für Firmengeschichte und Unternehmensbiographie*, 5/1966, 11. Jg. 5. Heft.

1829 年に同様の提案をおこなっていた。ベルギーでは独立後に官民一体となって、スヘルデ河とライン河をむすぶ鉄道路線を幹線として建設する計画を推進したことが窺われる。ただし、政府の国策的関心とワロニの大都市、リエージュの市民層の地域的関心とがどこまで重なったかは、検討の余地があろう[40]。

　ベルギー側からの動きに応えて、1833 年 5 月 3 日にケルンにケルン－アントウェルペン鉄道委員会が設立された。当委員会の中心となって精力的に活動したのがカンプハオゼンにほかならない。翌 6 月に当委員会は、管轄官庁である商工業・内務省にケルン－デューレン－エシュバイラ－アーヘン－ベルギー国境の鉄道建設事業のための株式会社を設立する権利を、当委員会に認可するよう請願し、同年 12 月 5 日に国王から認可がおりた[41]。

　ところが 1834 年 7 月末に公表された当委員会の暫定調査結果は、地形上の困難によりアーヘン経由が不可能であることを明らかにした。そこで、アーヘンにいたるためにシュトルベルク附近のブシュミューレ *Buschmühle* からアーヘンまで支線を建設して、急勾配区間では固定蒸気機関により列車を牽きあげるか、ゆるやかな勾配の斜面をつくるしかないという暫定案が作成された。1835 年 7 月に出された技師 *Henz* による最終調査結果も、ライン－エルフト、エルフト－ルール、ルール－マースの三か所の分水嶺を越える必要から、ケルン－アントウェルペン間の路線はプロイセン領区間の地形がきわめて不利であることを確認した。これにもとづき、デューレン、アーヘン、オイペンを経由することは困難であるとして、アーヘンとは支線でつなぐ案が最終案として策定されることになった[42]。

　1835 年 7 月 25 日に設立総会がひらかれ、カンプハオゼン作成の定款案が採択された。社名を *Rheinische Eisenbahn-Gesellschaft* として、デューレン、アーヘンを本線からはずす路線がいったん決定した[43]。これに対してアーヘン側が猛烈な反対運動を展開し、プロイセン政府にもはたらきかけた。これをうけて政府は、和解のための会議をユーリヒで 1836 年 4 月 6 日に開催すること

40　Kumpmann（1910）, 42, 55-57 ページ。
41　同上、65, 68, 78 ページ。
42　同上、91, 96-98 ページ。
43　同上、105 ページ。

にした。これに備えてアーヘン側は、ブルトシャイトの *Philipp Heinrich Pastor* の主導のもとでアーヘン経由路線の現実的可能性をさぐる調査を始め、その結果、デューレン、アーヘン経由の路線建設が十分に可能であることが判明した。そこでアーヘン側は、①ケルン – ベルクハイム – デューレン – アーヘン – オイペン – 国境、②ケルン – ケーニヒスドルフ – デューレン – アーヘン – オイペン北側の国境という二案をもって会議に臨んだ。それだけでなく、いまやアーヘン側の指導者となったハンゼマン *David Hansemann* の提案により、ケルン牽制のために *REG* と真っ向から競合する *PREG*（Preußisch-Rheinische Eisenbahn-Gesellschaft）の設立委員会が 1836 年 3 月 31 日に組織され、ユーリヒ会議の前日 4 月 5 日に設立総会を開くという思いきった行動にでたのである。ユーリヒ会議でプロイセン政府は手続き上 *REG* のみを承認する意向を示しながらも、双方に中立的な立場を守り、決着は先おくりされた[44]。

プロイセン政府がケルン側を積極的に支持しなかったのは、ケルンの影響力が強まることを警戒して、アーヘンに肩いれする者が政府内に多く、ケルン支持派が少数にとどまったからである。1837 年 2 月 12 日の内閣令で *REG* と *PREG* とを事実上合併させる最終決定が下り、最大の論点である路線についてはデューレン、アーヘン、ブルトシャイトを経由し、オイペンとはヘルベスタール *Herbesthal* からの支線でつなぐとされ、アーヘン側の要望が受けいれられた。2 月 21 日に発せられた具体的な指令で、取締役会 *Direktion*, 理事会 *Administrationsrat* の構成はケルン、アーヘンの均衡を図るべきこととされた。さらに 5 月 18 日の政府決定で、会社所在地がケルンに確定した[45]。それは形の上では双方の顔を立てた裁決であったが、アーヘン側の要求が大幅に取りいれられたことで、アーヘン側の勝利が明白である。

1837 年 5 月 31 日～6 月 8 日に新 *REG* 最初の総会が開催され、定款はカンプハオゼンの手になるこれまでのものに代わり、ハンゼマン作成の案が採択された。これにもとづいて取締役会と理事会の選挙がおこなわれ、前者ではケル

---

44 同上、115、129-131 ページ。ユーリヒはケルンとアーヘンの中間、やや北寄りにあり、両市の路線をめぐる対立に一見中立的な位置にある、しかし、ユーリヒがルール川沿いにあり、当市でルール川にそそぐインデ川の上流にアーヘンが位置していることを考えれば、アーヘン圏寄りの地であることは否めない。プロイセン当局がこの地を両市協議の場に指定したこと自体に、アーヘンに肩入れする姿勢を見てとることができる。

45 同上、150-151 ページ。

ン側から L. Camphausen, H. von Wittgenstein, A. Oppenheim, ブルトシャイトから Ph. H. Pastor, アーヘンから Hansemann, van Gülpen が選ばれたが、カンプハオゼンとビトゲンシュタインは就任を固辞した。6月9日に公正証書が作成され、もって定款が確定した。8月21日内閣令で認可が下りてようやく REG が発足の運びとなった[46]。4年後 1841年9月6日にケルン－アーヘン間が開通し、11月2日貨物輸送もはじまった。国境までの区間が完成してベルギー鉄道と接続したのはその2年後、1843年10月15日のことである[47]。このような経過をたどって成立した REG の系譜に、140年後の EMR がつらなると言えるのかもしれない。

4　ハンゼマン対カンプハオゼン

REG の成立過程を刻印するアーヘンとケルンの対立は、この鉄道の空間形成作用に対する両都市の思惑の相違を反映している。ケルンからすれば、REG はケルン（ライン河）をアントウェルペン（スヘルデ河）にむすんで、後者を前者の外港とするための路線であり、それがアーヘンを経由するか否かは二義的問題である[48]。これに対してアーヘンからすれば、REG はアーヘン（マース河）をアントウェルペン（スヘルデ河）およびケルン（ライン河）の双方

46　同上、160-162 ペイジ。なお、定款第3条による路線は次のとおりである。「わが社はケルンからデューレンとアーヘンを経由してベルギーとの国境に向かう鉄道を建設する。これはアントウェルペンからプロイセンとの国境にいたる鉄道と接続するためである。この鉄道の路線は基本的に次のようなものとなる。ケルンの自由港を起点としてケーニヒスドルフ *Königsdorf* 附近でフォーアゲビルゲ *Vorgebirge* を、デューレン近くでルール川を越える。エシェバイラープンペの奥でインデ川の谷を抜け、フェアラオテンハイデ *Verlautenheide* のトンネルをとおりハールバハ *Haarbach* にいたる。アーヘンのマルシーアトーア *Marschierthor* の近くでアーヘン－ブルトシャイト間の道路を横切り、トンネルをとおってアーヘンの丘陵盆地を抜けるとすぐに、オイペンを経由せずヘルベスタールとバイセンハオス *Weißenhaus* の間でベルギーとの国境にいたる。軌間はベルギーの本線のそれと同じものとする。」同上、447 ペイジ。

47　同上、413 ペイジ。

48　カンプハオゼンの立場は次のようなものであった。「この鉄道の目的はまずライン河とスヘルデ河とをむすぶことにあり、ゆえに、最も安あがりの路線とは異なる路線のためにかかる超過費用をまかなうことは、アーヘン人の問題であって株式の過半をおさえるケルンの銀行家や商人の問題ではない。」Angermann, Erich, Ludolf Camphausen, in: *Rheinische Lebensbilder*, Bd. II, Düsseldorf 1966, 202 ペイジ。

向に結ぶものであり、基点はあくまでアーヘンである。それは東方に向かってケルンを終点とするのでなく、ライン河を越えて東に路線を延ばし、もしくはケルンから東に向かう路線と接続し、やがてはベルリーンにいたる展望を潜ませる構想であった。路線はアーヘン経由とするが本社をケルンにおくというプロイセン政府の裁可は、両市にとり痛み分けの結果となったように見える。しかし、取締役会と理事会の構成においてアーヘンとケルンの均衡が原則とされたことで、ケルンを本社所在地とすることが名目にすぎなくなった。これは、REGの基点としてアーヘンがケルンと対等の地位に就くことを、プロイセン政府が認めたことを意味する。アーヘンは名を捨てて実をとることができた。REGの路線をめぐって表面化したアーヘンとケルン、二つの旧帝国都市間の対抗関係は、皇帝戴冠都市対大司教座都市という伝統的様相から、いまやラインラントとプロイセンとの対抗関係を反映する様相に変化したのである。

　REGをめぐる両市の攻防は、一見ハンゼマンとカンプハオゼンという二人の代表的「ライン市民」の個人的対立として表れた。この二人が政治能力を買われて、1848年三月革命期に同時に入閣し、それぞれ首相と蔵相を務めたことと照らしあわせると、REGをめぐる二人の対立はライン企業家史のなかでとりわけ興味ぶかい論点をなす[49]。ともあれ、それぞれアーヘン、ケルン両商

---

49 「並はずれた政治的視野を具え、目的のために手段を選ばず、慧眼にして剛直、かつ豹変できる一人の男の、大胆にぎりぎりまでやることを辞さない事業への挑戦心と、戦闘的で向うみずな貫徹への意志」（ハンゼマン）と「感受性に富み、控えめで、石橋をたたいて渡ることを最優先する商人」（カンプハオゼン）、三月内閣の首相（カンプハオゼン）は「ラインの自由主義者のなかでもっとも配慮に富み、節度があり」、蔵相（ハンゼマン）は「その実行力、専門的知識で人気抜群であった。」アンガーマンは二人の個性をこのように対比してみせている。同上、203, 213ページ。調整型で学者肌のカンプハオゼンと即決型で事業家肌のハンゼマンとの対照が際だつ。
　ファンアイルもカンプハオゼンとハンゼマンの気質の違いを認め、両雄相容れぬ対抗関係に焦点を当てる。カンプハオゼンがREG成立過程の闘争で敗れたとき、ハンゼマンにいさぎよく道を譲ったこと、1843年に株主への利益還元政策をめぐる対立でハンゼマンがケルンの金融業者オペンハイムに敗れたとき、カンプハオゼンがハンゼマンを慰め、かくして両者の和解がなったと、二人の「ラインの企業家」の対立から和解にいたる過程を論じている。しかし、ハンゼマンに勝ったオペンハイムが社長に選ばれず、フォンメーフィセン von Mevissen が社長に就いたことにハンゼマンがいささかの慰めを見いだしたであろうという叙述は、オペンハイムを「ベニスの商人」のショイロックに見立てている印象をあたえ、ファンアイルという「ラインの経営史家」のユダヤ教徒銀行家に対する冷ややかな視線を感じさせる。van Eyll (1966), 231ページ。

業会議所会頭を務めた二人が、かの一群のラインの自由主義企業家の代表的人物であったことは、研究史において通説というよりも、むしろ自明のこととされてきた[50]。たしかに、ハンゼマンはカンプハオゼン、ベケラート、メーフィセン等とともにライン自由主義の指導者の一人として、第七回ラインプロビンツ議会議員に選出されている。しかし、ハンゼマン自身の地域的帰属意識においてラインラントが占める比重は、カンプハオゼンの場合と等しかったのだろうか？　この意味で、ハンゼマンを本来の「ラインの企業家」と呼べるのだろうか？　ということは、かれが拠って立つアーヘンはラインラントの一部だったのかと、問うことでもある。論をここまで進めてきた以上、この根源的問直しを避けるわけにゆかない。

　カンプハオゼンはアーヘン近郊で生まれ（出身からするとアーヘン人！）、ライトの紡績業者 Lenssen の娘と結婚したが、27 歳でケルンに移り、精油業、穀物取引、銀行業を手がけながらケルンの企業家としての経歴を積んだ。1833 年から 1847 年まで（1837～39 年の中断を除く）ケルン商業会議所議員を務め、1839 年から会頭としてケルン経済界に君臨した[51]。ほぼ 88 年におよぶ人生の後半を天文学と物理学の研究にうちこみ、ケルンに没した学究肌のかれの生涯は、三月革命期までのラインラント経済史を体現するとさえ言うことができる。鉄道国有論者であったが、鉄道経営への国家の介入を拒否したかれの REG 設立活動に[52]、ラインラントへの強い帰属意識を嗅ぎとった前三月期のプロイセ

50　たとえば、Däbritz, Walter, David Hansemann, in: *Rheinisch-Westfälische Wirtschaftsbiographien*, Bd. 7, Münster 1960, 8 ページ。産業革命期ライン-ベストファーレンの企業家の特性を比較検討したツンケルも、「ラインの商人カンプハオゼンとハンゼマン」、「ラインの自由主義的銀行家、商人である D. ハンゼマン」、「ラインの企業家 D. ハンゼマン」などと枕詞のようにハンゼマンのラインラント帰属性を繰りかえして、カンプハオゼンと同類視している。Zunkel, Friedrich, *Der Rheinisch-Westfälische Unternehmer 1834-1879*, Köln et al. 1960, 92, 149, 170 ページ。ケルン商工会議所の外郭団体であるライン-ベストファーレン経済資料館副館長（事実上の館長）をながらく務めたファンアイルの筆致が、かつてケルン商業会議所会頭を務めたカンプハオゼンに好意的であるのはむしろ当然として、彼女もまたハンゼマンをライン人とみなすことにためらいを見せていない。前掲論文の副題で、両者を「二人のラインの企業家」として並べていることが、これを明白に物がたる。van Eyll (1966), 227 ページ。

51　Loose, Kurt, Ludorf Camphausen, in: *Rheinisch-Westfälische Wirtschaftsbiographien*, Bd. II, Münster 1937 (Fotomechanischer Nachdruck 1974) 254-275 ページ。

52　同上、257 ページ。

ン政府が、アーヘンのケルン批判を利用してかれを牽制しようとしたのは当然である。

これに対してハンゼマンは、ハノーファ王国（ハンブルク近郊）に生まれ、27歳のときにアーヘンに定住し、オイペンの商人 Fremerey（Fremery）の娘と結婚した。羊毛取引で財をなしたかれは、1832～34 年にアーヘン商業会議所議員、1836～39／43～48 年に会頭を務めている。アーヘン火災保険会社 *Aachener Feuer-Versicherungs-Gesellschaft*（Aachener und Münchener Feuer-Versicherungs-Gesellschaft の前身）とアーヘン勤労助成協会 *Aachener Verein zur Förderung der Arbeitsamkeit* を設立し、両者の拠金によって 1870 年ドイツ初の工科大学がアーヘンに設立されたことは、ハンゼマンがアーヘンに残した足跡の大きさを物がたる。かれはケルン－ミンデン鉄道会社 *Köln-Mindener Eisenbahn-Gesellschaft* の建設でも主導的役割をはたした。1848 年 3 月に居をベルリーンに移し、三月革命期にカンプハオゼン、アオエルスバルト二人の首相とともに蔵相を務めたあとプロイセン銀行頭取に任命された。つづいて 1851 年 10 月ベルリーンにディスコント－ゲゼルシャフト *Disconto-Gesellschaft* を創設してその頭取になった。1860 年にプロイセン商業会議所会頭、1861 年 5 月ドイツ商業会議所 *Deutscher Handelstag* 創立総会の議長、1862 年第二回の総会でも議長を務め、経済人としてオーストリアをふくむ「大ドイツ」的経済空間の頂点に立つにいたった。1864 年に死去したかれが葬られたのはベルリーンである[53]。このような経歴をたどったハンゼマンを、カンプハオゼンと並べて自明のごとく「ラインの企業家」と呼ぶことができるのだろうか。

ここで、二人の地域的帰属意識を考察しよう。カンプハオゼンはなによりもケルンの利益関心を代表していた。しかしそれは、ライン河畔大司教座都市ケルンの卓越した経済的、文化的中心性からして、かれの主観を超えてラインラントもしくはプロイセン西部両プロビンツの地域利益関心として表れる。おりしもカンプハオゼンの主導のもとに REG の創立総会が開かれた 1835 年にはじまる「ケルンの紛糾」*Kölner Wirren*, 1870／80 年代の「文化闘争」*Kulturkampf*, ドイチェスライヒに対抗する「ライヒの敵」中央党 *Zentrumspartei*

---

53 Däbritz（1960）, 1-24 ページ; Bruckner（1967）, 23-25 ページ。

の創立、1918／19年のドイツ革命時に燃えあがった「ライン共和国」創設運動（その代表者の一人がケルン市長コンラート・アーデナオア！）もしくは分離主義運動、これらの宗教・政治史的事件の形をとって20世紀にいたるまで間歇的に噴きでた、プロテスタント国家プロイセンと大司教座都市ケルンとの抜きがたい対立を考慮したとき[54]、カンプハオゼンの立場がベルリーンにどのように映ったかがおのずから浮かびあがってくる。

　これに対して、アーヘンは幸か不幸かマース河畔に位置していなかった。よしんば「マースラント」という地域観念が生まれていたとしても、ラインラントほどの現実的意義を持つべくもなかったであろう。ベルリーンからすればいまや西部国境沿いの辺境となった、旧ユーリヒ公国を継ぐアーヘン圏がどれほど地域利益を主張しようとも、それは警戒の対象になるどころか、ベルギーとその背後にひかえるフランスに対する国境防備およびラインラント内部のケルンの独占的地位（それは西部両プロビンツの自立的統合の核として機能しうる）の相対化という、二重の効果を期待できるものとして映ったはずである。プロイセン政府が REG 創立にあたりケルンの顔を立ててみせながら、事実上アーヘンに肩入れをしたことは十分に理解できることである。

　ハンゼマンはかかるアーヘンの地域利益を代表していた。アーヘンへの帰属意識を基盤にしながら、ラインラント、プロイセン、ドイツという多層的上位空間への帰属意識の配分を状況にあわせて柔軟に変える戦略的自由を、かれは駆使したということができよう。それは、プロイセン政府のラインラントに対する警戒心を逆手にとって、アーヘンの地域利益を最大限に実現しようとした現実主義者の辣腕ぶりであり、理想家肌のカンプハオゼンのまねのできないところであった。REG がアーヘンをケルンにむすぶだけでなく、さらに東進してケルン–ミンデン鉄道によりケルンとミンデンをむすび、かくてベルリーンともむすぶというプロイセン横断的な鉄道路線の構想を、カンプハオゼンより明確に打ちだすことで[55]、かれのラインラント地域主義を相対化してみせたのは、ハンゼマンがなによりも「アーヘンの企業家」であったためであろうと、わたくしは考える。ドイツ領最西端の「辺境」アーヘンの商業会議所会頭を務めたかれが、「下からの」大ドイツ的経済統合（「上からの」大ドイツ的経済統合

54　Nonn（2009），58–62ページ。

は1995年のオーストリアのEU加盟をもってついに実現した！）の原型ともいえるドイツ商業会議所の初代議長を務めた逆説を軽視してはなるまい[56]。

そのハンゼマンを生んだアーヘン圏が経済空間として今日どのような形をとっているか、これを検討するためにここで史的分析から現状分析に移らなければならない。以上のような史的回顧のなかにEMRを位置づけたうえで、以下これの分析をおこなう。

5 「アーヘン圏」の多義性

アーヘン圏のこれまでの検討から、この地域が社会経済史的構造においてラインラントに属するのか、という根本的疑問が生ずるにいたった。したがって、EMRの成立と発展におよぼすアーヘン圏の空間動態の影響が、とりわけ重要な検討課題となる。この検討をはじめるにあたりまずおこなわなければならないのは、「アーヘン圏」の範囲の確定である。これまでの検討から、1972年のNRWの行政改革によりRBアーヘンがRBケルンに吸収合併されたことの代償として、レギオ-アーヘンという制度空間があらたに創りだされたことがほぼ明らかになった。他方で、アーヘン市を中心とする一帯の範囲が一義的でないばかりか、多様な呼称をもつことも判った。すなわち、「アーヘン都市圏」、「登記社団レギオ-アーヘン」、「アーヘン地域」、「構造政策地域アーヘン地域会議」、「アーヘン文化圏」、「アーヘン技術圏」等、じつに多様な形態（名称）が見いだされる。よって「アーヘン圏」の諸定義の比較検討からはじめる。

---

55 たしかにカンプハオゼンも1842年に、プロイセン王国はティルズィトとアーヘン、ハンブルクとシュレージエンをむすぶ、鉄道路線網の大十字を創りだすべきだとの交通政策構想を公表している。Angermann (1966), 204ページ。かれもまたラインラントをプロイセン王国の一部と理解していたことに疑いをいれない。そうでなければプロイセン三月内閣の首班をひきうけるはずもない。問題は、かれの地域的帰属意識のなかでラインラントにくらべてプロイセンがどれほどの重みを持っていたかである。

56 ハンゼマンはもともと大ドイツ主義者だったが、1864年ビスマルクの権力掌握を眼のあたりにして、大ドイツ的理念を断念するにいたったという。Zunkel (1960), 218ページ。ここにも、機を見るに敏な現実主義者ハンゼマンの一面が窺われる。

(1) アーヘン都市圏

まず、最近の NRW 行政改革による最狭義のアーヘン圏として、「アーヘン都市圏」Städteregion Aachen の創出が挙げられる。前述のように、RB アーヘンは 1972 年 8 月 1 日 RB ケルンに統合されたが、クライス級市アーヘン市と Kr アーヘンが併存することに変わりがなかった。この両者が 2009 年 10 月 21 日に合併して、「アーヘン都市圏」が生まれたのである。これは Kr アーヘンの法的承継体とされる。よって、形のうえでは Kr アーヘンがクライス級市アーヘンを吸収したことになる。ただし、アーヘン都市圏法の規定にもとづきアーヘン市はクライス級市としての法的地位を引きつづき認められている。アーヘン市は制度上、もはやクライス級市の範疇に属さないとはいえ、事実上のクライス級市として取りあつかわれ、クライス別統計においても、アーヘン都市圏の一部として別示されている。ゲマインデ連合 Gemeindeverband としてのアーヘン都市圏は、*Aachen, Alsdorf, Baesweiler, Eschweiler, Herzogenrath, Monschau, Roetgen, Simmerath, Stolberg* (Rhld.), *Würselen* の十ゲマインデから構成されている[57]。

(2) 登記社団レギオ・アーヘン REGIO Aachen e.V.

前述のように 1972 年の NRW の行政改革で、RB アーヘンは RB ケルンに合

---

[57] *Statistisches Jahrbuch Nordrhein-Westfalen 2011*, 26, 32 ペイジの注記を参照。アーヘン都市圏を構成する十ゲマインデのうち、*Roetgen, Simmerath* の二ゲマインデを除く八ゲマインデが市である。なお、1971 年 12 月 14 日に制定され、1972 年 1 月 1 日に発効した「アーヘン法」により、同年 8 月 1 日をもって RB アーヘンが RB ケルンに吸収合併されるにあたり、その手続きは複雑であった。RB アーヘンに属していた Kr シュライデン *Schleiden* が Kr オイスキルヘン *Euskirchen* に吸収合併され、拡大した Kr オイスキルヘンのケルン行政裁判所管区 *Bezirk des Verwaltungsgerichts* からアーヘン行政裁判所管区への編制替えが同時におこなわれたからである。RB としての地位をアーヘンは失ったが、裁判所所管区は Kr オイスキルヘンを加えて拡大したことになる。Wikipedia, "Aachen-Gesetz", "Kreis Euskirchen"を参照。ドイツ・ネーデルラント国境地域のエウレギオについて詳細な分析をほどこしたミオスガは、*EMR* のドイツ側を「RB ケルンの西部（旧 RB アーヘンで登記社団レギオ-アーヘンの管轄地域）」として、Kr オイスキルヘンだけが RB ケルンに属してきた歴史を見落している。Miosga (1999), 137 ペイジ。

併された。しかし、その4年後、1976年に「登記社団レギオ-アーヘン」（以下、レギオ-アーヘンと略記）が設立された。これの管轄区域は消滅したRBアーヘンにKrオイスキルヘンを加えた範囲であり、当時のアーヘン市およびアーヘン、デューレン、オイスキルヘン、ハインスベルク四クライスの区域にひろがる。ただし、レギオ-アーヘンは地区公共団体の直上の行政単位である広域連合でなく、特定の社員から成る社団、すなわち私法人である。この点で *EMR* のドイツ側域は、ベルギー・ネーデルラント側域と法的性格を異にする。レギオ-アーヘンは定款の附記によれば、1976年6月25日に設立されたあと、なぜか4年もの空白期間の後、1982年4月2日社団登記簿にVR2067として登記された。その後、定款は1989年4月7日、1996年3月19日、1999年5月5日、2001年3月19日、2007年3月29日、2008年9月3日と、六度にわたり変更された（2012年現在）。そこで、ウェブサイト[58]で閲覧可能な2007年現在の定款の抄訳と注釈を、資料4（本書巻末）として別掲する。

　資料4の注釈でたびたび指摘したように、実態は公法人でありながら、法的には私法人であることのひずみが、随所に潜んでいることが浮かびあがる。とりわけRBケルン長官の位置づけに問題をはらんでいることが明らかになった。ここで、アーヘン圏の他の定義についても触れておこう。

（3）アーヘン地域会議 *Regionalkonferenz Aachen*

　ここで、レギオ総会と同一名称で機能も重なる、NRWの構造政策の所産である「地域会議」*Regionalkonferenz* に眼を向ける。そこでまず「構造政策」とは何かを把握しておきたい。
　戦後の西ドイツ経済復興を支えたルール石炭鉱業が、1957年に初めて不況に直面して以来、当産業の苦境がしだいに度を増してゆき、NRW政府はこれへの政策的対応を迫られるようになっていった。この状況変動は、ライン-ルール経済圏の中核部が歴史的産業連関の継起する流動的空間にほかならず、内部空間の産業編成のたえざる新陳代謝という動態をとおして中核機能が再生

58　http://www.euregio-mr.com/de/partnerregionen/regio-aachen, 2012/09/27　これが、*Regio Aachen* の概観、組織構造、構成員、定款、歴史の各ウェブペイジにリンクしているので、まず定款を検討する。

産されていることを物がたる。以下、おもに Wissen (2000) に拠り、Heinze et al. (1996) および Noll (2000) で補充しながら、1990 年代末にいたるまでの構造政策の推移を大づかみに回顧する。

　1966／67 年に石炭鉱業が陥った事態が初めて「構造危機」として認識されたのを機に、NRW 政府が 1968 年に策定したのが包括的地域構造政策である「ルール開発基本計画」*Entwicklungsprogramm Ruhr* (1968-1973) であり、これは空間構造の合理化、非石炭・鉄鋼企業の誘致を図るものであった。この枠組で 1969 年に石炭鉱業企業が合併してルールコーレ *Ruhrkohle AG* の設立にいたった。1970 年に「NRW 基本計画」*Nordrhein-Westfalen-Programm* (1971-1975) が策定され、これに「ルール開発基本計画」が統合された。前者は、石炭鉱業とエネルギー経済の最新化、効率化を目的とした。加えて、1974 年に「石炭鉱業・エネルギー・鉄鋼技術基本計画」*Technologieprogramme Bergbau, Energie, Stahl* が策定され（石炭鉱業：1974-, 鉄鋼業：1979-1992, エネルギー：1974-1992)、各部門の最新化と効率化を目的とした。鉄鋼業向けの計画策定は、石炭鉱業と異なり 1970 年代まで安定した景況が続いていた鉄鋼業が、1977 年に一時的不況に陥ったことが契機となった。この鉄鋼部門は 1980 年代央に「材料・素材開発技術基本計画」*Technologieprogramm Material- und Werkstoffentwicklung* に名称が変り、さらに 1993 年に「将来技術」および「経済」の両基本計画とともに、「経済・技術基本計画」*Technologieprogramm Wirtschaft* に統合された。後者 (1978-1992) は中企業の競争力改善を主目的にした。1979 年のルール会議の成果にもとづき策定された「ルール行動計画」(1980-1984) *Aktionsprogramm Ruhr* は、石炭鉱業・鉄鋼業複合体の最新化を図り、その境界領域における経済構造の「溶解」*Auflockerung* を目的とした。「将来技術基本計画」(1985-1992) *Programm Zukunftstechnologien* は、とくに将来技術の鍵をにぎる分野の中企業の強化を目的とした。「将来技術」とは、マイクロ電子工学、測定・制御技術、環境・エネルギー・情報通信・生命・人間工学・材料技術をいう。

　1987／88 年の石炭鉱業・鉄鋼業同時不況を機に、1987 年に「石炭鉱業・鉄鋼業地区将来政策」(1987-1989) *Zukunftsinitiative Montanregionen* (ZIM) が策定され、鉄鋼業危機に直面した地区における技術革新の促進、新雇用創出、総意形成 *Konsenssicherung* が目的とされた。これをもって、「地域化された構造

政策」regionalisierte Strukturpolitik が打ちだされたのである。これは当初ルール地区に焦点をあてたものであったが、NRW 各地からの要請を受けて、1989 年「NRW 諸地域のための将来政策／地域化された構造政策」Zukunftsinitiative für die Regionen NRW's（ZIN）／ regionalisierte Strukturpolitik として NRW 全域を対象とするにいたった。ZIM と同様の目的に加えて、ZIN では「地域的協力団体および土地柄の認識の総動員」Mobilisierung regionaler Kooperationsbereitschaft und ortsspezifischen Wissens を掲げており、かくて 1990 年以降「地域政策の地域化」Regionalisierung der Regionalpolitik が NRW 全土に適用されることになった。さらに、「構造政策の地域化」で明らかになった諸問題に照らして、1994 年「NRW 産業立地共同行動」Gemeinschaftsaktion Industriestandort Nordrhein-Westfalen が策定された。これは構造基盤と行政制度の最新化を図るとともに、品質高度化、土地再利用、中小企業、技術革新、環境、これらの分野の助成を目的とした。とりわけ、中堅企業の競争力強化を目的とするものとして、「構造転換中の工業地域向けの基本計画」Programm für Industrieregionen im Strukturwandel（PROFIS）(1994-1997) が策定された。

　以上の構造政策の推移から、当初ルール石炭鉱業・鉄鋼業の構造危機への対策として発動された NRW 政府の構造政策が、危機の深刻化や様相の変化にともない、つぎつぎに新しい基本計画を期間未了の前計画に接ぎ木し、対象地域をルール地区から NRW 全域にひろげ、対象部門も石炭鉱業・鉄鋼業から将来技術産業とその担い手たる技術革新志向の中小企業へと重点移動してきたことが判る。NRW 政府の基本姿勢が、EU 構造基金と組んだ補助金支出から、各地域の地元の関係団体が一致団結して自ら地域政策の主体になる自助努力の促進へと転換したことは、とりわけ注目に値する。

　最後者の PROFIS は、NRW 全土を当初十四、次いで十五地域に分け、ゲマインデ、商工会議所、手工業会議所、労働組合、同権問題委員会 Gleichstellungsbeauftragte, 大学等あらゆる関係団体を地域会議 Regionalkonferenz に結集させ、各地域会議が主体的に自域の構造転換戦略を練ることを促すものである。十五地域は商工会議所管区を基準にして設定された。1991 年現在、NRW は十六商工会議所を数えたので、たしかに商工会議所管区と構造改革地域とはほぼ重なっている。上からの補助ではなく、地元関係機関・団体が総力を結集

して苦境打開に向かい、ラント政府は現場の自主的努力の調整にあたるという、補完性原則にもとづく地域政策観念（政府の経済政策は過程政策でなく秩序政策を旨とするべきであるとの、社会的市場経済の原則にも適う）は NRW 内で定着したばかりでなく、この構造政策モデルはヨーロッパ委員会から支持され、ドイツの他のラントも追従するようになったという[59]。

以上の経緯からすると、NRW の地域構造政策の対象としての「アーヘン地域会議」が、そのままレギオ-アーヘンの一機関として取りいれられたことになる。名称は同じであるが、社団の一機関なので「レギオ総会」という訳語をあてた。

ちなみに、NRW 域を十五に区分した各地域はさしあたり時限的政策空間であって、制度化された行政区域ではない。とはいえ、ラント全域が商工会議所管区とほぼ重なる十五地域のいずれかに属する空間構成により、各地域はおのずから行政区域の性格を具えることになる。また、ドイツの「地域」の基準枠としての商工会議所管区の意義をいっそう高めるものともなる。かかる地域の諸団体、集団の結集機関がレギオ-アーヘンの一機関となったことは、レギオ-アーヘンが制度上は私法人でありながら、実態は公法人の資格を具えることを物がたる。

（4）アーヘン文化圏 *Kulturregion Aachen*

NRW は 1996 年来「地域重視の文化政策」をかかげて、域内の文化的多様性を保全、助成する政策を打ちだした。そのために、NRW 域を十の文化圏 *Kulturregion* に分け、その一つが *Regio Aachen* である。これの範囲はアーヘン圏と一致する。ドイツにおける地域構造政策と文化構造政策は不可分のものなので、レギオ-アーヘンが地域的一体性を強めるための努力を 1976 年以来

---

[59] Wissen（2000）, 20-21, 128-130, 136-143 ページ。1968 年以降の NRW 政府の構造政策の推移を丹念に追い、効果、限界、問題点を明らかにした Wissen の批判的分析は示唆に富む。Heinze, Rolf et al., *Strukturpolitik zwischen Tradition und Innovation Nordrhein-Westfalen im Wandel*, Opladen 1996, 16, 19, 27, 37-38, 41 ページ。Noll, Wulf, "Strukturpolitik" in: *NRW-Lexikon*（2000）, 293-296 ページ。ちなみに、本書では *Programm* を「基本計画」、*Plan* を「実施計画」、*Planung* を「実施計画」または「計画策定（設計）」に訳しわける。ただし、*Aktionsprogramm* には「行動計画」という訳をあてる。

20年にわたり続けてきた実績にてらして、これの対象地域であるアーヘン圏をそのまま「文化圏」として認めたということであろうか。文化圏としてのレギオ-アーヘンは、面積ではケルン、デュセルドルフをふくむ東隣の文化圏「ライン軸」 *Rheinschiene* と釣合いがとれている[60]。

他方で、地域文化の多様性の政策的重視は、政治的向心力を殺ぐ遠心力を生む可能性をはらむことを見おとしてはなるまい。よって、基層地域重視の文化政策は、それが生むおそれのある政治的遠心力効果に備える策をあらかじめ組みこんでおくことが必須となろう。マース河流域のアーヘンとは文化的にも異質のライン河流域のKrオイスキルヘンを、社団レギオ-アーヘンは組みこんだ。その対象地域たるアーヘン圏の「文化的等質性」をNRWが「文化圏」の名であらためて確認したのは、国境を越えて西側に向かいがちなレギオ-アーヘンをオイスキルヘンがかすがいとして牽制してきた実績が、評価されたためと解釈できる。[61]。

---

60 Schubert, Klaus/Esch, Karin "Kultur und Kulturpolitik in NRW", in: *NRW -Lexikon* (2000), 157-159 ページ。

61 ここで、ラインラントにおけるオイスキルヘンの位置を確認しておく。オイスキルヘンの位置がライン河支流エルフト川沿いであることが示すように、ここは中世以来ケルンの後背地であり、地味豊かな平野部はケルンへの穀物、家畜の供給地となっていた。また、手工業部門では陶器生産が盛んであった。19世紀になると毛織物生産の一大中心地となり、とくに1852年プロイセン陸軍に毛織物供給を開始してから急速に生産拡大がすすみ、19世紀末にはプロイセン陸軍需要の3分の1を満たすまでになった。このような地域経済をふまえて、1891年プロイセン商務大臣が、ケルンを取りまくライン河両岸の一帯、すなわちクライス級市ボンおよびベルクハイム *Bergheim*、オイスキルヘン、ラインバハ *Rheinbach*、ボン、バルトブレール *Waldbröl*、ズィークブルク *Siegburg*、六クライスを合わせて管区とする商業会議所を設置した。それまでにすでにオイスキルヘン経由でケルンとトゥリーアをむすぶ鉄道路線が1871年に開通しており、これはドイチェスライヒの対フランス安全保障上、戦略的意義をもつものであった。今日では高速道路1号線(いわゆる「アイフェルアオトバーン」)がケルンとオイスキルヘンをむすんでおり、ケルン-ボン空港に30分強で達する距離にある。このようなケルンとの伝統的な経済的むすびつきのゆえに、オイスキルヘンの地域性は、アーヘンよりもケルンとの親和性が強いと推定される。*Handbuch der Historischen Stätte Deutschlands Nordrhein-Westfalen*, 220-221 ページ; Petri, Franz und Droege, Georg (Hrsg.), *Rheinische Geschichte 3 Wirtschaft und Kultur im 19. und 20. Jahrhundert*, Düsseldorf 1979, 40, 43, 77, 97, 103, 126, 788 ページ。

(5) アーヘン技術圏 Technologieregion Aachen

　AGIT（巻末資料4の注1参照）はアーヘン圏を管轄区域としており、これを「アーヘン技術圏」Technologieregion Aachen と呼んでいる[62]。これが AGIT による独自な呼称なのか、すでにひろく認められた呼称なのかは不詳である。

6　レギオ・アーヘンの実態

(1) 重点分野[63]

　以下、レギオ-アーヘンのウェブサイト情報にもとづき、レギオ-アーヘンの活動内容を検討する。まず、当レギオの活動の重点分野として、以下の六分野が挙げられている。①国により異なる法制のために困難に遭遇する越境就業者むけに、きめこまかな助言をおこなう。② INTERREG の活用は、国境を越える協力を推進するレギオ-アーヘンの活動をささえる最重要な礎石 der zentrale Baustein である。③文化的独自性を守る一方で文化間交流を図ることは、国境を越える協力にとっても自域内の協力にとっても高い価値をもつので、「文化連携事務所」Kulturkoordinationsbüro により NRW 助成金を地域的文化政策に活かし、諸文化企画に積極的にかかわり、地区内の文化的ネットワークの働きをたすける。④教育、健康、若者の問題をふくめた社会的統合が重要度を増しているので、これへの関与を強化する。⑤「レギオ-アーヘン域」（アーヘン圏）の新構築により、レギオ-アーヘンの新しい活動分野を開く。⑥ AGIT 有限会社（AGITmbH）と協力しながら、当レギオは域内の合議・決定の仕組み regionale Beratungs- und Entscheidungsstrukturen を育てあげる。意思決定にいたる仕組みと合議のあり方が、強力で良好な域内の「協力文化」Kooperationskultur の基盤を成す。以上の六重点分野のうち①と②は、EMR 水準の国境を越える協力が前面に押しだされているが、⑤〜⑥はむしろ、アーヘン圏内の統合度と意思決定の透明性を高めることが、直接の関心事であるように見え

62　http://www.agit.de/technologieregion-aachen, 2012/10/08
63　注2のウェブサイトからのリンク、Regio im Profil

る。それは、アーヘン圏内の階層・社会群の統合が、依然として、または新たな課題であるばかりか、域内に局地間利益対立が残っていることを窺わせる。それはまた、*EMR* の発足に合わせて成立したアーヘン圏自体が、当レギオの30年間を超える努力の積み重ねによっても、一つの地域としてまだ十分に成熟していないことを物がたっていないか。

（2）歴史[64]

　歴史のウェブサイトでは、レギオ-アーヘンの設立を定款より5年もおそい1981年4月14日としている。登記簿に登記されたのが翌1982年4月2日だから、登記手続きとの時間間隔に関しては、この時系列の方が理解しやすい。しかし、定款の表紙に1976年6月25日に設立されたと明記されているのであり、この食いちがいは不可解である。

　ともあれ、このサイトの記述を追うことにする。*EMR* による国境を越える協力の必要性が認識されたのは、この地域の伝統産業である石炭鉱業、繊維工業の衰退による危機に直面したからであるという。*EMR* のドイツ側域として生まれたレギオ-アーヘンが、行政区域であるネーデルラント・ベルギー側域とことなり、私法人である登記社団の形態をとったのは、合議と意思決定の過程を重視するためであるという。しかし、危機認識を共有し、意思決定の透明性をたかめて地域の総意結集を図るためにあえて社団形式をとったことは、逆にアーヘン圏が一つの地域としての等質性をまだ十分に具えていないとの認識があったからでないのか。しかも、ライン河岸から RB ケルン長官を呼んで社員としたのは（すでに見たように、定款上は「職務上の *ex officio*」義務規定でなく、可能規定）、事情をいっそう複雑にしたのではないか。たしかにそれは、ネーデルラント・ベルギー側域代表者と同格にするために必要な措置だったのかもしれない。とはいえ、合成されたアーヘン圏が、地域としての一体性をまだ具えるにいたっていない段階で、その「地域」利益の総代表を、NRW 吏員として RB ケルン全体に責任を負うケルン長官にゆだねるという仕組みそのものに、無理があるように思われる。

64　同上、Geschichte

国境を越える協力は、当初非公式な接触と自発的な協力にとどまっていたが、1970 年代末にレギオ-アーヘンの提唱で (1981 年設立とする説明と食いちがう)、社会・文化・経済分野の専門家の作業集団ができ、EMR 構成区域間の情報交換や学校関係者等の人的交流企画が実施された。1980 年代に入ると「国境を越える行動計画」 Grenzüberschreitendes Aktionsprogramm (GAP) 作成に向かいはじめ、1986 年にこれが実現した。専門家による初めての EMR の経済・社会分析の成果は、そのまま国境を越える協力の行動基準となり、GAP に盛りこまれた諸企画のうちの試行企画が、1988 年 EC からの資金補助をえて着手されたという。

INTERREG II (1994〜1999) までに、EMR は EC／EU から約 6000 万 ECU の助成を得ることができた。この助成金の受取りのために、1991 年 EMR はネーデルラント法による財団 Stichting に変わった。EMR の法的形態がすでに、EC／EU の補助金政策への対応に規定されていたのである。

レギオ-アーヘンにも他と同じく INTERREG 管理部が置かれ、企画応募の意向をもつ者に対して、情報提供と助言をおこなって企画作成と資金繰りを支援し、他の EMR 構成域との合意形成をたすける仕組みになっている。さらにまた、この間にレギオ-アーヘンの事務局も拡大し、メディア等に対する広報・訴求活動を積極的におこなっている。

このほか越境移住者、越境通勤者に対する支援活動の面で、レギオ-アーヘンに触発されて EMR 全域で専門家や関係諸機関の効率的なネットワークがつくりだされた。また最近、越境移動者のためのエウレギオ-タスクフォースがレギオ-アーヘン内に置かれた。これは越境移動の障害を除くために、政治行動をとることを目的とするという。

このように、当サイトは随所でレギオ-アーヘンが EMR 内で主導的な役割を演じていることを示唆している。検討の余地を残すのは、レギオ-アーヘンが「2001 年「[アーヘン] 地域会議」と合併した」 "Im Jahre 2001 fusionierte die Regio Aachen mit der Regionalkonferenz" というくだりである。この合併により、レギオ-アーヘンは NRW の「地域会議」の任務を引きうけたので、その任務の範囲が地域構造開発にまでひろがり、NRW の地域的構造政策の推進のために、あらゆる構造問題の改革手段、助成目的、政策領域にかかる合意の形成を目ざして、とりまとめをすることになったという。

他方で、前出の定款第2条b)の「地域会議」にかかる条文は、"*Er [Der Verein] ist soweit berechtigt, die Aufgaben zu übernehmen, die das Land Nordrhein-Westfalen……den Regionen des Landes überträgt*"となっている。ここでは、「レギオ-アーヘンがNRWの地域的構造政策を受託する資格をもつ」、すなわち、レギオ-アーヘンの目的の一部がNRWの地域政策の目的と合致するというにとどまる。ところが、当サイトの文言は、定款の文言と異なるばかりか、レギオ-アーヘンの目的が全面的にNRWの地域政策の目的と合致することになる反面、国境を越える協力によって地域政策の実を挙げるという、もう一半の目的は陰に隠されている。定款の文言に拠るならば、当サイトの文言は不正確で、誤解をまねくと言うべきであろう。

（3）現状[65]

次にレギオ-アーヘンの現状をみよう。まず現在の社員の一覧は表6-2に示される[66]。合計48団体・機関が挙がっているが、議会関係はドイツ連邦議会の名が挙がっているだけで、ラント議会、クライス議会、市議会、議員も名をつらねていない。市、クライス、ゲマインデの各公共団体には行政機関とならび議会がふくまれるので、そのなかから選ばれてレギオ-アーヘンに派遣された議員は、社員である当該公共団体を代表することになる。しかし、連邦議会が社員資格をもつのに対して、ラント議会とヨーロッパ議会が社員として名をつらねていないのを、どのように解釈するべきか。両議会の議員はレギオ評議会構成員の資格をもつので、かならずしも社員として加入する必要がないということであろうか。検討の余地をのこす。さらにまた、RBケルンの長官でなく、RBケルン当局が社員になっていることも、定款規定から外れている。

65　同上、Mitglieder および Organisationsstruktur
66　ここで既出を除く略称の正式名称を挙げる。*AWO*：労働者福祉 *Arbeiterwohlfahrt, DGB*：ドイツ労働組合連盟 *Deutscher Gewerkschaftsbund, DRK*：ドイツ赤十字 *Deutsches Rotes Kreuz, VUV*：経営者団体連盟 *Vereinigung der Unternehmerverbände*。*ZAR e.V.*の正式名称、実体は不詳。*Aachner Stiftung Kathy Beys*は、女性企業家*Kathy Beys-Baldin*により1988年に設立された、経済成長の環境適合性と持続可能性とを目ざして啓発・助言活動をおこなう政治的中立の財団である。地域資源、地産食品、建設業を重点分野とする。http://www.aachener-stiftung.de. 2012/10/08

表6-2　レギオ・アーヘンの社員

Aachner Stiftung Kathy Beys	Gemeinde Gangelt	Stadt Alsdorf
Agentur für Arbeit Aachen	Gemeinde Hellenthal	Stadt Düren
AGITmbH	Gemeinde Roetgen	Stadt Erkelenz
Apothekerverband Aachen e. V.	Gemeinde Selfkant	Stadt Eschweiler
	Gemeinde Simmerath	Stadt Geilenkirchen
AWO Kreisverband Heinsberg e.V.	Gemeinde Waldfeucht	Stadt Heimbach
	Handwerkskammer Aachen	Stadt Heinsberg
Bezirksregierung Köln	IHK Aachen	Stadt Herzogenrath
RWTH Aachen	Johanniter Unfallhilfe e.V.	Stadt Hückelhoven
Deutscher Bundestag	Kreis Aachen	Stadt Jülich
DGB Region NRW Süd West	Kreis Düren	Stadt Monschau
DRK Kreisverb. Aachen Stadt e.V.	Kreis Euskirchen	Stadt Stolberg
	Kreis Heinsberg	Stadt Übach-Palenberg
Dt.-NL.Ges. zu Aachen e.V.	Kreis Handwerkerschaft Heinsbg.	Stadt Wassenberg
Eifelverein		Stadt Wegberg
Einzelhandeslsverb.-AC DN e. V.	Landschaftsverband Rheinland	Stadt Würselen
		Stadt Zülpich
Europa-Union Deutschland	Museum Zinkhütter Hof	Verbraucher Zentrale NRW
Fachhochschule Aachen	Musikhochschule Köln Abt. AC	
Forschungszentrum Jülich GmbH		VUV
	Regionalstelle Frau und Beruf	Wasserverband Eifel Rur
Forum der Arbeit e.V.	Stadt Aachen	ZAR e.V.
Frauen in der Euregio		

注：AC は Aachen、DN は Düren の略記。FZJülich GmbH の後に WTP がつく。
出所：http://www.regioaachen.de/Mitglieder

　それでは、これらの社員の結社としての当社団が、現在どのような組織特性を具えているか。構造改革の進展にあわせて、より明確で透明な意思決定方法を編みだしたことの意義を、レギオ-アーヘンは強調する。すなわち、EU 補助金による諸企画とあらゆる主要な地域開発政策を、事前にひろく合意を取りつけたうえで実施する方式に変わったという。さらに、以下のような叙述がつづく。当該の合議・決定過程を進めるために、わけても AGITmbH との協力が重視され、これにふさわしい合議組織が形成された。その目的は、あらゆる分野におけるレギオの企画が EU 助成に与る機会に恵まれるように形をととのえるため、助成にかかる審議を適合的に噛みあわせ、本レギオが助成金獲得競争において有利な位置につけるように努力することである。これにあたり、助成申請対象の民主的決定を担保するために、政治家の関与をいっそう強めることになった。よって、評議会の構成員がいまやすべての合議・意思決定の場に

かかわることになった、と。これから、レギオ-アーヘンの活動がINTER-REG補助金獲得に重点を置いていること、しかも、*EMR*内部のINTERREG補助金獲得競争において優位に立つことを狙っていることが浮かびあがる。

当レギオの中心的な審議機関は運営委員会であり、これには地域公共団体、社会団体、大学等が属している。運営委員会はEUからの助成を求める企画に対して、レギオとしての意見を表明する。専門的助言および諸企画の策定・審議は四専門委員会がこれにあたり、そのうちの二委員会はAGITが、他の二委員会はレギオ-アーヘンが担当する。専門委員会は以下のとおりである。

①アーヘン地域の（regionale）経済・構造開発専門委員会（AGIT担当）
②労働・職業教育・資格高度化専門委員会（AGIT／旧レギオ部局担当）
③文化専門委員会（レギオ担当）
④社会的統合（家族・若者・健康・社会福祉）委員会（レギオ担当）

以上のレギオ-アーヘンの説明は、その活動の重点がINTERREG補助金の獲得それ自体に置かれていることを、隠そうともしていない。そのうえ、レギオ-アーヘンの主目的が、NRWの地域振興政策と事実上かさなってしまい、国境を越える協力よりもドイツ側域内の経済振興が主要関心事となり、まずそのためにEU補助金を利用しようとする思惑がはたらいていることは否むべくもない。EU域内で最も所得水準の高い地域の一つであるドイツ・ネーデルラント国境地域において、EU補助金獲得が自己目的化の傾向を見せるのは、すぐには理解しがたいものがある。

第5節の分析結果は、レギオ-アーヘンの活動が、*EMR*の地域的結束強化をもたらすよりも、むしろこれの一体化を妨げる結果を生みかねないことを明らかにした。*EMR*域が現時点で等質性を欠く諸区域の混成体にとどまっているばかりか、レギオ-アーヘン自体がいまだに一地域としての等質性を具えるにいたっていないことを、見落としてなるまい。おそらくこれは、レギオ-アーヘンという制度空間が、歴史的に異質なケルン的要素を抱えこんでいるからでないのか、それを象徴するのが、レギオ-アーヘンの利益を代表する地位をRBケルン長官が押さえている実状ではないのかというのが、さしあたりの解釈である。

7　アーヘン圏経済の現状

それでは 35 年以上にわたる EMR の活動は、アーヘン圏の経済構造に事実どのような影響をおよぼしたか。これをさぐるために、以下アーヘン圏の人口動態と雇用状況を点検する。

（1）人口動態

表 6 - 3 から、アーヘン市、アーヘン都市圏、アーヘン圏、RB ケルン、NRW の各統計地域単位の人口動態に、当該期間中にいずれも目だった変化がなく、この間のリーマン危機による世界的金融危機の影響がおよんでいないことが認められる。総じてこの間の人口動態は各地域水準において比較的安定していたとみるのが妥当であろう。したがって、アーヘン圏の人口が 130 万人、RB ケルンに占める比率が 30%、NRW に占める比率が 7% と大づかみに押さえることができる。

ちなみに、アーヘン市は人口で 2010 年末、NRW のクライス級市のなかで 11 位にとどまる中規模都市であるが、これに次ぐメンヘングラトバハが比較にならない中心性を具えていることを後述する。

表6-3　人口動態

	2004	2005	2006	2007	2008	2009	2010
Städteregion Aachen	568037	568475	568863	568959	568520	566347	565714
St. Aachen	257821	258208	258770	259030	259269	258380	258664
Kr. Düren	272908	272478	270917	270725	269607	268637	267712
Kr. Euskirchen	193199	193304	193191	192973	192638	192088	190962
Kr. Heinsberg	256956	257326	257282	256850	256004	255158	254936
Region Aachen	1291100	1291583	1290253	1289507	1286769	1282230	1279324
RB Köln	4363797	4378622	4384669	4301062	4386271	4383044	4392747
NRW	18075352	18058105	18028745	17996621	17933064	17872763	17845154
Region AC/ RB Köln	29.6	29.5	29.4	29.4	29.3	29.3	29.1
Region AC/ NRW	7.1	7.2	7.2	7.2	7.2	7.2	7.2

注：（1）各年 12 月 31 日現在。
　　（2）2008 年以前については St.AC と Kr.AC の数値を加算して SRAC の数値とした。
出所：*Statistisches Jahrbuch Nordrhein-Westfalen* 各年度。一部渡辺による算出。

(2) 外国人比率

　表6-4が示すように、外国人人口比率はアーヘン圏が10%台で推移し、これはRBケルン平均より低いが、NRW平均値とほぼ同じ水準である。他方でアーヘン都市圏はRBケルン平均値を上まわり、とりわけアーヘン市は大幅にこれを上まわる。アーヘン市人口に占める外国人比率は17%台から16%台へゆるやかな低下傾向をみせるものの、市人口の6人に1人が外国人である。たしかに、つねに18%台をたもつデュセルドルフの首位は動かない。とはいえ、アーヘン市は2003～04年はケルンに次ぐ三位、2005～08年は二位、2009～10年はデュースブルクに抜かれて三位に後退したものの、RBケルンでは2005年以後、ケルン市を上まわり首位の座をたもっている。デュセルドルフ、デュースブルク、ケルンはいずれもライン河畔の都市であり、マース河流域のアーヘンがこれらに拮抗する高い外国人比率をたもっていることは、前者と異なる経済地理的要因によると推定される。ネーデルラント、ベルギーに隣接する国境都市アーヘンは、ライン河流域の諸都市と異なる国際性の相貌を具えているのであり、その彫りをいっそう深くきざむのに一役買っているのが、おそらく *EMR* の存在であろう。

表6-4　外国人人口比率

	2004	2005	2006	2007	2008	2009	2010
Städteregion Aachen	13.5	13.4	13.4	13.3	13.1	12.8	12.8
St. Aachen	17.3	17.2	17.1	17.0	16.9	16.3	16.4
Kr. Düren	10.1	10.1	9.7	9.8	9.7	9.7	9.6
Kr. Euskirchen	5.3	5.3	5.2	5.2	5.3	5.3	5.3
Kr. Heinsberg	9.7	9.7	9.8	9.9	9.9	10.0	10.1
Region Aachen	10.8	10.8	10.7	10.7	10.6	10.5	10.5
RB Köln	12.0	11.8	11.7	11.7	11.5	11.3	11.3
NRW	10.8	10.7	10.6	10.6	10.5	10.5	10.5

注：（1）各年12月31日現在。
　　（2）2008年以前についてはSt.ACとKr.ACの数値を加算してSRACの数値とした。
出所：*Statistisches Jahrbuch Nordrhein-Westfalen* 各年度。一部渡辺による算出。

表6-5　被用者数に占める外国人比率

	2004	2005	2006	2007	2008	2009	2010
Städteregion Aachen	10.6	10.3	10.5	10.3	10.3	9.9	9.9
St. Aachen	11.6	11.3	11.5	11.2	11.1	10.7	10.8
Region Aachen	8.6	8.4	8.7	8.6	8.6	8.4	8.5
RB Köln	9.2	9.0	9.1	9.2	9.2	9.1	9.2
NRW	7.8	7.6	7.7	7.8	7.9	7.7	7.8

注：（1）「被用者」は Sozialversicherungspflichtige Beschäftigte の訳。
　　（2）各年6月30日現在。
出所：*Statistisches Jahrbuch Nordrhein-Westfalen* 各年度の数値にもとづき渡辺が算出。

（3）被用者数に占める外国人比率

　表6-5に示されるように、アーヘン圏は8％台で、7％台のNRW平均より高いが、9％台のRBケルンより低い。ところがアーヘン都市圏はほぼ10％台でRBケルンより高く、アーヘン市にかぎるとほぼ11％台でさらに上まわる。アーヘン市は人口に占める外国人比率が高いだけでなく、被用者に占める比率も比較的高い。

（4）失業率および失業者数に占める外国人比率

　失業統計は地域公共団体別でなく、NRWの33労働局 *Agentur für Arbeit* 管区別にとられており、アーヘン圏はアーヘン、デューレン両管区を合わせた範囲とほぼ重なる。そこで、両者の失業率および参考値としてケルン管区の失業率を表6-6に示す。ケルン管区の数値がNRW平均値をつねに上まわり、アーヘン管区もケルン管区ほどでないが、これを上まわる。他方、デューレン

表6-6　失業率

	2004	2005	2006	2007	2008	2009	2010
Aachen	11.5	14.4	13.6	11.1	8.5	9.0	8.5
Düren	10.7	11.6	11.5	9.5	7.4	8.1	7.9
Köln	12.8	15.1	14.1	12.5	10.5	10.5	9.9
NRW	11.0	13.0	12.1	10.0	8.2	8.9	8.4

注：各年9月末現在。
出所：*Statistisches Jahrbuch Nordrhein-Westfalen* 各年度。

表6-7　失業者数に占める外国人比率

	2004	2005	2006	2007	2008	2009	2010
Aachen	17.7	19.2	19.2	19.8	20.2	20.0	19.7
Düren	14.5	15.8	14.4	16.8	17.1	16.1	15.6
Köln	28.5	30.4	31.1	31.7	32.3	31.6	31.1
NRW	17.9	19.4	19.6	20.8	21.4	20.8	20.9

注：各年9月末現在。
出所：*Statistisches Jahrbuch Nordrhein-Westfalen* 各年度の数値にもとづき渡辺が算出。

管区は NRW 平均値をつねに下まわり、そのためアーヘン、デューレン両管区を合わせたアーヘン圏の平均失業率は、NRW とほぼ同水準であると推定される。

表6-7の失業者数に占める外国人比率をみると、ケルン管区が30％を占めるのに対して、アーヘン管区は20％未満、デューレン管区は15％台にとどまり、両管区とも NRW 平均値を下まわる。これはアーヘン圏の外国人被用者が比較的高い求人変動耐性を具えていること、すなわち、他の管区の外国人被用者とくらべて、より高度の職業資格を具えていることを推測させる。それはまた、外国人被用者のなかで隣接するネーデルラント、ベルギーからの越境者が比較的多いこと、かれらに対する EMR の職業資格高度化対策がある程度効果を挙げていること、以上を窺わせもする。

（5）部門別就業者比率

最後に、産業部門別就業構造を一瞥する。NRW 統計では産業構造を、①農林水産業、②工業 *Produzierendes Gewerbe*、③商業・旅客業、交通業、④金融、不動産業、企業向けサービス、公務、家計向けサービス、以上の四部門に分けている。肥大化したいわゆる三次産業部門をどのように細分類するかが産業分類上の課題となって久しいが、当統計では、三次産業部門を物流・人流にかかるサービスとそれ以外とに二分していることになる。前者が工業部門を直接補完する伝統的サービス部門であるのに対して、後者こそ新分野開拓の可能性に、したがって成長性にもっとも富む部門とみなされているようである。

そこで表6-8に、NRW の主要クライス級市における2002年と2009年の③と④の就業者比率を示した。③＋④の三次産業部門全体の就業者比率で、

表6-8 NRW主要クライス級市の三次産業部門就業者数比率

	2002			2009		
	Ⅰ	Ⅱ	Ⅰ+Ⅱ	Ⅰ	Ⅱ	Ⅰ+Ⅱ
Düsseldorf	28.3	55.3	83.6	28.0	58.0	86.0
Essen	25.4	54.7	80.1	24.1	58.7	82.8
Aachen	22.6	59.3	81.9	22.5	62.7	85.2
Bonn	24.5	63.4	87.9	22.7	68.8	91.5
Köln	29.0	54.0	83.0	26.5	59.3	85.8
Münster	24.5	59.5	84.0	22.9	63.6	86.5
Dortmund	28.0	54.0	82.0	27.1	56.9	84.0

注：（1）各通年平均値。
（2）「就業者」は Erwerbstätige の訳。
（3）Ⅰ: Handel, Gastgewerbe, Verkehr. Ⅱ: Finanzierung, Vermietung, Unternehmensdienstleister, öffentliche und private Dienstleister.

アーヘンは NRW 内で 2002 年に六位、2009 年に五位にとどまっている。ところが④に限定すると、アーヘンは 2002 年も 2009 年も、ボン、ミュンスターに次いで三位に浮上する。この三市は④における NRW の三強といってよい。突出しているボンは旧西ドイツの首都としての遺産がものをいっているのだが、ミュンスターとアーヘンは相似た中心性を具え、これはともに国境地域に位置する歴史的条件にささえられている。ミュンスターが *EUREGIO* を介して、ネーデルラントのトゥウェンテ地域とのむすびつきを強めていることは、すでに見た。アーヘンも *EMR* を介してネーデルラント、ベルギーとのむすびつきを強めている。ともあれ、今日、産業構造の成長点と期待されている④の就業者比率が比較的高いことは、アーヘン市で有資格の外国人に雇用の機会がそれだけ多く与えられていることを窺わせるものである。

　以上の労働市場分析から、レギオ-アーヘンの地域構造に潜む特性が浮かびあがってきた。それは、アーヘン圏のラインラントにおける辺境性が、その異質性を再生産していることである。これはアーヘン圏が東側のライン河流域でなく、西側のマース河流域に顔を向けてきたし、いまなお向けていることを示唆する。しかもこの辺境性が、アーヘン圏に最も親和的なネーデルラント、ベルギーからの労働力移動を容易にしている以上、国際的労働力供給の面でいえば、国境地域アーヘンはむしろ立地優位に恵まれているとさえ言えるのではなかろうか。

8　1980年代央の*EMR*の経済・社会状況

　ここまでドイツ側域のレギオ-アーヘンに焦点を当て、アーヘン圏の位置づけを検討した。その結果、アーヘン圏が自明のごとく歴史的地域としてのラインラントの一部とみなされてきたことに疑問を呈するにいたった。そこで次に、かかるアーヘン圏を構成区域としてふくむ*EMR*域内の1980年代央の社会・経済状況をさぐり、もってこの時点で域内空間にどの部面で向心力がはたらき、どの部面で遠心力がはたらいていたかを分析する。もとより*EMR*域は制度空間であるから、これ自体の経済空間としての実体性を問うことにさほどの意味はない。アーヘン圏分析の結果推定されるにいたった、マース河中流域に実在する蓋然性が高い独自な経済空間の検出を、*EMR*の実態をとおして試みることが課題である。

　資料として、*EMR*が策定した「*EMR*のための国境を越える行動計画」*"Grenzüberschreitendes Aktionsprogramm" für die Euregio Maas-Rhein*（以下、*GAP*と略記）を利用する[67]。また、これのデータと1990年代初に出版されたEC委員会編 *Portrait of the Regions* のデータとを対照し[68]、さらに他の*EMR*資料も補足的に利用することで実態にせまりたい。

　*GAP*は序（9-10）で、*EMR*を経済発展に有利な初期条件を具えながら、国境の分断作用によりこれの活用がさまたげられている「問題地域」*Problemgebiet*と規定する[69]。有利な初期条件として以下、四つが挙げられる。

67　*GAP*ドイツ語版を入手しえたのは*EMR*事務局の好意のお陰である。これは1986年、RB等の長官四名の会議で採択された163ペイジ以上におよぶ大部の計画書である。Ⅰ経済・社会分析、Ⅱ開発目標、Ⅲ開発活動、Ⅳ計画実施の4章から成り、さらにⅠは1 *EMR*の実態、2 *EMR*における開発活動、3 総括*EMR*の長所と問題点、の3節に分かれる。ただ残念ながら入手できたのは総ペイジの3分の1、51ペイジまでであり、よって第1章第1節を利用できたにすぎない。とはいえ、これだけでも1980年代前半の*EMR*の実態把握に足りる基礎統計数値をほぼ網羅しているので、資料的利用価値が十分にあると考えられる。

68　*Portrait of the Regions*. 本書は当時のEC加盟国の経済事情を、各加盟国のNUTS 2（Province（BE）, Provincie（NL）, Regierungsbezirk（DE））単位で、1980年代の統計数値にもとづき詳述したものである。1980年代前半の統計資料にもとづく*GAP*と、1980年代をとおして視野に収める*Portrait of the Regions*との相互対照は、時期的ずれを考慮する必要があるものの、両者の相補的利用が可能であると判断した。

第一は、EMR が西北ヨーロッパの主要大都市圏が分布する空間のほぼ中央に位置し、これらのいずれとも接続が容易な厚い交通基盤ができあがっていることである。もっとも、交通業の発展は域内に向心力と遠心力をともに生みだすので、EMR において正逆二様の効果のいずれが優るかは、比較検討によって初めて明らかになることである。

　第二は、とくに工学分野における高等教育・研究機関の高度な集積である。アーヘン工科大学、リエージュ大学、シタルト－ネーデルラント－エネルギー開発会社等あわせて 17 の高等教育・研究機関名が冒頭に列挙されており、これ自体が科学・技術分野の基盤の厚みに EMR がなみなみならぬ自信をもつことを示す。これは、すでに言及した「アーヘン技術圏」という自己規定ともかさなり、さらにすでに詳論したように、アーヘン圏をふくむマース河中流域がライン-ルール圏に先がけて産業革命の場となった歴史の遺産でもあろう。

　第三は、石炭・褐炭の潤沢な産出とこれを前提にしたエネルギー工学・技術の発展、これに加えて水資源にも恵まれていることである。炭鉱業は 19 世紀にこの地域に急激な工業化をもたらしたかわりに、20 世紀後半、地域経済の落ちこみを惹きおこした元凶である。とはいえ、長期的にみてエネルギー・水資源の豊富な埋蔵が EMR の強みであることは否みがたい。

　第四は、多様な自然条件に恵まれ、国境を越える自然観光資源が豊かなことである。これに国境を越える固有の歴史的景観を加えることができよう[70]。

　GAP の策定過程は以下のとおりである。1980 年 3 月 20 日、ネーデルラント、ドイツ連邦共和国、NRW の経済相が「委任による声明」*Mandatserklä-*

---

[69] EC は 1975 年に「ヨーロッパ地域開発基金」*ERDF* を設置し、1988 年に地域構造政策の効率性を高めるために五つの目的 *Objective* を掲げた。これの対象となる 160 の「問題地域」に EMR 領域の一部がふくまれた。工業衰退地域（目的 2）とされたのは Pr リンビュルフ（BE）のほぼ全域、Ar リエージュ、Pr リンビュルフ（NL）の東部炭鉱地帯のいくつかのヘウェスト、アーヘン、ハインスベルク、デューレン各クライスの一部、また、後進農業地域（目的 5 b）とされたのは Kr オイスキルヘンの農村地帯であった。*Die Euregio Maas-Rhein: Informationsdokument: Studie von SPG Consultants*, 1993, 3 ペイジ。

[70] 繰りかえし押しよせた歴史の波が、EMR 域に共通の遺産をのこし、それは市壁の造り、住民の習慣、芸術と文化、手工業の伝統、仕事ぶりに見てとることができるという。1989 年に域内重要都市の協力のために MHAL 行動計画が策定された。MHAL は Maastricht ／ Heerlen（NL）, Hasselt ／ Genk（BE）, Aachen（DE）, Liège（BE）の頭文字の組合せである。同上、1, 11 ペイジ。注 74 も参照。

rung の方式で、ネーデルラント側の「構造改革区域」*Herstruktureringsgebied*（Pr リンビュルフ（NL）南部［ザイトリンビュルフ］）ならびにドイツ側のクライス級市アーヘンおよびアーヘン、デューレン、オイスキルヘン、ハインスベルク四クライスの国境を越える行動計画作成に合意した。計画案作成は Pr リンビュルフ（NL）と RB ケルンの当局に委任され、これがさらに 1981 年 4 月、「NRW ラント・都市開発研究所」*Institut für Landes- und Stadtentwicklungsforschung des Landes Nordrhein-Westfalen*（ILS）に対して原案作成を委任した。その後、1981 年 7 月に Pr リンビュルフ（BE）、1982 年 10 月にヨーロッパ委員会、1983 年 5 月に Pr リエージュが参加し、*EMR* 構成区域が出そろった。この計画案作成作業の補助のために運営委員会が設けられ、上記の参加者と諸地域団体がこれを構成した。さらに個別問題検討のために、作業部会が設置された。1981 年初から 1982 年初にかけて、まずザイトリンビュルフ（NL）、Pr リンビュルフ（BE）、レギオ-アーヘンの経済的・社会的分析がおこなわれたという。Pr リエージュが加盟したあと 1984 年初までにリエージュ作業部会と ILS により先発三区域と同様の計画案が作成され、この両者が統合されて *GAP* となった。

　GAP の目的は *EMR* の有利な立地条件を活かせるように、国境障壁を除去し、国境を越える協力を強化することにあった。とくに地域開発分野における国境を越える協力に関する 1981 年 10 月 9 日のヨーロッパ委員会の勧告を実行に移して、EC の国境地域政策に役だち、内部国境地域振興の手段を練るための基礎データを EC に提供することを目的とした。

　以上の序文の記述から、以下二つが読みとられる。第一に、*GAP* 策定の共同作業がまず NRW・NL 国境地帯で始まったことである。それは当時四つの *EMR* 構成区域のなかで Pr リンビュルフ（NL）とレギオ-アーヘンとの経済関係が比較的濃かったためばかりでなく、レギオ-アーヘンと国境で接するベルギー側域が「ドイツ語共同体」であるためでもあっただろう。国境を挟んでドイツ語圏が向きあうという対称は、ネーデルラント語圏リンビュルフが二分されている事情とよく似ており、かかる微妙な歴史地理的条件が、当共同体が属する Pr リエージュの *EMR* 参加を 2 年遅れさせた（1978 年）のと同様に、*GAP* 参加についても同プロバーンスの判断を慎重にさせたと思われる[71]。

　第二に、*GAP* 策定における EC の強い関与は既出の諸エウレギオに対して

と同じであるが、EMR はこれらと異なり、下位の地区公共団体でなく中位行政水準を構成単位とすることが、対 EC 関係においても EMR がもつ独自性を窺わせることである。GAP の責任者として名をつらねる四名の肩書きはそれぞれ、*Commissaris der Koningin in de Provincie Limburg, Gouverneur in de Provincie Limburg, Regierungspräsident Köln, Gouverneur dans la Province Liège* である。EMR は「長官」*Commissaris, Gourverneur, Regierungspräsident* という中位行政機関長の協議体が政策決定権を握ることをとおして、ベルギー（Vlaams Gewest, Région Wallonne）、ネーデルラント、NRW 四政府が効果的に影響力を行使する権限を保持していることになる。四政府は自らに望ましからぬ EC の過度の地域介入を警戒して、予防措置を講じたのかもしれない。またこの点に、マース河流域の複雑な国境線の結節地帯にひろがり、自国への帰属意識が比較的弱いとみられる各構成区域の統治権をめぐる、EC と四政府との水面下のかけひきを窺うことができる。

　以上を留意しながら、以下、GAP の記述の検討を進めるまえに、1980 年代初のネーデルラント経済が破綻に瀕していた時代背景を顧みておく。戦後ネーデルラントと西ドイツの景気循環は 1994 年まで並行曲線をえがき、1980 年代は両曲線がほぼ重なったほどだが、ネーデルラント経済の不況はドイツ経済より深刻であった。経済学者のファンパリドンは 1945～2001 年のネーデルラント戦後経済史を 4 期に分け、1960 年と 1983 年を転換期とみている。地域水準の危機はすでに第二期「福祉国家時代」の 1960 年代に始まっていた。繊維、製靴、造船の伝統産業が構造不況におちいり、加えて 1959 年 Pr フローニンゲンで発見された天然ガス田が自国内のリンビュルフ炭鉱業を衰退させる皮肉な結果をまねき、1966 年に全炭鉱の早期閉山を目ざす政府決定にいたった。これにより 10 万人の雇用が失われ、補助金と諸政府機関（例えば全国被用者年金機構 *Algemeen Burgerlijk Pensioenfonds*）の移転によってもリンビュルフが地域的構造危機を脱することは困難であった。

　さらに 1970 年代の石油危機が、石油価格と連動する天然ガス価格の高騰による貿易収支の黒字とヒュルデン（hfl）高をまねき、その結果、製造業一般が

---

71 「ドイツ語共同体」が Pr リエージュとは独立の五番目の加盟区域となったのは 1992 年 6 月 29 日であるから（代表は首相 *Ministerpräsident*）、GAP 策定時点ではまだ四区域構成であった。*Informationsdukument*, 2, 5 ペイジ。

国際競争力をうしなうにいたった。不熟練労働者、55歳以上の中高年男性労働者の失業が急増したため、社会保険給付負担が過大となり、1973〜83年の戦後第三期「危機の時代」に、実質経済成長率が4.7%から1.7%に、財政赤字が0.8%から-5.8%に悪化し、失業率が2.5%から9.7%に上昇した。就業人口は3.1%減少し、とくに工業部門の縮小が目だった。部門別就業人口比率で製造業・建設業が36.7%から28.4%に減少する一方で、サービス産業部門が56.8%から65.9%に増大した。

　このような危機に直面して、1982年に成立したリュベルス Lubbers 政権（1982〜1994年）の主導により、労働者・経営者団体間でいわゆるワセナール協定 Akkoord van Wassenaar がむすばれた。これは、労働組合が無期限に賃銀抑制をうけいれる代わりに、企業は労働時間短縮、短時間労働の導入、早期退職を柱とする雇用確保・増大を目ざすという合意を内容とするものであった。政府も財政赤字を削減する一方で、競争力強化のために全国にイノベイションセンターを設置する等、積極的政策努力をかたむけた。これらの諸改革がしだいに効を奏して、1980年代半ば以降ネーデルラント経済は回復に向かいはじめたものの、労働市場の構造問題の根治にいたらなかった。ようやく1993年リュベルス政権が「就業不適格者法」（WAO）*Wet Arbeidsongeschiktheid* 改正を断行し、100万人に達しようとした社会保険受給者数を大幅に減らしたことで隘路が打破された。

　ネーデルラント経済の新たな拡大がはじまったのは、リュベルス政権からコク政権に交代した1994年ごろ（実質経済成長率3.2%）とされる。これ以降、かつて「オランダ病」*Dutch disease* と揶揄されていたネーデルラント経済が、一転して「オランダの奇跡」*Dutch miracle*,「ポルダーモデル」*Polder model* と注目されるようになった。GAPは、リンビュルフ（NL）が「危機の時代」から「回復の時代」に移行する1980年代前半に策定されたことになる[72]。

（1）EMR の区域構成（11）

　GAPは EMR を「［行動］計画区域」と呼ぶが、ここでは以下 EMR と読みかえる。すでに述べたように、これは Pr リンビュルフ（BE）、Pr リエージュ、「構造改革区域」すなわちザイトリンビュルフ（NL）、レギオ-アーヘンの四区

域から構成される[73]。

　ここで、*EMR* 構成区域がいずれも、それぞれ属する国のなかで異質性を秘めていることに、あらためて注目する。レギオ-アーヘンがラインラントのなかで異質な地域であること、これがアーヘンとケルンの歴史的対抗関係に反映していることを、これまでの検討結果から明らかにしえた。また、上述のように Pr リエージュは「ドイツ語共同体」という異質な地域をかかえている。さらにまた、今日マース河より東側がマーストリヒトを主都とするネーデルラントの一プロフィンシに、西側がハセルトを主都とするベルギーの一プロフィン

---

[72] van Paridon, Kees, Modell Holland: Erfahrungen und Lehren aus der niederländischen Wirtschafts- und Sozialpolitik, in: Müller, Bernd（Hrsg.）, *Vorbild Niederlande? Tips und Informationen zu Alltagsleben, Politik und Wirtschaft*, Münster 1998, 79-89 ページ；同、Wiederaufbau-Krise-Erholung: Die niederländische Wirtschaft seit 1945, in: Wielenga, Friso/Taute, Ilona（Hrsg.）, *Länderbericht Niederlande: Geschichte-Wirtschaft-Gesellschaft*, Münster 2004, 388-409 ページ。リュベルス政権時代の政治・社会動向は、同書所収の政治史家 Wielenga による、Konsens im Polder? Politik und politische Kultur in den Niederlanden nach 1945, 97-101 ページを参照。ポルダーモデルをドイツの労働市場政策と比較しながら概観し、労働災害の被災者を「就業不適格者」として労働市場から排除した「就業不適格者法」をはじめとする一連の「改革」は、労働市場の改善ではなく労働統計の操作にすぎないとみる批判的な論調もふくめて、諸文献を紹介した、Didszun, Klaus, Das niederländische Polder-Modell im Spiegel der Literatur, in: Hamm/Wenke（2001）, も参照。

　ポルダーモデルを紹介した日本語文献として、長坂寿久『オランダモデル制度疲労なき成熟社会』日本経済新聞社、2000 年、がある。

[73] *Portrait of the Regions* は NUTS 2、すなわちドイツでは Regierungsbezirk を分析単位としているので、RB ケルンの一部であるレギオ-アーヘンについて特別のペイジを割いていない。ともあれ、RB ケルンを二つの都市圏、すなわちライン河沿いのレーバクーゼンからケルンを経てボンにいたる「ライン河南流路」*southern Rhine track* 都市圏と西縁のアーヘン都市圏からなる、二軸構造として捉えていることが読みとれる。アーヘンについては以下のように記述されている。RB ケルン五大市のうち四市がライン河沿いに集中しているのに対して、［ケルンに次ぐ］第二の、かつより小さい都市圏の中心であるアーヘン市は、三国国境の結節点に位置し、国境の向かい側でアーヘンの鏡像をなすマーストリヒト、リエージュをそれぞれ中心とする都市圏と組んでいる。アーヘン圏は RB ケルンのなかで際だった研究・開発力の集積を誇りにしている。アーヘン都市圏は近年まで［ライン河沿い都市圏より］はるかに経済的苦境にあったが（1990 年の失業率はアーヘン市が 8.5％、Kr アーヘンが 8.1％、RB ケルン平均が 6.5％、ただしケルン市も 8.1％とアーヘン市並みであった）、この間に経済構造の均衡がとれてきた。同、100-101 ページ。国境を挟んで向かいあうアーヘン、マーストリヒト、リエージュが相互に「鏡像」*mirror image* を成すという認識は興味深い。

シに分離しているリンビュルフが、1815年ウィーン会議以降だけをみても複雑な歴史をたどったことも、すでに検討したところである。この独自な歴史が、リンビュルフにネーデルラントの他の地域に見られない特性を生んだといわれる[74]。(以下、煩を避けるために引用ペイジを見出しの後ろにかっこ書きする。)

(2) 人口 (11-14)

EMR は表6-9にみられるように1984年初に360万人の人口を擁し、ドイツ・ネーデルラント国境地域五エウレギオのなかで、最大人口をかかえていた。とりわけザイトリンビュルフの人口密度が高く、最低のPrリエージュの3倍に達した[75]。人口稠密地域はリエージュ、マーストリヒト、アーヘン、デューレン各都市圏および旧・現炭鉱地域であった。1983年を基準とする長期的人口動向は、Prリンビュルフ (BE) が高い増加傾向、ザイトリンビュルフ (NL) がゆるやかな増加傾向[76]、レギオ-アーヘンが頭打ち傾向をそれぞれ示し、総じて EMR の将来人口は安定すると推計されていた (2011年の人口は398万人で増加率は11%で推計を大幅に上回った)。

---

74 「カトリックの古い伝統と近隣のベルギーやドイツの方言と共通する方言とによって、リンビュルフはネーデルラントの他の地域と異る。」同上、262ペイジ;「リンビュルフではネーデルラントの他の地域よりも労働力率が、とくに女性のそれが高い。ここではカトリックの信仰が根づいているからだ。」van Maanen (2001), 64ペイジ; Böcker, Anita/Groenendijk, Kees, Einwanderungs- und Integrationsland Niederlande: Tolerant, liberal und offen? in: Wielenga/Taute (2004), Farbtafel II; Koopmans, Joop W. /Huussen, Arend H., *Historical Dictionary of the Netherlands*, 2nd. ed., Lanham 2007, 137ペイジ。
75 Prリンビュルフ (NL) は、人口密度の高いネーデルラントのなかでもとりわけ人口稠密な県であった。*Portrait of the Regions*, 262ペイジ。
76 1970年代後半まで Prリンビュルフ (NL) は比較的高い人口自然増の傾向をたもっていた。しかし、[ローマ-カトリック] 教会の影響力が弱まるにつれて出生率が減ってゆき、近年 [1990年代初] では人口増加率がネーデルラントのなかでも比較的低い水準に落ちこんでしまった。1990年時点で、ザイトリンビュルフの人口は63万6000人でPrリンビュルフ人口の58%、人口密度933人／km²は同じPrリンビュルフ内のノールトリンビュルフの3倍、全国平均の2倍を超える。これと対照的に1980〜90年の人口増は2.5%にとどまり、これはノールトリンビュルフ (4.9%) の2分の1弱で、全国平均 (5.7%) とくらべても2分の1に満たない。*Portrait of the Regions*, 263-264ペイジ。

表6-9 人口、失業率、域内生産

	人口	面積 km²	人口密度	失業率 %	対全国平均比	GDP/人, DM	対全国比
Pr Limburg (BE)	726884	2422	300	25.6	131	17415	94
Pr Liège	992061	3865	257	22.3	114	18038	97
Zuid-Limburg (NL)	719106	925	777	22.3	130	17147	76
Regio Aachen	1142091	3536	323	11.0	103	18055	76
EMR	3580142	10748	333				

注:(1) 人口は 1983.12.31/1984.1.1。
　　(2) 失業率は 1984年。ベルギーのみ 1983年。
　　(3) 域内粗生産はネーデルラントとドイツが市場価格表示、ベルギーが要素価格表示。1981年。ベルギーのみ 1979年。
出所:GAP, 11, 14 ページ。

(3) 雇用 (14-17)

　表6-9にみられるように、Pr リンビュルフ (BE) とザイトリンビュルフ (NL) の失業率が、各国平均失業率と較べて際だって高い。また GDP/人はいずれも各国平均を下まわり、とりわけザイトリンビュルフ (NL) とアーヘンはそれぞれ国またはラントの平均の4分の3にすぎない。これから、わけてもザイトリンビュルフが最も厳しい経済状況に置かれていたことが浮かびあがる[77]。1950年代末、当地域の石炭産出は、安価な輸入炭、石油、ネーデルラント産出天然ガスに押されて減少傾向に転じ、1965～74年に全12炭坑が閉山した。1960～84年に EMR 域内の全炭鉱業で10万人以上が失業したという。域内各地域の動向は以下のようであった。

　① Pr リンビュルフ (BE) では失業者が2万人にのぼり、それは石炭鉱業就業者の半分以上、全鉱工業部門就業者の35%におよんだ。とはいえ、Pr リンビュルフ (BE) では非農業部門就業者が 1976～83年の間に1%減ったにすぎない。電機・皮革・繊維・縫製工業の縮小と、サービス産業部門の急成長が対照をなす。それにもかかわらず失業率が急増したのは、1977～85年の間に労働力人口が12%も増加したためである[78]。

　② Pr リエージュでも失業者が2万人、全鉱工業部門就業者の12%に達した。非農業部門就業者が 1976～83年に9%減少した。ここでも金属・皮革・繊維・縫製工業での雇用減を、サービス産業部門の雇用増によって食いとめるこ

とができなかった。そのうえ労働力人口が 1977～85 年に 3％増えた。

③ザイトリンビュルフ（NL）では失業者が 4 万 5000 人、全鉱工業部門就業者の 35％に達した。ザイトリンビュルフ（NL）の高失業率も、直近の労働力人口の増加（1977～85 年で 6％）の結果であった。これに加えて、雇用の 3 分の 1 以上が失われた石炭鉱業の閉山が依然ひびいていた。1976～83 年に非農業部門の雇用が 2％増えたが、労働力人口の増分を吸収するには足りなかった。

④レギオ-アーヘンでは失業者が 1 万 8000 人以上にのぼり、石炭鉱業就業者

77　1990 年代初までを視野に収める *Portrait of the Regions* は、*GAP* よりだいぶ楽観的なザイトリンビュルフ像を描きだす。前者によると、1960 年代央に始まる石炭鉱業縮小で、リンビュルフ（NL）は大量失業と閉山した炭鉱が人口集中地点に残存する問題に直面した。たしかに、炭鉱閉山により 1965～75 年の間に 4 万 4000 人の雇用が失われたうえに、関連産業において約 30 万人の雇用が失われた。しかし、国・プロフィンシ当局の大規模な再構築計画により、石炭鉱業は「跡形もなく消えうせた」。1970 年代末以来、とくにザイトリンビュルフは目ざましい経済復興をとげた。いまだに再構築過程が進行中なのは、プロフィンシの東南部ヘールレン周辺にすぎない。ここ以外のザイトリンビュルフでは、石炭鉱業施設が最新の工業施設に置きかわり、1990 年の失業率はザイトリンビュルフが 8.6％、Pr リンビュルフ平均が 7.2％、全国平均が 7.4％だったから、1990 年代初までに Pr リンビュルフ全体でみれば構造危機を完全に脱したと言ってよい。*Portrait of the Regions*, 262-263 ページ。

　さらにまた、同書は次のようにも補論している。Pr リンビュルフの雇用は 1990 年初、ネーデルラントのどのプロフィンシよりも製造業に依存していた。その要因の一つは、数年来多くの外国製造企業が直接投資をおこなったからである。また、Pr リンビュルフ再構築計画の一環として、過去 20～30 年間いくつもの政府部門が Pr リンビュルフに移された。もっとも、持続的な好況により 1984 年以来雇用増が国の平均を上まわったものの、短時間労働者の比率の急激な上昇が目だった。Pr リンビュルフで 1983 年に全被用者の 19％であった短時間労働者の比率が、1989 年に 29％に増えた。同、265 ページ。

　ちなみに、短時間労働者の急増は 1960 年代以降のネーデルラント労働事情全般を特徴づける現象である。1960 年ごろまで既婚女性、とくに小児をかかえる女性は労働市場に参入しなかった（1960 年の女性の労働力率は 26％で、EC 平均 48％の半分にとどまった）。1960 年代に労働市場に参入する既婚女性がふえたが、保育園制度の未整備のため多くが短時間労働に従事した。1985 年の女性の労働力率は 39.5％、そのうち短時間労働者が 57.5％を占めた（男性は 75.6％ないし 13.8％）。van Paridon（2004）, 405-406 ページ。

78　総じてリンビュルフ（BE）の失業率はフラーンデレン平均の 1.5 倍に達した。1990 年の Pr リンビュルフ（BE）の失業率は 8.8％で、全国平均は 7.6％であった。当域の高失業率の原因は、第一に女性の長期失業者が多いことであった。次いでケンペンの炭鉱がつぎつぎに閉山したためであり、雇用が 1986 年末の 1 万 4727 人から 1991 年 3 月末の 2710 人に激減した。おそくとも 1993 年 1 月 1 日までに全炭鉱が閉山することになっており、炭鉱夫の転職のための再訓練、廃鉱の埋立て、炭鉱住宅の改築が大きな問題になっていた。*Portrait of the Regions*, 162 ページ。

の53％以上、全鉱工業部門就業者の13％におよんだ。石炭鉱業につづいて、やがて他の工業部門、なかでも金属・繊維工業が輸入圧力と適応力の不足により困難に直面した。1964～84年の間に繊維工業就業者の63％以上が失業したため、1970年代初まで比較的低かった失業率が急上昇した。1960年に鉱工業部門就業者の33％を占めた炭鉱、繊維両部門の就業者が、50％以上減少した。とはいえ、非農業部門就業者は1976～83年に1％増えた。レギオ-アーヘンでも失業率の上昇は労働力人口増に雇用増が追いつかないためである。

（4）産業構造（17-18）

①産業部門別附加価値生産比率は表6-10に示される。

農業部門比率はレギオ-アーヘンに属するデューレン、オイスキルヘン、ハインスベルクの三クライスで比較的大きかった。他方で、最も工業化された地域がPrリンビュルフ（BE）とKrアーヘンであった。商業・交通の比率が比較的高いのはザイトリンビュルフ（NL）とアーヘン市であった。その他サービス産業部門では、50％弱のアーヘン市が突出していた。政府部門の比率の大きさのためにレギオ-アーヘンはこの部門でNRW平均を大幅に上まわる。総じて、サービス部門にいちじるしく特化したアーヘン市を工業比率が高いPrリンビュルフ（BE）とKrアーヘンがかこみ、その外側に農業地帯がひろがる同心円的産業立地構造が浮かびあがる。したがって、アーヘン市の中心性がき

表6-10　産業部門別附加価値生産比率（1979年、％）

	農林業	工業	商・交通業	その他の サービス業
Pr Limburg（BE）	3.0 (2.5)	52.4 (38.8)	11.5 (19.8)	33.1 (38.9)
Pr Liège	2.2 (2.5)	42.3 (38.8)	15.8 (19.8)	39.7 (38.9)
Zuid-Limburg（NL）	1.4 (3.7)	38.7 (33.7)	19.0 (22.8)	40.3 (39.8)
Regio Aachen	2.8 (1.4)	42.8 (49.7)	15.4 (15.4)	39.0 (33.5)
St Aachen	0.4	30.5	20.2	48.9
Kr Aachen	1.5	58.2	12.3	28.0
Kr Düren	4.0	39.5	13.8	42.6
Kr Euskirchen	4.9	44.7	16.0	34.4
Kr Heinsberg	5.9	48.6	11.8	33.7

注：（　）内はベルギー、ネーデルラント、NRW.
出所：GAP, 17ページ.

わめて高く、それがEMR域内に向心力をおよぼしていたと考えられる。

②1982年時点での産業別就業構造は、金属生産・加工業と石炭鉱業の比率が高いとはいえ、総じて均衡がとれていた。区域別に見ると以下のようである。

Prリンビュルフ（BE）では三大部門、石炭鉱業、自動車製造業、金属生産・加工業が鉱工業部門就業者の53％、非農業部門就業者の22％を占めた[79]。

Prリエージュでは特定部門への集中度が高く、金属生産・加工業が鉱工業部門就業者の44％、非農業部門就業者の14％を占めた[80]。

ザイトリンビュルフ（NL）では、化学工業、製材業、製紙業の三大部門および石材加工・鉱物加工・ガラス製造業が鉱工業部門就業者の43％、非農業部門就業者の15％を雇用していた。「その他の工業」でザイトリンビュルフ

---

79 同上は、Prリンビュルフ（BE）の経済状況について2ペイジしか割いていない。要旨は以下のとおりである。Prリンビュルフ（BE）は行政上マーセイク Maaseik、ハセルト、トンゲレンの三 Ar（Arrondissement）に分かれるが、社会・経済的には五地区に分かれる。北部、東部のマースラント Maasland の両地区が Ar マーセイクを構成し、中・西部が Ar ハセルトと大幅にかさなる。南部は Ar トンゲレンの南半分である。北部は若年人口が多いので際だって人口増加率が高く（1980〜90年の人口増加率は8.1％。これに対してPrリンビュルフ平均が4.8％、全国平均が0.9％）、外人労働者の多い中・西部も同様であった。これと対照的に南部は、平均年齢が高く人口増加率が低かった（同上年間にArトンゲレンの人口増加率は3.3％）。工業はプロフィンシ人口の29％を占めるだけの中部に集中し、雇用の48％を占めた。サービス部門は主都ハセルトに集中し、これは全リンビュルフ（BE）の中心地として機能していた。衰退に向かうケンペンの石炭鉱山は、西部リンビュルフから東部のマースラントにかけての地帯にあり、男性失業率がいちじるしく高かった。同上、163ペイジ。

80 同上は、Prリエージュの経済状況についても2ペイジしか割いていない。要旨は以下のとおりである。工業基盤再建のための集中的な努力が実をむすび、鉄鋼業が再生をはたし、大規模兵器製造業、機械製造業、航空工業が生まれ、多様な分野における（農産物加工・食品工業、電子工業、生物工学等）中小企業の高密な網が張りめぐらされた。サービス産業部門も重視されるようになった。地区別にみると、Prリエージュ中・東部のArリエージュ、Arベルビエはかつて石炭鉱業と繊維工業がさかえた伝統的鉱工業地帯であり、上述の構造転換の主たる舞台となった。鉄鋼業は依然リエージュで健在であり、将来性に富むようにさえ見えた。他方で、農業地帯である県西部の Ar ユイ、Ar ワレム Waremme は、農産物加工・食品工業を起点にしてしだいに工業化を進めていた。このように同上は、Prリエージュの現状を総じて楽観的に見ながらも、伝統的な鉄鋼業が根をおろしたリエージュ盆地が、住民の高齢化、人口減少、伝統産業の衰退による高失業率で苦境にあるとの認識を示し、経済再建が長期的な課題であるとしている。ちなみに、1980〜90年にPrリエージュの人口は0.8％減少し、わけてもArリエージュが3.6％減少した（全国平均は0.9％増）。1990年の失業率はPrリエージュで11.0％（全国平均7.6％）、Arリエージュでは12.4％に達した。同上、178-179ペイジ。

(NL) の比率が 5％ と例外的に高いのは、ネーデルラントに独自な「社会的職場」sociale werkplaatsen によるもので、これは障害者や失業者のうちの特別の層に雇用を保障するものである[81]。

　レギオ-アーヘンの製造業はザイトリンビュルフよりもはるかに多様化していた。金属製造・加工業、石炭鉱業、製材・製紙業の三大部門の雇用は、鉱工業部門の 40％、非農業部門の 18％ を占めた。さらに、石材加工業、窯業、ガラス製造業、機械製造業、電気機械工業、皮革・繊維・縫製工業、食品・嗜好品工業がそれぞれ 3％ 以上を雇用していた。これについては Portrait の記述がない。

　③以上から次のことが浮かびあがる。Pr リエージュの製造業が金属製造・加工業に集中し、Pr リンビュルフ (BE) でも特定部門への集中傾向が認められるのに対して、レギオ-アーヘンは最高次の中心地アーヘン市をかこむ補完区域で多様な産業部門が展開するという、比較的均衡のとれた産業構造を示す。ザイトリンビュルフは両者の中間に位置する。この三者がどのような EMR 域内産業連関を生みだしているかの検討が、課題としてのこる。

(5) 経営規模 (18-20)

　表 6-11 に示されるように、ベルギー領両プロバーンスとザイトリンビュルフ (NL) の三区域で、雇用規模 500 人以上の鉱工業大企業の就業者数比率がそれぞれの全国平均を大幅に上まわり、これと対照的に雇用規模 49 人以下の中小企業の就業者数比率がそれぞれの全国平均を下まわる[82]。この面における三区域のそれぞれの国における異質性が浮かびあがる。他方で大規模経営比率がレギオ-アーヘンに比較的近いことは、EMR 域内の経営構造の等質性を窺

---

[81] Pr リンビュルフ (NL) の経済で比重が大きい工業は長い伝統をもつ。生産と雇用に占める製造業の比率は全国平均の 1.5 倍に達する。過去 8 年間、生産高、雇用、投資は全国平均を上まわる成長を示した。リンビュルフ工業で主なものは化学工業、樹脂工業、金属加工業、機械製造業、建材・陶器・ガラス製造業であった。リンビュルフ工業は外国企業投資に大きくささえられており、被用者の 6 分の 1 が外国企業に雇用されていた。Rank Xerox (US), Rockwool (DK), Hoechst (DE), ENCI (BE), Mosa (FR) が代表的外国資本であった。最大雇用部門はサービス産業であり、小売業と建設業が中心である。これにザイトリンビュルフに拠点を置く旅行業がつづき、これは急速に拡大していた。同上、267 ページ。

表6-11　経営規模別就業者比率（1981年、%）

	49人以下	50-499人	500人以上
Pr Limburg（BE）	16.2（22.2）	22.5（37.7）	61.3（40.1）
Pr Liège	17.6（22.2）	35.3（37.7）	47.1（40.1）
Zuid-Limburg（NL）	13.1（18.8）	32.6（45.0）	54.3（36.2）
Regio Aachen	7.3（6.9）	36.8（37.5）	55.9（55.6）

注：（　）内はベルギー、ネーデルラント、NRW.
出所：*GAP*, 20ペイジ。

わせる側面である。

（6）国境を越える人口移動（20-21）

① 国境を越える通勤の流れ *Pendlerströme*

図6-4が示すように、越境通勤者（通学者もふくむ）の流れに二つの基本方向が見出される。第一はEMR域内で西から東へ向かう、すなわち、リンビュルフ（BE）からザイトリンビュルフ（NL）へ、さらに後者およびArベルビエからレギオ-アーヘンへ向かう流れである[83]。第二は、北の域外へ向かう、すなわちリンビュルフ（BE）北部のArハセルトからノールトブラーバント（NL）へ向かう流れである。

第一は、レギオ-アーヘンが国境の西側地域に強い引力をおよぼしていることを、すなわち両リンビュルフからレギオ-アーヘンに向かう向心力がはたらいていることを示す。他方で、第二の北へ向かう太い流れは、域外のノールトブラーバント（NL）がリンビュルフ（BE）北部に強い引力をおよぼしている

---

[82] Prリンビュルフ（NL）では、200以上の外国企業が拠点を置き、大企業（少なからぬ外国企業の事業所をふくむ）が工業就業者の43%を雇用し、附加価値生産で60%を占めた。代表的部門は金属加工業と化学工業で、Volvo Car, DSM（Dutch State Mines：化学）, Sphinx（窯業）, Rank Xerox, Océ（複写機）, KNP（製紙）, Medtronicの名が挙がっている。雇用の62%を吸収するサービス産業部門、輸送業、流通業も重要な役割を演じていた。マーストリヒト空港は航空貨物で重要性を増していた。同上、266ペイジ。

[83] リンビュルフ人はかなり土着的で、当プロフィンシはネーデルラントでも人口移動率が最も低いプロフィンシの一つである。この10年間の外部からの転入者数も全国平均より少ない。他方で、リンビュルフの越境通勤者の流れは圧倒的に東へ向かう。6500人のPrリンビュルフ（BE）人が毎日Prリンビュルフ（NL）へ通勤し、8300人のPrリンビュルフ（NL）人がドイツへ通勤する。逆向きは200～300人にとどまる。同上、264ペイジ。

図6-4　EMRの越境通勤者の流れ

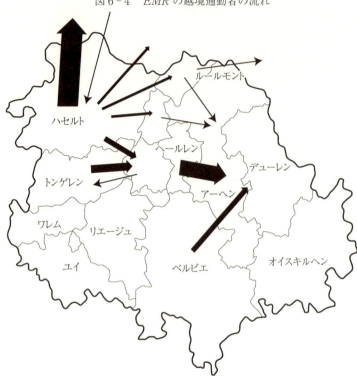

注：(1) 矢印の太さはハセルトからヘールレンに向かう流れが5000人、最細の矢印が300人を表し、300人未満は表示されない。
(2) ベルビエの越境通勤者は1977年。
出所：GAP (1982), 20ページ。

ことを示し、それはEMR域内に遠心力として作用しているはずである。

　Arベルビエの国境地域はドイツ語共同体なので、ここからレギオ-アーヘンへ向かう越境通勤の流れが生ずるのは当然である。しかし、ここを除きPrリエージュからEMR内部の他区域に向かう越境通勤の流れは生じていない。越境通勤に関するかぎり、PrリエージュだけがEMR内の他区域との関係が比較的弱いようである。

　ここで、注意しなければならないのは、図6-4がEMR内部の越境通勤の流れを示すだけで、EMR外部との関係がハセルトを除き視野の外に置かれていることである。たとえば、レギオ-アーヘンとEMR外部との人口移動は完

全に無視されている。したがって、この図から読みとられることは、1980年代初において、EMR 内部に視野を限定するかぎり、ベルギー・ネーデルラント側域からドイツ側域に向かう流れが主流であったということだけである。ところが、2000年代に入るとこの流れも逆転した。そこで、節を別にして 1980 年代後半以降の人流動向を検討することにする。

なお、GAP は国境を越える人流と物流の疎外要因を詳述しており (21-23)、これは 1980 年代前半の時代資料として貴重である。とはいえ、1993 年 1 月 1 日からの EC 域内移動の自由化（税関撤廃）により、すでに過去のものとなった問題や、国境地域に固有でなく国制の違いによる問題がほとんどなので、ここでは立ちいらない。ただ、NRW の労働行政当局が、ラント内の建設業における不正雇用を 10 万人、そのうち 60％がイギリス人およびネーデルラント人であるとみていたことを、つけ加えておく。ネーデルラント人とならびイギリス人がかくも多く NRW で就業していたことは、注目に値する。

② 買物行動の流れ

生活圏の輪郭をたしかめるうえで越境通勤の流れとともに重要なのが、買物行動の流れである。ユーロ導入前の当時は為替相場の変動によって一定しないものの、通勤者と同じく総じて西から東へ向かう流れが主であると見られていた。マーストリヒトは Pr リンビュルフ（BE）の東縁から買物客を引きよせていた。マーストリヒト中心部における通行人聴取り調査によると、15.1％がベルギー人であり、そのうちの 89％がフラーンデレン地域（Pr リンビュルフ [BE]）から来たことが判った。とくにマーストリヒトの伝統的な金曜市場を、多くのベルギー人が訪れたという[84]。

アーヘンでは、アーヘン地区小売商組合によると売上高の 3～5％がネーデルラント・ベルギー人向けであった。逆向きの流れは弱かった。たとえば、

84　石炭鉱業の再構築の結果、ザイトリンビュルフは工業とサービス業が展開する地域に変貌した。加えてマーストリヒトは歴史遺産にめぐまれた古都であり、国際空港も備え、魅力的な買物地、行楽地となった。充実した施設に魅せられて多くのドイツ人やベルギー人がここを毎週訪れる。とはいえ、マーストリヒトとその周辺は、いつもネーデルラント人自身の間で人気の高い行楽地であった。*Portrait of the Regions*, 263 ページ。マーストリヒトは国際会議（1992年ヨーロッパ連合条約締結！）の開催場所や国際機関の立地としても重要性を増している。同上、266-267 ページ。

ヘールレン（NL）でのドイツ人向け売上げは、わずか0.7％と見つもられていた。為替相場が有利なときに食料購入のためベルギーへ向かう流れを除けば、ザイトリンビュルフ（NL）およびレギオ-アーヘンからベルギーへ向かう買物客の流れは、国境地帯にしかるべき買物中心地がないために限られていたという[85]。

後出の中心地構成からすれば、ユーロ導入後も買物行動の流れに大きな変化はないと推量される。

③ 行楽の流れ

行楽地も生活圏の一部として軽視できない。EMR は少なからぬ行楽地をかかえており、乏しいデータから、域内の隣国住民を惹きつけていたことが推定されている。1981年、外国行楽に向かったネーデルラント人の40％をリンビュルフ人が占め、目的地としてベルギーとドイツがそれぞれ40％を占めたという。この場合、日帰り旅行が対象なので、EMR 域内行楽が主であったであろうと推量される。国境を越える社会的交流もまた、EMR 域内にある程度の向心力をおよぼしたであろう。

④ 物流

Pr リエージュを除く全地域で輸出率が各国平均を上まわり[86]、とりわけ Pr リンビュルフ（BE）の輸出性向が強い。1983年当地の鉱工業生産物の78％が輸出された。EMR 域内貿易比率について正確な数値情報を得られないが、「むしろ低い」 eher schwach というのが専門家の一致した所見であったという[87]。

---

[85] 古い帝国都市アーヘンは、ベルギーおよびネーデルラントの消費者にとっても好みの買物地であり、つねにいかなる土地よりもここでヨーロッパ世界を実感できる。同上、101 ペイジ。

[86] GAP では Pr リンビュルフ（NL）の貿易動向に触れていないが、Portrait of the Regions は以下のように記述している。Pr リンビュルフの工業部門で高い比率を示す大工業も、中小企業もともに輸出性向が強く、製造業ばかりでなく農業にもサービス産業にもこれがあてはまる。平均輸出比率は60％に達する。266 ペイジ。

（7）交通基盤（23-30）

① 道路

　広域道路網については、総じて EMR は発達した高速道路網を具え、これは域外とむすぶ広域高速道路網に連結していた。ただ、アイフェル、Kr ハインスベルク、Pr リンビュルフ（BE）ではまだ高速道路網が十分に整備されていないと、指摘されている。

　域内道路網も、総じてよく整備されていた。ただ、ここでも国境地域ならではの問題が二つ挙げられている。すなわち、国境で接続するべき路線の必要性をめぐる双方の認識の相違、および国境沿いの町の中心部の迂回路を建設しようとすると隣接国に食いこんでしまう場合に、国家間取決めが必要となる問題である。

② 鉄道

　EMR の各構成区域内では鉄道網が総じてよく発展しているものの、改善の余地が随所にあった。Pr リンビュルフ（BE）の電化路線はヘンク Genk－ブ

87　ここでドイツ・ネーデルラント貿易関係を刻印する三つの特徴を頭に入れておこう。第一に、戦後ネーデルラントの最大の貿易相手国がつねにドイツであったことである。1970～79 年、ドイツはネーデルラントの輸出先として 31.6％（二位ベルギー・ルクセンブルク［BE／LU］は 14.5％）、輸入先として 26.0％（二位 BE／LU は 13.7％）を占めた。1980～89 年もドイツは輸出先として 28.6％（二位 BE／LU は 14.4％）、輸入先として 23.8％（二位 BE／LU は 12.6％）を占めた。第二に、ネーデルラントの対ドイツ貿易がラント別にみると対 NRW 貿易に集中し、南ドイツ（バーデン-ビュルテンベルク、バイエルン）との関係が比較的弱いことである。2006 年ネーデルラントの対ドイツ輸出の 42.1％が NRW 向けであり（1970 年代央は約 50％）、対ドイツ輸入の 28.0％が NRW からである。これに対して対南ドイツ貿易は輸出で 16.3％、輸入で 24.7％％にとどまった。第三は、ネーデルラントの対ドイツ輸出に占める工業製品の割合が二重の意味で比較低位であることである。すなわち 2006 年、工業製品比率が対ドイツ輸出の 58.3％にとどまったのに対して、対ドイツ輸入では 80.6％にのぼったこと、およびドイツと隣接する九か国のなかで 58.3％という比率が最低であった（最高のスイスは 92.4％）ことである。van Paridon（2004），378-379 ページ；同、Geht es noch enger? Die Wirtschaftsbeziehungen zwischen Deutschland und den Niederlanden nach 1945, in: Klemann, Hein A. M. /Wielenga, Friso（Hrsg.）, *Deutschland und die Niederlande: Wirtschaftsbeziehungen im 19. und 20. Jahrhundert*, Münster, et al. 2009, 87-112 ページ。

リュセル間およびハセルト-アントウェルペン間だけにとどまり、またミデンリンビュルフ（BE）からマースラントおよびノールトリンビュルフ（BE）までの輸送力が不足していた。Pr リエージュでは幹線の最高時速が 100〜120km にとどまっていた。ザイトリンビュルフ（NL）では、ルールモント-フェンロー間が単線で、未電化であった。レギオ-アーヘンでは、ケルン-オイスキルヘン-トゥリーア間が未電化であった。

　国境を越える鉄道路線は各国内路線とくらべて不十分であった。Pr リエージュとレギオ-アーヘンは、貨物・旅客輸送用の幹線1本と貨物用支線1本とで接続するだけであった。国境を挟む両リンビュルフ間は、2路線（ルールモント-オーフェルペルト Overpelt およびマーストリヒト-ビルゼン Bilzen）で接続しているだけであり、設備が不良で、貨物輸送に供せられるにとどまっていた。ザイトリンビュルフ（NL）と Pr リエージュは、マーストリヒト-リエージュ間で接続しているだけであった。ネーデルラント-ドイツ間には3本の路線があったが、そのうちのアーヘン経由の1本だけが旅客輸送に供せられていた。他の2路線、ルールモント-ベークベルク間およびヘールレン-ヘルツォーゲンラート間は貨物輸送に供せられるだけであった。

　EMR 各構成区域内の旅客輸送密度は、ザイトリンビュルフ（NL）が最も高かった。エイントホーフェン-ルールモント-シタルト-ヘールレン間およびシタルト-マーストリヒト間は一定間隔で運行されていた。Pr リンビュルフ（BE）では、ブリュセルおよびアントウェルペンとの連絡線の運行頻度が高かった。Pr リエージュでは、ブリュセルおよびナミュールとの連絡線、および国境を越えるアーヘンとの連絡線の運行頻度が高かった。レギオ-アーヘンではアーヘン-デューレン-ケルン区間が最も運行頻度が高かった。これとならんでアーヘン-メンヘングラトバハ-ルール地域路線が重要であった。国境を越える鉄道路線は、アーヘン-マーストリヒト（6本／日）、アーヘン-リエージュ（27本／日）、リエージュ-マーストリヒト（17本／日）の3線しかなかった（1985年夏期）。これを補うのが多数の国境越え定期・臨時バスの運行であったという。

　国境を越える鉄道網の技術的障害は給電電圧の相違であった。ベルギー国鉄 NMBS は 3kV 直流、ネーデルラント鉄道 NS は 1.5kV 直流、ドイツ連邦鉄道 DB は 15kV 交流である[88]。したがって国境を越える輸送には交直流機関車ま

たは交直切換設備が必要であるが、この問題はベルギー・ドイツ間では基本的に解決されていた。旅客輸送ではアーヘン駅に交直切換セクションがあり、ベルギーの交直両用機関車がケルンまで乗りいれていた。貨物輸送用にはモンツェン Montzen（BE）が交直切換駅となる予定であった。アーヘン−モンツェン区間のベルギー側が未電化なので、機関車を二度換えなければならず、このためかなりの遅延を生んでいた。

ネーデルラント・ベルギー間ではマーストリヒト−リエージュ間の電化により、ようやく電化区間ができた。

国境を越える公共旅客輸送をさまたげるものとして、各国バス交通網相互に統一的な運賃制度を欠いていることが指摘されている。

以上の実態分析は、国境を越える路線接続と一貫輸送をさまたげる各国間の制度的・技術的差異や、単線・未電化区間が多くのこっていることを指摘するだけにとどまっている。1980年代前半がまだ、道路輸送の持続的拡大により鉄道旅客輸送が縮小傾向をたどっていた時代であったことを考えると、鉄道経営が直面していたはずの構造危機に触れていないことが訝しまれる。

③　水路

水路網については EMR 構成区域間に大きな違いがある。ベルギー側域とザイトリンビュルフ（NL）で水路網が発達しているのに対して、レギオ-アーヘンは可航水路を欠く。最も重要なのは Pr リンビュルフ（BE）−Pr リエージュを貫通するアルベール運河、Pr リエージュ−ザイトリンビュルフ（NL）を貫流するマース河、ザイトリンビュルフ（NL）のユィリアーナ運河で、いずれも載貨重量 2000t の船が航行可能で、アルベール運河の大部分の区間は同

88　*NMBS*（Nationale Maatschappij der Bergische Spoorwegen）はベルギー国有鉄道のネーデルラント語表示であり、フランス語では *SNCB*（Société Nationale des Chemins de fer Berges）。*NS*（Nederlandse Spoorwegen）は旧ネーデルラント国有鉄道で現在は *NS* 株式会社。*DB*（Deutsche Bundesbahn）は西ドイツのドイツ連邦鉄道。東西ドイツ統一後、東ドイツのドイツ国有鉄道 *DR*（Deutsche Reichsbahn）と合併して、現在のドイツ鉄道 *DB*（Deutsche Bahn）となった。いずれも 1990 年代以降、上下分離が行われ、さらに旅客鉄道（ネーデルラントではこれとは別にネーデルラント高速鉄道 *NS Highspeed* も）および貨物鉄道に分離した。ちなみに、現在でも三国の給電電圧は変わっていない。ただし、ベルギーの高速新線は 25kV 交流である。渋井甲斐「交流・直流切換セクションを歩く」『鉄道ピクトリアル』June 2013, 73 ページ。

9000t の船が航行できた。このほか Pr リンビュルフ（BE）にいくつかの小運河があるが、ほとんどの区間が同 600t までの許容量しかなく、その利用が減少傾向にあった。

ベルギーではアルベール運河の拡張が進行中であり、Pr リンビュルフ（BE）の他の運河も載貨重量 1350t 船（ヨーロッパ標準船）用に拡張されることになっていた。

ザイトリンビュルフ（NL）ではユィリアーナ運河が、とくにステイン－マーストリヒト間が狭隘であるものの、当時はこれで足りるとみなされていた。さらに、同運河のマースブラハトおよびボルンの閘門が短すぎると指摘されていた。EMR 域外におよぶことだが、ウェッセム Wessem－ネーデルウェールト、ネーデルウェールト－ウェールト－中継点 Stop Loozen およびネーデルウェールト－ノールトブラーバント間が拡張されなければならない、とも指摘されている。

また、ベルギー・ネーデルラントからは、テルナーイエン Ternaaien とラナイエ Lanaye の両閘門が隘路となっており、第四閘門の新設またはカーベルク Caberg 運河の建設による改修が要望されていたという。

以上の叙述は、部分的に改善の余地をのこしているものの、マース河を軸にした運河網が、EMR のネーデルラント・ベルギー側域で高度に発達していたことを明かにしている。これは、東側のライン河軸から離れているだけでなく、西側の高密な水路網からも外れているレギオ－アーヘンが、物流基盤の面で不利な位置にあったことを浮かびあがらせてもいる。

④　空路

EMR 域内には二つの民用空港があった。マーストリヒト近郊のベーク Beek にあるザイトリンビュルフ空港と、リエージュのビエールセ Bierset 空港である。ザイトリンビュルフ空港には高速道路が直接しており、ビエールセ空港も高速道路が近くを通るものの、両空港とも公共交通機関との接続が劣悪であった。そのうえ貨物鉄道の接続もなかった。このほかアーヘン－メルツブリュク Merzbrück, Kr オイスキルヘンのダーレマビンツ Dahlemer Binz, Pr リンビュルフ（BE）のハセルト、ヘンク、スパに小規模飛行場があった。

ザイトリンビュルフ空港は当時とくに貨物取扱量が急増していた。1973 年

に滑走路が1800mから2500mに延長されたため、貨物取扱量が1984年までに580％、1万3603tの増加をみた。ドイツ、ベルギー企業も当空港を利用しており、EMRの貨物便空港としての意義を高めていた。これはEMR域内にはたらく向心力を物流面でつよめる効果をおよぼすと推定される。他方で、貨物輸送とくらべ旅客輸送は低調であった。それでもエイントホーフェン－アムステルダム経由のロンドン便があり、定期航空の便数は1974～84年に33％、2354回に増えた。これに加えて1984年にチャーター便数が1000回を数えたという。

ビエールセ空港は、ベルギーで唯一の軍民両用空港であった。それゆえ大型機発着に必要なすべての設備（3287mの着陸路、消防車等）を備えていた。当時、民用部分に対する大規模投資がおこなわれ、その結果、民間路線の便数と乗客数が1983年に1873便、1万2671人に達した。毎日ロンドン行き往復便2便およびルルド、ジャージー、ニースをむすぶチャーター便があったが、貨物便はわずかであった。

他方で、両空港が旅客便で隣国の利用客を呼びこむことは難しいと指摘されている。たとえ南ドイツ便を開設したとしても、EMR域内のドイツ側住民は二度国境を越えなければならず、国際便となるため運賃が割高になり、そのうえ、そもそも航空会社が南ドイツ便の認可を得ることは不可能であったからという。

ザイトリンビュルフ空港とビエールセ空港は、前者が貨物輸送に、後者が旅客輸送に特化したようであるが、後者の貨物輸送がなぜ低調であったのか、両空港が競合関係にあったのかについて、GAPは触れていない。

⑤　パイプライン

石油製品のパイプラインが張りめぐらされていることがEMRの利点で、これが化学工業企業の投資を促す基盤となっていたことが指摘されている[89]。

89　1994年当時、マース河を縦軸にして各種パイプライン網が張りめぐらされていた。輸送品は窒素、酸素、プロピレン、エチレン、水素、塩化ビニール、石油製品の七種にのぼった。SEGEFA（リエージュ大学経済地理学研究所）, *EUREGIO MEUSE-RHIN: EUROPE CONCRETE*（Brochure réalisée par le SEGEFA）, 8ページ。

図 6-5　*EMR* の鉄道と水路

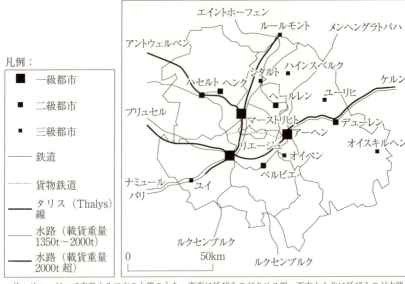

注：リエージュで交差する二本の太線のうち、東西に延びるのがタリス線、西南から北に延びるのが水路
出所：*EMR* 提供資料（1999）。

図 6-6　*EMR* の高速道路と空港

出所：図 6-5 に同じ。

以上から、EMR域内で道路、鉄道、水路、空路の各交通様式が比較的均等に発展していることが明らかになった。国境による路線遮断作用が随所にみられるにせよ、また、各路線間の接続に改良の余地が多分にのこるにせよ、総じて、各路線の適合的な組合せにより、EMRの多元的かつ機能的な交通基盤が高度に整備されていたことが確かめられた。これによってEMR域の中継地機能が高まり、それは地域形成をうながす向心力として作用する。GAPの交通路線地図が不鮮明なので、その代わりにSEGEFA作成（1999年）の交通路線図を図6-5、図6-6として掲げる。

(8) 職業・高等教育（31-32）

　国境を越える通勤・通学者の流れに大きく影響する域内の職業・高等教育について、ベルギー、ネーデルラント、ドイツの教育制度がことなるので比較がむずかしく、よって域内各区域と当該国平均との比較しかできないとGAPは言う。

　まず、Prリンビュルフ（BE）では1981／82学年度に、52％の生徒が職業教育の実務・座学の授業を受けた。職業教育施設が各地区公共団体に設立され、「伝統型」の学校でも職業教育の比重が全国平均を大幅に上まわった。大学以外の高等教育を受ける学生の比率も比較的高かった。高等教育機関は主都ハセルトに集中していた。もっとも、総合大学 Limburgs Universitair Centrum Diepenbeek と経済大学 Managementschole van Hasselt は、1983／84年度にそれぞれ846名ないし751名の学生が登録したにすぎない小規模校であった[90]。

　Prリエージュの教育制度は、公立学校、「改革学校」制度、職業教育の高い比率が特徴であった。1981／82学年度に全国平均を上まわる58％の生徒が職業教育を受けた。大学以外の高等教育を受ける学生の比率は、全国平均をやや上まわる。高等教育では19世紀初に設立されたリエージュ大学 Université de Liège が別格で、およそ1万名の学生が在籍していた[91]。リエージュやプロバーンス内の重要都市に各分野の工業専門学校 Ecole d'ingénieur があった。

　ザイトリンビュルフ（NL）にはいくつかの中等・高等職業学校とならんで、

90　1994年当時LUCは応用経済学部しかなく、自然科学部、医・歯学部が準備中で、教員は280名であった。同上冊子、14-15ペイジ。

マーストリヒトとヘールレンに学術的教育機関があるが、当時まだ拡充途上であった。これらとならび、シタルト Sittard のネーデルラント-エネルギー開発会社 Nederlandse Energie Ontwikkelingsmaatschappij の名が挙げられている。総じて、複線的学校制度のもとで中等・高等職業教育を受ける生徒・学生の比率が、全国平均を大幅に上まわった。女性の就職先がほぼ教師にかぎられているため、女子の進学先が師範学校に集中し、女子学生数が教師需要を上まわる状況が生じていた。また、大学教育を受ける者の比率は全国平均を下まわるとみられていた[92]。

レギオ-アーヘンではアーヘン工科大学とアーヘン単科大学が際立っている。前者は3万1000名以上の学生と自然科学・工学分野だけで約1200名の研究者を擁し、さらに多様な研究・教育分野をほこる、ヨーロッパの代表的工科大学の一つである[93]。加えて、ユーリヒの原子核研究所が3500名以上の研究者をかかえていた[94]。高等教育・研究機関は充実しているが、中等職業教育の供給は需要に応じきれず、供給力は NRW 平均を下まわったという。

以上から、両リンビュルフで中等職業教育制度が充実し、これが不備なレギオ-アーヘンを補っていたようである。リンビュルフからレギオ-アーヘンへの越境通勤者の太い流れは、これからも説明できるであろう。これに対してリ

91　1817年創立のリエージュ大学はベルギーのフランス語圏最大の大学の一つで、当学のウェブサイトによれば、とくに生命科学、栽培農学、地球科学、経営学、工学に強みを発揮している。十一学部がリエージュ、ジャンブル Gembloux, アルロン Arlon に別れ、学生総数2万名、そのうち23％が外国人で1800名が博士課程在籍である。したがってこの30年間に学生数が倍増したことになる。
　　http://www.studyinbelgium.be/en/institutions/universite-de-liege-headquarters 2013/05/12. 1994年当時は八学部（哲学・文学、心理学、法学、理学、医学、応用科学、獣医学、経済学・社会科学）がリエージュ・キャンパスにあり、教員数1800名であった。SEGEFA, 14ページ。

92　Pr リンビュルフは初等・中等・高等教育において広い範囲におよぶ職業訓練をおこない、中等・高等教育ではコース選択の幅が広い。ザイトリンビュルフには二つの大学がある。Portrait of the Regions, 264 ページ。マーストリヒト国立大学 Rijksuniversiteit Maastricht は1994年当時、六学部（医学、保健学、基礎科学、経済学、人文科学、法学）、教員数1280名であった。このほかマーストリヒトには複数の Internationaal instituut te Maastricht があった。ヘールレンの大学は Open Universiteit Heerlen である。SEGEFA, 14 ページ。ちなみに、カトリック教会が支配的なリンビュルフで（Koopmans／Huussen (2007), 137ページ）、中・高等職業教育制度が発展したことは、プロテスタンティズムの職業倫理にかかる周知の M. ウェーバーの解釈に修正をせまる事例である。

エージュは、リエージュ大学、スラン情報大学、リエージュ工科大学、リエージュ鉱山業国立研究所、リエージュ新技術センターを擁し、EMR 内でアーヘンに劣らない技術研究開発の拠点と見られる。しかも中等職業教育がレギオ-アーヘン以上に充実しているので、労働力供給の点で自給度が比較的高く、そのかぎりでアーヘンと競合関係がむしろ強かったのではないかと推測される[95]。

93　アーヘン工科大学（正式名称は「ライン-ベストファーレン工科大学アーヘン」Rheinisch-Westfälische Technische Hochschule Aachen［RWTH］）は、すでに触れたようにハンゼマンの遺産であり、フランスの École polytechnique に範をとったドイツ初の工科大学である。あまたある EMR の高等教育機関のなかでも別格の存在であり、教育・研究分野の最大核として EMR 全域に学術面での向心力をおよぼしていると見られる。それだけになお、大学名に「ライン-ベストファーレン」を冠していることに、NRW 邦立大としての名称と立地の史的特性との微妙なずれに眼が向く。2012／13 年冬学期の学生総数 3 万 7917 名、修士・博士学位取得者 5749 名、外国人学生約 5000 名、教授 496 名、その他の教員 4492 名、助手 2346 名、九学部（数学・自然科学、建築学、土木工学・測量学、機械工学、鉱山・地質学、電気工学、哲学、医学、経済学）260 研究室、7 共同研究センターを擁し、年間予算総額 7 億 8800 万 € であった。http://www.rwth-aachen.de/ 2013/5/12.

94　BRD が主権を回復した 1955 年に、「NRW の共同原子力研究所」設立計画が動きだした。NRW 政府は 1957 年 11 月、ユーリヒ東南のラント所有林地にこれを建設することを最終的に決定し、1958 年 6 月 10 日、原子炉建設が始まった。立地選択にあたりアーヘン、ボン、デュセルドルフ、ケルン各大学との交通の便が重視されたという。東海村の原子力研究所で実験用原発が臨界点に達したのが 1957 年 8 月 27 日であるから、これより 2 年ほど遅れたことになる。Bruckner, 前掲, 420-421 ペイジ。「ユーリヒ核研究所」Jülich Kernforschungsanlage GmbH は、この間に「ユーリヒ研究センター」Forschungszentrum Jülich の一部局に再編されたようである。当センターは健康、エネルギー、環境の三重点分野に情報技術を加え 53 研究分野に 9 研究所を擁し、その一つ「核物理学研究所」Institut für Kernphysik（IKP）が旧研究所の後身とみられる。当センターは資本金 52 万 €、BRD が 90％、NRW が 10％を出資する有限会社である。2011 年の予算は 484372000€ であった。2011 年の福島原発事故を受けて脱原発に踏みきったドイツ連邦政府のエネルギー政策転換が、当研究所の核エネルギー研究にどのような影響をおよぼすのか注目される。http://www.fz-juelich.de/ 2013/5/12. ちなみに、当センターのスーパーコンピュータ（IBM 製）の計算速度は、2012 年 11 月現在、世界第五位であった（日本の理化学研究所の京は世界第三位）。日本経済新聞、平成 25 年 5 月 6 日。

95　1994 年当時の科学・技術領域 15 分野における民間研究所の評価によると、「極めて重要」がレギオ-アーヘンに 5，Pr リエージュに 3、「重要」が 4 ないし 2 あったのに対して、研究所を欠く分野が 6 ないし 4 であった。SEGEFA, 16 ペイジ。なお、1991 年 11 月リエージュ大学、マーストリヒト大学、RWTH 三大学間の協力協定 Alma Abkommen が結ばれた。Informationsdokument, 11 ペイジ。

（9）環境（34-37）

① 大気

　ドイツ側域に強制適用される大気汚染物質の排出量規定は、他の区域とくらべてはるかに広範囲におよぶ。当時、*EMR* 全域において EC 規制の対象となるのは、硫黄酸化物であった。大気汚染は *EMR* 構成区域で許容範囲に収まっていたとはいえ、局地的にみれば、Pr リンビュルフ（BE）のハセルト、リエージュ周辺マース沿河域、ザイトリンビュルフのヘレーン *Geleen*、レギオ-アーヘンのバイスバイラ *Weisweiler* の大気汚染がひどかった。さらに、当時全ヨーロッパ規模の問題であった森林枯死および国境を越える汚染物質の飛散に、*EMR* も見舞われていた[96]。

② 水

　EMR 内各区域の水問題は次のような形で表面化した。まず、Pr リエージュが水供給の季節変動になやまされていた。雪解け後にマース河が増水する一方、降雨量の小さい夏期に水位がいちじるしく低下するからである。レギオ-アーヘンでは褐炭露天掘りによる地下水位の低下が問題になっていた。ザイトリンビュルフでは地下水の供給量がかぎられているので、需要増大に対応するために地表水に頼らざるをえない。そのうえ、炭坑閉山の結果として深い地層から浸みだす汚染水により水質の悪化が惹きおこされていた。水源保全も困難な課題で、地質構造に照らせば、全ザイトリンビュルフで化学産業が禁止されるべきであると、*GAP* は指摘している。

　国境を挟む問題は以下のような形で顕在化した。

　1）ネーデルラント・ドイツ国境沿いの両側地帯で予想される地下水利用の増大が、当面まだ採取と均衡がとれている地下水体の涵養速度を超え、枯渇にみちびくと危惧されていた。

96　ライン-ルール圏とベルギーの工業地域にはさまれたリンビュルフは、国境を越える大気汚染の犠牲者である。これにリンビュルフ自体の排出する汚染物質が加わり、リンビュルフの酸化物濃度は全国水準より 15％高い。主たる排出者は工業、発電所、農業、自動車である。*Portrait of the Regions*, 267 ページ。

2）ライン盆地（DE）の褐炭露天掘りによる地下水位の低下が、長期的にみてザイトリンビュルフ（NL）の水採取を困難にすると危惧されていた。この問題をめぐり、ドイツ・ネーデルラント国境河川委員会およびドイツ・ネーデルラント空間秩序委員会で当時交渉がつづいていた。

3）ネーデルラント側域のユーバハ-オーフェル-ヲルムス *Ubach over Worms* 附近のワウバハ *Waubach* に設けられたごみ処理場が、ドイツ側域の水源保全地域に隣接しているので、ドイツ側域の地下水の汚染が危惧されていた。

4）取水地域と水保全地域の調整が急を要した。テフェレン *Teveren*（DE）、スヒンフェルト *Schinveld*（NL）両浄水場のように配置が不自然な事例もあった。

5）水源保全地域の表示にかかる当該三国の規定の食いちがいが問題であった。

③　下水処理

　下水処理施設は *EMR* 全域でまだ不十分であった。とくにベルギー側両域で汚水処理場が不足していた。1981 年 Pr リンビュルフ（BE）で住民 112 万 5000 人の需要に対して 28 万 7000 人分の処理能力しかなかった。Pr リエージュでは汚水処理場を利用できる世帯が 7％にすぎなかった。これに対してネーデルラント・ドイツ側域では、大部分が中央集中方式の有機的処理場に接続していた。河川に直結する汚水処理も国境を越える問題となる。もっとも、近年の汚水処理施設の整備により、地表水の水質が大幅に改善されたところもあると、*GAP* は指摘している。

④　廃棄物処理

　家庭廃棄物について、当該三国のいずれにおいても、小規模で管理しにくい廃棄物処理場の閉鎖と集中施設への統合が進められていた。*EMR* の家庭廃棄物処理能力は中期的に足りている。これに対して特殊廃棄物処理は中期的に大きな問題をかかえており、現存の処理場の拡大または隣接地に新設する必要性にせまられていた。

　土壌汚染について、とりわけオーフェルペルト *Overpelt*（BE）、リエージュ

近辺のマース沿河域、シュトルベルク（DE）が金属工業の立地であるために、またステイン（NL）にはすでに閉鎖された鉛積替場があったために、問題が生じていた。これらの地域で講じられている対策は功を奏しているものの、全域で過去の負の遺産の影響がなお残っていた。

⑤　騒音

　騒音規制が、ネーデルラントとドイツでは営業騒音に対して、ネーデルラントではこれに加えて交通騒音に対して敷かれている。しかしベルギーでは、これに相当する規制が当時まだなかった。騒音公害のうちその範囲が広域におよぶ航空騒音では、マーストリヒト近郊のザイトリンビュルフ空港とリエージュのビエールセ空港が問題となる。便数の増加により、とくにザイトリンビュルフ空港周辺の住宅区域の被害が大きくなっていた。これとともに、ドイツ側域にあるブリュゲ Brügge、ビルデンラート Wildenrath、ガイレンキルヘン-テフェレン Geilenkirchen-Teveren 各軍用飛行場からの国境を越える騒音が、ネーデルラント側の住宅地、自然保護・保養地域に被害およぼしていた。冷戦時代がつづいていた当時、NATO 軍用飛行場が散在していたドイツ・ネーデルラント国境地域に、共通の騒音問題が発生していたことの記録である。

⑥　自然・景観

　比較的狭い、厳しい制約下にある自然保護地域とならんで、規制のゆるやかな広大な余暇・保養地がある。Pr リンビュルフ（BE）ではケンペン地区、ザイトリンビュルフ（NL）では南部に計画されている景観公園メルゲルラント（泥灰岩地帯）および北部のルール渓谷-メインウェフ、レギオ-アーヘンでは北部の広範な地域および南部から Pr リエージュ東部にかけてのアイフェル、アルデネンのドイツ-ベルギー自然公園、さらに、国境にまたがる自然公園マース-シュバルム-ネテ（DE／NL）の一部とゼルフカント Selfkant（DE）、ブリュンスム Brunssum 原野（NL）、さらにマース渓谷（NL／BE）では砂利・砂採掘跡にできた水上スポーツ地帯が挙げられている[97]。

97　ノールト／ミデン-リンビュルフは比較的平坦であり、農業地帯の景観を呈していた。マース河床から長年にわたり骨材を採掘したために水面がひろがり、水上スポーツの恰好の場となった。同上、263 ペイジ。

⑦ 小括

　環境問題は人為的公害であれ、自然災害であれ、自然景観の破壊であれ、共通の課題に直面する等質地域を形成する一因となる。とくに、大気、水の汚染が *EMR* 域内共通の深刻な問題となることで、国境を越える防災意識の共有が住民の一体感を強めるであろう。とはいえ、環境共同体としての等質地域は領域空間である *EMR* の境界を越えてひろがる空間なので、環境問題が *EMR* 域内にただちに向心力を生むわけではない。

(10) 集落形態と空間秩序 (37-40)

① 構造

　Pr リンビュルフ (BE) の北部と中央部では集落の拡散がみられる。それは、農業に向かない砂地のゆえに地価が比較的安いからである。加えて建築規制がゆるやかなため集落の野放図な拡散が惹きおこされた。さらに、ケンペン炭田の炭坑が相互に遠くにはなれ、既存の集落からもはなれて開坑されたので、そのつど新炭坑の周辺に新しい集落が生まれることになった。

　Pr リエージュの本来の集落形態は集村であった。北部ではたいてい開けた平地にある。アルデンヌでは他地域よりも小規模集落で、渓谷か水源の盆地にある。ヘルファ *Herver* とオイペン地域は、かつて生垣にかこまれた孤立住居が散在する固有な景観を呈していた。しかし、19世紀の工業化とともにいくつかの地域、とりわけマース渓谷で住居が密集し、しかも住宅地と商工業地とが混在する事態になった。Pr リエージュでもベルギーの規制のゆるやかな建築法のために、域内の多くの地区で乱開発が目だつようになった。

　ザイトリンビュルフ (NL) とアーヘンの炭田では、Pr リンビュルフ (BE) とことなり炭鉱が密集し、既存の住宅地附近に開坑されることも珍しくなかった。その結果、ここでは人口稠密地点が生まれ、当時なお二級中心地として機能していた。その好例がヘールレンである。当時、問題地域となっていたのはこの炭鉱地帯である。

　レギオ-アーヘン南部のアイフェルと［ザイトリンビュルフの］レス *Löss* 地域では、集村が集落形態として支配的であった。しかしここも二次大戦後いち

じるしく拡散してしまい、住民が近隣都市に通勤する純粋の住宅地になってしまった。

以上の叙述は、EMR 全域が工業化の進展およびとくに二次大戦後の乱開発によって、集落の歴史的秩序が失われる経過をたどったことをあばきだす。

② 中心地構成

GAP, 39 ペイジの中心地構成を示す図は不鮮明なので転写を断念せざるをえないが、これは集住地域の変容がどのような中心地分布を生みだしたかを示している。これによると、EMR の中心部でアーヘン、マーストリヒト、リエージュの一級中心地が三角点を形成し、これをデューレン、ヘールレン、ベルビエ、ハセルト、ヘンクの二級中心地が囲み、さらに後者をかこむように三級中心地が分布していることが判る。この中心地構成は、比較的強い向心力を具える同心円構造をとる経済空間の存在を示唆している。

③ 空間秩序政策

ネーデルラントと NRW は国（ラント）、中層行政区域、ゲマインデ／ヘメーンテによる三層計画体制をとっている。NRW にはアーヘン、デューレン、ハインスベルク三クライスおよびアーヘン市向けの四種の地区開発計画がある。これらの地区開発計画がゲマインデ水準で土地利用・市街地建設計画として具体化される。

ネーデルラントでは、国の開発構想が空間秩序文書、構造概要・構想に示される。中層行政区域水準では、ザイトリンビュルフ（NL）に「ザイトリンビュルフ地区計画」Streekplan Zuid-Limburg が適用され、この地域の北部には、1982 年に公表された「ノールト／ミデンリンビュルフ地区計画」Streekplan Noord- en Midden-Limburg が適用される。ヘメーンテ水準では構造・開発計画 Structuur- en bestemmingsplannen が適用される。

ベルギーにはこの種の開発計画がない。Pr リンビュルフ（BE）にはアロンディスマンごとに縮尺 2 万 5000 分の 1 の計画があり、住宅区域、商工業区域などの用途区域が詳細に示される。しかし、これが地区開発基本計画にもとづいているわけではない。フランデレン全域に対する広域的開発計画は当時なお策定中であった。ワロニの「区域計画」では Pr リエージュが六区域（計画

区域）に分けられ、このうち五区域の計画がすでに認可を受けていた。リエージュおよびその周辺の第六区域に対する開発計画も、1986年のうちに認可される見こみであった。

④ 国境を挟む協力

国水準では、空間秩序分野の協力を推しすすめ、国境地域にかかる空間政策を調整するための、空間秩序委員会（ドイツ・ネーデルラント空間秩序委員会、ドイツ・ベルギー空間秩序委員会、ベネルクス空間秩序委員会）が設けられていた。これらの委員会はすでに多くの提言をおこない、かつ計画を策定しているが、いくつもの空間秩序計画の調整は多くの場合形式的なものにとどまっていた。

これらとならんで地域的、局地的水準でも協力機関が設立され、EMR やハインスベルク-リンビュルフ国境地域協議体 *Arbeitsgemeinschaft Grenzland* が代表的事例として挙げられている。これらはとくに社会・文化領域で多彩な活動をかさねてきたという。

(11) GAP の総括

GAP の検討の結果、アーヘン圏がとりわけ西隣のリンビュルフに対して比較的強い親和力を示し、アーヘン圏の地域関心が東よりも西に向いていることがほぼ確かめられた。しかも、これが1980年代という時代局面の様相にとどまらず、歴史構造に規定された地域特性とみなされるべきこともある。これは、アーヘン圏がラインラントよりもむしろマースラントに属するとみなされるべきではないかという推定を強める根拠となる。マース河はライン河に対して独立した水系として固有の地域形成力を秘めており、流域に及ぼす向心力によって自ずと形成される経済空間の少なくとも一部と、制度空間としての EMR とが重なりあうとみることは十分に可能であろう。

9 越境通勤者の流れ

7（6）で使った越境通勤者の流れにかかる GAP 資料は、きわめて限られた情報しか提供せず、これを一般化することができない。そこで、これを補う

表6-12 越境通勤者の流れ（1987/2006）

レギオ-アーヘン

	R AC	K	EF	MG	D	NL	NE	SI	BN	BE	VIE	KR	ME	KO/TR
來流	22736	1818	3949	2141	454	4600	1007	1728	555	2660	1143	287	94	2300
往流	52147	16923	8235	8202	4417	3200	2219	1982	3528	1025	1159	460	197	600
合計	74883	18741	12184	10343	4871	7800	3226	3710	4083	3685	2302	747	291	2900
來流	46116	6648	9387	4436	1619	4204	2710	4270	1900	4882	2579	646	326	2509
往流	99689	28076	18342	13015	8348	5569	6009	5629	6354	1682	3485	1150	905	1125
合計	145805	34724	27729	17451	9967	9773	8719	9899	8254	6564	6064	1796	1231	3634

アーヘン市

	St AC	Kr AC	DN	HS	K	EF	MG	D	NE	NL	BE	VIE	KR	EU	BN	SI
來流	51190	33348	4541	4478	741	651	684	215	396	3000	2000	307	205	317	135	172
往流	13261	5894	1374	506	1542	183	220	487	109	1800	800	47	61	63	148	47
合計	64451	39242	5915	4984	2283	834	904	702	505	4800	2800	354	266	380	283	219
來流	80021	48793	8438	7595	2217	1389	1038	660	922	2471	3694	728	402	668	451	609
往流	30960	14201	3573	1341	3294	665	601	1144	396	3500	1119	158	142	147	502	177
合計	110981	62994	12011	8936	5511	2054	1639	1804	1318	5971	4813	886	544	815	953	786

Kr アーヘン

	Kr AC	St AC	DN	HS	K	NL	EF	BE	EU	D	NE	MG	BN	SI	VIE
來流	15370	5894	4209	3063	200	800	174	600	170	100	45	48	17	24	26
往流	46199	33348	6484	1898	1400	1100	374	200	335	250	220	234	231	68	57
合計	61569	39242	10693	4961	1600	1900	548	800	505	350	265	282	248	92	83
來流	33827	14201	9043	5862	564	1018	621	938	466	350	219	227	64	141	113
往流	69643	48793	8314	4165	3109	1300	1505	313	699	800	834	545	429	231	219
合計	103470	62994	17357	10027	3673	2318	2126	1251	1165	1150	1053	772	493	372	332

ために別の資料を利用する。ここで利用するのは、アーヘン商工会議所編のレギオ-アーヘンの越境通勤流路図である[98]。これは、1987年と2006年の人口調査結果から、Landesbetrieb für Innovation und Technik Nordrhein-Westfalen がアーヘン商工会議所管区内のクライスごとの対内・対外越境通勤者（通学者をふくむ）数を抽出して表示し、かつ図示したものである。アーヘン商工会議

---

98 IHK Aachen, *Pendleratlas Region Aachen Analyse der Pendlerströme und deren wirtschaftliche Relevanz im Kammerbezirk Aachen*, 2011. この貴重な資料をご教示くださった山田徹雄教授に感謝しあげる。なお、本資料でレギオ-アーヘンをレギオーン-アーヘンと呼び、また Städteregion を StädteRegion と綴っている。混乱を避けるために、ここでは表記を改める。

Kr デューレン

	DN	Kr AC	St AC	EF	K	HS	EU	NE	D	BN	MG	ME	VIE	SI
來流	14466	6484	1374	2092	446	2226	1021	258	87	77	229	68	104	141
往流	21592	4209	4541	2985	5316	1008	1288	602	686	361	442	76	78	231
合計	36058	10693	5915	5077	5762	3234	2309	860	773	438	671	144	182	372
來流	26512	8314	3573	4075	2059	4221	1978	634	289	495	438	195	241	541
往流	44059	9043	8438	6941	8331	2383	3465	1424	1660	902	904	313	255	445
合計	70571	17357	12011	11016	10390	6604	5443	2058	1949	1397	1342	508	496	986

Kr オイスキルヘン

	EU	K	EF	SI	DN	BN	KO/TR	Kr AC	St AC
來流	7032	379	964	1377	1288	326	2300	335	63
往流	18722	7585	4504	1737	1021	2788	600	170	317
合計	25754	7964	5468	3114	2309	3114	2900	505	380
來流	15168	1543	2936	2979	3465	890	2509	699	147
往流	32992	11331	8127	4776	1978	4521	1125	466	668
合計	48160	12874	11063	7755	5443	5411	3634	1165	815

Kr ハインスベルク

	HS	MG	Kr AC	St AC	DN	D	VIE	NE	K	EF	NL	KR	ME	EU	BE
來流	6647	1180	1898	506	1008	52	706	221	52	68	800	40	26	30	60
往流	23854	7306	3063	4478	2226	2444	977	1234	1080	209	300	349	122	41	25
合計	30501	8486	4961	4984	3234	2496	1683	1455	1132	277	1100	389	148	71	85
來流	14932	2733	4165	1341	2383	320	1497	824	265	366	588	163	131	96	60
往流	44652	10965	5862	7595	4221	4744	2853	3119	2011	1104	610	829	592	116	31
合計	59584	13698	10027	8936	6604	5064	4350	3943	2276	1470	1198	992	723	212	91

注：St AC: Stadt Aachen, Kr AC: Kreis Aachen, BE: Belgien, BN: Stadt Bonn, D: Stadt Düsseldorf, DE: Deutschland, DN: Kreis Düren, EF: Rhein-Erft-Kreis, EU: Kreis Euskirchen, HS: Kreis Heinsberg, K: Stadt Köln, KO: Regierungsbezirk Koblenz, KR: Stadt Krefeld, ME: Kreis Mettmann, MG: Stadt Mönchengladbach, NE: Rhein-Kreis-Neuss, SI: Rhein-Sieg-Kreis, TR: Regierungsbezirk Trier, VIE: Kreis Viersen.
出所：*Pendleratlas*, 14-15, 18-19, 24-25, 28-29, 34-35, 40-41 ページの越境往来者数を表示。上段は 1987 年、下段は 2006 年。

所管区と Region (Regio) Aachen の区域は一致しており、これは行政上、Städteregion Aachen（前述のように、2009 年にアーヘン市と Kr アーヘンが合併、Kr アーヘンが承継）、Kr デューレン、Kr オイスキルヘン、Kr ハインスベルクから成る。この流路図は、各クライスとレギオ内外のドイツ各地との間に生じている通勤流に焦点が当てられているので、これにより GAP 資料の不備を補うことができる。他方で、西隣のネーデルラントおよびベルギーとの国境を越

306 | 第6章　*Euregio Maas-Rijn ／ Euregio Maas-Rhein ／ Euregio Meuse-Rhin*

図6-7　レギオ-アーヘン四クライスの越境通勤者の流れ（2006年）

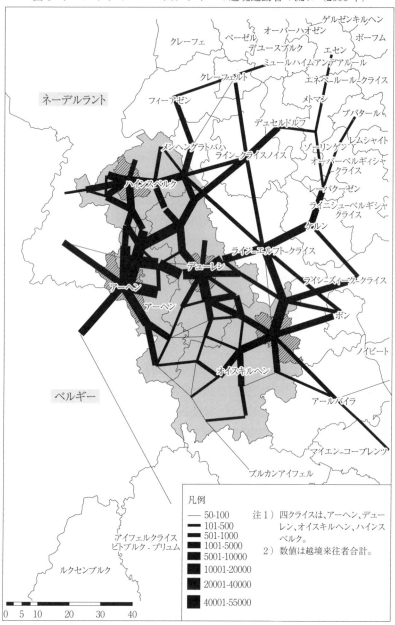

出所：IHK Aachen (2011).

える通勤については、図示が簡略化されている。そこで、市・クライス別の数値を表6-12に表示し、全体像を把握するためにレギオ-アーヘンについてのみ図6-7を附加する。

① レギオ-アーヘン

図6-7は図6-4とかなり様相が異なる。レギオ-アーヘンの越境通勤者総数（往来流）は、1987年から2006年までに94.7％増とほぼ倍増している。両年とも往流が来流を上回っているが、往流の増加率は91.2％で往来流の増加率を下回り、不均衡がやや是正されている。レギオ-アーヘンから最大の往来流先であるケルン市が占める比率は、25.0％から23.8％に、往流に占める比率は32.5％から28.2％に減少している。逆に、レギオ-アーヘンとケルン市の間に位置するライン-エルフト-クライスが往来流に占める比率は、16.3％から19.0％に増加し、往流に占める比率も15.8％から18.4％に増加している。レギオ-アーヘンから同じ方向に位置するケルン市とライン-エルフト-クライスとのうちで、比較的遠い前者とよりも、東隣の後者との関係が相対的に強まったことが判る。

レギオ-アーヘンに近い工業都市メンヘングラトバハに対しても、一方的な往流超であるものの、これが往来流に占める比率は13.8％から12.0％に、往流に占める比率も15.7％から13.1％に減少している。他方で、ネーデルラント・ベルギーとの往来数は15.3％から11.2％に減少している。ただし、ネーデルラントに対して1987年に来流超であったが、2006年には往流超に逆転した。ベルギーに対しては来流超であることに変わりがない[99]。

② アーヘン市

アーヘン市の往来流は、1987年から2006年までに72.2％増加しており、レギオ-アーヘンのなかで唯一の来流超の地区である。往来流先では最大のKr

---

99 ドイツ・ネーデルラント間の越境通勤者の総数は、2000〜2005年の6年間でドイツからネーデルラントに向かう数が増加傾向をたどったのに対して、その逆は減少傾向をたどった。その結果、2000年にドイツからネーデルラントに向かう数が4965人、その逆が1万6996人と、後者が前者の3倍に達したのが、2004年には前者が1万3885人、後者が1万3116人となり、逆転した。Technau, Johannes, *Grenzpendlerzahlen Niederlande-Deutschland 2005*, Duisburg 2006.

アーヘンが60.9%から56.8%へ減少する一方で、Krデューレンが9.2%から10.8%へ、Krハインスベルクが7.7%から8.1%に増加している。Krオイスキルヘンを加えたレギオ-アーヘン内四クライスの総計は、78.4%から76.4%へと微減にとどまっている。

　他方で、ケルン市に対しては往流超であり、対ケルン市往来流比率は3.5%から5.0%に増加している。とはいえ、ネーデルラントが往来流で7.4%から5.4%まで減少しながらもケルン市を上回り、しかも2006年には、対ネーデルラントが対ケルン市以上の往流超となったことは注目するべきことである。また、対ケルン市の往来流に占める来流比率が32.5%（1987）から40.2%（2006）に大幅に増加しており、アーヘン市の対ケルン市関係が双方向性に向かっていることが認められる。

③　Krアーヘン

　Krアーヘンにとり対アーヘン市往来流は63.7%（1987）ないし60.9%（2006）を占め、往流は72.2%（1987）ないし70.1%（2006）を占める。両者ともに減少傾向にあるものの、アーヘン市が圧倒的に大きい往来流先であることに変わりがない。アーヘン市につづくKrデューレンは、往来流の17.4%（1987）ないし16.8%（2006）を占め、往流先として14.0%（1987）ないし11.9%（2006）を占める。また、1987年には往流超だったが、2006年には來流超に転じている。往来流先三位のKrハインスベルクは、8.1%（1987）から9.7%（2006）に増加している。レギオ-アーヘン内の往来流比率は90.0%（1987）から88.5%（2006）にやや減少したものの、圧倒的な比率を占めることに変わりない。これに対して対ケルン市往来流は2.6%（1987）から3.5%（2006）へ増加し、圧倒的な往流超であるが、ネーデルラント・ベルギーが占める比率、4.4%（1987）ないし3.4%（2006）とほぼ同水準である。アーヘン市との強い結合を維持しながら、レギオ-アーヘン外部のドイツ側域との結合を分散的に広めてゆく傾向が見てとられる。

④　Krデューレン

　最大の往来流先であるKrアーヘンが占める比率は、29.7%（1987）から24.6%（2006）にかなり減少した。これと対照的に、対アーヘン市の占める比

率は 16.4% から 17.0% に微増している。対 Kr アーヘンの大幅な落ちこみにもかかわらず、対 Kr ハインスベルクが 9.0% から 9.4% へ、対 Kr オイスキルヘンが 6.4% から 7.7% へ増加したため、レギオ-アーヘン内部の往来流比率は 61.4% から 58.7% へのわずかな減少にとどまった。なお、対アーヘン市は往流超で変わらないが、対 Kr アーヘンでは、来流超（1987）から往流超（2006）に転じた。

　他方で、対ケルン市は 16.0% から 14.7% に減少して、1987 年には最大の往流先であったのが、2006 年には三位に落ちている。これを補うかのように、ケルン市と同方向のライン-エルフト-クライスが 14.1% から 15.6% に増加しているので、両者合わせると 30.1%（1987）ないし 30.3%（2006）で変わらない。

　Kr デューレンの往来流先としてネーデルラント、ベルギーが挙げられていない。アーヘン都市圏より東寄りの Kr デューレンには、ネーデルラント、ベルギーとの往来流が生じていなかったようである。

　以上は、Kr デューレンがアーヘン都市圏との従来の強い結合を維持しながらも、東側に隣接するライン-エルフト-クライス、ハインスベルク、オイスキルヘン三クライスとの結合を強めてきたことを示す。この三クライスの比率合計は 29.5%（1987）から 32.7%（2006）へ 3.2 ポイント上昇しており、対アーヘン都市圏の 46.1% から 41.6% への 4.5 ポイントの減少をかなりの程度補っている。

　Kr デューレンがアーヘン都市圏の東側に位置することの地続き効果が表れている。

⑤　Kr オイスキルヘン

　Kr オイスキルヘンがアーヘン圏よりケルン圏に比較的強く結びついていることは、その地理的位置からして当然である。往来流に占める対ケルン市比率は 30.9%（1987）から 26.7%（2006）へ減少しているものの、首位を占めていることに変わりない。これに対して対アーヘン都市圏の往来流は 3.4% から 4.1% に増えているが、対ケルン市とは比較にならない。他方で見落とせないのは、隣接クライスとの往来流が増えていることである。対ライン-エルフト-クライスが 21.2% から 23.0% へ、対ライン-ズィーク-クライスが 12.1% から 16.2% へ、対 Kr デューレンが 9.0% から 11.3% へ、対 Kr アーヘンが 2.0%

から 2.4% へ増加しており、四クライス合わせると 44.3% から 52.8% に増えて過半に達する。もともと当クライスがアーヘン圏よりもケルン圏に顔を向けているとはいえ、ライン河軸とよりも隣接クライスとの結びつきを強める地続き効果が認められる。このことは、Kr オイスキルヘンがライン軸域の漸移地帯であることを窺わせる。

⑥ Kr ハインスベルク

　レギオ-アーヘンの北端に位置する Kr ハインスベルクは、東隣のメンヘングラトバハ市との結びつきが最も強い。往来流に占める対メンヘングラトバハの比率は、27.8%（1987）から 23.0%（2006）に減少したものの、単独の市・クライスとしては首位を占めつづけている。同じく東隣のラインクライス-ノイスは 4.8% から 6.6% に増え、その東隣のデュセルドルフ市は 8.2% から 8.5% に微増している。北隣の Kr フィーアゼンは 5.5% から 7.3% に増加した。レギオ-アーヘンをとりまく以上の二市二クライスを合わせると 46.3% ないし 45.4% となり、ほとんど変動がない。他方で、レギオ-アーヘン内部各区域との往来流は 43.4%、ないし 43.3% で、これまた安定しており、しかも前者と同水準である。レギオ-アーヘン内部との往来流と、東北部に隣接するデュセルドルフ圏との往来流とが拮抗していることになる。しかも、当クライスはいずれに対しても大幅な往流超であり、双方に対して均等な労働力供給源となっていることが判る。なお、西隣のネーデルラント・ベルギーとの往来流は 3.9% から 2.2% に減っており、いずれにしても水準は低い。アーヘン圏とデュセルドルフ圏の中間に位置する当クライスは、両圏の漸移地帯上にあると言うことができよう。

　以上、レギオ-アーヘンの各構成クライスの分析の結果から導きだされる見通しは、次のようになる。アーヘン都市圏および Kr デューレンがアーヘン圏の中核を成し、これを東側でかこむオイスキルヘン、ライン-エルフト、ハインスベルクの三クライスが、アーヘン圏とライン河軸域（ケルン・デュセルドルフ圏）とが重なりあう漸移地帯を形成していることである。

　この見通しのもとに *Pendleratlas* の「総括と要望」（52-54 ペイジ）を参照すると、その叙述の文意が明瞭とは言いがたいことに気づく。著者は「ラインラ

ントおよびマース-ラインの両広域」 *Großräume Rheinland / Maas-Rhein* という用語法をもって、まず二つの Großraum を並列する。次いで Großraum Rheinland について、これを Metropolregion Rheinland と呼び変え、次のように述べる。「通勤者の高密な往来は、ラインラントが密接にからみあった機能空間であることを明示する。過去においてこの地域は、往々にして人々の協力よりも競争によって刻印されてきた。とはいえ、最近になって (aktuell) ラインラントは協力の意志を表明している」と。この叙述は、ラインラント内部の対立関係を、すなわち、レギオ-アーヘンとライン河軸域（とりわけケルン）とが長らく対立関係にあったことを示唆する。他方で Großraum Maas-Rhein について、これを Metropolregion Maas-Rhein と呼び変えて、こう述べる。「ドイツ、ベルギー、ネーデルラントの間の国境地域は多くの優れたものを提供する。すなわち、ここはヨーロッパで研究機関密度が最も高い地であり、特許申請数でも際だっている。とはいえ、実際の絡みあいはまだその可能性を尽くしていない」と。この二様の叙述は、著者がアーヘン圏を二つの Metroplregion のいずれに属すると見ているのか、それともアーヘン圏は両者に属し、この両属性により二つの Metropolregion のかすがいの役割をはたしているというのか、判然としない。この歯切れの悪い表現は、ケルン圏に対するアーヘン圏の歴史的自立性を堅持する一方で、行政上は自らをラインラントの一部、それも RB ケルンの一部として位置づけざるをえないアーヘン圏の、地域的自己規定の矛盾を反映しているように思われる[100]。

10　1990年代の *EMR*

これまでの検討をふまえて、本節では1990年代の *EMR* 財団の組織と事業

---

[100] ビルケンハオアは、「周辺核」*Randkern* という概念を打ちだし、メンヘングラトバハ、アーヘン、デューレンがこれに当たるとする。これらの「周辺核」は、①内発的起点もしくは自立的絡みあいにもとづく産業発展、②中核市が周域にとり最大の市場、③周域の中位のゲマインデが中核市の衛星の地位（自己下位システム）、④固有の越境通勤者居住圏への自立的影響力、等の諸要因により、今日 (1980年代前半) なお自立性 *Eigenständigkeit* を保っている、と言う一方で、これらはすでにライン-ルール圏に属しているとも言い、認識にゆらぎが認められる。「周辺核」とクリスタラーの「中心地点」との概念的関係もさだかでない。Birkenhauer (1984), 218ページ。

を検討する。この作業をとおして、これまでの検討によりある程度浮かびあがってきたEMRに固有の歴史空間ベクトルを、EMRの空間政策の分析により検証することが、本節の目的である。

　EMR財団は一つの地域的政策主体であり、その多面的政策行動のなかで空間形成政策は最も重要な意義をもつ。そこで、政策主体および政策効果に焦点をあてて、これの検討をおこなう。前者については、EMR財団が三か国語五行政区域の集合体であること、また国境地域政策でEC／EUと競合・補完関係にあること、この二重の問題性が対象となる。後者については、EMRという政策的合成空間が自然的・歴史的・地理的基礎条件にどれほど適合しているか、すなわち政策行動に規定される領域空間と、歴史空間としての地域との適合関係が対象となる。

　資料として、EMRの『1996年年次報告書』ほか数点の同時期刊行物を利用する。1996年は、EMRにとりさまざまな意味で節目となる年であった。この年EMRは成立20周年を祝い、INTERREG I 企画の最終決算をおこない、INTERREG II の企画募集を締めきった。エウレギオ通信社の発足もこの年である。加えてEMRが置かれた時代環境もまた新しい様相を見せていた。すでに1993年初に商品、サービス、資本、人のEC域内移動自由化がほぼ達成され、同年11月にEU条約が発効した。つづいて1994年初に経済通貨同盟（EMU）が第二段階に入り、単一通貨導入の要件である「収斂基準」（とりわけ財政赤字の対GDP比3％以下）達成のため、EMU参加予定国の財政緊縮の強化がはじまっていた。単一通貨の呼称を ecu に代えて euro とすること、参加国通貨とユーロとの交換比率が固定される第三段階の開始期を1999年1月1日とすることを決めたのが、1995年12月のマドリッド首脳会議である。国境の壁が大幅に撤去された果実の恩恵を与える前に、各加盟国の財政緊縮による景気不振をまねいたEU統合深化の強行に、程度の差はあれEUへの不信感が域内各地にひろがりを見せたのも1996年である[101]。このような全般的状況のなかで、EMR域内もヨーロッパ統合への熱が冷める局面を迎えていた。国境地域間の協力による国境障壁の縮小をねらい、ヨーロッパ地域開発基金（ERDF）の資金を重点的に投入するINTERREG政策の続行をEUが決めたのは、かかる現状に直面したEUの危機意識がはたらいていたからであろう。

　西ヨーロッパ最深部の国境地域に生まれたEMRが、かかる状況のもとでど

のような空間政策行動をとったのかという問題関心をもって、以下検討を進める。そこでまず、この間にEMRがたどった過程を回顧しておこう[102]。

(1) EMRの20年史

EMRの成立史は、ネーデルラントのベーアトリクス王女が1974年にマーストリヒトを訪れたとき、「ライン、マース両河に挟まれたエウレギオ」によるいっそう密接な国境を越える協力の必要を訴えたことから始まると、言われる。

まず、当時のRBケルン長官ハイデカー*Heidecker*が、当該三か国の国境を越える協力関係の組織形態について、原案を作成することになった。1975年になるとベルギー、ネーデルラント両Prリンビュルフ長官およびレギオ-アーヘンの代表者としてのRBケルン長官が四回会談して、エウレギオの組織と業務を決定し、1976年「ゆるやかな協議体」*lose Arbeitsgemeinschaft*としてEMRが発足した。当初の事業の重点は文化と若者の交流に置かれ、まず国境を挟む学校間の友好協定がむすばれた。1978年Prリエージュが加わり、1986年、すでに検討したように、国境を越える行動計画がはじめて策定された。同年、レギオ-アーヘンに越境通勤者のための相談窓口が設けられ、当初は週に一度、1980年代末からは毎日窓口が開かれるようになった。1988年に

---

101 参考値としてNRWの邦内粗生産の対前年比をみると、1995年が1.7％だったのに対して、1996年は0％に落ちこんでいる。もっとも、1997年は1.4％に回復した。また、NRWの就業者数は、1993年から急速に落ちこみ95〜96年に底入れし、97年から回復に向かったが、91年水準に戻ったのは98年である。この間、NRWの水準は旧西ドイツ平均をつねに下まわっていた。LDS NRW, *Statistisches Jahrbuch Nordrhein-Westfalen 2004*, 259, 656ページ。1996年4月の*Eurostat*の発表によると、EUの失業率は11％（1830万人）に上昇した。Vanthoor, Wim F. V., *A Chronological History of the European Union 1946-2001*, 2002, 168ページ。

ちなみに、当時経済通貨担当欧州委員だったイブチボー・ドシルギはインタビュウでこう答えている。「委員に就任した1995年［が委員として難しかった時期］だ。（略）誰も通貨統合の実現を信じていなかった。（略）欧州の信頼が問われていた。（略）97年春が転機だった。」日本経済新聞、2014年5月18日。

102 前注で引用した*Aachner Nachrichten*1996年12月3日附けインタビュウ録別欄の「年表にみるエウレギオ」および、同じく*Jahresbericht*（1996）の附録に資料として収められた、GRENZ-ECHO紙の1996年12月5日附けの「Euregio Maas-Rheinの20年間」という見出しの略史が参考になる。以下の記述はこの両者による。

ERDF からの補助金をえて、はじめての国境を越える協力の先行企画が実施され、まず技術移転のための相談窓口が設けられた。

1991 年 4 月 9 日 EMR はネーデルラント法にもとづく財団 Stichting になり、はじめて法人格をえた。従来の長官協議会 Gouverneurskonferenz 構成員によって財団理事会が構成されることになった。翌年 1992 年 6 月 26 日、Pr リエージュの東部、Ar ベルビエの国境地域、「ドイツ語共同体」Deutschsprachige Gemeinschaft[103] が同等の区域として EMR に加わったため、五区域構成となった。

財団設立の直接のきっかけとなったのは、EC の INTERREG I 計画の実施であった。この計画による EC 資金をえるために、資金の受け手が法人格をもつ必要があったからである。国境地域政策を本格的に打ちだした EC からの強い働きかけをうけて EMR が法人化したことは、以後 EMR の政策が EC ／ EU との政策協調のもとで実施される基調が生まれたことを物がたる。これは、国境地域政策における EMR の政策主体としての自律性を制約する可能性が生まれたことも、意味する。INTERREG 計画への参加とともに、国境地域政策の主導権をめぐる諸政策主体間の緊張関係があらたに生まれたことに注目すべきである。

1994 年、アーヘン労働局に EURES（European Employment Services, 後出）の窓口が設けられ、国境を越える職業紹介にあたるようになった。

1995 年 1 月 25 日エウレギオ評議会 Euregiorat が発足した。これは助言機関にとどまる。とはいえ、118 名の評議員から構成される評議会設立により、当時 65 を数えた EU のエウレギオのなかで初めて住民の声を反映する機関が EMR に生まれたことになる。これまでに検討した他のエウレギオと異なり、EMR はベーアトリクス王女のお声がかりにより、構成区域首長の協議体として発足した「上からの」性格が強い。それだけに、これを「下からの」協力により相対化するために、域内各社会集団を結集する議会の性格をもつ機関の設置の必要性も、それだけ強かったということであろう。

---

103 図 6-2 では、Kelmis が加わり 9 ゲマインデとなっている。

（2）寄付行為

　以上の略史を回顧したところで、EMR の寄付行為の抄訳と注釈を、資料 5（本書巻末）として別掲する。

　別掲の寄付行為から、理事会がきわめて強い権限をもつことが判る。理事長を五構成区域首長が輪番で務めることを考えると、EMR が他のエウレギオと異なり「上からの地域統合」であることは否みがたい。

（3）理事会の業務

　定款でみたように、EMR 財団では理事会が決定機関なので、EMR の年間活動を集約する 2006 年の理事会業務をまず概観する[104]。

　この年には、Pr リンビュルフ（NL）長官 B.J.M. Baron van Voorst tot Voorst に代わり、Pr リンビュルフ（BE）長官 H.Houben-Bertrand が理事長に就任した。理事会はハセルト、リエージュ、アーヘン、オイペンを巡回しながら四回会議をひらき、十五の決議をおこなった。そのうち定常業務と組織改善を除く政策業務にかかる決議は、以下の六つであった。

① INTERREG II の企画運営にラインラント-パルツの参加の承認[105]
② EMR 創設 20 周年記念事業の実施
③ INTERREG II の企画提案の検討と決議
④ EMR のメディアセンター Euregio Media をオイペンに設立するための検討と決議
⑤ EMR 域内の産業博物館の統合の促進
⑥ 新しい EURES 協定の署名

　ここで注目されるのは、ラインラント-パルツが EMR の空間政策に関わるようになったことである。自然景観を政治・行政境界で切断することはできず、

---

104 *Jahresbericht*（1996）, 26 ペイジ。
105 レギオ-アーヘンとドイツ語共同体はそれぞれ南縁でドイツのラント、ラインラント-パルツと接している。この国境地域にアルデネン、アイフェル両山地が横たわり、EMR の代表的観光地域を形成している。

よって自然景観面での等質空間が EMR の境界を越えてラインラント-パルツの一部にまでひろがっていることが、この決議に反映している。

(４) 評議会

1994年5月25日理事会は評議会 Euregiorat の設置を決議した[106]。EMR 財団の寄付行為は理事会に全権を与えているので、評議会は助言をおこなうにとどまる。『年次報告書』の記述にしたがえば、評議会の目的は私法人である EMR に、ネーデルラント、ベルギー、ドイツ三国間の条約にもとづく公法人の資格を取得させることにあり、この目的が達成されるまで、評議会は助言機関にとどまるという。

1995年1月25日評議会総会が開かれ、118名の評議員が確定した。75名は政党から、43名は各種社会団体から選出された。地域配分も人口に比例しておこなわれ、アーヘン36名、リエージュ28名、リンビュルフ（BE）23名、リンビュルフ（NL）22名、ドイツ語共同体9名という配分であった。

1995年11月13日、寄付行為と業務規程が承認され、1996年6月26日、評議員の互選により議長（Ger Kockelkorn [NL]）が選出された。常任委員会は EMR 五加盟区域が選出する各2名、計10名から構成される。118名の評議員のうち75名の政治家枠の政党配分は、ヨーロッパ人民党（EVP: Europäische Volkspartei＝中道右派）26名、社会民主党25名、自由党15名、緑の党6名、その他3名、非政治的社会組織43名であった。

評議会の任務として、以下二つが掲げられた。①評議会は五加盟区域間の国境を越える協力を助成し、情報と経験の相互交換を保証し、その際、主導的役割を果たす。② a) 評議会はエウレギオの地域間協力のあり方に助言する。b)

---

106 以下、*Jahresbericht*（1996）, 27-28 ペイジ。なお、*Jahresbericht*（1993）によれば（「VI 各作業部会の活動報告」、当年次報告書はペイジ数記載を欠く）、評議会設置の動きが始まったのは、1993年12月10日リエージュで開かれた初めての「エウレギオ集会」*das Euregionale Treffen* であった。当時の理事長 P. Bolland の主導で理事会により開かれたこの集会の主題は、EMR の将来構想で、MHAL の諸都市、諸大学、労働組合、商工会議所が参加して意見交換をおこなった。その結果、一つの「結集機関」*Konzertierungsgremium,* すなわち評議会 Euregiorat 設置が強く望まれていることが明らかになったという。

具体的には、α) 財政、β) エウレギオの事業と企画、γ) 財団と各構成区域からの提案と申請、以上三つに関し、理事会、地区公共団体議会、国会、ヨーロッパ議会に対して助言する。c) 理事会の承認をえて評議会会則の変更にかかる決定をおこなう、d) 業務規程の変更にかかる決定をおこなう。

評議会はすくなくとも年に二回、議長により召集され、全構成員のすくなくとも4分の1、または1加盟区域の全構成員の要求があるときは、議長は評議会を招集する。評議会は2年任期の常任委員会 *Präsidium* を選出する。常任委員会は日常業務をおこない、評議会の利益を代表して行動する。常任委員会は委員長と10名の副委員長から成り、前述のように地域および社会・政治団体の均衡が考慮される。

以上から、評議会の役割が情報交換と助言に重点がおかれ、前者では域内での多面的な情報交換で主導的役割をはたすことが、後者では域内外、各水準の議会にはたらきかける政治的機能が、それぞれ期待されていることがわかる。会則変更にも理事会の承認を必要とするほど評議会の地位は理事会より低い。議決機関でなく助言機関にとどまる評議会を、やがて実現されるべき「エウレギオ議会」の萌芽とみなすことは先走りにすぎよう。ともあれ、私法人の *EMR* が、三国条約にもとづく公法人への転化を目ざしていることは『年次報告書』が明記しているところである。総じて公法人は管轄区域に対して一定の行政権を行使する公権力機関であるから、おのずからその管轄区域が法的効力を具える境界線によって囲まれる一円空間、すなわち領域空間の性質を帯びることは避けがたい。すなわち、*EMR* の公法人化は国境を挟む一つの地域公共団体の形成の可能性が生まれることを意味する。この可能性を認識しながら、あえて五当事区域が *EMR* の公法人化をねらう理由はなにか。

これまで検討対象にした他のエウレギオの主体性が、これに加盟する地区公共団体に由来する(「下からの地域間協力」)のに対して、*EMR* の主体性が各構成区域の属する国(ラント)に由来する(「上からの地域間協力」)ことを考えると、これはすぐに理解できない政策論理である。たしかに、国境の意義の極小化を目ざすEUの利益関心には適うであろうが、自国領域の一部を隣国との共同統治地区とすることが国(ラント)の利益に適うものなのか、との疑問が湧くからである。

（5）EMR 財団の政策主体性

　以上、EMR 財団の理事会と評議会の組織、機能を検討したところで、EMR 財団がどのような意味で、またどの程度まで、政策主体たりうるかを問いなおす。そもそも EMR 五構成区域の一体性が問われる前に、政策意志決定機関としての財団統治機関の一体性が問われるのだ。EMR を構成する五行政区域は、それぞれ NRW (Regio Aachen), Région Wallonne (Province Liège, Deutschsprachige Gemeinschaft), Vlaams Gewest (Provincie Limburg [BE]), Koninkrijk der Nederlanden (Provincie Limburg [NL]) という統治権を具える国または邦（ラント等）に属する。ネーデルラントを除けば、ドイツもベルギーも連邦国家である。連邦制のもとで部分国家である邦は、総じて上位の全体国家（連邦）に対して分権制を強く主張するものだが、逆に自域内の下位の地域公共団体に対しては、それだけ強く集権制をもって臨むのがつねである。この二面性を軽視してはならない。もとより単一国家ネーデルラントは集権制である。したがって、いずれも集権国家である四か国（邦）が、国境を挟む一つの公法空間の創出を是認するとしたら、それはどのような政策意志によるものなのか、また、それぞれ国（邦）によって任命される官僚としての長官が、EMR 空間形成という重大な政策課題に対してどれほど裁量権を与えられているのか、という問いがここで発せられる。

　さらにまた、漸移地帯によってかこまれた非領域空間としての地域と、制度的境界線により輪郭を与えられた領域空間としての地域と、地域の二重性もここで浮かびあがる。前者の意味における事実上の地域の形成を EMR が目ざしていることは、1993 年『年次報告書』の序章の次のような記述を読むかぎりほぼ疑いを入れない。「EMR の最も重要な目的の一つ (een belangrijk doel, ein vorrangiges Ziel, un but essentiel) は、われらの国境地域の一体性 (de saamhorigheid, die Zusammengehörigkeit, l'interdépendance des constituants) を明らかにし、とりわけ、行政、経済、文化、教育、公共基盤の分野をヨーロッパ水準で考えることの必要性を住民に自覚させ、EMR 内の諸機関、企業、組織の間の協力を強化することにある。」とはいえ、「目的」の冠詞が不定冠詞であり、よって「唯一」または「至上」の含意ではない。さらに、EMR 住民の「一体性」を

強めることがけっして排他的なものでなく、EU 水準の統合の枠組と矛盾するものではないという含意も窺われる。一見、EMR の一体的地域形成を謳いあげながら、慎重な表現がかえって文意を曖昧にしてしまった。

（6）社会・経済的活動

　以上、EMR の統治機関である理事会および評議会の組織と機能を検討したので、次に EMR の実際の活動内容を検討する。EMR の活動は、EMR 独自の活動および EU との共同事業 INTERREG 企画に分けられる。前者も、各部会による催事形態の事業と、EURES と連携した越境者相談窓口などの定常業務とに分けられる。部会催事については、『年次報告書』が社会・経済面と社会・文化面とに二分して年間事業を報告している。そこで以下、社会・経済的活動から順を追って内容を検討してゆこう。

　社会・経済面では七部会 Arbeitsgruppe の年間事業報告がある[107]。これを一覧表にまとめると、表6-13のようになる。七部会19企画は三つの群に大別できよう。まず、国境障壁を低め、国境地域の地続き効果を強めることをねらったもの、次いで、EMR 域内の地域的一体性を強めることを直接ねらったもの、最後に両者の中間形態、この三つである。第一の典型例は公共安全・秩序部会の7, 9, 10にみられる制度国境を越える試みである。7の警察官ゼミナールを共催した NEBEDEAG POL も三か国警察協力組織と推定されるし、9「エウレギオ消防会議」の参加団体、「ベルギー王国消防連合（KBBF）」 Koninklijke Bergische Brandweer Federatie,「ドイツ消防助成連合（VFDF）」 Vereinigung zur Förderung des Deutschen Brandschutzes,「［ネーデルラント］地域消防長官連盟（CCRB）」 College Commandanten Regionale Brandweer はいずれも全国団体であり、三国間協力の枠組のもとで EMR 五区域間協力を目ざすものであろう。10も言語障壁よる分断効果を弱める試みである。これらはいずれも国家間協力の枠組のもとでの国境地域間協力で、それがただちに地域的一体性を強める効果を生むとはかぎらない。

　「保健部会」の「エウレギオ看護会議」にかかわって、EMR 保険制度につ

---

107 *Jahresbericht*（1996), 49～56ページ。

表6-13　社会・経済分野年間事業

経済部会	
1 就業統計データ	NL・CBS に就業・職業統計の各国比較を可能にする方式を委嘱
2 機会取引所	域内企業が協力先をみつけるためのメッセをハセルトで開催
3 高フェン-アイフェル自然公園のための農業・環境技術上の行動計画	農業・環境の観点からビオトープ保存のため助言活動
4 Battice-Herve 農業メッセ	1937年から続く種畜（豚・馬・羊）品評会を EMR 農民向けに開催
技術移転部会	
5 ミクロシステム技術	中小企業におけるミクロ技術利用可能性についてのアンケート
6 INTERREG II	INTERREG II 企画案作成
公共安全・秩序部会	
7 警察官ゼミナール	NEBEDEAG　POL の協力で域内警察官のためのゼミナール
8 エウレギオ自転車旅行	域内警察官の自転車団体旅行
9 エウレギオ消防会議	KBBF（BE）, VFDF（DE）, CCRB（NL）各国消防連合の会議開催
10 多言語用語集	消防、救急、危険物取扱用語一覧（FR, DE, NL, UK）の作成配布
観光部会	
11 自転車観光会議 Velodialog	国境を越える自転車旅行の開発研究の委託、Hengelhoef 会議で成果発表
12 観光手引書	各観光協会窓口用に域内観光資源の基本情報手引書作成の準備
環境部会	
13 マーストリヒト環境集会	炭鉱跡地の再利用を目ざす第五回マーストリヒト環境集会
14 環境測定所	域内環境汚染測定所一覧と測定値換算表の作成
15 自然公園専門案内人会議	高フェン-アイフェル自然公園案内人向けの研修ゼミナール
16 エウレギオ自然集会	EMR 住民を「マース河」観念に結集するための集会
17 廃棄物作業集会	廃棄物処理・再利用の方法開発のための第二回作業集会（Ovifat）

保健部会		
	18 エウレギオ看護集会	看護学校代表者の研究集会、授業計画の相互通知と調整
構造政策委員会		
19 域内近距離公共交通機関にかかる INTERREG「エウレギオ時刻表」企画、域内 8 交通機関による MHAL 地域のバスと鉄道を網羅する時刻表の編纂		

いても『年次報告書』が触れている。これによると、EMR には各国健康保険組合の協力組織があるという。これに加わっているのは CZ Groep（正式名称不詳）, Christlijke Multualiteit（CM）Limburg, Christliche Krankenkasse（CKK）Verviers, Allgemeine Ortskrankenkasse（AOK）Rheinland である。これらの組織は被保険者のために共同相談窓口を設けており、一時的・長期的外国滞在者や越境通勤者のための保険ガイドブックもできていた。1997 年に、国境を越える治療に医療保険を適用する先行企画が EMR 内で予定されていたという。ここで注意されるべきは、健康保険制度における国境障壁の縮小ないし除去は、EMR を超える広域水準での制度調整を前提とするものであり、よってこれが域内住民の EMR 帰属意識を強める方向に作用するとはかぎらないことである。

　第二の典型例は、環境部会の 13〜17 のうち 14 を除く 4 企画、いずれも EMR 空間の歴史的・地理的特性と直接むすびついた政策行動である。なかでも 16 の「エウレギオ　自然会議」は、マース河流域（ライン河流域ではない！）の住民としての共属意識を強めることをねらった政策行動として、注目に値する。また、17 の「廃棄物作業集会」にかかる報告も興味深い。この分野では「国境を挟む争い」Grenzwiderstände をすみやかに解決できるとはだれも思っていないが、この作業集会はエウレギオ域内の廃棄物経済に向かう一歩になったと、自己評価をくだしているからである。廃棄物処理問題が国境による分断効果を強めるはたらきをしている現実を直視したうえで、国境を挟む政策協調によってこの問題を解決し、一つの「廃棄物経済圏」Abfallwirtschaftsraum を目ざす政策行動は、地域形成をうながす効果を生むであろう。

　「観光部会」の 2 企画、11, 12 に「公共安全・秩序部会」の 8 を加えたものも、EMR の地域性と直結している。「構造政策運営委員会」（これにかぎり Arbeitsgruppe でなく Lenkungsgruppe）の、MHAL 地域の公共交通機関網整備企画

表6-14　社会・経済分野年間事業

分　野	支出額	比率
環境	82416	17.9
観光	64045	13.9
公共秩序・安全	73113	15.9
経済	198360	43.2
健康	41735	9.1
構造政策	0	0
広報	0	0
（事務局経費）	50000	
合　計	459669	100.0%

注：（1）支出額の単位はhfl（ヒュルデン）。
　　（2）事務局経費は合計に算入しない。
出所：EMR, *Jahresbericht* 1996, 57ページ。

も、EMR 域内の向心力を強め、地域形成をうながす作用がはたらくであろう。

　以上の事業に要した費用を一覧すると、表6-14のようになる。支出額はhfl 表示なのでユーロ単位に換算すると約21万€になる[108]。経済部会の比率が43％と際立って高いことが、後出のINTERREG 企画と対照的に異なる点である。

（7）社会・文化的事業

　社会・文化面では五部会の年間事業報告がある[109]。これを一覧表にまとめると、表6-15のようになる。五部会31 企画は、社会・経済分野とおなじく、三つに大別できる。一つは、日常生活次元で国境を越える交流を図り、もって国境障壁を低めることをねらうもので、芸術・文化部会、若者部会、スポーツ部会の催事の大部分がこれに属する。これに対するのが、EMR の地域特性と直接むすびつく事業で、地域的一体性を強める効果をねらうものとして、5, 13, 20, 22, 25, 31 が挙げられる。その他は中間形態である[110]。

108　1999年1月1日のユーロ導入の直前に固定された交換比率は、€1＝hfl 2.20371であった。Mickel, Wolfgang./Bergmann, Jan M.（Hrsg.） *Handlexikon der Europäischen Union*, 3. Aufl., Stuttgart, 2005, 822ページ。かりにこの比率で換算すると€208589になる。
109　*Jahresbericht*（1996）, 58-68ページ。
110　*Jahresbericht*（1993）の「VI 各作業部会の事業報告」のなかで、「芸術・文化部会」の事業の目的の一つが、五構成区域の芸術家、芸術関係者を共通の文化交流網の形成に向かわせることにあり、もう一つが EMR の文化的同一性 *eine kulturelle Identität* の自覚を強めることにあると述べている。また、EMR 内の地理担当教員のための会議が、毎年、石炭鉱業、TGV、技術団地、農業、経済要因としての観光等の主題を決めて開かれており、中・高校生向けの歴史セミナーが開かれ、1993年はマルメディで開かれたという。地理、歴史の学校教育は若い世代に地域への帰属意識を植えつけるうえで、小さからぬ効果を生むであろう。

表6-15　社会・文化分野年間事業

芸術・文化部会	
1 演劇祝祭	EMR 20周年記念劇を域内各地で公演
2 映像による人々の回顧	映画百周年展覧会をリエージュで開催
3 国際ビデオ祝祭	職業・アマチュア製作者によるビデオ競演をリエージュで開催
4 第六回国際ジャズ祝祭	リエージュで開催
5 繊維の路（Textilroute）	繊維を主題とする国際展覧会をリンビュルフ（BE）各地で開催
6 第四回東ベルギー祝祭	日本からの参加も含む12コンサートを各地で開催
7 国々と人々	舞踊公演、ファッションショウ等をレギオ-アーヘン各地で開催
8 音楽と舞踊	モペレッタ（現代オペレッタ）をシタルトで、オルガンコンサートをハインスベルク、トンゲレン他で開催

若者部会	
9 若者たちの諸活動	若者向けの多彩な催しをトンゲレン、ベーリンゲンで開催、覚醒剤にかかるラジオプログラム（On the air）の放送
10 エウレギオの子どもたちの休暇	休暇旅行に行けぬ子どもたちのための企画をマーストリヒト、オイペン、エシュバイラで実施
11 エウレギオの少女たちの週末	少女たちの交流会を Eckelrade で開催
12 若者キャンプ	域内50人の若者たちに相互理解の機会を提供
13 水上のエウレギオ	若者たちが船上生活を共にしながら域内河川を巡航

スポーツ部会	
14 精神障碍者のためのエウレギオ-スポーツと遊戯の日	Wegberg で開催
15 エウレギオ水上スポーツ	ヘンクで開催
16 エウレギオ-ハンドボール競技会	ドイツ語共同体で開催
17 エウレギオ自然への挑戦	ザイル下降、登攀、オリエンテイション他
18 バレーボール競技会	域内各地の生徒たちが参加して Beyne-Heusay で開催
19 多種スポーツの日	ビゼで開催
20 自転車旅行者のための旅行	Blegny で72.5kmの団体自転車旅行

学校・教育部会	
21 Reuland 城でのエウレギオ学校	見習い（Azubi）と教師のための会合
22 エウレギオシンポジウム-地理学者たちの交流	地域・都市計画シンポジウムをマーストリヒトで開催
23 国際フットボール競技会	中学・高校生代表も参加してリエージュで開催

24 語学教師のためのエウレギオ初会合	語学教師の情報・意見・教材交換をオイペンで開催
25 教師の研修「エウレギオにおけるナチズム」	Hollerath で歴史教師がナチス時代のドイツ・ベルギー国境地域の状況について討議、実地検分
26 学校めぐり（School-hopping）	国境を挟む学校間の教師交換制度。先行企画として協力校間で看護師見習いのための交換授業を実施
27 ヨーロッパ言語祭典	見習いのための諸国語祭りをマーストリヒトで開催
一般・職業再教育部会	
28 エウレギオ交流会	経済界と教育界との対話をハセルトで開催
29 専門知識助成と柔軟な生産自動化のための交流	柔軟な生産自動化分野での教育にかかる域内企業、教育機関、行政当局の交流をリンビュルフ技術センターで開催
30 エラスムス週間	域内看護師見習いの交流計画
31 エウレギオのホテル事情・観光のための会合	リエージュで開催

表6-16　社会・文化分野年間事業

分　野	支出額	比率
スポーツ	95438	15.8
芸術・文化	282640	46.7
若者	47479	7.9
学校・教育	95553	15.8
職業・生涯教育	83679	13.8
（事務局経費）	50000	
合　計	604789	100.0

注：表6-14に同じ。
出所：EMR, *Jahresbericht* 1966, 69ページ。

以上の活動に要した費用を一覧すると、表6-16のようになる。60万4789hfl をユーロ単位に換算すると約27万€になり、社会・経済分野の費用を上まわる。しかも「芸術・文化部会」の比率が47％とほぼ半分を占め、社会・経済分野での「経済部会」の高比率と対をなしている。両分野の総費用に対して「芸術・文化部会」が26.6％、「経済部会」が18.6％を占め、この両部会だけで45.2％とほぼ半分を占める。EMR の催事形態をとる年間事業では、芸術・文化と経済の両分野に重点が置かれていたとみることができる。

（8）Euregio-Media

EMR の共同通信社の設立も、域内一体化を強める動きとして注目される[111]。1993年初にアーヘンで、"Hallo Europa – Bonjour l'Europe"という共同放送が

---

111 *Jahresbericht*（1996）, 70-71ページ。

企画されたものの[112]、全域にかかる情報の提供がきわめて不十分であったとして、域内五公共放送局、WDR Studio Aachen, BRF Eupen, BRTN Radio 2 Hasselt, RTBF Liège, Omroup Limburg Maastricht が 1995 年秋に域内共同通信社の設立を決定した。1996 年初に INTERREG 企画として補助金申請が出され、これが 1996 年 6 月に *EMR* 運営委員会で承認されて、エウレギオのメディアセンターとしての Euregio-Media の設立準備が動きだした。企画責任を *EMR* が引きうけ、五放送局が協力して、企画業務をオイペンの BRF が担当し、新設通信社が BRF 内に置かれることになった。*EMR* の五構成区域の代表者による監査役会が運営管理にあたり、五放送局の代表者からなる編集評議会が編集管理にあたることになった。有効期間は 3 年、この間 76 万 3000ECU を INTERREG 補助金として受け、さらにこの額の 30％を *EMR* が、20％を五放送局が協調出資することになった。試験業務の開始は 1997 年初に予定された。五放送局は報道・解説プログラムからエウレギオ水準の意義をもつ情報を毎日エウレギオ-メディアに送り、後者がこれを編集し、三か国語に翻訳して各放送局に送信するという仕組であった。

　エウレギオ-メディアの創設は、域内情報交換制度の改善をとおして *EMR* の地域的一体化を目ざす、協調行動の新しいかたちとして評価できよう。

(9) 越境者相談所 *Grenzübergangsstelle der EMR*

　新設のエウレギオ-メディアのほかにも *EMR* の定常的活動機関として、越境者相談所が挙げられる[113]。当所の目的は、越境者の質問、問題に対して個別事情に即した助言をおこない、ひろく張りめぐらされた情報・助言網の結び目(「円卓」*Runder Tisch*) として機能することにあり、その業務は以下のように説明される。当所は *EMR* の労働市場政策の実施の現場となっている。これが必要となった背景は、第一に地域により異なる賃銀水準と労働市場条件のもとで越境通勤者が増大したこと、第二に、不動産価格の地域差により国境を越える都市-周域関係が生まれ、隣国に居住する事例が増大する傾向にあったことで

---

112 1993 年 1 月 1 日アーヘン市庁舎で五公共放送局が共同でライブ放送を実施し、三か国語番組を放送したという。*Jahresbericht*（1993），「VI 各作業部会の事業報告」。
113 *Jahresbericht*（1996），72-74 ペイジ。

ある。とくにアーヘンとマーストリヒトおよび両市周辺にこの事情が目だった。これが労働市場の絡みあいを生み、そのため国境を越える情報の不足が問題となってきた。当所は、多くの公的機関や民間団体と提携しながら運営され、また、EURES により支援される。

定常的情報交換と継続的協力関係を維持するために、当所は 1995 年末にすべての関連機関の合議体を組織することができた。この「円卓」により、越境者の諸問題にそれぞれ応じた作業部会が設置された。「円卓」は当所が組織上および業務上の責任を負う開かれた制度で、商工会議所の Euro-Info-Center, 国境を挟む消費者相談所、健康保険組合、判事・公証人・弁護士連盟、SKSM ／ Caritas の移住相談所、消費者協同組合連合 *Verband der Konsumgenossenschaften*（VdK）, ドイツ労働組合連合、ラインラント産業労働組合 *Industriegewerkschaft Rheinland*（IGR）などの労働組合組織、EURES 網の各種相談所、民間の越境者連盟が参加している。

当所の中心企画として、1996 年に越境者のための情報資料の改訂と刊行準備がはじまり、この作業は 1997 年にもつづいた。このほか失業保険にかかる新しいパンフレットを刊行し、1997 年には『健康保険』、『税金』、『道しるべ *Wegweiser*』を刊行の予定であった。個人的相談の件数は、1995 年に 1300 件にのぼった。当所の長期目標は、苦情処理と助言提供の両機能のうち後者に重点を移すことにあり、事実その傾向が出はじめていたという。

1996 年に越境者のための「ドイツ-ネーデルラント間年金相談会」が三回開かれ、国境を挟む年金問題に対して専門家が無料相談にあたった。

当所は紙媒体や放送を通して広報活動もおこない、域内のヨーロッパ議会議員との定常的接触もつづけていた。1996 年秋に当所、ヨーロッパ議会苦情処理委員会、国境地域公共団体首長が参加した会合が開かれ、域内の移住者と越境通勤者の諸問題の政治による解決方法が議論された。

このような諸活動の積みかさねにもかかわらず、越境者の置かれた現状の改善にはヨーロッパ水準の立法調整が必須であり、これには時間がかかるので越境者の不満は今後ともつづくであろうと、『年次報告書』は楽観をいましめている。

ここで、当時のドイツ・ネーデルラント国境における越境者事情（移住者と越境通勤者）を概観しておこう[114]。ヤンセンは、国境地帯の高学歴者へのアン

ケート結果にもとづき、ドイツ・ネーデルラント国境地域の住民の国境を越える移動がきわめて少なかったと指摘している。隣国への移住者は1％、越境通勤者は0.5％にとどまった。また、ネーデルラント人の5％以上、ドイツ人の3％が両国以外に住み、多い順にアメリカ、イギリス、フランス等であった。ネーデルラント人もドイツ人も互いに隣国に向かうより、第三国に赴くのであり、両国間の労働市場は体をなしていなかったとも言う。また、自国内の地理上の距離は近くの国境よりはるかに低い障害だったと、ヤンセンは言う。それでは、移動をさまたげる越境障害は具体的にどのようなものだったのか。

これに関しても、ヤンセンが1997年に行ったアンケートの興味深い結果を報告している。これは、ドイツ・ネーデルラント国境地帯の五エウレギオで1982／83年に大学入学資格をとり、1997年時点で30歳代前半の年齢帯に達した高学歴者（大学入学資格取得者）に対するアンケート（調査対象5600人、回答者ドイツ人1152人、ネーデルラント人1051人、合計2203人、回答率39.3％）である。これによると、隣国の労働市場情報を得にくいことが、国境を挟む労働市場の発展の最大の障害であり、しかも、隣国に移住した者の方がこの障害をより重くみていることが判った。

ドイツ人、ネーデルラント人の認識の相違が目だつのが、学歴・職業資格の認定および課税・社会保障の相違の二つの障害である。前者について、3分の1のネーデルラント人がこれを障害として挙げるのに対して、ドイツ人は10％にとどまった。公共労働機関の専門家からも、経験上ドイツ人経営者にネーデルラント人被用者の資格認定をさせることが、逆よりはるかに難しいとのインタビュウ回答を得ているという。後者について、これを障害とする（ドイツ生活体験をもたない）ネーデルラント人が、（ネーデルラント生活体験をもたない）ドイツ人の2倍に上り、それぞれ隣国生活体験をもつ者においては、この差が4倍に開いた。

以上と逆の対照をなすのが、相互の偏見の評価である。総じて17％がこれを障害としており、ネーデルラント生活体験を有するドイツ人の40％がこれ

---

114 Janssen, Manfred, Obstacles and Willingness for Cross-Border Mobility: The Dutch-German Border Region, in: Gijsel, Peter de/Janssen, Manfred/Wenzel, Hans-Joachim/Woltering, Michael（eds.）, *Understanding European Cross-Border Labour Markets*, Marburg 1999, とりわけ145-150ペイジ。

を大きな障害とするのに対して、同じ認識を持つネーデルラント人は 20％以下であるという。ネーデルラント人にとり、言語障害をふくめた五つの障害のうち、最下位に置かれるのがこの心理的障害である。とはいえ、両側とも 10％がこれを最大の問題とし、しかも他とは比較できない問題としているという。戦後 50 年経ってなお、ネーデルラント人のドイツ人に対するわだかまりが残り、ドイツ人を辟易させていたことは、二次大戦の負の歴史遺産の克服が西ヨーロッパ内においても容易でないことを、あらためて印象づける[115]。

(10) EURES

『年次報告書』の EURES にかかる報告を検討する前に、EURES の概要を押さえておこう[116]。EURES (European Employment Services) は EEA 水準でヨーロッパ委員会を中心に各国公共労働機関（2005 年時点で約 5000 の地区労働局）、労働組合、経営者団体、地域公共団体、会議所等諸関係団体が協力する雇用サービス網で、とくに国境地域における労働市場の流動性を高めるため、移住民や越境勤労者に情報、助言、職業紹介をおこなう。個人的相談にあたる「ヨーロッパ相談員」は、各国労働行政機関に所属し、専門教育を受けた有資格者である。

---

[115] EMR 成立 20 周年祝典の際、最高決定機関である長官協議会の構成員を 18 年間にわたり務めてきた RB ケルン長官アントベルペス *Franz-Josef Antwerpes* は、アーヘナーナハリヒテン紙とのインタビュウで次のように率直に答えている。「オランダ（人）に相変わらずドイツ人に対する恨みつらみ (viele Sentiments) が残っており、かれらがいまだに打ちとけないことを、いつもあらためて思い知らされる。愉快なことではない (Man spürt immer wieder eine Zurückhaltung. Mich stört das)。」*Aachener Nachrichten*, 1996 年 12 月 3 日付け (*Jahresbericht* (1996) の附録に資料として収録)。
　おそらくドイツ人のなかでネーデルラント人との和解にもっとも心をくだいてきた一人であるはずのアントベルペスにして、このような感慨をいだかせたことは軽視できない。

[116] Dinan (2000); Ramsay (2000); Mickel et al. (2005); Phinnemore, David/McGowan, Lee, *A Dictionary of the European Union*, 3. ed., London et al., 2006, 以上各事典の *EURES (European Employment Services)* の項目を参照。EURES は、1968 年に閣僚理事会決定により設置された *SEDOC* (the European System for the International Clearing of Vacancies and Applications for Employment) に代わるものとして、1993 年の閣僚理事会決定で設置された。Phinnemore は 1994 年に設置されたとし、Dinan は 1996 年に発足したとしており一致しない。Mickel は Euroadviser を EURES-Berater とドイツ語訳している。

1990年代のEURESの現状について、ドイツ連邦共和国労働・社会問題省の官僚でヨーロッパ委員会第五総局（雇用・産業関係・社会問題担当、EURESを管掌）に勤務した Marchand が、1998年7月時点での状況を紹介している[117]。

　かれによれば、EURESサービスは、当時EEA域内18国境地域で地元の公共労働機関、労働組合、経営者団体、さらに労働市場分野で情報と助言を提供し職業訓練をおこなうことができる諸組織との協力をもって実施されていた。実際の業務は主に「ヨーロッパ相談員」Euroadviser によってになわれ、その数は約500名にのぼり、そのうち約100名が国境地域で活動していた。EURES網はとりわけ現地の情報と意識の改善により、法的、経済的、社会的障害の除去を促進することを目ざすもので、なにか新しい「機関」institution を創りだすことではなく、既存の諸機関を一つにまとめ、支援することを旨としたという。EURESは機関でなく網であり、しかも現地主義に徹しようとしていたことが窺われる。当然に地元諸機関、諸組織との協力のあり方も一様でないだろう。1998年当時、EU委員会はネーデルラントおよびドイツの公共労働機関当局と、国境地域における求人情報の自動的交換の問題に関して交渉中であったという。

　ここで注目されるのは、Marchand が冒頭で、EURESはとりわけ大学およびこれに相当する高等教育機関との協力を期待していると強調していることである。しかも、被用者の流動性の調査・研究において大学の助力を頼りにしているだけでなく、EU域内の人の移動の自由化の効果が最も表れやすいはずの高学歴者層に、直接情報を提供したいがためであると、かれは率直に述べている。1993年初に実現したEU域内市場自由化を、まずは高学歴者層の流動性を高めるために活用することがEURES創設の目的の一つだったようである。これから窺われるのは、失業問題の深刻化がヨーロッパ外への頭脳流出を惹きおこすことへの、EU当局の危機意識である。

　Marchand によれば、当時EURESの長期的課題はサービスの質の改善にあったが、短期的な課題にも直面していた。この点でも、EURES Crossborder partnership が先行しており、EMR partnership（IGA IIと呼ばれた）をふく

---

117 Marchand, Lutwin, The Value of the Cross-Border Job Market Relations for European Integration and Coherence, and Possibilities for Coordination in Border Regions, in: Gijsel et al.（1999）, とりわけ207〜211ページ。

む五partnership による EURES サービスの効率性を高める仕組がすでにできあがっていたという。

　それでは、*EMR* は EURES をどのように受けとめていたか。ここで『年次報告』の記述の検討に移る[118]。これによれば、EURES の枠組で、*EMR* における国境を挟む行動を強化するためのベルギー、ネーデルラント、ドイツ三国間条約（有効期間 3 年）にもとづき、*EMR, VDAB, BBA Limburg, FOREM*（*VDAB* 以下、三団体の正式名称不詳）、エウレギオ苦情処理所、地域間労働組合評議会、エウレギオ経営者財団が 1966 年 6 月 11 日に「国境地域における EURES にかかる長期大綱協定、すなわち *EMR* における IGA II」に署名した。同じく 3 年期限のこの協定の目的は、二国間、三国間の協力の推進にあった。

　国境を挟む EURES の決定機関は運営委員会で、これは各種労働行政機関、*IGR, SWE*（両団体の正式名称不詳）、エウレギオ苦情処理所、*EMR*, EU 委員会の代表者から成る。年にすくなくとも三回、ヨーロッパ委員会の「ヨーロッパ調整局」*Europäisches Koordinationsbüro* の議長のもとで会合する。日常業務を委託されている「企画管理委員会」と課題別の諸委員会が設けられ、その行動計画は毎年運営委員会によってこまかく規定されたうえで承認される。この枠組のなかで、専門家である「ヨーロッパ相談員」が住民とたえず接触を図る仕組であった。

　EMR の IG II 計画実施のために、1996 年に EU から 46 万 5000ECU の資金補助を受け、協定当事者も同額の負担を義務づけられた。「ヨーロッパ相談員」は 1996 年に 1 万 5000 件以上の相談を受けつけた。相談内容は *EMR* 域内における求職と求人が最も多く、国境地域における生活・労働条件の問合せがこれに次いだという。

　「ヨーロッパ相談員」の活動のほか、協定参加組織は以下のような二国間および多国間企画を実施した。それは、相談員の専門性を高めるための研修、当局間の調整、求人・求職に適う情報システムの整備、ゼミナール、専門メッセの開催、求職者の教育・再教育企画の実施である。

　以上の解説を、『年次報告書』は、「EURES はまことに重要な社会的目標とみなされるべきであり、とりわけ *EMR* 360 万人の住民のためにあるものなの

---

118 *Jahresbericht*（1996), 75-76 ページ。

だ。」ということばで結んでいる。アーヘンとマーストリヒトを二大中心地とする中心・周域構造の形成により、EMR 内部における通勤圏と職住分離が国境を越えてひろがる現実をふまえて、越境者相談所と「ヨーロッパ相談員」とが補完しあいながら労働市場の流動性を高める努力の継続は、EMR の地域的一体性を強める労働市場政策としてそれなりの効果を生むことが予想される。

(11) INTERREG I

ここで、INTERREG I の分析に移る。利用資料は、1991 年刊行の当初計画報告書[119]と 1996 年刊行の実績報告書[120]である。1987 年 7 月に発効した「単一ヨーロッパ議定書」を受けて 1988 年に改革された構造基金、とくに ERDF を原資とする INTERREG は、1991〜1993 年を所定期間とした。しかし、この期間を超えて事業がつづいた企画もすくなくなく、EMR で最終決算が出たのが 1996 年である。そのときはすでに第二期（1994〜1999 年）が進行中であり、また当年に第二期の応募が締めきられた。よって、1996 年に第一期の実績報告書が出たばかりでなく、それまでに実施に移された企画の中間報告（進捗率 52％）もおこなわれている。ここでは、INTERREG I の分析に限定する。

ところで、INTERREG は「共同体主導政策」Community Initiative の一つである。これはやや屈折した概念[121]で、国境地域を管轄する国（邦）および地域公共団体の主導性を優先する建前をとりながら、実際には EC／EU が主導権をにぎる制度である。これは INTERREG 企画の実施のやり方をみれば明らかである。二国間、三国間国境地域にかかる企画は当該区域の決定機関があたる。EMR 全域にかかる企画には EMR 事務局がこれにあたる。実際には EMR 理事会が運営委員会と協議する。後者は EC／EU、中央政府または地

---

119 EMR, *Operationelles INTERREG-Programm 1991-1993 für die Euregio Maas-Rhein*, 1991.
120 EMR, *Jahresbericht 1996, INTERRREG I*. これはネーデルラント・ドイツ・フランス語による第一期企画の詳細な報告書である。
121 Community Initiatives は Community Programmes と異なり、現地の費用負担を減らすために EU が構造基金を利用して資金上の支援をおこなうものである。個別企画策定の責任は国、現地にあるので、補完性原則にしたがい EU の負担は 50％を超えることができない。Mickel et al.（2005）の"Gemeinschaftsinitiativen"の項目を参照。

域政府の経済担当部局、長官、EMR の経済作業部会、以上のそれぞれの代表または代理から成る。域内全域に二国間・三国間企画のための連絡窓口が設けられ、これによって各企画の現状が EMR 事務局に報告され、これはまた、運営委員会をとおして長官会議に報告され、ここでの決定にもとづきヨーロッパ委員会への報告、会計報告がなされる仕組であった[122]。

　INTERREG 企画を七分野に分けたのは、ベネルクス三国およびドイツの当局間の協議の結果による。すなわち、Ⅰネットワーク形成、情報交換、通信、Ⅱ交通、輸送、構造基盤、Ⅲ保養と観光、Ⅳ研修と労働市場、Ⅴ環境、Ⅵ技術移転と技術革新、Ⅶ調査と企画管理、以上である。

　EMR 域内で ERDF の対象となる区域は表 6-17 に示される。ベルギー・ネーデルラント国境地域の大部分が目的 2（鉱工業衰退地域の産業転換の助成）か目的 5b（農村地域の発展助成）の対象になっているのに対して、ドイツ・ネーデルラント国境地域の大部分が対象からはずれているのが目だつ。これは、最高次の中心性を具えるアーヘン市の存在が大きい。

　ここで INTERREG Ⅰ企画の費用負担配分を計画値と実績値で一覧表に示すと、表 6-18 および表 6-19 のようになる。両表を比較して気づくのは、総費用が 57.5％も増大していることである。分野別にみると環境分野が 128.4％と突出して増えており、実に総費用増分の 83.2％が環境分野の増分によるものである。しかも、両表とも EC／EU の相対的負担比率が最も低いのが環境分野であるばかりか、これが 1991 年から 1996 年までに 44.9％から 21.1％へ半減しているので、EC／EU 負担率と自己負担率との差は 10.2 ポイントから 57.8 ポイントに開いている。以上から、INTERREG Ⅰを特徴づけるのは、環境分野の費用負担における EC／EU と国・現地公共団体との関係の特異性である。そこで、この分野の実績値に焦点をあてて、以下立ちいって検討を加えることにしよう。

　表 6-19 で、INTERREG 企画実施の事務費用にかかる「調査・企画管理」を除くと、実際の事業分野は六つである。そのなかで企画数が最も多いのがⅠ「ネットワーク形成」とⅢ「観光・保養」である。ところが総費用をみると、Ⅴ「環境」が 54％と際だって高い比率を占める。Ⅴの 1 企画あたり費用は 183

122　*Operationelles INTERREG-Programm*, 61 ページ。

表 6-17　*EMR* 域内の ERDF 対象区域

目的 2 区域

NUTS 2	NUTS 3	
Regio Aachen	Kreis Aachen	Alsdorf
		Baesweiler
		Herzogenrath
		Würselen
	Kreis Heinsberg	Erkelenz
		Geilenkirchen
		Heinsberg
		Hückelhoven
		Übach-Palenberg
		Wassenberg
	Kreis Düren	Aldenhoven
Province Liège	Arrondissement Liège	
Province Limburg（BE）	全 Province	
Provincie Limburg（NL）	Arbeitsmarktumkreis östliches Bergbaugebiet	
	Arbeitsmarktumkreis Sittard	
	Arbeitsmarktumkreis Kerkrade	
	Arbeitsmarktumkreis Brunssum	

目的 5b 区域

NUTS 2	NUTS 3	
Regio Aachen	Kreis Euskirchen	Bad Münstereifel
		Blankenheim
		Dahlem
		Hellenthal
		Kall
		Mechernich
		Schleiden
		Zülpich（一部）

注：（1）目的 2 は鉱工業衰退区域の産業転換の助成。
　　（2）目的 5 b は農村地域の発展助成。
　　（3）Provincie Limburg（NL）の Arbeitsmarktumkreis はネーデルラントの NUTS 3、COROP-Regio に相当。
　　（4）1991 年時点では Deutschsprachige Gemeinschaft は未加盟。
出所：*Operationelles INTERREG-Programm*, 13 ページ。

表6-18 *EMR* の INTERREG I 企画の費用負担（計画値）

事業分野	総費用	EC 負担	国・公共団体協調負担	民間団体負担
I　ネットワーク形成	5511410 12.8	2734075（49.6） 13.5	1918815（34.8） 9.6	858520（15.6） 30.1
II　交通	518000 1.2	259000（50.0） 1.3	259000（50.0） 1.3	
III　観光・保養	7845230 18.2	3921260（50.0） 19.3	3609335（46.0） 18.0	314635（4.0） 11.0
IV　研修・労働市場	6164300 14.3	2822990（45.8） 13.9	2529650（41.0） 12.6	811660（13.2） 28.5
V　環境	16082060 37.2	7219070（44.9） 35.6	8638110（53.7） 43.1	224880（1.4） 7.9
VI　技術革新・移転	3990470 9.2	1896000（47.5） 9.3	1455210（36.5） 7.3	639260（16.0） 22.4
VII　調査・企画管理	3070900 7.1	1447890（47.2） 7.1	1623010（52.9） 8.1	
合　計	43182370 100.0	20300285（47.0） 100.0	20033130（46.4） 100.0	2848955（6.6） 100.0

注：実数値の単位は ECU，下段は費用負担者ごとの分野別構成比，（　）は分野ごとの費用負担者別構成比。
出所：*Operationelles INTERREG-Programm*, 57 ページ。

万 6563ECU であり、V と VII とを除く五分野の 1 企画あたり平均 33 万 5210ECU の 5.5 倍に達する（ただし、認可を受けた 20 企画のうち実施されたのは 17 企画）。しかも、INTERREG の負担率は 21.1％で、平均の 31.9％を大きく下まわっており、逆に地元の自己負担率が 78.9％と際だって高い。

　以上から、INTERREG 企画に関するかぎり *EMR* の政策重点が環境分野に置かれていることが明らかである。それだけでなく、環境分野にかかる政策関心において、*EMR* と EU の間にずれが認められる。たしかに EU は拠出の 3 分の 1 を環境分野にあてている。しかし、総費用に占める EU の平均負担比率を大きく下まわっているのはこの分野だけだからである。このずれは、なにから来るのだろうか。おそらく、EU と *EMR* との環境政策の重点の置きどころが違うというよりも、*EMR* が INTERREG 企画による EU 資金を活用しながら、とりわけ域内水循環整備に環境分野の政策目標をしぼり、それに EU もそれ相応の理解を示したということであろう。INTERREG I 企画において強い偏りを示す *EMR* のこの政策関心は、いったいなにを意味するのか。そこで、

表6-19　*EMR* の INTERREG I 企画の費用負担（実績値）

事業分野 （企画数）		総費用	EU負担	協調負担	費用／企画
I	ネットワーク 形成　　（26）	8882955 13.1	3908247.52（44.0） 18.0	4974708（56.0） 10.7	341652
II	交通　　　（3）	346985 0.5	173492（50.0） 0.8	173493（50.0） 0.4	115662
III	観光・保養 　　　　　（26）	8494548 12.5	3851537.04（45.3） 17.8	4643011（54.7） 10.0	326713
IV	研修・労働市 場　　　（17）	5580093 8.2	2296348.80（41.2） 10.6	3283744（58.9） 7.1	328241
V	環境　　　（20）	36731263 54.0	7760380.86（21.1） 35.8	28970882（78.9） 62.6	1836563
VI	技術革新・移 転　　　　（8）	3512207 5.2	1574737.16（44.8） 7.3	1937470（55.2） 4.2	439026
VII	調査・企画管 理　　　（21）	4448916 6.5	2121972（47.7） 9.8	2326944（52.3） 5.0	211853
	合　計（121）	67996967 100.0	21686715.38（31.9） 100.0	46310252（68.1） 100.0	561958

注：実数値の単位はECU．下段は費用負担者ごとの分野別構成比、（　）は分野ごとの費用負担者別構成比．
出所：EMR, *Jahresbericht 1996, INTERREG I*, 43ページ．

環境分野企画に焦点をあてよう。

　表6-20に示されるように、認可を受けた20企画のうち3企画は実施に移されなかったが、企画目的を検討するためにはこれをふくめることが妥当と考えられるので、20企画すべてを検討対象にする。この企画一覧を特徴づけるのは、20企画のうち、大気汚染対策2件（3，6）と景観保全1件（4）を除く17件が下水処理、川水管理にかかる案件だということである。浄化処理を受けた下水が川に放出され、域内の川はいずれもマース河の支流または支支流なので、放出された下水はすべて最終的にマース河に流入することになる。総じてマース河流域の水循環の整備が、*EMR* にとり環境分野での当面の最重要課題と認識されていたことに疑いをいれない[123]。それは、マース河流域という自然地理上の等質空間が *EMR* の地域性の基盤を形成しているとの認識にもとづいているはずである。

前述のように、EMR 当事国である五か国（邦）（前述のように、Région Wallonne の一部であるドイツ語共同体は自治政府をもつ）が、いずれも自国領域の一部が隣国の一部と合して一つの領域空間を形成することを容認するとは考えがたい。それにもかかわらず国境を挟む領域空間形成の可能性をはらむ地域間協力に前向きであることは、政策論理として矛盾しているように見える。この矛盾を各政府は十分認識していたはずであり、したがって、この矛盾を避けるためのなんらかの措置を講じたであろう。それはどのようなものであったか。おそらく、EMR の地域性を最大限に容認する一方で、これがけっして行政的輪郭を具える領域空間にならないよう、歯止めをかけることであったに違いない。

ここで、水循環管理という政策関心をとおして EMR 域がマース河水系に規定された等質空間としての自己認識を強く打ちだしていることに眼を向けよう。EMR 域ではマース河およびこれにいくつもの支流を供給する水源としてのアイフェル・アルデネン山地が、固有の風土特性を生みだしている。これがさらに二次特性として人文地理的特性を生み、自然・文化特性に規定された固有の住民気質を共有する生活圏が歴史的に形成されてきた。すでに言及したMHAL と呼ばれる歴史空間がそれである。EMR の空間政策はこの歴史的与件を十分に認識したうえで、その地域性をいっそう強めようとしているかに見える。下水処理施設の改善や水路改修による水害予防策の強化は、住民の生活空間の質を高め、それは住民の帰属意識を強める作用をおよぼすはずだからである。

このように、本源的に風土条件に規定される等質空間は、「個体性をそなえ

123　1991 年の当初企画策定にあたり、EMR は次のように自己規定をしている。EMR は伝統的工業地域であるばかりでなく、東隣のルール地域の「煙たなびく」下にある（ライン－ルール工鉱業地域に対する対抗意識！）。また、魅力に富む自然景観にも恵まれている。この与件から、汚染を減らす一方で、自然価値を保全するために、INTERREG 計画の枠組で諸企画が検討された。それは (1) 環境監視、(2) 自然景観保全 die euregionale Landschaft, (3) 水管理、この三分野に分けられる。とくに (3) が詳述されている。EMR 域内にきわめて多くの川、小川が流れ、これらのほとんどがマース河に注ぐ。よって水の質と量の管理が重要であり、しかもすべての企画が国境隣接地で実施されるために、おのずから国境を越える効果がはたらく、という。同上、24 ペイジ。

なお、水の量の管理については、マース河の水流調節が課題であったようである。マース河が中央部を南北に縦断するワロニは、海流の影響と地勢のため降水量がきわめて多い地域である。したがってマース河の増水対策が防災上からも重視されていることが推測される。Portrait of the Regions, 170 ペイジ。

表6-20　*EMR* の INTERREG I 環境分野企画

1	Selfkant の上下水浄化施設を NL の水道網に接続 ① NRW の Selfkant, Gangelt 両ゲマインデの上下水浄化施設を Susteren（NL）のリンビュルフ水管理組合浄水区域（WZL）の浄水場に接続 ② Gemeinde Selfkant ③ EU 829600; NRW　497760, 自己負担　602775
2	Voer 川水質改善工事 ① Voer 川沿い BE/NL 盆地の住宅地の出水による被害を解決。当企画は、改修作業の実施および救護装置による対策の二面をもつ ② Waterschap Roer en Overmaas ③ EU 392000; NL 337000, 自己負担　2005463（計 2342463）
3	エウレギオの大気の質の測定網 ①域内の大気の質にかかる利用可能なデータを集め、各地域当局の利用に供せられる情報システムの構築 ② Provincie Limburg（NL） ③ EU 18750; 自己負担　26544
4	生垣の保全 ①自然公園の独自な景観要素を維持。DE/BE 国境の両側にある家屋と地割の生垣を、維持、改善する ② Naturpark Nordeifel e.V.,（協力）Parc naturel des Hautes-Fagnes-Eifel, Centre Nature Betrange ③ EU 275004; NRW 128028, Rheinland-Pfalz 13152, Région Wallonne 78188, 自己負担　57825（計 277193）
5	Losheim-Hergersberg（DE/BE）下水浄化施設 ①国境を流れる Our 川とその支流の劣悪な生態条件を除去。Losheim 浄水場を廃止し、Losheim（DE）と Hergersberg（BE）の下水を Kronenburg 浄水場へ導く ② Gemeinde Hellenthal,（協力）Gemeinde Büllingen ③ EU 756158; NRW 613619, 自己負担（Gemeinde Hellenthal）1356981, Région Wallonne 147949, 自己負担（Gemeinde Büllingen ?）42480（計 2161029）
6	カリウム紙による大気の質の測定網 ① BE/NL 両 Pr Limburg の大気の窒素酸化物の測定。当地の大気汚染を防ぎ、改善するため環境基準の規制 ② LISEC（Genk） ③ EU 67491; Pr Limburg（NL）11163, 自己負担　56328
7	Wihogne 浄水場 ① Geer 川とその支流 l'Exhaure d'Ans の浄水場を川水の清浄維持計画にそって改修 ② AIDE（Association Internationale de Distribution d'Eau） ③ EU 2178158; Région Wallonne 4246405

8 Wehr-Sittard 導水管
   ①企画 1 の第二段階。Schinveld 浄水場を Wehr/Sittard に接続。Schinveld 浄水場を緩衝施設として改修し、Susteren 浄水場も改修（第二段階）Sittard-Susteren の導管拡充
   ② Zuiveringschap Limburg（NL）
   ③ EU 1650000; 自己負担　6185490

9 Voer 渓谷氾濫防止工事
   ① Voer 渓谷および周辺地域の氾濫被害の解決。NL 領で第一期工事実施（企画 2）
   ② AMINAL, Bestuur Landinrichting en Landbeheer, Ministerie van de Vlaamse Gemeenschap
   ③ EU 0; 自己負担　0

10 Aabeek, Itterbeek 両渓谷の水利改修工事
    ① Aabeek、Itterbeek 両川合流点の既存のダムの改修と自動化。これにより不断の水位変動に即応する調整が可能に
    ② AMINAL, Bestuur Landinrichting en-beheer, Minist. van de Vlaamse Gemeenschap
    ③ EU 0; 自己負担　0

11 Bosbeek, Witbeek 両渓谷の水利工事
    ① Bosbeek, Witbeek 両渓谷の氾濫被害が Maaseik（BE）, Kinrooi（BE）, Thorn（NL）におよばぬよう対策を講ずる
    ② AMINAL, Bestuur Landinrichting en-beheer, Minist. van de Vlaamse Gemeenschap
    ③ EU 113309. 86; Vlaamse Gemeenschap 339930

12 Plombières（Bleiberg）の Geul 川浄水場
    ① Geul 川の浄化対策。Plombières, Kelmis, Lontzen, Raeren, Welkenraedt 各コミューンの生活汚水の浄化のための施設
    ② AIDE
    ③ EU 191403; Région Wallonne 191403

13 Rodebach の再自然化
    ①三段階を踏んで実施。当企画では調査（環境・水文学的分析）と計画（実施計画の策定）を実施
    ② Gemeinde Gangelt（DE）, Waterschap Roer en Overmaas（NL）
    ③ EU 84000; NRW 25200, Pr Limburg（NL）14000, Waterschap Roer en Overmaas 14000, Zuiveringsschap Limburg 14000, Gemeinden Selfkant & Gangelt 16800（計 84000）

14 Waldfeucht 浄水場
    ①ルール川ないしマース河に注ぐ Kitschbach の水質改善。このほか Gemeinde Waldfeucht と Gemeente Echt（NL）の一部との生活汚水を浄化
    ② Gemeinde Waldfeucht
    ③ EU 40748; NRW 24449, 自己負担　9396822（計 9421271）

15　Limburg-Wurmtal および周域の発展構想
　　　①国境を挟む持続的空間計画構想の開発、とくに次の側面の開発に重点を置く：居住と労働、交通接続、自然、景観、農業、保養、川・水経済
　　　② Gemeente Landgraaf（NL），Stadt Übach-Palenberg（DE）
　　　③ EU 74725; NRW 11208, Prov. Limburg（NL）9341, 自己負担　55299（計 75848）

16　Raeren の Iterbach 川の幹線下水道
　　　① Raeren における浄水場建設は国境を越える Iterbach 川の水質を大幅に改善。ドイツとの国境近くに建設される住民 7000 人用の浄水場と幹線下水道の建設となる
　　　② AIDE.
　　　③ EU 30834; Région Wallonne 65748

17　Senserbach 浄水場
　　　① Senserbach 浄水場を閉鎖し、Aachen-Soers 浄水場との接続施設の建設
　　　② Stadt Aachen
　　　③ EU 819318; NRW 228601, 自己負担　1747935（計 1976536）

18　Rodebach 川と支流の再自然化
　　　①自然に近い川水の保全と再自然化。企画の第一段階は Rodebach 川の Waubach 附近の水源区域から Gillrath までの区間の、支流をふくめて事前調査と計画策定
　　　② Stadt Geilenkirchen
　　　③ EU 30640; NRW 18382, 自己負担　12258（計 30640）

19　Riemst-Kanne 浄水場と Jeker 川沿いの下水管
　　　①浄水場およびこれに適合する下水導管の建設により、国境を越えて汚染を生む汚水流入を減らすことで、水質にかかるヨーロッパ基準の達成が可能に
　　　② Ministerie van de Vlaamse Gemeenschap, AMINAL
　　　③ EU 208242; 国民的資金（Mina-fonds, 自己資金）378356

20　リエージュ人口稠密地域より下流の下水の排水調査
　　　①リエージュ人口稠密地域より下流の汚水排水の調査および下水道網の診断と修復
　　　② AIDE
　　　③ EU 0; 協調負担　0

注：（1）単位は ECU。
　　（2）①は企画趣旨、②は企画責任者、③は EU および協調負担者の負担額。
出所：EMR, *Jahresbericht 1996, INTERREG I*, Anlage II

る歴史空間一般」[124]としての地域を形成する可能性をはらむ。とはいえ、自然地理上の等質空間は尾根や海岸線のような事例を除けば、総じて漸移地帯によって囲まれており、明確な境界線をもたない。境界線は自然ではなく制度の産物であり、地域が眼に見える境界線によって画される領域空間の形態をとるのは、地域の外または上にある公権力の政策行動による。したがって、マース河流域の風土条件に規定された空間的等質性に適合的な政策展開が、EMR 域の地域化をうながすとしても、領域空間形成に向かうか否かは当該諸国（邦）の政策意志に左右されよう。国境を挟む地域の析出を、隣接する当事国間の政策協調の枠組のなかにとどめることは十分に可能なのだ。それは、地続き効果により国境という堰を越えて溢れでる国境地域に特有な諸問題の氾濫原を、国際的調整池に改修して共同管理するという意味における政策協調にほかならない。

他方で、EMR が打ちだす多面的な水管理企画に EU が乗ることは、住民の生活条件を眼に見えて改善するという政策効果が期待できるゆえに、EU に対する住民の信頼をつなぎとめられるという打算がはたらいたであろう。そればかりでなく、まずは地域析出をうながす政策が、長期的にみれば地域に領域空間の形をとらせるための助走過程とする政策意図も潜んでいたにちがいない[125]。国籍を異にする五行政区域からなる EMR 圏を、単なる部分空間の寄集めでなく、まずは「個体性をそなえる歴史空間」としての地域の形成をうながすことを共通目的にかかげながらも、それにより地域の領域空間化に歯止めをかけようとする当事国と、地域の領域空間化の可能性を一段と強めようとする EU と、この両者の妥協の産物が INTERREG I の企画編成であったとみることができる。

---

124 渡辺（2000）、の補論「「地域」とは何か」を参照。
125 INTERREG の目的を、EMR は次のように理解している。INTERREG の目的は国境を挟む協力網の形成と展開を刺激し、これができると次に EC ／ EU 規模のより大きな網に結びつけることにある。この目的は 1992 年末までの域内市場完成の目標から導かれる。このようなヨーロッパ委員会の基本方針により、INTERREG は三部に分かれる。それは（1）国境を挟む計画の共同の策定と実施、（2）国境の両側、内側における諸関係機関・団体間の情報交換の方法改善、（3）相互協力の支援、助成のための共同機関と行政機能の創設（die Aufstellung gemeinschaftlicher Institutionen und Verwaltungsstrukturen）。*Operationelles INTERREG-Programm*, 11 ペイジ。EC ／ EU が INTERREG を梃にして国境を挟む新しい行政区域（領域空間）の創設をねらっていたことは明らかであり、また EMR 側もこれを十分に認識していたようである。

表6-21　*EMR* の INTERREG Ｉ　観光・保養分野企画

1	心身障害者、高齢者のための映像データバンク ①心身障害者、高齢者が利用しやすい域内の観光・文化・保養施設の利用できる映像データバンク作成の可能性、費用、利用価値の市場調査 ② Revalidatie Informatiecentrum ③ EU 38750; 自己負担　41292
2	Negennoord のマース河教育センター ①マース河の氾濫地帯 Negennoord に生徒の自然学習、自然利用、自然と景観のなかでの休養のためのマース河教育センターおよび籠・萱編み技芸センターの設立 ② Provinciebestuur BE-Limburg ③ EU 419720; Intercommunale IML 420825, Provincie BE-Limburg 125025, 自己負担　286356（計 832206）
3	ルール川沿い自転車道の拡充 ①ルール川沿いに水源から川口まで自転車道の整備。これにより Roermond（NL）から Körrenzig（DE）近くのルール橋まで直通の自転車道が完成 ② Kreis Heinsberg ③ EU 255022; Landschaftsverband Rheinl. 204018, 自己負担　51004（計 255022）
4	Bocholt-Lommel 運河のヨット港施設 ①5月から10月まで開門を開き、6時間の到達距離ごとに宿営地を建設して、国境を挟む水路網を整備 ② Ministerie van de Vlaamse Gemeenschap ③ EU 0; Vlaams Gewest 0
5	Moelingen-Voeren 間の自転車道建設 ① N627 沿いに NL 国境から Voeren-Dalhem 両ヘメーンテ境界までの自転車道の建設 ② Ministrie van de Vlaamse Gemeenschap ③ EU 3000; Vlaams Gewest 9000
6	炭鉱と炭鉱夫 ①炭鉱業地帯のあらゆる学術的、歴史的資料を収集。*EMR* の四区域は石炭鉱業の歴史を共有 ② Rijksuniversiteit Limburg,（協力）RWTH Aachen, Université Liège, E.H.L. ③ EU 277470.44; NRW 45098, RWTH Aachen 30065, Comm. Française 7178, Pr. Limburg（BE）7584.60, RL. Maastricht 7875＋39310, Pr Limburg（NL）48000, Toekomstkontract（BE）101028（計 286138.60）
7	文化の道案内 ①城塞、城館、水車、焼物窯等 15 文化観光の道案内書の作成。各経路用冊子およびこれの合本の発行を計画 ②ドイツ語共同体 ③ EU 22616; ドイツ語共同体　27236

8 Eifel-Hohes Venn 観光政策一覧
   ①参加地区公共団体、ドイツ-ベルギー自然公園、レギオ-アーヘンと協力して、各観光分野の個別活動を総括し、国境を挟む共通の観光政策モデルを作成
   ② Kreisverwaltung Düren
   ③ EU 163250; NRW 82950, Park Nordeifel 6325, Fédér: Tourisme Lg. 25000, 自己負担 58045（計 172320）

9 ソフト観光
   ①ドイツ-ベルギー自然公園のソフト観光の強化。いくつかの既存施設の改修、拡充
   ② Naturpark Nordeifel e. V.（協力）Parc Naturel Hautes Fagnes-Eifel (Centre Nature Botrange)
   ③ EU 877460; NRW 247950, Région Wallonne 176644, Communauté française: 164700, ドイツ語共同体 99980, Fonds propres 71342, 自己負担 261856（計 1022472）

10 自転車道－Voer 川から Berneau までの延伸
   ① Voer の自転車道を延伸。マース渓谷へ向かう自転車道をエウレギオ自転車道の第一区間として整備
   ② Ministère Wallon de l'Equipement et des Transports
   ③ EU 74000; Région Wallonne 188910

11 Maastricht -Zichen-Aachen-Hasselt-Liège 間の自転車道・遊歩道網の研究
   ①域内諸都市を結ぶ自転車・遊歩道網の研究。安全、自然への敬意、観光行事への近づきやすさを基準として重視
   ② Université de Liège-CRAU
   ③ EU 89980; Région Wallonne 89980

12 Selfkant 鉄道の軌道修復
   ①当協会は 20 年以上前から DE/ NL 国境地帯において歴史的軽便鉄道を運行してきた。近年、劣化が進む部品の更新が当企画の目的である
   ② Touristenbahnen im Rheinland GmbH (TBR), Interessengem. Hist. Schienverkehr e.V.
   ③ EU 32942; NRW 19765, 自己負担 13336（計 33101）

13 ソフト観光-エウレギオ文化観光の初めての助言者
   ①エイフェル-アルデネン地域の文化的資源から観光市場に適するものを選びだす。加えて、アイフェル-アルデネン文化・歴史地域の全体計画を策定
   ② Eifel-Touristik NRW e.V.
   ③ EU 76263. 18; NRW 45758, 自己負担 30505. 17（計 76263. 17）

14 Mergelland 協力計画
   ①自然と景観の保全。国境を越える自転車・遊歩道整備。行政境界を弱め、協力強化を狙う
   ② Gemeente Riemst
   ③ EU 64642; 6 Gemeenten（自己負担）64758

15 行事暦
    ① *EMR* 内の全行事および観光資源を網羅するデータバンクの構築
    ② EMR, Werkgroep Toerisme（VVV Limburg），（協力）Provinciaal Verbond voor Tourisme（Hasselt），Regio Aachen, Féder. du Tourisme Prov. de Liège
    ③ EU 202711. 51; NRW 39750, Pr. Limburg（NL）22277. 75, Pr Limburg（BE）42691. 50, Commun. Franç. 23622. 96, 自己負担（DE）27276. 22, 自己負担（NL）22277. 75, Fonds propres Liège 25591. 54（計 203487. 72）

16 Venn 鉄道の観光品揃えの拡充
    ①歴史的価値をもつ蒸気機関車 1 台と客車を購入し、軌条に必要な補修を施すことで、Venn 鉄道の観光資源を改善する
    ②ドイツ語共同体
    ③EU 161565; ドイツ語共同体 189043

17 Kreis Heinsberg と Limburg（NL）の観光業の研究
    ① Kr ハインスベルクとリンビュルフ（NL）区域での近場保養、短期休暇、日帰り旅行、観光旅行の拡充のための対策を検討。DE/NL 国境沿いの街道と通路の開通と拡充がどれほどの構造改善をもたらすかを検討
    ② Kr ハインスベルク
    ③ EU 26962. 90; NRW 16178, 自己負担　10785（計 26963）

18 Venn 鉄道に沿う自転車道
    ① Venn 鉄道旅行と組み合わせて道標を備えたマウンテンバイク道路が敷設される。余暇スポーツのマウンテンバイク走行を、自然に配慮して整備された道路の利用に導くことを目的とする
    ②ドイツ語共同体
    ③ EU 171537; ドイツ語共同体（自己負担）68146, Kr Bittburg-Prüm 33054, Kr Daun 33053, Verkehrsamt der Ostkantone 37284（計 171537）

19 Kreis Heinsberg-Midden Limburg 自転車観光
    ① NL 側でルール川口までルール自転車旅行道を延伸。自転車道に観光客用の案内標識を整備。NL/DE 両側域の自転車道の拡充、結合、標識整備
    ② Kr Heinsberg, Gewest Midden-Limburg
    ③ EU 568881. 50; NRW 86507, Pr Limburg（NL）146079, Rijkswaterstaat 130529, Gemeente Roerdalen en Posterholt 147586, Kr Heisberg 58180. 50（計 568881. 50）

20 Schierwaldenrath 鉄道駅修復
    ①歴史的車輛、線路、軌道設備の維持、復旧。稼働は運賃収入、少額の寄附、補助金のみで賄われる。補助金はホーム車線、留置線、整備車線の更新に当てられる
    ② Touristenbahnen in Rheinland（TBR）, Interessengem. Historischer Schienenverkehr e.V.
    ③ EU 24735. 51; NRW 14841, 自己負担　9895（計 24736）

21 Venn 鉄道用に鉄道バスの買附け
    ①当鉄道バスは Stolberg（DE）駅から Raeren（BE）駅までの支線に使用。Venn 鉄道の機関車が Stolberg で方向転換できないので必要

②Vereinigung "Vennbahn e.V."
③EU 48667: NRW 28237, 自己負担　80066（計 108303）

22　Venn 鉄道動態保存
　　①次の対策を支援：Raeren 駅入線改善、Sourbrodt の操車改善、線路、信号設備の改善、歴史的車輛の購入、駅舎用地の購入
　　②ドイツ語共同体
　　③EU 193093; ドイツ語共同体（自己負担）193093

23　余暇・保養開発計画のための明細目録研究
　　①Maasland における観光と保養の助成を狙う行動計画策定のための構想具体化
　　②Regionaal Landschap Kempen en Maasland
　　③EU 30031; Region. Landsch. Kempen en Maasland 22281, Gewest Midden-Limburg 7750（計 30031）

24　石炭鉱業資料センターの設立
　　①石炭鉱業・文化にかかる文書、写真、音声記録を収集し、全資料をこのセンターに保管する
　　②Régionl Wallonne DGEE, Commiss. Général au tourisme
　　③EU 2869; 自己負担 2869

25　Echterbosch から Waldfeucht 国境までの自転車道
　　①Gemeinde Waldfeucht（DE）に既存の自転車道を Gemeente Echt の Prinsenbaan/ Waldfeuchterbaan 沿いの自転車道に結合。かくて、国境の両側を直通する自転車道網を編成
　　②Gemeente Echt（NL）
　　③EU 0; Pr Limb.（NL）0

26　観光分野における国境を挟む協力
　　①とくに観光情報、共通インフラストラクチュア、マーケティング分野における国境を挟む協力の可能性を検討
　　②Office du Tourisme des Cantons de l'Est, Verkehrsamt der Ostkantone
　　③EU 25368; 自己負担　3759, Kr Bittburg-Prüm 10805, Kr Daun 10804（計 25368）

注：表6-18に同じ。
出所：表6-18に同じ。

　ところで、そもそも自然環境と文化遺産にめぐまれた空間の生活環境改善は、住民の生活圏への愛着を強めるばかりでなく、非居住者に対しても訪問、滞在の誘因を生みだす。すなわち観光資源にめぐまれた空間が生活空間としての質を高めることは、観光価値を高める効果をも生む。逆に、非居住者に対する観光価値の上昇が、居住者にとり生活条件の改善につながる効果も期待しうる。そのかぎりで、環境政策と観光政策は相互促進的関係にある[126]。むろん、不特定多数の観光客の来訪は行きすぎれば環境破壊・汚染を惹きおこす負の効果を

ともなうので、地域経済の発展に資する正の効果だけを期待することはできない。したがって、環境政策と観光政策とが相反関係に立つ場合もありうるが、これを両立させるのが総合地域政策の要点というものであろう。EMR は IN-TERREG を利用して、自然・生活環境と観光価値との最適関係を生みだすことにより、域内経済の活性化を図ろうとしていたとみることができる。

そこで、観光・保養分野の企画も点検しよう。これを一覧表にまとめると、表 6-21 のようになる。26 企画のうち、自転車道整備 8、フェン鉄道動態保存 5 と、半分を占めるのが目だつ。自然景観、歴史遺産にかかる負荷を最小限度にとどめる「ソフト観光」の決め手が、自転車か歴史的価値ある観光鉄道[127]の利用ということになるのであろう。

また、6「炭鉱と炭鉱夫」、7「文化の道案内」、24「石炭鉱業資料センターの設立」は域内の文化・産業遺産の観光価値を高めようとするもので、EMR を文化的等質空間の面でその地域性を強める政策といってよかろう。

(12) 小括

以上、本節では 1990 年代に刊行された諸資料を利用しながら、EMR の事

---

[126] *Jahresbericht* (1996) は第 1 章の 6 ～ 15 ペイジまでを域内観光資源の紹介に紙数をついやしており、「観光は EMR 経済にとり最重要な柱の一つである」との強調で始まる第 2 節で、自然景観を詳細に紹介している。とくに重要な目的地として挙げられているのは以下のとおり。(i) アイフェル-アルデンヌ高地、とくに国境にまたがるアイフェル-高フェン自然公園、(ii) リンビュルフ (BE ／ NL) 南部に拡がる泥灰岩地帯 *Mergelland*, (iii) 中部リンビュルフおよびケンペンの自然公園、(iv) リンビュルフ (BE) 南部の城館群、(v) 国境にまたがるマース-シュバルム-ネテ自然公園および EMR 北部のテフェレン、ブリュンスムの原野、(vi) マース河沿いに砂利採掘後できた小湖沼、(vii) ジレップ *Gileppe*, ロベールビュ *Robertville*, オイペン、ビュトゲンバハ *Bütgenbach*, アイフェルの貯水池群、(viii) リンビュルフ (NL) のファルケンビュルフ *Valkenburg* 四湯治施設、(ix) リエージュおよびバートアーヘンの加熱泉とスパ。以上に加えて、買い物観光地として (x) ハセルト (ドイツ人向けフラーンデレン第三の買物目的地)、リエージュ、アーヘン、マーストリヒト等が挙げられている。

[127] 高フェン観光鉄道博物館 *Die ehemalige touristische Museumseisenbahn im Hohen Venn* のウェブサイトによると、ドイツ語共同体政府の決定により、フェン鉄道は 2011 年に営業を廃止した。それより先 2009 年前半にラーレン *Raeren* から軌条撤去が始まり、軌道の自転車道への改造が進んでいるという。http://www.Vennbahn 2013/05/12. アイフェル、アルデンヌ両高地の北側にひろがるフェン高地 *Hohes Venn ／ Hautes Fagnes* は、ベルギー領最高地点 (694m) をふくむ。

業の実態を検討した。その結果、単一通貨導入時期を1999年とすることがすでに確定し、「収斂基準」を満たすための緊縮財政がEU統合に対する不満をひろめる状況のもとで、総じて国境を挟む地域間協力にひそむ諸問題が、他のエウレギオにましてEMRの政策行動に凝縮していたことを、ある程度明らかにすることができた。とりわけ1993年初の域内市場自由化に備えたEC／EU主導のINTERREG企画から、EC／EUと五か国（邦）との間にひそむ、EMRの地域化の形をめぐる政策含意の違いを見てとることもできた。

　ここで、政策主体と政策対象との適合性の問題も浮かびあがってくる。とりわけ、政策的利害状況におけるレギオ-アーヘンの位置づけが問題となる。これがラインラントではなくマースラントの一部としての影をますます濃くして、他のEMR構成区域との親和性を強めるにつれ、つまり東のライン河に背を向けて西のマース河へ向かうにつれ、その地域利益をRBケルン、最終的にはその上位にあるNRWが、すなわちマース河流域のアーヘンの利益をライン河畔のケルンとデュセルドルフが代表するという矛盾が露わになるからである。

　もとより、EMR圏は財団法人として境界をあたえられた一つの制度空間であり、これを構成する五区域ともそれぞれ行政空間（領域空間）であって、いずれも本来の地域ではない。よって、これら五構成区域による合成空間としてのEMRもそのまま地域としての実体性を具えているわけではない。とはいえ、マース河流域の風土的・歴史的特性を共有するMHALと呼ばれてきた都市網空間と大幅にかさなるEMRが、そこに隠れていると推定される本来の地域を近似的に表現しうるかぎり、EMRが領域空間としての形をどれほど整えられるかが、検討にあたいする問題と言ってよかろう。このような意味での近似的地域としてのEMR域のその一部であるレギオ-アーヘンは、しかし、行政区域としておそらく今後ともRBケルンの一部でありつづけるであろう。それは、本章の初めで検討したアーヘン対ケルンの歴史的対立に加えて、EUとNRWとの国境地域統治権をめぐる現代的対立という二重の対立が、今後ともくすぶりつづけることを予想させるものである。

第7章 *Eems-Dollard-Regio* / *Ems-Dollart-Region*

1 　はじめに
2 　*EDR* の成立と組織
3 　1990 年代の *EDR* 域内の動向
4 　国境を越える行動計画 *Grenzüberschreitende Aktionsprogramm*（GAP）
5 　INTERREG
6 　1990 年代後半の *EDR* 域の状況
7 　東隣域オルデンブルクとの関係
8 　小括

ニーウェスハンス駅ホーム上の駅名標。

1 はじめに

　ドイツ・ネーデルラント国境にまたがる五エウレギオの最後に、*Eems-Dollard- Regio／Ems-Dollart-Region*（EDR）をとりあげる[1]。

　2枚の地図、**図7-1**、**図7-2**に示されるように、南北につらなる五エウレギオのなかで最北部に位置する EDR は、いくつかの点で他の四エウレギオと異なる特徴を具えている。第一は地理上の独自性で、EDR が北海に面する唯一の臨海エウレギオであるばかりか、ライン水系およびマース水系から独立したエムス水系を地域軸としていることである。たしかに、エムス河と所により合流しながら並行するドルトムント-エムス運河が、ライン-ヘルネ運河に接続してライン河と、キュステン運河に接続してベーザー水系と、ミテルラント運河に接続してベーザー河、エルベ河とそれぞれつながっている。ゆえに水路としてみるかぎり、エムス水系はドイツ西北部に張りめぐらされた内陸水路網に編みこまれており、孤立水系といえない。さりながら、エムス河流域がライン河流域と異なる風土条件のもとで、独自な自然地理空間を形成していることは否みがたい。

　第二に、他の四エウレギオが産業革命に先だつ初期工業化の過程、とくに繊維工業の発展と連続した工業化過程を 20 世紀後半にいたるまで辿ってきたのに対して、EDR 域はそのような工業化過程を欠いていることである。たしかに、この地域は天然ガス・石油資源に恵まれ、今日、西北ヨーロッパのエネルギー・化学工業への資源供給基地の一つとなっている。しかし、それは 20 世紀後半に始まった不連続発展の成果であり、他のエウレギオの経済動態をいまなお方向づけている、「古典的」産業部門の数世紀におよぶ蓄積と同列に論じることはできない。

　第三に、他の四エウレギオとことなり、EDR 域の位置がライン-ルール圏

1　EDR は *Euregio* と自称していないが、ドイツ・ネーデルラント国境地域につらなる五エウレギオの一つであることは明らかである。1990 年代の EDR 事務局長ネーフ *Neef* は、"Euregio Ems Dollart Region" ということばさえ使っている。注 3 資料② 14 ペイジ。また、事務局がネーデルラント側域にあるので、本章では固有名詞としてネーデルラント語表記のレヒオを使う。

図7-1 *Eems Dollard Regio* の構成区域

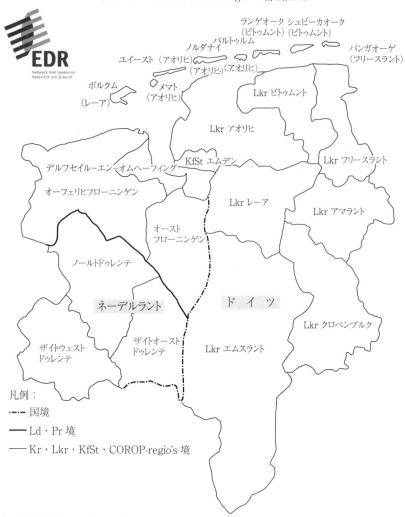

注：DE側域東縁のフリースラント、アマラント、クロペンブルク三クライスは2001年現在加盟の見こみ。
出所：図2-1に同じ。

1 はじめに | 351

図7-2 *Eems Dollard Regio* の交通網

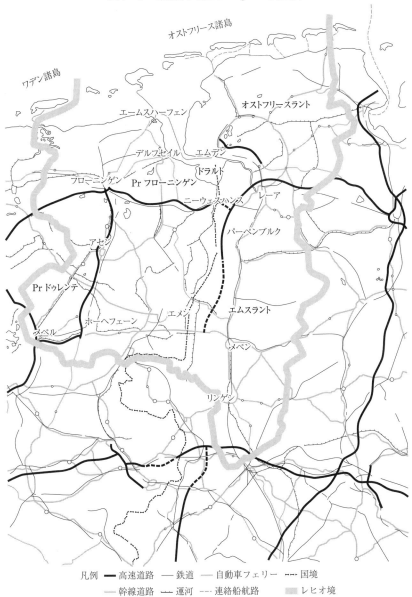

凡例 ━━ 高速道路 ── 鉄道 ── 自動車フェリー ---- 国境
　　 ── 幹線道路 ─┴─ 運河 ---- 連絡船航路 ▬▬ レヒオ境

出所：*EDR* 提供資料（1998）。

またはラントスタトから遠い「辺境性」のゆえに、これらからの引力がどれほどおよんでいるかの測定が容易でないことである。これが、EDR域の地域性把握をとくに難しくしている。しかも、EDR域内の両側域とも等しく農村的性格が強いことで共通しており、これは一方で歴史的・文化的等質性を再生産する地続き効果を生みながら[2]、他方でこの地続き効果が結節空間に必須の核の析出をかえって妨げているように見える。EDR域内各地の等質性が強いがゆえに総体として凝集作用が弱い分散空間にとどまるという見通しに、さしあたり立つほかはない。

このようなEDR域の独自性を手がかりにして、EDR域にはたらく歴史地理的な遠心力と向心力の強弱関係に焦点を当てながら、EDR域の地域的輪郭の有無、濃淡をたしかめることが、本章の課題となる。

ちなみに、EDR南隣りのEUREGIOには、同じくエムス河流域のミュンスターラントが属しているので、両エウレギオは部分的に共通の地域性を具えると推定される。後論するように、EDRの前身がEuregio-Nordであったことは、EDRがいわばEUREGIOから派生する形で発足したことを示唆する。EUREGIOを倣った三ウレギオが名称の一部にEuregioをふくめているのに対して、EDRだけがあえてEuregioを避け、単にRegio／Regionと名乗っていることは、EDRのEUREGIOに対する自己主張というよりも、国境を越える地域間協力の先達に対する敬意の表明とみられなくもない。むしろ、両エウレギオ間の組織的親近性を窺わせるものであり、これは、今後隣接エウレギオ間の協力・競合関係が問題になるときに重視するべきことになろう。

利用資料は、主としてEDR事務局から提供された各種資料である[3]。主たる対象時期は1990年代である。すでにEMR分析で言及したように、1990年代は域内市場統合が実現し、これに続くEU条約の発効により、ヨーロッパ統合の深化、拡大が新しい段階を迎えた時期である。EU地域政策が国境地帯に

---

[2] エムス河口に位置するオストフリースラントOstfriesland（旧侯爵領、1815年ハノーファ王国領、1866年プロイセン王国領、1946年NdsのRBアオリヒAurich）の主都エムデンEmdenは、ネーデルラント独立戦争（1568-1648）の際、カルバン派難民を受けいれ、これにより経済的、文化的に興隆して、「北方のジュネーブ」と謳われた。Köbler, (2007), "Ostfriesland"を参照。ナチス体制下のエムデンでジャーナリストとして活動していた、後の「エウレギオの父」A. モーゼルが、ここからネーデルラントへ亡命した前歴が、エムデンとネーデルラントとの歴史的結びつきの強さを物がたる。

照準を合わせた INTERREG として始まったのも、統合が新しい局面を迎えたことに対応している。したがって、1990 年代における EDR にかかる政策と実態の緊張関係をさぐることは、この地域の歴史的個体性を検討するうえで、十分に意義をもつと考えられる。

2　EDR の成立と組織

(1) 成立過程

　まず、主に資料①、②、⑧に拠って EDR の組織形態と活動内容をつかみ、次いで最も大部の資料⑨により、EDR 域の 1990 年代の実態を検討する。随時、他の資料で補強する（注 3 参照）。

　EDR は「国境を越える」*grenzüberschreitend* ／ *grensoverschrijdend*[4] 協力団体として、1977 年 2 月 28 日に創設された。当初、国境の両側に位置するニーウェスハンス *Nieuweschans*（NL）とブンデ *Bunde*（DE）に拠点を置き、原加盟団体ネーデルラント側フローニンゲン *Groningen*, ドゥレンテ *Drenthe* の両プロフィンシに属するヘメーンテ、ドイツ側はオストフリースラントのアオリヒ、レーア *Leer*, ビトゥムント *Wittmund* 各クライスおよびクライス級市エムデンならびに Kr エムスラント *Emsland*, 以上に属する 18 公法人（NL: 11,

---

3　利用資料は以下のものである。① EDR, *Jahresbericht 1991-1992*; ② Drs. R.C.E. Neef, *Grenzüberschreitende Regionalpolitik. Erfahrungen an Hand der Ems Dollart Region*, Dez. 1994; ③ Ems Dollart Region in Stichworten, o. J.（1997 年以前）; ④ DIALOG Wissens- und Technologietransferstelle der Hochschulen Oldenburg, *AEGIS Projekt Zusammenfassung der Projektinhalte für das Wissenschaftsforum und die 3. Hochschulrektorenkonferenz der NHI am 12. Sept. 1994 in Bremen*, 1994；⑤ EDR, *EDR-Projekt 'Grenzüberschreitender Tourisumus'*, o. J.; ⑥ EDR, *EDR-Projekt 'People to people'*, o. J.; ⑦ EDR//EURES-Crossborder (Hrsg.), *Die Ems-Dollart-Region: eine Zukunft ohne Grenzen? Grenzüberschreitende Verflechtung im Metallsektor*, 1998; ⑧ EDR, *Grenzüberschreitende Zusammenarbeit/ Grensoverschrijdende Samenwerking*, 1999; ⑨ Ems Dollart Region, *Programm im Rahmen der Gemeinschaftsinitiaitive INTERREG III 2000-2006*, April 2000; ⑩ EDR, *Eems Dollard Regio ／ Ems Dollart Region*, o.J.（2000 年以降）; ⑪ EDR, *Grenzlos*, Nr.3, 4, 1994; Nr.3, 2000. これらはすべて、筆者が EDR 事務局を訪問した際、また後から追加して当時の事務局長 Drs. R. C. E. Neef 氏から提供されたものである。同氏のご厚意にあらためてお礼を申し上げる。

DE: 7) にすぎなかった[5]。これが1999年末までに87公法人に増加した（表7-1を参照）。

　EDR の目的は、加盟団体間の協力の支援と国境を越える接触の強化で、そのために、国境を越える情報・調整の中心機関として機能することにある。すでに諸団体がそれぞれ相互に独自な協力活動をおこなっていたので、EDR が事務局機能を引きうけ、国境を越える諸企画の資金調達を支援することを目ざした[6]。

4　1990年代までの資料で、ドイツ語表記がすべて grenzüberschreitend であったのに対して、2000年代に入ると EDR 刊行資料では grenzübergreifend が多用されるようになる。これが類語間の単なる言い換えにすぎないのか、それとも国境地域に対する観念のなにがしかの変化を反映するのか、さだかでない。あえて両語の含意の相違を考察すれば、ひとまず二様の解釈が可能である。一つは、grenzüberschreitend が国境の両側域の二つの地点をむすぶ線分が国境線と交わる点の関係を含意するのに対して、grenzübergreifend は国境線を挟んで向かいあう両側域が接する区間をまるごと視野に収める線的関係を含意する、というものである。言いかえれば、国境線を不連続な点の集合と捉えるか、連続する線と捉えるかの違いであり、前者の関心が地点間関係に向かうのに対して、後者の関心は地域間関係に向かうともいえよう。もう一つは、grenzüberschreitend が両側域の一方または双方の国境を越える活動という動態に焦点を当てるのに対して、grenzübergreifend はかかる動態が生みだした新しい空間構造に焦点を当てるという解釈である。いずれにしても、用語法のこの微妙な変化はこの間の国境地域をめぐる問題状況の変化と、これにともなう空間観念の変化または深化とを反映していると思われるが、ここではこれ以上立ちいらない。ちなみに、grenzüberschreitend に対応するネーデルラント語は grensoverschrijdend であるが、grenzübergreifend に対応する語は grensovergrijpend でなく、grensoverschrijdend がそのまま使われている。資料⑩参照。よって、ドイツ語表現の修辞上の変化にすぎないのかもしれないが、とりあえず grenzüberschreitend を「国境を越える」、grenzübergreifend を「国境を挟む」と訳し分けることにする。

　ちなみに、資料⑨ 107 ページで、INTERREG 企画が grenzübergreifend であるための条件を列挙するやり方で、この語の定義が与えられている。第一に内容面で、企画の目的、成果が国境の両側域にかかわり、両側域に相当の成果がおよばなければならない。第二に組織面で、企画は国境を挟む「対等協力」Partnerschaft によって担われなければならない。その際、当事者の一方が主導権を握り、法的責任を負う。第三に人的構成面で、企画は NL 側、DE 側双方の協力者により共同で実施されなければならない。第四に資金面で、国境の両側の企画者が費用の一部を自己負担しなければならない。以上の定義は、なぜ grenzüberschreitend から grenzübergreifend に変わったのかの説明を欠くものの、後者が両側域間の動態の双方向性（均衡）を一層重視するようになった問題関心の変化が読みとられる。

5　注意するべきは、フローニンゲン、ドゥレンテ両プロフィンシが構成員でないことである。ただし、両者はネーデルラント、NL 経済省、Nds 連邦・ヨーロッパ担当省、BRD とならび、毎年一定額の協力金を EDR に拠出している。資料① 29 ページ。

表7-1　*EDR* 加盟団体

NL 側域		DE 側域	
ヘメーンテ	29	市	12
商業会議所	2	ゲマインデ	18
te Groningen		狭域ゲマインデ連合 *Samtgemeinde*	15
te Meppel		商工会議所	2
ヘメーンテ間協力連合 *intergemeentelijke*	3	für Ostfriesland u. Papenburg	
samenwerkingsverband		für Osnabrück u. das Emsland	
Streekraad Oost-Groningen		手工業会議所	1
ISV Zuidoost-Drenthe		für Ostfriesland	
Regioraad Noord Groningen/		オストフリース土地金融組合	1
Eemsmond		*Ostfriesische Landschaft*	
		ラントクライス *Landkreis*	4
		Aurich, Emsland, Leer, Wittmund	

注：（1）NL 側域の全ヘメーンテが Groningen、Drenthe 両プロフィンシのいずれかに属するが、両プロフィンシ自体は *EDR* 加盟団体ではない。
　　（2）1994 年末現在。
出所：資料①30 ペイジ、他。

　EDR の成立過程は三つの源流をもつといわれる。まず、当域の諸経済会議所が 1950 年代初から、破壊された社会基盤および国境の両側域間の関係の再建を図っていた。第二に、アオリヒの「ドイツ・ネーデルラント地元民衆大学」*Die Deutsch-Niederländische Heim Volkshochschule*〔DNHVHS／Europahaus〕がエイトハイゼン *Uithuizen*（NL）のトルドゥプ *'t Oldoup* の民衆大学とともに、新しい社会的交流の道を開いた。第三に、フローニンゲン市、とくにフローニンゲン国立大学経済学部がヨーロッパ統合運動に熱心に取りくみ、ドイツ側の相当団体と交流を図る学生、職員を多数擁していた。以上三つのうち、とりわけ第三が大きな意義をもったようである。ということは、経済的関心よりも知的、文化的関心が主動機としてはたらいたことが窺われる。

　この第三集団により、1960～70 年代に商工会議所と連携して二つの大きな会議が開かれ、これを機に *Arbeitsgruppe Euregio-Nord* が設立された。この作業集団が *EDR* の設立準備にあたり、ネーデルラント、ニーダーザクセン、西ドイツの政府、ヨーロッパ委員会に共同ではたらきかけた結果、1977 年ネーデルラント法による財団 *Stichting*、ドイツ法による登記社団という、二重形態

6　　資料②1 ペイジ、資料⑧6 ペイジ、資料⑨5 ペイジ。

の国境を越える私法団体として EDR が発足した[7]。

　1980年5月のマドリド協定により、国境を越える公法人形成が可能になり、これにもとづく前述のアンホルト協定（1991年）により、公法人化の道が開けた。もっともニーダーザクセンが翌年1992年3月16日にこれを批准したのに対してネーデルラント側の批准が遅れ、やっと1997年10月20日、EDR 成立20周年の年に、「国境を越える目的組合」 grenzüberschreitender Zweckverband ／ grensoverschrijdend openbaar lichaam として公法人化した[8]。

　以上から、三つの論点が導きだされる。第一は、早くも1950年代に国境を越える地域間協力の動きが始まったにもかかわらず、しかも南隣りに1958年に成立した EUREGIO という最先発モデルを眼にしながら、EDR 成立まで20年近くを要したのはなぜかという疑問である。第二は、EUREGIO をはじめ先行エウレギオですでに問われたことが、すなわち、国境を越える地域間協力を目ざしてまず動きだしたのは、ネーデルラント側、ドイツ側のいずれであるかという問いが、ここでも発せられる。EDR については、上述のようにフローニンゲン国立大学を擁するフローニンゲン市が中心的役割を演じ、また事務局がネーデルラント側のニーウェスハンスに置かれていることからして、EDR を発案し、成立過程を主導したのはネーデルラント側とみてよいように思われるが、なお確かめる必要がある。第三に、ようやく1970年代後半に EDR 成立が実現した直接の契機として、二つの時代背景が考えられることである。一つは、1970年代に二度の石油危機に襲われた西ドイツでエネルギー価格が高騰する一方で、ネーデルラントはヨーロッパ最大のガス田と北海油田からの潤沢な天然ガスと石油の産出に恵まれ、一次エネルギー供給で19世紀以来の彼我の優劣が逆転したこと、もう一つは、1973年のEC一次拡大を機に、ECが地域振興政策に向かいはじめたことである。後述するように、後発の EDR が EC の要請に応えて「国境を越える行動計画」GAP を最初に策定した事実は、EDR 成立をネーデルラント側が主導したばかりでなく、EC も

7　資料②1-2ペイジ、資料⑧6ペイジ。資料③によれば、NL側の財団がDE側登記社団の構成員となり、逆に登記社団の構成員が財団の構成員になる相互参加の形をとって、国境を越える実質的な組織統合を図ったという。

8　資料①7ペイジ、資料②8ペイジ、資料⑧6-7ペイジ。なお、ネーフはNLもDEの当該ラントもアンホルト協定を1993年のうちに批准したと述べている。

何らかの形で密接にかかわっていたことを窺わせるものである。

(2) 組織

　組合員総会 *Mitgliederversammlung* が最高意思決定機関で、発足時に各組合員が1票をもっていた。その後、*Mitgliederversammlung* が評議会 *Rat* に変わり、各組合員が2票をもつようになった。総会は年に二回開催され、ここで理事会 *Vorstand* が選ばれ、これはネーデルラント、ドイツ双方から6名ずつ合計12名の理事から構成される。総会（評議会）議長が理事長を兼ね、2年任期でネーデルラント、ドイツ双方が交代で務める。理事会の下に①経済・交通、②若者・スポーツの二委員会 *Ausschuss* が設けられ、②に属する下部組織として、国境・スポーツ交流作業部会 *Arbeitsgruppe* が設けられている。このほか、文化担当委員 *Kulturkoordinator* として2名が任命されていた。EDR はこの組織態勢をもって、若者とスポーツ、文化、職業教育、観光、経済と社会基盤、保健制度、救急態勢、労働市場、通信を活動分野としていた[9]。「若者、スポーツ、国境」が「経済、交通、社会基盤」とならび EDR の活動の主要分野となったことは、後述するように農村の高齢化、若者の域外流出と犯罪率の高さという、EDR 域が直面する人口構成・動態のゆがみの社会的反映であっただろう。

　事務局は当初、ウェデ *Wedde*（NL）とレーア *Leer*（DE）の二か所に置かれたが、1993年4月にニーウェスハンスの旧国境警備隊詰所 *Marechaussekaserne* に統合された。1993年当時職員は9名、うち5名が INTERREG 業務を担当していた[10]。

(3) NHI

　EDR にかぎらずエウレギオを検討するにあたり、これを規制する広域の、または上位の公的組織との関係にも眼を向ける必要がある。この意味で、とくに EDR にとり重要なのは、NHI と NDCRO である。

9　資料①6-7ペイジ、資料⑧8-9ペイジ。
10　資料①9ペイジ、資料③。

1991年3月20日に「新ハンザ-インターレギオ」*Neue Hanse Interregio*（NHI）の創立総会がブレーメンで開かれた。これにより国境を越える協力の空間規模が一挙にひろがり、ネーデルラント側ではフローニンゲン、ドゥレンテ、フリースラント *Friesland*、オーフェルエイセル *Overijssel* の北部四プロフィンシが、ドイツ側ではニーダーザクセンとブレーメンの二ラントがこれに加盟した。NHI はネーデルラント北部と西北ドイツをふくむ、北海岸域の風土条件を共有する等質空間を基礎にした、広域的政策連合である。いわば拡大 *EDR* と呼ぶべき広域組織の結成により *EDR* に対してあらたにはたらく遠心力が、ただでさえ弱い向心力をさらに弱めることが推定される。もっとも、多方向性の遠心力が均衡すれば、かえって *EDR* 域の相対的自立性を支える効果を生むであろうから、NHI が *EDR* の地域性におよぼす影響はけっして単純でなかろう。

NHI は加盟地域の共通利益を EC 諸機関に訴求し、EC の諸地域計画の徹底的活用を目的として掲げた。そのかぎりで、これは地域連合というより対 EC 圧力団体の性格が強い。重点分野は、NHI 域の経済発展、社会基盤の改善、研究・教育の強化、自然・環境保護政策、農業・アグリビズネスにおける協力、文化領域であり、この目的実現のため経済、交通、観光、研究・開発、干潟 *Waddenzee*／*Wattenmeer*、環境、農業、文化、教育の九作業部会が置かれた。

注目にあたいするのは、1991年11月26日フローニンゲンで NHI, *EDR*, *EUREGIO* の代表者が集まり、基本政策にかかる協議をおこなったことである。つづいて1992年1月20日、*EUREGIO*, *EDR* の両事務局長と NHI 代表者との会合がグローナオで開かれ、活動の調整、協力方式の可能性について協議をおこなった。NHI 内における *EUREGIO* と *EDR* との協調ぶりが目だつ。両エウレギオ間では *EUREGIO* が *EDR* に対して優位に立つことが当然に予想されるので、そのかぎりで、NHI の枠組で *EUREGIO* から *EDR* にはたらく南向きの遠心力が強まったことが推定される[11]。

（4）NDCRO／DNRK

1958年に成立した *EUREGIO* に触発されたかのように、1967年に上位地域政策機関として「ネーデルラント-ドイツ空間秩序委員会」*Nederlands-Duitse*

Commissie voor Ruimtlijke Ordening（NDCRO）/ Deutsche- Niederlädische Raumordnungskommission（DNRK）が設置された。すでに第5章で述べたように、ここでは国境を越える空間秩序、地域計画、環境にかかる諸問題について定期的な協議がおこなわれる。NDCRO / DNRK には南北の両部会（Ondercommissie Zuid / Noord; Unterkommission Süd / Nord）があり、五エウレギオの事務局長はいずれかの部会と定期的に協議をおこなうことになっている。1992年12月2日アーヘンで NDCRO 発足25周年記念行事が催され、その中心議題は EC による国境を越える地域計画の法的諸問題であった[12]。NDCRO / DNRK について、ここでは言及にとどめる。

（5）ROP Groningen / Zuidoost-Drenthe 1991-1992

　NHI や NDCRO / DNRK のような広域組織とは逆に、EDR 域内の国境を越える局地間開発計画も軽視できない。このなかには、たとえ時限企画であっても更新を重ねることで制度的性格を強め、長期計画化に向かうものがあり、その一例として EDR 域内の ROP が挙げられる。1989年ヨーロッパ委員会が「フローニンゲン-東南ドゥレンテ地域開発基本計画」Regionaal Ontwikkelings-programma Groningen / Zuidoost-Drenthe 1989-1991（ROP）を認可し、ERDF（ヨーロッパ地域開発基金）から4880万 hfl, ESF（ヨーロッパ社会基金）から4000万 hfl の補助金が交付された。1992年にこの計画を ROP II として更新

11　資料① 27 ペイジ。ミュンスター大学の NiederlandeNet によれば、1993年に労働市場・社会政策作業部会も加わった。A31 が DE の高速道路であるにもかかわらず、これの完成のために NL 側の資金援助を得るうえで NHI が貢献したという。さらに、ブレーメン、オルデンブルク、フローニンゲン三大学の協力によりハンザ-ロースクールが設置され、法律家養成に新しい方向が打ちだされた。また、NHI の主導で北海・バルト海域6か国15地域のハンザネットワーク計画 Hansa Passage Programm が策定され、INTERRREG IIIC の枠組みで 182 団体が 23 企画に関与していた（2007年現在）。http://www.uni-muenster.de/NiederlandeNet/ 2015/09/03.

12　資料① 27 ペイジ。北部部会の管轄区域は、DE 側のベーザ-エムス地区の国境地域、RB ミュンスター、NL 側のフローニンゲン、ドゥレンテ、オーフェルエイセル、ヘルデルラント四プロフィンシである。部会の例会は1968年（ズヲレ）以来毎年開かれ、DE 側代表は、Arl ベーザ-エムス、Nds 食料・農業・消費者保護省、グラーフシャフト-ベントハイム（ラントクライス代表）、エムデン市、IHK、水路・航行総管理局（GDWS）から派遣される。http://www.arl-we.niedersachsen.de/ 2015/09/12.

することが決まり、2300万hflの補助金が交付された。

　ROPは名目上ネーデルラント側域だけを対象とする地域振興計画であるとはいえ、事実上、国境を越える事業企画のために策定され、以下の企画が補助金対象となった。①A7の拡充、②中小企業へのレーザー技術の導入、③中小企業におけるロボット溶接、④合成物質実験所の国境を越える利用可能性、⑤クフォルデン Couvorden のコンテナターミナル（a 道路-鉄道複合一貫輸送のための公共ターミナル、b 従来型鉄道用公共貨物駅の移転と拡充）、⑥ネーデルラント北部とドイツ西北部における生物医学技術開発のための国・産・学協力、⑦Prフローニンゲン諸大学での経営管理修士課程開設、⑧フローニンゲン国立大学の仲介機能強化、⑨コンピュータ技術における国際資格教育プログラム策定、⑩経営工学の国境を越える協力企画、⑪ザイデルストゥラート Zuiderstraat (Emmen)（NL）－ヘーベラメア Hebelermeer（DE）間の自転車道、⑫オルダンプト／レイデルラント Oldambt / Reiderland（NL）の保養地開発計画[13]。

　ROPについて資料①が詳細に記録しているが、EDRがこれにどのような形でかかわったかについては説明がない。

3　1990年代の EDR 域内の動向

　EDRの活動は、経済・交通、若者・スポーツ、文化の三分野における委員会による定常的活動と、GAP, INTERREG による戦略的活動とに分かれる。前者は EDR の年間予算の範囲内で、後者は EC／EU および当該国・ラントからの補助金でまかなわれるので、会計上相互に独立している。予算規模からすれば後者の比重が大きいので、後者に焦点を合わせることにするが、その前に、EDR 域における1990年代の動きを、とくに交通部門に焦点を当てて一瞥する。ただし、これらの諸事業に EDR が具体的にどのような形でかかわったかは不詳である。

　①1991年5月17日にエムス河に架かるレーア附近の Jann-Berghaus 橋が開通した。これは跳ね橋で全長450m、可動部は63mである。

---

[13] 資料① 24ページ。道路番号の頭につく記号 A は、高速道路 Autobahn（DE）／ autosnelweg（NL）を表す。ちなみに、一段格下の道路は、連邦道路 Bundesstraße（DE）／国道 nationale weg（NL）である。

② 1991年11月ドイツ側域 A28 のベスタシュテーデ *Westerstede* 附近（レーア−オルデンブルク間）の区間、A31／A28 のエムストンネルからレーア／ロガ *Loga* までの区間がそれぞれ供用を開始した。これにより、A31／A28 のオルデンブルク−デルペン *Dörpen* 間の完成の見通しが立った。

③ 同年同月、メペン *Meppen* 北側迂回路（B402）が開通した。かくて、N37 の延長が直接 B402 につながった。続いて B402 の改良が二段階を踏んでおこなわれる。まず A31 との交差点とメペン間の建設が間もなく始まる。つづいて A31 からの国境までの区間も完成の予定であった。

④ 1991年レーデ *Rhede*（ドイツ側域パーペンブルク近辺）附近の迂回路が開通した。

⑤ ネーデルラント側域ザイドブルク *Zuidbroek*−ニーウェスハンス間は 1991〜92年に A7 が四車線に拡幅された。これによりフローニンゲンから国境まで四車線になったが、ドイツ側の A31 との接続が遅れていた[14]。

交通分野以外にも、以下のような動きが注目される。

⑥ 1991年2月7日にアルンヘムに国境地域のエウレギオ、当該プロフィンシ（NL）、ラント（DE）およびネーデルラント、ドイツの代表者が集まり、INTERREG 資金の運用および国境を越える協力にかかるネーデルラント・ドイツ、ネーデルラント・ベルギー間の条約ならびにシェンゲン協定について協議をおこなった。この三議題は、1991年9月12日のスヘルトーヘンボスでの会議に引きつがれた。アルンヘム会議 *Arnhem-Overleg* は 1992年2月13日、1992年9月8日とつづき、第四回のメンヘングラトバハでの会議は、ネーデルラント、ドイツ両国における居住・労働条件が主題となった。

⑦ 1992年10月7日にウェデで、初の「ヨーロッパ経済協力連合」（EESV）をフローニンゲン市に設置するための準備協定がむすばれた。協定当事者は、フローニンゲン農業公社 *Groninger Maatschappij van Landbouw*, オストフリースラント農業中央協会 *Landwirtschaftlicher Hauptverein für Ostfriesland* であった。協力の目的は農業経営における製法イノベイショ

---

14 資料① 25 ペイジ。

ンの導入で、これにもとづき「北方農業イノベイションセンター」 *Noordlijk Agrarsch Innovatiecentrum* が事業を開始した。これは技術情報交換の場として、また、技術情報を農家の具体的な企画に活かす専門家集団の拠点として機能することを目ざしていた[15]。

1990年代末の *EDR* 域内の動きとして、さらに以下が注目される。ただし、各事業への *EDR* の関わり方はこれまた不詳である。

⑧文化分野で、1988年以来の *EDR*「国境を越える授業」部会が毎年一回集会を催し、これが継続しているばかりか、北ネーデルラントおよびニーダーザクセンの RB ベーザ-エムスの全上級学校が参加するようになったという。このほか1986年以来 *EDR* は地元教育委員会と会議を催し、これはこの間に全国（ラント）規模にひろがった[16]。ここまで規模がひろがると、国（ラント）民水準の相互理解が前面に出てしまい、*EDR* 域住民としての一体感の醸成をかえって抑えてしまう結果とならないか、との疑問がわく。

⑨国境を越える自転車道「国際ドラルト道」の整備。これはドラルト湾沿いの諸ヘメーンテ・ゲマインデを抜け、連絡船によるドラルト湾横断も区間にふくむ。*United Countries Tour*（UCT）はウェステルワルデ *Westerwalde*（NL）-エムスラント間の国境を越える自転車道である。両道とも1999年までに完全に整備された。国境を越える旧 ANWB（Algemene Nederlandsche Wielrijders-Bond／ADAC（Allgemeiner Deutscher Automobilclub）のウェステルワルデ-ヒュメリンク *Hümmeling*（DE）間の自動車道が1999年の企画により整備され、新しいウェステルワルデ-エムス道に一新された（区間長100km）[17]。

⑩国境を越える企業家交流がレーア、スタツカナール *Stadskanaal* で開かれたのにつづき、第三回が1998年パーペンブルク *Papenburg* で開かれた。*EDR* でこれを組織したのは、ドイツ側ではオストフリースラント-パーペンブルクおよびオスナブリュク-エムスラントの両商工会議所、オスト

15　資料①26-27ページ。
16　資料⑧12ページ。
17　資料⑧14ページ。

フリースラントおよびオスナブリュク-エムスラントの両手工業会議所、エムスラント、レーア、アオリヒ、フリースラント、ビトムントの諸クライス、エムデン、ビルヘルムスハーフェン *Wilhelmshaven*、パーペンブルクの諸市、このほか「客分ゲマインデ」*Gastgemeind* であった。EDR 域外広域公共団体が参加していることが注目される。ネーデルラント側ではドゥレンテ［メペルの間違いか？］およびフローニンゲンの両商業会議所、ヘメーンテ間協力連合 *intergemeentelijke samenwerkingsverbanden* の一つ、オーストフローニンゲン地区協議会 *Streekraad Oost-Groningen*、ノールトオーストネーデルラント企業財団 *Stichting Ondernehmend van Noord-Oost-Nederland* であった[18]。

⑪ 1989 年末に「EDR における国境を越える公共輸送」企画、後の「EDR における交通と輸送」企画が始まった。1990 年にテルアーペル *Ter Apel*（NL）で開かれた近距離公共交通に関する集会がこれの立上げとなり、ここではフローニンゲン-レーア間の鉄道連絡が中心課題となった。この間に、エメン *Emmen*（NL）-メペン（DE）間、テルアーペル（NL）-ハーレン *Haren*（DE）間のバス路線の復活、EDR 東部境界附近のエーゼンス *Esens*（ビトゥムント）-ザンデ *Sande*（ビルヘルムスハーフェン近郊）間、フローニンゲン-レーア間の鉄道路線の経営戦略とマーケティングの研究、国境とイアホーフェ *Ihrhove*（レーア-パーペンブルク間の小駅）との間の軌道の改善が実現した。また、フローニンゲン鉄道サービスセンター *RailService Centrum Groningen*、デルペン貨物輸送センター *Güterverkehrszentrum Dörpen*、空港、エムス河諸港、連絡船等相互間の協力にみられるように、輸送部門で多くの活動がみられた[19]。

4 国境を越える行動計画 *Grenzüberschreitende Aktionsprogramm*（GAP）

1991 年に始まる EC／EU の国境地域政策 INTERREG は、各エウレギオの組織と事業の段階を画すほどの変革となった。この INTERREG の予行演習というべきものが、GAP にほかならない。そこで、INTERREG を検討するまえ

---

18 資料⑧ 16 ページ。
19 同上。「エムス河諸港間の協力」の実情はのちにあらためて検討する。

に、まず GAP に検討を加える。

（1）GAP 1978

　EDR は国境地域として初めて GAP を策定し、これは *EDR* 創設のわずか 1 年後の 1978 年 4 月に、フローニンゲンで公表された。GAP 策定は、EC が 1976 年に策定した地域開発計画の原則に則ったもので、これは当初から定期的に更新されることになっていた。後発の *EDR* に EC の新しい地域政策への積極的な関与が求められ、そのため *EDR* が GAP で先行する事態になったのは意外感をあたえる。ドイツ・ネーデルラント国境地域で経済的に最も遅れたエムス河口-ドラルト湾域が、ようやく *EDR* 創設を実現した直接の契機の一つとして、前述のように EC が地域開発政策で積極姿勢に転じたことに眼を向けるべきであろう。

　もっとも、GAP の対象となった「計画区域」は後の INTERREG と同じく、*EDR* 域と一致していたのではない。ドイツ側域の東側に接する旧オルデンブルク領のアマラント *Lkr Ammerland* およびクロペンブルク *Lkr Cloppenburg* の両ラントクライスの一部も「計画区域」にふくまれる一方で、*EDR* 域内南部のリンゲン *Lingen* はふくまれない。「計画区域」の面積は 1 万 2389km^2（NL: 4973km^2; DE: 7416km^2）で人口は約 170 万人（NL: 93 万 7000 人; DE 76 万 2000 人）、よって NL 側域が DE 側域の人口で 1.2 倍、人口密度で 1.9 倍となる。

　両側域は経済水準の低さ、失業率の高さ、若年人口の増加に見あう雇用の不足など幾多の問題を共有している点で似ていたが、女性就業率と失業者構成や人口密度・動態で違いがあった。さらに、統計数値も基準が両国で異なるため比較が難しいうえに、地域開発計画も両側で相違があった。ネーデルラント側には 1973 年以来、北部向けの「統合開発計画」*ISP* があるのに対して、ドイツ側には分野別の計画しかなかったからである。また、ネーデルラントでは地域政策も集権制をとるのに対して、ドイツでは分権制であった。計画主体が一方は中央政府、他方はラントや地域公共団体という相違のため、また両側域ともより高次の諸計画の枠組に制約されていたために、共同開発計画の策定といっても両側域で異なるものになり、その調整は困難で共同計画の策定までにいたらなかったと、ネーフは指摘している。

ともあれ、GAP Iの最重要課題は、社会・文化関係の強化であった。*EDR* は国境を越える諸問題に取りくむための連絡場所 *Kontaktstelle* として機能し、情報提供を任務とした[20]。

（2）GAP II

GAP は 1981 年に更新され、その後も 4 年ごとに更新されることになった。GAP II は GAP I の継続であるとともに、1981 年 10 月のヨーロッパ委員会の「地域開発にかかる諸手段の国境を越える調整に関する勧告」にしたがい、EC の国境地域政策に寄与することも求められた計画である。いわば EC の国境地域政策の下請け機能を強める傾向が認められる。他方で、GAP が EC 内部国境地帯強化のための当該国の政策手段を支えるものだとネーフが言うのは、*EDR* の両側域の一体化を目ざすべき本来の目的と矛盾することにならないか。

ともあれ、GAP I と異なり、GAP II は具体的、個別的企画の実現を図った。また、新しい「計画地域」は *EDR* 域と一致するにいたったという。すなわち、面積が 1 万 1000km^2（NL: 5015km^2; DE: 5992km^2）、人口が約 160 万人（NL: 97 万人; DE: 65 万人）に縮小した。GAP I とくらべてネーデルラント側の面積、人口が増えているのと逆に、ドイツ側域は人口、面積ともに減っており、対象人口の開きが 1.2 倍から 1.5 倍に拡大した。GAP においてネーデルラント側域の比重が増す傾向を示していることは、*EDR* の空間動態をさぐるうえで軽視できない[21]。

ここで、この間の動向として「エムス諸港の開発の協力と調整に重きが置かれてきた」（Eine große Bedeutung hat man der Zusammenarbeit und der Abstimmung der Entwicklung der Emshäfen zugemessen）という指摘も目にとまる。この「調整」*Koordination* は前述の NDCRO／DNRK によりおこなわれたという。いわば上からのエムス諸港間カルテルとみることができよう。また、INTERREG I の枠組で、AEGIS 企画（1993-95）が諸港間の協力の強化のために実施された（後出）。ところが、諸港の状況はこの 14 年間に変わり、1981 年時点の「好機」*Chancen*（SWOT 分析［後出］の *opportunities*）は消えてしまったとネー

20　資料② 2-5 ペイジ。
21　資料② 6-7 ペイジ。

フはいう。エムデン港の拡張はいまだに着手されず、しかもその規模が大幅に縮小されたとも、かれは指摘している[22]。

（3）GAP III 1988

　従来GAPにもとづく企画にECからの補助金交付がなかった。しかし、1986年のヨーロッパ委員会の提唱により、ドイツ・ネーデルラント国境地域のエウレギオでそれぞれGAPが策定されたとき、これにもとづく企画に補助金が交付されることになった。1978年のEDRによる初めての試行から8年を経て、各エウレギオがGAP同時策定にいたったことは、1991年に始まるINTERREG計画にいたる過程が新しい段階を迎えたことを告げるものである。ECの国境地域政策がドイツ・ネーデルラント国境地域五エウレギオの長年の経験の蓄積を踏まえ、現地の「下からの」自助努力に対する「上からの」政策協調として実施された実態が浮かびあがる。

　EDRではネーデルラントとニーダーザクセンの研究機関が共同で計画原案を練り、これにもとづいてGAPが策定された。その目標は、①生産環境の改善と社会基盤の整備（物的社会基盤、観光分野社会基盤、知識基盤、エネルギー）、②潜在的人的資本の有効利用および企業の柔軟な雇用の推進（労働力の高資格化、知識移転・接触・情報網、技術革新、通信媒体の活用）、③EDRにおける対外・国際志向および国境を越える協力の強化（EDR域内の統合推進、国境障害の除去、EC域内市場向きに企業関心の誘導、特定施設の共同利用）、④EDRの魅力を高めるため、上位機関による支援の強化（当レヒオの市場価値を高め、地域開発の政策面での推進）、以上であった。これを目標とする企画提案や政策勧告の採択基準は、①行動が目に見える成果を挙げなければならない、②行動が国境を越える統合に役立たなければならない、③EDRと当該国施策担当者により施策責任が引きうけられなければならない、この三つであった。

　提案企画は86にのぼったが、結局1989年に8企画をECに申請するにとど

22　資料② 7-8ページ。1984年に公表された行動計画には、INTERREG計画であらためて提案される諸企画のほかに、国境横断地点の税関の利用時間の延長やリニアモータ Magnetbahn の路線建設推進など、今日では目的自体が過去のものとなった企画がふくまれていた。

まった。これに 40 万 ECU の補助金が交付された。EC の負担は総費用の半額なので、総費用は 80 万 ECU である[23]。

(4) GAP IV 1990〜1991

　GAP 実施事務局は 1989 年秋に GAP 企画 1990〜91 の実施準備を始めると同時に、INTERREG 実施計画策定作業も始めた。両企画が一部重なる GAP IV では以下、15 企画に 110 万 ECU の補助金が認められた。とくに注目すべき活動内容を抽出して附記する。

①NL ／ DE 経営者交流会。
②国境を越える情報交換。
③国境を越える公共交通機関の開発。このために運営委員会が設けられ、その下に三作業集団 *Arbeitsgruppe* が置かれた。AG「フローニンゲン－レーアー－オルデンブルク－（ブレーメン）鉄道路線」（この下にさらに「鉄道運営委員会」の設置）、AG「エメン（NL）－メペン（DE）バス路線」、AG「観光」である。
④*EDR* 域内の文化史面での協力。アセン *Assen* のドゥレンテ博物館、リンゲンのエムスラント博物館、クロペンブルクの野外博物館、ホールン *Hoorn*（NL）のウェストフリース博物館の四館が「オランダ行き *Hollandgänger*」展の 1993-94 年開催を目ざして準備を開始した。（ミュンスターラントだけでなくエムスラント、旧オルデンブルク領クロペンブルクからも、かつてネーデルラントへの出稼ぎが盛んであったことが判る。）
⑤GAP 事務局の整備。
⑥NL ／ DE 貿易専門家の養成。ドゥレンテ単科大学とオスナブリュク単科大学との協力にもとづき、NL ／ DE 貿易の専門家養成のための特別授業課目が設けられた。両大学間の協力で、共同の「ドイツ-ネーデルラント貿易研究所」*Institut für den deutsch-niederländischen Handel* が設置された。（ネーデルラント側域の大学と対等な大学がドイツ側域にないこと、高等教育・研究面での *EDR* 域内の非対称性がここでも浮かびあがる。）

23　資料②9-11 ペイジ。

⑦国境を越える観光・広報活動。

⑧国境を越える文化行事。域内各方言による初めての演劇公演や国境を越える集会。

⑨ *Gueder Naberschap Wegen* 展覧会（内容不詳）の開催。Pr フローニンゲンの博物館連盟 *Federatie van Musea* が中心になり、域内六博物館が参加した。ドラルト湾を挟んで向かいあう Pr フローニンゲンとオストフリースラントとの深い関係を、さまざまな歴史上の局面をとおして明らかにすることが目的であった。(EDR 域内の特定の局地間関係の重視は、域内の一体性をかえって損ねることにならないか。すなわち、EDR 域内北部のフローニンゲン (NL) とオストフリースラント (DE)、南部のドゥレンテ (NL) とエムスラント (DE) の間にそれぞれはたらく東西方向の地続き効果の強調は、南北方向の地続き効果の軽視につながることにならないか。)

⑩国境を越える余暇の船旅の推奨。

⑪国境を越える宣伝と誘致 *Akquisition*。「フローニンゲン地区協議会」*Streekraad Groningen* と Kr レーアとの共同企業誘致活動。

⑫フラークトウェデ *Vlagtwedde* (NL) - ラーテン *Lathen* (DE) 間の国境を越える自転車道の整備。

⑬ニーウェスターテンゼイル *Nieuwe Staatenzijl* (NL) 周辺の自然徒歩道、ディツム *Ditzum* (NL) - ポーグム *Pogum* (DE) 間の国境を越える自転車道の実現。

⑭アピンヘダム *Appingedam* (NL) のヨット港整備。

⑮堤防水門港博物館 *Sielhafenmuseum Carolinensiel*。当地の古い牧師館の修復に合わせて博物館を併設。ザイデル海（現エイセル湖）からオストフリースラントにいたる海岸文化の展示。(これまた EDR 域を北海沿いの広域のなかに位置づけることになり、東西方向への遠心力を重視することにならないか。)[24]

24　資料① 11-18、29 ペイジ。資料② 11 ペイジ。なお、*Siel* は *Deichsiel* または *Deichschleuse* の意で、海岸堤防に設けられた排水路用水門を指す。*Carolinensiel* はオストフリースラント東北部のハルリンガラント *Harlinger Land* の干潟に臨む。

5 INTERREG

(1) INTERREG I　1991～1993

　前述のように、東西ドイツの統合をきっかけとしてはじまったECの東方拡大という新情勢のもとで構想、策定されたINTERREG計画は、*EDR*（のみならず他のエウレギオも）の機能を一変させるほどの画期性を具えていた[25]。

　1990年、ヨーロッパ委員会が公示した共同体主導政策INTERREGは、EC域内の全国境地域に対して1991～1993年の期間に総計9億ECUの補助金を支出し、その80％を構造基金の目的1地域（未開発地域）に向けるというものであった。これを受けて、運営委員会が*EDR*域内から上がってきた申請の審査に当たり、提案企画を七つの重点分野に類別した。それはネットワーク形成・情報交換・通信、交通・輸送・社会基盤、観光・余暇、職業教育・労働市場、環境、技術革新・移転、企画管理・研究である。そのうえで*EDR*事務局に、GAP／EDR作業部会と共同で、この分野別にもとづく「実施計画」*Operationelles Programm*を作成するよう委任した。これは個別企画の積上げでなく、分野別の総括的、系統的枠組計画であった。できあがった実施計画はネーデルラント、ニーダーザクセンの経済省に提出され、両省はこれを共同提案として1991年2月28日ヨーロッパ委員会に提出し、1130万ECUの補助金を申請した。しかし、やっと認可が下りたのは同年末、運用開始が1992年5月にずれこんだ。5月27日ブルタンゲ*Bourtange*（NL）で開かれた会議で、ニー

25　1979年以来長らく*EDR*理事を務めたあと、しばらく*EDR*を離れ、1990年に理事として復帰した元Prフローニンゲン商業会議所会頭ストゥラーティング*Henk Hoogerduijn Strating*は、1994年秋の理事退任の際のインタビュウで次のように語っている。「私が最初に理事を務めた時代の*EDR*は、文化、授業、スポーツなどの分野の［国境を越える］交流行事に努力を傾ける組織だった。私がここに復帰したとき、ここに陣取る面々が口にすることば（信託機関、協調融資、補助金交付）は、私にとりまるで符牒だった（Als ich zurückkehrte, sprach der seinerzeit residierende Klub für mich so manches Mal in Kodes）。……そこで私はさっそくネーフ事務局長に説明を乞い、ただちに理解した、*EDR*がこの間にもはや数マルクでなく何百万マルクをもあつかうたいそうなお役所（institutionalisierter Apparat）に一変したということを。したがって、まったく新しい組織運営が必要だということを。」資料⑪ Nr. 4, 4ペイジ。

ダーザクセン経済事務次官および専門委員一名、フローニンゲン、ドゥレンテ両プロフィンシ代表各一名、LTS 代表二名、EDR 理事長が「INTERREG 計画資金運用規則のための協定」に署名した。LTS はハノーファの「北ドイツランデスバンク手形交換所」Norddeutsche Landesbank Girozentrale に附置された「ラント経済振興信託機関」Landestreuhandstelle für Wirtschaftsförderung である。

この LTS 協定署名につづいて運営委員会が活動を始め、EDR に提出された企画を選定した、その結果まず 40 企画が、さらに追加 20 企画が採択された。合計 60 企画に総経費 3000 万 ECU が計上され、そのうち 1240 万 ECU を EC 補助金として見こみ、協調補助金額が 1225 万 ECU とされた。しかし、計画期間中に ECU 相場が下落したため、差額を企画責任者と EDR とで埋めあわせなければならなくなったという。ともあれ、EDR が INTERREG 基本計画の実施を委任されたので、地域経済政策における実質的主体として EDR が存在感を強めることになった。これは他面で、EDR が関係諸団体間の仲介、調整という本来の機能に加えて、ストゥラーティング（注 25 を参照）がいうように、INTERREG 補助金獲得のための巨大な機関（一種の圧力団体）としても機能するようになったことを物がたる[26]。

企画を一覧表で示すと表 7 - 2 のようになる。予算額が不明なので数量分析ができない憾みがあるものの、多種多彩な企画を通して、1990 年代初に EDR が直面していた問題状況が浮かびあがる。これはおそらく一時的なものでなく構造的なものとみるべきであろう。

ここで眼につくのは、第一に、企画担当団体として大学が大きな役割を演じていることである。産業集積度の低い EDR 域にあって、戦略的開発構想を生みだせる機関として大学が前面に出てくるのはむしろ当然かもしれない。しかしそれだけでなく、ネーデルラント域側にフローニンゲン国立大学という別格の研究機関が所在するのに対して、これに対等に組めるだけの大学がドイツ側域にないという不均衡が、ここでも目につく。したがって、フローニンゲン大学に対応するために域外のオルデンブルクやオスナブリュクの比較的大手の大学に頼らざるをえず、そのため、これらの地域も EDR の準加盟地域としての

26　資料① 19, 29 ペイジ。資料② 11-12 ペイジ。

表7-2　INTERREG I　企画一覧

| A | ネットワーク形成・情報交換・通信（11） |

1　レヒオ・メイルボックス・システムの構築
　　EDR, Mitglieder
2　域内図書館協力
　　Große Kirche Emden, Rijksuniversiteit Groningen
3　ヨーロッパパートナーズ'92（EC共同市場に備えて企業間の国境を越える協力）
　　EIC Groningen, EIC Bremen
4　大学でのドイツ学学習
　　Rijksuniversiteit Groningen
5　メペン・エメンのエウレギオ事務所（経済・社会面での共同活動に備えて）
　　Stadt Meppen, gemeente Meppen
6　建設業見習いのための企画（トゥイスト・スポーツ協会の更衣室建築）
　　Gemeinde Twist（DE）, Euregionalbüro
7　DE/NL協力の枠組みで労働者研修コース
　　HVHS Aurich, VHS Allardsoop-'t Oldörp（NL）
8　国境を越える企業家交流日
　　Streekraad Oost-Groningen
9　地理情報システム用の国境を挟むデータ通信網の構築
　　Gemeinnützige Ausbildungsgesellschaft, Norden
10　ニーウェスハンスへのEDR事務局統合
　　EDR
11　"People to people"企画（社会経済・社会文化面の、とくにネットワーク形成のための国境を挟む企画）
　　EDR

| B | 交通・輸送・社会基盤（7） |

1　ズヲレ・メペンの都市提携（ノールトオーフェルエイセル・ザイトドゥレンテ、エムスラントの経済開発推進のため）
　　Kamer van Koophandel te Drenthe
2　国境を越える自転車道網の完成
　　Landkreis Emsland, gemeente Vlagtwedde
3　EDR域における公共交通
　　EDR, n. Rücksprache m. den Provincies, Landkreisen u. der Stadt Emden
4　アムステルダム－フローニンゲン－ブレーメン－スカンジナビア間の鉄道接続の実現可能性
　　Provincie Groningen / NHI
5　全般的・経済地理的資源評価・開発研究（AEGIS）
　　EDR
6　ラント規模の自転車道LF14（Lauwersoog-Enschede）
　　Stichting Landelijk Fietsplatform
7　Bunde経由B75道路新設計画
　　Gemeinde Bunde

| C | 観光・余暇（21） |

1	国境を越える余暇の船旅
	Landkreise, Streekraad Oost-Groningen
2	観光宣伝活動
	Landkreise, Streekraad Oost-Groningen
3	自転車旅行用地図
	Landkreis Emsland
4	橋と閘門の自動化
	gemeente Vlagtwedde
5	エムスラントの考古学展覧会
	Landkreis Emsland
6	国境を越える観光・余暇計画
	gemeente Vlagtwedde
7	レーデ農業博物館とベリングウェデ地域博物館
	Gemeinde Rhede / gemeente Bellingwedde
8	ドラルト自然・文化公園
	Gemeinde Bunde / gemeente Reiderland
9	エールデの田舎（Buitenplaats Eelde）、仮想芸術博物館/エムスラント歴史博物館
	Stichting het Nijsinghuis / Landkreis Emsland
10	諸博物館の観光宣伝
	Landkreis Emsland
11	国境沿いの町ハーレン（エムス）とフラークトウェデの宣伝活動
	Stadt Haren（Ems）/ gemeente Vlagtwedde
12	Nordgeorgsfehnkanal の余暇の船旅の可能性の拡大
	Gemeinde Uplengen（DE）
13	国境を越える観光宣伝活動
	EDR
14	博物館向けの視聴覚スライド企画
	EDR
15	湿原（Fehn）観光の促進
	Streekraad Oost-Groningen
16	「湿原を往く」（Veen（er）varen）（DE/NL 湿原観光資源改良のため社会基盤整備と宣伝活動）
	Recreatieschappen Drenthe
17	ベーナ市に「オルガン博物館」（Organeum）を設立（当レヒオのオルガン文化の連絡網の中心に）
	Stadt Weener（DE）
18	貸間紹介所センターの開設
	Landkreis Leer
19	ユェムグム港域構想
	Gemeinde Jemgum（DE）
20	Selverde-Klein Remels で Nordgeorgsfehnkanal に架かる跳ね橋の新設または改造
	Landkreis Leer
21	Ubbo Emmius とかれの時代（国境を越える展覧会）
	Rijksuniversiteit Groningen

D　職業教育・労働市場（13）

1	インタフェイス/DNJB 職業学校教員と企業の間の国境を越える情報交換
	COA Drenthe
2	各種職業教育機関の協力組織形成
	Stadt Papenburg
3	職業学校間の国境を越える協力
	Stadt Emden / Berufsbildende Schule Emden / Streekschool Groningen / MAVO Veendam / Hotelschool Groningen
4	BBO/MBO 学校と職業学校との相互協力
	Contactcentrum Onderwijs en Arbeid in Groningen / Berufsbildende Schulen im Bezirk Weser-Ems
5	職業学校間の国境を越える協力
	Landkreis Leer / Berufsbildende Schule Leer / Streekschool Groningen
6	国境を越える労働経験・職業教育の企画
	Streekraad Oost-Groningen
7	緑の企画（スポーツ用地建設のための職業訓練企画）
	Werkstätteverbund GmbH Oldenburg
8	曳舟（Trekschuyt）企画（建造後、余暇の船旅用に供せられる舟の建造による訓練企画）
	Stichting Welstad, Stadskanaal
9	ドゥレンテ単科大学とオスナブリュク単科大学の DE/NL 貿易研究所
	Hogeschool Drenthe
10	国境を挟む環境保全研修（フローニンゲン国立大学およびベーザ-エムス相談所の発案）
	Beratungsinstitut Weser-Ems
11	国境を越える建設業研修（Nieuw-Weerdinge の見習い用建設現場）
	gemeente Emmen
12	Kosse Hof（エメンとメペン就業促進団体との間の長期失業者に関する経験と情報の交換）
	Beschäftigsinitiative Meppen e. V.
13	女性の再就職のための国境を越える研修企画
	Anke Weidema Schule / Frauenfachschule

E	環境（3）
1	北部農業技術革新センター
	Groninger Maatschappij van Landbouw / Landwirtschaftlicher Hauptverein Aurich
2	Keuning 会議 1992
	EDR
3	地域環境情報システム
	Landkreis Emsland

F	技術革新・移転（2）
1	生物医学技術：北ネーデルラントと西北ドイツにおける国・経済界・教育機関間の研究と技術革新のための協力
	Biomedisch Technologie Centrum / Rijksuniversiteit Groningen / Rijkshogeschool Groningen / Universität Oldenburg / Fachhochschule Ostfriesland /

Fachhochschule Wilhelmshaven / BMT Industrie noordelijke regio
2 中小企業のための技術革新助成
Stichting Transferpunt Hogeschool Drenthe

G 企画管理研究（2）

1 INTERREG 企画管理
EDR
2 INTERREG II のための実施計画の作成
EDR
INTERREG 会計処理
Landestreuhandstelle Hannvover

注：（1）各企画の下段イタリックは企画担当団体。
（2）企画数は59で本文の説明60と異なる。
（3）A9, 11とD10では例外的に *grenzübergreifend* が使われている。
出所：資料① 19-23 ページ。

　意義を具えはじめていることは否みがたい。それは、そもそもドイツ側域をオストフリースラントとエムスラントに限定する *EDR* 域の設定が、一体性を具えるべき地域の形成の目的からはたして合理的か、という問題を投げかける。これについては、後にオルデンブルクを視野に入れて検討することになろう。

　第二に、INTERREG が GAP の後身というべきものである以上、後者の諸企画と事実上重なるものがあっても不思議でない。ただ、INTERREG 企画のなかにも互いに酷似した事例がすくなからず見いだされることを、どのように理解したらよいのか。これらが仔細にみれば補完関係に立つのか、それとも競合関係に立つのか、検討が必要である。ともあれ、1990年代にはいり INTERREG の制度化によって本格化した EC／EU の国境地域政策が、その巨額な補助金により企画応募競争を呼んだ結果として、資金の効率的利用を妨げる事態が生まれていないか、との疑いをいだかざるをえない。

　ここで、INTERREG 企画の応募、採択の過程を確かめておこう。INTERREG I の実施組織は GAP／EDR のそれを受けついだものである。既存の三組織、作業部会、運営委員会、事務局に倣って、INTERREG 企画の運営・実施組織が形成された。ただ、資金管理だけは新しい方式となり、前述のように、ニーダーザクセンが管轄しLTSが担当することになった。各組織の機能と構成員は以下のとおりである。

i) INTERREG 調整団 *Koordinierungsgruppe INTERREG*

　担当業務は、①INTERREG 企画管理部門から提出された諸企画の判定、②GAP／EDR 運営委員会の会議開催準備、③運営委員会からの受託業務、④運営委員会で採択されなかった提案企画の修正。

　構成員は、フローニンゲン、ドゥレンテ両プロフィンシ、RB ベーザ-エムスの各代表、INTERREG 企画管理部門事務長および *EDR* 事務局長。

ii) INTERREG 運営委員会 *Lenkungsausschuss INTERREG*

　担当業務は、①計画変更・修正提案、②個別企画案の採択、③個別企画ごとの EC 補助金割当額の決定、④個別企画ごとの協調補助金額勧告の実施、⑤必要のあるとき、すでに認可された企画の大幅な変更の認可、⑥計画にかかる資金運用について LTS の常時監査、⑦協調補助金拠出者に計画実施状況にかかる情報の提供、⑧業務規程の確定、以上である。

　構成員は、フローニンゲン、ドゥレンテ両プロフィンシ、RB ベーザ-エムス、*EDR* 加盟クライス、エムデン市、ネーデルラント、ニーダーザクセンの両経済省、ネーデルラント-ヘメーンテ連合 *Nederlandse Gemeenten Verijnigung* のフローニンゲン、ドゥレンテ各支部、*EDR*, 以上の諸団体の各代表であった。

iii) INTERREG 企画管理部門 *Projektmanagement INTERREG*

　担当業務は、①個別企画責任者から提出された企画案の受付け、精査、助言、調整団への提出、②調整団、運営委員会の事務局業務の担当、③当該国（ラント）省庁やヨーロッパ委員会と常時接触。これの経費の半額は EC 資金でまかなわれ、残りはネーデルラント・ドイツ側の協調補助金拠出者がまかなう[27]。

　ここで目につくのは、ネーデルラント側フローニンゲン、ドゥレンテ両プロフィンシが *EDR* の加盟団体でないにもかかわらず、いまや *EDR* の中心業務となった INTERREG 計画の調整団、運営委員会に委員を送りこんでいることである。これはドイツ側域が、クライスの上位団体であっても *EDR* に加盟し

27　資料①10 ペイジ。

ていない RB ベーザ-エムスの代表者を、両委員会に送りこんでいるのに対応しているといってよかろう、ネーデルラント側の *Provincie* とドイツ側の *Regierungsbezirk* はともに NUTS 2 で同格だから、対等参加の原則が貫かれている一例と見られる。

さらにまた、GAP が EC の地域政策に直接対応したエウレギオ側の主体的行動であるのに対して、INTERREG 段階になると両者の間にネーデルラント、ニーダーザクセンという両当事国（ラント）が協調補助金拠出を理由に介入したため、国境地域開発政策をめぐる複雑な四者関係が生まれたことも注目される。とりわけ資金管理権を掌握したニーダーザクセンの政策行動は、集権制をとるネーデルラントの中央政府および EC に対する協調と牽制の二重政策と解せられる。INTERREG は *EDR* に EC／EU 補助金獲得機関という性格を植えつける一方で、このような複雑な政策関係が展開する場としての性格も与えたのであり、*EDR* 域の地域性におよぼすネーデルラント、ニーダーザクセンおよび EC／EU による「上からの」政策作用の競合にも留意するべきであろう。

（2）INTERREG II 1994〜1999

1994 年 7 月ヨーロッパ委員会は INTERREG II の「規則」を公示した。INTERREG 計画の継続は比較的早くから判っていたので、*EDR* の INTERREG 運営委員会はすでに 1993 年初から計画続行に備えて検討を重ねていた。そのため比較的早く 1994 年 9 月 12 日に、運営委員会で実施計画を決定するにいたった。1999 年初の時点までに 35 企画が実施され、総費用約 6200 万 ECU（€）のうち 2247 万 ECU（€）が EC から補助された。INTERREG II 計画の基本目標は企業の競争力の強化、新経済活動の誘発にあり、これを実現するため、①社会的基盤の最適化、②観光業振興、③経済振興、④自然・環境、⑤社会的統合の五分野に資金が配分され、とりわけ①〜③が重視された。当期計画満了までに 6500 万 € 以上が投入され、そのうち EU が 2300 万 € を負担することになっていた[28]。

---

28 資料② 13 ペイジ。資料⑧ 18-20 ペイジ。

INTERREG II 計画の重点分野の構成から、1990 年代央の *EDR* の構造的問題状況が 1977 年発足当時からあまり変わっていないことが見てとれる。この間の東西ドイツの統一、共同市場実現という政治・経済面の環境激変は、*EDR* の「立地の劣位」の大幅な改善を惹きおこすまでにいたらなかったようである。とはいえ、この間の環境意識の変動が経済的後進性・停滞性に対する評価の逆転をもたらし、恵まれた自然環境が「立地の優位」として評価される可能性が生まれたこと、これとむすびついて観光という新産業部門の成長に対する期待が強まったことが、新しい計画策定に方向性を与えたようである。また、観光とからみあう農業を総合産業（アグリビジネス）として捉えなおし、「工業化」ではなく「総合産業化」を地域経済発展の新しい起爆剤として期待しているようにも見える。というのも、ネーフは次のような現状分析を表明しているからである。II 期の実施計画の基礎となっている SWOT 分析[29]によれば、当レヒオの実情はそれほど変わっておらず、辺境性、人口稀薄、高失業率、交通基盤の不備は依然として「弱み」である。しかし、これを環境や観光の観点から「強み」として捉えなおした観点が当期の計画の基礎にあり、加えて臨海港の所在、農業を核とする経済発展の可能性などが「強み」として評価されるようになった、と[30]。

　他方で、II 期の特徴は I 期に比べて資金調達が難しくなったことであるという。現地当局が財政引締めに転じたため、協調補助金の確保が困難になり、まさに EU 補助金が最も必要な地域で、協調補助金取得が困難になるという皮肉な事態となった。すべての企画実現の見通しに楽観は許されないと、ネーフは 1994 年時点で警告している[31]。

　ここで、概略的に過ぎるきらいがあるものの、INTTERREG II の費用負担

29　組織目標の達成におよぼす諸要因を、予測される正負の効果の対照により分類する手法。組織に内在的か外在的かに二分した上で、前者を *strengths* と *weaknesses* に、後者を *opportunities* と *threats* にそれぞれ分け、諸要因を 4 象限に分類することで戦略検討のための現状分析の方法とする、いわば定性的対照表である。要因対照により一覧性を高める手法は、複式簿記に倣ったものといえようか。なお、*threats* の語意は「脅威」よりも「障害」に近く、資料⑨はこれのドイツ語訳に *Hemmnisse* を当てている。EC／EU は INTERREG 計画への企画応募の必要条件として、各エウレギオに自域の詳細な SWOT 分析を課している。

30　資料② 14 ペイジ。

31　資料② 13 ペイジ。

表7-3 INTERREG II の分野別費用負担

分野・企画数		総費用	EU補助金	当該国協調補助金	費用/企画
1	社会基盤最適化 6	29584640 43.9	7517332 32.1　　25.4	22067308 50.2　　74.6	4930773
2	観光業振興 11	21087172 31.3	8336996 35.6　　39.5	12750176 29.0　　60.5	1917016
3	経済振興 7	3675891 5.5	1665397 7.1　　45.3	2010494 4.6　　54.7	525127
4	自然・環境 3	5994890 8.9	2660000 11.4　　44.4	3334890 7.6　　55.6	1998927
5	社会的統合他 13	7041518 10.5	3220640 13.8　　45.7	3820878 8.7　　54.3	541655
	合　計　40	67384111 100.0	23400365 100.0	43983746 100.0	1684602

注：(1) 1999年8月現在の暫定値。企画数は40に増えた。
　　(2) 原表には集計数値の誤りが4か所ある。そこで、EUおよび当該国からの補助金額は正確とみなし集計値の誤りを正した。その結果、総費用合計は原表の67374111ではなく67384111となる。原表数値を修正したうえで、比率および1企画あたりの平均費用を算出した。
　　(3) 実数値の単位は Euro. 各行下段の左側は費用負担者ごとの分野別構成比、右側は分野ごとの費用負担者別構成比。
出所：資料⑨ 69ページ。

のデータがあるので、それを一覧表にまとめると表7-3のようになる。

　総費用の75%を社会基盤最適化と観光業振興の両分野が占め、EU補助金の68%、当該国協調補助金の79%がこの両分野に投入されている。観光業振興を戦略目的に据え、その前提として社会基盤の強化を図ることを重点目標とする点で、EUとネーデルラント、ニーダーザクセンは息が合っているようである。すでに見たとおり、地域経済振興策の構想にあたり、観光業を情報産業とともに三次産業部門のなかで最も成長力に富む分野として位置づける傾向は、どのエウレギオにも共通してみられることである。二次産業の蓄積に最も乏しいEDRでは、この傾向がひときわ目だつ。

　とはいえ、ネーデルラント北岸からデンマーク西岸にいたる北海沿岸域にひろがる、広大な「干潟」が創りだす自然景観を、観光商品として洗練し附加価値を高めることは、たしかにこの一帯の経済振興の梃になりうるとしても、それが固有の住民の生活空間としての本来の地域の形成または析出に導くか否かは別の問題である。

6　1990年代後半の EDR 域の状況

　これまで EDR の組織と活動、中期戦略としての GAP および INTERREG にもとづく諸企画を検討してきた。それではこれらの企画の根拠となった EDR の現状認識はどのようなものであったのか。ここで、1990年代後半の EDR 域の状況を確かめることにする。EDR の INTERREG 運営委員会が2000年4月7日に決定した、INTERREG III（2000～2006）基本計画を記載している資料[32]が、1990年代後半の EDR 域の状況を詳述しているので、以下、主としてこれにより検討を進める。

（1）面積と人口

　2000年時点の EDR 加盟地域は、ネーデルラント側はフローニンゲン、ドゥレンテ両プロフィンシで、それぞれ三つの *COROP-regio* から成る[33]。ドイツ側はエムスラント、レーア、アオリヒ、ビトゥムントの四クライスおよびクライス級市エムデンである。なおドイツ側域東隣の Kr クロペンブルク[34]に属するフリースオイテ *Friesoythe* 市およびバルセル *Barßel*, ザータラント *Saterland* の両ゲマインデが EDR に属していた。すでにみたように、ERDF による補助金対象地域としての「計画区域」と EDR とは一致しない。ドイツ側ではビトゥムント、フリースオイテ、バルセル、ザータラントとならび、2000年時点で未加盟の旧オルデンブルク領フリースラント、アマラント、クロペン

32　資料⑨
33　前章までにたびたび言及された COROP とは、*Coördinatie Commissie Regionaal Onderzoeks-Programma*（地域調査計画調整委員会）の略語で、これが1971年ネーデルラント全土を40の *COROP-gebieden* に分割した。*COROP-gebieden* の基準は、結節点 *Knooppunt* をふくみ、地勢と歴史の一体性を面として具えていることで、*provincie* と *gemeente* との間の層であり、NUTS 3 に相当する。Pr フローニンゲンは *Oost-Groningen, Delfzijl en omgeving, Overig Groningen* に、Pr ドゥレンテは *Noord-Drenthe, Zuidoost-Drenthe, Zuidwest-Drenthe* にそれぞれ三分割された。http://www.cbs.nl/ 2015/09/03. *Portrait of the Regions*, 195 ページ、ではこの制度の発足年が1972年とされ、附表では *COROP-Regio's* と表示されている。
34　クロペンブルクは旧オルデンブルク領。いわゆる *Oldenburger Münsterland* に所在する。

ブルクの三クライスが、ネーデルラント側ではノールトドゥレンテ、ザイトウェストドゥレンテとならびノールトフリースラントおよびザイトオーストフリースラントの二つの COROP 地区が、いわば「準計画区域」として一定限度内の補助金対象区域となっていた。⑨はこれら「準計画区域」までふくめた広義の「計画区域」を EDR 域とみなして論じているので、厳密な意味での EDR 域の状態の記述でないことを留意する必要がある。

「計画区域」としての EDR 域の 1997 年時点での総面積は 1 万 9023km^2、ドイツ側域 8778km^2（46％）、ネーデルラント側域 1 万 245km^2（54％）で、国境線の長さは約 80km であった。1998 年時点での人口は 264 万 3036 人、そのうちネーデルラント側域 153 万 8915 人（58％）、ドイツ側域 110 万 4121 人（42％）であった。人口密度はネーデルラント側域 150 人／km^2（全国：462 人／km^2）、ドイツ側域 126 人／km^2（全国：230 人／km^2）で両側域とも、両国でそれぞれ人口希薄地域に属する。

人口動態で、EDR は典型的農村地域の様相を示した。両側域とも人口増加率はそれぞれ全国平均以下であった。ネーデルラント側域では 1980 年代に人口減少がつづいた後、1990～95 年 1.83％の微増となった。この人口停滞の主因は住民の高齢化である。これに対してドイツ側域では、同期間の人口増加率は 7.4％で比較的高く、なかでも東部ドイツ、東ヨーロッパからの若年移民の受入れ地となったエムスラントは、自然増に加えて社会増も目だった。クロペンブルク、レーア両クライスでも東ヨーロッパからのドイツ系移民の流入により、外国人の対前年比増加率（1997 年）が 20％を超えたほどである[35]。この両クライスおよびエムスラントは、20 歳未満の若齢者比率がそれぞれ 28％、24％、26％でドイツ全国（1998 年）の 21％を上まわり、逆に 65 歳超の高齢者比率がそれぞれ 13％、15％、13％でドイツ全国の 22％を大幅に下まわった。総じて 1997 年のドイツ側域の若齢者比率 24％（全国平均 21％）に対してネーデルラント側域が 18％（全国平均 24％）、高齢者比率はドイツ側域の 13％（全国平均 22％）に対してネーデルラント側域が 15％（全国 14％）であった。高齢者比率では、全国比較でドイツがネーデルラントより 8 ポイントも高いのに、EDR 域にかぎれば、ネーデルラント側域がドイツ側域より 2 ポイント高く、

35　括弧内の数値は、資料⑨が依拠した公刊資料の刊行年を表す。以下、同じ。

大小関係が逆転している。両側域とも年齢構成でそれぞれの国内の特異な地域となっていることが判る。東西ドイツの統合、ソ連圏の解体という1990年代初の激変が、ここ EDR の人口動態にもおよんでいることが浮かびあがる[36]。

ネーデルラント側域では Pr ドゥレンテが、景観と気候の魅力に加えて保養施設の充実と低地価を売りこんだ。西部の人口稠密地から健常な高齢者や富裕な年金生活者を呼びこむ政策努力が実り、社会増をもたらした。ただし、これが年齢構成の高齢化をともなうことは避けがたい。

ちなみに、固有の EDR 域の規模については、1990年代央の数値を資料⑦が与えてくれる[37]。これによると、EDR 域の面積は1万1000km^2（NL側域：5000km^2、DE側域：6000km^2）、人口175万人（NL側域：100万人、DE側域：75万人）、よって人口密度はネーデルラント側域がドイツ側域の1.6倍に上り、これからも EDR 域の人口重心が前者にあることが明らかである。都市人口（1995）は、ネーデルラント側域がフローニンゲン（17万1000人）、エメン（9万4000人）、アセン（5万3000人）、ホーヘフェーン Hogeveen（4万6500人）の順であった。これに対してドイツ側域は、エムデン（5万2000人）、アオリヒ（3万8600人）、レーア（3万2300人）、メペン（3万1500人）の順であった。ドイツ側域最大都市エムデンはネーデルラント側域最大都市フローニンゲンの3分の1以下の規模にすぎず、ネーデルラント側域第三位のアセンにもおよばない。フローニンゲン市の中心性が隔絶しているといってよい。この事実は EDR 域内に働く向心力を測るうえできわめて重要なので、後であらためて詳論する。

EDR 域を対象にした資料⑦に対して、資料⑨はよりひろく旧オルデンブルク領の西部までふくむ「計画区域」を対象にしているので、1990年代の人口動態についての両資料の記述にずれが生ずるのは当然である。とはいえ、両資

36　資料⑨、9-12ページ。二次大戦後、旧ドイツ領東部からの被追放民、逃亡民の多くが、それまで農業地域であったバイエルンやシュレースビヒ・ホルシュタインに定住したことはよく知られている。ソ連圏解体後の東部からの移民の一部が人口希薄な EDR 域に流入したことは、当然の成りゆきである。なお、Portrait of the Regions によれば、ネーデルラント側域のドゥレンテではフローニンゲンやトゥウェンテの高等教育機関に就学する若者の流出を、西部からの高齢者の流入が補って余りあり、1962年以来社会増がつづいていた。Portrait of the Regions, 80, 210ページ。

37　資料⑦、9ページ。

料ともこの地域が総じてネーデルラント、ドイツのなかで人口希薄地域に属し、人口動態も小さいとの認識で一致している。ただ、資料⑨が、比較的に人口が多いものの老いたネーデルラント側域と、人口は少ないが若いドイツ側域という対照を強調しているのに対して、資料⑦はこれにあまり重きを置いていない印象を受ける。ここで資料⑨にしたがうならば、EDR 両側域の年齢構成の不均衡は、労働力の域内移動を惹きおこす要因となりうるのであり、それが EDR 域の地域形成をうながす効果を期待できることになろう。

ところで、局地的な若齢人口の増大が社会的問題となるのは、就業機会に恵まれない農村地域の若者が暴力と薬物に向かう予備軍となるからである。これの予防の最適手段がスポーツとみなされて、とりわけ国境を挟むスポーツ行事は異文化交流に役だつばかりでなく、治安維持のためにも必要とされていた。EDR 理事会のもとに経済・交通委員会とならび若者・スポーツ委員会が置かれているのは、その故である。もっとも、スポーツ各界代表と EDR との間に国境を挟む協力協定がむすばれたのは、やっと 1999 年 11 月 19 日であったという。

若者層にかかる問題として、高等教育を受けるために故郷を離れた若者の多くが、学業修了後帰郷せず、一種の「頭脳流出」現象がつづいていることが挙げられている[38]。さらにまた、国境を挟む域内の若者間交流が不活発であるばかりか、むしろ減退気味であったことも問題となっていた。とくにネーデルラント側域でこれがいちじるしく、ネーデルラントの若者は同世代のドイツ人から、「なぜ君たちはわれわれを嫌うのか」というたぐいの議論を押しつけられるのを厭い、むしろ東ヨーロッパ諸国へ関心を向けるという[39]。言語問題ともからみながら、世代交代につれて両国間の隣人関係が変わってきたことは、注意深く観察する必要がある。

---

38 フローニンゲン国立大学は人気が高く、卒業生の多くがそのままフローニンゲン市を離れないという。そのため高学歴者の失業率が高く、フローニンゲン市の立地する Overig Groningen の失業率は、1990 年全国平均 7.4% の 2 倍近い 13.0% に達した。Portrait of the Regions, 198-199 ページ。

39 資料⑨、43-45 ページ。

（2）産業構造

　EDR は農業と鉱業の比重が大きい資源産出地域である。二次産業部門（鉱業、製造業、手工業）の比率が 34％（1998／99）に達したものの、部門内では鉱業資源、一次エネルギー産出の比率が高い。Pr フローニンゲンは世界最大級の天然ガス田を擁し（最初のガス田は 1960 年スロホテレンで発見された）、とくに北部のオーフェレヒフローニンゲン Overig Groningen では、天然ガス生産が二次産業部門の 73％（1999）を占めた。ネーデルラントガス連合株式会社 NV Nederlandse Gasunie の本社はフローニンゲン市にある。加えて、泥炭、砂礫、粘土採掘も盛んで、総じて鉱物資源採掘部門が比較優位に立つ。ドイツ側域ではエムスラント、クロペンブルク両クライスで天然ガス（BRD の 80％）、石油（BRD の 60％）の採掘、精製がおこなわれる。ノルウェーからの天然ガス輸入も盛んで、エムデンにパイプラインが輻輳し取引中心地となっている（Norpipe-Pipeline［東北イングランド向け］および Europipe-Pipeline I, II）。天然ガスと石油の輸送も EDR 経済に特別の意義をもつ。

　このほか、ネーデルラント側域で化学・合成樹脂工業が発展し、デルフセイル Delfzijl はネーデルラント化学工業の一大集積地となった。また、オーストフローニンゲンもネーデルラントの工業地域の一角を占め、造船業、下請けの金属加工業、電機工業とならび農業を基盤とする食品・嗜好品加工業、製紙業も盛んであり、フェーンダム Veendam にネーデルラント最大のコンテナターミナルが設けられていた。総じて Pr フローニンゲンでは農業と農産物加工業（1990 年代初にフローニンゲン市最大の雇用企業は澱粉製造の Avebe であった）が伝統的産業部門であるが、1960 年以降、EC／EU 農業政策の影響を受けて農業就業人口が減少の一途をたどり（農家数・農地面積減少、ただし経営規模は拡大）、農業部門から排除された労働力を吸収するべき二次産業部門の集積が薄いために、失業率が高どまりする状況が長らくつづいてきた。これを変えたのが、とくに ICT 部門を中心とする三次産業部門の成長傾向である。

　Pr フローニンゲンの「ソフトウェアおよび自動化」分野における就業人口は 1995～99 年に年率 42.7％という高成長ぶりを示し、この 70％がフローニンゲン市に集中していたという。郵便・電信・電話公社 PTT（Posterijen, Telegrafie en Telefonie）が本部 Centrale Directie Nederland をデンハーフからフローニンゲン市に移したことも、情報産業の成長をうながした。ドイツ側域でも、とくに Kr エムスラントで農産物・食品加工部門でいくつかの大企業が生まれていた。さらにまた、立地制約の少ないコールセンターが、フローニンゲンのほかにドイツ側域でもエムデン、パーペンブルクに立地していた。

　GRP／人は1993年のEU15平均を100とすると、ネーデルラント108, ドイツ126, RB ベーザ-エムス 116, Pr フローニンゲン 139, Pr ドゥレンテ 91 で、ネーデルラント側域両プロフィンシ間の差が甚だしく、それだけに主都フローニンゲン市の中心性の強さが浮かびあがる。GRP／人は1996年 Pr フローニンゲンが 50000〜55000hfl でネーデルラント最高水準であったのに対して、Pr ドゥレンテは 30000〜35000hfl で、ネーデルラント最低水準にとどまった。ドゥレンテは土地生産性が低く、古くからネーデルラントでもっとも貧しい地域とされてきた。農業経営の合理化により戦後1990年まで、農業人口が80%減少したが、それでも1990年時点で総土地面積の4分の3が農地であり、東南部では施設園芸が普及していた。もっとも、主要産品のじゃがいもと甜菜糖の加工はドゥレンテ内部でおこなわれたのではない。総じてネーデルラント側域のGRPは、天然ガス生産部門を除くと EDR 域平均以下であった。GRP 成長率は、ネーデルラント側域が1.5％、ドイツ側域が2.7％超であった（1996／1999）。賃金水準は両側域ともそれぞれ全国平均を下まわり、またその水準に両側域間の開きはなかった（1998／1999）[40]。

　両側域の産出物の販路は、それぞれ「近隣の人口稠密地」で、ライン-ルール圏およびラントスタトが石油・天然ガスの最重要な販路であった。他方で、エムデンのVW工場で組立てられる乗用車は大部分がイギリスおよび海外市場向けであり、パーペンブルクのマイア Meyer 造船所の客船建造も海外船主向けだから、両地のライン-ルール圏、ラントスタトとの関係は弱い。総じてネーデルラント側の輸出依存率は一次エネルギー部門を除くと「比較的低く」（nur eine vergleichsweise geringe Exporttätigkeit）（1999）、Pr フローニンゲンではわずかに製紙・化学・合成樹脂・金属工業が「比較的高い輸出依存率を示すに

---

[40] 同上、13-15ページ。Portrait of the Regions, 196, 199-200, 208-209, 211, 213ページ。NL側域では部門別粗生産（1996）、DE側域では部門別就業人口比率（1997）なので、EDR 全域の数値としては問題がある。

とどまった」（Erhöhte Exportquoten finden sich）という（1998）[41]。

（3）企業間協力

INTERREG 計画の枠組で、国境を挟む企業間協力のために接触機会を増やすことを目的として、経営者会合 *Handelsforum* が定期的に催されていた。1999 年第四回会合が催され、400 社以上、700 人が参加した。このほか各クライス手工業者協会事務所により、経営者交流日が設けられている。この経営者会合は、ドイツ側の Kr リンゲン *Lingen* 手工業者協会の EU 担当課とネーデルラント側の「北部中小企業」*Midden-en Kleinbedrijf*［*MKB*］-*Noord*（北部三プロフィンシを管轄）により支援されていた。

Grenzmonitor（後出）による調査の結果、企業間協力において法規上の相違が最大の障壁とされ、このほか言語、文化、心情の相違も軽視できないことが判った。隣国の資格証明を認めたがらず、ネーデルラント語を理解せず、異文化接触に不安をもつ者が、とくにドイツ側に目だつという。ともあれ *Grenzmonitor* によれば、企業の 54％が国境を挟む協力を肯定的にみていた。他方で、これを否定する側は国際競争による費用や行政上の諸問題の増大、企業秘密と人材の流出を理由として挙げたという。1990 年代にいたってなお、国境を挟む企業間の相互不信感がかくも強かったことはむしろ意外である[42]。

（4）雇用

1998 年の失業率は、Pr フローニンゲンが約 17％とネーデルラント（約 9％）で例外的な高率を示し、エムデン市も約 16％でドイツ全国（約 13％）を上まわり、都市圏の高失業率が目だった。1990 年の Pr フローニンゲンの失業率は 12.6％（全国 7.4％）だったから、Pr フローニンゲンの 1990 年代の雇用情勢の

---

41 同上、16 ペイジ。この記述は、「フローニンゲン工業はきわめて輸出性向が強く（very eportoriented）、売上高の半分を輸出が占め、この輸出比率は NL 平均を 5％上回る。これはとくに食品加工業と化学工業に負うところが大きい」という *Portrait of the Regions* の記述と食いちがう。同、200 ペイジ。
42 資料⑨、16 ペイジ。

悪化が目だつ。長らくネーデルラントで最高の失業率を示しつづけた農業地域ドゥレンテが、1998年に11％強（1990年で10.5％）にとどまったから、ネーデルラント側域両プロフィンシの対照が著しい。ドイツ側域でも1990年のエムデン市の失業率が9.2％（BRD 5.2％, Nds 6.8％）だったから、都市圏の雇用状況の悪化はドイツ側でも同様であった。季節変動の激しい建設・観光業には男性が就労し、そのため失業者も男性側に多く、ドイツ側域で失業者の性別比率が、男57.6％に対して女42.4％であった（1999年、ネーデルラント側域では54.4％対45.6％）。失業者の半分以上が長期失業者で、これに占める外国人の割合は3分の1にのぼった（1999年）。

求人はネーデルラント側域の商業・サービス業が主となり（1998年）、とくに観光業では EDR 全域で外国人、近隣住民への求人が強い。就業形態では短時間就業者がネーデルラント側域で23％以上を占めたのに対して、ドイツ側域では19～23％（1999年）にとどまり、また短時間就業者が前者で女性に多いのに対して、後者では逆であった。両側域における就業構造の相違が目だつ。

通勤の流れはドイツ側域で EDR 外部の中心地へ向かい、域外東部のニーダーザクセン西北部の諸都市、ビルヘルムスハーフェン、ブレーマハーフェン、オルデンブルク、デルメンホルスト Delmenhorst、ブレーメン、オスナブリュクが主たる通勤先であった。このかぎりで、ドイツ側域には東に向かう遠心力がはたらいていたことが判る。他方で、ネーデルラント側域ではノールトドゥレンテがフローニンゲン市への通勤圏となり、1990年代初に数千人が通勤していたという。

EDR 内部の国境を越える通勤では、1997年ネーデルラント側域からドイツ側域に向かう数が逆方向の数とくらべて、Pr フローニンゲンで7倍、Pr ドゥレンテで4.5倍にのぼった。その後、国境を越える通勤の流れは次第に双方向をとるようになった。というのは、ネーデルラント企業がとくに介護、金属加工業、電気機械工業で、ドイツ側域農村部からの越境通勤者を専業労働者として迎えるようになったからである。1995年以来、ドイツ側域からネーデルラント側域に向かう数が5倍になり、1999年に1日あたり2000～2500人にのぼったと推計されている。また Grenzmonitor は、ネーデルラント側域住民の80％、ドイツ側域住民の73％が職業上または私的な目的で、定期的に国境を越えると伝えている[43]。

資料⑦によると、1997年ネーデルラント側域の失業率は16％（Prフローニンゲン19％、Prドゥレンテ12％、全国12％）、ドイツ側域は16％（ニーダーザクセン／ブレーメンは13％強）であった。東西ドイツ統一直後の好景気が1993年頃収まった後は、ドイツ側域の就業者数はニーダーザクセン、ドイツ全国とくらべて減った。ドイツ側域の高い構造的失業率は、主に農業経営の規模拡大と機械化の進展によるもので、農業部門と製造業部門の比重が過大であることがこの傾向を強めたという。

　EDR の経済構造の弱点は、企業集積度の低さ、外部による管理（親会社への依存）の下での少数業種構造、両側域企業間交流の弱さ、三次産業の低位、そうして未開発の後進地域という風評であったとされる[44]。

（5）金属工業の雇用状況

　すでに述べたように、1996年ヨーロッパ委員会が域内各地の労働局、地元労働組合、地元経営者団体と協力して *EURES-Crossborder-Projekt* を始めた。これを受けて、*EDR* も1999年に「社会経済諮問委員会」*Sozialwirtschaftlicher Beirat*（SWR-EDR）を設置した。*EDR* 域内の労働組合、経営者団体、商工会議所の代表者から成るこの委員会は、地域政策、社会基盤、EU諸企画の分野において、*EDR* の理事会と総会に助言することを任務とした。

　この委員会の成立に先だって、*EDR-EURES-Crossborder* により実施されたアンケート結果報告が、資料⑦である。労働市場における国境を越える交流と協力という目的の実現のために、様々な経済部門、業種の動向を観察することが、*EURES* 活動の一つとなった。そこで、*EDR* ではまず金属工業部門が調査対象になり、その報告書が1998年3月15日に公表された。国境を越える雇用の面で先行部門であることが、金属部門が最初の調査対象となった理由である。これは金属工業の雇用状況を企業アンケートによって調査したものである。そればかりでなく、これは1990年代後半の *EDR* 域の現状分析もおこなっており、資料⑨と対比できる利点がある。

　この調査報告書の執筆を担当したザーネン Drs. T. J. Zanen が、金属工業調

43　同上、16-19ページ。*Portrait of the Regions*, 79, 91, 196, 199, 209ページ。
44　資料⑦、11-12ページ。

査報告に先だっておこなった EDR 域の現状分析のなかで次のように述べている。「200 年前に国境が確定するまで当域［EDR 域］は「かなり自立性の高い諸クライス」mit ziemlich selbständigen Kreisen から成り、「一体化された地域」ein zusammenhängendes Gebiet として、経済的、文化的に強い関係をむすんでいた。それは各方言の類似性に表れる。低地ドイツ語、フローニンゲン方言 Gronings, ドゥレント方言 Drents は相互に理解可能である。しかし、現在の EDR 域の境界は社会、経済の実態に合っていない。ドイツ側域はネーデルラント側域にくらべて南北に伸びすぎている一方で、ドイツ側域でフローニンゲン市の対錘として中心地の役割を担うべきオルデンブルク市（1996 年：14 万 8700 人）が、域外にとどまっている。ゆえに、「関連地域」assozierte Gebiete であるオルデンブルク、ビルヘルムスハーフェン、オスナブリュクのデータもここでは参照する。」[45]。

以上の概観は四つの問題点をふくんでいる。そのうちの一つ、言語問題は後論するとして、ここでは、三点について考察する。

第一に、ドイツ側域がネーデルラント側域にくらべて南北に伸びすぎているという空間的非対称を問題にすることは、ドイツ側域内で南部のエムスラントと北部のオストフリースラントとの間に地域差が伏在するとの認識を前提にする。この認識は、南北軸としてのエムス河の地域形成作用に対する否定的評価を含意するものである。これは資料⑨の認識と食いちがう（注 69 を参照）。

第二に、EDR 域内の空間的不均衡を是正するために、フローニンゲン市の対錘となるべきオルデンブルク市を EDR にふくめるべきだという主張は、ドイツ側域内の南北差よりも、域内北部と域外東部のオルデンブルクとの東西差の方が小さく、よって、フローニンゲン、オルデンブルク両市をむすぶ東西軸が EDR 域の主軸であるとの認識を含意する。すなわち、南北軸としてのエムス河を主軸とする立場に対して、北海岸地帯をつらぬく東西軸を主軸とみなす立場である。おそらく、この二つの立場はそれぞれある程度実態を反映しているのであろう。このことは、EDR の空間指向の多方向性、そのかぎりでの南北方向と東西方向への遠心力の均衡を示唆するものであり、この点に、逆説的ながら EDR 域の空間的安定性の根拠を求めることができるのかもしれない。

45　同上、9-10 ページ。

第三に、とはいえ、後論するようにオルデンブルク市がエムス河と独立の水系をなすベーザー河流域に位置する（オルデンブルク港はベーザー河支流フンテ川 *Hunte* 沿いに立地）ことを考量するならば、多数の EDR 住民がオルデンブルク方面に通勤する現状の評価には、なお慎重を要する。そのためには、ドイツ側域からネーデルラント側域、とくにフローニンゲン大都市圏に向かう労働力と、ドイツ側域からベーザー河流域に向かう労働力との、中長期的比較作業をおこなうことが必要であろう。

　ここで、アンケート結果の検討に移る。EURES が金属工業部門を最初の調査対象に選んだのは、EDR 域内で今後、隣域から労働者を採用する意向をもつ企業がこの部門で最多だからという。当時すでに金属部門は観光部門とならび、国境を越える通勤労働者数で目だっていた。原材料調達面でも同様である。ここで金属部門は、金属精錬業、金属加工業、機械製造業、自動車製造業、輸送手段製造業に分けられている。

　ネーデルラント側域で金属工業部門産出量が地域需要を超えることが強調され、この超過分の多くがドイツ側域に販売されていたという。ドイツ側域でも同様であったが程度は低い。ネーデルラント側域の金属部門の成長率は、全国平均成長率を下まわっていた。ドイツ側域ではエムデンの VW 工場が圧倒的な地位を占めた。1997 年、当工場は 8000 人以上を雇用し（1985 年は 1 万 2000 人）、ドイツ側域のみならず EDR 域内で突出した大規模金属工業企業だった。

　金属加工業でこの 10 年間に雇用が 66％増えた。この部門の大きな成果が、金属部門全体の雇用の 17.9％の上昇に寄与した。雇用形態では両側域間に大きい相違があった。すなわち、厳しい労働立法のためドイツ側域で派遣労働者を雇用している企業が 14％にとどまるのに対して、フリースラントを加えたネーデルラント北部三プロフィンシで、金属部門企業の 48.5％が派遣労働者を雇用していた。通常雇用はフローニンゲン、ドゥレンテ両プロフィンシで労働者の 19.5％にとどまったのに対して、ドイツ側域で 97％に達した。ただし、EDR の二大金属部門企業である、エムデンの VW 工場とパーペンブルクのマイア造船所を除けば、雇用形態における両側の開きは小さくなるという。総じて EDR 全域で、1994 年工業部門雇用の 30％を金属部門が占めた。これはネーデルラント全国平均より 6％高いが、ドイツ全国平均より 10％低かった。

　以下は、書面アンケートの結果報告である。ネーデルラント側域で 6 人以上、

ドイツ側域で5人以上を雇用する全金属工業企業を対象とした。ネーデルラント側域380社、ドイツ側域284社、計664社に質問票を送り、189社から回答を得たので、ネーデルラント側域26.3%、ドイツ側域31.3%、平均28.5%の回収率であった。回答企業の大部分が独立企業で、17%が子会社であった。投資決定権に関して、両側域とも非独立企業の80%が部分的権限をもつことが確認された。生産開発では3分の1以上が十全な、41%が部分的な裁量権を与えられ、裁量権皆無企業も20%以上にのぼった。これらの非自立的企業は、人事政策において裁量権が小さいものの、それでも33%が十全な、53%が部分的な裁量権をもったという。

EURES, INTERREG を知っている企業は10.1%にすぎなかった。

域内金属企業の3分の2が部材 *Vorprodukt* の50%以上を域外自国領から調達し、20%が域内自国側域から調達した。国境を越える部材調達は、5.6%の企業が10〜19%を、18%が1〜9%を調達した。よって、75%以上の企業が国境を越える調達に無縁であったことになる。なお、総じてネーデルラント側企業がドイツ側企業より国境を越える調達に比較的積極的であったという。

販路については、域外自国領内の売上が50%以上を占めるのが金属企業の51%、域内自国側域の売上が50%以上を占めるのが30%であった。域内隣国側域での売上が20%を占める企業は3%強にとどまった。

以上から、調達、販売とも国境の両側域の分断状況は否むべくもない。それでも金属工業企業の50%以上が域内隣域からの調達を増やしたいとしていた。もっとも売上については、ネーデルラント側域の企業の19%以上が域内隣域での売上を今後増やしたいとしているのに対して、これに相応するドイツ側域企業はわずか2%にとどまった。逆に、ドイツ側域企業の60%近くがかかる期待をもたないと明確に表明した。両側域企業間の隣域関心に明らかな落差が認められる。

雇用に関して、189社のうち24社（12.5%）が隣域から一人以上の労働者を雇っていると回答した。ネーデルラント、ドイツほぼ半々である。24社のうち14社の隣国労働者は通勤者でない。国境を越える移住労働者はネーデルラント側17人に対してドイツ側6人、総じてネーデルラント人が国境を越える移住をドイツ人ほどためらわないことが浮かびあがる。国境を越える通勤者を雇っているのは7社（NL: 5, DE: 2。10社のはずなので、3社が無回答ということに

なる）で、通勤労働者は合計37人、内訳はドイツ人31人、ネーデルラント人6人であった。以上から、国境を越える労働者は、ネーデルラント人は勤務先近くに移住し、ドイツ人は国境を越えて通勤する傾向があることが認められる。

なお、すでに国境を越える通勤者または移住者を雇ったことがある企業は、今後隣域からの労働者を増やしたいとの意向を表明したとしている。

金属部門の国境を越える労働力移動が様々な障害にぶつかることは、回答企業の4分の3が隣域からの労働者募集の際に雇用仲介制度の不備に直面するか、そもそも仲介制度の存在を知らず、求職者や労働法規の相違にかかる情報不足にも直面することに、明瞭に示されている。言語障壁を挙げる企業は予想に反して50％にとどまり、情報不足（80％）、法規の相違（70％）、国境を越える社会基盤の不備（52％）より低い。調達と販売の面でも、言語障壁は労働市場の制度的障壁より低い40％にとどまる。この数値をどのように評価するかはさておいても、金属工業企業の40％が言語研修制度の整備を期待し、ネーデルラント北部の金属工業企業の60％が企業間のやりとりに言語能力が重要だとする直近のフローニンゲンでの調査の結果は、言語問題の重要性を浮きぼりにしているといえよう。総じて、ネーデルラント側に隣域への積極的関心が比較的強いことが窺われる。

1997年のEDR域内における金属工業部門の通勤者について、80社以上の金属工業企業が隣域から一人以上の労働者を雇用していたと推定されている。全体で190人のうち25社130人が本来の通勤労働者で、ドイツ人110人、ネーデルラント人20人である。このほか合計60人を雇う55社で勤務先の所在地近辺に居住する労働者の割合は、1（DE）：12（NL）であるが、これはむしろ個人的、偶発的要因によるとしている[46]。

このアンケート結果は、EDR域の各方言の親近性を強調し、言語障壁がそれほど大きいものでないとする著者の認識を裏づけているかに見えるが、これは資料⑨に示される認識とずれがあることをあらためて指摘したい。言語障壁の評価は割れていたようである。

---

46 以上のアンケート結果は、同上、15-19ペイジ。

(6) 研究・開発体制

　地域の内発的経済発展を可能にする要件の一つが、研究・開発力であることはいうまでもない。この面で、20世紀末にいたるまで EDR 域内に所在する研究・開発機関の国境を越える協力はほとんどなかったという。ただ、EDR 域内唯一の総合大学、フローニンゲン国立大学（学生数2万名）の研究水準は高く、国境を越えて通学するドイツ人学生も少なくない。このほかの高等教育機関は以下のとおりである。ネーデルラント側では

- *Hanzehogeschool van Groningen*（International Business School）1万5000名、デルフセイルに 1200名。
- *Hogeschool Drenthe*（エメンに本部。アセン、メペル *Meppel* にも学部）1500名。
- *Christelijke Hogeschool Noord Nederland*（レーウワルデン *Leeuwarden* に本校。エメンに分校）
- このほか一連の小規模教育機関があり、ほとんどがフローニンゲン市に集中していた。
- 域外には *Noordelike Hogeschool Leeuwarden, Hogeschool voor Voeding, Milieu en Landbouw*（*Vann Hall Institut*），Leeuwarden があった。

ドイツ側では

- *Fachhochschule Ostfriesland*（エムデン、レーア）これは 2000年初にビルヘルムスハーフェン、オルデンブルクの FH と統合された。なお、ここには Nds 唯一の学科がある。
- *Fachhochschule Lingen* 経営工学に注力しており、*Fachhochschule Osnabrück* の分校。

　以上の概観からしても、研究・高等教育体制でネーデルラント側が優っていることは明らかである。また、大学間協力の態勢でもネーデルラント側が積極的であるとみなされていた。フローニンゲン国立大学を除き、総じて EDR の諸大学は地元産業とむすびついた風力、パイプライン、食品を主たる研究分野としており、全国水準の優れた研究分野がなく、大学と企業の協力もみるべきものがなかったという。とくにドイツ側域の大学の地元評価が低く、前述のよ

うに、外部の有力大学への進学者が戻ってこない「頭脳流出」問題に直面していた。フローニンゲン国立大学のドイツ側提携先がオルデンブルク大学やオスナブリュク大学であり、また、ドイツ側域の単科大学がオルデンブルクの単科大学と統合されたり、オスナブリュク単科大学の分校であったりすることも、高等教育水準でドイツ側域がネーデルラント側域に匹敵しえないことの例証となろう。

　ここで、フローニンゲン国立大学にすくなからぬドイツ人留学生が在籍する現状に照らして、ドイツ側域からネーデルラント側域に知的労働者予備軍が流入している状況が浮かびあがる。フローニンゲン市の上級中心地性を保証するのが、フローニンゲン大学の卓越した地位であると言ってよい。

　このほか、大学以外の研究開発機関として、「技術革新・起業家センター」、「技術パーク」がフローニンゲン、アセン、エムデン、メペンにあり、さらにフローニンゲンに「北ネーデルラント技術センター」 *Technologiecentrum Noord-Nederlands*（TCN）があった。INTERREGによる助成企画として、生体医学技術分野で、行政、経済、研究機関の協力が北ネーデルラント（フローニンゲン国立大学、フローニンゲン単科大学、産業界）、西北ドイツ（オルデンブルク大学、オストフリースラント単科大学）、ドゥレンテ大学の技術移転財団により実施されている中小企業技術革新助成の企画が挙げられている[47]。

（7）職業教育

　ネーデルラント側域では「地域教育センター」 *Noorderpoort-Collge* がフローニンゲン、アピンヘダム、フェーンダム、ウィンスホーテン *Winschoten*, スタツカナール、デルフセイルの各地に、ドイツ側域では「職業学校」 *Berufsakademie Ostfriesland*（BAO）がレーアとリンゲンに所在し、このほか「実業専門学校」 *Fachoberschule* がある。ちなみに *EDR* 域のかかえる経済的問題と農村的性格による低い評判が、域外からの高資格労働者の流入を阻んでいたという。

　なお、初めての試みとして、*FH Oldenburg ／ Ostfiesland ／ Wilhelmsha-*

47　資料⑨、19-20, 24-26 ページ。

ven, Berufsakademie Ostfriesland（レーア）, Hanzehogeschool（フローニンゲン）三者間の Triade と称する協力が始まった。それは三次産業部門職業教育の公私立施設間の国際協力の初めての事例であったという。INTERREG I でも EDR における職業教育機関の国境を挟む協力がおこなわれた[48]。

（8）空間構造

① 土地と水

　とうもろこし（飼料）、穀物、油菜を作付けする集約農業と養分の乏しい土壌とのために、EDR 域は農地への過剰施肥、水肥（畜産産出物）の散布で、とくにネーデルラント側域の土壌の窒素濃度が高まっていた。さらに、海岸および島部で砂地が海風と海水で浸食される問題がおきていた。このほか、農業と海岸・島部での水の季節的過剰利用とによる水質悪化がときおり発生するものの、概して地下水は水質悪化を免れていた。

　砂地地帯では農薬と化学肥料が雨水により流出するので、地下水汚染が惹きおこされていた。とくにクロペンブルクのような飼養家畜頭数の多い地域で、地下水が硝酸塩でいちじるしく汚染されており、3分の1の地域で飲料水に不適合とされていた。地表水も影響を受け、とくにドイツ側域の小川の水質の悪化がはなはだしい。ネーデルラント側域でも地表水の水質改善がさほど進んでいなかった。

　このほか、水利工事と農業用水工事の影響を受けて流路変動が生じ、これが、「計画区域」における季節的洪水の原因とみられていた。これはとりわけフローニンゲンとメペン周辺、ハーゼ川 Hase・エムス河流域で発生する。直接の原因は強雨で、オスナブリュク地域にあるハーゼリュネ Haselünne およびリーステ Rieste の雨水貯留池は降水の一部を貯留するだけで、他は未調整のままハーゼ川、エムス河を抜けてドラルト湾に排出される。その際、かなりの農地が冠水して農家に損害が生じている。この季節性洪水を除けば、概してエムス河、ハーゼ川、フェヒテ川 Vechte の源流から河口にいたる水流システムは、自然保全の観点からも支障のない形で維持されていた[49]。

48　同上、25-26 ページ。

② 大気

　大気汚染による森林被害は総じて減少傾向にあるものの、海岸の疎林地帯の被害が、内陸部の森林密度の高い地帯を上まわり、しかも増大傾向を見せていた[50]。

③ 上水・下水および廃棄物

　EDR の両側域とも、上水供給を大部分地下水に頼っていた。したがって、水源保全区域では補償金納入制度により利用制限を図っている。RB ベーザー-エムスの公設下水浄水場につながる家庭の比率は82％で、ニーダーザクセンの平均（90％超、1999年）を下まわった。

　EDR では食品工業の比重が大きいため、ごみ総量に占める生ごみの比率が高い。生ごみは処理施設で再加工され、Kr アオリヒではニーダーザクセンで最高の50％以上の再利用比率を示す（1999年）。ドイツ側域では再生不可能なごみは埋めたてられるのが常態で、焼却処理はエムデン市だけでおこなわれていた。当時、エムス河左岸域のザルツベルゲン Saltzbergen にごみ焼却場の建設が計画されていた。ネーデルラント側域では Pr ドゥレンテの国境から50km 近くの地点で、すでにごみ焼却場が稼働していたが、当時、ここでドイツ側域のごみを受けいれる見とおしはまったく立っていなかった[51]。

④ エネルギー

　ドイツ側域には天然ガス・石油・石炭火力発電所があり、リンゲン（エムスラント）附近の原子力発電所は1988年に送電を開始し、もっぱら NRW に電力を供給していた[52]。これを補完するのが、風力・木材火力発電所であった。他方ネーデルラント側では、電源をほとんど天然ガスにたよっていた。また EDR の海岸部では風車群が点在していて、これが景観を損ねるとして、観光

49　同上、26-27 ペイジ。ハーゼ川はオスナブリュク南方に源を発し、メペンでエムス河に合流する。これに対してフェヒテ川は、前述のようにミュンスターラントに源を発し、エムス河の西側をこれに並行して北流し、エムスラントで西に向きを変え、国境を越えてヘフト Vecht と呼ばれ、ヘルデルセエイセル河に合流する。

50　同上、27-28 ペイジ。

51　同上、28-29 ペイジ。

業との緊張関係が生まれていた。

　すでに触れたように、*EDR* 域は天然ガス、石油の生産基地であり、エネルギー部門は *EDR* 経済を支える基盤であった。他方で、ノルウェイ領北海油田産出の天然ガス、石油が *EDR* を経由して、ライン-ルール圏等の各地へ再輸送されている。位置に恵まれたエムデンは天然ガス・石油の国際流通の「回転盤」として機能し、また、INTERREG IIC により EU 企画 *BOP*（Benefits of Pipelines）の助成対象になった[53]。

⑤　環境分野での協力

　1993年 INTERREG の枠組で、Kr エムスラントと「ザイトーオーストドゥレンテおよびオーストフローニンゲン地区協議会のヘメーンテ間協力連合」*Intergemeentlijk Samenwerkingsverband Zuid-Oost Drenthe en Streekraad Oost-Groningen* との間に地域環境情報システムが構築され、環境問題にかかるデータの相互提供がはじまった[54]。

（9）交通

①　道路

　ネーデルラント側域の貨物輸送では道路輸送が支配的であり、ドイツ側域でも鉄道・水運比率が低い。したがって、道路基盤整備が *EDR* に死活的意義をもつ。

　交通、通信、エネルギー三分野における「全ヨーロッパ網」*Transeuropäische Netze*（TEN）の交通分野で *EDR* にかかわる部分は、ライン軸（ヨーロッパ回廊）、南北軸（ライン-ルール-ブレーメン・ハンブルク-スカンディナビア）、東西軸（ラントスタト-ベルリーン-東ヨーロッパ）の三軸を基軸としており、これへの接続をエムス軸（域内南北軸）と北海軸（域内東西軸）によって図ることが

---

[52]　2015年9月現在、ドイツで稼働中の原子力発電所が8基を数えた。RWE／E.On 経営のリンゲン原子力発電所 *KKE Kernkraftwerk Emsland*, Lingen（出力1400MW）は、8基のうちで最後、2022年12月までに稼働停止の予定となっている。*Wirtschaftswoche*, http://www.wiwo.de, 2015/09/02.

[53]　資料⑨、13, 29-30 ペイジ。

[54]　同上、30 ペイジ。

優先課題とされた。そのためにドイツ側域の高速道路 A31 の完成が当時とりわけ重視されていた。

　EDR 域内の最重要な道路軸は、東西方向に、北部のネーデルラント側域 A7（E22）－ドイツ側域 A28（E22）がとおり、これはラントスタト－フローニンゲン－オルデンブルクをむすぶものである。これと並行する南部の東西軸は、ネーデルラント側域 N37（E233）－ドイツ側域 B402－B213（E233）で、これはネーデルラント側域フローニンゲンから南下する A28（E232）とドイツ側域の当時未完成の A31 とをむすび、さらに東進して A1（E37）にいたる。この経路も *EDR* 域を西にラントスタトと、東にブレーメン、ハンブルクとむすぶ、西南から東北に延びる路線である。1997 年に「都市環ズヲレ－エムスラント」による E232／233 の拡充の必要性を訴求する研究成果が公表されたため、ネーデルラント側域で N37 を高速自動車道に格上げする作業が始まり、ドイツ側域でも A31 に接続する道路を高速自動車道に準ずる形で整備することを決定した。

　南北方向では、ネーデルラント側域 A28（E232）がフローニンゲン南部をラントスタトとむすぶ基線である。ドイツ側域 A31（エムスラント線）はエムス河および国境線と並行して *EDR* の南北に延び、*EDR* の NRW との、とりわけルール地域との接続を可能にする。ただし、エムスラントのビートゥマルシェン－シュバルテンポール *Wietmarschen-Schwartenpohl* および NRW のオホトゥルプ *Ochtrup* との間、約 35km が当時なお未完成で、*EDR* はこの区間の完成を早める努力を傾けていた。ちなみに、この予定区間完成時の経済効果を実証する研究も、INTERREG 補助金でおこなわれた。

　ネーデルラント側も A31 の意義を認識しており、A37 が 2005 年までに竣工の予定だったので、これの国境終点から A31 との接続地点までの道路を四車線に拡充することが重要であるとされていた[55]。

② 鉄道網

　EDR における鉄道輸送は、道路輸送にくらべて意義が低い。フローニンゲン－レーア－オルデンブルク路線はラントスタトとブレーメンをつなぐものだが、輸送サービスと速度が不十分であった。しかし、この路線の重要性に照らして、当路線の整備拡充が INTERREG II の企画で実現した。路線補修工事に

より運行速度が上がり、貨物輸送も見こめるにいたった。

南北路線はエムス河、国境線、A31 と並行して、ノルトダイヒ Norddeich - エムデン－レーアーライネ Rheine－ミュンスターの経路をとる。これが EDR 域とライン-ルール圏との直接の接続を可能にする。ノルトダイヒまで複線化されていることは、GVZ デルペン（後出）にとっても、観光路線としての意義も大きい。オストフリース諸島と北海岸への観光客の大部分は NRW 住民だからである。このほか EDR 域内各地に短距離輸送鉄道路線があり、一部は私鉄である[56]。

なお、INTERREG 補助金により、デルペンに「エムスラント貨物輸送センター」Güterverkehrszentrum（GVZ）Emsland が開設された。ここはドルトムント-エムス運河から分岐してオルデンブルクに向かうキュステン運河 Küstenkanal の起点であり、また A31 に近く、水路、道路、鉄道の各輸送様式間の接続のための各種物流サービスが提供される。ネーデルラント側域ではフェーンダムがこれに相当し、さらにクフォルデン、メペル Meppel、フローニンゲン、エームスハーフェン Eemshaven も、これと同様に機能している。長期的観点から EDR をヨーロッパ交通網にむすびつける利益関心を共有する NHI の枠組でも、国境を挟む協力が始まっていた[57]。

③ 水路網

EDR の交通軸のうち南北軸はエムス河軸に規定されている。道路、鉄道と

---

55 同上、30-32 ペイジ。「都市環ズヲレ-エムスラント」はネーデルラント側域十一市、ドイツ側域七市の国境を挟む協力組織である。前者は、Meppel, Zwolle, Staphorst, Ommen, Avereest, Hoogeveen, Emmen, Hardenberg, Gramsbergen, Couvorden, De Wolden、後者七市は Haren, Meppen, Haselünne, Löningen, Lastrup, Twist, Cloppenburg。加えて、オーフェルエイセル、ドゥレンテ両プロフィンシ、Kr エムスラント、オスナブリュク-エムスラント商工会議所、ズヲレ-ドゥレンテ商業会議所とも協力関係にあった。ネーデルラント側域では EUREGIO の構成プロフィンシであるオーフェルエイセル、ドイツ側域では EDR 域外のオスナブリュクもかかわっている。EDR 域の一部が隣接 EUREGIO 域の一部と協力関係をもつことは、EDR と EUREGIO の親和関係を窺わせる一例である。

56 同上、33 ペイジ。資料⑦によれば、国境を越える旅客鉄道輸送はフローニンゲン－オルデンブルク間の路線があるだけで、しかも条件が悪く、3 回／日の往復にとどまっていた。貨物輸送ではクフォルデン（NL）－ベントハイム（DE）間が私鉄経営で再開され、DB との接続が可能になったという。資料⑦ 10 ペイジ。

57 資料⑨、34-35 ペイジ。

ともにドルトムント-エムス運河（内水路）、エムス河（海水路）、ネーデルラント側域の南北運河 Zuid-Noord-Kanaal から成る。加えて、ドイツ側域に新しい内水路として「エムス並行運河」Ems-Seitenkanal の建設構想も生まれていた。ネーデルラント側域ではドゥレンテ本運河／北ウィレム運河 Drentse Hoofdvaart／Noord-Willems-Kanaal がメペルから北に向かう重要内水路であった。

東西方向ではドイツ側域のキュステン運河が貨物輸送で重要な役割を演じている。これはパーペンブルクからオルデンブルク海港を経由してベーザー河の海港（ノルデンハム Nordenham、ブラーケ Brake、エルスフレート Elsfleth、ブレーメン（ブレーマハーフェン））をむすぶ。さらに、このキュステン運河の北側のエムス-ヤーデ運河 Ems-Jade-Kanal がエムデンをヤーデ湾とむすんでいる。ネーデルラント側域ではエームス-スタルケンボルフ運河 Eems- en Starkenborgh-Kanaal がエイセル湖に臨むレマ Lemmer とデルフセイルをむすぶ内水路の西部区間となっている。

国境を越える小運河も重要であり、ハーレン（DE）とテルアーペル（NL）をむすぶハーレン-リューテンブロク運河 Haren-Rütenbrock-Kanaal が代表例である。このほか小舟旅行に適した小水路が、とくにネーデルラント域に多い。

ドイツ領のオストフリース諸島と本土との連絡船が一部ネーデルラントとむすんでおり、ボルクム Borkum（最西端の島）とネーデルラントのエームスハーフェンとの間に連絡船の便がある[58]。

以上を概観したところで、ドイツ側域の運河について立ちいって検討する。まず、最重要なドルトムント-エムス運河（DEK）について、Wasser- und Schfffahrtsamt Meppen のウェブサイトによれば、以下のごとくである。DEK は1899年に開通した。現在では起点ドルトムントから225.82kmのパーペンブルク附近で内水路が終わり、「エムス下流・海航路」Seeschiffahrtsstraße Unterems が始まる。1968年まではエムス河下流およびこれからオルダーズム Oldersum で分岐して、エムデン内港（265km）にいたるエムス並行運河 Ems-Seitenkanal が DEK の最終区間であった。DEK はルール地域のダテルン Datteln からミテルラント運河の分岐点ベルゲスヘーフェデ Bergeshövede 近くの

---

58 同上、33-34ページ。

ベフェルゲルン Bevergern（108.50km）までの南区間と、ここからパーペンブルクまでの北区間に二分される。大型船による大量のばら積貨物が南区間からミテルラント運河に輸送されるので、DEK の輸送量で南北差が生じている。北区間では、キュステン運河の分岐点であるデルペンとパーペンブルクの間のヘアブルム Herbrum がすでに海面の干満の影響を受けるので、パーペンブルクは海港である。また、エムス河と DEK が合流するメペン以北では河流が激しく蛇行するので、グレーゼン Gleesen（138.00km）からパーペンブルクまでの並行運河（SGP）の建設計画がすでに 1938 年に確定したが、工事はいまだに完成していない。DEK は開通時、載貨重量 750t であったが、1968 年に改修工事が完成して、載貨重量 1350t のヨーロッパ標準船の通航が可能になった。平均幅 50m、水深 3 ～ 5 m、高低差 70m、閘門 15、約 40 の港があり、工業用水、飲用水の供給機能もはたらいている[59]。

　キュステン運河（KÜK）は、同じく WSA Meppen によれば、ベーザー河下流に注ぐフンテ川と DEK をつなぐ運河として、1921～1935 年にかけて建設さ

59　http://www.wsa-meppen.de/ 2015/09/03. DEK の建設が、ライン河畔デュースブルク・ルールオルト鉄鋼企業にくらべてスウェーデン産鉄鉱石輸入で立地上不利な、ドルトムント鉄鋼企業の自衛策として実現したことについては、Ellerbrock, Karl-Peter, Zur Bedeutung des Dortmund-Ems-Kanals für den Stahlstandort Dortmund vor dem ersten Weltkrieg, in: Dascher, Ottfried und Kleinschmidt, Christian（Hrsg.）, *Die Eisen- und Stahlindustrie im Dortmunder Raum: Wirtschaftliche Entwicklung, soziale Strukturen und technologischer Wandel im 19. und 20. Jahrhundert*, Dortmund 1992, を参照。DEK はドルトムント鉄鋼企業の利益のために建設されたものだから、ルール地域を除く運河沿いの地域に対する経済効果は小さかった。たとえばミュンスターは、DEK 港建設により穀物や建材の積替地になったものの、これが地元工業の発展をうながすまでにいたらなかった。1917 年に DEK の分岐水路であるミテルラント運河の第一区間、ヘルステル Hörstel 附近からミンデン経由ハノーファまでの区間が完成して初めて、ルール地域を超える広域的意義をもつにいたった。Kopper, Christopher, Räumliche Integration: Verkehr und Mobilität, in: Ditt, Karl et al. *Westfalen in der Moderne 1815-2015: Geschichte einer Region*, Münster 2015, 220 ページ。DEK の歴史と現状については、Ellerbrock, Bernd, Der Dortmund-Ems-Kanal: 265 Kilometer Wasserstraße vom A-Z, Hövelhof 2017 を、また、*EDR* に直接かかわる DEK の北区間に関する最新情報については、Eine Projektarbeit des Logistik- Seminar der Fachhochschule Osnabrück, *Binnenschiffahrt auf dem Dortmund-Ems-Kanal: Überlegungen zum Ausbau der Nordstrecke*, 2004, を、デュースブルク港に次ぐドルトムント港の歴史と現状については、Ellerbrock, Karl-Peter（Hrsg.）, *Der Dortmunder Hafen: Geschichte-Gegenwart-Zukunft*, Münster 2014, をそれぞれ参照。DEK の基盤水路情報は WESKA（1995）, A370-A399 ページを参照。

れた。全長69.63kmで、湿原地帯の排水路としても機能している。東部区間はすでに1893年に建設されたフンテ-エムス水路 Hunte-Ems-Kanal（オルデンブルク湿原干拓用排水路）を水運用に改修したものである。後者の大部分は、今日、カンペ Kampe から分岐して西北に延びるエリーザベトフェーン運河 Elisabethfehnkanal（EFK）として利用に供されている。KÜK は1935年の開通時点で、載貨重量600／750t まで通航可能であったが、現在では1350t まで増量している。フンテ川はオルデンブルク市から運河化され、エルスフレートでベーザー河にそそぐ。KÜK は今日でも排水路として機能しており、オルデンブルク低地の洪水は KÜK をとおして、エムス河またはフンテ川に排水される。キュステン運河はドイツの運河のなかでコンテナ輸送量が最大とされる。

ちなみに、旧フンテ-エムス水路はオルデンブルクからカンペ、エリーザベトフェーンを経てオスタハオゼン Osterhausen まで全長44.43kmであった。これはレーアでエムス河にそそぐ右岸支流レーダ川 Leda と接続したようである。したがって、フンテ-エムス運河という名称は正確とはいいがたく、正しくはフンテ川とエムス河の支流を接続する運河と称するべきだったろう。1935年に KÜK が完成すると、カンペからの旧区間は EFK と呼ばれるようになった。今日なお建設当時の姿をとどめており、運河幅15m、水深1.50mで、全長20m、幅4.50m、喫水0.90m以下の舟のみが通航を許可されている[60]。

エムデンとビルヘルムスハーフェンを結ぶエムス-ヤーデ運河 Ems-Jade-Kanal は、Niedersächsischer Landesbetrieb für Wasserwirtschaft, Küsten- und Naturschutz によれば、1880年から1886年にかけて建設された。全長、72km。今日では輸送路としての意義を失い、もっぱら水上スポーツ、観光用に利用されているようである[61]。

以上の検討から、エムス河流域とベーザー河流域をむすぶ東西方向の運河として、南側のミテルラント運河（ベルゲスヘーフェデ-ミンデン間、終点のエルベ河接続点附近のマークデブルクまでは320km）とともに、北側のデルペン-オルデ

60　http://www.wsa-meppen.de/ 2015/09/03. フンテ川 Hunte はオスナブリュクの東方、ビーンゲビルゲ Wiengebirge に源を発し、ベーザー河左岸域を北流してエルスフレートでベーザー河に注ぐ支流である。オルデンブルクはこの川畔に位置する。KÜK およびフンテ川の基盤水路情報は WESKA（1995），A400-409ページを参照。

61　http://www.nlwkn.niedersachsen.de/ 2015/09/03.

ンブルク間のキュステン運河が、輸送路として大きな役割を演じていることが判る。

④ その他の交通機関

　EDR における空港の地位は低い。フローニンゲン附近のエールデ $Eelde$ に国内空港があり、スピプホル空港と定期路線でむすばれている。ドイツ側域にはエムデンに小規模空港があるほか、オストフリース諸島に小飛行場があるだけである。

　近距離公共交通については、両側域とも都市内交通と通学では重要な役割を演じている。旅客輸送でドイツ鉄道が路線を縮小する一方なので、状況は近距離交通客に不利になる一方であった。また、遠距離旅客輸送部門では東西軸の赤字が深刻であった。他方で、国境を越える近距離公共交通協定にもとづく計画が策定され、すでに実施に移されていた。ニーウェスハンス（NL）－レーア（DE）間、テルアーペル（NL）－ハーレン（DE）間、エメン（NL）－メペン（DE）間に国境を越えるバス路線が開通した。さらに2000年にレーア－フローニンゲン間の鉄道路線が改修されることになっていた[62]。

　国境を越える近距離公共交通路線は、国境を越える通勤、通学に必須の交通基盤であり、これの整備、拡充の動きが始まったことは、EDR 域内の統合をうながす効果を生むであろう。

(10) 港湾

　EDR 域の交通分野で固有な領域をなすのが、港湾である。EDR 域内には、エムス河を挟みネーデルラント側にエームスハーフェン、デルフセイル、ロウエルソーク $Lauwersoog$、ドイツ側にエムデン、レーア、パーペンブルクの六海港 $Seehafen$ がある。このうちネーデルラント側の最後者はフェリー・漁港なので、商港として機能しているのは五港である。エムデンはVWの地元工場で組みたてられた乗用車ばかりでなく、全VW車の船積拠点として、またパーペンブルク港は客船建造でドイツを代表するマイア造船所の立地として、

---

[62] 資料⑨、35-36ペイジ。

よく知られている。他方ネーデルラント側ではエームスハーフェンがスカンディナビア、バルト諸国向けの発航港として機能している。それでは、ロテルダムからハンブルクにいたる北海岸の諸海港のなかでエムス五海港はどのような位置にあるのか、また相互にどのような関係にあるのか。資料⑨は、*DNRK-UK Nord* の資料（1997）にもとづいて、五海港は「国境を挟んで補完関係を保っている」（pflegen grenzübergreifende Verflechtungen）と記述しているが[63]、実態はどうなのか。五海港について資料④が比較的詳細な情報を提供してくれるので、以下、これにより検討する[64]。

資料④の要点は以下のとおりである。

① エムス五港はいずれも小規模である。地区公共団体運営のレーア、パーペンブルクはエムス河口部の域内港であり、ドラルト湾岸のデルフセイル、エームスハーフェン、エムデンは *EDR* を域外にむすんでいる。

② 現場渡比率 *Locoquoten* の高いデルフセイル、レーア、パーペンブルク諸港は、とりわけ地元の製造業の動向に規定されている。ここでは地元企業の競争力を高めるために、積替機能よりも荷役設備の改良が決定的に重要である。

③ デルフセイルでは同一または関連業種（化学、アルミニウム）が集積しているので、これに合わせた荷役特化が重要である。ここの企業の販路は域外にあり、また原料供給地へ加工立地を移す傾向が認められる。レーアとパーペンブルクに立地する製造企業は少なく、販路も域内にとどまる［これはマイア造船所を除いてのことであろう］。

④ エムデン、エームスハーフェンのように現場渡比率の小さい港は、港間の競争にさらされている。よって、積替設備と複合一貫輸送設備の改善が重要である。

63　同上、34ページ。
64　DIALOG, *Aegis Projekt Zusammenfassung der Projektinhalte.* AEGIS は *Allgemeine ökonomisch-geographische Inventarisierungs- und Entwicklungsstudie* の略称。これは、1994年9月12日にブレーメンで開催されたNHI学術会議・三大学長会議での報告記録である。1993年1月のEC域内市場自由化に直面して、*EDR* の委託により、フローニンゲン国立大学空間科学部 *Faculteit van Ruimlijke Wetenschappen* がエムデンのオストフリースラント単科大学およびオルデンブルク大学附置研究所 *Arbeitsstelle DIALOG* と協力して、*EDR* の経済活動および域内五港の開発の可能性を点検するため2年間の調査を始めた。その中間報告が当資料である。

⑤エムデンでは地域経済にとり工業機能が積替機能より重要な意義をもつ［④と一致しない］。エムデン、パーペンブルクの被用者数は多いが、大部分が造船業に従事し、荷役比率が小さい。

⑥諸港の取扱貨物はある程度特化している。比較的大規模港のデルフセイルとエムデンは貨物構成の多様化に向かっている。これに対して、小規模港のレーア、パーペンブルクでは貨物構成の変化がさほど見られない。

⑦エムス諸港間で以下の面で競争関係が発生している。イギリス中部およびスカンディナビアをむすぶ定期航路、ならびに天然ガス・液化ガスの輸出入でエムデンとデルフセイル・エームスハーフェン間に、木材・林産品および製紙業一次・最終製品の輸出入で、エムデン、デルフセイル、パーペンブルク三港間にそれぞれ競争関係が生まれている。この競争状況はとりわけエムデンとデルフセイル・エームスハーフェンとの間で競争制限を生んでいる。他方で、レーア、パーペンブルク両港と他の三港との間に競争関係はない。

以上から、ネーデルラント側両港相互間に競争関係がないようだが、ドイツ側域港との間に、またドイツ側域港相互間に取扱貨物によっては競争関係が生まれていることが判る。しかしこの指摘は、資料⑨だけでなく資料⑧の記述とも食いちがう[65]。また、別の資料は、エムデンを「国外にもよく知られた総合港」*der weltweit bekannte Universalhafen* であるとして、自動車製造業、造船業で潤っており、あらゆる貨物の最重要な［DEK Nord で？］積替港であり、RoRo施設、コンテナターミナル、橋形クレーンを備えていると高く評価している[66]。このようなエムデン港の位置づけは、エムス五港がいずれも小規模で

---

[65] ちなみに、資料⑦はネーデルラント側域のエームスハーフェンとデルフセイルは積替港 *Umschlagshafen* であり、1994-96年に5％の成長を見せたが、DE側三港との相互間輸送の実績がほとんどないという。10ペイジ。これだけから、両側の諸港が相互に競争関係にあったのか、補完関係にあったのかを導きだすことはできない。なお、*Portrait of the Regions* は、装置産業の事業所が際限もなくひろがっているデルフセイルに対して、エームスハーフェンは積替港に特化しているとして、両港の相違を指摘しており、資料⑦の記述と食いちがう。同、197ペイジ。

[66] FH Osnabrück (2004), 12-13ペイジ。これはエムデン港を［ドイツ北海岸でハンブルク、ブレーメンに次ぐ］三位の海港、かつヨーロッパで最大級のRoRo港になったとする、エムデン港当局にしたがった記述とみられる。 http://www.nports.de/de/standorte/emden/ 2015/09/14.

あるとする資料④と食いちがう。どうやらエムス五港の位置づけ、相対評価は割れているようである。したがって、判断を保留せざるをえないが、すくなくとも、エムス五港が総体として EDR 地域経済の向心力を強めているとまでは言えないようである。

　ちなみに、ニーダーザクセン、ブレーメン両ラントの共同事業であるビルヘルムスハーフェン港の JadeWeserPort Wilhelmshaven への拡張工事が 1993 年に始まり、2012 年 9 月に完工して供用開始の運びとなった。エムス五港にとりもっとも身近な競争相手であるはずのビルヘルムスハーフェン港の拡張工事が当時進行中であったにもかかわらず、参照したかぎりでこれに言及した EDR 側資料がないのはものたりない[67]。

(11) 空間秩序

① 土地利用

　土地利用別面積比率（NL 側域は 1993 年現在、DE 側域は Nds 統計 1998 年版）は、ネーデルラント側域が農地 69％、森林 6％、水面 12％、居住地 5％、交通路 3％、ドイツ側域が農地 71％、森林 10％、水面 3％、居住地 7％、交通路 5％であった。まず目につくことは、農地面積比率が EDR 平均で 71％、最小のエムデンでさえ 61％で、EDR が典型的な農業地域であることである。他方で、水面比率はネーデルラント側域 12％に対してドイツ側域 3％で、ネーデルラント側域の景観が農業とともに内水面によっても規定されていることが判る。さらに、ネーデルラント側域がドイツ側域に較べて面積が小さいにもかかわらず人口が多く、しかも居住地面積の比率が小さいことは、とくに都市部の人口密度がドイツ側域よりはるかに高いことを示す。

　ドイツ側域の一人当たり居住面積が比較的大きいことに対して、資料⑨は敷地、建坪がそれだけ広いことが交通路面積と移動距離との増大をもたらし、また居住区域の無制限な拡延をまねきがちであると、批判的解釈をほどこしている。たしかに、居住地面積に対する交通路面積の比率はドイツ側域が比較的大きいとはいえ、これからただちに生活空間の快適性比較をおこなうことは無理

---

[67] http://www.jadeweserport.de/ 2015/09/15.

であろう。なお、天然ガス採掘現場が陸上にあるとき、どの土地利用種別に入るのかが不詳である[68]。

② 定住構造

　総じて農村的構造に特徴づけられる EDR 域は、多数の小地区公共団体の散在によって定住様式が刻印される。ドイツ側域には「上級中心地」Oberzentrum がなく、多くの住民が域外のオルデンブルク、ビルヘルムスハーフェン、オスナブリュクなどの上級中心地へ向かう。中級中心地は多数にのぼり、「上位中級中心地」großes Mittelzentrum として、エムデン、リンゲン、「中位中級中心地」mittelgroßes Mittelzentrum として、ノルデン Norden、アオリヒ、レーア、パーペンブルク、メペン、クロペンブルクが挙げられる。これより下位に「下級中心地」Grundzentrum が比較的密な網を形成しているが、いずれも人口の社会減による生活基盤の縮小に見舞われていた。ドイツ側域では、大都市圏周辺ではすでに過去のものとなっていた、いわゆる「エマおばさんの店」Tante-Emma-Laden の消滅が、1997 年当時社会問題となっていた。

　ネーデルラント側域では、全国六位の大都市であり、北部三プロフィンシの中心地であるフローニンゲン市が「上級中心地」stedelijk knooppunt とされ、したがって EDR 唯一の上級中心地となる。ネーデルラント政府はとりわけエールデ空港の拡充により、フローニンゲン市の中心地機能をさらに高めようとしていた。これとならび、エメン、アセンがネーデルラントの大都市政策の枠組で優先的開発の対象になっていた。ネーデルラント側の EDR 域外の上級中心地として EDR 域にも影響をおよぼす都市に、ズヲレ、エンスヘデ-ヘンゲロ、アルンヘム-ネイメーヘン、レーウワルデンが挙げられる。

　EDR 域内都市の中心性の格づけは、交通網、特に道路網の結節機能にかかっており、とくにエムス河軸が定住構造の主要規定要因として作用するという。エムス河および DEK に沿う都市はこの南北軸から離れている都市より成長力が大きいので、エムス河に並行する A31 の完成が沿線地域の発展をうながすとして、A31 の戦略的重要性がふたたび強調される。ズヲレ-エムスラントをつなぐ NL 側域の N37 も、この「都市環」をルール地域につなげるも

68　資料⑨、36-37 ペイジ。

のとして重視されていた[69]。

　資料⑨に拠るならば、ドイツ側域の定住空間は北海岸とライン-ルール圏をつなぐエムス河軸に沿う南北方向の線的動態を示していることになる。この場合、ドイツ側域の定住空間形成にはたすキュステン運河の役割が無視され、もっぱらDEKに目が向けられていることに疑問がわく。上級中心地をもたないドイツ側域の住民が西側に、すなわちEDR域内唯一の上級中心地フローニンゲン市に向かわず、東側のドイツ側域外の諸上級中心地に向かうにもかかわらず――この現象自体けっして自明とは思われず、検討の対象になるのだが――、なぜ定住空間が東西軸に沿って形成されないのかという、当然に予想される疑問に資料⑨は答えようとしていないからである。他方ネーデルラント側域では、上級中心地フローニンゲン市がラントスタトとブレーメン-ハンブルクにいたる広域東西軸の中心点に自らを位置づけ、南隣ドゥレンテや西隣フリースラントを補完地域として組みいれて、同心円的都市圏形成に向かう面的動態を示している。すなわち、ドイツ側域のライン-ルール圏へ向かう遠心力と、ネーデルラント側域のフローニンゲン大都市圏に向かう向心力とが、地域的断層のずれを惹き起こす可能性をはらんでいるように見える。

③　空間計画 *Raumplanung*

　ここで空間計画にも目を向けよう。空間計画にかかるEDRの国境を挟む協力の程度はきわめて低い。姉妹都市関係や国境を越える都市網形成の例が少なく、バテン／ワデン諸島の協力組織である *Euregio - die Watten* が例外であるという。

　国境を挟む空間計画の検討に入る前に、ネーデルラント、ドイツの空間計画体制をあらためて確認しておく。まずネーデルラントの空間計画は、三層に分かれる。全国水準では住宅建設・空間秩序・環境保全省 *Ministerie van Volkshuisvesting, Ruimtelijke Ordening en Milieubeheer* が「全国空間政策」を策定する。中間水準ではプロフィンシ当局が有効な情報を提供するが、拘束力をもつ計画を策定しない。最下層のヘメーンテ水準では、戦略的大枠計画と土地利用計画をさだめ、市当局が再開発計画を策定する。

69　同上、37-38ページ。

これに対して、ドイツの空間計画体制はこれまでにも言及したように、連邦が空間秩序の大枠制定の権限しかもたないのに対して、各ラントは強い計画権限を与えられている。後者は自己の空間秩序法またはラント計画法を具え、空間秩序基本計画とその具体化計画とを策定する。ラント計画の一部としての地域計画は、ラントにより異なる。ニーダーザクセンではクライスが、地域計画の担い手として「地域的空間秩序基本計画」*Regionales Raumordnungsprogramm*（RROP）を策定する。クライス級市では「土地利用計画」*Flächennutzungsplan* がこれに相当する機能をもつ。最下層のゲマインデ水準では、詳細に規定され建設指導（土地利用計画、確定建設計画）がおこなわれる。

ここで、Nds の空間秩序法 *Niedersächsisches Raumordnungsgesetz*（2017年現在）の以下の条文を参照枠として挙げておく。第1条（1）「本法は、[連邦法の] 空間秩序法を補完し、これから外れる諸規制を Nds のためにおこなう。」; 同（2）「本法の意味するものは、ラント計画、地域計画、ラント空間秩序基本計画、地域的空間秩序基本計画である。」; 第18条（1）「最上位のラント計画当局は管轄省 *Fachministerium* である。上位のラント計画当局は、「地域的ラント開発局」*Amt für regionale Landesentwicklung* である。ラントクライスおよびクライス級市は、下位ラント計画当局の任務を、これを委任された権限のおよぶ範囲の任務として引きうける。」; 第19条（1）「空間秩序手続きの執行は、下位のラント計画当局の権限である。」; 第20条（1）「地域計画の担い手はラントクライスおよびクライス級市である。地域計画の担い手は、地域計画の任務を自己の権限のおよぶ範囲として引きうける。」以上の条文規定からして、Nds では地域計画におけるラントクライスおよびクライス級市の権限が、NRW におけるよりも比較的強いようである[70]。

このほか事実上の強制力を具える非公式空間開発手段がすくなからずあり、DNRK／NDCRO による「国境を挟む空間秩序面での開発構想」*Grenzübergreifendes Raumordnersches Entwicklungskonzept*（1997年）、「ベーザ–エムス RIS 協議体」*Arbeitsgemeinschaft RIS Weser-Ems* による「ベーザ–エムス地域技術革新戦略」*Regionale Innovationsstrategie Weser-Ems*（1998年）、ネーデルラント側の「北部のための羅針盤」*Kompas voor het Noorden* が好例である[71]。

---

70 Niedersächsisches Raumordnungsgesetz, in: Götz, Volkmar//Starck, Christian, *Landesrecht Niedersachsen: Textsammlung*, 26. Aufg., Baden–Baden 2018, 所収。

国境を越える地域計画にかかるネーデルラント・ドイツ政府間協定の起点は、共通の国境線、国境を越える河川、国境近辺の土地所有、国境を越える地域交通、その他の国境問題についてさだめた1960年の国境条約である。これより2年も前にEUREGIOが成立したことを思うと、両国政府に先だってまず国境地域公共団体が地域間相互協力に踏みだした、下からの動きの革新性があらためて浮きぼりにされる。

　国境条約につづいて国境を越える空間計画の制度的枠組を創りだしたのは、1967年の政府間協定である。これにもとづいて、前述したようにNds, NRWの両ラントも参加したDNRK／NDCROが設立され、これは国際法上で認められる団体となった。ドイツ・ネーデルラント国境からそれぞれ20kmまで幅の範囲の地域が対象となり、南北に二分されて、それぞれ部会（Unterkommission Süd／Nord; Ondercommissie Zuid／Noord）が設けられている。両部会とも、1990年代に「国境を挟む空間秩序基準」を策定した。UK Süd は「国境を挟む空間秩序基準」*Grenzübergreifendes Raumordnerisches Leitbild*（1995）を、UK Nord は「国境を挟む空間秩序にもとづく開発構想」*Grenzübergreifendes Raumordnerisches Entwicklungskonzept*（1997）をそれぞれ策定し、地域開発の空間秩序を重視した規制の強化をねらった。これは法的効力をもつものではないが、UK Nord はこの「構想」のもとでの行動計画において、特定の企画を実施するよう当局に提案するまでにいたった。国際法上の公法人とはいえ、その政策行動が法的強制力をもたないかぎり、同じく公法人（目的組合）であるEDRとの競合においては劣位に立たざるをえないであろう[72]。

④　自然と景観

　ここで、とりわけ一次産業および観光業を左右する、EDR域の風土特性に眼を向けよう。EDR域の自然と景観を規定しているのは、沿岸部の干潟 *Watt* と陸上部の湿原 *Moor* である。まず沿岸部では、前述のようにネーデルラントのエイセル湖 *IJsselmeer* 沖からユラン（ユトラント）半島西部沖にいたるまで

71　資料⑨、39ページ。
72　Spiegels, Thomas, *Grenzüberschreitende Regionalplanung zwischen Nordrhein- Westfalen und den Niederlanden, Rechtsvergleich und Realisierungmöglichkeiten*, Münster 2000, 663-665ページ。

の北海岸域に、ワデン諸島（西フリース諸島）*Waddeneilanden*, オストフリース諸島 *Ostfriesische Inseln*, ノルトフリース諸島 *Nordfriesische Inseln* ／ *Nordfriiske Ailönje* がつらなり、これらと本土海岸との間に干潟 *Waddenzee, Niedersächsisches Wattenmeer, Hamburgisches Wattenmeer, Schleswig-Holsteinisches Wattenmeer, Vadenhavet* がひろがっている。この北海岸域の干潟はいくつもの領海をふくむ一つの等質空間を形成しており、国境により区分された「国立公園」化は、この等質性をいささかでも損なうものでない。したがって、この独自な自然景観はけっして EDR 域のみに限定されたものでない。このことを念頭に置きながら、この景観が EDR にとりかけがえのない観光資源であることを、以下みてゆこう。

　まず、沖合オストフリース諸島の景観は、本土の一部と同じく、砂浜と砂丘が大部分を占める。島部の構造的問題は海風と海水による土壌浸食で、土地保全のために、浜麥の植つけ、消波ブロックの設置など費用のかかる措置がとられている。島部と本土海岸との間に「ニーダーザクセン干潟自然公園」*Nationalpark Niedersächsisches Wattenmeer* がひろがり、ドイツ側だけでも 2400km^2、ビオトープの種類も豊富である。とりわけオストフリース諸島は観光価値の高い土地に恵まれ、海水浴場に適さずとも、日帰り観光旅行に適した小さな港町がある。EU の「動植物生態圏命令」*Fauna-Flora-Habitat*（FFH）-*Richtlinie* の枠組で、ニーダーザクセン干潟海自然公園はドラルトの一部もふくめて最大の Natura-2000 区域に指定された。

　他方で、本土の景観は以下のごとくである。陸地保全堤防のうしろに肥沃な湿地 *Marsch* がひろがる。牧草地、排水路、無数の小川、水路、風車がこの地帯の景観を形づくる。森林はまばらで、海岸地帯はニーダーザクセンで森林面積が最小の地域である。海岸から遠ざかるにつれて湿原、砂地 *Geest* が増え、特有な「湿原の景観」*Fehnlandschaft* を呈する。緑地はほとんど放牧地として利用されている。国境沿いのブルタンゲ *Bourtange* 湿原やドゥレンテ東南部の湿原が代表例である。内陸部に進むにつれて砂地が支配的となり、一部は森林地帯となる。南部の砂地地帯には松、ぶな、柏が多い。湿原と砂地を縫って小川が流れ、多面的に機能している。

　このように叙述される景観も、けっして EDR 域に固有でない。ともあれ、湿原地域の合理的な利用は、牧草地、放牧地にするか、観光資源化するほかな

いであろう。そのためいくつもの景観自然保全区域 *Landschafts- u. Natur-schutzgebiet*（LSG, NSG）が指定されている[73]。

(12) 観光

以上のような EDR 域の風土的与件から、EDR 域で観光業が重要産業として位置づけられるのは当然である。とくにドイツ側域の海岸、島部で、観光業の重要性が高い。ここでは、住民一人あたり 20〜70 泊／年（1997, 1998 年）という記録がある。1998 年ボルクム（オストフリース諸島最西端の島）は 18 万 613 人の観光客を迎え、その半数が NRW 住民であった。同年オストフリース諸島での平均宿泊数は 11.1 日にのぼった。

意外なのは、ドイツ側域とくらべてネーデルラント側域の観光業の意義が小さいことである。とくに Pr フローニンゲンは観光業を重視していないという。それはおそらく観光資源に乏しいからでなく、諸産業の集積が比較的厚いからであろう。これに対して Pr ドゥレンテは多様な宿泊施設が比較的整っている。とはいえ、観光部門への投資で両プロフィンシとも全国比較では下位に甘んじていた。両プロフィンシの観光業従事者が 1 万 3800 人にすぎなかった（1998 年）のに対して、ドイツ側域 RB ベーザ-エムスでは 4 万 5000 人にのぼった。ところが、雇用条件が悪いために、高失業率にもかかわらず求人が埋まらない状況だったという。

自然条件に恵まれているにもかかわらず、EDR は観光価値を高める自己訴求が不得手で、域内の互いに似た下位地域間、たとえば、オーストフローニンゲンとオストフリースラント、ドゥレンテとエムスラントとの間で相互に広報宣伝をおこなう程度にとどまっていた。それでも、観光業の重要性が認識され

---

[73] 資料⑨、40 ペイジ。ちなみに、EU には 100 を超える「環境命令」があり、五次 EU 環境行動計画は加盟国の行動の指針となっている。「FFH 命令」は、生存が危ぶまれている種と生息地を特別保護区域として指定し、これらの全ヨーロッパ規模の連絡網形成を目的としている。EDR のドイツ側域の FFH 区域として、ワデンゼーはじめ 11 が指定された（2000）。ドイツ側域ではニーダーザクセン干潟自然公園、ドラルト湾、エムス河等をはじめ 26 が指定された（1999）。鳥類保護命令区域として、ネーデルラント側域でワデンゼーはじめ 13、ドイツ側域でドラルト湾をふくむオストフリース干潟はじめ 6 が指定された（1983）。資料⑨ 79-80 ペイジ。

る傾向のもとで、すでにみたように INTERREG 計画により、この分野で多くの企画が実現した。水路、自転車道、徒歩道の小規模な整備、ORGANEUM 構想（エールデ、メペン、レーデ、ベリングヲルデ Bellingwolde の諸博物館の連携）の具体化と実施の助成、橋梁や閘門の自動化や広報宣伝活動の支援による水路観光の魅力訴求などが、すでに実施されていた。とりわけ重要なのは、自転車道路網の整備で、INTERREG 補助金により改善、拡幅され、密になった。すでに述べたように、国境を越える遠距離自転車道を代表するのが、臨海部、内陸部を横断する *United Countires Tours*（UCT）, *International Dollard Route* である[74]。

(13) 社会的状況

ここで、国境警察行政に触れておこう。シェンゲン協定締結により域内移動の自由化が実現した。それは、国境を挟む共通の警察権行使を必須とし、とりわけ国境地域の警察が連携態勢をととのえることを緊急課題とした。概して警察行政は、国水準の統一性を要するだけでなく、管轄区域の設定も警察責任に応じた固有の適正範囲に限定される。なかでも国境を挟む地域の共同警察行政は、防災体制とともに国境を挟む行政協力のなかでもっとも日常的緊急性の高い分野であり、よって当該地域での刑事事件に効果的に対応できる適正範囲の設定は、警察行政技術上も必須となる。その意味で、この分野で単にドイツ・ネーデルラント間の協力態勢ばかりでなく、NRW と Nds のラント境を挟む *EUREGIO* と *EDR* との協力態勢も組まれていることが注目される。

すなわち、1994 年に *EDR* の INTERREG 計画地域と *EUREGIO* との間で十九か条綱領が制定された。これは国境を挟む協力の詳細を規定しており、「NDS-NL 調整作業集団」*Koordinierende Arbeitsgemeinschaft Niedersachsen-Niederlande*（KODAG NDS-NL）が *KODAG NRW-NL* とともにこの綱領の実施に当たっている。隔月に両国各地域の公共団体の代表者が集まり、さまざまな分野で取決めをおこなう。代表者を送る公共団体は、ドイツ側が Kr ベーザ－エムス当局、オルデンブルク警察・地域連絡事務所リンゲン、ネーデルラン

---

[74] 同上、21-24, 36 ページ。

ト側はフローニンゲン、ドゥレンテ、エイセルラント、トゥウェンテ当局である。六部会 *Arbeitsgruppe*（AG）で各個別分野を管轄した。AG I: 教習、研修、AG II: 捜査、情報交換、法的支援、AG III: 技術、情報交換、ネットワーク構造、AG IV: 危険予防、交通、保護・補導、環境保全、AG V: 新聞、広報、AG VI: 特別犯罪対処領域と、管轄分野は広範囲にわたる。1994年末以来この六部会体制がとられており、十九か条綱領改定とあわせて再編成されることになっていた（1999年末現在）。

KODAG協力はEDR固有の活動やINTERREG計画の策定と直接に関係なくおこなわれているものの、KODAGはINTERREG計画諸企画の実施主体として機能している。具体的には、国境を挟む協力の改善のためのセミナーや語学研修の開催である。これまでに1000人以上の警察行政・現場担当者がこのセミナーに参加したという[75]。

(14) 住民意識

ここで、地域形成の最重要な指標の一つである、住民意識に眼を向けよう。興味深いのは、EDRの文化的状況がかかえる諸問題の原因を、ドイツ側域の地元関係者たちが都市と農村に対するニーダーザクセン政府の不公平な文化政策にあるとみているという指摘である。ドイツ側域で、ニーダーザクセンのラント首都ハノーファに対する反感は否むべくもなく、ハノーファから遠く離れている農村地域［EDR］として、ラント首都がエリート意識を脱して、鄙の文化に眼を向けることを願っていたという（1999年）。EDRのドイツ側域のハノーファに対する距離感の大きさが窺われる。さらにまた、国境を挟む文化交流についても、地元関係者が絶対的情報不足を訴え、「だれ一人として［国境の向こう側の］隣人がいま何をしているのかを知らない。」というのが、1999年の実情であったという。

このように、ドイツ側域が首都圏ともネーデルラント側域とも切りはなされている実情を強調する一方で、景観、建築、文化的特徴とならび、EDRは「同郷人意識」*landsmannschaftlicher Hintergrund* に刻印され、この「共属意

---

75 同上、42-43 ページ。

識」Zusammengehörigkeitsgefühl がとくに方言の伝統によって保持されてきたとも、資料⑨が指摘している。方言を話す者の数は減る一方だが、少数者の危機意識の高まりがかえって共属意識を強め、方言を若い世代に伝えようとする機運が生じていたという。この方言保存運動は、演劇、歌唱、文学、朗読、講演、礼拝、同郷人集会などの多彩な形をとっておこなわれていた。加えて、郷土料理、郷土舞踊などの伝統文化（たとえば Pr フローニンゲンの周域 Ommelanden の）も重視されたという。

　EDR 域の言語状況についてすでに触れたが、Grenzmonitor による電話アンケートにより、ネーデルラント側域でドイツ語をまったく話せない者が6％にとどまるのに対して、ドイツ側域では78％がネーデルラント語を話せないことが判明した（1993年）。ネーデルラントではドイツ語を学校の授業課目に入れているのに対して、ドイツ側でネーデルラント語授業がきわめて少ない実情を反映していた（今日では、ネーデルラントでもドイツ語は選択科目でさえない）。総じて隣国の日常生活、文化、歴史についての知識がドイツ側はネーデルラント側よりかなり劣っていた。ネーデルラント側域で BRD 首相の名を知っていると答えた者が46％にのぼるのに対して、ドイツ側域でネーデルラント首相の名を知っていると答えたのは7％にとどまったという。

　こういう言語状況において、言語文化交流の努力がつづけられていた。たとえば、「地域間図書館協力企画」Projekt für interregionale Bibliothekskooperation（PIB）が文化面での国境を挟む協力の第一歩として、INTERREG I, II で補助金を受けた。また、メディアでは、季刊情報誌 Grenzlos（二か国語、全域で配布）および「都市環ズヲレ-エムスラント」内で発行される Städering ／ Stedenring News がある。このほか地方紙、週刊誌に、「お隣から」の欄が定期的に掲載されていた[76]。

　隣国語理解力に反映している EDR 域内両側域の相互認識または相互関心における非対称性は、EDR 域としての地域的一体性の形成が容易ならざる難事であることを窺わせる。そればかりか、両側域ともそれぞれ域内に局地的伝統文化とそれにむすびついた郷土意識を随所に残しており、したがって、両側域がそれぞれどれほどの一体性を具えているかも、なお検討の余地を残している

76　同上、50-51 ページ。

ように見える。EDR 域内の住民気質は、ネーデルラントかドイツかの単純二分法で済まない、重層的に屈折した局地性を帯びているようである。

ところで、資料⑦はエムス河下流域の諸方言の類似性を重視し、EDR 域の言語文化圏としての等質性を強調している。他方で資料⑨では、両側域の交流を妨げる要因の一つとして言語障壁が挙げられている。実態把握における両資料の食いちがいを、どのように理解したらよいのか。

総じて、地域形成における初期条件としての言語文化圏の基盤を評価するうえで忘れてならないのは、なんらかの事情で強度に閉鎖的な地域を別にするならば、民族国家の言語政策による標準語（国語）化の進行と方言の衰退という一般的傾向をおくとしても、地域的言語圏の安定性は、社会的人口動態の様式と情報化の進展を背景にした世代交代とにより、つねに脅かされているという事実である。とくに EDR 域においては、すでに見たように 1990 年代以降、国境の両側域で言語の担い手の変動がつづいていることが無視できない。すなわち、ネーデルラント側域では、とくにドゥレンテにネーデルラント西部から高齢者が来住する一方で若者が流出し、ドイツ側域では東方から若い移民が流入するという住民の入替え現象が発生している。これは、言語境界が政治国境に重なる傾向をさらにうながすであろう。後論するように、EDR 域で文化遺産としての方言の保存運動が盛んになってきたこと自体、方言の使い手が激減していることの逆証とみるこができる。

他方で、本来の地域が言語においても地域性の再生産力を具えていることを見落としてなるまい。たしかに EDR 域で社会動態により住民の入替現象が発生しているとはいえ、それは部分現象にとどまる。方言使用が衰退に向かっていることは事実だとしても、それそのまま共通語使用への移行が急速に進むことを意味するわけではない。

ネーデルラント・ドイツ両言語圏の最近の事情について、次の指摘が参考になろう。「ネーデルラント人の間でドイツ語への関心は低いままである。数千人のドイツ人がネーデルラント語を学んでいるのに、ドイツ語を学ぶネーデルラント人は数百人にとどまる（ネーデルラントには 2 万人のドイツ人が留学し、ネーデルラントはドイツ人にとりくらべるものがない留学先である）。学校でのドイツ語授業はもはや必須でない［最近、選択科目からも外された］。……国境地域の共通の方言は死に絶えた。若いドイツ人とネーデルラント人は、今日、た

いてい英語で話しあう。両言語の強い親近関係を考えれば奇妙なことよ」[77]。

7　東隣域オルデンブルクとの関係

（1）オルデンブルクの領域的同一性

　本章の最後に、*EDR* の東部に隣接するオルデンブルクの側から、*EDR* のドイツ側域を観察してみる。旧ドイチェスライヒのプロイセン領 Pr ハノーファおよびオルデンブルク、ブラオンシュバイク、シャオムブルク-リペの三ラントから構成される新ラント、ニーダーザクセンが創設されて、2016 年で 70 年になった。この間、ニーダーザクセンの行政区域構成はたびたび変わった。2014 年初から *EDR* のドイツ側域は、オルデンブルクおよびオスナブリュクとともに、ニーダーザクセンの新しい四行政管区（「地域的ラント開発局」*Amt für regionale Landesentwicklung*（ArL）の管区、ラント任命の担当委員 *Landesbeauftragter* が管轄）の一つ、「ベーザ-エムス管区」*ArL Weser-Ems*（当局所在地オルデンブルク市）を構成している[78]。

　他方で、*EDR* のドイツ側域は歴史的地域として北部のオストフリースラントおよび南部のエムスラントから成り、近代史において両地域とも、19 世紀にいたるまでプロイセン、ハノーファ両大邦による争奪の的となった[79]。

　これと対照的なのが旧領邦オルデンブルクである。オルデンブルクは小領邦であるにもかかわらず、領域的一体性と政治的自立性を長期にわたり維持したからである（1854〜1937 年、ビルヘルムスハーフェンがプロイセン領であったこと、およびリューベク *Lübeck* とビルケンフェルト *Birkenfeld* の両飛び地を除く）。おそくとも 1774 年以降、一次大戦後の共和政移行にいたるまで、オルデンブルク家はほぼ 1 世紀半にわたり中断なく当地に君臨した。すなわち、1774 年伯領から公国に、1829 年に大公国に、1918 年に共和国 *Freistaat*（1934 年からラント）

77　Driessen, Christoph, *Geschichte der Niederlande: Von der Seemacht zum Trendland*, Regensburg 2009, 253 ページ。ちなみに著者はネーデルラント人である。

78　Die Landesbeauftragten für regionale Landesentwicklung, http://www.stk.niedersachsen.de/ 2015/08/26.

79　Köbler（2007），*Emsland* および *Ostfriesland* の項目を参照。

にと、国制が変わりはしたものの、1946年新ラント、ニーダーザクセンの一部になるまで、政治的自立性を堅持しえた。小邦でありながら、近代ドイツ史を通して領域的同一性をもっとも明確に残す地域として知られている[80]。「何世紀にもわたる政治的・文化的自立性は住民の間に強い郷土意識 *ein intensives Heimatgefühl* を生んだ。」[81]

そのため、新ラント、ニーダーザクセンの成立当初、オルデンブルクとブラオンシュバイクは *Verwaltungsbezirk* と称し、旧 Pr ハノーファを構成した六区域の後身、六行政区 *Regierungsbezirk* と区別され、長官 *Präsident* も RB 長官 *Regierungspräsident* に優る特権を与えられていた。加えて1975年に公法人、*Oldenburgische Landschaft* が創設され、地域文化遺産の保全に当たることになった。1978年の行政改革でニーダーザクセンが四行政区 *Regierungsbezirk* に再編成された。その一環として、オルデンブルク（Verwaltungsbezirk）はアオリヒ、オスナブリュク両 Regierungsbezirk と合併し、RB ベーザ-エムス *RB Weser-Ems*（主都オルデンブルク）が創設された。その結果、オルデンブルクは200年来の領域的同一性を失ったことになる[82]。ただし、現行の ArL は事実上、旧 RB 域と重なっており、2010年現在の EU の NUTS 2 という区域構成にも変わりがない[83]。

このように、1978年以降、*EDR* のドイツ側域はオルデンブルク、オスナブリュクとともに RB（ArL）ベーザ-エムスを構成しているが、これによって旧オルデンブルク領域の地域的独自性が消えたわけではない。それどころか、1947年のイギリス占領軍政府命令に始まる旧ラントの伝統の制度的保証は、脈々と受けつがれ、1993年の改正邦憲法にも活かされている。すなわち、ハノーファ、オルデンブルク、ブラオンシュバイク、シャオムブルク-リペの旧四ラントの伝統尊重にかかる条項である[84]。1840年設立のオルデンブルク商工

80　Welp, Jörgen, Die territoriale Entwicklung des Oldenburger Landes; Lombard, Andreas, Haus und Land. Das Herzogtum und Großherzogtum Oldenburg von 1773 bis 1918, in: Henneberg, Jörg Michael und Lucke, Horst-Günter（Hrsg.）, *Geschichte des Oldenburger Landes: Herzogtum, Großherzogtum, Freistaat*, Münster 2014, を参照。Köbler (2007), *Oldenburg* の項目も参照。

81　Lombard（2014）, 169ページ。

82　Eckhardt, Albrecht, Vom Großherzogtum zum niedersächsischen Verwaltungsbezirk: Das Land Oldenburg 1918-1946, in: Henneberg u. Lucke（2014）, 215ページ。

83　eurostat, *Eurostat regional yearbook 2014*, 附図参照。

会議所の管区が今日なお旧オルデンブルク領域と合致していることも、オルデンブルクの経済空間としての一体性を保たせている[85]。

(2) オルデンブルクと隣接地域との関係

　それではオルデンブルクは近隣地域とどのような経済関係を展開したか。以下、断片的ながら、Henneberg und Lucke 編の叙述のなかから、参考事例を拾いだしてみる。
　18世紀末、オルデンブルク産のバター、チーズ、果物がブレーメン、ハンブルク向けに、豚がオストフリースラント向けに、牛がシュタートラント *Stadland*, ブートヤーディンゲン *Butjadingen*（ともに、ベーザー河下流左岸域）からだけでも、年に千頭が遠くはケルン、フランクフルト a. M., マーストリヒトまでの範囲に出荷されていた。また、若者をナサオやネーデルラントに送りこむ傭兵募集人を、当局が厳しく取り締まったという[86]。オルデンブルクが農・畜産物をドイツ各地に広範囲に供給していたことを窺わせる事例である。そればかりか、「オランダ往き」*Hollandgänger* と呼ばれた、傭兵をふくむ労働力の供給地の一つとして、ネーデルラントともある程度の関係をもっていたことが判る。
　郵便馬車も週2回、ブレーメン-オルデンブルク-アオリヒ-フローニンゲン-ファルケンビュルフ-デルメンホルスト-ブレーメン-ハンブルクの経路で運行された[87]。すでに18世紀のうちに、ハンブルクからフローニンゲンに

84　Eckhard (2014), 214ページ。ニーダーザクセン憲法の「第72条 旧ラントの特別の重要性と伝統的諸制度 *Besondre Belange und überkommene Einrichtungen der ehemaligen Länder*」の条文は、以下の通りである。「(1) 旧ラントのハノーファ、オルデンブルク、ブラオンシュバイク、シャオムブルク-リペの文化的・歴史的重要性が立法と行政によって保護され、助成されなければならない。(2) ニーダーザクセン全土に適用される組織上の措置のためにその変更または廃止が必要でないかぎり、これらのラントの「地元に結びついた」(heimatgebundene) 伝統的諸制度は、引きつづき「地元の利益に」(heimatlichem Interesse) 供することができ、かつ維持されなければならない。」Niedersächsische Verfassung, in: Götz u. Starck (2018), 23ページ。

85　Hellmond, Thomas, Was vom Großherzogtum übrigblieb: Banken, Versicherungen und Wirtschaftskammern, in: Henneberg u. Lucke (2014), 277ページ。

86　Lombard (2014), 55ページ。

87　同上、54ページ。

いたる北海沿いの地帯に国際郵便経路が開設され、オルデンブルク市もその経路上に位置を占めた。前三月期にはオルデンブルク市－ハノーファ市間で週２回郵便馬車が往復した[88]。

鉄道も、プロイセンとの協定にもとづき、1869年にオルデンブルク市－レーア間が開通して、オルデンブルク市は鉄道によるエムス河との接続を実現した。つづいてプロイセンとネーデルラントとの協定にもとづき、レーア南寄りのイアホーフェからニーウェスハンスまでの路線が、オルデンブルクの費用負担で建設され、1876年に開通した。この路線によりオルデンブルクはネーデルラントと直結するにいたった。いずれもプロイセンとの協定により、オルデンブルクの列車がプロイセンの路線を利用することができたからである[89]。

しかし、オルデンブルクにとり最も重要な鉄道路線はブレーメン－オルデンブルク市－ビルヘルムスハーフェンだった[90]。すでに建設が始まったヤーデ湾軍港への石炭その他の必要物資の補給のために、プロイセンは軍港に接続する鉄道を必要としていた。そこで、プロイセンおよびブレーメンとの協定にもとづき、まずオルデンブルク市－ブレーメン間が、つづいてオルデンブルク市－ヘペンス Heppens（1911年周辺農村と合併してリュストリンゲン市 Rüstringen となり、1937年ビルヘルムスハーフェン市と合併）間が1867年に開通した[91]。これを機にオルデンブルク領内の幹線・支線鉄道建設が急激に進み、1908年までに、オルデンブルクは他の農業領邦とくらべ支線網が際だって密な領邦になっていた[92]。

鉄道によりルール地域から石炭を調達し、農業に必須の人造肥料を領内各地に供給する一方で、農畜産物（果物、野菜、牛乳）をハンブルク、ハノーファおよびルール地域に出荷することができた[93]。

蒸気鋤の導入により開拓が機械化され、ヤーデ湾の肥沃な柔泥が不毛の砂地、荒地を新しい沃土に変えた。ベーザー河口のノルデンハム（ブレーマハーフェン

88　同上、98ページ。
89　Beyer, Burkhard, "Ganz ohne Eile"? Die Eisenbahnen des Großherzogtums Oldenburg, in: Henneberg u. Lucke（2014）, 221ページ。
90　同上、228ページ。
91　Lombard（2014）, 141ページ。
92　Beyer（2014）, 224ページ。
93　同上、235ページ。

の対岸) から年間、何千頭もの家畜がイギリス向けに輸出された。ブレーメンには工業投資に必要な土地も労働者層も欠けていたので、対岸オルデンブルク領のデルメンホルスト Delmenhorst がブレーメン商人の投資により工場都市に成長した[94]。

　以上のような史的点景をつなぎ合わせると、オルデンブルクがとりわけブレーメンと密接な経済関係を展開してきたことが浮かびあがる。これは、地勢からしてむしろ当然のことである。オルデンブルク市はベーザー河の支流フンテ川に臨む港湾都市であり、オルデンブルクがベーザー河流域に位置するのは動かしがたい事実なのだ。

　すでに述べたように、1893年に完成したフンテ-エムス水路につなげて、1935年にキュステン運河がデルペン-オルデンブルク間に開通した。これによるエムス、ベーザー両河の接続は、鉄道路線による両河接続がそうでなかったように、エムス河流域がオルデンブルク都市圏の後背地になったことを意味するものではない。オルデンブルクは昔も今も西（エムス河）ではなく、東（ベーザー河）を向いているのだ。ベーザー河を軸とするオルデンブルクとブレーメンとの経済地理的関係の強さを示す、以下の事例を挙げよう。1817年ドイツ最初の汽船がブレーメン-オルデンブルク領ブラーケ Brake 間に就航した[95]ことは、オルデンブルクがハノーファ王国と対抗するために、ベーザー河下流区間をブレーメンとの共同利用区間としたことを示唆する。ちなみに、ノルデンハムに北ドイツ-ロイドとの提携で巨大な埠頭が建設され、1891年から週に2便、ノルデンハム-ニューヨーク間を快速汽船が往復した。1896年以後ロイドがブレーマハーフェンを拠点にするまで、とりわけ南オルデンブルク（オルデンブルガーミュンスターラント、カトリック地域）からアメリカへ向かう移民を運んだという[96]。

　オルデンブルクとブレーメンとの強い関係を示すものとして、さらに金融機関が挙げられる。ブレーメンとオルデンブルクを両拠点とするブレーメンラント銀行オルデンブルク信用金庫 – 手形交換所 – *Bremer Landesbank Kreditanstalt Oldenburg – Girozentrale* – (1983) の前身は、*Staatliche Kreditanstalt Olden-*

94　Lombard（2014），142ページ。
95　同上、99ページ。
96　同上、142ページ。

burg- Bremen（Staatliche Kreditanstalt Oldenburg と Bremer Landesbank が 1938 年合併）であり、さらにその前身は 1883 年創立の *Bodencredit-Anstalt im Herzogtum Oldenburg* である。これとならんでオルデンブルク-ブレーメンラント保険会社 *Landesversicherungsanstalt Oldenburg-Bremen* も挙げられる[97]。

オルデンブルクとブレーメンとの密接な関係を示す最近例は、政策地域としての「ブレーメン－オルデンブルク大都市圏」*Metropolregion Bremen-Oldenburg* 計画の策定である。2006 年 11 月に「登記社団・西北部ブレーメン－オルデンブルク大都市圏協会」*Verein Metropolregion Bremen-Oldenburg im Nordwesten e.V.*が結成された。これにはブレーメン、ニーダーザクセンの両ラント、旧オルデンブルク領域の六ラントクライス（Ammerland, Cloppenburg, Friesland, Oldenburug, Vechta, Wesermarsch）および旧ハノーファ領域のベーザー河流域四ラントクライス（Cuxhaven, Diepholz, Osterholz, Verden）、デルメンホルスト、オルデンブルク、ビルヘルムスハーフェン、ブレーメン、ブレーマハーフェンの五市が加盟し、総人口約 270 万人を擁する地域である。海上輸送・物流、自動車、航空・宇宙、エネルギー経済、保健経済、農業・食料経済の分野での協力を目的としている[98]。

これの法的形態は登記社団なので、公法人ではない。したがって、これが広域行政圏を具える新しい地域公共団体の創出を意味するものではけっしてない。さしあたり、ニーダーザクセンの一部およびブレーメンにまたがる、ラント境界を挟む地域間協力の新しい試みであるにすぎない。とはいえ、旧オルデンブルク領域と都市国家ブレーメンとの歴史的経済関係をふまえた、ベーザー河下流域大都市圏の形成を目ざす動きが、*EDR* がめざす国境を挟む地域形成と逆向きの動きであることは否みようがない。ニーダーザクセンの政策関心は、ブレーメンとむすぶことによりラント内に巨大都市圏を創出し、もってラント域内の向心力を高めることにあるのだろう。それは、INTERREG により国境を挟む地域形成を促進し、もって域内国境の遮断作用の最小化を図る、EU の空間政策に対する牽制を意図したものと見ることさえできるのである。

それでは、将来ブレーメン－オルデンブルク大都市圏が形を整えるにつれて、これが *EDR* のドイツ側域に遠心力を生み、その結果、エムス河下流域がベー

---

97 Hellmold（2014）, 261, 266-269 ペイジ。
98 http://www.stk.niedersachsen.de/ 2015/08/26。

ザー河下流域経済圏に組みこまれる可能性が強まるのだろうか。たしかに、その可能性を否定することはできない。しかし同時に、旧オルデンブルク領域がブレーメンとの関係を強めることにより、前者とエムス河流域圏との関係が弱まり、その結果、この地域に対するフローニンゲン都市圏からの引力、すなわちEDR域内の向心力がそれだけ強まる可能性もまた、否定できないのである。

8 小括

以上の検討からしても、ドイツ・ネーデルラント国境地域の五エウレギオのなかで、工業が高度に集積した中核都市圏またはその遺産を欠くという意味で、唯一の「辺境地帯」に形成された EDR 域が、実体空間としては未生の、EDR 創設によって初めて輪郭をあたえられた政策空間にすぎないのか、という疑問に答えるにはまだ早い。

たしかに、EDR 域はネーデルラント側、ドイツ側とも人口希薄地域であり、農業地域の性格を保持したままである。とはいえ、唯一の上級中心地、ネーデルラント側域のフローニンゲン市の存在を軽視してはなるまい。これがその引力を国境を越えてドイツ側域にどの程度およぼしているのか、また、それがドイツ側域からベーザー河流域の産業集積地に向かう遠心力を上まわっているのか、この問いに答えるにはなお実証分析を重ねる必要がある。ただ、自然環境に規定される度合いが強いだけ等質空間としての性質が強い農業地域のなかの、フローニンゲン市という上級中心地の唯一性は、制度的障壁が除かれさえすれば、地続き作用が効果的にはたらいて向心力がいっそう強まる可能性を秘めていること、また臨海部に立地する位置特性が EDR 域の対外依存の方向を分散させ、特定の域外への指向性を相対化する効果を生んでいること、この二つはEDR 域の構造的空間特性として確認できるように思われる。

第8章 エウレギオとヨーロッパの「地域」

1 「地域のヨーロッパ」の生成
2 地域化の共同体憲章
3 「地域化」と連邦化
4 CE
5 EC／EU
6 ドイツのラント
7 統計上の地域単位：NUTS
8 「地域のヨーロッパ」、または「境界のヨーロッパ」

ーロッパ理事会の会議が、このプロフィンシ庁で1991年12月9〜10日に開催された。マーストリヒト条約がここで1992年2月7日に署名された。

1 「地域のヨーロッパ」の生成

　これまで、ドイツ・ネーデルラント国境地域の五つのエウレギオに焦点をあて、その組織と活動を順次検討してきた。各エウレギオの分析の結果、隠れていたニーダーライン原経済圏の輪郭が、部分的にではあれ、見えがくれするところまで浮かびあがってきたように思われる。他方で、すでに随所で言及したように、エウレギオの組織と活動がヨーロッパ機構の国境地域政策、とりわけEC／EU の INTERREG に強く規定されるようになってきたことも明らかになった。それは、エウレギオ自身の活動の結果でもある。なぜならば、エウレギオは、現地における下からの国境相対化の運動であり、国境を挟む地域住民の自助活動のゆたかな実績が、ヨーロッパ機構による上からの国境地域政策をさそいだす効果を生んだからである。したがって、エウレギオ運動とヨーロッパ機構の政策との間に相互作用が認められる。INTERREG も意図するとせざるとにかかわらず、国境の分断作用の相対化をもたらすものであり、これまた隠れていた原経済圏の漸移地帯を透かし見させる効果を生む。そこで、エウレギオからヨーロッパ機構の国境地域政策に眼を転じることにする。これは地域政策一般の一分野なので、まず、ヨーロッパ統合の拡大・深化とともに、空間政策対象として地域の捉え方がどのよう変化してきたかを検討した後、章をあらためて国境地域政策を追う。

　1980年代後半から、ヨーロッパで「地域」が政治的議論の対象になり、「地域のヨーロッパ」*Europe of the Regions* という理念が、新しい政治的標語としてひろく使われるようになった[1]。これに先だち「市民のヨーロッパ」*Europe of the Citizens* という理念がすでに1970年代に生まれていた。しかし、1980年代以降の EC の統合拡大とともに、加盟国・地域間の経済水準差がひろがるばかりか、社会的・文化的価値観の共有度もさがってゆき、さらにまた、統合深化、すなわち EC 統治機構への集権の進行と中央官僚制化とともに、市民と最上位の統治機構との距離がひろがる一方となった。このような時代状況の変化がもたらす危機意識が、「市民のヨーロッパ」という目的の実現に適合する手段として、「地域のヨーロッパ」という政策理念が生みだされたと言えるであろう[2]。

たしかに、これは最上層の EC ／ EU から最下層の地区公共団体にいたる統治機構の全水準が共有する理念となった。とはいえ、これが、「国家のヨーロッパ」Europe of the Nations の否定もしくは相対化を含意する以上、EC ／

---

1 1987 年ミュンヘンで開催されたドイツのラント首相会議は、「地域のヨーロッパ、連邦制のヨーロッパ」ein Europa der Regionen, ein Europa mit föderativen Strukturen の創出を目ざす「ミュンヘン-テーゼ」を発表した。これが、この語が政治化する一つの契機になったようである。つづいて、1989 年 10 月にバイエルンの主唱で "Europa der Regionen" 会議が開催され、これにドイツのラント、イタリアの regione autonoma, スペインの Comunidad autonoma の代表者が集まり、EC の意思形成に適切な形で参加することを目的に討議をおこなった。とりわけドイツのラントは、「地域のヨーロッパ」実現の原動力であると自ら任じ、地域主義と連邦主義を表裏一体として捉え、さらに連邦主義を構造原則、補完性原則を行動原則としていた。Bauer, Joachim (Hrsg.), *Europa der Regionen: Aktuelle Dokumente zur Rolle und Zukunft der deutschen Länder im europäischen Integrationsprozeß*, 2. Aufl., Berlin 1992, 9, 42 ページ; Goppel, Thomas, Die regionale Dimension der europäischen Einigung, in: Hierl, Hubert (Hrsg.), *Europa der Regionen : Eine Idee setzt sich durch: Ausschuß der Regionen*, Bonn 1995, 6 ページ。Bauer の編書は、「地域のヨーロッパ」にかかる 12 本の諸機関の決議や憲章を編纂した資料集であり、とりわけ「地域化」にかかる 1980 年代のドイツのラントの動向を知るうえで役だつ。Hierl の編著は政治家や EC ／ EU 官僚の比較的短い寄稿を編纂したもので、学術書ではない。しかし、ヨーロッパ統合過程に、なかでも EU の〈地域〉委員会（後出）の創設に直接、間接にかかわった当事者たちの証言集であり、時代資料としての価値をもつ。ちなみに Stoiber は、「ヨーロッパ連邦国」europäischer Bundesstaat を意味するものではないと断りながらも、「国と地域のヨーロッパ」Europa der Nationen und Regionen を目ざしたいとして、EU 構成領域として国と地域を同列にあつかっている。Stoiber, Edmund, Europa im Umbruch, in: Hierl (1995), 47 ページ。なお、ミュンヘンのラント首相会議に先立つこと 20 年、1967 年 5 月に、ドイツ・ネーデルラント国境沿いのボホルトで開催された「地域のヨーロッパ」*Europa der Regionen* を主題とするさる国際会議で、国境地域間の対話がおこなわれたという（第 9 章の AGEG の節を参照）。この用語が使われた、おそらく最初の事例であろう。「地域のヨーロッパ」を初めて学術用語としたのは、Rhodes, R. A. W., Regional policy and a "Europe of Regions": A Critical Assessment, in: *Journal of Regional Studies*, 8（2）, 1974, である。ローデスは "Regions" に定冠詞をつけていないことに注意。ちなみに、"Europe of (the) Regions" は語意を明確にするためには、「一地域としてのヨーロッパ」と区別して、「諸地域から成るヨーロッパ」と訳すべきであるが、煩を避けるために「地域のヨーロッパ」という訳語をあてる。

2 Schmidhuber, Peter M., Europa der Regionen - statt Beobachtung Mitgestaltung, in: Hierl (1995), 31 ページ。「市民のヨーロッパ」が政治目的理念として公式に使われはじめたのは、1975 年の EC 首脳会議向けの Leo Tindemans 報告においてであり、それ以来、とくに 1980 年代にはいってから首脳会議での常套語となった。Mickel, Wolfgang W. /Bergmann, Jan M. (Hrsg.), *Handlexikon der Europäischen Union*, 3. Aufl., Stuttgart 2005, "Europa der Bürger" の項目を参照。

EUと各加盟国のこれの理解が同じであるはずがない。EC／EUはいわば、「国家」の頭ごしに「地域」と直結することで、「市民のヨーロッパ」の理念の遵守姿勢を表明し、もって自己正当化を図ろうとした。「地域のヨーロッパ」のこのような理解に、各加盟国は別の「地域」理解をもって対抗したであろう。とりわけエウレギオにかかる国境地域政策は、EC／EUと各加盟国の利害が最も鋭く対立する部面である。この緊張関係を緩和する便法が、補完性原則 *principle of subsidiarity* の重視（実際の適用はさておき）にほかならない。

　「地域のヨーロッパ」理念の生成には、環境問題も助産師としての役割を演じている。環境問題が政策課題として重みをますにつれて、自然環境破壊の防止に国境が無力であるとの認識が、「地域」に眼を向けさせたことも事実だからである。1992年のヨーロッパ連合条約（以下、TEU（92）と呼ぶ）第130r条は、第1項でECの環境政策が追及する目的として四つを挙げ、その第四に、「地域的または世界規模の（regional or worldwide）環境問題に対処するために国際水準の方策を推進すること」を挙げている。第2項では「ECのさまざまな地域の状況の多様性を考慮して」、第3項では「ECのさまざまな地域における環境条件」、「ECの諸地域の一体化し、かつ均衡のとれた発展」という文言が使われ、地域の語が頻出している。国境の遮断作用を無効にする自然環境問題は、いやおうなしに地域と世界の両端にまで政策的視野をひろげさせたのである[3]。

　しかし、地域関心のあらたな生起を、状況変化への対応という受け身の面だけで捉えるのは不十分である。これがECの発展に内在する政策理念の展開過程の新局面であることも見落としてなるまい。1970年代の一次拡大、1980年代の二次拡大の結果、加盟国数が倍増し、EC拡大過程の第一段階がひとまず終わった。いまやECは統合深化の段階を迎えたことになる。統合深化、すなわち加盟国からECへのいっそうの権限移譲を正当化するためには、ECの空間構成原則が「国家のヨーロッパ」でなく「地域のヨーロッパ」であることへの認識転換が必須の条件となる。「地域のヨーロッパ」は「ECのヨーロッパ」と表裏一体の複合観念として、戦略的にうち出されたのである。しかも、これ以降そのときどきの局面に適合的な概念として、地域を再規定する権限をEC

---

[3] *Official Journal of the European Communities*, 92/C 224/01; Brinkhorst, Laurens Jan, Die EU-Kommission und Regionen: Partner im Umweltschutz, in: Hierl（1995）, 113 ページ。

が握ることを前提としている。

「地域のヨーロッパ」観念がひろまる政治過程を回顧するために格好の資料が、1988年11月18日の「EC地域政策と地域の役割のためのヨーロッパ議会の決議」である。これはその前文で、ヨーロッパ議会が以下の先行例を「留意しながら」(in Kenntnis) 決議をおこなうとして、9例を挙げて当決議にいたるまでの動向を回顧しているからである。それは、①1984年4月13日の「民主的ヨーロッパ建設のための地域の役割と『地域会議』 Konferenz der Regionen の諸成果のためのヨーロッパ議会の決議」；②1984年6月19日の「EC政策決定過程に地域が参加することの必要性にかかる閣僚理事会、ヨーロッパ委員会、ヨーロッパ議会の共同声明」；③1984年ヨーロッパ議会により招集された第一回「地域会議」の最終声明；④EEC条約第130a条［経済的・社会的結束］；⑤1984年2月のヨーロッパ連合創設条約草案（その前文で、ヨーロッパの建設に地区・〈地域〉公共団体の共同参加をこれにふさわしい形で可能にすることの必要性が指摘された）；⑥1988年6月20日の「閣僚理事会とヨーロッパ委員会との協調手続の成果」（これは、構造基金の任務と効率性ならびに閣僚理事会とヨーロッパ委員会相互の、および両者とヨーロッパ投資銀行やその他の既存の金融機関との相互関与の調整に関する「規則」にかかるものであった）；⑦「地域政策・空間秩序委員会」の重点項目にかかる6本の報告；⑧1988年6月24日にヨーロッパ委員会により承認された「〈地域〉・地区公共団体審議会」 Beirat der regionalen und lokalen Gebietskörperschaften の設置；⑨地域化のために重要なはたらきをしているヨーロッパ評議会 Council of Europe (CE) の「地区・〈地域〉常設会議」 Ständige Konferenz der Gemeinden und Regionen（正確には「ヨーロッパ地区・〈地域〉公共団体会議」、後出）や各種ヨーロッパ地域団体（Assembly of European Regions [AER] ／ Versammlung der Regionen Europas; Council of European Municipalities and Regions [CEMR] ／ Rat der Gemeinden und Regionen Europas, その他各種分野別団体）、以上である[4]。1980年代にはいり、EC機関であるヨーロッパ議会、ヨーロッパ委員会、閣僚理事会がそれぞれ独自にあるいは相互に協力しながら、また、ECとならんでCEや諸民間団体もそれぞれ独自にあるいは相互に協力しながら、地域問題に積極的に取りくんでいた状況が浮かびあ

4　Bauer, J. (1992), Dokument 3: 23-24 ページ。

がる[5]。

　それでは、「地域のヨーロッパ」という複合観念において、そもそも「地域」 region, Region, région はどのように定義されているのか。「地域」は類概念としての空間 space, Raum, espace に対する種概念であり、わたくしは「個体性をそなえる歴史空間一般」と定義している[6]。この定義にもとづく「地域」を、まず領域性を基準にして分類するならば、領域空間と非領域空間に二分することができるであろう。前者は固定的かつ一義的に制度化された境界を具える空間であり、その典型が政治領域もしくは行政区域である。後者は何らかの基準において等質的な空間が、非固定的な漸移地帯により事実上の境界を生みだす空間であり、その典型が経済圏や文化圏である。ただし、両者ともそれぞれ下位空間の複合体であるとともに、上位空間の一部であるという意味で入れ子構造を具えることで、相似ている。それでは「地域のヨーロッパ」における「地域」とは、どのような形をとるものとして捉えられているのか。この問いに手がかりを与えてくれるのが、1988年11月18日にEC議会で採択された「共同体の地域政策と地域の役割のための決議」の附属文書「地域化の共同体憲章」Gemeinschaftscharta der Regionalisierung である[7]。そこで、この憲章から読みとられる「地域」について、以下、検討を加えよう。

5　1992年にマーストリヒトで署名され1993年に発効したヨーロッパ連合条約（TEU）で、EECがECと改称され、その後二回の改正を経て、2007年に署名され2009年に発効したリズボア（リスボン）条約で、ECはEUに吸収された。EU成立前のECの実態およびEU成立後のECとEUとの複雑な相互関係に照らして、本書では総じてEC／EUと表記する。また「理事会」の訳語も誤解を生みやすい。TEU（1992）第4条は、ECの機関として「ヨーロッパ議会」、「理事会」、「委員会」、「裁判所」、「会計検査院」の五つを挙げ、TEU（2007）第13条は、EUの機関として「ヨーロッパ議会」、「ヨーロッパ理事会」、「理事会」、「ヨーロッパ委員会」、「ヨーロッパ連合裁判所」、「ヨーロッパ中央銀行」、「会計検査院」の七つを挙げている。正式名称が変わっていない機関は、「ヨーロッパ議会」、「理事会」、「会計検査院」である。「理事会」Council は旧称が「EC閣僚理事会」Council of Ministers of EC なので、首脳会議である「ヨーロッパ理事会」European Council との混同を避けるため、「閣僚理事会」と意訳する。また、「委員会」を「ヨーロッパ委員会」と表記する。

6　渡辺尚「『地域』とは何か」、渡辺（2000）、342ページ。
7　Bauer, J. (1992), Dokument 3: 33-44 ページ。

2　地域化の共同体憲章

　当憲章は、第1条で「地域」の定義をくだしている。その条文は以下のとおりである。
　①この憲章における「地域」は、一つの「区域」Gebiet を意味する。それは、地理的観点から明らかに一体性を具える「区域」、または、一つにまとまった構成をとり、その住民が文化的、社会的、経済的進歩をうながすために、それに由来する諸特性を守りそだてたいと願っているような「特定の共通の諸要素」bestimmte gemeinsame Elemente によって住民が特徴づけられるいくつかの「区域」が、一つになった等質的複合体である。
　②特定の住民に「共通の諸要素」とは、言語、文化、歴史的伝統、経済・交通制度分野での利益関心にかかる共通の特徴をいう。これらすべての要素がつねにそろっている必要はない。
　③これらの区域単位の名称や法的・政治的位置づけ(「自治州」、ラント、少数民族居住地区 Nationalität 等) は国によりことなるが、そのゆえにこの憲章で述べられる考察の対象からはずされることはない。
　以上、きわめて回りくどい表現であるが、自然地理的一体性か、住民の文化的一体性により等質性を具える空間を「地域」とし、その名称や法的性格の国による違いは無視する、ということであろう。「地域」形態の多様性を考慮すると、まずはこのような抽象的な定義をくだすことが妥当であろう。しかし、それにとどまらず、当憲章は「地域」の理念型を以下のように具体的にえがきだす。
　第3条第1項で、「地域の制度化は国内法によって規定される」と述べ、「地域」が国家領域内部の部分空間であることが示される。すなわち、「地域」は国境の枠組を前提とする空間なのだ。さらに、第4条第1項で、「地域の境界は住民の意思を尊重してきめられなければならない」と述べ、第2項で「地域の境界の決定にあたり、地域がはたすべき任務に適合する最小限度の人口と面積にもとづかなければならない」としている。すなわち、「地域」とは一国内の行政区域であり、しかもその人口と面積が「地域」の「はたすべき任務」に適合的な規模を具えていなければならない。したがって、一国内の行政区域す

べての階層が「地域」とされるのではなく、「地域政策、空間秩序、農業、交通制度、観光、公共事業、社会保障、手工業、文化、スポーツ、学校制度、保健制度、水利政策など」の広範な分野において権限を具えるにたりる階層（第12条第1項）が「地域」とされるのだ。

「地域」が国境内部の部分空間であるにせよ、実体空間として重みを具えるものとされるならば、地域の境界が国境にならぶ意義をもつにいたるはずである[8]。憲章は第23条で、「地域間の境界を挟む協力」*interregionale grenzübergreifende Zusammenarbeit* を規定している。第1項は、「ECの加盟国とその地域はあらゆる水準における境界を挟む協力を推進する」と規定し、ここで「国」と「地域」とが政策主体として同列にあつかわれている。すなわち、国境と地域境とが境界一般のなかにひとくくりにされているのである。

つづいて第2項は、「この協力はとくに、辺境 *Randgebiet* の地域開発計画と行動計画の調整により、および境界地域のための境界を挟む計画の共通の策定によっておこなわれる。これらの行動の審査、立案、資金調達のために、国と地域はECの構造基金の利用可能性を十全に活用する」と規定する。

第3項は、「各国は国内の権限配分を考慮しながら、各国の地域当局の権限に属する諸問題において、隣接する加盟国の地域当局間の国境を挟む協力を可能にし、かつ助成する義務を負う。この場合、地域当局間の関係は「隣人関係」*nachbarliche Beziehung* であって、「対外関係」*auswärtige Beziehung* であってはならない」と規定する。この文脈における「隣人関係」は含みの多い表現で、一義的解釈をほどこしにくい。ともあれ、これを「対内関係」*innere Beziehung* と同義とみて、国境を挟む一つの「地域」の形成まで想定していると解釈するのは行きすぎというものであろう。すなわち、「地域」はあくまで国境の大枠の内部にとどまることが示唆されていると理解するべきである。

第4項は、CEが1980年5月21日に締結した、「地域公共団体の国境を越える協力にかかるヨーロッパ枠組協定」*Europäisches Rahmenübereinkommen über die grenzüberschreitende Zusammenarbeit von (zwischen) Gebietskörperschaften* の署名と批准を、ヨーロッパ委員会および加盟国に呼びかけている。

---

[8] Schmidhuber（1995）, 37-38ページ。かれは、「将来のヨーロッパの地域の主たる活動の場は、「地域間協力」*interregionale Zusammenarbeit* の強化となろう。これはとくに、同様の構造問題をかかえている「境界地域」*Grenzregion* にあてはまる」と言う。

ちなみに、1988年5月1日にEC原加盟六か国にデンマークとアイルランドを加えた八か国がこれに署名し、批准した。ヨーロッパ議会はすでに1984年および1987年に二度、EC委員会にこれを署名、批准するよう要求決議をおこなっている。この時点でイギリスが未署名だったことが興味ぶかい[9]。

3 「地域化」と連邦化

以上から、ヨーロッパ議会の「地域」理解が、各加盟国内部の政策主体に足りる地理的条件と権限を具えた行政区域であることが確かめられた。これは「地域のヨーロッパ」という政策関心を共有する各国・行政当局に共通する理解であろう。それでは、このような「地域」理解にどのような問題がひそんでいるのか。以下、四つの論点について考察する。

第一は、各国とも行政区域は多層構造を具えるので、「地域」に適合的な階層がそのうちの一つだけなのか、それとも複数ありうるのかという問題である。前掲の憲章には明文化された規定が欠けているが、条文の叙述はそれが一つにしぼられていることを窺わせる。それでは、行政領域をさしあたり上中下の三階層にわけたときに、どの層が「地域」にふさわしいのか。

上層の行政区域とは、単一国家 *unitary state* では国の直下の行政区域（例えばフランスの région、イギリスの county）であり、連邦国家 *federal state* では中央国家に対する地域国家である邦（ドイツ、オーストリアの *Land*、ベルギーの *gewest / région*、スイスの *Kanton / canton / cantone*）である。法的・政治的性格がまったく異なる両者が「地域」として同列にあつかわれることは、小さからぬ問題を生むことになろう[10]。

これに対して、下層の行政区域は、*local body (authority, government), municipality; Gemeinde, lokale Gebietskörperschaft, Kommune; commune, muni-

---

9 Bauer, J. (1992), Dokment 3: 38 ページ。マドリド協定については後述する。
10 Goppel は *Region* と *Land* を同等概念とし、さらにスペインの *Comunidad autonoma*、イタリアの *regione autonoma* を加えた三者を一括して、EU 加盟国とならぶ「第三の国家水準」*dritte staatliche Ebene* と呼んでいる。Goppel (1995), 4, 5 ページ。Schmidhuber も、EC に統一的な地域の定義はないとしながらも、「TEU により EC 構造の第三水準として、〈地域〉ないし (bzw.) ラントの水準が明確に認知された」と言い、〈地域〉をラント水準で理解しているかに見える。Schmidhuber (1995), 32 ページ。注13参照。

cipalité, collectivité locale 等の多様な呼称をもつ、住民に最も身近な行政区域である。「市民のヨーロッパ」を日常生活の場で実現するのはほかならぬこの基層であるとはいえ、経済政策主体として最小限度の適合性を具えているかがつねに問われる階層である。合併や再編がヨーロッパ各地で繰りかえされる流動的な階層なのだ。

後出のように、上層と下層にはさまれた中層の行政領区域もまた、「地域」とよばれることがある。住民との距離および経済政策的効率性という、ときには相反する必要条件を満たす最適の規模とみなされるからである。しかし、中層が単なる行政階層を超えた「地域性」を最小限度具えているかは検討の余地をのこす。

以上の問題性を念頭におきながら、混乱を避けるため、上中下三層をまとめて広義の地域一般を指すときには地域とし、最上層およびその直下（中上層）の行政区域を指すときは〈地域〉とかっこをつけ、*local* およびその直上（中下層）の意味での *regional* な行政区域を、地区と総称することにする。ドイツの事例でいえば、ゲマインデ、市、クライスの水準（NUTS 3）以下を地区とし、ラント（NUTS 1）および「行政区」*Regierungsbezirk*（NUTS 2）水準を〈地域〉とする。*body, government, authority, Körperschaft, collectivité* 等は原則として公共団体の訳で統一する。日本の法律用語では「地方公共団体」が総称として使われるが、「地方」は「中央」の対義語であり、日本の行政構造を刻印する垂直的「中央－地方」関係を反映した用語である。したがって、これとかならずしも同一とは言えないヨーロッパの地域問題の分析にはなじまない。本書では「地域公共団体」という用語を使う。また、日本では慣用語として「自治体」が頻用されるが、たとえばドイツでは強制加入制（管区制）を敷く商工会議所も「自治体」なので、混乱を避けるためにこの語も本書では使わない。

第二は、連邦制の各邦が〈地域〉とされることにともなう問題である。EUの前身である EEC 発足当時、加盟六か国のなかで連邦制をとる国は当時の西ドイツだけであった。1993 年の EU 成立時点で加盟国は十二か国に倍増したが、連邦国としては同年の憲法改正で連邦制を実現したベルギーが加わっただけである。つづいて 1995 年にオーストリアが加わったものの、2016 年時点で EU 加盟国二十八か国のなかで連邦国はこの三か国にとどまる。この事情からして、邦に重点をおく地域観念はドイツ、オーストリア、ベルギー（および

EU 未加盟のスイス）に固有のものであり、ヨーロッパではむしろ特殊な国制ということができる。それでは、連邦国家と単一国家という対立する二様の国制観念が、この〈地域〉観念の形成にどのようにかかわっているのだろうか。この問題関心からしてただちに発せられる問いは、1980 年代から地区と区別された〈地域〉概念が重視されるようになったのは、とりわけドイツの〈地域〉、すなわちラントが強い影響力を行使したからではないかというものである。

　ドイツの〈地域〉関心からいえば、〈地域化〉とは連邦化ないし連邦制の強化にほかならない。ここで無視できないのは、連邦化に〈地域〉の国家化という逆説的可能性が潜んでいることである。国家と地域とはけっして二項対立関係にあるのではない。それどころか、連邦では地域国家である邦が中央国家（全体国家）とならんで大幅な国家主権を具えるため、邦が邦内の行政区域に対して集権国家としてふるまう可能性が生まれる。事実、連邦（中央国家）に対して「分権」を主張する一方で、邦内の行政区域に対しては「集権」を強制するドイツのラントの例はこれにあてはまる[11]。〈地域化〉 *regionalization* と「集権」 *centralization* とはけっして対立概念ではないのだ。

　第三に、〈地域化〉と「集権」が対義語でないならば、〈地域化〉と「分権」

---

11 「ドイツのラントは総じて下位地域への補助（local input）について家父長的態度をとる。補完性原則に対するラントの抵抗はきわめて強い。ラントは自らを「実の地域」 *actual region* とみなし、開発政策過程における他の社会集団の参加をしぶしぶ受けいれるだけである。ラントは自域内の問題において自己の権威を守ることに熱心で、EU がとる行動を、ときに干渉とみなす。」Scott（2000), 111-112 ページ。佐藤勝則によれば、Dietmar Braun が「ドイツ連邦制を集権化された州主権自治という地域統合」として批判しているという。同「連邦制的地域統合の比較社会構造史――ヨーロッパ連邦制の諸類型と諸段階――」、同編著『比較連邦制史研究』多賀出版、2010, 所収。40 ページ。ドイツ連邦制の現状と問題点をフランスと対比した、Ammon, G./Fischer, M./Hickmann, T. /Stemmermann, K. (Hrsg.), *Föderalismus und Zentralismus: Europas Zukunft zwischen dem deutschen und dem französischen Modell*, Baden-Baden 1996, 国際比較をおこなった von Blumenthal, Julia/Blöchler, Stephan (Hrsg.), *Föderalismusreform in Deutschland: Bilanz und Perspektiven im internationalen Vergleich*, Wiesbaden 2010, 地域政策においてイギリスとの比較をおこなった Bruns, Johannes, *Regionale Modernisierungspolitik im Föderalismus und Zentralismus: Die Beispiele Großbritannien und Deutschland*, Wiesbaden 2003, および、スウェンデン、ウィルフリード著・山田徹訳『西ヨーロッパにおける連邦主義と地域主義』公人社、2010 年（原著 2006 年）、を参照。領邦国家体制から BRD にいたるドイツ連邦制度の通史として、Funk, Albert, *Kleine Geschichte des Föderalismus: Vom Fürstenbund zur Bundesrepublik*, Paderborn 2010, が参考になる。

decentralization がかならずしも同義ではないことになる。〈地域化〉とは、国内の特定の行政区域のすべてまたは一部に国家主権の一部を移譲 *Abtretung* することである。これに対して「分権」とは、主権国家の行政権限の一部を国内の行政区域各層に委譲する *Übertragung* ことである。これにより単一国家性が変わるわけではない。

興味ぶかいことに、フランス人であるドゥロールまで、両者を峻別することで〈地域〉のドイツ的理解にくみしていることである。かれによれば、1970年代以降、イタリア（1970年）、スペイン（1978年）、フランス（1982年）で「分権」が進行し、イタリア、スペインではこれが部分的〈地域化〉にまでいたった。これに対して、フランスでは地域の全層に対して権限委譲が大幅に進んだため、最上層の *région* の〈地域化〉にいたるものではなかった[12]。Schmidhuber もほぼ同様な立場で、〈地域化〉した国にイタリアとスペインをふくめることができるだろうし、「分権」した国のなかにネーデルラント、ポ

---

12 Delors, Jacques, Die Rolle der Regionen bei der europäischen Integration, in: Hierl (1995), 17-18 ペイジ。フランスの地方制度改革にかかる日本語文献として、ミテラン政権による1982年の地方制度改革にいたる第五共和制下の政策的推移を追い、「地方分散」*déconcentration* と「地方分権」*décentralisation* の相克から脱却しえない現状を分析した、久邇良子『フランスの地方制度改革──ミッテラン政権の試み──』早稲田大学出版部、2004年；2003年の憲法改正後の地方分権推進過程に焦点を当て、連邦共和制を志向するジロンド派の底流に着目し、さらに日仏比較までおこなう、山﨑榮一『フランスの憲法改正と地方分権──ジロンダンの復権──』日本評論社、2006年；分権化政策を政治社会学的観点から分析した、岡村茂『フランス分権化改革の政治社会学』法律文化社、2010年、の三点が挙げられる。フランスにおける地域主義の史的底流については、遠藤輝明編『地域と国家──フランス・レジョナリズムの研究──』日本経済評論社、1992年、を参照。

なお、イタリア共和国憲法第116条は、「フリウリ-ベネッツィア-ジュリア、サルデーニャ、シチリア、トレンティーノ-アルト-アディジェおよびバレ-ダオスタの各州に対しては、……特別の形式と条件の自治が認められる」（阿部照哉訳、表記を一部変更）として、「特別自治州」の創設を認めた。イタリアの分権については、池谷知明「揺れる統一国家イタリア──ＥＵ統合と連邦制の狭間で」中野実編著『リージョナリズムの国際政治経済学』学陽書房、2001年、76-79ペイジを参照。また、スペイン憲法第137条、第143条は、「共通の歴史的、文化的および経済的性格を有する隣接県、島嶼地域ならびに歴史的地域的一体性を有する県は、……自治州を構成する」（百地章）として、「自治州」を設置した。スペインの分権については、島袋純『リージョナリズムの国際比較──西欧と日本の事例研究──』敬文堂、1999年、第3章を参照。阿部照哉・畑博行（編）『世界の憲法集』［第四版］、有信堂、2009年。

ルトガル、それに多少の留保つきでフランスをふくめることができよう、と言う[13]。

　比較的詳しく分類するのは Klepsch で、かれによれば EC は四群に分けられる。第一群がドイツとベルギーで、公選による〈地域〉議会、課税主権、財政権限を具えるラントまたはヘウェスト gewest／レジョン région がある。第二群がスペインの「自治州」Comunidad autonoma とイタリアの「特別自治州」regione autonoma で、課税主権、財政権限が制約されているものの、いわゆる「大幅な権限」entwickelte Kompetenzen を具える地域である。第三群が、公選制による議会をもつものの、課税・財政権がきわめて弱く、中央政府からの財政調整に依存する〈地域〉である。フランス、ネーデルラント、スコットランド、ウェイルズ、デンマークの例がこれにあたる。第四群は、事実上、課税・財政権をもたず〈地域〉議会もない、ポルトガル、イングランド、ギリシャの例であると言う[14]。

　他方で、〈地域化〉と「分権」を区別しない用語法も見いだされる。Pujol は、1950 年代に確固とした〈地域〉構造を具えていたのはドイツだけだったが、近年ベルギー、イタリア、スペイン、フランスがこれに倣い、ポルトガルとネーデルラントでも目下〈地域化〉が進行中であると言う[15]。また Blanc も、全加盟国で一大分権過程が進行中であり、ドイツはもとより、スペイン、イタリア、ベルギーがこれに該当する。強度に中央集権的な諸国、フランスやポルトガルやギリシャまで〈地域化〉に向かいはじめている。その結果、現在デン

13　Schmidhuber（1995）, 34 ペイジ。他方でかれは、EC の枠内で一般的に該当する地域概念はなく、機能的な地域概念（後出の NUTS）があるだけであり、EC は地域の定義とそれへの権限移譲の程度を加盟国にまかせているとも言い、かならずしも首尾一貫していない。同、39 ペイジ。注 10 を参照。

14　Klepsch, Egon A., Schwieriger Weg zum"Europa der Regionen": Volle Unterstützung durch das Europäische Parlament, in: Hierl（1995）, 80 ペイジ。ここではベルギーについて、in Form der Gemeinschaften Regionen と奇妙な語法を用いている。これはベルギー憲法第 1 条「ベルギーは共同体と〈地域〉から成る連邦国である」という条文の、communauté／gemeenschap および région／gewest の直訳であろう。ベルギー憲法のドイツ語訳は、Beck-Texte im dtv, Verfassungen der EU-Mitgliedstaaten, 6. Aufl. 2005 を参照。ちなみに、前掲の阿部・畑編『世界の憲法集』では région／gewest が「地域圏」と訳されているが（竹居一正訳）、わたくしは前述のように「圏」を非領域空間の一種の呼称としているので、ここでは〈地域〉という訳語を当てることにする。

15　Pujol, Jordi, In Richtung eines Europas der Regionen? in: Hierl（1995）, 49 ペイジ。

マーク、ルクセンブルク、ネーデルラント、イギリスを除くすべての EC 加盟国が、〈地域機関〉を具えるにいたったと言う。かれにとり、〈地域化〉と「分権」は同義のごとくである[16]。

以上の用語法例から、〈地域化〉と「分権」の区別が当時まだかならずしも定着してはいなかったことが判る。とはいえ、単一ヨーロッパ議定書策定で主導的役割を演じたドゥロールが両語を区別していることは、この区別が共通理解に向かいはじめていたことを窺わせるに足りる。

ここで、日本で比較連邦制史という分野を切りひらいた佐藤勝則の解釈に眼を向けよう。かれは、ドイツ、スイス、オーストリア、ベルギー、アメリカの連邦制の歴史構造を比較検討し、それぞれの型をさぐりだす一方で、ここで問題になるその他のヨーロッパ諸国を次のように分類する。イタリアとスペインを「準連邦制」として、前者を「地域利害分権型」、後者を「自治州連合型」とする。集権制三か国のうちのネーデルラントは、「分権的集権国家」とされる。イギリスについては、ウェイルズ議会やスコットランド議会の復活に照らして、中世の「七王国」 *Heptarchy* が主権単位地域として復活する可能性に眼を向ける。フランスについても、2003 年の憲法改正で創設された *Région* が、絶対主義期に自治的地方財政の基盤となった「地方三部会州」 *Pays d'Etats* に接近しているという、興味ぶかい指摘をしている。総じて、佐藤は「連邦化」と「分権」を類義語として使っているかにみえる[17]。

第四は、広義の地域がすでに 1950 年代から、ヨーロッパ評議会において統合ヨーロッパ機構の対錘概念として認識されていたことである。EC も 1970 年の一次拡大の結果、地域問題に向きあう必要に迫られ、ERDF が創設された。とはいえ、EC にとり地域はまだ主要関心事のそとにあった。1980 年代後半にはいり、ようやく EC でも地域問題が重要な政治課題となったことは、CE と EC の地域政策における補完・競合関係が新しい局面をむかえたことを物がたる。それは、ヨーロッパ統合の形態をめぐる「同盟主義」と「連邦主義」との構造的対抗関係もまた、新しい局面をむかえたことを示唆する。

この第四点から、「地域のヨーロッパ」における「ヨーロッパ」の用語法も、

---

16 Blanc, Jacques, Aufgaben und Herausforderungen für den Ausschuss der Regionen, in: Hierl（1995）、165 ページ。
17 佐藤（2010）、4-29 ページ。

検討の余地をのこしていることが浮かびあがる。ここで、戦後ヨーロッパの統合過程を概観しておこう。軍事統合を除く経済・社会統合には五つの形態があり、これらは1960年までに出そろった。成立順にいえば、1948年4月成立の「ヨーロッパ経済協力機構」 *Organisation for European Economic Co-operation* (OEEC), 1949年1月成立の相互経済協力評議会 *Council for Mutual Economic Assistance* (CMEA; COMECON), 1949年5月成立の「ヨーロッパ評議会」 *Council of Europe* (CE)、1952年8月成立の「ヨーロッパ石炭鉄鋼共同体」 *European Coal and Steel Community* (ECSC), 1960年5月成立の「ヨーロッパ自由貿易同盟」 *European Free Trade Association* (EFTA), 以上の五つである。「機構」 *organisation*,「評議会」 *council*,「共同体」（連合） *community*（*union*),「同盟」 *association* という異なる統合形態が、先行機構に対する自己差異化のための名称にとどまらず、それぞれの統合原則を示す自己規定であることも見すごせない。もっとも、このなかで *union*（*unity, united* も含めて）が両義的であり、したがって対抗する二つの政治路線の妥協の産物として、意識的に使われる場合がありうることを留意するべきである[18]。

　以上、五機構のうち OEEC は 1961 年 OECD (Organisation for Economic Co-operation and Development) に改組され、非ヨーロッパ諸国も加盟するようになった（日本は 1964 年に加盟）。したがって、もはやヨーロッパ機構と言えない。CMEA はソ連の崩壊とともに 1991 年に解体した。ECSC からは 1958 年「ヨーロッパ経済共同体」 *European Economic Community* (EEC) が生まれ、これは 1967 年「ヨーロッパ共同体」 *European Communities* (EC: 1992 年 *Communities* が *Community* と単数に変わる）に拡大改組され、さらに 1993 年「ヨーロッパ連合」 *European Union* (EU) に拡大転化した。EFTA は成立時に EEC よりも加盟国が多かったにもかかわらず、1973 年のイギリス、デンマークをはじめとして加盟国の多くが相ついで EEC の後身、EC／EU に移ったために、現在では加盟国四か国の小国同盟に縮小してしまった。その結果、21 世紀にはいってなお全ヨーロッパ機構として機能しているのは、EU と CE の二つだけである。2016 年時点で EU 加盟国は二十八か国、CE 加盟国は四十七か

18　ドイツ語の *Föderalismus* と英語の *federalism* との含意の相違のため、この語は TEU (92) の条文のなかで使われなかったという。Goppel (1995), 8 ペイジ。ちなみに、OECD の O は *Organisation* であって *Organization* ではない。

国である。加盟国数のいちじるしい相違は、現在、事実上二つの「ヨーロッパ」が存在することを示唆している。CE にはすでに 1949 年にトルコが、1996 年にはロシア連邦までが加盟しているのだ。よって、「地域のヨーロッパ」も「地域の EU」と「地域の CE」とで意味合いが異なるであろう。したがって、二つの「ヨーロッパ」それぞれに対置される地域の概念もまた、反射的に異なる意味合いをおびることになろう。

　以上の行論から浮かびあがってきた地域とヨーロッパの用語法にひそむ諸問題を念頭に置きながら、以下、二つのヨーロッパ機構を、まず CE, 次いで EC／EU の順で検討をおこなう。ただし、本書はドイツ・ネーデルラント国境地域の諸問題に焦点をあてているので、これに直接、間接にかかわるかぎりに視野を限定する。

4　CE

（1）CE の成立過程と現状

　CE の成立を主導したのは W. チャーチルである。かれは 1946 年 9 月のチューリヒ大学における講演で、イギリスを除く *"a sort of United States of Europe"* の構想を打ちだした。*"united"* という語で、チャーチルがアメリカ合衆国と同様の連邦制をとる「ヨーロッパ合衆国」を含意していたのか、それとも *"a sort of"* という限定語を附けくわえることでヨーロッパの主権国家の同盟 *association* を含意していたのか、一義的な解釈が難しい微妙な表現である。いずれにしても、イギリスがこれに加わらないという条件を明示している以上、かりにイギリスをふくむなんらかの全西ヨーロッパ機構ができたとしても、それは加盟国が主権の一部を超国家機関に移譲することのない同盟にとどまるべきであることは、かれにとり自明であっただろう。

　ともあれ、チャーチル演説に触発されて生まれた民間水準のさまざまな統合運動は、二つの対抗する流れに集約された。一つは連邦制にもとづくヨーロッパ統合を目ざす運動である。これを代表するのが 1946 年 12 月 15 日設立の「連邦主義者のヨーロッパ連合」*Union européenne des fédéralistes ／ Union of European Federalists*（UEF）である。これに対して主権国家の同盟としての

ヨーロッパ統合を主張したのが、1947 年 5 月 14 日設立の「ヨーロッパ同盟運動」United Europe (an) Movement (UEM) であり、これにはチャーチルの息がかかっていた。両派の確執がヨーロッパ統合運動を挫折させることを恐れた両派の代表者が、「ヨーロッパ統合運動の国際調整委員会」International Co-ordinating Committee of Movements for European Unity ／ Comité international de coordination des mouvements pour l'unité européenne (CIC-MUE) を組織して妥協を図り、これが功を奏して 1948 年 5 月 7～10 日、ヨーロッパ統合運動にかかわるすべての勢力を結集した会議がデンハーフで開かれるにいたった[19]。ヨーロッパ統合理念をめぐる連邦主義者 federalist と同盟主義者 unionist との構造的路線対立は、それが形を変えながら今日まで続いていることを、イギリスの EU 脱退があらためて見せつけた。

デンハーフ会議で名誉議長を務めたのが、ほかならぬチャーチルである。当会議の決議は両派の妥協の産物であったが、会議を主導したのは同盟主義者であった。ソ連との緊張関係が急激にたかまる状況のもとで、1948 年 10 月 25 日ヨーロッパ統合運動を一本化した団体として、「ヨーロッパ運動」European Movement が結成された。チャーチルに加えて、スパーク Paul-Henri Spaak、ガスペリ Alcide de Gasperi、ブルム Léon Blum が名誉議長に就いた。ここでの政府間間交渉の過程でイギリスが終始優位に立ち、1949 年 5 月 5 日、ロンドンで CE 規約が十か国によって署名されるにいたった。同年 8 月、ストラスブールに本拠を置いて CE が活動を開始した[20]。

CE 原加盟国十か国のうち五か国（フランス、イタリア、ベネルクス）は 3 年後に成立した ECSC に、他の四か国（イギリス、デンマーク、ノルウェー、スウェー

---

19 Prettenthaler-Ziegerhofer, Anita, A stopover on the way to a united Europe: on the creation of the Council of Europe, in Kicker, Renate (ed.), *The Council of Europe: Pioneer and guarantor for human rights and democracy*, Strasbourg 2010, 9-11 ページ。Wassenberg, Birte, *History of the Council of Europe*, Council of Europe 2013, 20-21 ページ。Bauer は連盟主義者と連邦主義者に加えて「機能主義者」functionalist を挙げている。ただし、機能主義者は超国家機関のもとでの統合をとなえる点で、連邦主義者の立場に近かったと言う。Bauer, Hans-Joachim, *Der Europarat nach der Zeitenwende 1989-1999: Zur Rolle Straßburgs im gesamteuropäischen Integrationsprozeß*, Hamburg 2001, 14-16 ページ。デンハーフ会議の詳細については、小島健「欧州統合運動とハーグ会議」、『東京経大学会誌』No. 262, 2009, を参照。なお、小島は CE を「欧州審議会」と訳している。

20 Prettenthaler-Ziegerhofer (2010), 12-13 ページ；Wassenberg (2013), 22-26 ページ。

デン)は 11 年後に成立した EFTA に加盟した。この意味で CE は ECSC (EEC／EC)と EFTA 両者の母体である。このことは、CE が「同盟主義者」と「連邦主義者」の妥協の産物であったことを意味する。とはいえ、成立過程においてイギリスが主導権をにぎったこともあり、CE の組織と活動においてこれまで前者が後者に優位に立ってきたことが、ドイツがしだいに影響力を強めてきた EC／EU との組織原則の相違を際立たせる一因となった。CE 成立後も、連邦主義者は CE を超国家機構に変えようとする動きをやめなかったが、これはつねにイギリスによって阻まれたという。もっとも、1970 年代までは、CE はすべての西ヨーロッパ機構を包括する最上位機構と自ら任じ、CE 発足直後の 1950 年代、一部の加盟国が特定の目的をもって超国家機関を具える *association* を結成することは、ヨーロッパの「統合」*union* を推しすすめるものとして、CE はこれらを積極的に支援した。CE 成立 1 年後の 1950 年 5 月 9 日に公表された、EU の原型である ECSC の設立をとなえるシューマン計画の準備過程に、CE の「諮問集会」の下部機関である経済委員会が深くかかわり、ECSC 条約のすみやかな批准を「諮問集会」がつよくうながした経緯もあった。また、1972 年 1 月 1 日にイギリスを筆頭に四か国が EC 加盟条約に署名をしたとき、立役者のイギリス首相ヒース *Edward Heath* に、CE が「ヨーロッパ政治家賞」を授与したほどであった。ヨーロッパ統合の中心にして大枠であることを自認する CE から、ECSC は当初「わが子」*offspring* とさえみなされていた[21]。

ところが、ECSC から始まり EEC, EC の段階を経て EU にまで成長をとげた「子ども」もしくは「妹」*smaller sister* との役割分担は困難になる一方で、とくにマーストリヒト条約で EU がそれまで CE 固有の分野とされてきた、文化、社会、地域にまで活動範囲をひろげた結果、両者の競合関係が抜きさしならないものになった。たしかに EC はローマ条約以来、先行機構たる CE との協調を形の上では重視しており、TEU（92）第 230 条は、「EC は CE との協力に役立つあらゆる措置をとるものとする」(The Community shall establish all appropriate forms of cooperation with the Council of Europe) と謳ってはいる。しかし、両機構をつなぐ公式の協定がなく、EU 側の首脳会議議長、ヨーロッパ委

---

21 Directorate of Information of the Council of Europe, *Concise Handbook of the Counsil of Europe*, Strasbourg 1954, 52-53, 78 ペイジ；Wassenberg（2013）, 73 ペイジ。

員会委員長、CE 側の閣僚委員会（CM）委員長、事務総長の不定期な「四者会談」quadripartite meeting 等の会合にとどまっていた。1990 年代の中・東ヨーロッパの体制変革は両機構の補完関係を新たに見出す機会となり、多様な共同企画が策定されてこれに EU は資金を投入し、「四者会談」も年二回に定例化した。しかし、両機構の機能調整に進展が見られず、いまや CE に固有であった分野に EU が食いこんできても、財政規模で比較にならない CE が EU に対抗する述もないのが、実情である[22]。2016 年時点で加盟国が 28 にとどまる EU に対して、CE は 47 と大幅に上まわっているものの、いまや「妹の陰の存在」[23]になった「姉」は、EU 未加盟国から加盟までの「待合室」とみなされる状況が生まれている[24]。CE 活動の中核をなす諸協定、すなわちヨーロッパ人権協定、社会憲章、ヨーロッパ文化協定への EU の加入もふくめて、EU との関係の見直しが CE にとりさしせまった課題となっているのが現状である[25]。

（2）CE の組織

CE の構成機関は規約上「閣僚委員会」Committee of Ministers（CM）および「審議総会」Consultative Assembly, 通称は「国会議員総会」Parliamentary Assembly（PACE），の二つであり、このほか 1994 年に設置された「ヨーロッパ地区・〈地域〉公共団体議会」Congress of Local and Regional Authorities of

---

[22] Bauer, H.J.（2001), 254-256, 259-260 ペイジ；Wassenberg（2013), 73-75, 199-202 ペイジ。1998 年に EU は 1617.7 億 DM の財政規模で 2 万 9000 人の職員を擁していたのに対して、CE の財政規模は 4.33 億 DM、職員数は 1300 人にすぎなかった。Schwimmer によれば、負担額の大きいいくつかの国からの圧力により、数年来予算に実質ゼロ成長の枠がはめられ、2009 年時点でも予算規模は 2 億 € に抑えられたままであった。Schwimmer, Walter, The Council of Europe: realisation of an "unprecedented" pan-European unity, in: Kicker（2010), 19 ペイジ。この意味で、CE と EU とを同じ全ヨーロッパ機構としてならべること自体が無理になってきたのかもしれない。

[23] Bauer, H.J.（2001), 255 ペイジ；Kicker（2010), 7 ペイジ。

[24] Prettenthaler-Ziegerhofer（2010), 13 ペイジ；Winkler, Hans, the Council of Europe and the integration of eastern European states into Europe, in: Kicker（2010), 23 ペイジ。

[25] Schwimmer（2010), 19 ペイジ。2006 年 4 月 11 日、当時のルクセンブルク首相ユンカー Jean-Claude Juncker により両機構の関係を見直す報告、「CE-EU: ヨーロッパ大陸の唯一つの大望」Council of Europe – European Union: a sole ambition for the European continent が公表されたが、これが実を結ぶにはいたらなかった。Wassenberg（2013), 200-201 ペイジ。

Europe および「非政府組織会議」*Conference of Non-Governmental Organisations* が事実上の正式機関になっている。地域問題は CM, PACE, Congress の三機関であつかわれ、審議機関である後二者に邦の代表も参加できる[26]。

　最高意思決定機関である CM は、加盟国外相を構成員とする政府間組織である。これは加盟国政府に強制力をもたない勧告、助言をすることができるだけである。年に一回開催され、通常業務は外相代理の常駐大使が担当し、毎月会議を開く。審議機関である PACE は規約上「審議総会」*Consultative Assembly* で変わっていないが、1974 年 PACE と自称するようになり、これを CM が事後承認することになったという。このほか地域問題に関して具体的な請求を CM に対しておこなう組織として、「地区・〈地域〉公共団体担当相会議」*Conference of Ministers responsible for local and regional government* が 2, 3 年ごとに開かれる。この会議は「地区・〈地域〉民主制のための運営委員会」*Steering Committee for Local and Regional Democracy*（CDLR）およびその三下部委員会によって準備される。後者は「地区・〈地域〉公共団体制度・協力専門家委員会」*Committee of Experts on Local and Regional Government Institutions and Co-operation*（LR-IC）、「地区・〈地域〉財政・公共サービス専門家委員会」*Committee of Experts on Local and Regional Finance*（LR-FS）、「地区・〈地域〉水準のよき民主制統治専門家委員会」*Committee of Experts on Good Democratic Governance at Local and Regional Level*（LR-GG）である。運営委員会、三下部委員会とも邦代表の参加が可能である[27]。

　「担当相会議」はヘルシンキ、ブダペスト、バレンシアにつづき、第十六回会議を 2009 年 11 月 16 日ユトレヒトで開催した。ここで、2010～2013 年の行動計画、ユトレヒト-アジェンダが採用された。この会議の最重要な成果が、「ユーロリージョンの協力団体にかかる地域公共団体間の国境を越える協力にかかるヨーロッパ大枠協定」*European Outline Convention on Transfrontier Co-operation between Territorial Communities or authorities concerning*

26　CE 規約は、Council of Europe, *Statue of the Council of Europe: London, 5. V. 1949*, Euroean Treaty Series 1, Strasbourg 1999, ならびに *Concise Handbook* および Schwimmer (2010), 16-17 ペイジの注釈および Beck-Texte im dtv, *Europa Recht*, 25. Aufl. 2013, 所収のドイツ語訳を参照。

27　Kiefer, Andreas, The regional dimension of the Council of Europe, in: Kicker (2010), 117-119 ペイジ；Bauer (2001), 19-21 ペイジ。

Euroregional Co-operation Groupings（ECGs）の第三追加議定書の署名（2013年3月1日発効）であった。これは2006年の「地域間協力のためのヨーロッパ団体の形成」*European Grouping of Territorial Co-operation*（EGTC）にかかるEU規則（後論する）が適用されない場合も対象とすることになっており[28]、対エウレギオ政策においてCEがEUに対して差異化を図ろうとしたことが窺われる。

諮問機関である「ヨーロッパ地区・〈地域〉公共団体議会」は、1957年初にCEの主導で開催された「ヨーロッパ地区公共団体会議」*European Conference of Local Authorities*に始まる。これが閣僚委員会の決定により1962年3月に定例化した。さらに1975年、「ヨーロッパ地区・〈地域〉公共団体会議」*Conference of Local and Regional Authorities of Europe*（CLRAE）に拡充し、これの対象範囲が〈地域〉、すなわち上層行政区域にまでひろがった。1983年に常設会議となり、1993年のウィーン首脳会議で制度化をいっそう強めた「議会」*Congress*という名称を得るにいたり、1994年から「議会」はCE内の第三の独立機関として事実上の制度化を達成した。〈地域〉院 *Chamber of Regions*および地区院 *Chamber of Local Authorities*から成る二院制である。2009年現在318名の正構成員と同数の代理から成る。「議会」の主目的は、ヨーロッパ統合過程とCEの任務に地区と〈地域〉の参加を保証し、地域の民主主義を助成し、拡大ヨーロッパ内部の境界を越え、「〈地域〉を超える」*überregional*協力の強化にある。「ヨーロッパ地区・〈地域〉評議会」*Council of European Municipalities and Regions*（CEMR）と「ヨーロッパ地域総会」*Assembly of European Regions*（AER）は同議会のオブザーバーである[29]。

CE発足当時、「審議総会」のもとに「常設委員会」*Standing Committee*が置かれ、さらにその下に1953年時点で三つの特別委員会が置かれていた。そのうちの一つが「〈地域〉・地区問題特別委員会」*Special Committee on Regional and Municipal Affaires*であった[30]。

28　Kiefer（2010），120ページ，の表記をWassenberg（2013），227ページ，の年表により修正した。

29　Kiefer（2010），121, 123ページ；Bauer, H. J.（2001），26ページ；Council of Europe, *50 years of local democracy in Europe*, 2007, 14, 22, 34ページ。

30　*Concise Handbook*, 33-35ページ。

後論するように、TEU (92) 第198条にもとづき、1994年「〈地域〉委員会」Committee of the Regions が新設された。他方で、同年に CE も「ヨーロッパ地区・〈地域〉公共団体議会」を独自の機関として制度化したことは、地域政策をめぐっても CE と EU がすでに競争関係にはいっていたことを物がたる[31]。もっとも、両者の重点の置きどころに明らかな相違が認められる。EU の〈地域〉委員会は、これにかかる 198a 条が、「〈地域〉および地区の公共団体の代表者から成る委員会が、これをもって諮問委員会として設置される。これは以降〈地域〉委員会と呼ばれる。」と、〈地域〉を前面に押しだし、しかも the Regions と定冠詞をつけているのは、固有名詞をもって呼ばれる特定の諸〈地域〉の集合を含意すると解せられる。他方で CE の「ヨーロッパ地区・〈地域〉公共団体議会」は、地区と〈地域〉を並列しているばかりか、地区を先に挙げ、しかも定冠詞がないかわりに「ヨーロッパ」をつけている。たしかに、EU, CE ともに〈地域〉と地区を峻別し、region という語を邦およびこれと同位の最上層行政区域に限定してもちいることで共通している[32]。しかし、EU の閣僚理事会が〈地域〉を重視しているのに対して、CE がむしろ無数の地区を優先し、すくなくとも両者をひとしなみに扱っていることに対照的な相違が認められるのである。

　CE は規約の前文で、「個人の自由、政治活動の自由、法の支配を守りそだて、加盟国の経済的・社会的進歩の支援を目的とする」と謳っている。自由、民主、法治という精神文化および経済発展という物質文化にかかる二つの目的理念をかかげているものの、重点が前者に置かれていることは明らかである。すなわち、CE は「ヨーロッパ」を固有の精神文化の遺産相続人の共同体として定義していることになる。ここに経済共同体として生まれた EC／EU との明らかな相違があり、CE の財政をまかなう加盟国の拠出金が、所得でなく人口を基準としている（規約第 38 条（b））ことにも、CE の目的理念が反映していると言ってよかろう[33]。

31　Bauer, H. J. (2001) は、CE と EC との接触は長い間非公式におこなわれてきたが、ようやく 1987 年から協力拡大をめざす共同の努力が本格化したという。同、28 ページ。
32　Blanc (1995) は、CE が〈地域〉を国の直下の「政治段階」politische Stufe と定義したという。同、161 ページ。もちろん、これがただちに、CE の地域関心がまず〈地域〉に向かったことを意味することにはならない。

他方で、CE 規約に「地域」の語が一語も現れないことも見すごせない。個人の自由と政治活動の自由の理念がむすびつけば、ほぼ必然的に日常生活に密着した基層の地区公共団体の形成、護持に向かうはずだが、これは含意にとどまり、明文化されていない。とはいえ、上述の「特別委員会」や 1957 年に CE の主導で開催され初の「地区公共団体会議」などの例から、市民直近の最小行政単位の重要性を、CE が 1950 年代から認識していたことにまず疑いをいれない[34]。

また、CE の〈地域〉観念自体、EC ／ EU のそれとけっして同じではないようである。たとえば、CE は 1978 年に〈地域化〉の諸問題を討議して、その成果を「ボルドー宣言」として発表した。これをもって CE は、〈地域〉がヨーロッパ文化の担い手であるとして、「文化地域」*Kulturregion* という観念を打ちだしたという。これが非領域空間であることはいうまでもない[35]。

---

33 CE とことなり、EC ／ EU は 1980 年以降、全予算を「固有財源」*own means* ／ *Eigenmittel* によりまかなうようになった（EC 条約第 269 条、現行 EU 運営条約第 311 条）。これは、①農産物価格調整課徴金、②関税、③統一附加価値税、④ GNP 基準分担金の四種から成り、「伝統的固有財源」と呼ばれる①と②は、収入の 75% を EC が取得する。③は 2001 年まで総収入の 1 %、2002 年から 0.75%、2004 年以降 0.5% が EC の取得分となった。④は 1988 年に導入され、固有財源の総額が全 EC 加盟国の GNP 総額の 1.24%（当初 1.2%、1994 年に 1.2%、1999 年以降、2002 年現在 1.24%）を超えない限度で、不足分を GNP 基準で分担するものである。2001 年度の予算は、歳入総額 925 億 6900 万 € のうち、固有財源が 909 億 7200 万 €、その構成比は① 2.4%、② 15.0%、③ 36.8%、④ 47.5 であり、③と④で約 85% を占めた。Lienemeyer, Max, *Die Finanzverfassung der Europäischen Union: Ein Rechtsvergleich mit bundesstaatlichen Finanzverfassungen*, Baden-Baden 2002, Kap. 9 Der Ertragshoheit der Gemeinschaft, とりわけ 202 ペイジを参照。庄司克宏『EU 法　基礎編』岩波書店、2003 年、65-66 ペイジ；佐藤（2010）、36 ペイジ。EC ／ EU では経済力にまさる加盟国が財政をささえる結果その発言権が増すという、CE と異なる勢力関係が発生することになる。これに加えて、歳出の最大項目の共同農業政策基金および構造基金による補助金支出が、合わせて歳出総額の 80% を超えるので（2001 年度 81.6%）、加盟国が「純出し手」か「純受け手」かに分かれる。そのため、加盟の費用対便益という経済計算がはたらく余地が生まれ、これが加盟国間に構造的対立を生む一因となる。

34 Stingl, Alfred, Europe needs new inspiration: thoughts on the occasion of the 60th anniversary of the foundation of the Council of Europe, in: Kicker（2010）, 27 ペイジ。

35 Goppel（1995）, 4 ペイジ。

(3) 地域公共団体の国境を越える協力にかかるヨーロッパ枠組協定

　1980年代にはいると、CEは地域関心をいちだんと強めた。前述のようにCEは1980年に当協定を締結し、これは1981年に発効した[36]。CEはECよりもはるかに早く、「地域間 (interregional)」関係にも眼を向けていたと言えよう。

　当協定の正文は英語およびフランス語で、正式名称は *European Outline Convention on Transfrontier Co-operation between Territorial Communities or Authorities*、または、*Convention-cadre européenne sur la Coopération Transfrontalière des Collectivites ou Authorités Territoriales*、マドリドで締結されたので「マドリド協定」と呼ばれる。前文および本文12条から成る。第2条第2項で、「*territorial communities or authorities / collectivités ou authorités territoriales* とは、地区的および〈地域〉的任務を遂行し、かかるものとして、各国の国内法により認められているもの」としている。当協定の根幹をなすのは第3条第1項第2段で、「締結される取決めおよび協定は、本協定の附属文書1.1から1.5まで、および2.1から2.6まで列挙された協定、規約、契約の範例および枠組みに則ることがのぞましい。……これらは推奨的性格のもので条約としての効力をもつものではない。……各署名国は本協定への署名に際して、またはCE事務総長宛の事後的通知により、本協定に該当する、または本協定から除外される地区、公共団体、事案、形体を指定することができる。」として、参加国の主権に対する配慮を覗かせている。

　1は国家間協定の範例であり、①国境を越える協力推進のための協定、②国

---

[36] CE, Treaty Office, *European Outline Convention on Transfrontier Co-operation between Territorial Communities or Authorities* (Madrid, 21. V. 1980), European Treaty Series, No.106, Strasbourg, 2003.
　Wassenberg (2013) には、1949年から2012年9月までの212本の協定 *agreement*、憲章 *charter*、条約 *convention* の一覧表が掲載されている。これによれば、European Outline Convention on Transfrontier Co-operation between Territorial Communities or Authorities は1980年5月21日に署名 (opening) され、1981年12月22日に発効した。同、227ページ。マドリド協定のドイツ語訳 (Europäisches Rahmenübereinkommen über die Grenzüberschreitende Zusammenarbeit zwischen Gebietskörperschaften) は、ILS, *Staatsgrenzüberschreitende Beziehungen und Planungen im Gebiet der Region Rhein-Waal*, Dortmund 1985, 98-99ページに収録されている。

境を越える〈地域〉間協議にかかる協定、③国境を越える地区間協議にかかる協定、④地区公共団体間の契約による国境を越える協力にかかる協定、⑤地区公共団体間の国境を越える協力機関にかかる協定、以上五例であり、このほか八種の特殊協定範例が挙がっている。

2は地区公共団体間の枠組協定・規約・契約の範例であり、①地区公共団体間の協議集団設置にかかる枠組協定、②国境を越える地区的・公的事務の管理における協調にかかる枠組協定、③国境を越える私法団体の設置にかかる枠組協定、④国境区域の地区公共団体間の物資・サービス供給のための枠組契約（私法型）、⑤同（公法型）、⑥地区公共団体間の国境を越える協力機関の設置にかかる枠組協定、以上六例であり、このほか十種の特殊協定範例が挙がっている。

（4）地区自治体のヨーロッパ憲章

マドリド協定の発効につづいて1985年に、CEに支援された全西ヨーロッパ規模の地域利益団体「ヨーロッパ地域総会」（AER）が成立し[37]、同年10月「地区自治体のヨーロッパ憲章」 *European Charter of Local Self-government* がストラスブールで署名された。この憲章は、CEが地域のなかで「地区」を重視していることを示す好事例なので、以下これの内容を検討する。当憲章[38]の本文は3部に分かれ、全18条のうち実質的規定は第1部の第2条から第11条までの10条である。まず、前文で注目されるのは、「公共業務執行に参加する市民の権利は民主制原則の一つであることにてらして」、「この権利が地区の水準で最も直接に行使されることにてらして」、「実質的な責任を負う地区当局の存在が、効率的にして市民に身近な行政を提供できることを確信して」、とい

---

[37] AERはストラスブールに本拠を置き、2005年時点で三十か国の約250〈地域〉と12地域間組織が加盟しており、ドイツからはバーデン-ビュルテンベルクとニーダーザクセン二ラントが参加していた。*Handlexikon der Europäischen Union*, "Versammlung der Regionen Europas（VRE）"の項目を参照。

[38] Council of Europe, *European Charter of Local Self-Government* European Treaty Series – No. 122, 1985（https://rm.coe.int/CoERMPPublicCommonSearchSeries/DisplayDCTM-Content）. Wassenberg（2013）, 228 ページ。小島健「ベルギー連邦制と欧州統合──地方自治と補完性の視点から──」、佐藤勝則（2010）所収、に資料として附されている、第Ⅰ部の和訳「ヨーロッパ地方自治体憲章」（318-321 ページ）も参照した。

う文言である。ここでは、「市民のヨーロッパ」の理念を直接に実現するのは地区水準であるとの認識が明確に示されている。これにつづくのが、「ヨーロッパ諸国における地区公共団体の安全と強化が民主制と「分権」*the decentralization of power* の原則にもとづくヨーロッパの建設に重要な寄与となることを自覚して」という文言である。ここでは、「分権」という語が地区への権限移譲の意味で使われていることが注目される。

本文では、第4条「地区自治の範囲 *scope*」において、地区当局と中央・〈地域〉当局の権限関係を述べている。第4項「地区当局に附与された権限は、通常、包括的かつ専属的でなければならない。法律によるさだめがないかぎり、この権限は他の、中央または〈地域〉の当局により侵害されたり、制限されてはならない」として、上位の行政当局に対する地区当局の自律性を強調している。

第9条「地区当局の財源」は、地区の財政自主権を規定している。その第1項で、「地区当局は、国の経済政策の枠内で自己の権限のおよぶ範囲で自由に処分できる、適度な自己の財源をもつことが認められる」、第3項で、「地区当局の財源のすくなくとも一部は、法律の範囲内でその率をさだめる権限をもつ地区税と賦課金から成るものとする」として、地区当局の財政自主権を保証している。第5項では、「財政力の弱い地区当局の保護のために、財政調整手続きまたはこれに相当する措置が必要となる。……このような手続きまたは措置は、地区当局が自己の責任の範囲内で行使すべき裁量権を制約するものであってはならない」、第7項で、「補助金の供与は、地区当局がその権限の範囲内で政策的裁量権を行使する基本的自由を侵してはならない」として、財政調整や補助金によって地区当局の政策的自主権が制約されることを禁じている。

第10条「地区当局の同盟の権利 *right to associate*」の第3項は、「地区当局は、法律により認められる条件のもとで、他国の（in other State）地区当局と協力する権利をもつ」として、国境を越える地区間協力を想定している。

1950年代から地区に主要関心をよせてきたCEが、1980年代央にあらためて地区を「市民のヨーロッパ」に最も適合的な地域層とする憲章を制定したことは、ECとの対比でとくに留意されるべきである。

5 EC／EU

　地域政策における CE と EC／EU との根本的相違は、それぞれが重視する地域階層の相違をいま措くならば、CE の地域政策が加盟国に対する制度上の拘束力をもたない「審議ならびに協定および共同行動」（規約第 1 条 b）の水準にとどまるのに対して、EC／EU の地域政策が「規則」にもとづく多額の補助金の支出による強制力をともなう財政政策であることである。EC／EU 補助金による垂直的財政調整が、集権のための梃としてはたらいていることは否みがたい。EC／EU 地域政策の計画と資金支出がますます微に入り、その目的と手段が加盟国を束縛する度合いを強める一方で、加盟国および地域の自律的地域政策に残される余地がますます狭められているのが実情である[39]。これが EC／EU の行動原則である補完性原則と矛盾しかねない問題をはらんでいることについては、後論する。

　EC が地域を政策対象として初めて視野に入れたのは、1970 年代にはいってからである。その主たる手段が 1975 年に設置された、「ヨーロッパ地域開発基金」*European Regional Development Fund*（ERDF）である。これについては後論で立ちいった検討を加えるので、ここでは、ERDF が 1973 年 1 月に EC に加盟したイギリスの、共同農業政策の恩恵に与れない不満をなだめる宥和策の産物であり、本来の地域政策の制度化とは言いがたいことだけを指摘しておく。ともあれ、行政上の観点から地域が EC の政策対象として捉えられたのが、イギリスの EC 加盟が機縁となったことは疑いない。1972 年 EC は初めて地域政策を策定し[40]、これを担当する部局としてヨーロッパ委員会に第十六総局、「地域政策総局」が、1973 年に新設された。初代委員がイギリス人の George Thomson であったことは興味ぶかい[41]。もっとも、この ERDF が実際に EC の地域政策の主要手段として機能しはじめるのは、1980 年代にはいってから

39　Engelen-Kefer, Ursula, Regionales Europa – Soziales Europa, in: Hierl（1995），107 ページ。

40　Pujol（1995），48 ページ。

41　Dinan, Desmond（ed.），*Encyclopedia of the European Union*, London 2000, 62 ページ。「地域政策総局」の構成と機能については、島袋（1999）、135-137 ページを参照。

のことである。1980年代にECの南方拡大（ギリシャ、スペイン、ポルトガルの加盟）にともない加盟国間の所得水準差が拡大し、加えて石油価格の高騰で先進工業地域が軒並み構造危機に陥った。これへの対応策として、いわゆるドゥロール改革により1988年構造基金規模が倍増した。これを機に、CEに代ってECがヨーロッパ水準の地域政策の主導権をにぎるようになったのである。ECの地域政策展開の一つの到達点が、TEU（92）による諮問機関としての「〈地域〉委員会」の創設と、閣僚理事会構成員規定の修正であった。そこで以下、この両者に焦点をあてて、EC／EUにおける〈地域〉観念の生成過程を追うことにする。

（1）〈地域〉委員会

　TEU（92）第198a条は4段から成り、第一段は前出のように、「〈地域〉および地区の公共団体の代表者から成る委員会が、これをもって諮問委員会として設置される。これは以降〈地域〉委員会 the Committee of the Regions [CoR] と呼ばれる」という条文である。地区も対象にしながら委員会名からは地区をはずすことで、〈地域〉を地区に優先していることは明らかである。

　第二段は、「〈地域〉委員会の構成員の数は以下のとおりとする」として、国別の人数を挙げている。当時、十二加盟国の配分は、最多国ドイツ、フランス、イタリア、イギリスが各24名、最少国ルクセンブルクの6名であった。

　第三段は、「委員と同数の代理とは各加盟国からの提案にもとづいて、閣僚理事会により満場一致で4年の任期で指名されるものとする」と規定している。派遣委員の選択が加盟国に任されているので、国によりことなる地域層の代表者による混成委員会となることは避けがたいことであった。

　第四段は、「委員は委任による訓令に拘束されてならない。委員は完全に独立して、共同体の全般的利益のために、その義務の遂行にあたるものとする」という条文である。委員の選出は各加盟国にゆだねられているものの、委員の行動は派遣国の利益でなく、もっぱらECの利益を目的としなければならないと謳い、ECと〈地域〉、地区との直結が図られていることになる。なお、この第四段は、同じく諮問委員会として先に設置された経済社会委員会にかかる第194条の第二段と同一である。

具体的な諮問内容について、CoR はヨーロッパ委員会と閣僚理事会から経済的・社会的結束、全ヨーロッパ［交通・通信］網、公的保険制度、社会政策、文化の五分野で諮問を受けることになっていた[42]。

CoR の制度的前身は、1988 年にヨーロッパ委員会が設置した「〈地域〉・地区公共団体審議会」である。この審議会は〈地域〉・地区公共団体に EC の場で自己の利益を主張し、また両者の行政に直接かかわる EC の決定に影響をおよぼす機会を提供した。もっとも、当審議会は規模が小さいうえに、地区代表も参加したので、〈地域〉を十分に代表することができないという批判を受けることになった[43]。従来、地区は「ヨーロッパ地区・〈地域〉評議会」(CEMR) に、〈地域〉は「ヨーロッパ地域総会」(AER) に結集した。ドイツのラントはヨーロッパの他の〈地域〉とともに、AER の場で、「三層の連邦的組織」 *dreistufig-föderale Organisation* 実現のために注力してきた。このように〈地域〉と地区との利益関心に大きな隔たりがあるにもかかわらず、1994 年 3 月に CoR の設置に際して、〈地域〉と地区を分ける二院制の構想が結局実現しなかった[44]。したがって、前身の審議会と同様の問題が CoR に持ちこされることになった。Pujol は、CoR が利益関心のへだたりが大きい〈地域〉と地区、両層の代表から成るために、機能不全におちいっていると批判し、CoR はもっぱら〈地域〉利益を代表するべきであると主張している[45]。

(2) 経済・社会委員会

CoR の機能上の先行組織として、審議会に先だって地域問題を手がけてきたのが、「経済・社会委員会」 *the Economic and Social Committee* (ESC) であ

---

42 Milan, Bruce, Was erwartet die EU-Kommission von der Arbeit des AdR? in: Hierl, (1995), 29 ペイジ。Schmidhuber は、「若年層の職業教育、地域・構造政策、全ヨーロッパ網、保健制度、文化」の五分野としている。Schmidhuber (1995), 36 ペイジ。ちなみに、Milan は 1989～1995 年に第十六総局担当委員を務めた。なお、当総局は 1993 年から地域政策に加えて、〈地域〉委員会、さらに 1995 年から結束基金も管轄することになった。

43 Milan (1995), 29 ペイジ；Schmidhuber (1995), 35 ペイジ。

44 Rau, Johannes, Fortentwicklung des Föderalismus in Europa, in: Hierl (1995), 65 ペイジ；Bocklet, Reinhold, Der Ausschuß der Regionen – Ein parlamentarisches Gremium mit wechselnden Mehrheiten, in: Hierl (1995), 135 ペイジ。

45 Pujol (1995), 58 ペイジ。

る。ESC はローマ条約により設置された諮問機関で、TEU (92) では第193〜第198条がこれを規定している。ESC の主たる管轄分野は農業と交通業であるが、1975年に ERDF が創設されたことにより、ESC は1976年に初めて地域開発問題にもかかわることになった。ESC は地域問題にかかる業務を新設の下部組織「地域開発専門グループ」*Fachgruppe Regionale Entwicklung* に委託した。同グループは後に「地域開発・空間秩序・都市建設専門グループ」に拡大改組された。1993年5月時点までに85回の意見表明をおこなった活動ぶりから、ESC が EC の地域政策構想の展開に大きく寄与したことが窺われる。とくに、ESC が1979年に発表した「地区・〈地域〉当局および共通の地域政策の分野における社会的・経済的目的をかかげる諸組織の役割と影響」と題する意見表明により、ESC は EC 政策実現過程に地域代表者の参加をつよくうながした最初の機関になった。加えて、1987年の単一ヨーロッパ議定書も、構造基金の改革の面で ESC の助言に多くを負っていたという[46]。

6 ドイツのラント

(1) ラント首相会議

　それでは、このように ESC がすでに地域問題を手がけていたにもかかわらず、なぜ似たような諮問委員会をあらたに創設する必要があったのか。ESC が対象にする地域と CoR が対象にする地域とが異なるからであろうか。そこで、CoR 設置にいたる経緯を検討することにする。この作業を始めるにあたり、手がかりとなるのがドイツのラントの動きである。連邦制と地域政策の長い伝統をほこるドイツこそ、この CoR で指導的な役割を演ずることができ、EC, 加盟国、〈地域〉の三つの政策決定水準の間にあたらしい補完関係が生まれるだろうというドゥロールの期待の表明は、CoR 設置にいたるまでの経緯において、ラントが主導的役割を演じたことを示唆しているからである[47]。

　ラントの動向を物がたる資料としてまず挙げられるべきは、1987年10月

---

[46] Tiemann, Susanne, Die Regionalpolitik der Europäischen Gemeinschaften aus Sicht des Wirtschafts- und Sozialausschusses, in: Hierl (1995), 70-71 ページ。
[47] Delors (1995), 26 ページ。

21〜23日にミュンヘンで開催されたラント首相会議の決定である。ここで、ラントの政治的自己決定の余地を維持するために十の原則がかかげられた。「補完性原則の実現」と題する第二原則は、「ラントがより効果的に、より市民の近くで、より良く解決できるすべての問題が、今後ともラントにまかせられるべきである」とする。「集権主義のかわりに連邦主義」と題する第三原則では、「今後のECの建設は連邦国の原則にもとづいて果たされなければならない」とする。「ラントの教育・文化高権の確保」と題する第四原則は、「ラントの「邦としての自立性」Eigenstaatlichkeit の核心をなす文化高権は、ECへの諸高権の移譲に際して侵害されてはならない」という。第七原則は、「ラントの自律的な「地域的」構造政策 regionale Strukturpolitik の保証」を謳う。この場合の「地域的」は各ラント内部の諸構成地区を対象とすると解せられる。したがって、明示的に謳われていないものの、国（邦）境地域にかかる統治権ないし国境を挟む地域間協力の管理権は、ドイツ連邦共和国でもECでもなく、ラントの専属的権限に属するという含意を読みとることができるのである[48]。

他方で、ドイツ連邦参議院は1990年2月16日に、1988年11月18日のヨーロッパ議会の「ECの地域政策と地域の役割」決議およびこれに附された「地域化のEC憲章」を支持する決議をおこなった[49]。このなかで、連邦参議院は真の連邦化こそ地域化の最良の形態であるとして、ECがむしろ集権に向かっている事態を憂え、これにより、とくにドイツでは、教育・文化政策、メディア政策、環境政策、地域的構造政策におけるラントの権能が侵されていると批判している。興味深いのは以下の指摘である。「〈地域〉概念はいまだにひろすぎ、いたって不正確である。これは「中央国家水準の下位の政治単位」 politische Einheiten unterhalb der zentralstaatlicher Ebene とされている。国により法的地位と権能が大きくことなるにしても、である。同時に、国の概念は中央国家にかぎられている。ドイツのような連邦国では、これを構成する支分国 Glied も国家性を具えるにもかかわらず、である。」連邦参議院の見解によ

---

48 Bauer, J. (1992), Dokument 1: 13-17 ページ。このほか第一原則がECのいかなる立法権限もEEC条約による具体的な授権を前提とするべきこと、第五原則がラントの放送高権の堅持、第六原則が競争力を具える農業の保証、第八原則が品質・消費者基準の堅持、第九原則が中間層重視の枠組条件の必要性、第十原則が研究政策における補完性、であった。

49 同上、Dokument 2: 18-22 ページ。

れば、〈地域〉の定義にとり、政治的・法的地位が決定的基準となる。「〈地域〉とは、立法と行政の分野において最小限度の自治権を具える地域公共団体のみを指すべきである。」ここではラント水準のみが〈地域〉に相当するとは明言していない（unterhalb であって direkt unterhalb でないことに注意）が、すでに〈地域化〉と「連邦化」を同一視している以上、ラント水準を〈地域〉としていることは否みようがない。

1987年10月のラント首相会議の決議とならんで重要なのが、1989年10月25〜27日のラント首相会議で設置されたラント首相府作業グループが作成を委託された、EC発展におけるラント・〈地域〉の地位に関する報告である[50]。1990年5月22日に提出された詳細な報告は、「〈地域〉のヨーロッパ——〈地域〉間協力へのラントの参加およびヨーロッパの〈諸地域〉の権利と政治的影響力の持続的強化」と題されており、ラントの〈地域〉観念をたしかめるための貴重な資料価値をもつ。

ここでは、「ラントと〈地域〉」Länder und Regionen という語があたかも熟語のように使われて、しかも頻出することが目を惹く。ラント当局者にとりラントと〈地域〉が同義であることは自明のようである。まず、ヨーロッパで進行中の〈地域化〉と「分権」について次のように述べられる。「スペインとベルギーの展開は連邦的性格を具える国家構造に向かっている。イタリアではだいぶ前から政府・行政制度の〈地域化〉の傾向が明らかに認められる。フランスでも分権と〈地域化〉を強めようとする議論がいま盛んである。」(43ページ) ここでは「分権」と〈地域化〉を同一視していることが判る。この両語の区別がまだ定着していないことを示す一例である。

ともあれ、「長い目でみれば、ヨーロッパ、国、〈地域〉の水準の間で、重心がヨーロッパおよび〈地域〉の水準に移ってゆくことが予想できる」(43ページ) と述べ、三水準の均衡ではなく、中間水準の国の意義低下を明確に指摘していることが、興味ぶかい。国の集合体としてのECではなく、国が後ろにしりぞいた〈地域〉（＝ラント）の集合体としてECを編成替えすることの期待が表明されていると解釈できるからである。ここでは、EC－国－〈地域〉ではなく、EC－〈地域〉－国という連邦制の新しい型が提示されていると言ってよか

50　同上、Dokument 4: 41-91 ページ。

ろう。

　作業グループ報告はさらに、〈地域〉の EC 法上の地位を強めるべく、EC 内に「地域機関」Regionaloragan の創出を提言する。その場合、EC の政治統合の進展度に応じて、広範な聴聞強制権 Anhörungsrechte を具える「地域評議会」Regionalrat の設置、または EC の他の諸機関と同等の独立した利益代表機関として［ヨーロッパ議会と閣僚理事会にならぶ］「第三院」Dritte Kammer たる「地域院」Regionalkammer の創出が考えられるとする。

　この地域機関の構成を検討するにあたり、まず「地域」の定義を問題にすることが興味ぶかい。当報告は、地域の統一的な概念規定はヨーロッパにまだないとして、以下のような異なる用語法を挙げる。すなわち、①ヨーロッパ議会の定義：地理的観点から明確な一体性を具えている区域 Gebiet。あるいは一つにまとまった構成をとり、その住民が特定の共通の要素によって性格づけられ、これから生まれる一体性を守りそだてたいと願っているような等質的諸区域の複合体。② 1989 年の「ヨーロッパ地域総会」(AER) のウィーン声明では、中央国家直下の統治水準を指し、立法権と行政権の有無、程度は問われない。③ヨーロッパの地域施設 regionale Institution にかかるいわゆる Galetta 報告：各区域と住民に対する司法的に保証された全般的責任を負い、かつ住民を代表する機関を具えているもの。④ヨーロッパ委員会の地域概念は、単に構造改善のための手段を表すにすぎない経済地域としての統計的区域単位。以上のような各種用語法の相違を認めたうえで、連邦構造によりラントすなわち〈地域〉であることが自明の前提となっているドイツと異なり、多くの EC 加盟国では自律的な権限を具える地域水準の導入もしくは改善は今後の課題になるので、いまのところ「地域」の解釈は各加盟国のそれぞれの定義にまかせるほかないと言う[51]。

　この報告を受けて、1990 年 6 月 7 日開催の「地域のヨーロッパ」を主題とするラント首相会議は、その決議で、連邦制と地域主義との長所をヨーロッパ統合の進展に活かすために、EC 条約の改正をひかえて、EC 水準におけるラント・〈地域〉の共同決定の可能性 Mitgestaltungsmöglichkeit を確保するよう、連邦政府に要請した。具体的には、独自な〈地域〉機関として「〈地域〉評議

51　同上、53-55 ページ。

会」を新設すること、および閣僚理事会におけるラント・〈地域〉の専属的権限または基本的利益にかかる案件においては、もう一人の代表者が派遣せられるべきであるという二点の要求であった。ただし、なぜかニーダーザクセンだけはこれに与しなかった[52]。

これにつづいて、1990年8月24日のドイツ連邦参議院の決議も、案件によって閣僚理事会にラント・〈地域〉の代表が参加できるようにすること、および「〈地域〉評議会」を新設すること、この二点を要求した[53]。

この間のラントの動きを、Deckart が以下のように要約している。TEU の準備段階で、ドイツのラントは EC 内部に〈地域〉のための独自な機関を要求した。各加盟国の直下にある層を、これまで EC と加盟国との二層構造であった EC の第三層として追加するべきであると要求した。この第三層が何であるかは、各国が自己決定すべきであり、ドイツでは連邦直下のラントである。しかし、ルクセンブルクやデンマークのような小国は、〈地域〉に相当する階層をもたず、国直下の層はただちに地区水準 kommunale Ebene となる。このような国情の相違にてらして、地区にも CoR に代表を送る道が開かれなければならなくなった。さらに、「ドイツの地区連合組織」deutsche Kommunalen Spitzenverbände も〈地域〉とならんで新設の委員会に代表を送る権利を要求した、と[54]。すなわち、CoR へ代表派遣を要求したのは、〈地域〉だけではなかったのである。

(2) ラント観測官・連絡事務所

ラントの活発な動きを知るうえで見おとせないのが、「ラント観測官」および「連絡事務所」の制度である。両者の相違は、前者がラント横断的な利益を代表するのに対して、後者は各ラントに固有な利益をそれぞれ代表することにある。1959年11月8日の各ラント経済相と連邦経済相エーアハルトとの会議の結果、協定がむすばれ、「ラント観測官」Länderbeobachter 制度が創設され

52　同上、Dokument 5: 92-94 ページ。
53　同上、Dokument 6: 95-96 ページ。
54　Deckart, Wolf Christof, Die deutschen Länder nach Maastricht, in: Hierl (1995), 170-171 ページ。

た（1990年のラント首相府作業部会報告では「1958年来存続している」としている）。これは二〜三名のラント官僚から成り、閣僚理事会のドイツ代表に加わってラントの利益にかかる閣僚理事会の協議を傍聴し、その内容をドイツ連邦参議院および各ラント政府に通報することを主な任務とした。常設代表委員会や閣僚理事会の作業部会にも参加できるという広範囲にわたる権利をあたえられていた。1988年10月27日にラント首相が署名した協定で、ラント観測官が制度化され、その役割が詳細にさだめられ、当制度の費用分担とともに事務所組織もさだめられた。これにより事務所は持ちまわりで、EC問題にかかる連邦参議院委員会の委員長を務めるラント閣僚のもとに、設けられることになった[55]。早くもEEC発足1年後に、ラントがEECの政策決定過程を直接追尾するために動きだしたことは、ドイツの連邦制度の重みを示す一例である。

これとは別に、1980年代央にいたって〈地域〉利益を代表する事務所がブリュッセルに置かれた。1984年初にイギリスのストラスクライド *Strathclyde* とバーミンガムが先鞭をつけ、つづいて1985年初にドイツのシュレースビヒ-ホルシュタイン、ハンブルク、ニーダーザクセン三ラントが「ハンザ事務所」*Hanse-Office* を開設した。同年4月にザールラントが「ザールラント事務所」を開設した。他方バイエルンは、1984年以来「ラント観測官」に一人枠を確保することで邦益を代表せしめた。広範な特権を具える「ラント観測官」にラント官僚をつねに送りこむほど、別してバイエルンが邦益の確保に執念を燃やしつづけてきたことは、ラントの間にも連邦制に対する姿勢に微妙な相違があったことを窺わせるものである。地域を〈地域〉にしぼっても、〈地域〉一般では見おとされる各ラントに固有な邦情の相違がのこることになる。ともあれ、1987〜89年にバイエルンを除くのこりの全ラントがブリュッセルに連絡事務所を置き、1990年以降、旧東ドイツ五ラントもこれに倣った[56]。

作業グループ報告によれば、東西ドイツ統一直前の時点で、バイエルンをふくむ全ラントがブリュッセルに「情報事務所」*Informationsbüro*（「連絡事務所」*Verbindungsbüro*）を置いていた。ラントの利益関心がことなるので、情報事務

---

55 Bauer, J. (1992), Dokument 4: 45-46 ページ；Hierl, Hubert, Die Informationsbüros: Wegbereiter und Wegbegleiter des Ausschusses der Regionen, in: Hierl (1992), 82 ページ；*Handlexikon der Europäischen Union*, "Länderbeobachter" の項目参照。

56 Hierl (1995), 84 ページ；Brinkhorst (1995), 114 ページ。

所の任務と組織はラントによりことなっていた。たとえば、ラントにより事情がことなる経済界、とくに中小企業層に助成金制度の情報を提供し、助成金申請を支援することも任務の一つであった。ここに、ラント共通の利益関心からうごくラント観測官の任務との違いがあった[57]。

1990年12月20～21日に両ドイツ統一後初めて開催されたラント首相会議は、「ヨーロッパ政策——ヨーロッパの連邦制をめざすミュンヘン声明」を発表した。このなかで、連邦制と補完性原則が一つのヨーロッパの構造原則 *Architekturprinzipien* でなければならないとして、1987年10月のラント首相会議で採択された「ヨーロッパ政策のためのミュンヘン十原則」（Dokument 1）を確認する。また、1990年12月6日にストラスブールで開かれた「ヨーロッパ地域総会」（AER）や1989年10月にミュンヘンで、1990年4月ブリュセルで、1990年10月リバデルガルダ *Riva del Garda*（イタリア）で開かれた「〈地域〉のヨーロッパ」会議の声明にみられるように、この間に連邦制観念が単一国家にも浸透しはじめたとする。1990年6月7日のラント首相会議の決定（Dokument 5）、1990年8月24日（Dokument 6）および1990年11月9日（Dokument 11）の連邦参議院の決議を踏まえ、補完性原則の順守、EC内にラント・〈地域〉の利益を代表する地域機関の創出、ラント・〈地域〉の専属的権限に属するか本質的利益にかかる問題において、閣僚理事会にラント・〈地域〉の直接参加、ECの措置に対するラント・〈地域〉の訴権、この四点をあらためて要求した[58]。

以上から、CoRの創設はドイツのラントが結束して持続的なロビー活動をつづけた成果とみることができる。逆に、CoRがラントが要求していた独立機関でなく、ヨーロッパ委員会のもとに位置する諮問委員会にとどまったのは、CoRを梃にドイツの発言権が強まることを懸念する他の加盟国からの牽制によるものと推定される。

57　Bauer, J. (1992), Dokument 4: 47ページ。当事務所は、*Landesbüro, Landesvertretung* とも呼ばれ、ドイツよりラントの対外利益を優先しようとする行動が連邦政府の不興を買ったものの、ドイツ政府の対EU常設代表部と駐ベルギー大使館は、必要なかぎり当事務所を支援したという。*Handlexikon der Europäischen Union*, "Informationsbüro der deutschen Länder" の項目参照。

58　Bauer, J. (1992), Dokument 12: 117-119, 120-122ページ。

（3）閣僚理事会

　すでに触れたように、EC／EU の地域政策の制度化の過程で、CoR の新設とならび大きな成果とされるのが、閣僚理事会にかかる条文改正である。TEU（1992）第 146 条は、「閣僚理事会は、各加盟国政府の委託を受けた「閣僚級」at ministerial level の代表一名から構成される」と規定して、閣僚理事会に中央政府ばかりでなく〈地域〉政府の閣僚も参加できる道を開いた。これには、ベルギーの要求がものをいったという。ベルギーはすでに閣僚理事会の会議に、〈地域〉政府の閣僚（たとえば文化分野担当）を送りこんでいたからである[59]。〈地域〉代表を EC 機関に送りこもうとしたのは、けっしてドイツのラントだけではなかった。とはいえ、この点でも組織的かつ持続的に動いたのはドイツのラントにほかならなかった。

　EEC 条約第 146 条では加盟国政府の代表者のみが閣僚理事会の成員であった。これが TEU により「閣僚級」に変更され、これをドイツのラントは突破口とみなした。ラントの閣僚は第 146 条の意味での閣僚であると解釈され、ラントは閣僚理事会に代表を送りこむことができるようになったのである。ただし、あくまでドイツ政府の立場を代表する義務を負う[60]。

　これに対応して、ドイツの基本法第 23 条第 6 項は、「諸ラントの専属的立法権が重要な点に（2006 年改正で「学校教育、文化、または放送の分野における」を追加）かかわっているときは、ヨーロッパ連合の一員としてのドイツ連邦共和国に帰属している諸権利の主張が、連邦から、連邦参議院の指定する諸ラントの代表に移譲される（2006 年改正で「ものとする」を削除）」と謳うにいたった。さらに、第 24 条第 1 a 項「諸ラントが、国家的機能を行使し、および国家的任務を遂行することについて権限を有している限度において、諸ラントは、連邦政府の同意を得て、境界を接している諸施設に主権上の諸権限（Hoheitsrechte）を委譲することができる」が附加された[61]。

59　Pujol（1995），57 ページ。
60　Deckart（1995），183 ページ。

7　統計上の地域単位：NUTS

　ここで、第三の地域概念として NUTS により定義された地域を問題にする。EC／EU の三構造基金の適用可能地域を確定するために、統計的な地域単位となるのが NUTS である。NUTS についてこれまでたびたび言及したが、ここであらためて検討を加える。

　「統計のための行政地域単位分類」*nomenclature commune des unités territoriales statistique*（NUTS）は、1970 年代初にヨーロッパ委員会の主導により EC 統計局に導入された。NUTS は各加盟国の地域を三層に分類する。分類は各加盟国の行政区域の階層に則ることを原則とするが、相当する行政区域層を欠く場合には、下位区域を集合して統計上の「区域」を創りだす。NUTS は地域政策執行機関としてのヨーロッパ委員会の実務的な地域観念ということになる[62]。

　そこで、Eurostat の資料[63]によりこれをもうすこし詳しく見ることにしよう。NUTS 分類は 1970 年代に、それまで使われてきた多種の統計地域分類（農業地域、交通地域など）にしだいに置きかわり、1981 年から本格的に使われるようになった。1988 年の「構造基金の任務に関する閣僚理事会規則」以来 EC 法令で使われるようになったが、ヨーロッパ議会および閣僚委員会による規則見なおしで、正式に採用されたのは 2003 年になってからである。これは 3 年ごとに見なおされることになっており、入手しえた直近のデータは 2012 年の改定にもとづくものである。

　NUTS は次の原則にしたがう。第一に、国の領域を地域に細分するにあたり、行政区域を基準とする「制度的地域」*normative region* と地理的、社会・

---

[61] 原文は *Beck'sche Textausgaben: Verfassungen der deutschen Bundesländer mit dem Grundgesetz*, 10. Aufl., 2014. 訳文は高田敏・初宿正典編訳『ドイツ憲法集』〔第 5 版〕、信山社、2007 年、および初宿正典・辻村みよ子編『新解説世界憲法集』第 4 版、三省堂、2017 年、を参考にした。なお、阿部・畑（2009）で訳者の永田秀樹は、第 23 条第 6 項を「移譲」、第 24 条第 1 a 項を「委譲」と訳しわけており（原文はいずれも *übertragen*）、本書はこれにしたがった。

[62] Blanc（1995）, 160-161 ページ。

[63] eurostat, *Regions in the European Union: Nomenclature of territorial units for statistics: NUTS 2010/EU-27*, 2011 editon, 5-7 ページ。

経済的基準による「分析的（機能的）地域」*analytical (functional) region* のうち、データ利用と地域政策の実施という実務的理由から、主に加盟国で現行の行政区分、すなわち制度的基準にしたがう。

第二に、ある分野に特化した範囲 *specific territorial unit*（鉱山地域、農業地域など）や局地的単位 *local unit* ではなく、「全般的性格を具える地域単位」*regional unit of general character* を NUTS は重視する。

第三に、NUTS は各加盟国を大小を問わず、三層に分類する。加盟国の行政構造は一般に二つの主要な地域水準から成るとして、ドイツの *Land* と *Kreis*, フランスの *région* と *département*, スペインの *Comunidad autonoma* と *provincia*, イタリアの *regione* と *provincia* の例が挙げられる。これに実質的意味をもたない仮構の行政水準が一つ追加されて、三層構成の基準となる。

人口規模による行政区域の分類基準は、NUTS 1：300万～700万人、NUTS 2：80万～300万人、NUTS 3：15万～80万人である。より細分化された水準として「局地的行政単位」*Local Administrative Unit*（LAU）があるが、これは NUTS 制度の外に置かれる。

NUTS の目的として以下、三つが挙げられる。第一は、EU 地域統計の収集、改良、標準化のためである。

第二は、地域の社会・経済的分析のためである。1961年 EEC 委員会によりブリュッセルで開かれた地域経済会議で、NUTS 2 水準（基盤地域 *basic region*）が、各加盟国の地域政策のために一般的に利用されている実情が確認され、それゆえ、これが地域的・国家的問題の分析のために適合する水準と認められた。これに対して NUTS 1（「基盤地域」の集合概念である社会・経済的広域）は、地域問題のなかでも関税同盟や経済統合が国家領域の直下の〈地域〉におよぼす影響のような場合の分析に用いられるべきこととされた。総合的経済分析に小さすぎる地域が多い NUTS 3 は、特殊な分析や、地域的手段が必要とされる局地のために使われることになった。この記述から、すでに1960年代初めに NUTS が試行的に導入されていたことが判る。また、NUTS 2 を「基盤地域」とするのは、EC が一方的にさだめたのではなく、各国の実例にもとづいてのことであったことも判る。

第三は、構造基金からの補助に適格性を具えているか否かの評価の目的のために、発展が遅れている地域（旧目的1地域、現行の収斂目的の対象地域）は

NUTS 2 水準に、他の主要目的に適格な地域は主に NUTS 3 水準で表示される。ERDF に関してヨーロッパ委員会に 3 年ごとの公表が義務づけられている、EU の社会的・経済的・空間的（territorial）状況および地域発展に関する定期報告は、主に NUTS 2 水準を対象に作成される。

2012 年現在、EU の経済地域は、NUTS 1 水準が 97、NUTS 2 水準が 270、NUTS 3 水準が 1294 に分別された。これより下位の「局地的行政単位」（LAU）はさらに二層に分けられ、上位の LAU（旧 NUTS 4）水準が適用されるのは、ドイツをふくむ十九か国である。下位の LAU（旧 NUTS 5）水準は 2010 年現在、全加盟国で約 12 万の都市およびこれに相当する地域単位から成る。

NUTS 分類の目的は、比較可能な地域が同じ NUTS 水準で確実に把握できるようにすることにある。この比較可能性のために人口を基本指標とすることが EU 規則によりさだめられているので、面積、経済力、行政力がことなる非同質的地域が同じ水準で同等視されることになる。とはいえ、同じ NUTS 水準でも実態は人口規模のばらつきが大きく、NUTS 1 水準ではドイツの NRW（約 1800 万人）およびイタリアのノルド-オベスト *Nord-Ovest*（約 1500 万人）が最大の人口をかかえている。他方で、最小はフィンランドのオーランド *Å-land* で、人口はわずか約 2 万 7700 人である。NUTS 2 水準では、フランスのイルドゥフランスが 1100 万人、イタリアのロンバルディアが 900 万人で最大級である、他方で、14 地域が 30 万人以下で、そのなかにはベルギーの Pr リュサンブールもふくまれる。NUTS 3 水準では、ギリシャのアッティキ *Attiki* はじめ 7 地域が 300 万人以上の人口を擁し、その一つがベルリーンである。他方で、ドイツをふくむ七か国で多くの地域が 5 万人未満である。

ここで、本書の関心の対象となる国境地域にかかるドイツ、ネーデルラント、ベルギー三か国についてまとめて表示すると、表 8-1、表 8-2 のようになる。

前出のヨーロッパ議会決議（1988 年 11 月 18 日）は、その第十八項目で次のように述べている。「基本計画と空間秩序にもとづく地域政策の策定と実施に最も良く適した地理的・制度的水準は、NUTS 2 の行政水準（「地域水準」*regionale Ebene*）である。それは、①最も重要な社会的構造基盤と住民サービス体制を創りだし、管理するに際して、規模の利益にもとづく妥当な費用抑制を図るために、定住人口が十分に多くなくてはならないからである；②多くの加盟国において既存の制度的実態とこれまでの計画実績に最も多く照応する水準

表8-1　ベルギー、ドイツ、ネーデルラントのNUTS地域構成

	NUTS 1		NUTS 2		NUTS 3	
EU 27		97		270		1294
BE	Gewest/Région	3	Provincie/Province	11	Arrondissement/Arrondissement	44
DE	Land	16	Regierungsbezirk	38	Kreis	412
NL	Landsdeel	4	Provincie	12	COROPregio	40

注：（1）2010年時点。
　　（2）BEのNUTS 1はRégion de Bruxelles-Capitale/Brussels Hoofstedelijk Gewest（NUTS 2でもある）、Vlaams Gewest（5）、Région Wallonne（5）。（　）内はNUTS 2の数。
　　（3）NLのNUTS 1はNoord-Nederland（3）、Oost-Nederland（3）、West-Nederland（4）、Zuid-Nederland（2）。（　）内はNUTS 2の数。
　　（4）COROPはCoördinatie Commissie Regionaal Onderzoeksprogramma（地域調査計画調整委員会）
出所：eurostat, *Regions in the European Union*, 9ページ。

表8-2　ベルギー、ドイツ、ネーデルラントのNUTS地域面積・人口

面積 km²	NUTS 1			NUTS 2			NUTS 3		
	平均	最小	最大	平均	最小	最大	平均	最小	最大
EU27	45400	161	336837	16310	13	226775	3400	13	106012
BE	10176	161	16844	2775	161	4440	694	101	1592
DE	22319	404	70552	9398	404	29480	867	36	3058
NL	10386	7291	11893	3462	1449	5749	1039	128	3437

人口千人	平均	最小	最大	平均	最小	最大	平均	最小	最大
EU27	5119	27	18013	1839	27	11629	384	10	6121
BE	3542	1040	6140	966	263	1708	241	44	1040
DE	5142	664	18013	2165	516	5213	200	35	3410
NL	4095	1703	7654	1365	377	3458	410	50	1380

注：（1）2007年時点。
　　（2）ドイツのNUTS 1の最大人口はノルトライン-ベストファーレン、最小人口はブレーメン、NUTS 3の最大人口はベルリーンで、これはNUTS 1、NUTS 2でもある。
出所：eurostat, *Regions in the European Union*, 11-12ページ。

が、この「地域水準」だからである；③必要な統計データの質と利用可能性が最も高いからである。」つづいて第十九項目で、次のように述べる。「実施計画、分野別計画、EC行動計画などが、より小さな地域水準［NUTS 3］では実施できないことは当然ながら否めない。これらは地域計画の対象に、構成部分として統合されるべきものである。」[64]ヨーロッパ議会もまた、経済政策に適合的なNUTS 2水準を地域としているのである。

なお、NUTS 2より上位の層をもたないいくつかの小国では、国水準がNUTS 2とされる。2006年のNUTS分類改正により、バルト三国およびキプロス、ルクセンブルク、マルタの六か国にこれが適用された。いずれも国全体が一つのNUTS 2だけから構成されるとみなされる[65]。

8 「地域のヨーロッパ」、または「境界のヨーロッパ」

以上の検討から、「地域のヨーロッパ」が「二つのヨーロッパ」と「三つの地域」からなる複合観念であることが明らかになった。「二つのヨーロッパ」とは、CE, EUによってそれぞれ代表されるヨーロッパである。トルコやロシアをすでにふくむヨーロッパと、両国を排除するヨーロッパと、この二つのヨーロッパがいま併存しているのだ。

「三つの地域」の第一は最下層の行政区域で、とりわけCEが重視するものである。これは入れ子構造の地域の基層をなし、「市民のヨーロッパ」を最も良く代表する地域であるが、それだけに人口変動への感応度が最も高く、持続性の危機にたえずさらされている地域単位でもある。

第二は、EUの〈地域〉委員会に象徴される、ドイツのラントをモデルとする国家性を具える（べき）〈地域〉である。〈地域〉の典型をラントにもとめる観念がひろまり、〈地域化〉が「連邦化」に向かうならば、これが〈地域〉の「国家化」をつよめることは避けがたい。その反作用として、〈地域〉内の集権が進み、下層の地区に対する最上層〈地域〉の権限がつよまる可能性も軽視できない。それは中央国家対市民という一層構造のジャコバン型の「市民国家」 *nation state* とは異質の、ドイツ型「地域国家」 *regional state* に向かう動きで

64　Bauer, J.（1992）, Dokument 3: 28 ページ。
65　eurostat, *Eurostat regional yearbook 2012*, 12 ページ。

ある。そういう〈地域〉が中央国家としての EU の政策に対する共同決定権を獲得したとき、EU は、EU-国-〈地域〉の三層構造ではなく、むしろ EU-国、EU-〈地域〉、国-〈地域〉の三面構造をもつ連邦制を形成することになろう。

　第三は、ヨーロッパ委員会による政策対象となる「基盤地域」であり、これは統計単位の NUTS 2 に相当する。フランスの場合は *région* が NUTS 2 にあたり、国の直下の行政区域として最上層に位置するが、単一国家のフランスにあっては自治権拡大が邦的性格を生む方向に向かうわけではない。他方、地域文化の一体性という点からすれば、中層は下層の地区におよばない。中層が具えるこの曖昧な地域性が、かえって国により地域行政制度がはなはだしく異なるヨーロッパの、共通項としての実務的中立性を保証すると言えるのかもしれない。

　このような多層の地域から構成される「地域のヨーロッパ」が、「境界のヨーロッパ」 *Europe of the Borders* でもあることが導きだされる。国境の内部に多重化した「地域」境界の網が張りめぐらされるからである。これについて、1990 年両ドイツ統一の後に初めてひらかれた連邦参議院会議における、11 月 9 日の「政治連合の枠組をもつヨーロッパの連邦制構築への決議」に興味ぶかい文言が見いだされる。「市民のヨーロッパは、自覚をもち、実行力を具え、互いに協力しあう諸〈地域〉のヨーロッパにおいて最もよく実現する。……教育・文化政策、交通・研究政策、その他多くの分野における〈地域〉的施設の協力が、「境界を越える」 *grenzüberschreitend* 共通の諸制度、諸規定、運用方式を理想的に発展させることができる。」この場合の「境界」とは〈地域〉の境界であるので、ドイツでは邦境であり、これが同時に国境でもあるか否かは二次的問題ということになろう[66]。

　1988 年 11 月 18 日のヨーロッパ議会の決議も、その第二十二項目で国内各地域の特性に目を向け、現行の行政境界を越える共通の歴史的・言語的・文化的遺産があるときは、境界を越える地域間の言語・文化協力が容易にならなければならないと、要請している[67]。ゆえに、たとえばドイツ内部のラント間の邦境を越える協力も、ドイツのラントとネーデルラントとの間の国境（＝邦境）

66　Bauer, J. (1992), 前掲、Dokument 11: 113 ページ。
67　同上、Dokument 3: 29 ページ。

を越える協力も、ひとしなみに捉えられていることになる。地域が邦またはこれに相当する〈地域〉とされるとき、境界が国境と邦境とに二重化するので、*Grenze* は文脈により「国境」または「邦境」に訳し分けられなければならない。

　これに加えて、境界が国境と邦境とに二重化する部分では、境界地帯の統治権をめぐる国と邦との利害対立が惹きおこされる可能性が生まれる。EU の内部国境地域では、連邦国が接するドイツ・ベルギーおよびドイツ・オーストリア国境地域がこれに該当する。EU の外部国境でもあるドイツ・スイス・フランス国境は、EU, 国（連邦国家と単一国家）、邦（ラントとカントーン）の境界に三重化し、境界地域関係がさらに複雑な様相を呈する。「地域のヨーロッパ」から「境界のヨーロッパ」に視点を移したところで、いよいよ国境地域に焦点をあわせることにする。ただし本書では、検討対象をドイツ・ネーデルラント国境およびドイツ・ベルギー国境に視野を限定する。

第9章　CEおよびEC／EUの地域政策

1　CEの地域政策
2　EC／EUの地域政策——構造基金
3　EC／EUの国境地域政策
4　中間組織：ヨーロッパ国境地域協会

マーストリヒト国際会議場。

1　CE の地域政策

　戦後ヨーロッパにおける地域概念のこれまでの検討をふまえて、ここで CE および EC ／ EU の国境地域政策に目を向けることにする。国境地域政策は地域政策一般の一分野なので、前者に焦点をあてながらも、ひろく後者を対象にして検討を加える。

　地域政策一般だけでなく国境地域政策でも、CE は EC ／ EU の先行者だった。CE のマドリド協定（1980）およびヨーロッパ空間秩序憲章（1983）は、国境を挟む空間計画のためのヨーロッパ水準の最も重要な法的かつ現実的基盤になったと言われる。多くの CE 加盟国がマドリド協定を応用して、二国間、三国間協定をむすび、その枠組で〈地域〉・地区水準の国境を挟む協力が進んだ。これは 1999 年末までに三十三か国が署名し、2000 年 4 月までにすくなくとも二十五か国が批准した[1]。この両者とならんで重要なのが、1985 年制定の「地区自治体のヨーロッパ憲章」である。これは憲章 *charter* であっても条約 *convention* としての法的効力を具えており、2007 年現在 CE 加盟四十六か国のうち四十二か国が批准している。これの内容についてはすでに前章で検討した。

　このように、CE は 1980 年代に地域にかかる協定をつぎつぎにむすんだが、その前史がすでに 1970 年代に始まっていた。1975 年にアイルランドのゴールウェイ *Galway* で、CLRAE による「ヨーロッパ辺境地域公共団体協議会」*Convention of Authorities of European Peripheral Regions* が開催された。総じて国境地域も辺境地域に属するとみなされたはずだから、遅くともこの年に、国境地域が CE の視野のなかにはいってきたことになる。1978 年のボルドー会議で〈地域〉の定義がくだされ、これは「各国の内の最大の行政区域単位」*the largest territorial unit in each country* であり「歴史的、文化的、地理的、

---

[1] AGEG (Hrsg.), *Praktisches Handbuch zur grenzübergreifenden Zusammenarbeit*, 3. Aufl. 2000, C10 ページ。ヨーロッパ委員会と協力して AGEG（後出）が編集した当書は、高い資料的価値を具えている。当書を提供してくださった AGEG 事務総長（当時）Jens Gabbe 氏のご厚意に記してお礼を申しあげる。当書によると、マドリド協定とヨーロッパ空間秩序憲章につづいて、2000 年 9 月に CEMAT（後出）による「大陸部ヨーロッパにおける持続的地域開発のための指針」*Leitlinien für eine nachhaltige räumliche Entwicklung auf dem europäischen Kontinent* が制定された。

経済的同質性 homogeneousness およびそのようなものとして存続する意志を具える一体性 coherence と個性 a personality によって特徴づけられる。」とした[2]。

　国境を挟む協力の進展と補助のための国家間協定は、スカンディナビアですでに 1960 年代に始まっていた。まず、「ヘルシングフォルス協定」Abkommen von Helsingfors（1962）が北ヨーロッパ諸国間の協力のための法的基盤を創りだした。つづいてフィンランド、デンマーク、スウェーデン、ノルウェイ間で結ばれた「北方協定」Nordisches Abkommen（1977）が、国境を越える地区公共団体間協力が各国内部の地区公共団体間協力と同等の規模と様式でおこなわれるべきであるとした。スカンディナビアで始まった国家間協定の、また、ドイツ・ネーデルラント国境地域で始まった地区公共団体間の自発的先行事例をうけて、全ヨーロッパ水準で枠組を設けたのが CE のマドリド協定にほかならない。

　マドリド協定は不十分ながらも、地区・〈地域〉公共団体間の公法にもとづく国境を挟む協力の強化のための法的基盤を創りだし、これを「応用」した国家間協定が、1990 年代に相ついでむすばれた。すなわち、① BENELUX 条約（署名 1986 年、発効 1991 年）、②ドイツ・ネーデルラント間のアンホルト協定（署名 1991 年、発効 1993 年）、③イタリア・オーストリア間のウィーン条約（署名 1993 年、発効 1995 年）およびローマ条約（署名 1993 年、発効 1994 年）、④フランス、ドイツ、ルクセンブルク間の国境を挟む協力のためのカールスルーエ協定（署名 1996 年、発効 1997 年）、フランス・スペイン間のバイヨンヌ協定（署名 1995 年、発効 1997 年）である。なかでも、②がドイツ・ネーデルラント間のエウレギオにとり決定的重要性をもつことはあらためて指摘するまでもない。

　ちなみに、このアンホルト協定がドイツ・ネーデルラント国境沿いの「EU による INTERREG 計画の管理と実施のための協定」Vereinbarung über das NL-NRW / Nds-INTERREG Programm der EU 締結のための枠組も提供した。この個別協定により、当該五エウレギオそれぞれの INTERREG I の実施計画における管理組織と会計方式のための枠組が創りだされた。

2　Concil of Europe（2007），14, 22, 34 ページ。Congress 創設 50 周年を記念して出版された本書は、なぜか扉・奥附と表紙の書名が異なり、前者では 50 years of local democracy in Europe, 後者では 50 years of local and regional democracy となっている。

このほか、国が関与する地域間協定として、1996年のドイツのNRW, RP（ラインラント-パルツ）、ベルギーのドイツ語共同体およびレジョン-ワロンヌ、この四者間にアンホルト協定に相当する協定がむすばれた[3]。

ちなみにCEの「地域計画相会議」（CEMAT: *Conférence Européenne des ministres de aménagement territoire*）における20年以上にわたる検討の結果、1983年に「ヨーロッパ地域計画憲章」が制定され、「地域計画」（regional／spacial planning, aménagement du territoire, Raumordnung）が経済・社会・文化・環境政策の空間面にかかる表現とされてきた。この定義がきわめて広いことが、かえって当時のCE加盟二十二か国間の妥協を可能にしたという。とはいえ、「地域計画」概念の解釈に今日なお大きいへだたりがあり、そのため、1994年以後EU加盟国は中立的でより解りやすい概念として、「地域開発政策」（ドイツ語表現では「空間開発政策」*Raumentwicklungspolitik*）を政策用語として使うことで一致したという[4]。

3 　AGEG（Hrsg.）, *Zusammenarbeit Europäischer Grenzregionen: Bilanz und Perspektiven*, Baden-Baden 2008, 42, 45, 114ページ。*Praktisches Handbuch*, A 32, B 15-18ページ。

4 　*Praktisches Handbuch*, A 32, C 6ページ。regional planning（地域計画）, *aménagement du territoire*（国土整備）, *Raumordnung*（空間秩序）は基本語意が共通しているものの、含意は異なる。さしあたり英語の語意に合わせた「地域計画」の訳語を当てたが、ここで、わたくしがRaumordnungを「空間秩序」と直訳する理由を述べる。この語は当初、基本法第75条第4号に"Bodenverteilung, Raumordnung, Wasserhaushalt"と、三つの空間政策対象の一つとして挙げられ、これにもとづき1965年にBundesraumordnungsgesetz（ROG）が制定された。その後、基本法の何度かの改正を経て2006年に第75条が全面削除され、Raumordnungは第74条第1項第31号に単独で挙げられるにいたった。この語がLandesplanung, Raumplanungと同義で使われることが多いためか（Brockhaus）、ドイツ法学者は「国土計画」（山田晟、永田秀樹）、「国土整備」（初宿正典、ベルント・ゲッツェ）、「国土開発」（ゲッツェ）という訳語を当てている。しかし、Raumが連邦制に規定される多層的政策対象空間の総称であることから、単一国家領域を含意する「国土」の訳語はなじまない。また、Raumordnungsplan, Raumordnungsprogramm, Raumordnungspolitikというドイツに固有な概念展開がみられることからしても、Ordnungの訳語に「計画」や「整備」を当てることも不適と言わざるをえない。そもそもRaumordnungが社会的市場経済の根本原則である秩序政策 *Ordnungspolitik* に根ざす空間政策観念である以上、Ordnungは「秩序」としか訳しようがないのだ。よって、Raumordnungをわたくしは「空間秩序」と直訳する。ちなみに、「空間経済政策（地域経済政策）はRaumordnungに不可欠な経済的構成要素だとはいえ、この経済的側面はつねにRaumordnungという全体概念との関連において考察されなければならない」（Klaus, Joachim）という指摘は、傾聴に値する。

このほか、国境を挟む協力のために二国間、三国間協定にもとづく政府間委員会がある。すなわち、CE が 1970 年に開催した第一回 CEMAT の勧告にもとづき設置された、「地域計画拡充のための政府間委員会」*Intergovernmental commission to develop regional planning* である。これは、先行したベネルクス間（1960）を皮切りに、ベルギー–ドイツ間（1971）、スイス・ドイツ間（1973）、オーストリア・ドイツ間（1974）、ネーデルラント・ドイツ間（1976）と、1970年代央までとくにドイツ国境沿いにつぎつぎに設置された。政府間委員会の基本目的は空間秩序計画の分野における国境を挟む改善にある。これに加えて、当委員会は空間秩序にかかる、またはその結果から影響をうける他の諸計画分野も手がけるようになった。それは、公的任務にかかる国境の両側の土地利用計画、地域経済開発、環境保護、交通基盤および公共交通制度、教育、水、廃棄物等にかかる公共サービス・施設である。

ただし、当委員会の権限は勧告にとどまるため影響力がかぎられており、とりわけ多国間にまたがる広域協力を助成する INTERREG IIC（1997-1999）と INTERREG IIIB（2000-2006）によってさらにその影響力をそがれたという[5]。

ほかにも、特定分野の協力のための特別組織を形成する政府間協定がある。事例として以下が挙げられる。①共通の自然公園の設置、運営のための委員会の形成：ルクセンブルク–ドイツ（1964）；ドイツ・ベルギー（1971）；ドイツ・ネーデルラント（1976）、②自然災害発生時の相互救助協力：ドイツ・フランス（1977）；ベルギー・ドイツ（1980）；ベルギー・フランス（1981）；ベルギー・ネーデルラント（年不詳）、③ライン河環境保護：フランス・ドイツ・スイス・ルクセンブルク・ネーデルラント（1977）、④ジュネーブ湖環境保護：フランス・スイス（1980）、⑤原子力発電所にかかる、また国境地域における災害予防のための相互情報交換と協議：ドイツ・フランス（1981）；スイス・フランス（1979）。

このほか特別の企画の管理のために、同格ならざる公共団体間に協定がむすばれる事例として、つぎの二つが挙げられている。①ザオア川水力発電所経営にかかるルクセンブルクとラインラント–パルツ間の協定（1958）、②ライン河漁業にかかるスイスとバーデン–ビュルテンベルク間の協定（1977）。

5　AGEG（2008）, 44 ページ；*Praktisches Handbuch*, A 33 ページ。

総じて、〈地域〉・地区公共団体の国際協定への参加の現実的可能性は、当該国の法的、行政的枠組によりきわめて多様である。西北ヨーロッパ諸国では、それぞれの権限において国境を挟む協定をむすぶことが法律上認められているが、いずれも国（邦）の監督のもとにあり、ドイツではラントが拒否権をもっている[6]。すなわち、ドイツ連邦共和国基本法の第91a条「共同任務」 *Gemeinschaftsaufgabe* の規定（地域的経済構造の改善はラントの任務であり、連邦は任務の遂行に協力し、支出の半額を負担する）にもとづく「地域的経済構造改善のための共同任務に関する法律」 *Gesetz über die Gemeinschaftsaufgaben zur Verbesserung der regionalen Wirtschaftsstruktur*（1969.10制定）により律せられている。

2　EC／EUの地域政策──構造基金

　EC／EUは地域政策を構造政策 *structural policy* と呼ぶ。それでは、地域が直面する問題の構造性とはなにか。おそらくそれは、地域の産業構造が改革ないし転換に迫られており、しかもそれは、各国単独の地域政策ではその支援として不十分であり、EC／EUによる政策補完を必要とするほどに困難な課題であるとの含意であろう。そこで、地域という単一の政策対象に国（邦）およびEC／EUという複数の政策主体が同時にかかわることになると、地域政策の中立性と補完性という二つの問題が発生する。

　まず中立性の問題とは、以下のようなものである。産業構造は立地分布という空間規定を受けている。ある地域の産業の衰退は、地域間競争の結果であり、それは当該地域をその一部とする一つの自立的経済圏の自己再生産に必須の、たえざる地域的新陳代謝の一局面にほかならない。競争劣位におちいった地域がどのような産業構造への転換に向かうかは、当該地域の自主判断と自助努力に任せられるべきであり、これを支援する上からの政策補助は地域中立的でなければならない。一地域の産業構造の転換は、同じ経済圏内の競合他地域の産業構造に作用をおよぼすからである。

　次に補完性の問題とは、「構造危機」に直面した地域に対する国（邦）およ

---

[6] *Praktisches Handbuch*, B18-20ページ。

びEC／EUという二つの政策主体の政策協調が、政策競合に転化する可能性をはらみ、後者が優位に立つならば補完性原則に抵触することになりかねないことである。国（邦）とEC／EUにいずれが事実上の主導権を握るかによって、政策効果の地域中立性の程度も変わるであろうし、補完性原則の遵守の度合いも変わるであろう。したがって、「構造政策」の実態分析を進めるにあたり、「構造政策」の名のもとで中立性と補完性の二つの原則が侵害されていないかに目を配る必要がある。

　EC／EUの地域政策がCEのそれとことなる点は、なによりも前者がその実施のための強力な財政手段、「連合基金」 Union funds を具えていることにある。これは各種「構造基金」 Structural Funds およびその他の財政手段から成り、これは1987年7月発効の単一ヨーロッパ議定書で初めてEC条約上の根拠をえた。第18編「経済的・社会的結束」（第130a～e条）の「全般的に調和のとれた発展を促進するために、ECはその経済的・社会的結束 cohesion の強化をもたらす行動を立案し、実施するものとする。とくに、ECは、各地域の発展水準差と最貧地域の後進性とを減らすことを目ざすものとする。」（第130a条）という一般規定は、その後のEC条約改正のたびに精緻化して、現行リズボア条約ではEU運営条約第18編「経済的、社会的、領域的結束」（第174～178条）の規定となっている[7]。地域間不均等の是正による地域間結束を目ざす政策の必要性の認識が、EC／EUの地域政策の正当性の根拠とされていることになる。しかし、地域間不均等が統合市場のもとでの地域間競争の結果であるとすれば、競争政策と結束政策は目的相反の関係に立ちかねない。域内統合の進展を図る政策がそれを妨げる結果を生み出すという矛盾が、EC／EUの地域政策にも内在していることになる。また、EC／EUの地域政策が地域間不均等の是正に事実どれほど寄与したか、という政策効果の検証も課題になること、さらにまた、バイゼが指摘するように、なぜ貧しい国が豊かな国の困難地域を、EC／EU予算の分担金をとおして補助しなければならないのかという疑問がつきまとうことにも、留意する必要がある[8]。

7　Vertrag über die Arbeitsweise der Europäischen Union, in: *Europa-Recht* (2013).
8　Weise, Christian, *Strukturfondstranfers in einer zukunftsfäigen EU: Konznentration, Subsidiarität und Kopplung an die nationale Wirtschaftspolitik*, Baden-Baden, 2002, 115ページ。

EC／EU 地域政策にかかる問題状況は、2004〜2007 年に中・東ヨーロッパ十二か国が集団加盟したことにより一変した。東西ヨーロッパの歴史的異質性の深みに根ざす新旧加盟国間の経済水準の開きは、旧加盟国間の開きと格段の相違がある。これを見こして、EC／EU の東方拡大に備えて策定された新戦略 *Agenda 2000* により、EC／EU の地域政策が大きく転換し、国境地域政策も重点を東側外部国境に移しかえた。このことを念頭に置きながらも、本書は EC／EU 原加盟国であるドイツ‐ネーデルラント・ベルギー間の国境地域に固有な問題に焦点をあてているので、これに直接、間接にかかわるかぎりの西側内部国境地域を対象にする。よって、主な時期的対象も 2000 年代初までに限定する。

　ちなみに、中・東ヨーロッパ十二か国とは、2004 年の加盟が、エストニア、ラトビア、リトアニア、ポーランド、チェコ、スロバキア、ハンガリー、スロベニア、キプロス、マルタ十か国、2007 年の加盟がブルガリア、ルーマニアの二か国である。このうちキプロスは、自然地理学上アジアに属する。したがって、EU は「東方拡大」によりアジアにまで版図を拡げたことになる。2013 年にクロアチアが加盟したので、2018 年現在 EU は二十八か国から成る。

　EC／EU の国境地域政策をふくむ地域政策一般は構造基金に具体化されているので、EC／EU 地域政策立法のコメンタール的性格を具える Evans の研究成果に主として拠りながら、まず、これの制度と機能の変化を把握しておきたい[9]。

　構造基金は当初、「ヨーロッパ社会基金」*European Social Fund*（ESF, 1960）,「ヨーロッパ農業指導・保証基金」*European Agricultural Guidance and Guarantee Fund*（EAGGF, 1962）の「指導部門」*Guidance Section*,「ヨーロッパ地域開発基金」*European Regional Development Fund*（ERDF, 1975）の三種であり、1990 年代にはいり「漁業指導のための財政手段」*Financial Instrument for Fisheries Guidance*（FIFG, 1999）が加わった。EEC 発足後まもなく 1960 年

9　Evans, Andrew, *EU Regional Policy*, Richmond, 2005. なお、原則としてマーストリヒト条約発効（1993）前は EC、これ以降リズボア（リスボン）条約発効（2009）までは EC／EU、これ以後は EU と表記する。EC／EU の地域政策の推移（2000 年代初まで）を最も総覧的かつ詳細に分析した日本語文献は、辻悟一『EU の地域政策』世界思想社、2003 年、である。ただ、国境地域政策（INTERREG）は当書の関心の外にとどまっている。

代前半に設置されたESFとEAGGFは、ともに補助対象地域を限定しないEEC横断的基金であり、対象地域を限定する本来の地域政策はERDFによって初めて形をえた。2000年代までに構造基金のなかで最大の比率を占めるにいたったのがほかならぬERDFであり、国境地域に対する補助政策、INTERREGも、この基金の枠組で策定されることになった[10]。

創設時のERDF予算はEC予算の5％未満にすぎなかったが、2000年までにEC／EU予算の3分の1を占めるにいたり、構造基金と結束基金 Cohesion Fund（スペイン、ポルトガル、ギリシャ、アイルランド四か国向け限定）とを合わせた「構造対策」structural operation が、EC／EU予算の第二の支出項目になった[11]。そこでまず、ERDFに焦点をあて、ここからINTERREG計画が生まれ、展開する過程をさぐることにする。

（1）ヨーロッパ地域開発基金 ERDF

① 1975～1988

EEC条約第235条にもとづく1975年の閣僚理事会の決定によるEC「規則」にしたがい、ERDFが設置されるまで、ECは地域政策を各加盟国に固有の政策課題とみなし、自己の政策体系のなかに入れていなかった。EEC参加六か国のなかで例外的な後進地域である南イタリアに対しては、1962年に始まるEAGGFによる農業分野の構造問題への補助金で対応していた[12]。ERDFの設置は、農業生産構造の特性のゆえに共同農業政策 CAP の恩恵に与らない新規加盟のイギリスが納付する、多額の拠出金に対する「補償」が主目的で、事実上いわば拠出金の割引措置にほかならなかった[13]。

そのうえ、1975年の「規則」は補助金が国別割当により配分されると規定

10　Evans（2005），1, 10ページ。
11　Bollen, Frank/Hartwig, Ines/Nicolaides, Phedon, *EU Structural Funds beyond Agenda 2000: Reform and Implications for Current and Future Member States*, Maastricht, 2000, 13ページ。WeiseはERDFがEC予算の2.5％、EAGGFの指導部門が2.5％、ESFが5％、合わせて10％を占めたという。Weise（2002），15ページ。
12　Weise（2002），14-15ページ；*Praktisches Handbuch*, C 5ページ。
13　Evans（2005），12ページ。地域開発を目的とするなんらかの基金創設により「補償」をおこなうことを、イギリスが強く要求したためという。Bollen他（2000），14ページ。

した。それは EC 加盟国を「出し手」と「受け手」に二分しないという政治的配慮がはたらいたからである。そのため、地域的困難の程度にかかわりなく全加盟国にある程度の補助金が保証されることになり、その利用は各国の地域政策の裁量にまかせられた。この意味でも、ERDF は EC 独自の本来の地域政策と呼べるものではなかった[14]。とはいえ、EC と加盟国の地域政策協調において加盟国が主導権をにぎっていたことから、補完性原則の遵守が窺われる。

ところが、国別割当が地域間不均等の是正に役だたないことが判り、1984年、国別配分に上限と下限を設ける許容幅（range）制度に切りかえられた。この制度修正によっても、全加盟国に最小限度の ERDF 援助が保証されることに変わりがなかった。下限の総額は 1985 年の「規則」で 88.63％、したがってヨーロッパ委員会の自由裁量分は 11.37％にとどまった[15]。1975 年から 1988 年まで、ERDF 予算の EC 総 GNP に対する比率は 0.09％で、93％が個別企画に向けられ、80％以上が社会構造基盤投資にかかるものであった[16]。補助金の対象範囲は、このほか生産的投資、内発的発展 *endogenous development* にかかるものとされた[17]。

補助の内容は、ヨーロッパ投資銀行 *EIB* からの借入れの利子補給、各「企画」*project* への部分的資金補助であった。さらに、「共同体地域開発特別措置」*specific Community regional development measures*,「共同体の利益に適う加盟国基本計画」*national programmes of Community interest*,「共同体基本計画」*Community programmes* などの形態をとることもあった。この間に、ヨーロッパ委員会は個別「企画」よりも「基本計画」*programming* の補助を優先する方向を打ちだした。後者は、相互に関連する一連の諸企画に対して多年度にわたり補助をおこなうものである。しかし実際には、個別企画支援が補助の支配的形態でありつづけ、「基本計画」への補助は 1986 年に ERDF 補助金総額の 7.7％にとどまった。

「共同体地域開発特別措置」は、一次産品価格の高騰により経済危機に直面している地域が増え、ERDF 補助対象の多様化がせまられた状況のもとで、

14　Evans (2005), 28 ペイジ。
15　同上、29-30 ペイジ。
16　Bollen 他 (2000), 15 ペイジ。
17　Evans (2005), 30 ペイジ。

1979年の「規則」により打ちだされた。これにより産業の再構築と転換の問題に直面している地域、すなわち先進国の先進地域も補助対象となるにいたった。これは急性の危機への対策で、後の目的2の先駆けとなるものであった。注目されるべきは、この種の危機地域に国境地域もふくまれていたことである。これは、ECの政策関心から国境地域が先進工業地域として捉えられていたことを物がたる。この「規則」の採用にあたり、閣僚理事会は不利な条件下にある地域の国境問題の解決のための支援を、当該複数国が共同して要請するならばこれに応える意思があることを表明した[18]。こうしてCEより数年遅れの1970年代末に、国境地域がようやくECの視野にもはいってきたことになる。国境地域が、開発の遅れた農村地域でなく先進工業地域であるがゆえに政策対象として認識されるにいたった事情は、すでに分析したドイツ・ネーデルラント・ベルギー国境地域の、*EDR*を除く四エウレギオの事例から理解できることである。

「共同体基本計画」は1984年の「規則」で規定され、しかも基金運営において優先事項となった。これにもとづき、1986年に通信サービスの十分な供給のための*STAR*基本計画およびエネルギー問題に直面する地域向けの*VALOREN*基本計画が、1988年に鉄鋼地域向けの*RESIDER*基本計画および造船地帯向けの*RENAVAL*基本計画が、それぞれ策定された[19]。

② 1989〜1993

1993年までにERDFは構造基金のなかで最大規模に拡大した。同年、構造基金はEU予算の4分の1を占め、その半額がERDFに配分された[20]。他方で、この期間に構造基金制度に大きな改革がもたらされた。すなわち、1988年、第一ドゥロール包括協定により構造基金にかかる「規則」が制定され、四原則が導入されたことである。それは、1）集中原則、2）基本計画原則 *programming*, 3）対等協力原則 *partnership*, 4）追加原則 *additionality* であり、現在にいたるまでこれらが構造基金の基本条件となっている。

1）集中原則とは補助金対象を六の優先目的にしぼることであり、これは

---

18 同上、35-36ページ。
19 同上、38-39ページ。
20 Weise（2002），17ページ。

表9-1 構造基金目的

		1994－1999				2000－2006			
1	最貧地域	ERDF	ESF	EAGGF	FIFG	ERDF	ESF	EAGGF	FIFG
2	工業衰退地域	ERDF	ESF			ERDF	ESF		FIFG
3	長期高失業率		ESF				ESF		
4	再職業訓練		ESF						
5a	農業構造改善			EAGGF	FIFG				
5b	農村地域	ERDF	ESF	EAGGF					
6	過疎地域	ERDF	ESF	EAGGF	FIFG				

注：（1）EAGGF はすべて「指導」guidance 部門。
　　（2）2000-2063 期に目的1が6を統合、目的2が5bを統合、目的3が4を統合。
　　（3）2007-2013 期に目的1が「収斂」、目的2が「競争」、目的3が「地域間協力」に変更。
出所：Bollen 他（2000），20,35 ページ；AGEG（2008），72-77 ページ。

いったん七まで増えたあと、三に集約された。諸目的の一覧は、**表9-1**のようになる。

目的1は、発展が遅れている地域の開発と構造改革の促進である。1988年の「規則」および1993年の改正「規則」でも、目的1地域はNUTS2水準で、直近3年間のGDP／人がEC平均の75％未満とされた[21]。この目的1は予算のなかで最大項目となった。目的1地域はEC人口の21.7％の範囲に適用され、1989～1993までの全構造基金予算の69.6％が目的1地域に割りあてられた[22]。

目的2の適格地域とされたのは、つぎの三条件を満たすNUTS3（ドイツのクライス相当）水準地域である。すなわち、1）過去3年間の平均失業率がEC平均より大、2）雇用における工業雇用の比率がEC平均と等しいか、1975年以降一度でも上まわる、3）1975年とくらべて工業雇用が目にみえて落ちこんでいること、以上である[23]。1993年の改正では、産業と生産システムの変動による深刻な失業に加えて、荒廃した工場地区の再開発問題をかかえる都市域 urban area および漁業の再構築の社会・経済的打撃をうける工業地区ないし都市域も適格地域となり、国境地域もこれに加えられた[24]。目的2適格地域

21　Evans（2005），43-44 ページ。
22　Bollen 他（2000），17 ページ。
23　Evans（2005），46 ページ。

の選定にあたり、加盟国が当該地域を提示し、ヨーロッパ委員会と交渉する手続きをふむので、後者の役割が減少した。そのため適格地域が増えたという[25]。1988年の「規則」では目的２のための補助は、EC人口のうち目的１地域以外のEC人口の15％に適用された。1993年の修正により、EC人口の15％に縮小された[26]。

　目的５ｂは、1988年の「規則」で、農村地区の構造調整 *structural adjustment* の助成により、農村開発の促進をめざすことになった。これが1993年の「規則」改正で、農村地区の開発と構造調整を助成することに変わった[27]。当初、目的５ｂ地域はヨーロッパ委員会により選定され、対象地域はNUTS3以下でもよかった。以下の三条件をすべて満たすことを必要とする。１）全雇用における農業雇用の高い比率、２）農業収入の低水準、３）GDP／人で計った社会・経済的発展の低水準。このほか、以下五基準の一つ以上をみたす農業地域への補助も認められた。１）人口希薄またはいちじるしい人口減少、２）ECの社会・経済的中心地から遠い辺境に位置、３）CAPによる農業発展から不利をこうむっていること、４）環境や田園地帯 *countryside* にかかる負荷、５）山岳地域ないし不利な地域としての位置づけ。以上は質的規定であり当局の自由裁量の余地を残していた[28]。ともあれ、農業・辺境地域で観光に地域再生の活路を見いだそうとしているエウレギオ内の各地も、この条件にあてはまることになる。目的５ｂはEC人口の５％に適用され、予算の3.5％が割りあてられた。かくて構造基金の82％が以上三目的に集中した[29]。

　1988年の「規則」で、目的１，２，５ｂに対し、５年間にわたり目安としてERDF資金の85％を各加盟国への割当分とした。目的２補助金の大半はイギリス、スペイン、フランスに割りあてられ、目的５ｂ補助金の大部分がフランスと西ドイツに割りあてられた[30]。

24　同上、43, 48ページ。
25　同上、49-50ページ。
26　同上、43ページ。Bollen他（2000）, 18ページでは、目的２はEC人口の16％に適用され、予算の9.7％が割当てられたとしている。
27　Evans（2005）, 43-44ページ。
28　同上、49-50ページ。
29　Bollen他（2000）, 18ページ。
30　Evans（2005）, 52-53ページ。

2）基本計画原則とは、各種補助金の投入効果を上げるために、多年度統合プログラムの策定を必須条件にしたことである。この手続きは次のような三段階をふむ。まず、当該国から各目的に対応する地域開発計画が提出される。次いで、ヨーロッパ委員会と当該国との交渉の結果、開発戦略、重点目標、補助期間、補助金比率などをもりこんだ協定「共同体支援大綱計画」*Community Support Framework*（CSF）がむすばれる。最後に、これを具体化した一連の「実施計画」*Operational Programmes* が、両者間の交渉により確定する[31]。

　この三段階手続きは時間と手間がかかりすぎるという各国からの批判をうけて、1993年の規則改正で、三段階を二段階にちぢめることが可能になった。すなわち、各目的に対応する加盟国からの地域開発計画の提出をうけて、共同体支援大綱計画と実施計画を一つにまとめた「単一基本計画立案書」*Single Programming Document*（SPD）を作成するものである。しかし、立案過程の時間費用の削減方式についてはそれぞれ一長一短があるので、ヨーロッパ委員会がSPD方式をとるか否かを決定する権限をあたえられた。総じて、SPD方式は、比較的わずかな目的１補助金をうける国に適用された。逆にいわゆる「結束四か国」には三段階方式が適用された[32]。

　3）対等協力原則のもとで、ヨーロッパ委員会、加盟国、〈地域〉・地区各水準間の対等な協力をめざすことになり、加えて経済的・社会的諸集団も計画立案に直接関与することができるようになった[33]。

　4）追加原則のもとで、構造基金からの補助金は各国の地域政策の代替でなく補完であることが明示され、当該国に同時支出が義務づけられた[34]。目的１対象地域に対するEC補助金は計画総費用の50～75％、他の目的に対しては25～50％とされた[35]。

31　同上、56, 72ページ；Bollen他（2000），18ページ； Auel, Katrin, *Regionalisiertes Europa–Demokratisches Europa? Eine Untersuchung am Beispiel der europäischen Strukturpolitik*, Baden-Baden, 2003, 69ページ。
32　Evans（2005），62-64ページ；Bollen他（2000），19ページ。
33　Auel（2003），20ページ。
34　Bollen他（2000），18ページ。
35　同上、75ページ。

③ 1994〜1999

この期間は、構造基金の補助対象が七目的に増えた。このうち目的1,2,5b,6が対象を一定の適格基準をみたす地域または地域の一部に限定するのに対して、目的3,4,5aは全域横断的な性格をもつものであった。

1993年の「規則」で、補助分野はひきつづき生産的投資、社会基盤投資、内発的発展の三分野とされた。社会基盤投資は、とりわけ目的1地域に対して広範囲の投資を支援し、交通、通信、エネルギー分野における「汎ヨーロッパ網」(TEN) の形成や発展に寄与する投資、加えて教育・保健分野における構造改善投資の支援もふくまれる。目的2地域では、工業衰退で打撃を受けている地域の再生にかかる社会基盤投資を支援する。目的5b地域では、通信基盤をふくむ非農業部門での雇用創出を可能にする経済活動に直接にむすびつく構造基盤投資も、支援対象になった。内発的発展補助は、当該地域の自力発展の可能性を掘りおこすための対策を支援した。これは、地元主導の開発と中小企業の活動を刺激・支援する諸措置をいう。このほか、研究・技術分野における投資や環境保護を目ざす投資も補助対象となった。

補助形式は、無償補助、有償補助、利子補給、信用保証、株式保有、ベンチャーキャピタル保有等であった[36]。

1992年12月の第二ドゥロール包括協定 (1993〜1999) で、EU財源の上限がEUの総GNP (1999) の1.27%とされ、構造基金には0.4%強が配分されることになった[37]。1993年の「規則」で目的1の適格基準が1999年まで据えおかれ、全EU人口の26.6%に適用されることになった[38]。

1995年のフィンランド、スウェーデン、オーストリアの加盟に備えて、1993年に目的6が設定された。これは人口密度8人/km^{2}以下の地域を対象にするもので、目的1の規定が準用されることになった[39]。

1994〜1999構造基金予算の68%が目的1地域に割りあてられ、これをふくむ四種の地域割当目的 (1,2,5b,6) に84%以上が配分された。目的1地域

---

36 Evans (2005), 54-56 ページ。
37 Weise (2002), 84 ページ。
38 Bollen 他 (2000), 19 ページ。
39 Evans (2005), 63 ページ。

はEU人口の26.6%を占めた。前期（1989〜1993）21.7%より5ポイントの増額である。四目的対象地域の人口はEU人口の51%となった[40]。バイゼによれば全補助対象地域にEU人口の52.2%、目的1地域に26.6%、目的2地域に16.4%、目的5b地域に8.8%、目的6地域に0.4%、という配分であった[41]。1999年に構造基金はEC予算の約35%を占めるにいたり、EC／EU経済政策のCAPとならぶ主柱となった[42]。

当期の改革で見のがせないのは、1999年にヨーロッパ委員会のもとに四小委員会が設けられたことである。「共同体主導政策」は「目的」にしたがっておこなわれる補助よりも、ヨーロッパ委員会が大きな裁量権を具えている[43]。したがって、小委員会の設置はヨーロッパ委員会の任務の支援のためだけでなく、後者の裁量権を制約するためのものでもあったとみられる。すなわち、地域開発・転換小委員会、農業構造・農村開発小委員会、漁業・水産業構造小委員会、ESF委員会である。最後を除く三委員会は、諮問委員会としてだけでなく運営委員会としても機能した。なかでも重要な地域開発・転換小委員会は、加盟国代表から成り、ヨーロッパ委員会代表が議長を務める。EIBは投票権のない代表を送る。ヨーロッパ委員会が法規の実施にあたるときは、小委員会が運営委員会として機能した。すなわち、INTERREGおよびURBANにかかるガイドライン、ERDFにかかる各種の新規事業のためのガイドライン［の作成］にあたった。目的2に適格な地域一覧表を確定または修正、目的1、2のもとでの「単一基本計画立案書」にふくまれる「共同体支援大綱計画」およびこれに対応する情報、ERDFからの補助にあたり技術的支援措置の種別、このほかすべての共同体主導政策と新規事業にかかる諸問題、以上を討議するとき、小委員会は諮問委員会として行動した[44]。

④　2000〜2006

1999年に閣僚理事会により採択された*Agenda 2000*により、当期もEU自

40　Bollen 他（2000）, 22, 24 ペイジ。
41　Weise（2002）, 21 ペイジ。
42　同上、17 ペイジ。
43　同上、56 ペイジ。
44　Evans（2005）, 221-223 ペイジ；Weise（2002）, 56 ペイジ；Auel（2003）, 68 ペイジ。Auelは小委員会設置を1993年としている。

主財源の上限はEUの総GNPの1.27％に据えおかれた。構造基金の集中原則を徹底するために、目的の数が7から3に、共同体主導政策の数が14から4に整理された。また、地域限定を受ける諸目的の適用人口を、2006年までにEU人口の51％から約35〜40％に減らすことになった。目的1には四構造基金すべてがかかわり、目的2にはERDF, ESF, FIFGの三基金がかかわり、目的3にはESFのみがかかわる[45]。

1999年の「規則」によれば、ERDFは目的1および目的2に対応するものとされた。目的1は「発展が遅れている地域の開発と構造改革の促進」、目的2は「構造的困難に直面している地区の経済的・社会的転換の支援」と、それぞれあらたに規定しなおされ、目的5bが目的2に統合され、目的6が目的1に統合された[46]。ESFは主に、従来の目的3, 4を統合したあたらしい目的3に対応し、これは「教育、職業訓練、雇用にかかる政策および制度の適応と現代化との支援」である。EAGGFの指導部門は目的1にかかる行動を支援する。FIFGは目的1, 2にかかわり、目的1地域の外部の漁業部門の構造改革も支援するとされた[47]。

構造基金の当期予算は、69.7％を目的1に、11.5％を目的2に、12.3％を目的3に配分した。構造基金の支出総額の53.4％をERDFが占めるにいたった[48]。

目的1の対象地域は従来通りNUTS 2地域で、GDP／人が1999年直近の過去3年間の購買力平価で測定したEC平均の75％未満の地域を適格とした。ヨーロッパ委員会は75％基準を厳格に適用することにより、目的1地域の範囲のEU人口を25％から20％に減らそうと努めたが、資金運用においてこの基準は守られなかった[49]。

目的2地域は、社会・経済的転換による構造問題に直面しているだけでなく、その人口、面積が十分に大きくなければならないことが要件として附けくわえられた。対象となるのは、とくに工業・サービス部門の社会・経済的衰退地区、

---

45 Evans (2005), 67ペイジ；Bollen他 (2000), 31-35ペイジ。
46 Evans (2005), 64ペイジ。
47 同上、2ペイジ。
48 同上、3ペイジ；Bollen他 (2000), 35-36, 61-62ペイジ。
49 Evans (2005), 64ペイジ。総じてEU人口の約21.9％が目的1地域の適用範囲となった。Bollen他 (2000), 34ペイジ。

衰退農村地区、困難に直面する都市域、漁業依存の不況地区である。工業・サービス地区はNUTS 3水準であり、以下の三基準を満たすものとされた。すなわち、1) 過去3年間の平均失業率がEU平均を上まわる、2) 総雇用に占める工業雇用の比率が1985年以降のいずれかの年にEU平均を上まわる、3) 前記の年と比較して工業雇用が目にみえて減少している、以上である。農村地区もNUTS 3水準を対象とし、以下の二基準を満たすものとされた。すなわち、1) 人口密度が100人／km^{2}未満であるか、総雇用に占める農業雇用の比率が1985年以降のいずれかの年にEU平均の2倍以上である、2) 過去3年間の平均失業率がEU平均を上まわるか、1985年以降人口が減少している、以上である。この両種の地区は各加盟国の、目的2適格人口のすくなくとも50％を占めることとされた。

「都市域」は次の四基準のすくなくとも一つをみたす人口密集地区を意味する。すなわち、1) 長期失業率がEU平均を上まわる、2) 劣悪な居住条件をふくむ高い貧困水準、とくに破壊された環境、3) 高い犯罪・非行発生率、4) 住民の教育水準の低さ、以上である。

漁業依存地区は次の二基準をみたすものとされた。すなわち、1) 総雇用に占める漁業雇用比率がいちじるしく高い、2) 雇用をいちじるしく減らした漁業の再構築のために、構造的、社会・経済的問題が発生している、以上である。

他にも、次の三条件の一つにあてはまり、その人口または面積が十分に大きい地区も補助対象になった。1) 工業・農村地区に隣接して社会・経済的衰退に向かう地区、目的1の対象地域に隣接する農村地区、2) 高齢化、または農業労働人口の減少から生ずる社会・経済的諸問題をかかえる農村地区、3) 農業、工業、サービス部門における一つ以上の業種で進行中の、または計画されている再構築から発生する深刻な構造問題または高水準の失業に直面しているか脅かされている地区、以上である。ヨーロッパ委員会は目的1, 2適格人口比率をEU人口の51％から35〜40％に、また、目的2適格人口比率を18％以下（工業地区10％以下、農村地区5％以下、都市域2％以下、漁村1％以下）に減らそうとしていた。ただし、目的2適格人口の最大減少幅は1999年の目的2および5b適用人口の3分の1を超えてはならないという安全網が設けられた[50]。

50　Evans（2005），65-67ページ。

なお、農業構造の現代化をねらう旧目的5は、CAPの対象となり、構造基金の補助対象からはずされた[51]。

(2) その他の構造基金

① ESF

ここで、他の構造基金についても一瞥しておく。1988年の「規則」により、ESFのために目的3、4が創設された。目的3「長期失業を減らすこと」、目的4「若者の就職を容易にすること」の両者とも対象地域を限定せず、EC域一円に適用された。最も多額の補助がイギリス、次いでイタリア、西ドイツ、フランスに配分された[52]。

1993年の「規則」改正により、目的3は「長期失業を減らし、若者や失業の危機にさらされている人たちに就業機会を増やすこと」とされ、各加盟国ですでに実施されている政策を支援することになった。目的4は「両性の労働者の、産業構造と生産システムの変化への適応を容易ならしめること」とされた。目的3、4の補助金総額のすくなくとも80％が目的3に割りあてられ、目的3補助金の35％が若者の就業支援に向けられた。国別では最多の補助金がイギリスとフランスに配分された。1999年の「規則」改正により、目的4は目的3に統合された。目的3適格地域は、目的1地域以外とされた[53]。

ESFから最も多額の補助金を得ていたのがイギリスであることは、注目されるべきである。ESFの現実的効果は、できの良い職業訓練生をその技能を必要とする繁栄地域への移住に誘うことになり、その結果、地域でなく国水準の発展が促進されることになる。したがって、ESFの実績は、結束のために必要とされる地域間均等よりも、各加盟国内部の労働市場［自由化］政策を支援する効果をもたらすことになろうと、エバンズは批判している[54]。

---

51 Weise（2002），106ページ。
52 Evans（2005），97ページ。
53 同上、100-104ページ。
54 同上、107-108ページ。

② EAGGF 指導部門

1962 年に EAGGF が設置された後、1964 年に EAGGF に構造政策的指導部門 *Guidance Section* が加えられた。しかし実際に動きだしたのは 1970 年代初にいたってからである[55]。

当初、目的 5 a は CAP 改革の枠組で農業構造の調整を速め、農村地域の発展を促進することを目的にしており、指導部門の管轄範囲であった。1999 年の「規則」改正により、目的 5 a, b が廃止され、指導部門からの補助は目的 1 に限定された[56]。

(3) 構造基金の評価

現行の EU 運営条約第 176 条は ERDF を次のように規定している。「ERDF の任務は、後発地区 *rückständige Gebiete* の開発と構造的適応および衰退に瀕した工業地区 *Industriegebiete* の転換に関与することにより、連合における最も深刻な地域不均等の是正に寄与することである。」[57]目的 1 は NUTS 2, 目的 2 は NUTS 3 を対象にするので、水準の違いがあるにせよ、いずれも *Gebiet* (*area*) の地域特性がもっぱら一定の指標により捉えられた現状の経済的低位または危機的状況に求められ、固有の歴史的一体性を具えている準拠空間の枠組での戦略目標設定への関心は十分と言いがたい。このような局地的危機認識から発動される臨時的空間政策を、はたして地域政策と呼べるのかという疑問が生じて当然である。ところが、エバンズとバイゼの批判的検討は目的設定の根拠に向かわず、短・中期的政策効果の検証および各種構造基金の諸目的間の重複または相反の有無の点検に向かっているようにみえる。また、政策効果の評価も割れている。そこで、この問題性をすこし立ちいって検討する。

まずエバンズは、以下のように言う。構造基金政策は結束強化を謳いながら、実際には補助対象地域の適格性が結束政策よりも競争政策の観点から問われている。社会基盤整備と職業訓練に集中する補助金は弱い地域の発展をかならず

---

55 Auel（2003）, 65 ページ。
56 Evans（2005）, 131, 135 ページ。
57 *Europa-Recht*（2013）.

しも助けず、むしろ国民経済的発展を支援しがちで、地域間不均等よりも加盟国間不均等を減らす結果を生み、辺境地域をさらに辺境化することになりかねない、と。このように批判するエバンズの関心が、加盟国間ではなく各加盟国内の地域間の不均等是正を重視していることは明らかである[58]。かれの「地域」観念がどのようなものであるかを、さて措くとしてもである。

　他方でバイゼは、構造基金補助は地域間不均等でなく、GDP／人基準の加盟国間不均等の縮小に集中されるべきであると、エバンズと正反対の主張を唱えている。また、*Agenda 2000* で目的の数が大幅に減ったとはいえ、多くの補助対象分野が減らないまま形式的に少数目的に束ねられただけであり、最重要な目的1とINTERREGへの資金集中もさして高まらなかった。補助対象分野として社会的構造基盤、人的資本、企業構造現代化にひとしく重点が置かれるべきだとして、エバンズとの対照的違いを見せる。共同体主導政策の発動では補完性原則の抵触が認められるという、興味ぶかい指摘もおこなっている[59]。地域間不均等と加盟国間不均等のいずれを重視するかは、地域にかかる問題状況の認識が論者により異なることを浮きあがらせる。地域間不均等が比較的小さいドイツを念頭に置くバイゼが、加盟国間不均等をより重視するのは理解できることである。

　ここで見過ごせないのは、たとえ評価が割れるにせよ、構造基金が効果を生むとしたら、それは地域間不均等の是正よりもむしろ加盟国間不均等の是正であるという認識で、両者が一致していることである。これは、EC／EU加盟国もおそらくこの認識を共有しているであろうとの推測に導く。EC／EUの地域政策が各加盟国の国内統治権に抵触する可能性をはらむにもかかわらず、後者が前者を受けいれるのは、このような効果を期待できるかぎりにおいてであろう。

　なお、バイゼは地域的構造政策の基準となる「地域」概念について、ドイツの「労働市場地域」*Arbeitsmarktregion* が有用であろうと提唱している。もっとも、これは現状ではドイツに独自な制度なのでEU全域に適用することがで

58　Evans (2005), 77-78, 179-180, 196, 249-252 ペイジ。辻は、EUの地域政策の対象が国、地域、areaと、多層化してきたことを認めたうえで、このような多層的地域政策がはたして妥当であるのかと、疑問を投げかけている。辻 (2003), 239 ペイジ。

59　Weise (2002), 51, 53, 106, 109, 188, 191 ペイジ。

きず、行政水準にもとづくNUTS分類の利用がやむをえない便法であるとも、かれは述べている[60]。これは「地区労働局」*regionales Arbeitsamt*制度を念頭においた提案と思われる。これについていえば、経済地域概念として商工会議所管区も検討に値する。これはドイツをはじめ強制加入制をとる諸国で、国土を隙間なく、かつ重なることなく網羅しており、行政区域におとらぬ地域的・歴史的一体性を具えており、しかも各種基礎統計資料がととのっているからである。EU加盟国すべてが強制加入制でないとはいえ、行政区域とならぶ経済地域制度として長い歴史をもつ商工会議所管区を地域概念の分析の鍵として活用することが、今後の一つの課題であろう。

3　EC／EUの国境地域政策

（1）INTERREG以前

　前述のように、EC／EUの地域政策が策定されたのは1975年だが、実は国境地域政策への関心はこれより早くヨーロッパ議会で生まれていた。1960年にヨーロッパ議会が、EECの補助が「国境沿い、または辺境の地域」*regions of a frontier or peripheral character*に集中するべきであるとの決議をおこなっているからである。しかし、この間に地域関心が拡散し、1966年のヨーロッパ議会の決議は、優先的に補助対象とされるべき地域として、①辺境地域、②困難に直面している地域、③内部国境沿い地域、④西ドイツとイタリアの東部国境沿いの地域、以上の四つを挙げている。同時にヨーロッパ議会はまた、補助金がEEC全域に向けられるべきだとも主張しており、首尾一貫していない。ともあれ、国境地域が内部国境地域も外部国境地域もひとしなみに「辺境」として捉えられ、これに対する政策関心がEEC／EC水準ですでに1960年代に生まれていたことは、留意されるべきであろう[61]。

　他方で、1969年のヨーロッパ委員会の提案は、緊急補助を要する地域として次の四つを挙げている。すなわち、①とりわけ農業が支配的なために低開発の地域、②主たる産業の構造変動のゆえに衰退に向かう地域、③構造的失業に

60　同上、58-59ページ；Auel（2003），169ページ。
61　Evans（2005），21ページ。

苦しんでいる地域、④加盟国間の協力がとくに必要な「国境地域」 border regions, 以上である。とくに④について EC のやるべきことは、国境地域に対する各加盟国の政策協調を図ることであるという。しかし、地域問題を各国にまかせる方針を当時まだ変えなかった閣僚理事会は、この委員会提案を採用しなかった[62]。

　前述のように、ようやく 1975 年に ERDF が設置された後、1977 年、ヨーロッパ委員会は低開発地域および産業衰退地域に対する支援が各国にまかせられるべきだとしても、「地域的打撃を受けた区域」 regional impact areas および「国境区域」 frontier areas は本来的に各国よりも EC による支援を必要としていると主張した。よって、補助金は低開発・産業衰退地域にかかる「国別割当部分」（これは各国の政策の補完であって、EC による代替ではない）と、後者にかかる「非割当部分」に分けられるべきであるとした。これにもとづき、1979 年の「規則」で補助金が「割当措置」と「非割当措置」とに二分されたが、後者、「共同体地域開発特別措置」は補助金の 5％ を占めるだけであった。ともあれ、ようやく 1970 年代末に、閣僚理事会もまた国境地域を EC 固有の政策対象にふくめる立場をとるにいたったことになる。とはいえ、これは国境地域が補完性原則の適用除外地域とされたことにほかならない。

　1981 年にヨーロッパ委員会は国別割当の代わりに地域割当の導入を提案したが、閣僚理事会の容れるところとならず、結局、妥協策として前述のように 1984 年の「規則」で、国別割当に上限と下限を設けること（range 制）になった。ヨーロッパ委員会の自由裁量部分は 11.37％ にとどまったとはいえ、共同体地域開発特別措置の割当が 1977 年とくらべて 11％ に倍増し、EC 固有の地域政策対象として国境地域がしだいにその重みを増してきたことは、注目されてよい[63]。国境地域政策を介して地域政策全般に EC が主導権を強める傾向を見てとることができるからである。

　1980 年代後半のドゥロール改革にいたるまでの EC 地域政策における国境地域の位置づけを振りかえると、EC の三政策機関、委員会、理事会、議会それぞれの立場が一致せず、とくに議会・委員会と理事会との間に認識の違いが当初からあったことが浮かびあがる。政策執行機関としての委員会は、議会の

62　同上、21-22 ペイジ。
63　同上、29-30, 35-36 ペイジ。

援護射撃を受けながら早くから国境地域を EEC ／ EC 固有の地域政策の主要対象とみなしてきた。これに対して、立法機関である閣僚理事会は加盟国間の国益調整のための協議の場であるため、隣接する加盟国の利害状況が複雑に絡みあう国境地域の問題を、意図的に棚上げしてきたようにみえる。しかしその閣僚理事会でさえ、ドゥロール改革に先だつ 1970 年代末までに、国境地域を EC 固有の政策対象とみなすようになったことを確認できた。それはなぜなのか。これを考えるとき、内部国境地域もまた一様でないことにまず目を向ける必要があろう。1970 年代の石油危機は、これ以前すでに進行していた世界経済の構造変動を加速し、その結果、国境地域に低開発の辺境だけでなく、危機に直面している中核部の鉱工業地域もふくまれることを浮かびあがらせた。低開発の農村地域（貧しい地域）と産業構造転換に直面する鉱工業地域（豊かな地域）と、二様の内部国境地域があるとの現実認識が、閣僚理事会の国境地域への政策的関心を呼びおこしたとみることができる。その結果、「豊かな国」から「貧しい国」への補助（目的 1）だけでなく、「貧しい国」から「豊かな国」への補助（目的 2）という逆向きの地域政策の可能性が、ドゥロール改革における目的 2 の設定によって生みだされたのである。そこで、いまや EU の国境地域政策の代名詞となった INTERREG の検討に移る。

（2）INTERREG

1993 年の「規則」により、すくなからぬ「共同体主導政策」 Community initiative が策定され、ERDF 予算の 1.9％がこれにあてられることになった。予算の制約のために、適用対象は目的 1，2，5 b 地域以外の地域とされた。共同体主導政策はヨーロッパ委員会により策定され、加盟国に提案される。その数は十四にのぼり、それは以下のようなものであった。①海外領土を対象とする REGIS II, ②農村地域総合開発のための LEADER, ③都市域再生のための URBAN, ④国境地域を対象とする INTERREG, ⑤鉄鋼地域にかかる RESIDE II, ⑥炭鉱業地域を対象にする RECHAR II, ⑦繊維産業地域を対象にする RETEX, ⑧漁業地域を対象にする PESCA, ⑨防衛産業地域を対象にする KONVER, ⑩高度の情報通信網への接続を図る Télématique, ⑪研究、開発、革新能力を高めるための STRIDE, ⑫単一市場完成と内部競争激化への企業の

適応を図る *PRISMA*、⑬中小企業を対象にする *SME*、⑭地域開発と環境保護の調和を図る *ENVIREG*。

このうち INTERREG は EU 内・外部国境地域における地域間協力にかかるもので、その目的は以下のようであった。①国民経済圏および EU 経済圏における相対的孤立性から生ずる、固有の地域開発問題の解決を支援する。②内部国境を越える協力組織の創設と展開を助成する。③場合によりこれらの組織を EU 規模の組織に組みこみ、内部市場の完成に役だたせる。④外部国境地域を単一共同市場の境界としての新しい役割に適応できるように支援し、外部市場地域と第三国との協力のための新しい機会を活かす、以上である[64]。

INTERREG は第一期（1990〜1993）、第二期（1994〜1999）、第三期（2000〜2006）と期を重ね、第四期以後も7年を1期として継続している。第三期までについて、すでに引用した *Praktisches Handbuch* に詳述されているので、以下、主としてこれに拠りながら検討を進める。

まず、国境を越える協力には以下の三形態がある。

①国境を挟む協力 *cross-border co-operation; grenzübergreifende Zusammenarbeit*：国境を挟んで隣接する〈地域〉・地区公共団体間の、全住民の全生活領域に適用される協力。長い伝統をもつ既存の協力団体を具え、AGEG（後述）の枠組で組織される。

②多国間協力 *transnational co-operation; transnationale Zusammenarbeit*：特定の分野（たとえば空間秩序）における、共通性を具えた広域にわたる多国間協力（場合により〈地域〉も参加）。協力団体形成は事後的におこなわれる。国際組織（CE, Nordischer Rat, CRPM 等）の枠組で組織化の動きがみられる。これは1997年に INTERREG IIC として始まった。これの枠組で、七つの「全般的総合計画」と二つの「洪水と旱魃を防止するための計画」（*INTERREG Rhein-Maas-Aktivitaten-IRMA* および「フランス／イタリア」）が実施された。このほかに、空間秩序の広域的実施計画のための四つの先行企画（北方辺境域、地中海西部、アルプス東部、地中海東南部）が策定され、INTERREG III B（2000〜2006）の枠組で拡充、続行された。

---

64 同上、58-62ページ。

④国境を越える隔地間協力 interregional co-operation; interregionale Zusammenarbeit：多くは特別の分野における特定の関係者による〈地域〉・地区公共団体間の協力。団体は未結成。とりわけ ARE または CRPM の枠組で組織化[65]。

前述のように、1999年の「規則」により共同体主導政策が十四から四に減った。当初ヨーロッパ委員会は三に絞ることを提案したが、ヨーロッパ議会の強い圧力がはたらいて、閣僚理事会が第四の追加を認め[66]、四つの共同体主導政策に全構造基金の5.35％をあてることになった。すなわち、①EC全域の調和と均衡のとれた持続的発展の促進を目的とする INTERREG, ②持続可能な都市開発を促進するために、危機に瀕した都市と隣接区域の経済的・社会的再生を支援する URBAN, ③農村開発を支援する LEADER, ④労働市場におけるあらゆる差別と不平等と戦うための新しい手段を提供する広域的協力 EQUAL, 以上である。このうち最重要視されたのが INTERREG で、全構造基金のすくなくとも2.5％、1999年には共同体主導政策による補助金の47％がこれに割りあてられ、国境地域政策が EU 固有の地域政策の最重要分野となるにいたった。とりわけ、EU 拡大の見通しのもとで加盟候補国と長い国境線で接する現加盟国のために、国境を越える活動に主な政策関心が向けられた。

なお、共同体主導政策の枠組で承認された計画は、目的1または2の対象外の地区もふくみうる。INTERREG と URBAN は ERDF, LEADER は EAGGF の指導部門、EQUAL は ESF から、それぞれ資金が充当されることになった[67]。

バイゼはこれを次のように評価している。INTERREG が共同体主導政策補助金の半分を得ることになったのは、ヨーロッパ統合という本来の課題とむすびつく開発問題に向きあうものであり、構造基金のなかであらそう余地のない一重点分野となった、と[68]。他方でかれは、共同体主導政策においてヨーロッパ委員会がラントの頭ごしに地域と接触することに、ラントが苦情を述べていると、興味深い指摘をしている[69]。EC／EU の国境地域政策がラントの主権

---

65 *Praktisches Handbuch*, A 14, C 10 ペイジ。
66 Bollen 他（2000), 50 ペイジ。
67 Evans（2005), 74-75 ペイジ。
68 Weise（2002), 107 ペイジ。
69 同上、56 ペイジ。

を侵害しかねないとラントが警戒心を強めていることが窺われる。まさに国境地域の統治において、EC／EUはみずから補完性原則を破りはじめたのだ。

AGEGも、INTERREGが構造基金の枠組のなかで最大規模の共同体主導政策となる拡充過程を次のように述べている。1989／90年のいくつかの先行企画のあと1990年からECはINTERREGを策定し、これに1993／94年PHARE CBCがつづいた。両者は1990年代にいちじるしく増大し、2000〜2006年は大規模総合計画が補助を受けるようになった、と。

2007〜2013年はわけてもEGTC（後出）が広範にして、政治的、経済的に重要な総合計画への道をひらいた。結束政策全予算の2.52%がINTERREG配分となり、総額は58億€から77.5億€に増大した。国境を挟む協力に74%、広域協力に21%、隔地間協力に5%という配分比率で、加盟国の自己負担率が50〜75%から75〜85%に引きあげられた[70]。

INTERREG I（1990〜1993）では31の実施計画 *Operationelle Progamme* が認可された。10.82億€のEC補助金が交通・通信、環境、企業、観光、農村振興、職業訓練の六分野の企画に投入された。INTERREG II（1994〜1999）では三分野に分かれ、そのうち、IIA（国境を挟む協力）に25.62億€が59実施計画（35内部国境地域、24外部国境地域）に対して投入された。IIB（隔地間協力）では、エネルギー供給網（旧REGEN共同体主導政策）完成に5.5億€が投入された。空間秩序等の分野における多国間協力に対するIIC（広域協力）が期中に導入され、4.13億€が投入された。第二期の全加盟国に対するEU補助金の配分は表9-2のようになる。

INTERREG III（2000-2006）は、2000年のヨーロッパ委員会のガイドラインにより、以下のような措置 *Ausrichtung* として再規定され、48.75億€の補助金が投入された。

　①措置Aは、INTERREG I, IIAを継ぐ国境を挟む協力。持続可能な空間開発のための共同戦略により、国境を挟む経済・社会拠点の開発のために隣接当局間の国境を挟む協力を目的とする。措置Aは国境を越える協力の最も古い形態であり、INTERREG III補助金の50〜80%が配分される。例外を除き、措置Aの計画は措置Bおよび措置Cとかさならない。措置

---

[70] AGEG（2008）, 72-73ページ。

表9-2　INTERREG補助金の地域配分　億€

	目的1・6地域	他の地域	合計
内部国境	10.65 (63.9) 57.3	6 (36.0) 85.1	16.65
外部国境	7.95 (88.3) 42.7	1.05 (11.7) 14.9	9
合　計	18.6	7.05	25.65

注：上段カッコ内は国境別比率、下段は地域別比率。
出所：*Praktisches Handbuch*, A 39ページ。

Aの基本要件はINTERREG I, IIAをほぼ受けついでおり、補助対象地域もINTERREG IIA地域とほとんど変わらない。従来どおりNUTS 3水準地域に適用される。

② 措置Bは、国家間協力。INTERREG IICを拡充。共同体における持続的可能な、調和と均衡のとれた発展のためのヨーロッパ諸地域の広域的結束のもとで、より強い「地域統合」*territoriale Integration*を推進するための国、〈地域〉、地区当局間の広域協力、ならびに加盟候補国および他の近隣諸国とのよりよい「地域統合」を目的とする。他の二措置への補助金の残余が措置Bにあてられる。

③ 措置Cは、隔地間協力。これはこれまでRECITE, Ecos-Overtureの対象となった国境を越える協力分野の拡充にも対応する。とりわけ発展のおくれた地域および構造改革のさなかにある諸地域で、地域開発と結束をめざす政策と手段の効率改善のための、隔地間協力を目的とする。措置Cに補助金の6％が配分された。

INTERREG IIIの三措置すべてに共通の一般原則は、①共通の国境を挟む、または多国間の共同の戦略・開発計画、②対等協力関係*Partnerschaft*と「下からの」起動、③「中央の」構造基金との補充性*Komplementarität*、④共同体主導政策の実施のためにより統合された準備、⑤とりわけ統合拡大の見とおしのもとで、INTERREG IIIと他の政策諸手段との効率的な組合せ、以上五点であった[71]。

INTERREG IV (2007-2013) では結束政策に全予算の2.52％、77.5億€が

71　*Praktisches Handbuch*, A 37-41ページ。

配分され、措置 A に 74％、措置 B に 21％、措置 C に 5％が配分された。措置 B, C への配分比率が増えて、広域協力がいっそう重視されるようになったことが窺われる。

措置 A の原則は、地区・〈地域〉問題の解決およびとりわけ海上国境に沿う戦略的企画の実施で、その重点補助項目は以下のとおりである。
　①企業家活動と中小企業。国境を挟む商取引、観光、文化
　②環境保護、自然災害・産業事故予防
　③都市・農村地区関係の改善
　④交通網への接続の改善
　⑤情報・通信網
　⑥水・廃棄物・エネルギー管理体制
　⑦保健、文化・教育基盤の共同利用
　⑧司法・行政当局間の協力の改善
　⑨国境を挟む労働市場措置、地元主導の雇用対策
　⑩両性平等・機会均等を強めるための主導的対策
　⑪再教育計画と社会的同化のための措置
　⑫人的資源の共同利用のための措置

　措置 B の原則は、研究や計画構想よりも当該全域に重要な具体的、戦略的企画の重視にあり、十三計画地域が選定された。これの重点目的は以下のとおりである。
　①技術革新、研究・技術、科学・技術ネットワーク
　②環境・水管理、エネルギーの効率利用、海岸安全をふくむ危険防止
　③交通・通信サービス網への接続の改善およびこのサービスの質の改善
　④持続的都市成長
　条件は国境を挟む協力と同じである。

　措置 C の原則は、経験の交換および地域政策形成の改善のための優良実践にあり、目的 1 (convergence)、目的 2 (competition)、目的 3 (territorial co-operation) の基本計画が適用される。とくに目的 3 の枠組で重視される項目は次のとおりである。

①技術革新、知識経済、環境、危険予防に重点を置く隔地間協力計画
②都市再生に関する経験交換のための枠組計画（URBACT）
③発展動態の研究、データ収集、観測と分析。小規模空間開発企画（ESPON）
④国境を挟む計画管理の最良実践例の選定、続行、普及（INTERACT）[72]

　AGEG は国境地域政策の拡充を評価する一方で、次のように指摘することも忘れていない「残念なことに、国境地域支援計画の進展につれて多くの国境を挟む組織が、なによりも EU からの補助金を得るために（とりわけ・中・東ヨーロッパにおいて）設立されたことは否むべくもない」と[73]。1950 年代にドイツ・ネーデルラント・ベルギー国境地域で始まったエウレギオの、和解と協力を目ざす自助的な運動は、いまやヨーロッパ中・東部において EU 補助金獲得の手段に変質したのである。

　かかる問題が生まれる一方で、「地域」概念が新しい内容を持ちはじめたことも見すごすことができない。これまで「地域」はどのような形態であれ、国家領域の一部であり、国境の枠組のなかに収まるべきものとされてきた。措置 A（国境を挟む協力）はそれぞれ国域の一部である国境の両側域の国境の存在を前提とする協力にとどまった。これに対して、措置 B が対象とする「地域」は複数の国域を覆う「大地域」 *megaregion* である。「地域」概念の拡大が、国境の相対化に新しい方向を生みだしたことは、注目に値する。

（3）EGTC

　2006 年の「規則」による「地域間協力のためのヨーロッパ団体の形成」 *European grouping of territorial cooperation*（EGTC）は、EU として地域間協力のための団体形成の法的基盤を初めて創りだしたものである。これは、1981 年の CE のマドリド協定に相当するものと言ってよかろう。これの基本原則は次

72　AGEG (2008), 72-77 ペイジ。ESPON は *European Spatial Planning Observatory Network*（ESDP の一部）。ESDP は 1999 年 5 月開催の EC 地域計画閣僚理事会の非公式会議で採択された *European Spatial Development Perspective*. INTERACT は身障者・高齢者の社会・経済的統合を達成するための地区水準で連携を図る EC 情報システム。Ramsay, Anne FLA, *Eurojargon*, 6th ed., Chicago et al., 2000.

73　AGEG (2008), 89 ペイジ。

のとおりである。
　①自由意志にもとづく設立
　②加盟国は国境を挟む基本計画の管理を一つの EGTC に委任することができる
　③地区・〈地域〉水準の協力者同士は、一つの EGTC の枠組で国境を挟む企画を実施しうる
　④国境を挟む協力のために、他の既存の手段をひきつづき利用しうる
　⑤ EGTC をいったん採用したならば、全面的に「規則」にしたがう
「規則」は EGTC の構成、設立、法人格の取得、適用可能な法規、監督、任務と機関、財政、義務、解散等を規定し、構成員を〈地域〉・地区公共団体、公法上の機関およびこれらによって構成される組織としており、すくなくとも二か国から構成員が出ることが必要とされる。
　EGTC の機能は以下の通りである。
　①構成員から委託された任務の遂行
　②規定された任務にもとづく行動
　③活動は結束分野に限定される
　④おもに領域間協力のための基本計画の実施
　⑤地域間協力のための企画（ERDF, ESF, CF）
　⑥ EU 補助金による協力のための他の諸措置
　⑦ EU 補助金を受けない協力のための他の諸措置
　⑧ EGTC の任務を単一の構成員に委任できる
　以上のような EGTC に対して、AGEG は次のように評価している。これが、今後国境を挟む EU による支援計画にひろく利用されるかどうか疑わしい。これまで INTERREG の枠組で EC／EU とそのつど協定を結びながら活動してきた当事者は、今後もこの形式を利用しつづけようとするだろう。また、隔地間・広域での協力においても EGTC はあまり利用されず、これまでの協定にもとづく方式を改善しながらつづけることになろう。なぜなら、EGTC は固定所在地、共同財政、国による監督等により、法的装置としては「重すぎる」からだ、と[74]。

74　同上、84-88 ページ。

CEだけでなくEUもまた国境を越える協力のための統一的な法的基盤を整備したことは、新しい制度的可能性を生みだしはした。とはいえ、とくに加盟国当局による厳しい規制は、*EUREGIO*発足時から培われてきたエウレギオの自助、自治の原則となじまないものがあるというのが、AGEGの批判的立場である。それでは、国境地域における「下から」の動きに対する加盟国当局の「上から」の規制強化をむしろ容認するがごとき制度を、なぜEUが新たに創りだしたのか、その意図が問われる。ドイツ・ネーデルラント・ベルギー国境地域の*EMR*を例外とする四つのエウレギオが、総じて地区公共団体を中核構成員としていることに適合的なCEの国境地域政策に対抗する、EUの政策的差異化の試みであるのかもしれない。CEとEUとの政策的競合関係がここにも表れていると見ることができる。

4　中間組織：ヨーロッパ国境地域協会

（1）AGEGの成立と組織

　これまで、CEおよびEC／EUの地域政策を国境地域政策に焦点をあてて検討してきた。ここで、地域政策主体としてのCE, EC／EU, 国、ラントと各エウレギオとの間にある中間組織に眼を向ける。地域利益を高める目的をかかげる中間組織はすくなくないが、わけても重要なのが、すでにたびたび言及された、エウレギオおよび類似団体により組織された「ヨーロッパ国境地域協会」*AGEG*である。そこで以下、当協会の組織と活動に眼を向ける。まず、*EUREGIO*成立50周年を記念して2008年に出版された、前掲のAGEG編『回顧と展望』に拠りながら、AGEGの軌跡をたどることにする[75]。

　当協会の成立過程は1965年までさかのぼる。この年バーゼルで開かれた「レギオ計画者国際会議」*Internationale Regio Planertagung 1965*で、「国境地域組合」結成の構想が生まれた。これが実現したのが、1971年6月アンホルトで発足した10の国境地域による「ヨーロッパ国境地域常設会議」*Ständige Konferenz Europäischer Grenzregionen*である。これが「ヨーロッパ国境地域協会」*Arbeitsgemeinschaft Europäischer Grenzregionen*（AGEG）と称することになり、1971年9月ボンで公式に設立された。初代会長に就いたのが、か

のアルフレート・モーゼル *Alfred Mozer* であった。

1977 年に制定された AGEG の定款の内容は以下のようなものである[76]。

○名称と法的形態
　AGEG はグローナオの *EUREGIO* 内に事務局を置く登録社団である。
○ AGEG の目的
　①ヨーロッパの国境地域、国境を挟む地域に固有な問題、機会、課題、活動を洗いだすこと。
　②これらの地域の全体利益を国および国際機構の議会、組織、当局、施設に対して代表すること。
　③これらの地域の全ヨーロッパ規模での協力を触発し、支援し、調整すること。
　④国境を越える問題と機会の多様性から生ずる共通の利益を確定し、調和させ、解決方法を提供するために、経験と情報を交換すること。
○ AGEG の任務
　①基本計画、企画を実施し、資金を申請し、受けいれ、使用すること。
　②国境を越える諸問題に対する諸行事を開催すること。

75　同上、129-142 ページに、1965〜2006 年の詳細な年表が附されている。当協会の名称は、ドイツ語で *Arbeitsgemeinschaft Europäischer Grenzregionen*（AGEG）、英語で *Association of European Border Regions*（AEBR）、フランス語で *Association des régions frontalières européennes*（ARFE）、ネーデルラント語で *Werkegemeenschap van Europese-grensgebieden*（WVEG）である。当協会は *EUREGIO* と不可分の関係にあり、所在地をグローナオ（当初はボン／ストラスブール）とするので、本書ではドイツ語表記で *AGEG* と略記する。ちなみに *cross-border, transfrontalière* に相当するドイツ語として、当書でも *grenzübergreifend* と *grenzüberschreitend* の両語が使われている。当書の用語例は前者が圧倒的に多いが、たとえば *Zusammenarbeit* にかかる語には両語が使われている。ただし、*Region* には一か所の例外（23 ページ）を除き（これは誤記とみてよかろう）すべて *grenzübergreifend* が使われているので、どうやら、両語は混用されているものの、*Region* にだけは *grenzüberschreitend* の使用を意識的に避けているようである。ともあれ、これまでどおり前者を「国境を挟む」、後者を「国境を越える」と訳しわけることにする。
76　AGEG（2008）, 23-25 ページ。AGEG は 1977 年 1 月 21 日定款を制定し、これを 1994 年 11 月 25 日に改正した。年表参照。原始定款では、AGEG は非登録社団 *nicht eingetragener Verein* で、所在地は Bonn／Strasbourg であった。原始定款は AGEG（Hrsg.）, *Europäische Charta der Grenz- und grenzüberschreitenden Regionen: Ziele und Aufgaben der Arbeitsgemeinschaft Europäischer Grenzregionen*（発行年不詳）に収録されている。

③国境を越える諸問題の解決に協力し、これらに向かう特別の諸活動を支援すること。
④共同行動を準備し、実施すること。
⑤EC／EUおよびCEとの密接な協調のもとに、「ヨーロッパ国境地域・国境を挟む地域のためのセンター」となること。
⑥国境を越える諸問題に関して、ヨーロッパの政界と世論に情報を提供すること。

○ AGEG加盟資格

投票権をもつ正社員は
① EC／EUもしくはCEの加盟国のヨーロッパ国境地域・国境を挟む地域。
②複数の国にまたがる国境地域の広域的結合体。ただし、そのすべての構成地域が個別にAGEGに加盟していない場合に限る。

投票権をもたない社員は、
③その代表権限が不明確なために、2年間オブザーバーの地位にとどまる国境地域・国境を挟む地域。
④ AGEGのために特別の功績がある名誉社員。

審議権のみをもつ社員は、
⑤国境を越える協力の分野で活動している自然人、団体、施設および機関。

○ AGEG社員の権利と義務
①社員は、AGEGの意思形成に参与する。社員は国境を越える諸問題の現状およびヨーロッパ水準の動向について情報を受ける。
②社員は、AGEGのサービス、企画、諸施設を利用する権利をもつ。
③社員は、国境を越える地域間協力および国家的、全ヨーロッパ的発展を促進するために、AGEGの事業を支援する義務を負う。社員は自己の国境地域の最近の動向をAGEGに知らせる。
④社員は、定款と拠出金規則の規定にしたがい、社員総会で決定した拠出金を納入する義務を負う。
⑤ AGEGの収入は社員拠出金および各国政府やヨーロッパ委員会等からの補助金である。

○ AGEGの機関

①社員総会は最高機関であり、会長と理事会を選出し、社員の受入れと除名を決定し、拠出金を決定する。
②理事会の任期は2年で、会長、第一副会長、3名以上の他の副会長、財務担当理事、国境地域・国境を越える地域の代表として、すくなくとも20名の社員から成る。理事会は、AGEGの基本的立場の表明、ヨーロッパ水準および国家水準の施設、組織、団体との協力に権限をもつ。理事会はまた事務総長を任命する。
③会長はAGEGの最高責任者である。外部にむかってAGEGを代表し、実施権限と代表権とをもつ事務総長の同意のもとに、諸決定をおこなう権限をもつ。

○AGEGの委員会

AGEGは諸委員会を設置することができる。ヨーロッパの政治組織、諸団体、社会的に重要な諸団体が審議権をもってこれに属する。全ヨーロッパからの学術専門家が協力する特別の「国境を越える協力のための審議会」は、国境を越える協力のすべての問題においてAGEGに助言し、解決案を答申することを任務とする。

○使用言語

AGEGの使用言語は、すぐれてドイツ語、英語、フランス語、イタリア語であり、必要に応じて社員の他の言語も使われる。

以上の定款規定から、AGEGが国境地域および国境を挟む地域を組織して相互協力を図る一方で、その共通の利益を各国政府ならびにCEおよびEC／EUに対して代表し、立法措置をはたらきかけ、補助金獲得をねらう利益集団として、また、これらの国境地域政策の策定に協力する立案助言者としても機能する、多機能団体であることが判る。かくて、CEおよびEC／EUの地域政策は上からの一方的な政策発動でなく、諸エウレギオを組織化したAGEGからの働きかけを受け、またその協力に負っている実態が浮かびあがる。そのAGEGの初代会長にモーゼルが就いたことは、この分野でもかれがはたした主導的役割を窺わせる。また、AGEGが事務局を*EUREGIO*の事務局内に置いたことは、ドイツ・ネーデルラント国境地域でエウレギオ設立を先導した*EUREGIO*が、30年後には全ヨーロッパ国境地域にひろがったエウレギオの

4 中間組織：ヨーロッパ国境地域協会 | 505

図9-1 国境地域および国境を挟む協力地域（2007年）

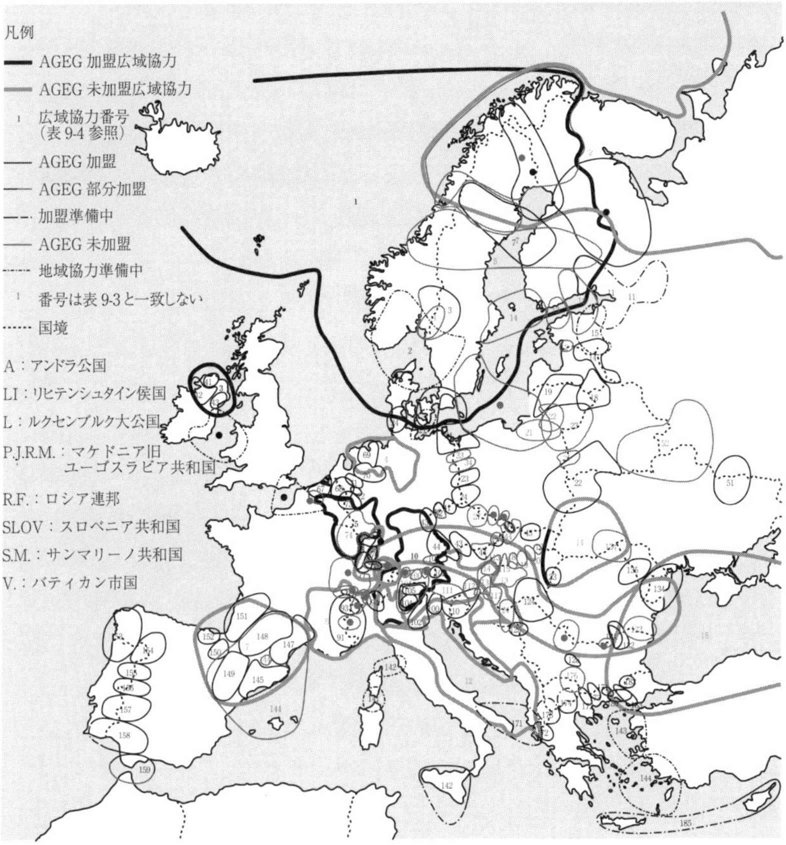

凡例
— AGEG加盟広域協力
— AGEG未加盟広域協力
1 広域協力番号（表9-4参照）
— AGEG加盟
— AGEG部分加盟
--- 加盟準備中
— AGEG未加盟
····· 地域協力準備中
1 番号は表9-3と一致しない
····· 国境
A：アンドラ公国
LI：リヒテンシュタイン侯国
L：ルクセンブルク大公国
P.J.R.M.：マケドニア旧ユーゴスラビア共和国
R.F.：ロシア連邦
SLOV：スロベニア共和国
S.M.：サンマリーノ共和国
V.：バティカン市国

出所：AGEG（2008），附表。

なかで規範的地位を確立したことを物がたる。

ここで、2007時点のAGEGに加盟するエウレギオ（ユーロリージョン）一覧を図9-1ならびに表9-3および表9-4に掲げておく。

(2) AGEGとCE

1960年代まで空間秩序と国境を挟む協力の分野では、ECではなくCEが先行者の役割を演じたことはすでに述べた。AGEGは当初よりCEとの関係を強め、1977年に原始定款を制定したあと、1979年にCEの正式オブザーバーに

表9-3　国境地域および国境を挟む協力地域

I　北ヨーロッパおよびバルト海域

1. Øresundkomiteen（DK/SE）
2. Kattegat-Skagerrak（DK/NO/SE）
3. Värmland-Hedmark-Akershus-Østfold（SE/NO）
4. Gränskommitén Østfold-Bohuslän/Dalsland（NO/SE）
5. Mittnorden（FI/NO/SE）
6. MittSkandia（NO/SE）
7. Kvarkenrådet（FI/NO/SE）
8. Nordkalottenrådet（FI/NO/SE）
9. Tornedalsrådet-Bothnian Arc（FI/NO/SE）
10. Euregio Karelia（FI/RU）
11. South-East Finland-Russia（FI/RU）
12. Estonian-Finnish 3＋3 Cooperation（EE/FI）
13. Euregio Helsinki-Tallinn（FI/EE）
14. Skärgårdssamarbete（FI/SE）
15. Peipsi Transboudary Cooperation（EE/RU）
16. Euregio "Puskov-Livonia"（EE/LV/RU）
17. Euregio Bartuva（LT/LV）
18. Euroregion Country of Lakes（BY/LT/LV）
19. Euroregion Saule（LT/LV/RU）
20. Euroregion Baltic（DK/LT/PL/RU/SE）
21. Euroregion Łina-Ława（PL/RU）
22. Euroregion Šešupé（LT/PL/RU）
23. Euroregion Nemunas（BY/LT/PL/RU）
24. Euroregion Pomerania（DE/PL/SE）
25. Sjaelland-Ostholstein-Lübeck（DK/DE）
26. Region Sønderjyland-Schleswig（DK/DE）

II　中・東部ヨーロッパ

27. Euroregion Puszcza Białowieska（BY/PL）
28. Euroregion Bug（BY/PL/UA）
29. Polnisch-Deutscher Verbund "Bez granic-ohne Grenzen"（DE/PL）
30. Euroregion PRO EUROPA VIADRINA（DE/PL）
31. Euroregion Spree-Neiße-Bóber-Sprewa-Nysa-Bóbr（DE/PL）
32. Euroregion Neiße-Nisa-Nysa（DE/CZ/PL）
33. Euroregion Glacensis（CZ/PL）
34. Euroregion Praděd-Pradziad（CZ/PL）
35. Euroregion Silesia（CZ/PL）
36. Euroregion Těšínské Slezko-Śląsk Cieszyński（CZ/PL）
37. Euroregion ELBE/LABE（DE/CZ）
38. Euroregion Erzgebirge-Krušnohoři（DE/CZ）
39. EUREGIO EGRENSIS（CZ/DE）
40. Euregio Bayerischer Wald-Šumava-Mühlviertel（DE/CZ/AT）
41. Euregio Silva Nortika（AT/CZ）
42. Euroregion Weinviertel-Jižni-Morava-Záhorie（AT/CZ/SK）

| 43 | Euroregion Bilé-Biele Karpaty (CZ/SK)
| 44 | Euroregion Beskidy-Beskydy (PL/CZ/SK)
| 45 | Euroregion Tatry (PL/SK)
| 46 | Euroregion Dnepr (BY/RU/UA)
| 47 | Euroregion Slobozhanschina (RU/UA)

| Ⅲ | 西北ヨーロッパ

| 48 | North West Region Cross Border Group (IE/UK)
| 49 | Irish Central Border Area Network (IE/UK)
| 50 | East Border Region Committee (IE/UK)
| 51 | Ireland -Wales Crossborder Cooperation (IE/UK)
| 52 | Kent/Sussex-Nord Pas de Calais/Picardie (UK/FR)
| 53 | Lille Eurométropole franco-belge (FR/BE)
| 54 | Euregio Scheldemond (BE/NL)
| 55 | Euregio Benelux Middengebied (BE/NL)
| 56 | Ems Dollart Region - EDR (DE/NL)
| 57 | EUREGIO (DE/NL)
| 58 | Euregio Rhein-Waal (DE/NL)
| 59 | euregio rhein-maas-nord (DE/NL)
| 60 | Euregio Maas-Rhein (BE/DE/NL)
| 61 | EuRegio SaarLorLux + (DE/FR/LU)
| 62 | Région Alsace (FR)
| 63 | REGIO PAMINA (DE/FR)
| 64 | RegioTriRhena (CH/DE/FR)
| 65 | Regionalverband Südlicher Oberrhein (DE)
| 66 | Conférence Transjurassienne (CH/FR)
| 67 | Comité régional franco-gunevois-Canton de Genève-Région Rhône-Alpes (CH/FR)
| 68 | Conseil du Léman-Ain-Haute-Savoie-Vaud-Valais-Genève (CH/FR)

| Ⅳ | アルプス・ドーナウ地域

| 69 | Conférence des Alpes franco-italiennes (CAFI) (FR/IT)
| 70 | Conférence des Hautes Vallées (FR/IT)
| 71 | Espace Mont-Blanc (CH/FR/IT)
| 72 | Conseil Valais-Vallée d'Aoste du Grand St. Bernard (CH/IT)
| 73 | Regio Sempione (CH/IT)
| 74 | Regio Insubrica (CH/IT)
| 75 | Hochrheinkommission (CH/DE)
| 76 | Regionalverband Hochrhein-Bodensee (DE)
| 77 | EUREGIO via salina (AT/DE)
| 78 | Euregio Zugspitze-Wetterstein-Karwendel (DE/AT)
| 79 | Euregio Inntal (AT/DE)
| 80 | EuRegio Salzburg-Berchitesgadener Land-Traunstein (AT/DE)
| 81 | Inn-Salzach-Euregio (AT/DE)
| 82 | Europaregion Tirol-Südtirol/Alto Adige-Trentino (AT/IT)
| 83 | Autonome Provinz Bozen-Südtirol (IT)

- 84　Autonome Provinz Trient（IT）
- 85　Region Trentino-Südtirol（IT）
- 86　Regione Veneto（IT）
- 87　Regione Friuli-Venezia-Giulia（IT）
- 88　Slovenia（SI）
- 89　ARGE Kärnten-Slowenien（AT/SI）
- 90　Euregio Steiermark-Slowenien（AT/SI）
- 91　Slovenian-Hungarian Crossborder Development Council（SI/HU）
- 92　EuRegio West/Nyugat Pannonia（AT/HU）
- 93　Euroreagion Podunajský Troispolok（HU/SI）
- 94　Euroregion Vagus-Danubius-Ipolia（HU/SK）
- 95　Euroregion Ister-Granum（HU/SK）
- 96　Ipel'-Ipoly Euroregion（SK/HU）
- 97　Euroregion Neogradiensis（HU/SK）
- 98　Euroregion Slaná-Rimava（HU/SK）
- 99　Euoregion Kras（SK/HU）
- 100　Euroregion Košice-Miskolc Zemplén（SK/HU）
- 101　Hajdu-Bihar－Bihor Euroregion（HU／RO）
- 102　Euroregion DKMT（HU/RO/SRB）
- 103　Euroregion Drina-Sava-Majevica（BA/HR/SRB）
- 104　Euroregion Danube-Drava-Sava（BA/HR/HU）
- 105　Euroregion Mura-Drava（HR/HU）
- 106　Euroregion Middle Danube-Iron Gates＋Euroregion Danube 21（BG/RO/SRB）
- 107　Euroregion Nashava（BG/SRB）
- 108　Euroregion Danube-South（BG/RO）
- 109　Euroregion Rousse Giurgiu（BG/RO）
- 110　Euroregion Danubius（BG/RO）
- 111　Interior Danube Euroregion（BG/RO）
- 112　Euroregion Lower Danube（MD/RO/UA）
- 113　Euroregion Siret-Prut-Nistru（MD/RO）
- 114　Euroregion Upper Prut（MD/RO/UA）

V　西南ヨーロッパ

- 115　Corse-Sardegna（FR/IT）
- 116　Corse-Toscana（FR/IT）
- 117　Sicilia-Malta（IT/MT）
- 118　Pyrenees Meditaranean Euroregion（ES/FR）
- 119　Catalunya（ES）
- 120　Andorra（AD）
- 121　Languedoc-Roussillon（FR）
- 122　Midi-Pyrénées（FR）
- 123　Aragón（ES）
- 124　Navarra（ES）
- 125　Aquitaine（FR）
- 126　Pais-Vasco/Euskadi（ES）
- 127　Galicia-Norte（ES/PT）

128	Castilla y León-Norte	(ES/PT)
129	Castilla y León-Centro	(ES/PT)
130	Extremadura-Centro	(ES/PT)
131	Extremadura-Alentejo	(ES/PT)
132	Andalucia-Algarve-Alentejo Euroregion	(ES/PT)
133	Andalucia-Gibraltar-Marocco	(ES/UK/MA)
Ⅵ 東南ヨーロッパ		
134	Puglia-Ionian islands-Epyros-Albania	(IT/GR/AL)
135	Epyros-South Albania	(GR/AL)
136	West Macedonia-Albania-FYROM	(GR/AL/MK)
137	Cental Macedonia-FYROM	(GR/MK)
138	Euroregion Belasica	(BG/GR/MK)
139	Euroregion Morava-Pcinija-Struma	(BG/MK/SPB)
140	Euroregion Stymon-Strouma	(GR/BG)
141	Euroregion Nestos-Mesta	(GR/BG)
142	Euroregion Rhodopi	(BG/GR)
143	East Macedonia-Thrace	(GR)
144	Euroregion Polis-TrakiaKent-RAM Trakia	(GR/TR/BG)
145	Euroregion Evros-Maritsa-Meric	(GR/TR/BG)
146	Vorio Egeo-Turkey	(GR/TR)
147	Notio Egeo-Turkey	(GR/TR)
148	Cyprus-Crete	(CY/GR)

注:国名略号は、原則としてアルファベット2字の組合せによるEU方式にしたがう。
出所:AGEG (2008), 附図 Crossborder Cooperation Areas 2007. なお、同書本文 (46-50ページ) に広域協力組織をふくむエウレギオの成立順 (1958-2007) の一覧が表示されているが、総数は131で附図と一致しない。

なった。

　CEはAGEG成立の翌年、1972年に第一回「国境地域会議」*Kongress der Grenzregionen*をストラスブールで開催した。これは1975年（インスブルク [AT]）、1984年（ボルケン *Borken* [DE]）、1989年（サラゴサ *Zaragoza* [ES]）、1991年（ロバニエミ *Rovaniemi* [FI]）、1994年（リュブリャナ *Ljubljana* [SI]）、1998年（ティミショアラ *Timisoara* [RO]）、2005年（ルツク *Lutsk* [UA]）と回を重ね、AGEGの代表者がしばしば基調講演をおこなった。AGEGはCEのCE-MATおよび境界専門家委員会の設置に関り、マドリド協定の作成にも協力している[77]。

　1980年代後半にECが地域政策を積極的に展開するようになるまで、CEの

77　AGEG (2008), 28-29ページ。

表9-4　国境を越える広域協力

1	Nordisk Ministerraad（DK/FI/IS/NO/SE）
2	BEAC‒Barents Euro-Arctic Council（FI/NO/RU/SE）
3	SEUPB‒Special EU Programmes Body（IE/UK）
4	Neue Hanse Interregio（DE/NL）
5	Großregion SaarLorLux-Rheinland-Pfalz-Wallonien（BE/DE/FR/LU）
6	Oberrheinkonferenz（CH/DE/FR）
7	Communauté de Travail des Pyrénées（AD/ES/FR）
8	COTRAO‒Communauté de Travail des Alpes Occidentales（CH/FR/IT）
9	Internationale Bodenseekonferenz（IBK）（AT/CH/DE/IT）
10	Arbeitsgemeinschaft Alpenländer（AT/CH/DE/IT）
11	Arbeitsgemeinschaft Alpen-Adria（AT/HR/HU/IT/SI）
12	Adriatic Euroregion（AL/BA/HR/IT/MTN/SI）
13	Arbeitsgemeinschaft Donauländer（AT/BG/DE/HR/HU/MD/RO/SK/SRB/UA）
14	Carpathian Euroregion（HU/PL/RO/SK/UA）
15	European Black Sea（AM/AZ/BG/GE/GR/MD/RO/RU/TR/UA）

注：国名表示方式は表9-3と同じ。東南ヨーロッパ諸国についての略号は以下のとおり。
AL：アルバニア、AM：アルメニア、AZ：アゼルバイジャン、BA：ボスニア・ヘルツェゴビナ、BG：ブルガリア、GE：ジョージア、GR：ギリシャ、HR：クロアティア、HU：ハンガリー、MD：マケドニア、MTN：モンテネグロ、RO：ルーマニア、RU：ロシア、SI：スロベニア、SK：スロバキア、SRB：セルビア、TR：トルコ、UA：ウクライナ。
出所：表9-3に同じ。

　マドリド協定がエウレギオ活動の正当性の根拠となったことは疑いをいれない。1970年代末の時点でEC加盟国は九か国、EFTA加盟国は六か国（準加盟のフィンランドを除く）であり、それぞれ部分統合の域を出るものでなかった。他方、CEの原加盟国は十か国にのぼり、1970年代末には加盟国が二十一か国に増えていた。当時、CEは西ヨーロッパを最もひろく代表する機構だった。AGEGはまずこのCEに積極的に協力することで、国境地域の諸問題を西ヨーロッパ共通の問題として認知させる努力を傾注したのである。

　1981年AGEGは「AGEGの国境地域および国境を越える地域のヨーロッパ憲章」を制定した。つづいて1985年「ヨーロッパ地域評議会」Council of European Regions; Rat der Regionen Europas, 後の「ヨーロッパ地域総会」Assembly of European Regions（AER）; Versammlung der Regionen Europas（VRE）の創立会員になり、AGEGとならびECの地域政策を支えたAERの発展にも寄与した[78]。

78　同上、3-13, 19ページ。

（3） AGEG と EC／EU

　AGEG と EC との関係は、1973 年のヨーロッパ議会の「地域委員会」との接触から始まった。1974 年には当委員会の代表が *EUREGIO* を訪問し、その報告のなかで国境を挟む協力のための制度設計の提案をおこなっている。しかし、これの実現は前出の EGTC にかかる 2006 年の「規則」の制定まで待たなければならなかった。これは、AGEG がヨーロッパ委員会に提出した 2003／04 年の研究成果「EU の地域団体間の公法にもとづくヨーロッパ横断的協力を容易ならしめるための EU の法的手段の導入」を下敷きにしており、これの制定にあたっても AGEG は EU の CoR（前出）と協力して大きな役割をはたしたという[79]。ただ、EGTC がかならずしも AGEG の意に適うものではないことは、すでに述べた。

　AGEG が EC との協力を本格化したのは、1987 年発効の単一ヨーロッパ議定書により EC が地域政策を積極的に展開するようになった事態を迎えてのことである。1987 年 6 月に *EUREGIO* 内に AGEG 事務局が設けられ、*EUREGIO* 事務局長ガベ（Jens Gabbe）が AGEG 事務局長を兼ねることになった。1997 年発効のアムステルダム条約で構造基金が第 159 条〜第 162 条でそれぞれ条文を別にして明記されたことを受け（マーストリヒト条約では第 130 条 b〜e 項として一括併記）、1998 年ガベは AGEG 専任の事務総長になった[80]。かくて、AGEG は制度的にも組織的にも、自立機関としての体裁を整えた。ガベはつとに EC による国境地域支援計画にかかる政策構想を練りはじめており、その具体案作成について EC 委員会と議論をかさねていた。1981 年、AGEG は 1970 年代すでに EC からの補助金を受けていたドイツ・ネーデルラント国境地域における基本計画立案の経験にもとづく、「国境を挟む開発観念と基本計画の体系」*Systematik für grenzübergreifende Entwicklungskonzepte und Programme* を作成した。これがヨーロッパ委員会から高く評価され、また、INTERREG 策定以前のドイツ・ネーデルラント国境におけるエウレギオの最初

---

[79]　同上、30, 34 ページ。
[80]　同上、16 ページ。アムステルダム条約の条文は、EG-Vertrag, in: Nomos Verlagsgesellschaft, *Europarecht, Textausgabe*, Baden-Baden, 11. Aufl. 1999, を参照。

の行動計画の基礎となったのである[81]。

1990年代にはいり共同体主導政策として発動されるようになったINTERREG第一期（1990-1995）は、国境を挟む協力だけが対象となり、隔地間・広域協力はすこし遅れて1990年代央に始まった。基本計画の立案の原則や基準はもっぱら *EUREGIO* や AGEG の実践経験にもとづいていた[82]。

ガベの提唱により設置された「国境地域のためのヨーロッパセンター／観測所」（後の *LACE- Observatorium für grenzübergreifende Zusammenarbeit*）は、1990〜2001年EC／EU補助金を受けて試行的諸企画を実施した。2001年以降、任務の範囲を縮小した *INTERACT* がこれを継いでいる[83]。

さらにまた、AGEGは1999年EUの「ヨーロッパ空間秩序構想──EU領域の空間的に均衡がとれかつ持続する発展を目ざして」*European Spatial Development Perspective – Towards Balanced and Sustainable Development of the Territory of the European Union*（ESDP）立案にも参加した[84]。1997年ネーデルラントのノールトウェイク *Noordwijk* で開かれた閣僚理事会でこれの草案が提示され、1999年ポツダムで開かれた地域計画相理事会で非公式に採択された。ESDPで提起された政策目的と手段は、新たにスウェーデン、フィンランド、オーストリアを加えた十五加盟国の空間構造の開発に向けられたもので、開発過程における三水準（EC、超国域・国域、〈地域〉・地区）での統合的空間協力を勧告した。超国域・国域水準はとりわけINTERREG IIIB計画により推進されるべきとされ、これは前述のように、一般的空間開発における協力、洪水災害の減殺、旱魃の予防の三分野に分かれた。空間計画の協力の場として七つの超国域が挙げられた。すなわち、北海部、バルト海部、大西洋部、西南ヨーロッパ、地中海西部およびアルプス南部、アドリア-ドーナウ-中・東南ヨーロッパ（CADSES）、西北ヨーロッパ中核都市圏、である。これらの事業はすべて国境を挟む協力も同時に促進することが期待されていた[85]。ヨーロッパの空

81　AGEG（2008）, 30-31ペイジ。
82　同上、32ペイジ。*Praktisches Handbuch* では第一期が1990〜1993年となっている。
83　同上、32, 72ペイジ。
84　同上、21ペイジ。ドイツ語表記では、*Europäisches Raumentwicklungskonzept auf dem Wege zu einer räumlich ausgewogenen und nachhaltigen Entwicklung der Europäischen Union*（EUREK）。
85　*Praktisches Handbuch*, C 7-9ペイジ。

間構造を超国域、国域、地域の三水準で捉える政策関心の具体化により、複数の国を包摂する広域空間も「地域」範疇として認識されるにいたったことを、これまた示す事例である。

　INTERREG 政策の試行錯誤を重ねているうちに、「地域」概念そのものが拡大したことは、注目に値する。

（4）AGEG と他の地域団体

　1971 年に AGEG が成立したとき、類似団体として「ヨーロッパ地区評議会」Council of European Municipalities（CEM）があっただけである。1973 年に「辺境海岸地域会議」Conference of Peripheral Maritime Regions（CPMR）ができた。1980 年に AGEG, CPMR, ARGE ALP, Alpen-Adria, COTRAO の五つの団体がヨーロッパの地域利益をたばねる「地域組織連絡機関」Bureau de Liaison des Oganisations Régionales（BLORE）を結成して、1981 年 6 月にストラスブールで第一回の理事会が開かれた。1984 年ボルケンで開かれた AGEG の第三回会議の折に、CEM の後身である「ヨーロッパ地区・〈地域〉評議会」Council of European Municipalities and Regions（CEMR）との協力が討議された結果、1985 年 6 月「ヨーロッパ地域評議会」Council of European Regions の第一回会議の開催の運びとなった。これが今日の「ヨーロッパ地域総会」Assembly of European Regions（AER）となり、AGEG と CPMR はこれのオブザーバーである。

　この間、1983 年 5 月にヨーロッパ委員会の地域政策総局内に諮問委員会として「地域利益委員会」が設置され、1984 年 1 月にヨーロッパ議会が初めて「地域会議」を開いた。1985 年 1 月に「地域利益委員会」が改組され、AGEG, CEMR, CPMR が同格でこれに参加することになり、これが「〈地域〉委員会」CoR の先駆けとなった。他方で、役割をおえた BLORE は 1983／84 年に解散した。2007 年現在、AGEG, CPMR, CEMR, Eurocities, AER, REGLEG（regions with legislative competence）が全ヨーロッパ水準の地域利益団体として併存しており、いずれも CoR の構成員でないものの、共同で各国政府や EU 機関にはたらきかけをおこなっている。このうち、目的がかさなる AGEG と CPMR は、前者が国境を挟む協力に、後者は隔地間・広域協力に重点をおい

て相互差異化を図り、対象地域がかさなる海岸部国境地域では、相互に活動の力点をことならせて競合を避けている[86]。

このように、AGEG は国境地域および国境を挟む地域を組織しただけでなく、ヨーロッパ規模の諸地域団体と協力して、各国政府やヨーロッパ機関に対する活発なロビイ活動を繰りひろげてきた。自発的な国境を挟む地域間協力は、国境機能を大幅に縮小する可能性を、よってそれだけ当該国（邦）の統治権を侵害する可能性を、すくなくとも理論的に秘めている。それゆえ、これが各当該事国（邦）政府の警戒の対象になることは避けがたい。*EUREGIO* も *AGEG* もこれを十分に認識しており、いたずらに国・邦政府の警戒心をかきたてないよう細心の注意をはらってきた。このことは、「市民、地区、〈地域〉が国境を挟んで共同で諸問題の解決を図ろうとする動きは、国境を動かしたり、国の主権を奪う意図を秘めたものではない[87]」、「エウレギオはけっして新しい行政水準を意味するのでなく、あらゆる国境を挟む課題と接触の解決のための国境を挟む回転盤、モーターとして機能する。……エウレギオは他機関の権限を引きうけるものでもなければ、国に対立するものでもけっしてない[88]」、「国境を挟む統合は国家主権を尊重するかぎりで目ざされる[89]」と、くりかえし強調していることからも窺われる。しかし、この自己正当化は、モーゼルの放ったことば、「国境は歴史の傷痕」とはたして整合するのだろうか。と言うのも、これは国境の存在自体を否定することばであり、したがって、国境地域に対する国の統治権そのものの否定を含意するからである。「国境を挟む協力によって国境の質が変わってきている。これはもはや「分離の場所」ではなく、「出会いの空間」なのだ[90]」という現状認識も、この矛盾を解消できないままの言い換えにすぎないように思われる。

86　AGEG (2008), 36-38 ペイジ。
87　同上、15 ペイジ。
88　同上、66 ペイジ。
89　同上、111 ペイジ。
90　同上、88 ペイジ。

第10章 エウレギオと原経済圏

1 エウレギオの諸類型
2 河のエウレギオとニーダーライン原経済圏

今日、ヨーロッパ標準船（載貨重量1350t）以上の大型船が往きかう。

前章の検討は、エウレギオの下からの運動に共振するCEやEUの上からの国境地域政策も、国（邦）境という所与の空間枠の相対化に限界があることを浮かびあがらせた。とはいえ、このような問題状況をとおして、史的構造枠としてのニーダーライン原経済圏の漸移地帯を、ある程度透かしみることができるようになったと考える。そこで、ドイツ・ネーデルラント・ベルギー国境地域のエウレギオにふたたび目を向ける。

　エウレギオ分析をとおして原経済圏の検出をめざすためには、エウレギオの比較作業が迂回生産的な意義をもつであろう。そこで、ドイツ・ネーデルラント・ベルギー国境地域五エウレギオの共通と差異を解明する鍵を、AGEGによるエウレギオの類型化のこころみが与えてくれるので、まずこれの検討から始める。

1　エウレギオの諸類型

　国境地域は位置の共通性から生まれる共通の問題に直面する一方で、それぞれ固有の地域性をかかえており、これを無視して国境地域一般を論じることは現実的でない。そこで、国境地域の類型に分けることが必須となるとして、AGEGは国境地域の課題の類型化をこころみている。その準備作業として、EU内部の国境地域を広域圏に大きく分けて、それぞれの一般的課題を検討する。本書の対象となるエウレギオが属するEU中央・西北部の国境地域（FR/DE、FR/LU/DE、BE/DE、BE/NL、NL/DE、FR/BE/UK）およびEU北部（SE/DK/DE［北］、NL［北］/DE［北］）について、それぞれ以下の優先目的を挙げている。

　前者については、①中小企業間の国境を挟む協力の改善；②長期にわたる単一産業構造と潜在的高失業率の弊を除くため、新しい雇用創出を目ざす国境を挟む職業訓練と地元労働者の能力開発の改善；③研究と技術革新の分野における大学間の協力；④国境を挟む戦略構想開発（農業マーケティング、物流、廃棄物再利用、観光等）；⑤農業、観光、空間秩序の重要性を考慮した環境分野における国境を挟む協力の改善；⑥日常的国境問題の解決；⑦社会的分野における協力の強化（保健制度やサービス施設・行政間等の協力）；⑧国境地域における国家間・ヨーロッパ交通軸上の断絶区間の接続、以上八項目である。

後者については、①経済・技術分野における国境を挟む協力；②環境に留意しながら農村地区とワデン海の共同開発；③社会的分野における協力の強化；④適切な労働市場政策措置の開発；⑤広域的ヨーロッパ交通軸等の交通網に残る途絶区間の適切な除去；⑥大学間の協力、以上六項目である[1]。

両者の課題は大幅にかさなるが、前者について、産業構造転換をとりわけ中小企業間の国境を挟む協力を梃として図ることの必要性を指摘していることが、概して農・水産業地域である後者との違いであろう。これは、各エウレギオ分析の際にすでに観察されたことである。

次いで、AGEG はエウレギオを「国境を挟む統合度」を基準として類型設定をおこなう[2]。ここで類型設定の基準として、まず、①社会・文化的および経済的結束と、②国境を挟む協力の強度、この二つが挙げられる。①はさらに社会・文化的結束、経済的結束、国境の様式という下位基準に三分される。②は国境を挟む協力の制度化の程度と協力組織の法的権限、国境を挟む協力参加者群の範囲、国境を挟む活動の範囲、EU 主導事業実施・管理への国境を挟む組織の関与という、下位基準に四分される。合わせて七つの下位基準にそれぞれ、高位 hoch, 中位 mittel, 低位 gering の三段階評価をおこなったうえで、総合評価により五類型を設定する。そのうち第一類型「統合の先行地域」Vorreiter der Integration は①、②とも高位、第二類型「先行地域につづく地域」Gebiete, die sich zu Vorbereitern der Integration entwickeln は①と②のいずれかが高位および他が中位の地域である。この基準設定にしたがい、ドイツ・ネーデルラント・ベルギー国境地域の四つのエウレギオが表10-1のように類別される。これはアンケート結果にもとづくものなので、ermn が欠けているのは無回答だったからであろう。エウレギオの回答は、類型設定基準にかかるそれぞれの自己認識を示すもので、これは各エウレギオの経済空間上の位置づけを考察するうえで貴重な鍵となりうる。そこで以下、これを立ちいって検討する。

1　AGEG (2008), 53-54 ページ。*Praktisches Handbuch* では、中央・西北部について③の大学間協力が、北部について③の社会的分野の協力と⑥の大学間協力が、それぞれ欠けている。この間に、国境を挟む協力における大学間協力の戦略的意義が認識されるようになったことが窺われる。*Praktisches Handbuch*, A 20-21 ページ。

2　AGEG (2008), 93-99 ページ；*Praktisches Handbuch*, A 16-20 ページ。

表10-1　エウレギオの諸類型

	結束度と国境条件			国境を挟む協力の水準			
	歴史・文化・言語の同質性	経済関係・労働市場	国境通過の容易性	制度化と法的権限	参加者群の多様性	活動範囲	EC/EU政策への関与
第一類型　統合の先行地域							
EUREGIO	中位	高位	高位	高位	中位	高位	高位
ERW	中位	高位	高位	高位	高位	高位	高位
第二類型　先行地域につづく地域							
EMR	中位	中位	高位	高位	高位	高位	高位
EDR	中位	中位	高位	高位	高位	高位	高位

出所：AGEG（2008），96-99ページ。

　検討にあたりとりわけ重要なのは、①の三つの下位基準である。まず、「社会・文化的結束」が以下のように定義される。「これは共通の地域意識または共属感情がどの程度存在するかにより規定される。国境の両側が歴史的、文化的、言語的に同根であれば、これが高度となる。他方で、政治的・軍事的対立の共通記憶がなく、EUからの補助がなくとも自発的に国境を挟む相互協力を持続するだけの政治的条件があるときも高度となる。」

　次いで、「経済的結束」の定義はこうである。「これは国境地域間の国境を挟む経済的接触の強度および質ならびに国境を挟む労働市場の規模に左右される。長年にわたる相互の商取引関係と国境を挟む経済活動、国境を挟む地域間の機能的補完を目ざす共同の開発過程にも規定される。後者は、国境を挟む通勤行動を生む発展した国境を挟む労働市場によりいっそう強化される。これはまた個人間の日常的接触の重要な部分をなし、異文化間の学習と理解を深めることになろう。逆に、国境の両側地域が背を向けあったまま経済発展を進めれば、補完関係でなく競争関係がもたらされることになろう。」

　第三に、国境の様相 *Art* は、「とりわけその開放性もしくは通りやすさ、また国境地域・国境を挟む地域が達しうる社会・文化的、経済的結束の程度が決定的影響をおよぼす。物理的障壁がなく、通信・交通基盤が十分に発展しており、国境検査が廃止されれば、国境がとおりやすくなる。逆に、山岳や海洋のような地理的障壁、国境を挟む交通路の不備、さらに行政当局による意図的に創りだされる「国境障壁」により、国境をとおる困難が増す。」

この三つの下位基準のうち、「文化的・社会的結束」は、エウレギオ活動における経済外的初期条件である。「経済的結束」は、国境を挟む協力における経済的初期条件である。国境の様相は、ドイツ・ネーデルラント・ベルギー間に自然的障壁がないため、事実上、制度上および交通上の障壁が問題となり、これは「社会・文化的結束」と「経済的結束」の二つの与件から導きだされる派生的条件である。したがって、この両者が本源的初期条件となる。それでは、両者のずれはなにを意味するのか。

第一類型に属する EUREGIO と ERW は、「社会・文化的結束」が中位であるにもかかわらず、「経済的結束」が高位である。「国境の様相」が高位なのは、中位の前者よりも高位の後者により強く規定されているためと解せられる。ドイツによる過酷なネーデルラント占領時代の国民的記憶がまだ完全に消えていないことを考えれば、「社会・文化的結束」が高位でなくとも不思議でない。むしろ、もはや低位でないことが驚くべきことである。それにもかかわらず、「経済的結束」が高位であると認識されていることをどのように理解するべきか。

第二類型に属する ERM と EDR は、「社会・文化的結束」が中位であるばかりでなく、「経済的結束」も中位である。それにもかかわらず、両基準に規定されるはずの「国境の様相」が高位なのをどのように理解するべきか。

このように二つの類型とも、AGEG の類型設定基準による類型特性の含意が一義的でない。そこで、別の観点から類型設定をおこなってみよう。

2　河のエウレギオとニーダーライン原経済圏

ここで、エウレギオ域を形成する河川軸を基準として、類型設定をこころみるとどうなるか。五エウレギオにかかわるのは、ライン、マース、エムスの三河である。このうち広義のライン河が主軸として機能しているのは、EUREGIO, ERW, ermn の三つである。これらに対して EMR ではマース河が主軸であり、EDR はエムス河口に位置する。

まず EUREGIO 域の水路の主役は運河である。ドイツ側域ではドルトムント-エムス運河（DEK）が南北に貫流し、ヘルステル Hörstel で分岐し東に向かうミテルラント運河が、連絡運河 Zweigkanal Osnabrück でオスナブリュクに

通じている。ミテルラント運河の延長距離は長いものの、許容載貨重量は1000tにとどまる。他方で、DEK はリンゲン Lingen 南方で西に分岐するエムス-フェヒテ運河 Ems-Vechte-Kanal により EUREGIO 北部のノルトホルン Nordhorn とつながり、ここでアルメロ-ノルトホルン運河 Kanaal Almelo-Nordhorn に接続して国境を越えてアルメロに通じている。さらに、DEK は EUREGIO 域南部境界に沿うベーゼル-ダテルン運河（WDK）Wesel-Datteln-Kanal により、ライン河と直接むすばれている。WDK の許容載荷重量は1350t である。ネーデルラント側域では、産業的重心たるトゥウェンテのアルメロ、ヘンゲロ、エンスヘデ三市が、トゥウェンテ運河 Twente kanaal により EUREGIO 域の西方を流れるライン河の分流、ヘルデルセエイセル河とズィトフェン Zutphen でつながっている。トゥウェンテ運河の許容載貨重量は1350t で、ミテルラント運河に勝る規模であることが注目されてよい。

このように EUREGIO 域内で水路として機能するのは自然河川ではなく運河網であり、その意味で EUREGIO を「運河のエウレギオ」と呼ぶことができるかもしれない。

ここで、見落とせないのは、ミュンスターラント西部に源を発する川がすべてヘルデルセエイセル河に注ぐことである。これから、ミュンスター西郊の丘陵、バオムベルゲ Baumberge がエムス水系とヘルデルセエイセル水系の分水界を成していることがわかる。なかでもボホルターアー川 Bocholter Aa／アウデエイセル川 Oude Ijssel（ドイツ語ではイセル川 Issel）とフェヒテ（フェフト）川 Vechte／Vecht が重要である。ボホルターアー川は、西北流して国境を越えるとアウデエイセル川と名称を変えて、許容載貨重量600t の可航区間となり、ドゥズビュルフ Doesburg でヘルデルセエイセル河に注ぐ。資料2の第3条の注釈で述べたように、フェヒテ川は北流して国境を越えると西に向きを変え、フェフト川（同名の川と区別するためオーフェルエイセルセヘフト Overijsselse Vecht とも）となってヘルデルセエイセル河の分流ズワルテワーテル Zwarte Water に注ぐ。フェフト川の下流区間は載貨重量300t 未満の船が航行可能であるにすぎないが、ズワルテワーテルの許容載貨重量は2000t に達する。以上を考量すると、ベストファーレンに属するミュンスターラントの西部はヘルデルセエイセル河流域、したがってライン河流域の一部ということになる。

エムス河ともつれあう DEK も、ネーデルラント側域の大規模運河を介して

522 | 第10章　エウレギオと原経済圏

図10-1　ニーダーライン原経済圏の外縁（漸移地帯）

注：地は WESKA1995 の附図
　　Mitteleuropäische Wasserstraßen.

ヘルデルセエイセル河とむすんでいる。これからしてEUREGIO域の形成軸は、むしろヘルデルセエイセルとエムスの両河をむすぶ運河網に支えられた、歴史的構造軸たる「綿街道」Baumwollstraße（ドイツ側域ではフェヒテ川沿いのノルトホルンからアウデエイセル川上流のボホルターアー川沿いのボホルトにいたる）であると言うべきであろう。そこで、ドイツ側域のエムスラント南部とミュンスターラント西部が、ネーデルラント側域のトゥウェンテとアハテルフクとともに等質な歴史的経済空間を形成し、ヘルデルセエイセル水系がこれの基盤となっていることが浮かびあがる。北に向かうDEKはこれを支える副軸にとどまると見られる。すると、ミテルラント運河沿いのオスナブリュクのベクトルが、ミュンスターラントのそれと向きが異なるのではないかとの疑問が湧く。EUREGIOのドイツ側域におけるミュンスターに次ぐ都市圏オスナブリュクの位置づけは、EUREGIO域内の空間的結束を検討するための課題として、なお残る。

ERWでは、ライン河がドイツ側域を貫流し、ネーデルラント側域でパネルデンス水路とワール河に分岐し、前者は域内のアルンヘムでネーデルレイン河とヘルデルセエイセル河に分流する。後者、ワール河は域内南側を並流するマース河とマース-ワール運河 Maas-Waalkanaal でむすばれている。ライン河とその三つの分流すべてに加えてマース河を域内に擁するERWは、「ライン-デルタのエウレギオ」と呼ぶにふさわしい。ここでは、ライン河の分流域を押さえるアルンヘム-ネイメーヘン連接都市圏（KAN）が、上流のライン-ルール圏に対して相対的自立性を具える孤立大都市圏を形成していると見ることができる。固有のライン-ルール圏はベーゼルとボホルトをむすぶ線までで、これから下流の国境に近接するエメリヒは、ライン-ルール圏とKANの中間に位置すると見られる。

ermnを地理的位置からみれば、域内中央部を貫流するのはネーデルラント側域のマース河であり、ライン河はドイツ側域の東側境界を画しているだけのように見える。また、ネーデルラント側域にはユィリアーナ運河 Juliana kanaal, ウィレム運河 Willemsvaart, ザイトウィレム運河 Zuidwillemsvaart 等の高密な運河網が張りめぐらされている。とはいえ、ドイツ側域ライン河寄りのクレーフェルト、メンヘングラトバハ、ノイスはライン-ルール圏の中核部に属する。ライン河が ermn 域の主軸であることは明らかであり、マース河沿い

のネーデルラント側域は、マース河を越えて西にひろがるライン-ルール圏に吸収されていると見ることができる。ermn は「ニーダーラインのエウレギオ」とよばれてよい。

　残る二エウレギオのうち EMR は、名称に「ライン」を冠しているものの、これは形ばかりにすぎず、マース河が唯一の形成軸であることをすでに明らかにした。ドイツ側域アーヘン圏の東側を北北東に向って並流するルール川（Rur／Roer, マース河支流）とエルフト川（ライン河支流）の間が、マース水系とライン水系の分水界を成す。ここが同時にラインラントと「マースラント」の境界をなしており、マース河流域に位置するアーヘン圏が「マースラント」の一構成部分と見られるべきであることもすでに指摘した。ドイツ側域が可航水路を欠くものの、ネーデルラント側域、ベルギー側域ではアルベール運河 Albert Kanaal, ユィリアーナ運河、ザイトウィレム運河ほか中小の運河が高密な水路網を形成し、マース河を軸として一体化した経済空間を生みだしている。このような EMR を「ミデンマースのエウレギオ」と呼ぶことができよう。

　最後の EDR 域は、ライン河、マース河から独立したエムス河下流区間およびドラルト湾を形成軸としているかに見える。その意味で、EDR を「ドラルトのエウレギオ」と呼ぶこともできよう。しかし、ここでは地勢上の与件よりも、EDR 域唯一の上級中心地フローニンゲンの空間形成機能に注目するべきであろう。AGEG による類型基準で EDR の「国境の様相」が「高位」であるのは、フローニンゲンの周域 Umland が国境を越えてドイツ側域にも潜在的にひろがっていることを示唆する。バルト海・北海沿いの地帯に点在する大都市圏の一つとしてのレヒオ-フローニンゲンは、ネーデルレイン・ワール河沿いの KAN よりも明確に孤立大都市圏の姿を現している。

　以上の検討から、こころみにニーダーライン原経済圏の西から北にかけての漸移地帯を描いてみると、図10-1 のようになろう。アーヘン圏の東側マース・ライン両河の分水界からルール Rur／Roer 川沿いに北北西に向かい、マース河左岸域に出て、レヒオ-ノールトリンビュルフ、KAN（ネイメーヘン-アルンヘム）を経てヘルデルセエイセル河沿いに北へ、さらにトウェンテ運河に沿うように東に向きを変え、レヒオ-トウェンテ、エムスラント南部を経て、トイトブルガーバルト Teutoburger Wald にいたる帯である。ドイツ・ネーデルラント・ベルギー国境地域の五エウレギオの分析により、ニーダーラ

イン原経済圏の西・北側漸移地帯の検出の見通しがひとまずついたことをもって、本書の作業を終了する。

終章　総括

ドイツ・ネーデルラント・ベルギー国境地域につらなる五エウレギオの分析をとおして、ニーダーライン原経済圏（NRUW）の外縁、漸移地帯を探りだすことができるのではないか、このような作業仮説に立って、本書では各エウレギオの空間構造と政策動態を順次、分析した。その結果、西から北にかけて時計回りに延びる漸移地帯の粗描を試みることができるまでにいたった。加えて、CE, EC／EUの地域政策の展開過程の検討もおこなった結果、全ヨーロッパ機構、加盟国、邦と、水準を異にする各政策主体間の空間政策における「地域」概念がことなり、諸「地域」概念が政策目的の正当性をめぐり競争関係にあることも明らかにしえた。かかる「地域」概念の多義性が、かえって史的構造体としての原経済圏の概念的有効性を浮かびあがらせることに気づいたのも、予期せぬ成果であった。それでは、かかる諸成果が西北ヨーロッパの空間構造の全体的把握にどのような意義をもちうるか、また、どのような新しい問題の所在を示唆するかを点検して、本書を締めくくりたい。

まず挙げられるべきは、NRUWの漸移地帯が、大づかみに観れば、BRD十六ラントの中で最大の人口を擁するノルトライン-ベストファーレン（NRW）の境界ともつれ合っていることが、ほぼ確かめられたことである。これは、NRWという領域空間がNRUWという経済空間と適合的関係に立つことを示す。NRWの産業構造の基盤を成した主導的諸産業が、1960年代以降のきなみに衰退する一方で、新しい産業が次ぎつぎに興り、この産業構造転換過程のなかでNRWが一つの経済地域としての史的同一性を保ちつづけていることは、NRWが歴史的産業連関の動態に適合的な場であることを物がたる。NRWは連合国によるドイツ占領政策の所産であり、その歴史は75年に満たない。二次大戦後生まれのラントの領域が、空間的に産業革命以来のNRUWとほぼ重なったことは単なる偶然なのか、これは今後解明されるべき課題である。ともあれNRWと似た例を、NRWよりもさらに歴史の短いバーデン-ビュルテンベルク（BW）とオーバーライン原経済圏（ORUW）との適合的関係に見いだすことができる。南北両原経済圏の政治的現象形態である両ラントの競争的均衡こそが、西ドイツの持続的成長を可能にした空間的安定性を保証したのだ。

とはいえ、NRUWの漸移地帯とNRWの境界とが大幅にずれている部分を検出しえたことも、一つの成果である。EMRの分析がアーヘン圏の位置づけの見直しを迫るからである。すなわち、これまで自明のごとくライン-ルール

圏の一部とみなされてきたアーヘン圏が、実はこれの外部にあり、マーストリヒトやリエージュとともに形成する、マース河中流域原経済圏の一部であることが浮かびあがってきた。これは、定説に対する根本的批判であり、従来ライン河の陰に隠されてきたマース河の地域形成力に、新しい光をあてることでもある。

　第三に、ネーデルラント領域に東部、西部への地域分化が見いだされたことも、新しい課題を生みだした。一方で、西部のアムステルダムからロテルダムを経てユトレヒトにいたる馬蹄形のラントスタトが、一見ルール地域に似たコナーベイションを形成しているものの、これを一つの原経済圏の形成軸とみるべきか、それとも孤立大都市圏の連鎖とみるべきかは、今後の課題である。他方で、東部地域が、ライン河の三分流のうちレク、ワール両分流と向きを異にして北流するヘルデルセ-エイセルが秘めている地域形成力の所産であることも、浮かびあがってきた。その産業的中心地が、ヘルデルセ-エイセルとトゥウェンテ運河でむすばれるトゥエンテにほかならない。本書は、トゥエンテがNRUWの漸移地帯上に位置することを突きとめることができたが、この地がネーデルラント側からみてどのように位置づけられるべきかは、今後の課題である。

　最後に、トゥウェンテ産業史がヨーロッパ史を超えでた世界史的展望を開くことにも触れておきたい。1830年代のベルギーの分離・独立のあとを埋めるように、19世紀後半ネーデルラント最大の繊維工業地域として興隆したのがトゥウェンテである。トゥウェンテが国境を挟んで向かいあうベストミュンスターラントとの地続き効果を最大限に活かしながら、大陸部ヨーロッパで有数の綿工業地域を形成したことは、研究史で明らかにされている、当地域の綿工業の主要販路の一つが、当時のネーデルラント領東インド、今日のインドネシアであった。このインドネシア市場に一次大戦後進出したのが、ほかならぬ日本産綿製品である。これは1930年代初までに、ネーデルラント産、すなわちトゥウェンテ産綿製品の強力な競争相手となった。1942年からの日本軍政、1945年に始まる独立戦争を経て、1969年の西イリアンのインドネシア帰属をもって、ネーデルラントによる東インド370年の植民地支配が終わった。これは、トゥウェンテ綿工業の衰退が決定的となったことを意味する。この危機に直面して、BRDとの地続き効果の復活をもって窮状打開の途を探ろうとした

トゥウェンテの生き残り策は、1958年に最初のエウレギオの設立として実をむすんだ。戦後西ヨーロッパにおける「下からの統合」の起動に、日本の東南アジア進出が図らずも助産師の役割を演じたことの指摘をもって、この総括を終える。

あ と が き

　わたくしが、エウレギオという語に初めて接したのは、1989年4月27〜28日にストラスブールで開催された「西ヨーロッパ商工会議所連合」（現在の正式名称は「ヨーロッパ商工会議所連合ライン・ローヌ・ドーナウ・アルプス」）の創設四十周年記念シンポジウムの場である。私はただ一人の非欧米人としてこれに参加することができた。これが可能となった機縁は、さらにその3年前にさかのぼる。1986年春に長期在外研究の機会を得たわたくしは、1年弱のドイツ滞在の前半をケルンのライン-ベストファーレン経済資料館で、当時は「ライン会議所連合」と呼ばれていたこの非政府組織の資料を収集することに費やした。それまで未知だったライン河流域の商工会議所連合に眼を向けさせてくださったのは、同じケレンベンツ（Hermann Kellenbenz）門下のクラーラ・ファンアイル（Klara van Eyll）館長である。当連合の四十周年記念シンポジウムに招待される幸運に恵まれたのも、彼女の配慮のおかげである。

　このシンポジウムの議事録を京都大学経済学会の『経済論叢別冊　調査と研究』第1号（1991年10月）で紹介したのが、エウレギオにかかる論考を公刊した最初である。これ以降わたくしは、ドイツと国境を挟む九か国のうちデンマークとチェコを除く七か国の国境地域のエウレギオ事務局を歴訪し、また資料の請求をおこなった。こうして収集した現地資料にもとづく研究成果を、内外の学会および研究会での報告ならびに学会誌および紀要への寄稿によって小きざみに公表しながら、わたくしはエウレギオに対する認識をしだいに深めていった。やがてエウレギオ分析を原経済圏の外縁（漸移地帯）の検出に利用できるのではないかとの方法的見通しが開けたとき、エウレギオの語に初めて接してから10年が経っていた。

　産業革命の空間形成作用、すなわち、産業革命はいかなる構造の空間を資本制生産様式に適合的な基盤として形成したのかという問いは、ドイツ経済史研究事始め以来わたくしの変わらぬ問題意識である。初学者のわたくしにこの問題意識を植えつけたのは、わが師、松田智雄の地帯構造論にほかならない。ドイツ経済史研究をライン河下流域の産業史分析から始めたわたくしは、川本和

良の先行研究の圧倒的迫力をもって聳えたつ業績を前にしてたじろぎながら、松田の地帯構造論の批判的継受の方向を探りあてることに必死であった。1966年から3年余のケルン大学留学は、徒弟（ドイツでは今日「徒弟」Lehrling に代わり「見習」Auszubildender［Azubi］が使われる）から職人になったばかりの非ヨーロッパ人の、ライン河流域遍歴時代にほかならなかった。この経験が、わたくしに原経済圏概念の構築という親方作品を生ませたのである。とはいえ、これの外縁を成す隠れた漸移地帯の検出のために、国境を挟む地域間協力という眼前で進行する動態の分析を応用する着想にいたるまでには、さらに四半世紀におよぶ時を要したのだ。

　かくして、1990年代末からわたくしはドイツ・ネーデルラント国境地域へあらためて眼を向け、南端の EMR から北端の EDR にいたる五エウレギオの事務局再訪の旅をかさねてきた。すべてのエウレギオが、非ヨーロッパ世界からの来訪者を温かく迎えいれ、事前に提出した質問書にもとづくインタビュウに快く応じ、貴重な現地資料を提供してくださった。インタビュウイー録にお名前を挙げたすべての方々に深い感謝の念をささげる。とりわけお世話になったのが、AGEG 事務局も置かれているグローナオの EUREGIO である。正面玄関入り口に据えられたベーアトリクス前女王の手になるモーゼルの胸像は、数年おきに訪れるわたくしにいつも親しげなまなざしを向けてくれた。多忙な時間を割いて対応してくださった元 EUREGIO 事務総長にして当時の AGEG 事務総長ガベ氏（Jens Gabbe）から EUREGIO 広報課のペラウ氏（Marie-Lou Perou）にいたるすべての方々へ、重ねてお礼を申しあげる。

　かくも頻繁にグローナオの EUREGIO を訪れることができたのは、ひとえに留学時代からの友人、モニカ＆コンラート（Monika & Konrad Dahlmann）のお陰である。二人はわたくしにいつもドイツ滞在中の前線基地を提供してくれたばかりか、わたくしをミュンスターからグローナオまで車ではこび、ときにはインタビュウの予約まで取りつけてくれた。しかも、インタビュウが終わると国境を越えてネーデルラント領内に足をのばし、オーフェルエイセル、ドゥレンテ、ヘルデルラントと、対ドイツ国境沿いのプロフィンシを案内してくれるのが常であった。そのおかげで、EUREGIO 訪問は、ライン河の三分流、ワール、レク、ヘルデルセエイセル、さらにマース河やエムス河の流域空間を眼に焼きつけ足で確かめる、「河のヨーロッパ」巡礼の旅となったのだ。もし

もモニカ＆コンラートと出会わなかったら、と思うと、二人には感謝のことばもない。

　ふだんわたくしが日中の仕事場にしている、東京経済大学図書館の蔵書の充実ぶりと使いやすさは申し分なく、惜しまず便宜をはかってくださる図書館職員皆さんの配慮と相まって、わたくしにかけがえのない作業環境を提供してくれた。ひたすら感謝するばかりである。

　京都大学学術出版会の専務理事、鈴木哲也氏は当初から本書出版の構想について相談に乗ってくださり、数々の貴重な助言を与えてくださった。本書担当の大橋裕和氏はわたくしの文体を理解したうえで、鋭利な編集者の眼でもって私自身が気がつかなかった問題点を指摘してくださった。また、京都大学学術出版会理事の黒澤隆文教授からも終始ご配慮に与った。お三方に対して心からお礼を申しあげる。

　最後になったが、資金面でお世話になった二つの機関にもお礼を申しあげなければならない。本書は、わたくしの最後の職場であった東京経済大学の経済学会紀要に、2005 年から 2017 年まで連載した 14 本の論考を直接の素材にしている。とはいえ、これらの単なる集成ではなく、京都大学在職中に始めた習作や素描を重ねたうえで、本作品として執筆したものである。この長期にわたる仕事の継続が可能になったのは、京都大学在職中ほぼとぎれなく配分に与った科学研究費補助金、および東京経済大学在職中これまたつづけて恵与された個人研究助成費のおかげである。ここに、日本学術振興会および東京経済大学に対して深く感謝申しあげる。

　こうして、内外のじつに多くの方々や機関に援けられながら一書を書きあげることができた。恵まれたご厚意に対して報いるだけの内容の厚みを本書が具えていることをこい願う。

　　2018 年 10 月 15 日、初のエウレギオ、*EUREGIO,* 創設六十周年の秋に

　　　　　　　　　　　　　　　　　　　　　　　　著　者

参考文献

AGEG 提供資料

AGEG (Hrsg.), *Europäische Charta der Grenz- und grenzübergreifenden Regionen: Ziele und Aufgaben*, o. J.
AGEG, *Die EU- Initiative INTERREG und zukünftige Entwicklungen*, Gronau, Dez. (1997).
AGEG, *Arbeitsdokument: Institutionelle Aspekte der grenzübergreifenden Zusammenarbeit*, Gronau, Sept. (1998).
AGEG, *30 Jahre Gemeinschaftsarbeit*, Gronau (2001).
Arbeitsgemeinschaft Europäischer Grenzregionen (AGEG) (erstellt), *Praktisches Handbuch zur Grenzübergreifenden Zusammenarbeit*, 3. Aufl., Gronau (2000).
LACE, *Instuitonelle Aspekte grenzübergreifender Zusammenarbeit*, o. J.
LACE, *Infrastruktur und Planung in grenzüberschreitenden Regionen*, o. J.
LACE, *Das Europa der Bürger: Der Fall der Grenzregionen*, Brixen, Okt. (1990).
LACE-TAP-Jahreskonferenz, *Diskussionsdokument: Die Zukunft Maritimer Zusammenarbeit*, Nice, Nov. (1998).
LACE-TAP-Jahreskonferenz, *Diskussionspapier: Finanzierungsinstrumente*, Nice, Nov. (1998).
LACE Infoblatt zur grenzübergreifenden Zusammennarbeit, Ausg. 1-8, Gronau (1997-1999).
LACE Magazin, No. 1-3, (1997-1999).
AGEG, *Arbeitsdokument: Grenzüberschreitenddes Finanzmanagement*, Gronau, Mai (1999).
AGEG, *Grenzübergreifendes Finazmanagement*, Mai (1999).
Ministerie van Economische Zaken / Ministerium für Wirtchaft und Mittelstand, Energie- und Verkehr des Landes Nordrhein-Westfalen (Hrsg.), *Grenzübergreifende Zusammenarbeit des Königreiches der Niederlande, der deutschen Bundesländer Niedersachsen, Nordrhein-Westfalen und Rheinland-Pfalz sowie der Regionen und Gemeinschaften Belgien im Rahmen der EU-Gemeinschaftsinitiative INTERREG : Bilanz und aktuelle Förderphase INTERREG IIIA (2000-2006)*, Düsseldorf (2001).
Technau, Johannes, *Grenzpendlerzahlen Niederlande –Deutschland 2005*, Duisburg (2006).

EUREGIO 提供資料

Ministerium für Wirtschaft, Mittelstand und Technologie des Landes Nordrhein-Westafalen, *Bilanz der Zusammenarbeit des Landes NRW mit der EG, Belgien und den Niederlanden im Rahmen des INTERREG-Programms*, Düsseldorf (1993).
EUREGIO, EU-INTERREG I-Programme 91/95 for the EUREGIO Activity Field A-F.
EUREGIO und Kommunalgemeinschaft Rhein-Ems e. V., *Geschäftsbericht* (1993).
EUREGIO, *EU-Gemeinschaftsinitiative INTERREG-I für die EUREGIO.*
EUREGIO, *2. Fortschrittsbericht EG-Gemeinschaftsinitiative INITERREG für die EUREGIO Förderung aus dem Europäischen Fonds für Regionalentwicklung – EFRE Nr. 91/00/10/018-*, Juni (1994), Gronau.

EUREGIO, *Operationelles Programm für die EUREGIO 1994-1999 im Rahmen von INTERREG II.*

EUREGIO, *EUREGIO: Das alltägliche Europa in der Praxis / Het Europa in de Praktijk van Alldag*, Gronau (1995).

EUREGIO, *ALMANACH / ARMANAK*, (1995, 1998 /1999).

EUREGIO Mozer Commissie / Kommission, 25 jaar / Jahre, Gronau (1996).

EUREGIO, *Widen your horizons in EUREGIO*, o. J.

EUREGIO, *Erläuterungen zu dem Satzungsentwurf des EUREGIO e. V.*, 09. 03. (1999).

EUREGIO, *EU-Gemeinschaftsinitiative INTERREG-II für die EUREGIO: Förderung aus dem Europäischen Fonds für Regionalentwicklung –EFRE Nr. 94/00/10/020 -Endbericht 31. 12.2001*, Gronau (2002).

EUREGIO, *EU-Gemeinschaftsinitiative INTERREG IIIA für die EUREGIO, Euregio Rhein-Waal und euregio rhein-maas-nord: Förderung aus dem Europäischer Fonds für Regionalentwicklung –EFRE-Nr. 2000 RG 160 PC 021-: 4. Durchführungsbericht für die EUREGIO (31.12. 2004): ZUSAMMENFASSUNG.*

EUREGIO, *4. Durchführungsbericht INTERREG IIIA.*

EUREGIO, *Kurzbeschreibungen der genehmigten INTERREG-IIIA-Projekte in den 6 Maßnahmenbereichen.*

Gemeinsames INTERREG-Sekretariat bei der Euregio Rhein-Waal, (Hrsg.), *Bilanz 2000-2002 INTERREG IIIA*, Kleve (2003).

Gemeinsames INTERREG-Sekretariat bei der Euregio Rhein-Waal (Hrsg.), *Bilanz 2004 INTERREG IIIA*, Kleve (2005).

Gemeinsames INTERREG-Sekretariat bei der Euregio Rhein-Waal (Hrsg.), *Grenzregionen gestalten Europa: INTERREG im deutsch-niederländischen Grenzraum*, Kleve (2007).

EUREGIO, *Jaarsverslag / Geschäftsbericht* (2008).

EUREGIO INFORM, Jg. 8-14, (2008-2014).

50 Jahre EUREGIO, in: *Westfälische Nachrichten*, 23. September. (2008).

Satzung EUREGIO e. V.: Stand (2009, 2013).

Satzung für den niederländisch-deutschen Zweckverband EUREGIO: Stand (2016).

Strukturbericht Rhein-Waddenzee, (2008).

EUREGIO, *Unterschiede verbinden / Verschillen verbinden,* o. J.

Techau, Johannes, *Strukturbericht EURES Rhein-Waddenzee,* o. J.

EUREGIO, *Jaarrekening 2009 Concept.*

EUREGIO, *Jaarrekening / Jahresrechnung* (2009).

INTERREG IV-Programm Deutschland-Niederlande (2007-2013).

Teerling, Lambert, *Die berufliche Bildung bei den Nachbarn: Ein Leitfaden für die Zusammenarbeit in der deutschh-niederländischen Grenzregionen*, Gronau o.J.

EUREGIO, *Kurzbeschreibungen der genehmigten INTERREG IVA-Projekte (majeur und regional) in den Prioritäten I bis IV Stand: 30.11.2010 (mit Auswertung der Projekt-Fortschrittsberichte zum 31.12.2009)*

EUREGIO, *Kurzbeschreibungen der genehmigten INTERREG IVA-Projekte (majeur und regional) in den Priorotäten I bis IV Stand: 25.04.2013 (mit Auswertung der Projekt – Fortschrittsberichte zum 31.12.2012)*

EUREGIO, *Begroting/Haushalt 2011*.
EUREGIO, *Jaarsverslag/Geschäftsbericht 2012/2013*, 2014.
Gemeinsames INTERREG-Sekretatiat, *Durchführungsbericht 2013 des INTERREG IVA Programms Deutschland-Nederland*, Kleve 2014.
EUREGIO, *Kulturunterschiede im Nachbarland / Culturverschillen in Het Buurland*, 2015.
EUREGIO, *Geschäftsbericht 2016*.

Euregio Rhein / Rijn-Waal 提供資料

Abkommen zwischen dem Land Nordrhein-Westfalen, dem Land Niedersachsen, der Bundesrepublik Deutschland und dem Königreich Niederlande über grenzüberschreitende Zusammenarbeit zwischen Gebietskörperschaften und anderen öffentlichen Stellen（Isselburg-Anholt, 23. 05. 1991）
ERW, *Grenzüberschreitender öffentlicher Personenverkehr in der Euregio Rhein-Waal*,（1993）.
ERW, *Pressespiegel / Persberichten 1993 / 1994*.
ERW, *Projektbeschrijvingen Interreg-Projekten 11 -15*, o.J.
ERW, *Zusammengefaßt*, o. J.（1993?）
Satzung des Zweckverbandes Euregio Rhein-Waal: Stand 1993, 1999.
ERW, *INTERREG-2 Programm 1994-1999 Euregio Rhein-Waal*,（1994）.
ERW, *INTERREG-2 Programm 1994-1999. Konzept*.
ERW, *Grenzüberschreitende Gesundheitsversorgung Deutsch-niederländische Zusammenarbeit im Gesundheitswesen in der Euregio Rhein-Waal*,（1995）.
ERW, *Operationelles Interreg-Programm 1991-1993. EFRE-Nummer 91.00.10019. Endbericht*,（1996）.
ERW, *Betriebsgründung in den Niederlanden / Bedijfsvestiging in Duitsland*, o. J.
van Beek, J.J. & Sturme, Anja（Hrsg.）, *Euregio Rhein / Rijn-Waal*, Oldenburg（1997）.
ERW, *INTERREG-NEWSLETTER*, Ausg. 7, Aug.（2000）.
EURES, *De 25 meest gestelde fragen over werken in Duitsland*, Nijmegen.

euregio rhein-maas-nord / rijn-maas-noord 提供資料

GRMN, *Grenzüberschreitendes Aktionsprogramm für die Grenzregio Rhein-Maas-Nord*（1986）.
GRMN, *Die Grenzreigio Rhein-Maas-Nord in Stichworten*（1989）.
GRMN, *Jaarverslag-Geschäftsbericht*（1991 / 1992）.
GRMN, *Grenzüberschreitendes Aktionsprogramm Appendix Neuss*, o. J.
Grensregio Rijn-Maas Noord / Grenzregio Rhein-Maas-Nord, o. J.
ermn, *euregio Pressespiegel・Knipselkrant*, Nr. 9（1993）.
ermn, *euregio Information・Informatie*, Sept. 1993, Dez. 1993, Mai 1994.
ermn, *business magazine*, Jg. 2（1994）.
ermn, *Operationelles Programm der euregio rhein-maas-nord im Rahmen der Gemeinschaftsinitiative INTERREG-II*（1994）.
Dr. Jansen, Paul G. / BRO Adviseurs, *INTERREG-I Projekt: Euregio-Plan: Grenzüberschreitende räumliche Entwicklungsperspektive für die euregio rhein-maas-nord / Grensover-*

schrijdend ruimtelijk ontwikkelingsperspectief voor de euregio rijn-maas-noord (1995).
ermn, *Kulturarbeit und Sprache zwischen Rhein und Maas* (1995).
euregio, *Documentatie / Dokumentation: Internationale Katastrophenschutzübung EUREX' 96 am 21. September 1996.*
ermn / ERW, *Studiefinanciering voor Nederlanders in Duitsland* (1997).
ermn / ERW, *Die gegenseitige Anerkennung von Berufsabschlüssen mittleren Niveaus im Bereich Soziales und Gesundheit zwischen Deutschland und den Niederlanden* (1997).
ermn / ERW, Deutsch lernen – Nederlands lernen (1997).
ermn / ERW, *Steuertips für deutsche Arbeiter/innen in den Niederlanden*, o. J.
ermn, *Vom Flachs zum Leinen*, Heft 4 (1998).
ermn, *Ein schönes Stück Europa* (1998).
ermn / ERW, *Arbeiten als " Uitzendkracht": Informationen für deutsche Zeitarbeitnehmer/innen in den Niederlanden* (1999).
ermn / ERW, *Studienfinanzierung in den Niederlanden für Deutsche* (1999).
ermn / ERW, *Studie zur Arbeitsmobilität in der Euregio Rhein-Waal und der euregio rhein-maas-nord* (1999).
ermn / ERW, *Bedarf an Fremdsprachekenntnissen in niederländischen Unternehmen in der deutsch-niederländischen Grenzregion* (1999).
Gemeinsames INTERREG-Sekretariat bei der euregio, *Bilanz 2004 INTERREG III* (2005).
EIS (Euregionaler Informations-Service) / Euregionaale Informatie Service, *euregio rhein-maas-nord in Zahlen / euregio rijn-maas-noord in ciffers* (2007).

Euregio Maas-Rijn / Maas-Rhein / Meuse-Rhin 提供資料

EMR, *Grenzüberschreitendes Aktionsprogramm für die Euregio Maas-Rhein* (1986).
EMR, *Operationelles INTERREG-Programm 1991-1993 für die Euregio Maas-Rhein* (1991).
EMR, *Die Euregio Maas Rhein: Informationsdokument: Studie von SGP Consultants*, o. J.
EMR, *Die Euregio Maas-Rhein: Informationsdokument*, o. J.
Euregio Meuse-Rhin / Maas-Rhein / Maas-Rijn: Brochure réalisée par le SEGEFA (Service d' Etude en Géographie Économique Fondamentale et Appliquée de l' Université de Liège), 1999 & o. J.
L'Euregio Meuse-Rhin / Die Euregio Maas-Rhein / De Euregio Maas-Rijn, o. J.
Euregio Maas-Rhein, *Jahresbericht 1992: INTERREG-Programm 1991-1993: EFRE Nummer: 91.00.10.021.*
Stichting EUREGIO-MAAS-RIJN, *EUROPA (E) C(K)ONC(K)RE(E)T(E)*, (1995, 2000, 2005).
Stichting Euregio Maas-Rijn, *INTERREG I Jahrverslag/ Jahresbericht / Rapport Annuel 1996.*
EMR, *Die europäischen Integration - bei uns wird sie Wirklichkeit: Best practices INTERREG III A in der Euregio Maas-Rhein*, o. J.
EUREGIO MEUSE-RHIN: EUROPE CONCRET: Brochure réalisée par le SEGEFA
Chambers of Commerce in Euregio Maas-Rhine, *EUREGIO-InfrastructueATLAS*, Aachen (1999).
EMR (Arbeitsgruppe 〈Vorbereitung INTERREG 2000〉, *Euregionale Prioritäten zur*

Vorbereitung des PGI 2000-2006 der Euregio Maas-Rhein.
Programm für die Gemeinschaftsinitiative: INTERREG III Euregio Maas-Rhein 2000-2006.
Satzung der REGIO Aachen e. V., Stand: 2008.

Eems-Dollard-Regio / Ems-Dollart-Region 提供資料

EDR, *Jahresbericht 1991-1992.*
Neef, R.C. E., *Grenzüberschreitende Regionalpolitik,. Erfahrungen an Hand der Ems Dollart Region*, Dez. 1994.
DIALOG Wissens- und Technologietransferstelle der Hochschulen Oldenburg, *AEGIS Projekt : Zusammenfassung der Projektinhalte für das Wissenschaftsforum und die 3. Hochschulrektorenkonferenz der NHI am 12. Sept. 1994 in Bremen*（1994）.
EDR, *Grenzlos*, Nr. 3, 4. 1994; Ausg. 3 / 2000.
EDR, *Ems Dollart Region in Stichworten*, o. J.（1997 以前）
EDR, *EDR-Projekt 'Grenzüberschreitender Tourismus'*, o. J.
EDR, *EDR-Projekt 'People to people'*, o. J.
EDR/EURES-Crossborder (Hrsg.), *Die Ems-Dollart-Region: Eine Zukunft ohne Grenzen? Grenzüberschreitende Verflechtung im Metallsektor*（1998）.
EDR, *Grenzüberschreitende Zusammenarbeit / Grensoverschrijdende Samenwerking*（1999）.
EDR, *Programm im Rahmen der Gemeinschaftsinitiative INTERREG III 2000-2006*, April 2000.
EDR, *Vrede van Münster / Frieden von Münster 350 Jaar / Jahre 1648-1998*（1998）.

Stadt Münster（Herr Detlef Weigt）提供資料

Stadtplanungsamt/Amt für Wirtschaftsförderung. Vorlagen-Nr.: 459/96. Datum: 03.05.1996. Betr.: Leitbild Verkehr für das Städtedreiecke Enschede / Hegelo, Münster, Osanbrück unter besonderer Berücksichtigung zukünftiger Wirtschaftsentwicklung.
Dezernat Obm. Vorlagen-Nr.: 1056 / 98. Datum: 26. 10. 1998. Betr.: Vollmitgliedschaft der Stadt Münster in der EUREGIO.
Dezernat Obm. Vorlagen-Nr.: 569 / 99. Datum: 16.05.1999. Betr.: Vollmitgliedschaft der Stadt Münster in dem EUREGIO e. V.

Website 情報

第 5 章
http://www.rwe.com/ , 17.12.2007.
http: //www. euregio-rmn. de/de/euregio-foerderungen/interreg-iiia-abgeschlossen. html, 21.04.2010.

第 6 章
http://www.euregio-mr.com/de/partnerregionen/regio-aachen, 27.09.2012.
http://www.agit.de ,08.10.2012.

http://www.agit.de/technologieregion-aachen ,08.10.2012.
http://www.aachener-stiftung.de. , 08.10.2012.
http://www.studyinbelgium.be/en/institutions/universite-de liege-headquarters, 12.05.2013.
http://www.rwth-aachen.de/ , 12.05.2013.
http://www.fz-juelich.de/ , 12.05.2013.
http://www.Vennbahn , 12.05.2013.

第7章
http://www.stk.niedersachsen.de/ , 26.08.2015.
http://www.wiwo.de , 02.09.2015.
http://www.uni-muenster.de/NiederlandeNet/ , 03.09.2015.
http://www.cbs.nl/ ,03.09.2015.
http://www.wsa-meppen.de/ , 03.09.2015.
http://www.nlwkn.niedersachsen.de/ , 03.09.2015.
http://www.arl-we.niedersachsen.de/ , 12.09.2015.
http://www.nports.de/de/standorte/emden/ , 14.09.2015.
http://www.jadeweserport.de/ , 15.09.2015.

第13章
http://rm.coe.int/CoERMPPublic Common Serch Series/DisplayDCTMContent? document-ld=090000168007a088, 01.05.2016.

欧語文献

Abelshauser, Werner, Wirtrschaftsgeschichte der Bundesrepublik Deutschland 1945-1980, Frankfurt a. M. (1983).
Achilles, Fritz Wilhelm, *Rhein-Ruhr Hafen Duisburg: Größter Binnenhafen der Welt*, Duisburg (1985).
Adelmann, Gerhard, *Die baumwollgewerbe Nordwestdeutschlands und der westlichen Nachbarländer beim Übergang von der vorindustrieller zur frühindustriellen Zeit 1750-1815*, Stuttgart (2001).
Ammon, G. / Fischer, M. / Hickmann, T. / Stemmermann, K. (Hrsg.), *Föderalismus und Zentralismus: Europas Zukunft zwischen dem deutschen und dem französischen Modell*, Baden-Baden (1996).
Andeweg, Rudy B. and Irwin, Galen A., *Governance and Politics of the Netherlands*, 2nd. ed., Basingstoke (2005).
Angermann, Erich, Ludorf Camphausen, in: *Rheinische Lebensbilder*, Bd. II, Düsseldorf (1966).
Arbeitsgemeinschaft Europäischer Grenzregionen (Hrsg.), *Zusammenarbeit Europäischer Grenzregionen. Bilanz und Perspektiven*, Baden-Baden (2008).
Auel, Katrin, *Regionalisiertes Europa – Demokratisches Europa? Eine Untersuchung am Beispiel der europäischen Strukturpolitik*, Baden-Baden (2003).
Barkhausen, Max, Der Anstieg der rheinischen Industrrie im 18. Jahhundert und die Entstehung eines industriellen Großbürgertums, in: *Rheinische Vierteljahrsblätter*, Jg. 19,

Heft 1/2, (1954).

Bauer, Hans-Joachim, *Der Europarat nach der Zeitenwende 1989-1999: Zur Rolle Straßburgs im gesamteuropäischen Integrationsprozeß*, Hamburg (2001).

Bauer, Joachim (Hrsg.), *Europa der Regionen. Aktuelle Dokumente zur Rolle und Zukunft der deutschen Länder im europäischen Integrationsprozeß*, 2. Aufl.,Berlin (1992).

Bensch, German, Industrielandschaft im Wandel, in: van Beek & Sturme (1997).

Berger, E.A., De kop van Noord-Limburg, een regio met toekomst, in: van Beek & Sturme (1997).

Beyer, Burkhard, "Ganz ohne Eile"? Die Eisenbahnen des Großherzogtums Oldenburg, in: Henneberg / Lucke (2014).

Birkenhauer, Josef, Das Rheinisch-Westfälische Industriegebiet, Paderborn (1984).

Blanc, Jacques, Aufgaben und Herausforderungen für den Ausschuss der Regionen, in: Hierl (1995).

Blotevogel, Hans Heinrich, Gibt es eine Region Niederrhein? Über Ansätze und Probleme der Regionsbildung am unteren Niederrhein aus geographisch- landeskundlicher Sicht, in: Geuenich (1997).

Bocklet, Reinhold, Der Ausschuß der Regionen – Ein parlamentarisches Gremium mit wechselnden Mehrheiten, in: Hierl (1995).

Böcker, Anita / Groenendijk, Kees, Einwanderungs- und Integrationsland Niederlande: Tolerant, liberal und offen? in: Wielenga / Taute (2004).

Bollen, Frank / Hartwig, Ines / Nicolaides, Phedon, *EU Structural Funds beyond Agenda 2000: Reform and Implications for Current and Future Member States*, Maastricht (2000).

Bouwmans, O.P. M., Regio Brabant-Noordoost: Een landelijk gebied met een bedrijvige traditie, in: van Beek & Sturme (1997).

Boxem, J.C., Landschaftsentwicklung: Voorbeeld "De Gelderse Poort", in: van Beek & Sturme (1997).

Brinkhorst, Laurens Jan, Die EU-Kommissionen und Regionen: Partner im Umweltschutz, in: Hierl (1995).

Bruckner, Clemens, *Zur Wirtschaftsgeschichte des Regierungsbezirks Aachen*, Köln (1967).

Bruns, Johannes, *Regionale Modernisierungspolitik im Föderalismus und Zentralismus: Die Beispiele Großbritannien und Deutschland*, Wiesbaden (2003).

Burkhard, Wolfgang, Abriß einer Wirtschaftsgeschichte des Niederrheins, Duisburg (1977).

Bussmann, Claus, Gibt es "Niederrheiner"? Historische Gründe für das Fehlen eines niederrheinischen Identitätsbewußtseins, in: Geuenich (1996).

Christaller, Walter, *Die zentralen Orte in Süddeutschland: Eine ökonomisch-geographische Untersuchung über die Gesetzmäßigkeit der Verbreitung und Entwicklung der Siedlungen mit städtischen Funktionen*, 3. Aufl., Darmstadt 1980 (reprograf. Nachdr. d. 1. Aufl., Jena (1933) (江沢譲爾訳『都市の立地と発展』大明堂、昭和44年)

Cornelissen, Georg, Zur Sprache des Niederrheins im 19. und 20. Jahrhundert. Grundzüge einer regionalen Sprachgeschichte, in: Geuenich (1997).

Council of Europe, *50 years of local democracy in Euro*pe, Strasbourg (2007).

Däbritz, Walter, David Hansemann, in: Rheinisch-Westfälische Wirtschaftsbiographien, Bd. 7., Münster 1960

Dascher, Ottfried und Kleinschmidt, Christian (Hrsg.), Die Eisen- und Stalindustrie im Dortmunder Raum: Wirtschaftliche Entwicklung, soziale Strukturen und technologischer Wandel im 19. und 20. Jahrhundert, Dortmund (1992).

Dauerlein, Ernst, Die Rhein-Ruhr-Frage nach Kapitulation, in: Först (1968).

Deckart, Wolf-Christof, Die deutschen Länder nach Maastricht – Mitgliedschaft im Ausschuß der Regionen – Beteiligung an der Rechtsetzung der Europäischen Uion, in: Hierl (1995).

Delors, Jacques, Die Rolle der Regionen bei der europäischen Integration, in: Hierl (1995).

D'Hondt, E. M., Ontstaan en Ontwikkeling van de Euregio Rijn-Waal, in: van Beek & Sturme (1997).

Didszun, Klaus, Das niederländische Polder-Modell im Spiegel der Literatur, in: Hamm / Wenke (2001).

Ditt, Karl et al., *Westfalen in der Moderne 1815-2015: Geschichte einer Region*, Münster (2015).

Dressler, Jürgen, Duisburg: Stadt am Schnittpunkt von Rheinschiene und Ruhrgebiet, in: van Beek & Sturme (1997).

Driessen, Christoph, Geschichte der Niederlande: Von der Seemacht zum Trendland, Regensburg (2009).

Eckhardt, Albrecht, Vom Großherzogtum zum niedersächsischen Verwaltungsbezirk: Das Land Oldenburg 1918-1946, in: Henneberg / Lucke (2014).

Edition Haniel (Hrsg.), *Hafen-Zeit: der Lebensraum Rhein-Ruhr Hafen Duisburg im Focus von Wirtschaft, Geschichte und Kultur*, Tübingen (1991).

Ellerbrock, Karl-Peter (Hrsg.), Der Dortmunder Hafen: Geschichte-Gegenwart-Zukunft, Münster (2014).

Ellerbrock, Karl-Peter, Zur Bedeutung des Dortmund-Ems-Kanals für den Stahlstandort Dortmund vor dem ersten Weltkrieg, in: ders. (2014).

Ellerbrock, Berend, Der Dormund-Ems-Kanal: 265 Kilometer Wasserstraße vom A-Z, Hövelhof (2017).

Engelen-Kefer, Ursula, Regionales Europa-Soziales Europa, in: Hierl (1995).

Evans, Andrew, *EU Regional Policy*, Richmond (2005).

Feldmann, Irene, Der Niederrhein in der "Franzozenzeit". Die französische Verwaltung im Département Roer 1798-1814, in: Geuenich (1997).

Fenzl, Manfred, *Der Rhein. Schaffhausen-Nordsee und zum IJsselmeer*, 3. Aufl., Hamburg (2003).

Först, Walter (Hrsg.), Ruhrgebiet und neues Land, Köln et al. (1968).

Först, Walter (Hrsg.), Politik und Landschaft, Köln (1969).

Först, Walter, Die Ära Arnold, in: ders. (1969).

Först, Walter (Hrsg.), *Zwischen Ruhrkontrolle und Mitbestimmung*, Köln (1982).

Fremdling, Rainer, Eisenbahn und deutsches Wirtschaftswachstum 1840-1879, Dortmund (1985).

Funk, Albrecht, *Kleine Geschichte des Föderalismus: Vom Fürstenbund zur Bundesrepublik*, Paderborn (2010).

Geuenich, Dieter (hrsg.), *Der Kulturraum Niederrhein Von der Antike bis zum 18. Jahrhundert*, Bd. 1, Essen (1996).

Geuenich, Dieter (hrsg.), *Der Kulturraum Niederrhein Im 19. und 20. Jahrhundert*, Bd. 2, Essen (1997).

Gijsel, Peter de / Janssen, Manfred / Wenzel, Hans-Joachim / Woltering, Michael (eds.), *Understanding European Cross-Border Labour Markets: Issues in Economic Cross-Border Relations*, Marburg (1999).

Gladen, Albin et al., *Hollandgang im Spiegel der Reiseberichte evangelischer Geistlicher: Quellen zur saisonalen Arbeitswanderung in der zweiten Hälfte des 19. Jahrhunderts*, Teil 1 u. 2, Münster (2007).

Goppel, Thomas, Die regionale Dimension der europäischen Einigung, in: Hierl (1995).

Gottwald, Vicente Colom, *Der Ruhrhafen : Technik und Innovation 1800-1870*, Duisburg (1991).

Hamm, Rüdiger / Wenke, Martin (Hrsg.), *Europäische Grenzregionen-Brückenköpfe für die Integration regionaler Arbeitsmärkte?* Aachen (2001).

Hantsche, Irmgard, Vom Flickenteppich zur Rheinprovinz. Die veränderung der politsichen Landkarte am Niederrhein um 1800, in: Geuenich (1997).

Hantsche, Irmgard, *Atlas zur Geschichte der Niederrheins*, 5. Aufl., Bottrop/Essen (2004).

Heinze, Rolf G. et al., *Strukturpolitik zwischen Tradition und Innnovation–Nordrhein-Westfalen im Wandel*, Opladen (1996).

Hellmond, Thomas, Was vom Großherzogtum übrigblieb: Banken, Versicherungen und Wirtschaftskammern, in: Henneberg / Lucke (2014).

Henneberg, Jörg Michael / Lucke, Horst-Günter (Hg.), *Geschichte des Oldenburger Landes: Herzogtum, Großherzogtum, Freistaat*, Münster (2014).

Hierl, Hubert (Hrsg.), *Europa der Regionen. Entstehung-Aufgaben-Perspektiven des Ausschusses der Regionen*, Bonn (1995).

Hierl, Hubert, Die Informationsbüros: Wegbereiter und Wegbegleiter des Ausschusses der Regionen, in: Hierl (1995).

Hoederath, Roland, *Großbritannien und das internationale Rheinregime*, Berlin (1981).

ILS (Institut für Landes- und Stadtentwicklungsforschung des Landes Nordrhein-Westfalen) (Hrsg.), *Staatsgrenzüberschreitende Beziehungen und Planungen im Gebiet der Region Rhein-Waal*, Dortmund (1985).

ILS, *Grenzüberschreitendes Entwicklungs- und Handlungskonzept der Regio Rhein-Waal*, 2. Aufl., Dortmund (1991).

Jansen, G. T., Het Knoppunt Arnhem-Nijmegen (KAN), in: van Beek & Sturme (1997).

Janssen, Manfred, Obstacles und Willingness for Cross-Border Mobility: The Dutch-German Border Region, in: Gijsel et al. (1999).

Janssen, M, Borders and Labour-market Integration: Where is the Difference between Interregional and Cross-border Mobility? in: van der Velde / van Houtum (2000).

Janssen, Manfred, Grenzüberschreitende Arbeitsmärkte: Realität oder Fiktion? in: Hamm / Wenke (2001).

Karrsen, C. M., Landbouwuniversiteit, Wegeningen, in: van Beek & Sturme (1997).

Kellenbenz, Hermann, Die Wirtschaft des Aachener Bezirks im Gang der Jahrhunderte, in: Bruckner (1967).

Kicker, Renate (ed.), *The Council of Europe: Pioneer and guarantor for human rights and*

democracy, Strasbourg (2010).
Kiefer, Andreas, The regional dimension of the Council of Europe, in: Kicker (2010).
Kiesewetter, Hubert, *Region und Industrie in Europa 1815-1995*, Stuttgart (2000).
Kiesewetter, Hubert, *Industriell Revolution in Deutschland - Regionen als Wachstumsmotoren-*, Neuausgabe, Stuttgart (2004). (高橋秀行・桜井健吾訳『ドイツ産業革命——成長原動力としての地域——』晃洋書房、2006 年)
Klemann, Hein A. M. / Wielenga, Friso (Hrsg.), *Deutschland und die Niederlande: Wirtschaftsbeziehungen im 19. und 20. Jahrhundert*, Münster et al. (2009).
Klepsch, Egon A., Schwieriger Weg zum "Europa der Regionen": Volle Unterstützung durch das Europäische Parlament, in: Hierl (1995).
Klump, Rainer, *Wirtschaftsgschichte der Bundesrepublik Deutschland*, Wiesbaden (1985).
Kopper, Christopher, Räumliche Integration: Verkehr und Mobilität, in: Ditt et al. (2015).
Kortmann, Constantijn A. J. M. and Bouvend'Eert, Paul P. T., *Constitutinal Law of the Netherlands: An Introduction*, Alphen aan den Rijn (2007).
Kumpmann, Karl, *Die Entstehung der rheinischen Eisenbahn-Gesllschaft 1830-1844*, Essen-Ruhr (1910).
Lassotta, Arnold u. Lutum-Lenger, Paula (Hrsg.), *Textilarbeiter und Testilindustrie: Beiträge zu ihrer Geschichte in Westfalen während der Indutsitrialisierung*, Hagen (1989).
Lepszy, Norbert & Woyke, Wichard, *Belgien, Niederlande, Luxemburg*, Opladen (1985).
Lienemeyer, Max, *Die Finazverfassung der Europäischen Union: Ein Rechtsvergleich mit bundesstaatlichen Finanzverfassungen*, Baden-Baden (2002).
Logistik-Seminar der Fachhochschule Osnabrück, *Binnenschiffahrt auf dem Dortmund-Ems-Kanal: Überlegungen zum Ausbau der Nordstrecke*, Osnabrück (2004).
Lombard, Andreas, Haus und Land: Das Herzogtum und Großherzogtum Oldenburg von 1773 bis 1918, in: Henneberg /Lucke (2014).
Loose, Kurt, Ludorf Camphausen, in: *Rheinisch-Westfälische Wirtschaftsbiographien*, Bd. II, Münster (1974 (1937)).
Lüders, Carsten, Die Regelung der Ruhrfrage in den Verhandlungen über die politische und ökonomische Stabilisierung Westdeutschlands, in: Petzina u. Euchner (1984).
Marchand, Lutwin, The Value of the Cross-Border Job Market Relations for European Integration and Coherence, and Possibilities for Coordination in Border Regions, in: Gijsel et al. (1999).
Martin, Hans-Peter, Grenzüberschreitende Verkehrsinfrastruktur und Logistik in der Euregio Rhein-Waal, in: van Beek & Sturme (1997).
Melsa , Armin K., Die Niers, Ein Grenzüberschreitender Fluss / De Niers, een grensoverschrijdende Revierin, in: van Beek & Sturme (1997).
Mietzner, Erhard / Semmelmann, Winfried / Stenkamp, Hermann Josef (Hrsg.), *Geschichte der Textilindustire im Westmünsterland: Mit einer ausführlichen Bibliographie*, Vreden/Bredevoort (2013). Herr Helmut Rudolph, Münster, の寄贈による。
Milan, Bruce, Was erwartet die EU-Kommission von der Arbeit des AdR? in: Hierl (1995).
Milert, Werner, Die verschenkte Kontrolle- Bestimmungsgründe und Grundzüge der britischen Kohlenpolitik im Ruhrbergbau 1945-1948, in: Petzina u. Euchner (1984).
Milward, Alan S., Großbritannien, Deutschland und der Wiederaufbau Westeuropas, in: Petzina

u. Euchner (1984).
Miosga, Manfred, *Europäische Regionalpolitik in Grenzregion : Die Umsetzung der INTERREG-Initiative am Beispiel des nordrhein-westfälischen Grenzraumas*, Passau (1999).
Mörs, Nobert, Lebensraum mit Perspektiven- Der Kreis Kleve, in: van Beek & Sturme (1997).
Mühlhausen, Walter et al. (Hrsg.), *Grenzgänger: Persönlichkeiten des deutsch-niederländischen Verhältnisses*, Münster (1998).
Müller, Bernd (Hrsg.), *Vorbild Niederlande? Tips und Informationen zu Alltagsleben, Politik und Wirtschaft*, Münster (1998).
Nebe, Bernhard, Kreis Wesel-Hochwertiger Gewerbestandort, in: van Beek & Sturme (1997).
Noll, Wulf, Strukturpolitik, in: NRW-Lexikon (2000).
Nonn, Christoph, *Geschichte Nordrhein-Westfalens*, München (2009).
Nutz, Manfred, Landesplanung / Raumordnung in: *NRW-Lexikon* (2000).
Pauly, Michael, *Geschichte Luxemburgs*, München (2011).
Peters, L.H.J., Regio Achterhoek, in: van Beek & Sturme (1997).
Petri, Franz und Droege, Georg (Hrsg.), *Rheinische Geschichte 3: Wirtschaft und Kultur im 19. und 20. Jahrhundert*, Düsseldorf (1979).
Petzina, Dietmar und Euchner, Walter (Hrsg.), *Wirtschaftspolitik im britischen Besatzungsgebiet 1945-1949*, Düsseldorf (1984).
Pfeiffer, Thomas, *Erfolgsbedingungen grenzüberschreitender regionaler Zusammenarbeit: Eine Ökonomische Analyse am Beispiel des südlichen Oberrheins und der EUREGIO Gronau*, Frankfurt a. M. (2000).
Pingel, Falk, Die aufhaltsame Aufschwung: Die Wirtschaftsplanung für die britische Zone im Rahmen der außenpolitischen Interessen der Besatzungsmacht, in: Petzina u. Euchner (1984).
Platen, Anton / Merzig, Rudi, Grenzüberschreitende Arbeitsvermittlung in der euregio rhein-maas-nord und der Euregio Rhein-Waal, in: Hamm / Wenke (2001).
Prettenthaler-Ziegerhofer, Anita, A stopover on the way to a united Europe: on the creation of the Council of Europe, in: Kicker (2010).
Pujol, Jordi, In Richtung eines Europas der Regionen? in: Hierl (1995).
Raich, Silvia, *Grenzüberschreitende und interregionale Zusammenarbeit in einem > Europa der Regionen <: Dargestellt anhand der Fallbeispiele Großregion Saar-Lor-Lux, EUREGIO und > Vier Motoren für Europa < -Ein Beitrag zum Europäischen Integrationsprozeß*, Baden-Baden (1995).
Rau, Johannes, Fortentwicklung des Föderalismus in Europa, in: Hierl (1995).
Rhodes, R. A. W., Regional policy and a "Europe of Regions": A critical assessment, in: *Journal of Regional Studies*, 8 (2), (1974).
Romijn, Peter, *Der lange Krieg der Niederlande: Besatzung, Gewalt und Neuorientierung in den vierziger Jahren*, Jena (2017).
Rouette, Hans-Karl, *Aachner Textil-Geschichte im 19. und 20. Jahrhundert*, Aachen (1962).
Sala, J.F., Regio West-Veluwe /Vallei: Kennis en Bistributie, in: van Beek & Sturme (1997).
Scheler, Dieter, "Die niederen Lande" : Der Raum des Niederrheins im späten Mittelalter und in der früheren Neuzeit, in: Geuenich (1996).

Schmidt-Bleibtreu, Bruno / Klein, Franz, *Kommentar zum Grundgesetz*, 8. Aufl., Neuwied et al. (1995).
Schmidhuber, Peter M., Europa der Regionen - statt Beobachtung Mitgestaltung, in: Hierl (1995).
Schubert, Klaus / Esch, Karin, Kulturpolitik, in: *NRW-Lexikon* (2000).
Schulz, Christian, *Interkommunale Zusammenarbeit im Saar-Lor-Lux-Raum: Staatsgrenzeüberschreitende locale Integrationsprozesse*, Saarbrücken (1998).
Schürings, Ute, *Zwischen Pommes und Praline*, Münster (2003).
Schwimmer, Walter, The Council of Europe: realisation of an"unprecedented"pan - European unity, in: Kicker (2010).
Scott, J W, Euroregions, Governance, and Transborder cooperation Within the EU, in: van der Velde / van Houtum (2000).
Seeling, Hans, *Télémaque Fortuné Michiels, der PHOENIX und Charles Détillieux: Belgiens Einflüsse auf die wirtschaftliche Entwicklung Deutschlands im 19. Jahrhundert*, Köln (1996).
Sluyterman, Keetie E., *Dutch enterprise in the Twentieth Century - Business strategies in a small open economy* - Oxon (2005).
Spiegels, Thomas, *Grenzüberschreitende Regionalplanung zwischen Nordrhein- Westfalen und den Niederlanden. Rechtsvergleich und Realisierungsmöglichkeiten*, Münster (2000).
Steininger, Rolf, Großbritannien und die Ruhr, in: Först (1982).
Stingl, Alfred, Europe needs new inspiration: thoughts on the occasion of the 60th anniversary of the foundation of the Council of Europe, in: Kicker (2010).
Stoiber, Edmund, Europa im Umbruch, in: Hierl (1995).
Stöve, Eckehart, Die Religionspolitik am Niederrhein im 16. Jahrhundert und ihre geschichtliche Folgen, in: Geuenich (1996).
Strüver, Anke, Transnationale Arbeitsmärkte in der deutsch-niederländischen Grenzregion? Hemmnisse der grenzüberschreitenden Integration, in: Hamm / Wenke (2001).
Tiemann, Susanne, Die Regionalpolitik der Europäischen Gemeinschaften aus Sicht des Wirtschafts- und Sozialausschusses, in: Hierl (1995).
van Beek, J.J. & Sturme, Anja (Hrsg.), *Euregio Rhein/Rijn -Waal*, Oldenburg (1997).
van der Velde, M / van Houtum, H (ed.), *Borders, Regions, and People*, London (2000).
van der Velde, M, Shopping, Space, and Borders, in: van der Velde / van Houtum (2000).
van Eyll, Klara, Camphausen und Hansemann: Zwei rheinische Unternehmer 1833-1844, in: *Tradition: Zeitschrift für Firmengeschichte und Unternehmensbiographie*, 11.Jg., 5. Heft (1966).
van Maanen, Rob, Strukturen und Entwicklungen auf dem Arbeitsmarkt im niederländischen Teil der euregio rhein maas nord, in: Hamm / Wenke (2001).
van Paridon, Kees, Modell Holland : Erfahrungen und Lehren aus der niederländischen Wirtschafts- und Sozialpolitik, in: Müller (1998).
van Paridon, Kees, Wiederaufbau-Krise-Erholung: Die niederländische Wirtschaft seit 1945, in: Wielenga / Taute (2004).
van Paridon, Kees, Geht es noch enger? Die Wirtschaftsbeziehungen zwischen Deutschland und den Niederlanden nach 1945, in: Klemann / Wielenga (2009).

von Ameln, Hermann, Kredit- und Versicherungsgewerbe, in: van Beek & Sturme (1997).
von Blumenthal, Julia / Bröchler, Stephan (Hrsg.), *Föderalismusreform in Deutschland: Bilanz und Perspektiven im internationalen Vergleich*, Wiesbaden (2010).
Vrijhoef, W.I.J.M., Innovatie in de Grensregio, in: van Beek & Sturme (1997).
Wassenberg, Birte, *History of the Council of Europe*, Strasbourg (2013).
Watanabe, Hisashi, Gründungsjahre der Rheinkammerunion -unter besonderer Berücksichtigung der Industrie- und Handelskammer zu Köln (1), in: *The Kyoto University Economic Review*, Vol. LII, No.2 (1987).
Watanabe, Hisashi, Euregios und Wirtschaftsräume – Führt die Relativierung der Staatsgrenzen Europas zur Gestaltung neuer Wirtschaftsräume? in: Schneider, Jürgen (Hrsg.), *Natürliche und politsische Grenzen als soziale und wirtschaftliche Herausforderung: Referate der 19. Arbeitstagung der Gesellschaft für Sozial- und Wirtschaftsgeschichte vom 18. bis 20. April 2001 in Aachen*, VSWG-Beihefte 166, Wiesbaden (2003).
Watanabe, Hisashi, Can we learn from the experiment for cross-border regional cooperation in Europe? (2001). (呉聰敏編『張漢裕教授記念研討會論文集』台大經濟研究學術基金會)
Weise, Christian, *Strukturfondstransfers in einer zukunftsfähigen EU: Konzentration, Subsidiarität und Kopplung an die nationale Wirtschaftspolitik*, Baden-Baden (2002).
Welp, Jörgen, Die territoriale Entwicklung des Oldenburger Landes, in: Henneberg/Lucke (2014).
Wielenga, Friso, Alfred Mozer und die deutsch-niederländischen Beziehungen, in: Mühlhausen (1998).
Wielenga, Friso, *Vom Feind zum Partner- Die Niederlande und Deutschland seit 1945*, Münster (2000).
Wielenga, Friso / Taute, Ilona (Hrsg.), *Länderbericht Niederlande: Geschichte-Wirtschaft-Gesellschaft*, Münster (2004).
Wielenga, Friso, Konsens im Polder? Politik und politische Kultur in den Niederlanden nach 1945, in: Wielenga / Taute (2004).
Winkler, Hans, The Council of Europe and the integration of eastern European states into Europe, in: Kicker (2010).
Wissen, Markus, *Die Peripherie in der Metropole: Zur Regulation sozialräumlicher Polarisierung in Nordrhein-Westfalen*, Münster (2000).
Woyke, Wichard, *Nordrhein-Westfalen und die Europäische Gemeinschaft*, Opladen (1990).
Zorn, Wolfgang, Neues von der historischen Wirtschaftskarte der Rheinlande, in: *Rheinische Vierteljahrsblätter*, Jg. 30, (1965).
Zunkel, Friedrich, *Der Rheinisch-Westfälische Untrnehmer 1834-1879*, Köln et al. (1960).

憲法、条約、統計、年表、事（辞）典等

Albers, Willi (hrsg.), *Handwörterbuch der Wirtschaftswissenschaft; Zugleich Neuauflage des Handwörterbuchs der Sozialwissenschaften*, Stuttgart et al. (1988)
Athenaeum-Polak & Van Gennep, *De Grondwet van Nederland*, Amsterdam (2006).
Beck-Texte im dtv., *Europa-Recht*, 15. Aufl., München (1999).
Beck-Texte im dtv., *EU-Vertrag*, 5. Aufl., München (2001).

Beck-Texte im dtv, *Verfassungen der EU-Mitgliedstaaten*, 6. Aufl., München (2005).
Beck-Texte im dtv., *Grundgesetz*, 41. Aufl., München (2007).
Beck-Texte im dtv, *Europa-Rrecht*, 25. Aufl., München (2013).
Beck'sche Textausgaben, *Verfasungen der deutschen Bundesländer mit dem Grundgesetz*, 10. Aufl., München (2014).
Benz, Wolfgang, *Deutschland seit 1945. Chronik und Bilder*, München 1999.
Brockhaus Enzyklopädie, 19. Aufl., Mannheim (1988).
Commission Centrale pour la Navigation du Rhin, *Rapport 1991-1995*, Tom 1.
Commission Centrale pour la Navigation du Rhin, *Evolution Economique de la Navigation Rhenane*, Strabourg (2002).
Commission of the European Communities, *Portrait of the Regions*, Vol. 1., Luxembourg (1993).
Council of Europe, *Statute of the Council of Europe*, London, 5.V. 1949.
Council of Europe, *European Outline Convention on Transfrontier Co-operation between Territorial Communities or Authorities*, Strasbourg, 21. V. 1980.
Council of Europe, *European Charter of Local Self-Government*, Strasbourg, 15. X. 1985.
Diercke Weltatlas, 16. Aufl. (1977).
Dinan, Desmond (ed.), *Encyclopedia of the European Union*, Updated ed., Boulder (2000).
Directorate of Information of the Council of Europe, *Concise Handbook of the Council of Europe*, Strasbourg (1954).
Duden Das Aussprachewörterbuch, 3. Aufl., Manaheim et al. (1990)
Encyclopedia of European Union Law: Constitutional Texts, London (1998).
European Communities, *Official Journal of the European Communities*, 92/C224/01.
eurostat, *Eurostat regional yearbook*. Luxembourg (2007〜).
eurostat, *EC Economic Data Pocket Book*, Quarterly 1/2004., Luxembourg (2004).
eurostat, *Eurostatistics Data for short-term economic analysis*, 3/2007.
eurostat, *Regions in the European Union: Nomenclature of territorial units for statistics: NUTS 2010 / EU-27*, 2011 edition, Luxembourg (2011).
Götz, Volkmar / Starck, Christian, *Landesrecht Niedersachsen: Textsammlung*, 26. Aufl., Baden-Baden (2018).
Handbuch der Historischen Stätten Deutschlands: Nordrhein-Westflen, 2. Aufl., Stuttgart (1970).
Industrie- und Handelskammer Aachen, *Pendleratlas Region Aachen: Analyse der Pendlerströme und deren wirtschaftliche Relevanz im Kammerbezirk Aachen*, Aachen (2011) (山田徹雄教授の情報提供による)
Köbler, Gerhard, *Historisches Lexikon der deutschen Länder: Die deutschen Territorien vom Mittelalter bis zur Gegenwart*, 7. Aufl., München (2007).
Koopmans, Joop W. / Huussen Jr. Arend H., *Historical Dictionary of the Netherlands*, 2. ed., Lanham et al. (2007).
Krajewski, Christian & Neumann, Peter, *Ergebnisse der Umfrage zum Wohnen im Wandel in dem deutschen Teil der EUREGIO* (Werkstattbericht) (Herr Konrad Dahlmann, Münster, の情報提供による)
Landesamt für Datenverarbeitung und Statistik Nordrhein-Westfalen, *Statistisches Jahrbuch Nordrhein-Westfalen*, Düsseldorf (2004〜)

Mayen, Thomas / Sachs, Michael / Seibert, Max-Jürgen (Hrsg.), *Landesrecht Nordrhein-Westfalen: Textsammlung*, 7. Aufl., Baden-Baden (2013).

Mickel, Wolfgang W. / Bergmann, Jan M. (Hrsg.), *Handlexikon der Europäischen Union*, 3. Aufl., Stuttgart (2005).

Nomos Verlagsgesellschaft, *Europarecht: Textausgabe*, Baden-Baden, 11. Aufl. (1999).

NRW-Lexikon: Politik. Gesellschaft. Wirtschaft. Recht. Kultur, 2. Aufl., Opladen (2000).

Phinnemore, David and McGowan, Lee. *A Dictionary of the European Union*, 3rd ed., London (2006).

Ramsay, Anne FLA, *Eurojargon*, 6th ed., Chicago et al. (2000).

Roy, Joaquin and Kanner, Aimee, *Historical Dictionary of the European Union*, Lanham (2006).

Siefert, Fritz, *Das deutsche Städtelexikon*, Stuttgart (1983).

Statistisches Bundesamt, *Statistisches Jahrbuch* (*1991 für das vereinte Deutschland, 1992 ~ 2009 für die Bundesrepublik Deutschland, 2010 ~ 2011 für die Bundesrepublik Deutschland mit > Internationalen Übersichten <, Deutschland und Internationales 2012 ~*), Wiesbaden.

Tofahrn, Klaus W., *Chronologie der Besetzung Deutschlands 1945-1949: Daten, Dokumenten, Kommentare: Mit Anmerkungen zum internationalen Zeitgeschehen*, Hamburg (2003).

Vanthoor, Wim F. V., *A Chronological History of the European Union 1946-2001*, Cheltenham et al. (2002).

Verein für europäische Binnenschiffahrt und Wasserstraßen e. V. (Hrsg.), *WESKA-Westeuropäischer Schiffahrts- und Hafenkalender*, 62. Jg., Duisburg (1995).

Weidenfeld, Werner / Korte, Karl-Rudolf (Hrsg.), *Handbuch zur deutschen Einheit*, Frankfurt a. M. et al. (1993).

阿部照哉・畑博行（編）『世界の憲法集』第四版、有信堂、2009年。
石井米雄監修『インドネシアの事典』同朋社、1991年。
浦野起央編著『20世紀世界紛争事典』三省堂、2000年。
大須賀明・栗城壽夫・樋口陽一・吉田善明（編）『憲法辞典』三省堂、2001年。
奥脇直也他編『国際条約集』2010年版、有斐閣、2010年。
ゲッツェ、ベルンド『独和法律用語辞典』第2版、成文堂、2010年。
佐藤幸治他編『コンサイス法律用語辞典』三省堂、2003年。
初宿正典・辻村みよ子編『新解説世界憲法集』第4版、三省堂、2017年。
庄司克宏『EU法　基礎編』岩波書店、2003年。
髙田敏・初宿正典編訳『ドイツ憲法集』第5版、信山社、2007年。
竹内啓一他編『世界地名大辞典』4～6：ヨーロッパ・ロシア、朝倉書店、2016年。
田沢五郎『ドイツ政治経済法制辞典』郁文堂、1990年。
角田禮次郎他編『法令用語辞典』第10次改訂版、学陽書房、平成28年。
樋口陽一・吉田善明編『解説世界憲法集』第4版、三省堂、2001年。
法令用語研究会編『有斐閣法律用語辞典』第2版、2000年。
山田晟『ドイツ法律用語辞典』改訂増補版、大学書林、平成5年。

日本語文献

池谷知明「揺れる統一国家イタリア―EU統合と連邦制の狭間で」中野実編著『リージョナリ

ズムの国際政治経済学』学陽書房、2001 年、所収。
石垣信浩『ドイツ鉱業政策史の研究──ルール炭鉱業における国家とブルジョアジー──』御茶の水書房、1988 年。
石坂昭雄「ベルギー企業とヨーロッパ」渡辺・作道（1996）、所収。
石坂昭雄「西ヨーロッパの国境地帯における工業地域の形成と展開－トゥエンテ＝西ミュンスターラント綿工業地域とザール＝ロレーヌ＝ルクセンブルク石炭・鉄鋼地域の例により」篠塚信義・石坂昭雄・高橋秀行編著『地域工業化の比較史的研究』北海道大学図書刊行会、2003 年、所収。
遠藤輝明編『地域と国家──フランス・レジョナリスムの研究──』日本経済評論社、1992 年。
岡村茂『フランス分権化改革の政治社会学』法律文化社、2010 年。
川﨑信樹『アメリカのドイツ政策の史的展開──モーゲンソープランからマーシャルプランまで──』関西大学出版部、2012 年。
川本和良『ドイツ産業資本成立史論』未来社、1971 年。
久邇良子『フランスの地方制度改革──ミッテラン政権の試み──』早稲田大学出版部、2004 年。
黒澤隆文『近代スイス経済の形成──地域主権と高ライン経済地域の産業革命──』京都大学学術出版会、2002 年。
幸田亮一『ドイツ工作機械工業成立史』多賀出版、1994 年。
幸田亮一『ドイツ工作機械工業の 20 世紀　メイド・イン・ジャーマニーを支えて』多賀出版、2011 年。
小久保康之「ベネルクス三国──欧州統合と小国外交──」百瀬宏編『ヨーロッパ小国の国際政治』東京大学出版会、1990 年。
小島　健「ヨーロッパ統合の中核──ベネルクス経済同盟──」渡辺（2000）、所収。
小島　健「欧州統合運動とハーグ会議」『東京経大学会誌』第 262 号、2009 年。
小島　健「ベルギー連邦制と欧州統合──地方自治と補完性の視点から──」、佐藤（2010）、所収。
佐藤勝則編著『比較連邦制史研究』多賀出版、2010 年。
渋谷甲斐「交流直流切換セクションを歩く」『鉄道ピクトリアル』June 2013 年。
島袋純『リージョナリズムの国際比較──西欧と日本の事例研究──』敬文堂、1999 年。
スウェンデン、ウィルフリード著・山田徹訳『西ヨーロッパにおける連邦主義と地域主義』公人社、2010 年（原著、2006 年）。
祖田修『西ドイツの地域計画──都市と農村の結合──』大明堂、1984 年。
辻　悟一『EU の地域政策』世界思想社、2003 年。
トラウシュ、G. 著・岩崎允彦訳『ルクセンブルクの歴史──小さな国の大きな歴史──』刀水書房、1999 年。
長島寿久『オランダモデル　制度疲労なき成熟社会』日本経済新聞社、2000 年。
中屋宏隆「西ドイツの国際ルール庁（IRB）の加盟問題──ペータースベルク協定調印交渉過程（1948 年）の分析を中心に──」『社会経済史学』82 巻 3 号、2016 年。
疋田康行編著『「南方共栄圏」：戦時日本の東南アジア経済支配』多賀出版、1995 年。
三ツ石郁夫『ドイツ地域経済の史的形成──ヴュルテンベルクの農工結合──』勁草書房、1997 年。
宮崎繁樹『ザールラントの法的地位』未来社、1964 年。

森　良次『19世紀ドイツの地域産業振興：近代化のなかのビュルテンベルク小営業』京都大学学術出版会、2013年。
諸田實・松尾展成・小笠原茂・柳澤治・渡辺尚・E. シュレンマー『ドイツ経済の歴史的空間——関税同盟・ライヒ・ブント——』昭和堂、1994年。
山﨑榮一『フランスの憲法改正と地方分権——ジロンダンの復権——』日本評論社、2006年。
山田徹雄『ドイツ資本主義と鉄道』日本経済評論社、2001年。
山田徹雄『ドイツ資本主義と空港』日本経済評論社、2009年。
渡辺　尚「ドイツ資本主義と地帯構造」大野英二・住谷一彦・諸田實編『ドイツ資本主義の史的構造——松田智雄教授還暦記念論集I』有斐閣、1972年。
渡辺　尚「1870年代におけるドイツ資本主義の産業構造」『西洋史研究』新輯第5号、1976年。
渡辺　尚『ラインの産業革命——原経済圏の形成過程——』東洋経済新報社、1987年。
渡辺　尚「「東西較差」と「南北較差」——ドイツ経済空間の史的構造——」田中豊治・柳澤治・小林純・松野尾裕編『近代世界の変容——ウェーバー・ドイツ・日本——住谷一彦先生記念論集I』リブロポート、1991年。
渡辺　尚「西ヨーロッパ商工会議所連合創設40周年記念シンポジウム報告」『経済論叢別冊　調査と研究』第1号、1991年。
渡辺　尚「ラントとブント——西ドイツ政治・経済空間の形成過程——」諸田等（1994）、所収。
渡辺　尚・作道潤編『現代ヨーロッパ経営史』有斐閣、1996年。
渡辺　尚「越境する地域——エウレギオと原経済圏——」『国民経済雑誌』第180巻第4号、1999年。
渡辺　尚編著『ヨーロッパの発見——地域史のなかの国境と市場——』有斐閣、2000年。
渡辺　尚「エウレギオとEU国境地域政策」『日本EU学会年報』2002年。
渡辺　尚「近代ヨーロッパにおける陸と海の変容」川勝平太・濱下武志（編）『海と資本主義』東洋経済新報社、2003年、所収。
渡辺　尚「「地域のヨーロッパ」の再検討——ドイツ・ネーデルラント国境地域に即して——（1）〜（14）」、『東京経大学会誌』第247〜293号、2005年11月〜2017年2月。

インタビュウイーもしくは資料提供者（1999年まで：氏名、肩書［当時］、所属）

Herr Jens Gabbe, Generalsekretär, AGEG.
Herr Karl Schulze Althoff, Leiter des Referates Finanzierungshilfen für den Gewerblichen Mittelstand, Interreg: Ministerum für Wirtschaft und Mittelstand, Technologie- und Verkehr des Landes NRW.
Drs. M.G. M. Sprengers, Stellvertretender Vorsizender, ermn.
Dr. Wulf-Henrich Reuter, Stadtverwaltungsdirektor: Geschäftsführer, ermn.
Herr Wolfgang Koch, Stadtverwaltungsrat: Leiter der Geschäftsstelle, ermn.
Herr August Kohl, Koordinator, EMR.
de heer Jef Wouters, ex-coördinator EMR.

インタビュウイー（2000年以後：氏名、肩書［当時］、所属、日付）

Herr Erwin Schmitz, Geschäftsführer, ERW, 21.11.2000.

Herr Helmut Kersten, Projekt- und Finanzkoordinator, ERW, 21.11. 2000.
Drs. M.S. F. Spierts, ex-algemeen secretaris, ERW, 21.11.2000.
Frau Anja Sturme, ERW, 21.11. 2000.
Drs. R. C. Eric Neef, algemeen secretaries, EDR, 23.11.2000.
Herr Armin Gallinat, Projektmanager INTERREG, EDR, 23.11.2000.
Herr August Kohl, Koordinator, EMR, 28.11.2000.
Frau Ingeborg Puschmann, Ministeriarätin, Ministerium für Wirtschaft und Arbeit des Landes NRW, 25.08.2004.
Dr. Cornelia Schmolinsky, Referat Europapolitik, Staatskanzlei des Landes NRW, 25.08.2004.
Herr Detlef Weigt, Stadt Münster, 10. 09. 2004.
Herr Rob Meijer, Leiter EUREGIO-Mozer-Kulturbüro, EUREGIO, 16.11.2005.
Herr August Kohl, Exkoordinator, EMR, 28.11.2005
Prof. Dr. Friso Wielenga, Uni. Münster, 17. 09. 2007.
Frau Melanie Pietsowski, Leiterin Stabstelle, EUREGIO, 29.11.2010.
Herr Hans-Bernd Felken, Stellvertretender Geschäftsführer, IHK Nordwestfalen (Bocholt), 05.12.2011.
Frau Marieke Maes, Projektmanager, EUREGIO, 12.06.2013.
Frau Lisa Möllmann, Projektmanager, EUREGIO, 12.06.2013.
Frau Mariek Maes, Projektmanager Stabstelle, EUREGIO, 19.06.2015.
Frau Marie-Lou Perou, EUREGIO, 13.11.2017.

|資料1|

ラント・ノルトライン-ベストファーレン、ラント・ニーダーザクセン、
ドイツ連邦共和国、ネーデルラント王国の間の
地域公共団体およびその他の公共団体のあいだの国境を越える協力にかかる協定

Abkommen zwischen dem Land Nordrhein-Westfalen, dem Land Niedersachsen, der Bundesrepublik Deutschland und dem Königreich Niederlande über grenzüberschreitende Zusammenarbeit zwischen Gebietskörperschaften und anderen öffentlichen Stellen

ラント・ノルトライン-ベストファーレン、ラント・ニーダーザクセン、ドイツ連邦共和国、ネーデルラント王国は、1980年5月21日にマドリドで締結された地域公共団体間の国境を越える協力にかかるヨーロッパ枠組協定において提示された国境を越える協力が生みだす利益を自覚し、これらの地域公共団体および他の公共団体のために公法上の基盤のうえで協力する可能性を創りだすことを願って、以下を協定した。

第1条　適用範囲
1．この協定は以下に適用される。
（1）ネーデルラント王国ではプロフィンシ *provincies* およびヘメーンテ *gemeenten*
（2）ラント・ニーダーザクセンではゲマインデ *Gemeinden*、狭域ゲマインデ組合 *Samtgemeinden*, ラントクライス *Landkreise*
（3）ラント・ノルトライン-ベストファーレンではゲマインデ、クライス、クライス組合 *Landschaftsverbände*、ルール地区公共団体組合 *Kommunalverbänd Ruhrgebiet*
2．直近の1990年12月13日の法律によって改正された1984年12月20の「共同規制に関する法律」*de Wet gemeenschappelijke regelingen* の第8条の意味における「公共団体」*Openbare Lichamen* および目的組合 *Zweckverbände* は、その国内法に則った組織定款が認めるときは、国境を越える協力に参加できる。
3．いずれの締約国も他の締約国の了解のもとに、本協定の諸規定が追加的に適用されるべき他の地区公共団体を指定することができる。
4．第3項は、その他の公法上の法人の参加が国内法に則り認められ、国境を越える協力の形態に国内の地区公共団体も参加しているときは、その他の公法上の法人に適用される。
　　この前提のもとで、私法人の参加も第6条による協力を除き認められる。
5．本協定は、ドイツのみ、またはネーデルラントのみの公共団体が参加している協力形態には適用されない。

6．本協定で言う公共団体とは、第1、2、3号で挙げられた公共団体ならびに第4号で挙げられた公・私法人である。

第2条　協力の目的と形態
1．国境を越える協力という手段によってその任務の経済的および目的に適う達成を図るために、公共団体は国内法によりこれに帰属する権限の範囲内で、本協定にもとづき協働することができる。
2．協力は私法上与えられた可能性を制約することなく、以下によっておこなわれる：
（1）目的組合の結成
（2）公法上の協約 Öffentlich-rechtliche Vereinbarung の締結
（3）地区公共団体間の共同事業体 Kommunale Arbeitsgemeinschaften の結成

第3条　目的組合
1．公共団体は、これらにそれぞれ適用される国内法に則って、一つの公法人により引きうけられることが認められる諸任務を共同で果たすために、目的組合を結成することができる。
2．目的組合は公法人である。これは権利能力を有する。
3．本協定が別段の規定を設けないかぎり、目的組合にはこれが所在する締約国の法規定が適用される。

第4条　目的組合の定款および内部構造
1．目的組合の結成のために参加公共団体は組合定款 Verbandssatzung を協定する。
2．目的組合の機関は組合総会 Verbandsversammlung および組合理事会 Verbandsvorstand である。
　　組合定款はそれぞれ適用される国内法にしたがい、このほかの機関の規定を設けることができる。
3．組合定款は以下にかかる規定をふくまなければならない：
（1）組合員
（2）目的組合の任務と権限
（3）目的組合の名称と所在地
（4）目的組合の諸機関の管轄権限および諸機関における公共団体代表者の数
（5）招集手続き
（6）採決に必用な多数
（7）会議の公開

（8）議事録の言語と書式
（9）組合総会における公共団体の代表者が、これを派遣した公共団体の諸機関に情報を与える方式
（10）組合総会における公共団体の代表者が、これを派遣した公共団体により、組合総会の範囲内におけるその活動に対して責任を問われるときの方式
（11）組合規約を締結した公共団体に対して、組合総会が情報を提供する方式
（12）会計方式
（13）組合員の納付金の確定
（14）組合員の加入および脱退
（15）目的組合の解散
（16）目的組合の解散後の清算
　　組合定款はこの他の規定を設けることができる。
4．組合定款の改定は、組合総会において公共団体代表者の定足数の3分の2以上を要する。組合定款は追加的条件を設けることができる。
5．組合総会への公共団体の代表者派遣は、それぞれの国の国内法にしたがう。本協定が別段の取決めをしないかぎり、代表者を派遣した公共団体に応じた代表者の権利と義務とに同じことが適用される。

第5条　第三者に対する目的組合の権限
1．目的組合は、法規範または行政行為により第三者に義務を課すことができない。
2．目的組合の構成員は、その国内法にもとづく権限の範囲内で目的組合の任務を果たすために必用な措置を講じる義務を、目的組合に対して負う。

第6条　公法上の協約
1．公共団体は、協約締結が参加する公共団体の国内法により認められるときは、相互に公法上の協約を締結することができる。協約は文書によらなければならない。
2．公法上の協約により、とくに、一つの公共団体が他の公共団体の任務を、後者の名義で、またその指図にしたがい、指図権限を有する公共団体の国内法にしたがって引き受けることを規定することができる。他の公共団体の任務を自らの名義で引きうける協約は、これをむすぶことができない。
3．公法上の協約は、関与した公共団体間の関係に比例した、第三者に対する責任の免除の可否、およびその可能な範囲にかかる規定をふくまなければならない。
4．公法上の協約は、協力の終了のための条件にかかる規定をふくまなければならない。
5．本協定において別段の規定が設けられないかぎり、その領域内において協約から

生ずるそれぞれの義務が果たされるべき締約国の法が適用される。

第7条　地区公共団体間の共同事業体
1．公共団体は文書による協約にもとづき、地区公共団体間の共同事業体を結成することができる。地区公共団体間の共同事業体は、取りきめられた協約にしたがい、その構成員に共通にかかる諸問題について協議する。
2．地区公共団体間の共同事業体は、構成員または第三者を拘束する決定をおこなうことができない。
3．協約は以下に関する規定をふくまなければならない：
（1）地区公共団体間の共同事業体が活動するべき任務領域
（2）共同事業体の執行
（3）共同事業体の所在地
4．本協定において別段の規定が設けられないかぎり、地区公共団体間の共同事業体には、共同事業体がその所在地を置く締約国の法が適用される。

第8条　国境を越える協力の措置を実効あらしめる諸条件
1．第2条第2項に規定された協力の諸形態は、以下にかかる参加公共団体の国内法の規定が遵守されたときにのみ、法的拘束力をもつ合意および変更ができる。
（1）公共団体の諸機関の管轄と議決
（2）形式要件
（3）認可
（4）公告
2．第1条の意味における公共団体は、他の締約国に所在する公共団体に、前第1項の要件を知らしめなければならない。

第9条　監督
1．国内法が規定しているときは、参加公共団体は自らが参加している、第2条第2項にしたがった協力形態の創設、変更、終了について、その監督官庁に報告する。
2．締約国の管轄官庁の、その監督の下にある公共団体に対する監督権限は侵害されない。
3．本協定により結成された目的組合および地区公共団体間の共同事業体は、それらが所在する締約国の監督官庁が、国内法にしたがい管轄する。監督官庁は、目的組合または地区公共団体間の共同事業体に属する他の締約国のすべての公共団体の利益を守る努力をはらう。
4．前第3項により管轄する監督官庁および参加した公共団体を管轄する他の締約国

の監督官庁は、要請によりあらゆる情報を提供し、かつその監督活動についてこれが協力に影響をおよぼすかぎり、その主要な手段と成果を相互に知らせあう。目的組合または地区公共団体間の共同事業体にかかる監督措置は、これらが延期できないものでなければ、他の締約国の管轄監督官庁との合意を得るときにかぎり実施されうる。
5．一つの締約国の監督官庁は第6条にしたがう協力にかかる措置を講ずる前に、これが延期できないものでないならば、他の締約国の管轄監督官庁に、その合意を得るためにこれを知らせる。

第10条　訴訟および第三者からの請求
1．その利益のために、またはその名でもって、一つの目的組合または他の一つの公共団体が任務を負う一つの公共団体に対して、第三者は、この任務が国境を越える協力の手段でもって果たされないとみなされるとき、第三者に帰属するべきすべての請求権を留保する。訴訟は、その任務が果たされた公共団体が所属する締約国の法にしたがう。
2．前第1項により義務を負う公共団体とともに、任務を負う目的組合または公共団体も責任を負う。これらに対する請求は、これらが所在する締約国の法にしたがっておこなわれる。
3．第1項による請求が、目的組合がその利益のために行動してきた一つの公共団体に対して提起されるときは、目的組合はこの公共団体に対して、これを第三者に対する責任から免除する義務を負う。請求が第6条による協約にもとづき行為してきた公共団体に向けられるときは、当該両公共団体の間の責任配分に対して、第6条第3項により協約にふくまれる規定が適用される。

第11条　公共団体間の係争の際の訴訟
1．国境を越える協力にもとづく公共団体、目的組合、地区公共団体間の共同事業体の間の公法上の係争が生じたときは、訴訟は被告の所在地である締約国の規定にしたがう。
2．関与した公共団体は仲裁協定をむすぶことができる。

第12条　適用範囲条項
　ネーデルラント王国に関して、この協定はヨーロッパに位置する領土にのみ適用される。

第13条　効力発生

本協定は、最後に批准した国が他の既批准国に、本協定の効力発生のために必用な国内要件が満たされたと通告した日から1ヵ月後の最初の日に効力を生ずる。

第14条　有効期間および解約
1．本協定は無期限とする。
2．いずれの締約国も暦年で2年間の告知期間をもって、他の締約国に対して文書で解約を告知できる。
3．ラント・ニーダーザクセンまたはラント・ノルトライン-ベストファーレンが解約しても、本協定は他の締約国に効力を保つ。両ラントのうち一ラントによる解約のときは、他のラントは、解約期限の後の2か月以内に、つづいて解約することを告知できる。
4．本協定が解約されても、本協定失効前に有効であった協力の諸措置および協力形態に直接かかる本協定の諸規定は、解約によって侵害されない。

これの証明のために、本協定に全権を有する代表者が署名した。

1991年5月23日イセルブルク-アンホルトで締結された本協定の、ドイツ語およびネーデルラント語による4通の原本は、いずれの文言もひとしく拘束力を有する。

ラント・ノルトライン-ベストファーレンのために
ヨハネス・ラオ *Johannes Rau*　［署名］
ラント・ニーダーザクセンのために
ゲーアハルト・シュレーダー *Gerhard Schröder*　［署名］
ドイツ連邦共和国のために
ハンス-ディートリヒ・ゲンシャー *Hans-Dietrich Genscher*　［署名］
ネーデルラント王国のために
H. ファンデンブルク *H. van den Broek*　［署名］
I. ダーレス *I. Dales*　［署名］

注：以上は、*Euregio Rhein-Waal* から提供されたドイツ語正文による協定の全訳である。原文では複数形の語を単数形で訳した。

[資料2]
目的組合 EUREGIO の定款と注釈（○で示した箇所は著者による注釈）

前文 Präambel
　これまで直接に、または EUREGIO 域の地区組合 Samenwerkingsverband であるレヒオ　アハテルフクおよびレヒオ　トゥウェンテをとおして協力してきたゲマインデ（ヘメーンテ）、市、（ラント）クライスは、地域的および局地的水準の国境を越える協力を今後最善をつくして促進し、実現し、強化することをねがう。公法人である目的組合は、これらの目的の実現に長期にわたり役だつので、EUREGIO e.V.はその任務を公法上の基盤で果たそうとしている。
　この目的のために、これまでドイツ法による登記社団（EUREGIO e.V.）の形態で結合してきたゲマインデ（ヘメーンテ）およびその他の公法団体は、ラント・ノルトライン-ベストファーレン、ラント・ニーダーザクセン、ドイツ連邦共和国、ネーデルラント王国の間で締結された、1991 年 5 月 23 日の地域公共団体その他の公共団体のあいだの国境を越える協力にかかる協定、いわゆるアンホルト協定にしたがい、公法上の目的組合として協力することにした。
　組合員団体は、とりわけ国境の両側域の隣人関係を固め、培うためにあらゆる手段の調整を図り、国境の両側の市民、企業、社会集団、施設に役だつよう、この部面で起きる諸問題の解決のために適切な取決めをおこなう。
　　○ [e.V.] は前文を欠く。公法人化することで準地域公共団体としての性格をいっそう強めたことが、宣言に近い前文を入れることで訴求されている。また、[e.V.] の「国境を挟む」grenzubergreifend という表記が、[ZV] では「国境を越える」grenzüberschreitend という表記に置き換わっている。その説明はないが、おそらくアンホルト協定が grenzüberschreitend を使っているので、それに倣ったものと解される。

第1条　法的形態 Rechtsform
　1．EUREGIO は、アンホルト協定第 3 条の意味における公法上の目的組合である。
　2．EUREGIO の所在地は、グローナオ／ベストファーレンである。
　3．アンホルト協定第 3 条第 3 項にしたがい、EUREGIO にはドイツ法、とくにラント NRW の地区公共団体の共同事業にかかる法律が適用される。

第2条　名称 Name
　目的組合は EUREGIO と称する。EUREGIO の名のもとに、ドイツおよびネーデルラントのゲマインデ Gemeinde／ヘメーンテ gemeente、市 Stadt／stad、（ラント）ク

ライス（*Land*）*Kreis*、水利組合 *waterschap* が結集する。

第3条　組合区域 *Verbandsgebiet*
　組合区域は組合員である市、ゲマインデ（ヘメーンテ）、（ラント）クライス、水利組合の区域を包摂する。

　　○［e.V.］では第1条 法的形態、名称、所在地で、「登記社団は *EUREGIO* という名称をもつ。*EUREGIO* はグローナオを所在地とする。」とあるだけで、ドイツ法もしくは NRW ラント法が適用されるという文言を欠く[1]。また、両定款とも Gemeinde ／ gemeente, Stadt ／ stad, (Land) Kreis の総称として Mitgliedskommune を使う。Kommune は日本で「自治体」と通称される「基礎的地方公共団体」と概念上かならずしも同じでないので、本書では「地区公共団体」という語をあてる。

　　［ZV］では、組合区域を明示する第3条を設けており、*EUREGIO* が地域公共団体としての性格を強めたことが見てとれる。

　　新加盟の二水利組合は、レイン・エイセル水利組合 *Waterschap Rijn en IJssel*（流域の一部）およびフェフト川水利組合 *Waterschap Vechtstromen*（流域の一部）である。フェフトのドイツ語の呼称はフェヒテ *Vechte* である。フェヒテはドイツ側域ミュンスターラントに源を発し、北流して（114km）ネーデルラント領に入りフェフト *Vecht* となり、西流して（60km）ズヲレ *Zwolle* 北方でヘルデルセ エイセル *Gerderse IJssel* の分流ズワルテ ワーテル *Zwarte Water* に合流し、エイセル湖 *IJsselmeer* の東端部のズワルテ湖 *Zwartemeer* に注ぐ。ヘルデルセエイセルはライン河の三分流の一つなので、フェヒテ／フェフトはライン水系に属する。この例が示すように、ミュンスター西郊のバオムベルゲ *Baumberge* 丘陵を分水嶺として、これより西部の西ミュンスターラントはライン河流域に属する。この地勢は、後論するように *EUREGIO* の空間特性を検討するにあたり、小さからぬ意味をもつ。

第4条　目的と任務 *Ziele und Aufgaben*
（1）*EUREGIO* は、組合員の国境を越える地域間協力を助成し、支援し、調整することを任務とする。
（2）*EUREGIO* は、活動範囲をひろげ、計画および企画を策定して実施し、活動資金を受けいれ、提供し、かつこれを第三者に回すことができる。
（3）*EUREGIO* は、組合員の全体利益を国際機関、国家機関、その他の機関に対し

　1　「EUREGIO の定款も営業規則も私法が適用される。」Raich（1995），144ページ。

て代表する目的をもって、組合員の利益のために、もっぱら国境を越える部面で活動する。
(4) EUREGIO は、公法上の諸機関、当局および社会団体の間の国境を越える調整と協調を支援する。
(5) EUREGIO は、組合員、市民、企業、団体、当局その他の機関に、国境を越える諸問題について助言する。
(6) EUREGIO は、一般社会、とりわけ市、ゲマインデ（ヘメーンテ）、（ラント）クライスに、本目的組合の活動について定期的に報告をおこなう。
(7) (1) ～ (6) による国境を越える地域間協力は、以下の分野でおこなわれる。
a) 通信、b) 社会文化的出会い、c) 保健、d) 学校教育、e) 治安、f) 救急・防災、g) 文化・スポーツ、h) 経済発展、i) 労働市場・資格教育、j) 革新・技術移転、k) 旅行・保養、l) 農業開発、m) 空間秩序、n) 交通・輸送、o) エネルギー、p) 環境・自然保全、q) 廃棄物処理、r) 水利。
(8) 上記の任務をはたすために、EUREGIO は経済活動をおこなうことができる。その際、組合員に適用される法律の規定が遵守されなければならない。

　○ [e.V.] では、目的と任務を第 2 条が規定している。(1) ～ (5) まで [ZV] と同じであるが、(6) を欠く。(7) は [e.V.] で (6) になっており、順序が異なるものの a) ～ p) まで同一であるが、q) と r) を欠く。当局を支援することを任務とすると謳う (4) と (5) から、国境を越える地域間協力にかかる問題領域の専門機関として、EUREGIO が当初から当局とならぶ事実上の行政機関として機能する目的を秘めてきたことが窺われる。18 項目にもおよぶ広範な活動分野の一覧は、EUREGIO が事実上もう一つの地域公共団体としての性格を具えることを示唆している。

　　(2) 項の「これを第三者に回すことができる。」という文言が、[e.V.] では「EUREGIO e.V. は、社員の責任がその会社 Gesellschaft の資産に限定される会社を設立（解散）、取得（売却）もしくはこれに参加（撤退）することが許される。」となっている。公法人である目的組合よりも私法人である登記社団の方が、より自由に資金獲得活動を展開できたことが窺われる。

第 5 条　組合員資格 Mitgliedschaft
(1) 本目的組合の組合員は、附表に挙げられたネーデルラントおよびドイツのヘメーンテ（ゲマインデ）、市、（ラント）クライス、水利組合である。
(2) ～ (5) 加盟申請、脱退にかかる規定。略。

　○ [e.V.] では、社員資格が第 3 条で規定されている。この (1) の第一段は、「ネーデルラントおよびドイツのゲマインデ／ヘメーンテ、市、クライスは社員

になりうる。」と述べ、現在の社員名を附表で列挙する［ZV］の文言と異なる。前述のように、ネーデルラントのヘメーンテはヘメーンテ法の規制により、私法団体に加盟することはできない。したがって、［e.V.］の「可能」規定は空文化している。

　また［e.V.］第3条（3）には、［ZV］にない懲罰規定、すなわちEUREGIOの利益を損ねた社員に対する脱退強制規定が設けられている。［ZV］で自由意思による脱退の規定だけが設けられているのは、私法人と公法人との制度的相違によるものであろう。

第6条　組合員の権利と義務　*Rechte und Pflichten der Mitglieder*　略。
　　○第6条は（1）〜（4）の4項に分かれ、これは［e.V.］の第4条と同構成、ほぼ同文である。

第7条　機関　*Organe*
（1）EUREGIOの機関は、組合総会 *Verbandsversammulung*, EUREGIO評議会 *EUREGIO-Rat*, 理事会 *Vorstand* である。
（2）EUREGIO機関の構成員は、その選出または派遣の前提条件を失ったとき、とりわけ組合員における職位または議席を失ったときは、離脱する。
（3）理事会の負担を減らすために、事務局 *Geschäftsleitung* を置く。
　　○［e.V.］では、第5条が機関規定である。EUREGIO評議会と理事会は同一であるが、登記社団は私法人なので、［ZV］の組合総会にあたるものが［e.V.］では社員総会 *Mitgliederversammlung* である。また、第四の機関として事務局長 *Geschäftsführer* が挙がっている。登記社団では事務局長の権限が目的組合におけるよりも強かったことが判る。

第8条　組合総会　*Verbandsversammlung*
（1）組合総会は、組合員の代表者から成る。総会は、すくなくとも1年に一回開催される。総会は、会議の運営のために議事規則を制定する。
（2）略。
（3）各組合員は、以下の基準で組合総会に一定数の代表者を送る。
　　　　組合員拠出金
　　　　　　€　5000以下　　　　　1名
　　　　　　€　5001〜10000　　　 2名
　　　　　　€　10001〜20000　　　3名
　　　　　　€　20001〜40000　　　4名

€ 40001〜60000　　5名
€ 60001〜80000　　6名

組合員拠出金が€80000を超える組合員には€20000を超えるごとに1名が追加される。被選期間の初めに、代表者数が拠出金額により確定する。これは中央統計局 *Centraal Bureau voor Statistiek*［CBS］および各ラントの情報処理–統計局 *Landesamt für Datenverarbeitung und Statistik des Landes NRW／Nds*［LDSNRW／Nds］による最近の1月1日現在の公式住民数にもとづく。任期は、各組合員のそれにしたがう。

（4）各代表者は1票をもつ。

（5）ネーデルラントの市、ヘメーンテから選出できるのは、市・ヘメーンテ議会議員および市長・副市長執行部 *Colleges van Burgemeester & Wethouders* の議長をふくむ構成員、水利組合からは組合総会および理事会の構成員である。ドイツ側からは、市・ゲマインデ議会およびクライス議会の議員ならびに組合員地区公共団体の公勤務者 *Dienstkräfte* である。

（6）略。

（7）略。

（8）組合総会は、代表者のなかから1名の議長を4年の任期で選出し、ネーデルラント側とドイツ側とが交替で議長を出すこととする。議長の三選は禁じられる。

（9）組合総会は、代表者のなかから4年任期の副議長を2名選出する。副議長がともにネーデルラント側またはドイツ側であってはならない。

（10）略。

（11）理事は、組合総会に出席できる。かれらは発言・提案権をもつが、投票権をもたない。ただし、理事会議長はこのかぎりでない。

（12）事務局は、組合総会に出席して、意見を述べることができる。

○［ZV］の第8条に対応するのが［e.V.］第6条である。第6条（2）〜（5）の条文は以下のとおりである。「（2）クライスを除く各社員が、以下の人口に応じて社員総会に代表者を送る。10000人以下：1名、10001〜20000人：2名、20001〜40000人：3名、40001〜70000人：4名、70001〜100000人：5名。人口100000人を超える社員には50000人増えるごとに1名の代表者が追加される。ドイツ側の加盟クライスおよびこの区域に属する *EUREGIO* 加盟ゲマインデ・市は、*EUREGIO* に加盟する全ゲマインデの住民数にもとづいて1クライス地区に割りあてられる、第1段および第2段により決まる代表者数の半数をそれぞれ要求できる。総代表者数が奇数のときは、ゲマインデおよび市の代表者数が切りあげられ、クライス分は切りすてられる。*EUREGIO* 加盟ゲマインデをもたない *EUREGIO* 加盟クライスの派遣代表者数については、本項の第1段および

第2段が直接に適用される。(3) 社員からの代表者の派遣は、地区公共団体法 *Kommunalrecht* にしたがう。(4) 社員総会の議長は、*EUREGIO* 評議会の議長が務める。(5) 理事会および *EUREGIO* 評議会の構成員は、社員総会に出席できる。かれらは発言・提議権をもつが、投票権をもたない。」

　以上から、派遣代表者数を決めるにあたり、[e.V.] では人口が基準であるのに対して、[ZV] では人口にもとづく拠出金額が基準であることが大きな違いである。　総会にかかる [e.V.] と [ZV] との最も大きい違いは、ネーデルラント側のヘメーンテが社団の社員 *Mitglied* でなく、よって、社員総会の構成員たりえないことである。したがって、総会議長・副議長を両域側から均等に選出する原則を明示した [ZV] 第8条 (8)、(9) に相当する項目を、[e.V.] は欠いている。第6条 (2) 第2段に、ネーデルラントの CBS も挙がっているのは誤解を招きやすい。ちなみに、[e.V] の附表によれば、社員総会は2013年現在190名のドイツ側社員代表者から成っていた。

第9条　組合総会の任務と権限 *Aufgaben und Zuständigkeiten der Verbandsversammlung*
(1) 組合総会は、以下を決定する。
　a) 組合員の受入れ
　b) 組合定款の改正
　c) *EUREGIO* の予算および決算
　d) 理事会の報告の承認
　e) 目的組合の実務規定
　　定款がべつに定めないかぎり、組合総会は目的組合のすべての事務に権限をもつ。
(2) 組合総会の議決は、*EUREGIO* 評議会の提議にもとづいておこなわれる。
　　○ [e.V.] では、第7条で社員総会の任務と権限を規定しており、同じく a) 〜e) の5項目が挙げられているが、c) 〜e) が [ZV] と一致しない。すなわち、「c) 拠出金規定（拠出金額上限をふくむ）、d) 第9条にしたがい、*EUREGIO* 評議会のネーデルラント側評議員41名の選出、e) 評議会および理事会の報告の承認。」となっている。[ZV] では、組合総会の財政監理権が強められた。d) は、登記社団においてネーデルラント側が社員総会に代表者を派遣できなかったことを、間接的に示す。[ZV] で、組合総会に出席・発言権を認められているのが理事だけであるが、[e.V.] では評議員にもこれが認められていた。これは、ネーデルラント側が社員総会に代表を派遣できないので、ネーデルラント側の不利を補うために、理事ばかりでなく評議員にも総会出席・発言権を認めたのであろう。

第10条　EUREGIO 評議会 EUREGIO-Rat
（1）EUREGIO 評議会は、EUREGIO の政治機関である。
（2）EUREGIO 評議会は、84 名の評議員から成る。かれらは第 12 条および第 13 条の基準にもとづき委任を受ける者として、政治的、地域的基準にしたがい、組合員により選出される。EUREGIO 評議会は、ドイツ側、ネーデルラント側各 42 名の評議員から成る。可能なかぎり、小政党の代表者も加わるものとする。任期は、組合員における任期にしたがう。
（3）組合総会の議長および副議長は、EUREGIO 評議会の構成員となる。かれらは EUREGIO 評議会の議長および副議長である。
（4）評議会会議に出席して意見を表明できるのは、①ヨーロッパ議会議員、②ドイツ連邦議会議員、③ネーデルラント議会の代表、④ラント Nds・NRW のラント議会議員、⑤ Pr ドゥレンテ・ヘルデルラント・オーフェルエイセルのプロフィンシ議会の代表者。以上は、選挙区または勤務地もしくは居住地が全面的に、または一部が EUREGIO 域にあることを条件とする。⑥全 EUREGIO 域のラントラート［クライス長］、市長またはその全般的代理［副市長］もしくは市長代行 Locoburgemeester、⑦全 EUREGIO 域の堤防管理官 Dijkgraven もしくは水利管理官 Watergraven またはその代理、⑧理事、⑨事務局。意見を述べられる構成員は発言権をもつ。しかし、議決または選出に参加することはできない。
（5）EUREGIO 評議会の同意を得て、第三者の代表が会議に出席して、一定の制限のもとに発言する権利をもつ。
　　○ [e.V.] では、第 8 条が評議会規定であり、その（1）は、「EUREGIO 評議会は EUREGIO の政治機関であり、社員総会の会議の間の最高機関である。」と謳っている。総会が 1 年に 1～2 回しか開かれない以上、評議会が EUREGIO の事実上の最高機関であることが、強調されていることになる。これは、他の登記社団と異なる規定であり、EUREGIO の長年の実績の反映であるという。また、評議員構成に両側域の均等原則が貫かれていることは、ネーデルラント側がいずれ目的組合の正式構成員として加盟するときに備えた規定であるといわれる。目的組合となったいま、総会にも両側域の均衡原則が大幅に実現したので、評議会をあえて「最高機関」と強調する必要がなくなった。[ZV] では、評議員定員が 2 名増えて 84 名になり、また出席・発言権をもつ者としてあらたに理事が加わっていることからしても、評議会の重みがむしろ増したと解釈できる。

第11条　EUREGIO 評議会の任務と権限 Aufgaben und Zuständigkeiten des EURE-

GIO-Rates
（１） *EUREGIO* 評議会は、国境を越える地域間協力の分野の基本問題に対する、共同の審議・調整機関の機能をもつ。
（２） *EUREGIO* 評議会は、とくに以下の任務と権限をもつ：
 a) 理事の選出
 b) 評議会直属の委員会および臨時特別審議会 *ad hoc Themenforen* の設置と人選
 c) 理事会決定が効力を欠くときに、これを受けて事務局の採用と解雇の確定
 d) 組合総会議決（予算案をふくむ）の準備
　　○［ZV］で評議会の任務と権限は、第１項で総則、第２項で a)〜d) の具体的任務を挙げているだけである。他方で、これに対応する［e.V.］の第 11 条は、第１項で具体的任務として a)〜i) の９項目を挙げている。a)〜d) は［ZV］とほぼ同一内容であるが、このうち c) は、「理事会の決議にしたがい、事務局の採用、休職、解雇の確定」、d) は「社員総会の議決の準備とその実施の監督」となっており、文言が［ZV］と異なる。e) 以下は次のとおりである。「e) 評議員のなかから作業部会その他の審議会の構成員の選出、f) 財政計画、g) 決算報告と会計監査の規制、h) 第２条第２項第２段の基準にしたがい、会社の設立（解散）、買収（売却）、出資（撤退）にかかる議決、i) 他の機関に割りあてられていない事務。」さらに、（２）および（３）で、（１) a) の理事選出の条件を以下のように詳細に規定している。「（２）10 名の理事の選出にあたり、EUREGIO 評議会は地域枠を重視する。すなわち、理事５名は EUREGIO のネーデルラント側から、３名はミュンスターラントから、２名は EUREGIO のニーダーザクセン域から選出されなければならず、いずれの場合も、上級行政官吏 *Hauptverwaltungsbeamte* が過半を占めなければならない。（３）ネーデルラント側５名の理事選出にあたり、レヒオ トゥウェンテ、レヒオ アハテルフク、「６ヘメーンテ群」が提議権をもつ。この提議により、両レヒオおよび「６ヘメーンテ群」の住民数に応じて、５議席が配分される。住民数の確定は CBS の最新の公式住民数による。
　　以上から、［ZV］よりも［e.V.］の方が、評議会の権限をより詳細に規定しており、したがって後者における評議会の権限が、前者におけるよりも強いように見える。しかし、前者の（２）a) は評議会による理事の選出に際して大幅な自由裁量権を認めており、また、（２）d) は後者の f) および g) を包括しており、全般的財政監理権を認めていることになる。細目規定がないことは、むしろ評議会の包括的権限を保証していると解釈しうる。

第 12 条　EUREGIO 評議会へのネーデルラント側評議員の派遣 *Entsendung der nie-*

derländischen Mitglieder in den EUREGIO-Rat

（1）ネーデルラント側評議員の派遣は、組合員ヘメーンテまたは組合員ヘメーンテからこれのために委任を受けた地域施設、およびレイン-エイセル・フェフト水利組合からの提議にもとづき、組合総会構成員から成る組合総会によっておこなわれる。

（2）42議席のレヒオ アハテルフク、レヒオ トゥウェンテ、「ヘメーンテ群」*die niederländische Gruppe*、水利組合への配分は、ネーデルラント側に配分される総議席数の範囲内で、それぞれの拠出金額に比例して決まる。これはCBSの公式住民統計による最近の1月1日現在の住民数にもとづく。

（3）EUREGIOにおける新しいネーデルラント側の組合団体に対して、その拠出金額に応じて議席数が割り当てられ、もしくは、ネーデルラント側42議席の割当て分のなかで、拠出金額に比例して新しい配分がおこなわれる。

被選期間は、ネーデルラントの憲法、ヘメーンテ法、水利組合法 *Nederlandse Grondwet, Gemeentewet en Waterschapswet* にしたがう。

　　○［ZV］の第12条に対応する［e.V.］第9条では、派遣でなく選出 *Wahl* の語が用いられている。「第9条（1）ネーデルラント側評議員の選出は、レヒオ アハテルフク、レヒオ トゥウェンテおよびHardenberg, Gramsbergen, Ommen, Dalfsen, Coevorden, Schoonebeek（Emmen）（以下Gruppeと呼ぶ）からの提議にもとづき、社員総会でおこなわれる。」と規定しており、「ヘメーンテ群」の構成ヘメーンテ名が列挙されている。これは、第7条（1）d）に対応する。すなわち、登記社団のときは、ネーデルラント側評議員は、ネーデルラント側からの提議にもとづくとはいえ、ドイツ側構成員だけから成る社員総会で決定されたのである。［e.V.］では、実質上は均等原則が適用されていたものの、形式上はドイツ側が優位に立つ不均等性を抱えこんでいたことが否めない。

第13条　ドイツ側評議員の *EUREGIO* 評議会への派遣 *Entsendung der deutschen Mitglieder in den EUREGIO-Rat*

（1）42名のドイツ側評議員の EUREGIO 評議会への派遣は、EUREGIO に属する（ラント）クライス、クライス級市および EUREGIO の非組合員である（ラント）クライスに属する組合員ゲマインデからの直接の提議にもとづき、組合総会においてその構成員のなかからの選出による。

（2）（ラント）クライスおよびクライス級市に対する議席数は、ドイツ側に割り当てられた総定員数の範囲内で、住民数にもとづく拠出金額によりきめられる、ラント NRW・Nds の LDS による公式住民統計の最近の1月1日現在の住民数が基準となる。

（3）1区域において（ラント）クライス、クライス直属市、ゲマインデが組合員のときは、EUREGIO 所属ゲマインデの提議にもとづき、クライス議会で3分の2の多数決で評議員が選ばれる。1（ラント）クライスから派遣される総数が割当数に達しないときは、クライスに属する住民数 40000 人を超える EURE-GIO 所属ゲマインデが、各1名の代表者を EUREGIO 評議会に派遣しなければならない。これは、クライスに属する各 EUREGIO 所属ゲマインデからの提議にもとづき、クライス議会により選出される。

（4）ドイツ側の新組合団体に、その拠出金額に応じて議席が配分される。もしくは、ドイツ側への 42 議席の割当ての範囲内で、拠出金額に応じて新しい配分がおこなわれる。

（5）被選期間は、ドイツ側 EUREGIO 組合員のそれにしたがう。

○ [e.V.] では、第 10 条がドイツ側評議員の EUREGIO 評議会への派遣であり、6項から成っている。そのうち（1）、（3）、（4）は以下のとおりである。「（1）EUREGIO 評議会への 41 名のドイツ側評議員の派遣は、EUREGIO に属する（ラント）クライス、クライス級市およびクライスに属する住民 40000 人を超える EUREGIO 所属ゲマインデによりおこなわれる。（3）クライスに属する人口 40000 人を超えるゲマインデは、各1名の代表者を EUREGIO 評議会に派遣できる。（4）1（ラント）クライスに割り当てられる代表者数に、人口 40000 人を超える EUREGIO 所属ゲマインデから派遣されるべき代表者数もふくまれる。残りの代表者は、人口 40000 以下の EUREGIO 所属ゲマインデからの提議にもとづき、クライス議会により過半数の多数決で選出されることとする。」

第 14 条　理事会 Vorstand
（1）理事会は 11 名の理事から成る。
　a) 組合総会議長
　b) 第 11 条により選出された 10 名の理事
　　これに加えて、EUREGIO 評議会における会派の代表者各2名が、発言権をもつ構成員として会議に参加する。
（2）理事の選出にあたり、選出された組合員代表者は組合総会構成員を辞さなければならない。
（3）理事は EUREGIO 評議会により選出される。
　a) ネーデルラント側 5 名は「市長・副市長会議」Colleges van Burgemeester en Wethouders および水利組合理事会から、地域的基準にしたがって派遣される。
　b) ドイツ側 5 名は、上級行政吏員 Hauptverwaltungsbeamten のなかから、地域的

基準にしたがって派遣される。

　理事の代理は、これにかかるネーデルラント側またはドイツ側のコムーネ法による規則および水利組合法にしたがう。
（4）組合総会の議長は、理事会の議長である。理事会は理事のなかから4年任期の副議長を1名選出する。議長と副議長がともにネーデルラント側またはドイツ側にならないものとする。
（5）EUREGIO事務局長は、理事会に出席して意見を述べる権利をもつ。

　○［e.V.］では、第12条が理事会規定で、以下のとおりである。「（1）理事会は12名の理事から成る。a) EUREGIO評議会議長、b) 第11条により選出された10名の理事、c) 事務局長。このほかEUREGIO評議会に代表者を派遣する会派から各1名が、発言権をもつ構成員として会議に参加する。（2）理事会は4年任期の議長および2名の副議長を選出する。」理事会議長がかならずしも評議会（総会）議長でないこと、副議長が1名でなく2名であること、各会派代表が1名にとどまること、事務局長が正規の理事として加わっていたことが、［ZV］とのちがいである。理事の選出母体がEUREGIOに属する地区公共団体の「上級行政官吏」、いわゆる上級公務員であることは両者に共通しているが、［e.V.］においては評議会に対する理事会の権限が、［ZV］におけるより総じて比較的強かったようである。私法人と公法人との相違が反映していると見られる。

　前述のように、かつて理事会は執行部Arbeitsgruppeと呼ばれ、登記社団の原始定款（1999年）では、理事会の構成が、EUREGIO評議会議長、ドイツ側ボルケン、コースフェルト、シュタインフルト、バーレンドルフ、グラーフシャフト・ベントハイム、オスナブリュクの六クライスおよびミュンスター、オスナブリュク両市の職員、EUREGIO評議会により選出され、市およびゲマインデ／ヘメーンテの上級職員を過半数とするドイツ側7名およびネーデルラント側15名、事務局長、以上の32名となっていた。

第15条　理事会の任務と権限 Aufgaben und Zuständigkeiten des Vorstandes
（1）理事会は以下の権限をもつ：
　a）組合総会の決議の実施
　b）EUREGIO評議会の議決の準備と実施
　c）他の機関の権限でないかぎり、人事、組織、財政にかかる事務
　d）事務局（長）の任用および解職ならびに任用契約
　e）事務局権限の確定、とりわけ日常業務の規定
　f）他の担当機関が案件の緊急性の故に決定できないときの決定。理事会はこの決定を当該機関に知らせる

g）法的案件の決裁
（2）理事会は、他の機関に対する事務局の権限および責任ならびに内部関係における代表権限について、一般服務規程および個別案件における訴訟の提起による規定を設ける。
（3）目的組合の裁判および裁判外の代表は、理事会議長または副議長が務め、日常業務は事務局によりおこなわれる。理事会議長は同時に事務局の最高責任者 *Dienstvorgesetzte／r* である。目的組合に対して義務づけられた報告は、書面形式を要する。
（4）理事会は、組合総会または *EUREGIO* 評議会の開催を、議題を附して要請できる。
　　○ [e.V.] では第13条が理事会の任務と権限について規定しており、（1）〜（4）の各項の内容は、[ZV] とほぼ共通している。ただ、（1）f）で、[ZV] にはない「直属の委員会または審議会の設置および委員指名」が挙げられており、ここでも、[e.V.] 規定において理事会の権限が比較的強かったことが読みとれる。

第16条　事務局 *Geschäftsleitung*
（1）事務局は、事務局長 *Geschäftsführer*（*in*）から成る。事務局長は副事務局長により代理されうる。これ以外の代理も認められる。
（2）事務局は、理事会の管轄でないかぎりの日常の管理業務、会計管理、および組織に権限をもつ。事務局は理事会の議決を準備し、これを実施する。
（3）事務局は、職員人事、とりわけ *EUREGIO* の任務の遂行のために職員の選任、採用、解雇の権限をもつ。
（4）*EUREGIO* は専任職員 *hauptamtliches Personal* を採用し、任命できる。
　　○ [e.V.] では、事務局 *Geschäftsführung* の規定が第14条に置かれ、同じく4項に分かれるが、文言と内容は以下のように [ZV] と異なる。「（1）事務局長は、他の機関の審議と議決を準備し、これを実施する。（2）事務局長は民法典第26条にしたがい、他の機関の決議の範囲内で、司法面および非司法面で社団を代表する。社団に対して義務づけられる説明は、書面形式を要する。（3）事務局の指揮は、専任職員に対する雇用主としての機能もふくめて、事務局長の責任である。（4）事務局長はその代理者によって代理されうる。代理者以外の代行も認められる。」とくに（2）が、事務局長の権限が [ZV] よりも強いことを示している。
　　ちなみに、グローナオとエンスヘデに分かれていた事務局は1985年に合併し、グローナオの国境に接するグラーナブリュケ *Glanerbrücke*／フラネルブリュフ

Glanerbrug に共同事務局が設置された。1991 年に EC 先行企画として同一の場所に *EUREGIO-Haus* が建てられ、建設資金の 50％を EC が、30％を NRW が提供した[2]。

第 17 条　委員会および臨時特別審議会 *Ausschusse und ad hoc Themenforen*
　第 11 条により、EUREGIO 評議会はその任務の遂行のために、評議員による委員会および臨時特別審議会を設置し、解散し、かつその構成員を指名できる。任務の内容次第で、関連する民間団体が代表者を派遣しうる。
　○ [e.V.] では、第 15 条　委員会と作業部会 *Ausschusse und Arbeitskreise* で以下のように規定している。「第 11 条および第 13 条第 1 項にしたがい、EUREGIO 評議会と理事会は、その任務の遂行のために、委員会を設置し、解散し、また委員を指名できる。」すなわち、評議会だけでなく理事会も委員会設置が可能であった。[ZV] よりも理事会の権限が比較的強かったこと、逆に言えば、[ZV] で評議会の権限が強まったことがここでも浮かびあがる。
　EUREGIO, *Endberichit*（2002）および [ZV] 附表（2013）によれば、2013 年現在、以下の委員会が設置されている。
1 ）経済・労働市場委員会 *Ausschuss Wirtschaft und Arbeitsmarkt*（25 名）。これは以下の六作業部会から成る。a) 労働市場、経済、技術、b) 交通、空間秩序、c) 消費者相談、日常的国境問題、保健制度、d) 学校、文化、交流、スポーツ、e) 環境、農業、観光、f) 警察、防火、救急。
2 ）独自の財源をもつ別格の存在として、A. モーゼルにより創設された社会発展委員会 *Ausschuss Gesellschaftliche Entwicklung*（いわゆる「モーゼル委員会」*Mozer-Commissie*：25 名）が挙げられる。EUREGIO の活動分野は社会・文化と社会・経済とに大別され、EUREGIO の創設以来、前者に最大の関心が向かっていた。これを象徴するのが当委員会である。これは各地区公共団体等の自主的な企画を助成し、資金的支援をおこない、その原資はネーデルラントの保健・福祉・スポーツ省、Pr ヘルデルラント、Pr オーフェルエイセル、Pr ドゥレンテ、NRW の連邦・ヨーロッパ担当省、Nds の司法・ヨーロッパ担当省からの補助金による。当委員会の管轄分野は、国境を越える青少年交流、高齢者交流、スポーツ交流、姉妹都市、観光事業、芸術・文化交流、学校交流、その他の社会的活動と多岐にわたり、国境を挟む共生のための前提条件を創りだす目的をかかげている[3]。

2　Woyke（1990）, 122-123 ページ；Raich（1995）, 149-150 ページ。
3　Raich（1995）, 152-154 ページ；EUREGIO, *ALMANACH/ALMANAK*, 1998/1999, 36-39 ページ。

3) 持続的空間開発委員会 *Ausschuss Nachhaltige Raumentwicklung*（25名）。
4) INTERREG 運営委員会 *INTERREG-Lenkungsausschuss*
　　ネーデルラント、NRW、Nds の各経済管轄省、RB ／ Pr, ゲマインデ／ヘメーンテ、*EUREGIO* の代表者によって構成される。その機能は INTERREG 運営計画実施の全般的統制にあり、3ヵ月ごとに招集されて個別事業計画の最終的採択と助成金割当承認・修正勧告を全会一致でおこなう。運営委員会は EU から設置を義務づけられている監理委員会 *Begleitungsausschuss* の機能も兼ねる。後者には前者の構成員にヨーロッパ委員会代表と BRD 経済省代表も加わる。年に二回招集されて、運営計画の基本問題と重点分野間の資金配分が検討される。全会一致原則なので EU 代表が拒否権をもつことが注目される[4]。

第18条　*EUREGIO* 諸機関の手続き *Verfahren in den EUREGIO-Organen*　　略。

第19条　財務 *Finanzen*
（1）*EUREGIO* に必要な資金の充当のために、組合員から拠出金が徴収される。その算定基礎は各組合員の住民数であり、これは CBS ならびに NRW および Nds 両ラントの LDS による公式住民統計の最近の1月1日現在の住民数にもとづく。拠出金額は、組合総会で投票権をもつ会議出席者の3分の2の多数決で決定される。その際、水利組合の住民一人あたりの拠出金年額は、一般拠出金額の29分の2とする。クライスとこれに属するゲマインデが組合員であるときは、両者は共通区域にかかる組合員拠出金額を折半することができる。他のエウレギオに拠出金を納める地区公共団体は、拠出金額が10%減額される。
（2）予算案は、会計年度初に提出され、決定されなければならない。会計年度は暦年である。予算案原案は、議決2週間前に組合総会の構成員に提示されなければならない。
（3）予算執行と会計検査の原則は、目的組合に適用される NRW 法にしたがう。
（4）組合総会は、構成員のなかから2名をえらび、かれらは会計監査委員会の任務を担当する。かれらはその任務を費用負担なしにおこない、組合員団体の会計検査院を利用する権限をもつ。
　　○ [e.V.] では第17条が財政で、（1）と（2）は [ZV] とほぼ同文であるが、（3）、（4）を欠く。
　　[e.V.] 第17条（1）の第3段は、「詳細は拠出金規則で規定する（ドイツ側において、クライスとゲマインデの拠出金比率がそれぞれ50%になることを考

4　渡辺（2002）, 274-275 ページ。

慮の上で）。」となっている[5]。

第 20 条 監査 *Aufsicht*

目的組合 EUREGIO の監査は、RB ミュンスター当局がおこなう。

　○［e.V.］では監査の章を欠く。［ZV］でRBミュンスター当局による監査の規定が設けられているのは、公法人であるがゆえにNRW政府による監督が強まったことを示唆する。

第 21 条　EUREGIO の解散 *Auflösung der EUREGIO*

（1）EUREGIO の解散は、この目的のために特別に 2 か月前に召集される組合総会の臨時会議で、出席代表者の 4 分の 3 の多数決をもって決定することができる。

（2）組合総会は、解散の方式と資産の処分について決定する。組合総会が他の定めをしないかぎり、理事が共同代表権をもつ清算人である。解散手続きが完了するまで、理事会はその任務を遂行できる。理事会は事務局に清算を委任できる。

（3）EUREGIO の組合員は、清算期間中の組合員拠出金額算出のための規定にしたがい、清算期間をとおして、EUREGIO 資産の処分の後にのこる負債を清算するために、追加金を拠出する義務を負う。これには、EUREGIO の解散により解雇される職員を EUREGIO に派遣した第三者に対して発生する債務もふくまれる。

（4）EUREGIO の解散および任務の変更のとき、ドイツ側組合員に対しては、1999年 3 月 31 日に公示され、最近 2009 年 2 月 5 日の法律により変更された、吏員法大綱法 *Beamtenrechtsrahmengesetz* の第 128 条以下の規定が適用される。組合員は、在職中の吏員を組合員に勤務する者として引きとるべく努力する義務を負う。私法上の職員に対しても、すべての組合員がしかるべき措置を講じなければならない。

　○［e.V.］では第 18 条が解散規定で、2 項が設けられており、資産処分にかかる（2）は、［ZV］と異なり、次のような条文である。「社員総会が他の定めを

---

[5] 前掲のミュンスター市文書によると、*Kommunalgemeinschaft Rhein-Ems e.V.* もしくはその承継団体たる EUREGIO e.V. の年間拠出金額は、1999 年に住民一人当たり 0.56DM であった。0.56DM は固定交換比率で換算すると 0.2863€ になる。EUREGIO の住民数は当時 320 万人だったから、年間拠出金収入は 91 万 5200€ になる。EUREGIO の INTERREG IIA 企画（1994〜1999）6 年間の総額は、後出の表 3 - 5 にみるように 6402 万 9920€ であったから、単純平均すると 1067 万 1653€ ／年になる。これは EUREGIO の年間拠出金収入の実に 11.7 倍に上る。EUREGIO 財政にとり INTERREG がいかに重い意味をもったかが窺われる。

しないかぎり、社団の解散にともない、解散決議の前年における拠出金額の割合に応じて、資産が社員に返還される。」ここでは［ZV］における負債の処理にかかる規定ではなく、残余資産の配分が規定されている。また、登記社団は私法人なので、事務局員がすべて私法上の被用者であるのに対して、ZV は公法人であるので、事務局職員の上層部は吏員 *Beamte* である。したがって、身分保障が必要とされ、他の私法上の職員にもこれに準ずる待遇が要請されることになる。

第 22 条　公示 *Öffentliche Bekanntmachungen*
　公示は、RB ミュンスターおよび ArL ベーザ-エムス *Amt für regionale Landesentwicklung Weser-Ems* の公報が存続しているかぎり、ここでなされる。ネーデルラント側では、EUREGIO 加盟のヘメーンテおよび水利組合が、それぞれの電子公報で公示する。

第 23 条　目的組合 EUREGIO の成立 *Entstehen des Zweckverbandes Euregio*
（1）本定款は、RB ミュンスター当局の認可を受けて発効する。
（2）目的組合 EUREGIO は、RB ミュンスターの公報上で目的組合定款が公示され、かつ認可がくだされた月の初日に成立する。
　　○［e.V.］では第 19 条　発効 *Inkrafttreten* で、以下のように、記述されている。「1999 年 6 月 9 日にミュンスターおける EUREGIO 社員総会で決定され、1999 年 11 月 11 日にグローナオ地区裁判所に登記され、2001 年 1 月 19 日にベトリンゲンにおける、2006 年 1 月 27 日にバートベントハイムにおける、2013 年 1 月 18 日にグローナオにおける EUREGIO 社員総会でそれぞれ改正されたこの新しい定款の登記をもって、1972 年 12 月 11 日に制定され、最後に 1979 年 5 月 25 日に改正されたこれまでの定款は、これをもって効力を失う。」
　　他方で、［ZV］に具体的日附けがない。2016 年 1 月の目的組合の組合総会で定款が議決されたものの、2017 年末現在、RB ミュンスターからの認可はまだ下りていなかったからである。第 3 章注 5 を参照。

資料3

ermn の INTERREG IIIA 企画

i) 重点分野1：空間構造（3企画）
①エウレギオの地誌情報一覧
　ネーデルラントと NRW の「地誌情報」*Geodaten* がデジタル化され、詳細なデータが、「一つにまとまった経済地帯としてのエウレギオ」*eine einheitliche euregionale Wirtschaftszone* を見とおさせる当企画は、*EUREGIO* による大綱計画の一部である。
　　企画参加者：Bezirksregierung Düsseldorf, Gemeente Roermond, Gemeente Venlo, Gemeente Venray, Gemeente Weert, Kreis Viersen, Provincie Limburg, Rhein Kreis Neuss, Stadt Krefeld, Stadt Mönchengladbach, Südkreis Kleve
②ヨーロッパ横断道路網の拡充：A52／N280
　ともに国境の手前で切れている A52（NRW）と N280-Oost（Pr リンビュルフ）を接続するために、技術的計画と景観保全計画を策定する。
　　企画参加者：Provincie Limburg, Straßenbau NRW
③共同で微細塵に立ちむかう：エウレギオの大気浄化のための革新的構想
　ermn の四市が自動車交通による大気汚染を、植栽によって除き、減らすことを共同で研究する。
　　企画参加者：Gemeente Nijmegen,［Gemeente］Venlo, Stadt Duisburg, Stadt Krefeld

ii) 重点分野2：経済、技術、革新、観光（18企画）
　すでに述べたように、この重点分野の詳細は不明なので、企画名だけを表5-13に挙げる。

iii) 重点分野3：環境、自然、景観（3企画）
①国境を越える生態圏の保存
　国立公園デメインウェフ *De Meinweg*（NL）、スワルメン近郊のスワルメン水郷 *Swalmenaue*（NL）、ニーダークリュヒテン-エルンプト *Niederkrüchten-Elmpt* 付近のエルンプト-シュバルム *Elmpt-Schwalm* 断層（DE）、ブラハトの森 *Brachter Wald*（DE）、ブリュゲン-ブラハト *Brüggen-Bracht*（DE）の旧兵器庫跡地を、新しい自然保護区にする。
　　企画参加者：Gemeente Roerdalen, Gemeente Roermond, Gemeente Swalmen, Kreis Viersen, NRW-Stiftung, Provincie Limburg, Rijkswaterstraat, Staatsbosbeheer
②自然の魅力：国境公園 *Maas-Schwalm-Nette*
　自然公園マース-シュバルム-ネテでの景観情報を整備し、多様な手段を駆使してひろ

く訴求する。

企画参加者：Deutsch-Niederländischer Naturpark Maas-Schwalm-Nette, IVN Consulentenschap Limburg, Naturpark Schwarm-Nette, Regio Noord- en Midden-Limburg, Staatsbosbeheer Regio Limburg-Oost-Brabant

③ LOEWE-GIS：国境を越える水防

「*ermn* における持続的経営の保証と水の保全のための農業の最適化」*Landwirtschaftliche Optimierung zur Existenzsicherung der Betriebe und Wasserschutz in der euregio-rmn*（LOEWE）と「地勢情報システム」*Geo-Informations-System*（GIS）により、農地と地下水を保全するために農民のコンピュータ利用を助ける。

企画参加者：Kreis Kleve Veterinärverwaltung, Kreis Viersen, Limburgse Land- en Tuinbouwbond（LLTB）, Niederrhein Wasser GmbH, Niersverband, Provincie Limburg, Rhein Kreis Neuss, Stadtwerke Nettetal GmbH, SWK Aqua GmbH, Wasserwerk Willich GmbH, Waterleiding Maatschappij Limburg（WML）

iv）重点分野4：資格教育・労働市場（8企画）

① IT アカデミー・ライン-マース-ノルト

情報・通信経済分野の人材の育成のために、高度な資格を附与する短期教育の企画構想を策定し、「IT アカデミー・ライン-マース-ノルト」の発足を目ざす。

企画参加者：Fontys Hogescholen, Gemeente Venlo, Hochschule Niederrhein, IHK Mittlerer Niederrhein, IWFHN, Kamer van Koophandel Limburg Noord, Stadt Krefeld

②隣国での職業教育：エウレギオならではの好機をつかむ

職業教育施設が不足しているドイツ側域にネーデルラント側域（フェンローとルールモント）の複線式（学校・実習）と単線式（学校）の職業教育の情報を伝え、他方でネーデルラントの若者をドイツ企業での実習にさそう。

企画参加者：Kreis Kleve, Kreis Viersen, Kreispolizeibehörde Kleve, Kreispolizeibehörde Viersen, Politie Limburg-Noord, Polizei Krefeld, Polizei Mönchengladbach, RAV Limburg Noord, Rhein Kreis Neuss, Stadt Krefeld, Stadt Mönchengladbach

③ *ermn*：北海とルール地域との間の工業・物流の回転盤

ケンペン *Kempen* の職業学校とフェンローの職業組合が組み、輸送・物流分野における共同授業を実施し、国境の両側で認証される受講修了証明書を導入する。

企画参加者：Berufskolleg Kempen, Gilde Opleideingen Venlo, Kreis Viersen

④労働市場向きの一般教育と準備のエウレギオ化

隣国の言語と歴史を学び、「エウレギオ住民としての自覚を生みだすために」、クレーフェルトとフェンローの二つの学校が協力して授業計画を策定し、実施する。

企画参加者：Stadt Krefeld, Städtische Gesamtschule Krefeld, Valuascollege Venlo

⑤エウレギオの労働市場に合わせる：隣国での2週間の企業実習

　手工業全分野の人の流動性を強めるために、"euregiofit"の枠組で見習い Auszubildende と職人 Fachkräfte に隣国における2週間の企業実習の機会を提供する。

　企画参加者：Niederrheinische Kreishandwerkerschaft Krefeld-Viersen, ROC Gilde Opleidingen

⑥エウレギオで国境抜きの爽快 Wohlbefinden を：壮健 Wellness のための国境を越える教育

　Wellfit 企画は美容、栄養、休養の分野における見習いの養成のために、国境を越える技能教育をおこなう。

　企画参加者：Gilde Opleidingen Roermond, Thinkhouse Mönchengladbach

⑦国境を越える職場紹介：エウレギオのジョブロボットがこれを可能にする

　インターネットによる探索機器「エウレギオ職探しロボット」の助けを借りて、国境を越える職業仲介を増やす。

　企画参加者：Agentur für Arbeit Viersen, CWI Venlo, Euregio Rhein-Waal, Provincie Limburg, Stadt Kleve

⑧国境を越える物流の資格教育が失業者にふたたび機会を与える

　物流部門における国境を越える14か月の資格教育（2か月の求職活動訓練、加えて2か月の実習をふくむ）を導入し、修了試験に合格した参加者に ermn 全域で認証される修了証書を交付する。

　企画参加者：Arbeitsamt Mönchengladbach, Gemeente Venlo, Gilde BT Contracting, Technologiezentrum Glehn GmbH, TÜV Akademie Rheinland

v) 重点分野5：社会・文化的統合（15企画）

① EIS 企画：潜在的投資家のための構造関連データ

　「エウレギオ情報サービス」EIS: Euregio Informationsservice は、データバンクの統計資料をインターネットにより誰にでも利用可能にして、潜在的投資家に ermn の経済発展のための基本情報を継続的に提供することを目的とする。EIS の把握は、とくに「連続指標」Kontextindikatoren と「革新指標」Innovations indikatoren を重視する。

　企画参加者：AGIT（Aachner Gesellschaft für Innovation und Technologietransfer), Provincie Limburg

②記憶の蘇生：マース、ライン両河間の時間の旅

　リンビュルフの湿原地域デペール De Peel とライン河の間の地域は、数世紀にわたり政治的、文化的に「一つのまとまり」eine Einheit をなしていた。ermn 内の五博物館が、国境両側域の歴史をたどる旅に人をさそう。博物館は「時を超える仮想の旅行社」として機能し、入館者は「時の旅人」として共同の歴史に案内される。

企画参加者：Limburgs Museum（Venlo），Museum Schloss Rheydt（企画責任者），Museum de Loch Mederslo（Noord-Limburg），Museum Burg Linn（Krefeld），Rheinisches Schützenmuseum Neuss

③健康フォーラム

国境を越える医療サービスを受けるため，患者が自ら専門医，病院，健康保険者について望ましいサービス内容を調べられるよう，すべてのデータが単一の健康ポータルに登録される。サービス提供者側も，需要，相談者にかかる情報が改善され利益を受ける。

企画参加者：「総合地域健康保険ラインラント」AOK Rheinland，薬剤師，医師，健康保険組合，病院

④ HERMAN：国境を越える災害救助の最適化

火災，洪水，高速道路上の大事故から ermn 住民を守るために，「ermn の救助活動」Hilfeleistung in der euregio rhein-maas-nord（HERMAN）なる企画を策定する。消防，警察，救助活動の国境を越える協力の最適化を図る。

この企画項目に参加者の記載が欠けている。

⑤若者を寛容に向ける

ベルリーンのアネ-フランクセンター主催のゲルデルン，クレーフェルト，フェンローでの巡回展覧会が，エウレギオの若者たちを重要な社会的対立問題の直視に向かわせる。この主題にかかるセミナー，討議，朗読会等の多彩な企画が，巡回展覧会と同時に開催される。

企画参加者：Anne Frank Zentrum Berlin e.V., Gemeente Venlo, NS-Dokumentationszentrum „Villa Merländer", Stadt Geldern, Stadt Krefeld

⑥光る壁画：ermn のガラス彩画

ニーダーラインは，20世紀のガラス彩画芸術作品の宝庫である。これらの作品群は当地域の文化遺産の重要な構成要素をなす。当企画は初めてガラス彩画を悉皆調査し，芸術史的評価とともに記録し，ガラス彩画への理解を深める。

企画参加者：Bisdom Roermond, Bistum Aachen, Stichting Wetenschapsinstituut 20e Eeuw, Stiftung Forschungsstelle Glasmalerei 20 Jh. E.V.

⑦時間と国境を越えて対話する人間と教会

かつて単一の生活圏を成していた三市，トルン Thorn ［NL］、ビクラートベルク Wickrathberg ［DE］，ライト Rheydt ［DE］が，修復されたプロテスタント教会を軸に多様な文化企画を実施する。

企画参加者：Evangelische Kirchengemeinde Rheydt, Evangelische Kirchengemeinde Wickrathberg, Gemeente Thorn, Regio Noord- en Midden-Limburg

⑧測定し，評価し，改善する：高齢者施設の質の管理

養老施設と介護施設が経験を交換しあい，ermn 内の利用者，費用負担者，施設提供

者のために、介護の質を評価し、改善するための比較可能な基準を開発する。

　企画参加者：Altenheime der Stadt Mönchengladbach GmbH, Institut Arbeit und Technik, Zoerggroup Noord Limburg

⑨若者のためのプロイセンの遺徳：ゲルデルン征服300周年記念展覧会

　かつてのゲルデルン公国領域の大部分がプロイセンに占領されてから300年にあたり、この国境地域におけるプロイセン史の「偉大な時代」を偲ぶ展覧会を企画し、フェンラーイ［NL］とノイキルヒェン-フルイン *Neukirchen-Vluyn*［DE］の間、またアフェルデン *Afferden*［NL］とフィーアゼン［DE］の間の住民が、地域的一体性と同質性を再認識する。

　企画参加者: Museum Freulekushuus（Venray）, Gemeente Venray, Gemeentearchief, Mespils, Niederrheinisches Museum für Volkskunde und Kulturgeschichte（Kevelaer）, Preußen-Museum NRW（Wesel）, Stadtarchiv Geldern、Stichting Historie Peel-Maas- Niersgebied

⑩「ケセル伯の年」二つの都市の根

　共同の歴史的根元にむすびつくために、グレーフェンブローホ *Grevenbroich*［DE：メンヘングラトバハの東南］とケセル *Kessel*［NL：ルールモントとフェンローの中間、マース河左岸］の両市が2005年に「ケセル伯の年」を組織した。

　企画参加者：Stadt Grevenbroich, ［Gemeente Kessel］（後者が欠落しているが、書きおとしであろう）

⑪対話のオーケストラ-舞台上の若者たち

　クレーフェルト、メンヘングラトバハとフェンロー、ルールモントの音楽学校、その他の *ermn* 域の地区公共団体と協力して、ニーダーライン交響楽団が60年前の終戦を記念して、若者のために「対話するオーケストラ」を企画した。

　企画参加者：Kunstencentrum Venlo, Vereinigte Stätische Bühnen Krefeld und Mönchengladbach

⑫エウレギオのための「声」

　ニーダーラインの歴史的価値の高い城館、城塞、宮殿で初めて、グレゴリオ聖歌、モンテベルディの合唱曲、ドイツロマン派のリート、オペラのアリア、近代歌曲、現代音楽の声楽を演奏することが企画された。

　企画参加者：Geldersch Landschap en Gedersche Kasteelen, Generalkonsulat des Königsreichs der Niederlande, Kulturraum Niederrhein e. V., Provincie Gelderland, Provincie Limburg、Stichting Oude Muziek Brabant, Stichting Oude Muziek De Grafschap

⑬ルールモントの三つの世界選手権

　ルールモントでの男・女車椅子バレーボール、男子義肢バレーボールの三種目世界選

手権大会に、*ermn* から 28 チームが参加し、ドイツ、ネーデルラントの生徒、教師、高齢者 1050 人が運営に協力する。

　企画参加者：Gemeente Roermond, Stadt Mönchengladbach, Stichting Promotie gehandcaptensport Nederland

⑭ルール-メインウェフ Rur／Meinweg 地域の休養と観光

　バセンベルク *Wassenberg*［DE］とルールダーレン *Roerdalen*［NL］の両市が、スポーツと文化を組みあわせて観光客の誘致を図るため、ルール *Rur*／*Roer* 川沿いに国境を越える約 30km の自転車旅行を企画する。

　企画参加者：Ambt Montfort, Gemeente Roerdalen, Stadt Wassenberg

⑮世界音楽がむすぶ

　メンヘングラトバハの BIS センターとルールモントの CK 劇場が共同で、「人から人へ」企画として、世界音楽のさまざまな演奏会を公演する。

　企画参加者：BIS-Zentrum（Mönchengladbach）, Centrum voor de Kunsten（Roermond）

[資料4]

登記社団レギオ-アーヘン REGIO Aachen e.V.の定款（2007年）と注釈
（○の箇所は著者による注釈）

第1条（名称、所在地、業務年度）　本社団は REGIO Aachen e.V.と称する。その所在地はアーヘン［市］である。

第2条（本社団の目的）［前略。］本社団は以下の目的をもつ。
　a）国境を越える構造政策を開発し、推進する。目的はヨーロッパの内部国境の壁を乗りこえることにあり、とりわけ EMR の他の構成区域との、また「アーヘン圏」Region Aachen と EMR との発展に役だつかぎり、それ以外の者との協力をもってする。
　b）アーヘン圏（アーヘン市およびアーヘン、デューレン、オイスキルヘン、ハインスベルクの各クライス）の区域のために、共同の地域構造政策を開発し、推進する。そのかぎりで本社団は、NRW がラント内の諸地域に委託する、「構造政策の地域化」の意味における任務を受託する資格をもつ。
　c）社会・文化的構造と活動をアーヘン圏内で、またエウレギオ内で開発し、推進する。
［後略。］
　　○ EMR 設立と同年にレギオ-アーヘンが設立されたこと自体、これが EMR と無関係でないことを窺わせるが、この第2条a）により、当社団が EMR のドイツ側域団体として設立されたことが明らかとなる。なお、第1条で、当社団の名称を REGIO Aachen とする一方で、これにつづく条文には Region Aachen という用語が頻出し、これとほぼ同じ意味でアーヘン国境地域 Aachener Grenzraum という語も併用される。きわめてまぎらわしい用語法なのだが、REGIO Aachen は社団法人であり、Region Aachen はこれの基盤となる地域範囲である。そこで Region Aachen を「アーヘン圏」と訳して、「レギオ-アーヘン」と区別する。regional という語は、原則として die Region の形容詞（副詞）として解釈し、「アーヘン圏の（で）」と意訳する。ただし、文脈によって REGIO の形容詞（副詞）と解釈するのが妥当と思われるときは、「本レギオの」と訳しわける。
　　b）により、当社団の基盤地域である「アーヘン圏」が定義され、その範囲が、旧 RB アーヘンに Kr オイスキルヘンを加えたものであることが明記されている。ただし、この条文ではまだクライス級市アーヘンと Kr アーヘンを分けており、2009年のアーヘン都市圏の創出を反映していない。
　　c）で、旧 RB アーヘンが RB ケルンに吸収されたにもかかわらず、RB ケルン

の枠組のなかでなく、国境を挟む EMR の枠組のなかで、アーヘン圏の社会・文化的伝統を守り、発展させることを目的として掲げていることが興味ぶかい。行政的に RB ケルンに呑みこまれはしたものの、独自の地域的伝統は堅持するという、マース河流域に位置するアーヘン圏の、ライン河流域に位置するケルン圏への対抗姿勢の表れと解釈することができるからである。ただし、後述するようにオイスキルヘンは経済地理上ケルン圏に属し、そのようなものとしての社会・文化的伝統を保持しているはずなので、この定款で定義された「アーヘン圏」がどの程度まで社会・文化的一体性を具えているか疑問が残る。ここに当社団の目的と社員構成との矛盾が覗いているといえよう。

第3条（社員資格の取得）　本社団の社員になることができるのは、以下の者である。RB ケルン長官、アーヘン市、アーヘン、デューレン、オイスキルヘン、ハインスベルク各クライス、各クライスに属する市、ゲマインデ、アーヘン商工会議所、アーヘン手工業会議所、アーヘン国境地帯全般を管轄する経営者連合・労働組合連合、アーヘン圏選出のヨーロッパ議会・ドイツ連邦議会・ラント議会議員、アーヘン圏選出のレギオ評議会［後出では REGIO-Rat だが、ここでは Regionalrat となっている］構成員。

このほか、その活動目的に照らして本社団の目的に役だつ、すべての公法・私法人やその他の機関や連合も本社団の社員となることができる。

［後略。］

　　〇 EUREGIO をはじめとするドイツ・ネーデルラント国境地域につらなる他のエウレギオの構成員は、ゲマインデやクライスという地区公共団体である。したがって、エウレギオは総じて国境を越える地区公共団体連合の性格をもつ。ところが、社団であるレギオ-アーヘンには、地区公共団体に加えて、さまざまな公法・私法人、さらに RB 長官やラント・連邦・ヨーロッパ議会議員、すなわち機関としての個人まで社員となりうる。広く多元的、多面的な地域構成機関・団体に加入資格が認められているという意味で、レギオ-アーヘンは地域の総力を結集する社団であり、EMR の他の構成区域にまして地域代表機関としての実体性を具えているとも言える。とはいえ、RB ケルンではなく RB ケルン長官が社員資格をもつことが、一見奇異に映る。地区公共団体、商工会議所等は団体社員なのに、RB ケルンだけが長官を社員とするのは、RB が議会をもたない地域行政機関にすぎないので、ラント公務員としての長官のみが RB を代表することができるからかもしれない。しかしそれ以上に、EMR 構成団体してのレギオ-アーヘンを代表できるのは RB ケルン長官だけであるというのが、本来の理由であろう。それにしても、RB ケルン長官を社員とすること自体、当レギオの本来の目的にそうとは言いがたい。設立から登記までに4年を要したのは、当レギオに潜

む反ケルンの姿勢にラント政府が警戒心をいだき、両者の調整が難航したからではないのかという憶測を生む。

　なお、当社団の機関たるレギオ評議会の構成員は社員の資格をもつことを必要条件とせず、逆に前者であることが社員資格取得を可能にするようにみえる。その意味でも当レギオは開かれた社団である。

第4条（社員資格の喪失）　社員資格は、以下をもって失われる。a) 社員の死亡、b) 権利能力の喪失、c) 自発的な脱退、d) 議会での議席の喪失、e) 本社団の利益をいちじるしく損ねたため本社団からの除名。
　〔後略。〕
　　〇第3条に列挙されている本レギオの社員資格者は、基本的に機関、団体であるので、個人としての本レギオの活動に参加する個人は、あくまで社員である所属団体から派遣される代表であるかぎりにおいてであるにすぎない。よって、このような個人の死亡を社員資格の喪失とする第4条の規定は、第3条の規定にそぐわない。個人しての社員の死亡が社員資格の喪失に直接つながるのは、個人が同時に機関である場合、すなわちラント議会以上の議員だけであろう。RBケルン長官も機関としての個人であり、選挙による政治的代表者でなく、NRW政府により任命されるラント吏員であるから、長官が死亡した場合ただちに後継者が任命されるはずである。そうであれば、本レギオは議員の加入をとくに重視しており、よって政治的圧力団体として機能することを主目的としているかに見える。

第5条（社員拠出金）　本社団は社員から拠出金を徴収する。詳細は拠出金規則で定める。各社員は必要経費を自弁する。
　　〇各社員が必要経費を自弁する規定は、社員が個人でなく団体であることを前提にしていると解せられる。

第6条（本社団の機関）　本社団の機関は、a) 理事会 *Vorstand*, b) レギオ評議会 *REGIO-Rat*, c) レギオ総会 *Regionalkonferenz* である。
　　〇後述のように、レギオ総会はNRWの地域構造政策により創りだされたラント内十五の地域会議 *Regionalkonferenz* の機能を受けつぎ、名称も同一である。その意味で、ここで使われる *Regional* は、「アーヘン圏の」と訳することも可能だが、当社団の機関の名称にかかる以上、「レギオ」と訳すほかはない。*REGIO-Konferenz* とすれば紛らわしくなかったのに、なぜこのような曖昧な名称にしたのか、という疑問がのこる。また、*REGIO-Rat* は以下の条文で断りなしに *Regiorat* または *Regionalrat* と言いかえられるのがほとんどで、この定款の用語法

の杜撰さは訳出に無駄な労力を強いるものである。

第7条（理事会）　理事会に属するのは、本社団社員であることを前提にして、以下の者である。a) RB ケルン長官、b) アーヘン市長、アーヘン、デューレン、オイスキルヘン、ハインスベルク各クライス長、c) レギオ評議会の代表2名、d) アーヘン商工会議所またはアーヘン手工業会議所の専務理事のなかから1名、e) アーヘン国境地帯全般を管轄する経営者連合の専務理事のなかから1名、f) アーヘン国境地帯全般を管轄する労働組合連合の議長のなかから1名。

地区公共団体の上級行政吏員 *Hauptverwaltungsbeamte* の代表は、事前に任命された常勤の代表者1名だけがなりうる。

民法第26条の意味における理事会は、議長と2名の副議長である。

RB ケルン長官は理事会の議長となる。議長は *EMR* の理事会において「アーヘン圏の利益」*die Interessen der Region* を代表する。

RB ケルン長官が社員でないときは、レギオ総会がその構成員のなかから議長を選任する。

第一副議長は、理事会に代表を送る地区公共団体の上級吏員であり、レギオ総会で選出される。これはレギオ総会の議長をも務める。さらに第一副議長（またはこれにより同じ機関、部局から指名された代表）は、運営委員会（第12条）の議長も務める。

第二副議長は、理事会に代表を送る商工会議所もしくは手工業会議所の専務理事または所管の経営者連合、労働組合連合の代表者で、レギオ総会で選出される。これは、レギオ総会の副議長も兼ねることとする。第二副議長（またはこれにより同じ機関・部局から指名された代表）は、さらに運営委員会の副議長も兼ねることとする。

2名の副議長はこのほか、レギオ評議会に対してアーヘン圏の利益を代表する。両名はレギオ総会で2年半の任期で選ばれる。［後略。］

［中略］

理事会はその任務執行に必要なときは、助言をあたえる社員を補充できる。業務と意思決定の準備のために、理事会はさらに専門家委員会、委員会、臨時委任作業部会を設置できる。

アーヘン圏にかかる専門委員会と作業部会をとおして、理事会はレギオ-アーヘンの社員である他の協力組織・機関に、その承諾をえて業務を委託できる。

　　〇この理事会規定で問題になるのは第4段および第5段である。*EMR* でアーヘン圏の利益を代表しうるものは RB ケルン長官とされている。しかし、当職は RB ケルン全般の利益を代表するべき立場にあり、これまで指摘してきたように、これとアーヘン圏の利益がつねに一致するとはかぎらず、むしろ相反する場合さえありうる。ここに、レギオ-アーヘンがかかえる制度的矛盾が露呈している。

つづく第5段が、社員であることを前提にして理事の筆頭に置かれるRBケルン長官が社員でない場合を想定するのは、第3条の社員資格にかかる規定が自由加入制を前提にしていることになる。EMRのドイツ側域団体として設立されたレギオ-アーヘンへの加入強制が、RBケルン長官に働かないのは、これまた矛盾でしかない。

第8条（理事会の権限）　理事会は、この定款により本社団の他機関または常設の委員会に権限が認められていないかぎり、すべての案件に権限をもつ。とりわけ以下を任務とする。a) レギオ総会の準備と招集、b) レギオ総会の決定事項の執行、c) 運営委員会決定の取消権、個別事項次第で運営委員会に代わりアーヘン圏の合意の取りつけ、d) レギオ評議会とレギオ総会との協力、e) 本社団への加入および除名の決定、f) 毎会計年度の予算案と決算案との提示、g) EMR理事会への代表派遣、h) 本社団の人事管理。

　理事会はさらに、本社団諸機関と常設委員会の活動を規定する社団業務規則を制定する。
　［後略。］

第9条（表決）　［略。］

第10条（レギオ評議会）　レギオ評議会は、政治の場でレギオ-アーヘンの目的の実現をたすけることを任務とする。
　レギオ評議会は、レギオ-アーヘンがEMRのエウレギオ評議会に派遣する政治代表［複数］を選任する。その際、地域配分と政党比例が顧慮されなければならない。派遣された社員は、そこでレギオ-アーヘンの利益を代表する。
　レギオ評議会は、INTERREGによる助成重点分野の地域配分、INTERREGの手続き、レギオ-アーヘンの財政審議に参加し、表決の際に勧告をおこなうことができる。
　レギオ評議会は5年任期の議長および副議長をえらび、両名は2年半後に役職を交替する。
　レギオ評議会構成員は51名である。
　レギオ評議会構成員は、アーヘン市議会および当社団社員であるアーヘン、デューレン、オイスキルヘン、ハインスベルク各クライス議会から派遣される。居住地および、または選挙区が第3章第1段に挙げられた区域にある、ヨーロッパ議会・連邦議会・ラント議会議員、ゲマインデ議会・クライス議会議員のなかからえらばれた社員、社員である地区公共団体内に居住する専門知識を具える市民も［レギオ評議会に］派遣されうる。

［レギオ評議会に］派遣される社員は、上述のクライス議会およびアーヘン市議会に議席をもつ政党により、その会派に提案され、上述のクライス議会で決定される。上述のラント議会以上の議会の議員は、被推薦人名簿に優先的に登録されることとする。

レギオ評議会構成員の任期は、地区公共団体議会議員の任期と同じである。

［後略。］

　　○レギオ評議会の任務の第一に、*EMR* のエウレギオ評議会に派遣されるべき政治家の選任を挙げていることは、レギオ−アーヘンがまさに *EMR* 参加のために創りだされたものであることを示す。ただ、第7条第4段において、RBケルン長官が *EMR* 理事会で果たすべき役割が、アーヘン圏の利益を代表することとされているのに対して、レギオ評議会から *EMR* に派遣される政治代表が *ERM* 評議会ではたすべき役割が、レギオ・アーヘンの利益を代表することとされ、微妙な食いちがいを見せているのは見のがせない。

　　なお、ラント議会以上の議会の議員が51名の枠組のなかで優先されることになっており、これらをとおして本レギオの利益をエウレギオ、ラント、連邦、EUの諸水準で代表することが、レギオ評議会の主目的とされていることが窺われる。

第11条（常設委員会）　本社団の常設委員会は運営委員会 *Lenkungsausschuss* である。

第12条（運営委員会）　運営委員会の構成員は以下の者である。

　　a) RBケルン庁代表1名、b) クライス長 *Kreisdirektor* もしくはアーヘン市長およびアーヘン、デューレン、オイスキルヘン、ハインスベルク各クライス長の代理、c) レギオ評議会構成員5名、d) 商工会議所、手工業会議所の代表者各1名、e) アーヘン国境地帯全般を管轄する経営者連合の代表1名、f) アーヘン国境地帯全般を管轄する労働組合連合の代表1名、g) アーヘン技術革新・移転［有限］会社 *Aachener Gesellschaft für Innovation und Technologietransfer*[1] の代表1名、h) アーヘン圏の労働局 *Agentur für Arbeit* の代表1名、i) レギオ−アーヘンの代表1名、j) アーヘン工科大学またはアーヘン単科大学の代表1名、k) 同権問題専門家による性・障害者問題受託者 *Gender-Mainstreaming-Ausschuss der Gleichstellungsbeauftragten* の代表1名、l) アルゲン *ARGEN*（正式名称不詳）の代表1名およびレギオ−アーヘンの一定のゲマインデ *Optionskommunen* の代表1名。

運営委員会は、達成目標、アーヘン圏の開発構想、国境を越える行動計画、レギオ総会で採択された決定にもとづき、アーヘン圏内の、および国境を越える将来構造政策を制定し、決定する。

当委員会は、提案された諸企画の実現のために必要な、アーヘン圏内の合意をとりつける権限をもつ。これには［EU の］ヨーロッパ助成計画（ヨーロッパ地域開発基金、ヨーロッパ社会基金等）により助成され、協調助成がなされるべき企画が該当する。詳細は運営規則によりさだめる。

運営委員会は、その任務をはたすために必要なかぎり、助言をあたえる構成員を補充できる。当委員会はさらに、業務の準備のために委託すべき臨時の作業集団を設置できる。運営委員会は旧レギオ部局 Regionalagentur の運営部会 Lenkungskreis の任務を継承する。

○第 12 条の規定から、運営委員会の任務がアーヘン圏および EMR の両者をともに対象地域にしていることが判る。運営委員会の任務は後出のレギオ総会の決定にもとづくものであるから、これは運営委員会の独自の権限ではない。ともあれこれまで検討してきた他のエウレギオの事例から、INTERREG の枠組で EU からの助成を期待できるのは、なんらかの形で国境を越える協力を要件とする企画に限定されており、国境の片側のみに焦点を当てる企画は除外されているはずである。よって、EU 補助を申請する具体案の策定も当レギオの運営委員会の任務とすることが（これに具体案策定を委託する決定機関としてのレギオ総会の任務もまた）、INTERREG の趣旨になじむのかという疑問が生まれる。

第 13 条（レギオ総会）　本社団の社員およびレギオ評議会の全構成員は、レギオ総会（構成員総会）を構成する。各構成員は 1 票をもつ。

レギオ総会は以下の事項に対して権限をもつ。a) アーヘン圏の達成目標、開発構想、国境を越える行動計画の決議、b) アーヘン圏内の、および国境を越える将来の構造・社会・文化政策の指針 Leitlinien の決定、c) 理事会が提案する予算案の承認、d) 会計検査報告の受理、e) 理事会の年次報告の受理および理事会の任期満了の承認、f) 年度拠出金納付義務者総数の 3 分の 2 以上の賛成ならびにアーヘン市およびアーヘン、デューレン、オイスキルヘン、ハインスベルク各クライスの代表者の過半数の賛成（特定多数決）を得て、拠出金規定と年度拠出金額の決定および変更、g) 理事会副議長の選出（2.5 年任期）、h) 定款の変更および社団の解散、i) 理事会または運営委員会がすでに取りつけたアーヘン圏内の合意の取りけし。変更または取りけしは、レギオ総会出席社員の 4 分の 3 以上の同意を要する。個別の案件について理事会および運営委員会に代わりアーヘン圏内の合意取りつけ。アーヘン圏内の合意取りつけは、レギオ総会出席構成員の 4 分の 3 以上の同意を要する。j) 理事会による除名決定の取りけし。

予算案の承認は、出席構成員の過半数ならびにアーヘン市およびアーヘン、デューレン、オイスキルヘン、ハインスベルク各クライスの代表者の過半数の同意を要する（特定多数決）。

理事会所管の事項について、レギオ総会は理事会に対する勧告を決議できる。理事会はその所管事項について、レギオ総会の意見を聴取できる。[後略。]

　○第13条第1段は、「本社団の社員およびレギオ評議会の全構成員」と並列しており、社員でなくともレギオ評議会の構成員になりうることが明らかである。したがって、非社員も混じるレギオ総会の *Mitgliederversammlung* を「社員総会」と訳すわけにゆかない。とりあえず「構成員総会」と訳したのはこのゆえである。アーヘン市および四クライスの代表者の意思を優遇する特定多数決制度を導入したのは、非社員の意向がレギオ総会の決定に影響をおよぼすことを防ぐためであると推量される[2]。

第14条（レギオ総会の招集）　1年にすくなくとも一回、通常レギオ総会が招集されることとする。[中略。] 議題は理事会がさだめる。

第15条（レギオ総会の表決）　レギオ総会は、担当の理事会副議長または他の理事会構成員が議長を務める。[後略。]

　[第2段は略]

　レギオ総会は全構成員 *sämtliche Vereinsmitglieder* の10分の1以上の出席をもって成立する。[後略。]

　○レギオ総会の成立要件として全社員の10分の1以上の出席と明記してあるのは、この要件さえ満たせば非社員の出席が皆無でも成立することを示唆しているといえよう。

第16条（臨時レギオ総会）　[略]

第17章（社団の解散）　社団の解散は、レギオ総会において第15条で規定された多数決によってのみ、決定することができる。[後略。]

　○事実上、地域公共団体としての性格を具えるレギオ-アーヘンが、制度上は私法人であるがゆえに定款に解散規定を設けざるをえない無理が生じている。

注

1）AGIT は、アーヘン圏が炭鉱の閉山に直面して地域経済構造改革にせまられたため、アーヘン市の技術センターとして1983年に設立された有限会社で、西ドイツ初の地域経済振興機関である。管轄区域はアーヘン圏と一致する。AGIT の活動の重点は、その標語「新設、誘致、助成」 *Gründen, Ansiedeln, Fördern* に集約されており、RWTH, FH, ユーリヒ研究センター *Forschungszentrum Jülich* を中核とする高密な研究開発環境が可能にし

たアーヘン圏の厚い技術蓄積をふまえて、地域的技術開発力の極大化によりアーヘン圏の構造不況を打開しようとする、新成長戦略の方向性が示されている。http://www.agit.de, 2012/10/08. ここで、ケルン大学がラインの自由主義者フォンメーフィセンの遺産であったように、ドイツ初の工科大学 RWTH がハンゼマンの遺産であったことがあらためて想起される。

2）社団の最高意思決定機関の構成員に非社員がなりうる制度は奇妙だが、ドイツの登記社団制度ではこれが可能なようである。

|資料5|

EMR の寄付行為と注釈

第1条　当財団は *Sichting Euregio Maas-Rijn* と称する。当財団は所在地をマーストリヒト市に置く。当財団の存続期間は無期限である。
　　　〇当年次報告書のフランス語版では、*Stichting* が *Fondation* となっているが、ドイツ語版では *Stiftung* でなく、「ネーデルラント法による"Stichting"」と表記されている。おそらく *Stichting* とドイツ法の *Stiftung* との概念規定が同じでないためと推測されるが、理由は不詳である。なお、当財団の所在地は後年マーストリヒトからオイペンに移った。

第2条　当財団の活動区域 *het werkgebied* は以下のようである。
- Pr リンビュルフ（NL）の旧構造改革区域 *het voormalig structureringsgebied*
- Pr リンビュルフ（BE）および Pr リエージュの区域ならびにドイツ語共同体の区域
- ドイツのハインスベルク、デューレン、オイスキルヘン、アーヘンの四クライスおよびアーヘン市の区域

　　　〇旧構造改革区域はザイトリンビュルフ全域とミデンリンビュルフの一部、ルール川以南からなる。よって、Pr リンビュルフ南部であって Pr リンビュルフ全域ではない。

第3条　当財団の構成員は以下のとおりである。
- Pr リンビュルフ（NL）
- Pr リンビュルフ（BE）
- Pr. リエージュ
- レギオ-アーヘン登記社団、ドイツ法にもとづく私法人
- ドイツ語共同体（BE）

以上の構成員はパルトナー-レヒオ *Partner-regio* とも呼ばれる。
　　　〇旧構造改革区域の利益代表が Pr リンビュルフであることは、ネーデルラント側域においても政策主体と政策対象との不一致があることを示す。また、ドイツ語共同体は Pr リエージュの一部であり、両者間に対ドイツ国境地域の統治権限の競合関係が生じる可能性がある。すでに確認したように、レギオ-アーヘンの利益代表は他の構成員と異なる私法人であり、異質である。

第4条　財団は第2条で定義された財団の活動区域内で以下の目的を追求する。

・国境の障害を減らす。
・社会・経済的条件を改善する。
・市民相互の交流の機会を創り、これを助成する。
・諸機関、諸活動体、諸組織の間の協力を助成し、最広義において直接、間接にこれに関連する一切、またそれに役立つものを［助成する］。
　○この目的条項は制度的・文化的国境障害を減らすことを謳うが、地域としての一体化を図ることまで明示的に謳っているわけでないことに注意。

第5条　財団の財産は以下から構成されるものとする。すなわち、第3条でいう構成員の拠出金、補助金および寄付金、寄贈、相続および遺贈、他のすべての取得および収入。

第6条　理事会 bestuur／Vorstand　財団の理事会は12名から構成される。
　a 各パルトナー－レヒオの行政機関の長、すなわち
　　・Pr リンビュルフ長官 Commissaris van de Koningin in de Provincie Limburg
　　・Pr リンビュルフ長官 Gouverneur van de Province Limburg（België）[1]
　　・Pr リエージュ長官 Gouverneur de la Province Liège
　　・RB ケルン長官 Regierungspräsident von Köln
　　・ドイツ語共同体首相 Minister-Präsident der Exekutive der Deutschsprachigen Gemeinschaft
　b 第3条でいう構成員の行政府より指名される8名の理事。どの構成員も2名の理事を指名する権利をもつ。
　　○8名は10名の誤記であろう。おそらくドイツ語共同体加盟前の、四構成区域の首長4名、各行政府が2名指名する理事8名、合わせて12名という原始定款の規定が改訂洩れのまま残ったのであろう。

第7条　第6条a項により任命された理事が、理事会により規定される順番にしたがい2年ごとに当財団理事長としての任にあたる。
　［後略。］

第10条　理事会は当財団の統治機関としての責務を負い、そのために最大限の権限を有する。

第11条　当財団は内外に対して理事長により専決的に代表される。場合により、理事長代理が代表する。

注
1）図6-2ではProvincie Limburgとフラーンデレン語で表示されている。

索　引

河／川／港

【あ】

アウデエイセル川 Oude IJssel　88,89,521,
　523
アムステルダム-レイン運河 Amsterdam
　Rijnkanaal　28
アルゼト川 Alzette　234
アルベール運河 Albert Kanaal　291,524
アルメロ-ノルトホルン運河 Kanaal Alme-
　lo-Nordhorn　521
イセル-アウデエイセル　116
イセル川 Issel　89
インデ川 Inde　230,232,242
ウィレム運河 Willemsvaart　523
エイセル湖 IJsselmeer　399
エームス-スタルケンボルフ運河 Eems- en
　Starkenborgh-Kanaal　399
エームスハーフェン Eemshaven　402-404
エムシャー川 Emscher　103
エムス河 Ems　24,25,61,71,349,352,360,
　364,389,394,397-401,403,406,407,415,
　419-422,521,523
エムス諸港　365,404
エムス水系　521
エムス-フェヒテ運河 Ems-Vechte-Kanal
　521
エムス-ヤーデ運河 Ems-Jade-Kanal　399,
　401
エムス並行運河 Ems-Seitenkanal　399
エムデン港　366,402-404
エリーザベトフェーン運河 Elisabethfehnka-
　nal（EFK）　401
エルフト川 Erft　230,248,261,524
エルベ河 Elbe　40,349
オーフェルエイセルセヘフト川 Overijsselse-
　Vecht　521

【か】

カーベルク運河 Caberg Kanaal　292
北ウィレム運河 Noord-Willems-Kanaal
　399
キュステン運河 Küstenkanal　349,398-400,
　407,420
ケンデル川 Kendel　185

【さ】

ザイデル海（現エイセル湖）Zuiderzee　368
ザイトウィレム運河 Zuid-willemsvaart
　178,523,524
スヘルデ河 Schelde　246-248,250
ズワルテワーテル川 Zwarte Water　521
スワルム川 Swalm／Schwalm　185

【た】

テルナーイエン Ternaaien　292
デルフセイル港 Delfzeil　402-404
トゥウェンテ運河 Twente kanaal　521,524,
　530
ドゥレンテ本運河 Drentse Hoofdvaart　399
ドラルト湾 Dollart／Dollard　364,394,403,
　410,524
ドルトムント-エムス運河（DEK）　349,398-
　400,406,407,520,521

【な】

南北運河 Zuid-Noord-Kanaal　399
ニーウェマース河 Nieuwe Maas　28
ニーウェワーテルベルフ河 Nieuwe Water-
　berg　28
ニールス川 Niers　79,116,117,185
ネーデルレイン河 Neder Rijn　28,81,523

【は】
ハーゼリュネ Haselünne 394
ハーゼ川 Hase 394
パーペンブルク港 Papenburg 402-404
ハーレン-リューテンブロク運河 Haren-Rütenbrock-Kanal 399
パネルデンス運河 Pannerdens Kanaal 28, 523
ビルヘルムスハーフェン港 JadeWeserPort Wilhelmshaven 405
フィヒト川 Vicht 232
フェヒテ（フェフト）川 Vechte／Vecht 394, 521, 523
ブルム川 Wurm 232
フンテ川 Hunte 400, 401, 420
フンテ-エムス水路 Hunte-Ems-Kanal 401, 420
ベイランズ運河 Bijlandskanaal 28
ベーザー河 Weser 389, 399-401, 419, 421
ベーザー水系 349
ベーゼル-ダテルン運河（WDK）Wesel-Datteln-Kanal 81, 521
ベネーデンメルウェーデ河 Beneden Merwede 28
ヘルデルセエイセル河 Gelderse Ijssel 28, 61, 79, 81, 88, 521, 523, 524, 530
ヘルデルセエイセル水系 521
ボーヘンメルウェーデ河 Boven Merwede 28
ボホルターアー川 Bocholter Aa 521, 523

【ま】
マース河 Maas 15, 79, 81, 85, 88, 92, 93, 121, 122, 129, 134, 158, 159, 161, 169, 177-179, 182, 185, 186, 194, 202, 204, 208, 212, 215, 227, 229, 230, 232, 239, 244, 246-248, 261, 269, 272-274, 276, 278, 291, 292, 298, 300, 303, 313, 321, 335, 336, 340, 345, 346, 523, 524, 530
マース水系 349, 524

マース-ワール運河 Maas-Waalkanaal 81, 178, 523
マース河口 Maasmond 28
ミテルラント運河 Mittellandkanal 349, 399-401, 520, 521, 523
モーゼル川 Mosel 15

【や】
ヤーデ湾 Jade 399, 419
ユィリアーナ運河 Juliana kanaal 178, 291, 292, 523, 524

【ら】
ライン河 Rhein 4, 11, 12, 15, 16, 22, 27-29, 34, 39, 40, 41, 61, 71, 79, 81, 85, 88, 99, 114, 116-118, 122, 124, 125, 129, 144, 157, 159, 163, 164, 169, 177-179, 181, 182, 185, 202, 204, 205, 208, 209, 214, 215, 229, 230, 236, 238, 240-244, 247, 248, 250, 251, 253, 261, 263, 269, 272, 278, 292, 303, 310, 313, 346, 349, 521, 523, 530
ライン水系 349, 524
ライン-ヘルネ運河 Rhein-Herne-Kanal 81, 103, 349
ラテラール運河 Lateraal Kanaal 186
ラナイエ Lanaye 292
リーステ Rieste 394
ルール川 Roer／Rur 99, 185, 230, 232, 248, 524
レーア港 Leer 402-404
レーダ川 Leda 401
レク河 Lek 28, 89
連絡運河 Zweigkanal Osnabruck 520
ロウエルソーク港 Lauwersoog 402

【わ】
ワール河 Waal 28, 79, 81, 88, 92, 116-118, 179, 523
ワセム-ネーデルウェールト運河 Kanaal Wassem-Nederweert 178

地名

【A-Z】

Gewest Midden-Limburg 128
KAN → アルンヘム-ネイメーヘン結節点
MHAL（マーストリヒト Maastricht, ヘールレン／ハッセト Heerlen／Hasselt, アーヘン Aachen, リエージェ Liège）156, 274, 346
Nds → ニーダーザクセン
NRW → ノルトライン-ベストファーレン
Région Wallonne 25, 318
Vlaams Gewest 318

【あ】

アーハオス Ahaus 162
アーペルドールン Apeldoorn 90
アーヘン Aachen 142, 143, 146, 207, 226, 228-230, 233, 235, 242, 244, 248-257, 268, 270, 272, 274, 275, 278, 279, 282, 284, 287, 290, 302, 308, 309, 315, 316, 324, 326, 331, 332, 345, 359
アーヘン技術圏 Technologieregion Aachen 262, 274
アーヘン圏 Aachener Raum（Region）233-236, 238-241, 243, 255, 256, 260-263, 268, 270, 272-274, 278, 303, 309-311, 524, 529
アーヘン商工業会議所（Industrie-und）Handelskammer Aachen 253, 254, 304
アーメルスフォールト Amersfoort 90
アイフェル Eifel 207, 228, 230, 231, 242, 300, 301
アイフェル・アルデネン山地 336, 345
アオリヒ Aurich 352, 355, 363, 379, 381, 395, 406, 418
アセン Assen 367, 381, 406
アハテルフク Achterhoek 61, 67, 88, 523
アピンヘダム Appingedam 368, 393
アマラント Ammerland 364, 379
アムステルダム 86, 90, 142, 143, 183, 293, 530
アルセン Arcen 160
アルテナ Altena 241
アルデネン Ardennen 300, 301
アルテンベルク Altenberg 239
アルトア Artois 217
アルメロ Almelo 61, 521
アルンスベルク Arnsberg 189
アルンヘム Arnhem 15, 28, 81, 84, 87, 90, 142, 156, 158, 174, 361, 406
アルンヘム-ネイメーヘン結節点（KAN）81, 85-88, 93, 97, 118, 162, 523, 524
アルンヘム-ネイメーヘン連接都市圏 523
アントウェルペン 143, 144, 182, 215, 244-248, 250, 290
イアホーフェ Ihrhove 363, 419
イザローン Iserlohn 233, 235, 238, 241
イセルブルク Isselburg 88, 89
イセルブルク-アンホルト Isselburg-Anholt 54
ウィンスホーテン Winschoten 393
ウェールト Weert 130, 143-145, 178, 182, 183, 292
ウェステルワルデ Westerwalde 362
ウェストフェーリュウェ West-Veluwe 89, 90
ウェッセム Wessem 292
ウェデ Wedde 357, 361
エイスデン Eysden 239
エイトハイゼン Uithuizen 355
エイントホーフェン Eindhoven 86, 91, 142, 144, 156-158, 160-162, 174, 178, 179, 193, 290, 293
エーゼンス Esens 363
エーデ Ede 89, 90
エームスハーフェン Eemshaven 398, 399
エールデ Eelde 402, 412
エーロポールト Europoort 27
エシュバイラ Eschweiler 234-236, 241, 242, 248
エシュバイラープンペ Eschweiler-Pumpe 240
エセン Essen 164, 165

599

エムスラント Emsland　353,362,363,368, 374,379,380,383,384,388,396,398,406, 411,413,416,523,524
エムデン Emden　39,216,352,353,359,363, 375,379,381,383,384,386,389,395,396, 398,401,406
エメリヒ Emmerich　28,87,94,142,179,207, 212,523
エメン Emmen　363,367,381,402,406
エルケレンツ Erkelenz　238
エルスフレート Elsfleth　399,401
エルフト Erft　163,164,307,309,310
エンスヘデ Enschede　61,66,521
エンスヘデ-ヘンゲロ　406
オイスキルヒェン Euskirchen　230,257,261, 275,282,290,308,309
オイペン Eupen　49,236,241,248,253,301, 315,325,345
オイペン-マルメディ Eupen-Malmedy　25, 228
オーステンデ Oostende　143,247
オーストフローニンゲン Oost-Groningen　411
オーストヘルデルラント Oost-Gelderland　66
オーデンキルヒェン Odenkirchen　182
オーバーハオゼン Oberhausen　90,207
オーバーブルフ Oberbruch　238
オーフェルエイセル Overijssel　43,61,358, 359,398
オーフェルペルト Overpelt　290,299
オーフェレヒフローニンゲン Overig Groningen　383
オス Oss　91
オスタハオゼン Osterhausen　401
オストフリース諸島　398,399,410,411
オストフリースラント Ostfriesland　209, 352,353,368,374,388,411,416,418
オストフリースラント手工業会議所　362
オストフリースラント-パーペンブルク商工会議所　362
オストミュンスターラント Ostmünsterland　71

オスナブリュカーラント　71
オスナブリュク Osnabrück　61,386,388, 398,406,520,523
オスナブリュク-エムスラント手工業会議所 Handwerkskammer Osnabrück-Emsland　363
オスナブリュク-エムスラント商工会議所 Industrie-und Handelskammer Osnabrück-Emsland　362,398
オホトゥルプ Ochtrup　397
オルダーズム Oldersum　399
オルダンプト Oldambt　360
オルデンブルク Oldenburg　361,364,367, 386,388,389,397,401,406,416-422
オルデンブルク商工会議所　417

【か】
カールスト Kaarst　159
カルデンキルヒェン Kaldenkirchen　166,182
キュエイク Cuijk　91,93
クフォルデン Couvorden　360,398
クラーネンブルク Kranenburg　94,95
グラーフシャフト-ベントハイム Grafschaft Bentheim　66,359
グリュベンフォルスト Grubbenvorst　135
グレーゼン Gleesen　400
クレーフェ Kleve　49,55,79,81,84,87,94, 95,97,98,103,106,116,123,126,128,130, 135,137,146,148,157,161,163,164,166, 167,170,204,207-209,211,213,215,217
クレーフェ-ユーリヒ-ベルク-マルク-ラーフェンスベルク統合公国　216
クレーフェルト Krefeld　97,123-125,130, 137,140-142,144,148,156-159,161,163, 165,166,172-175,178,179,181,183,192, 193,202,205,207,215,216,218,523
クレーフェルト商工会議所　83
グレーフェンブローホ Grevenbroich　159, 205
グレーフラート Grefrath　159
グロナオ　49,55,68,162,358
クロッペンブルク Cloppenburg　364,367,379, 380,383,394,406

ケーニヒスドルフ Königsdorf 249
ケーフェラール Kevelaer 160,168
ゲミュント Gemünd 234
ゲルデルン Geldern 79,160,165,168,204,
    205,208,209,211,212,215
ケルン Köln 12,142,144,146,159,164,165,
    178,179,182,189,227,228,230,232,242-
    245,247-255,261,265,268-270,275,278,
    290,308,309,311,346,418
ケルン圏 309,311
ケルン商工業会議所 (Industrie-und) Handelskammer Köln 252
ケルン選帝司教領 216
ケンペナラント Kempener Land 202
ケンペン Kempen 165,283,300,345
コーブレンツ Koblenz 15
ゴホ Goch 116,180
コルネーリミュンスタ Kornelimünster
    232,240
コンスタンツ Konstanz 28

【さ】
ザールラント Saarland 8,12,33,54,236,
    458
ザイデルストゥラート Zuiderstraat 360
ザイトウェストドゥレンテ Zuidwest-Drenthel 380
ザイトオーストフリースラント Zuidoost-Friesland 380
ザイドブルク Zuidbroek 361
ザイトホラント Zuid-Holland 28
ザイトリンビュルフ Zuid-Limburg 158,
    164,275,277,279-285,288,290-292,295,
    298,301
ザクセン Sachsen 12,40
ザルツベルゲン Saltzbergen 395
ザンデ Sande 363
自然公園マース-シュバルム（スワルム）-ネテ Maas-Schwarm (Swalm) -Nette
    160,185,300,345
シタルト Sittard 290,296
シャオムブルク-リペ Schaumburg-Lippe
    417

シュタインフルト Steinfurt 61,65
シュタートラント Stadland 418
シュタトローン Stadtlohn 162
シュテュルツェルベルク Stürzelberg 178,
    181
シュトゥトガルト Stuttgart 12
シュトラーレン Straelen 94,136,159,160,
    168,175,180
シュトルベルク Stolberg 233,235,236,238,
    240,248,300
シュバーネンハオス Schwanenhaus 180
シュバルテンポール Schwartenpohl 397
シュピク Spyck 94
シュライデン渓谷 Schleidental 236,242
シュレースビヒ-ホルシュタイン Schleswig-Holstein 33,458
ジレップ Gileppe, 345
シントトロイデン St.Truyden 232
ズィトフェン Zutphen 521
スタツカナール Stadskanaal 362,393
ステイン Stein 179
ストラスブール Strasbourg 448,459,509
スヒプホル Schiphol 180
スヒンフェルト Schinveld 299
スヘルトーヘンボス 's Hertogenbosch 91,
    92,178,361
スロホテルン Slochtern 145,383
スワルメン Swalmen 160,187
ズヲレ Zwolle 90,406
ズヲレ-ドゥレンテ商業会議所 Kamer van
    Koaphandel voor Zwolle-Drenthe 398
ゼーラント Zeeland 246
ゼルフカント Selfkant 300
セントラールヘルデルラント商業会議所
    Kamer van Koophandel voor Centraal-Gelderland 82

【た】
ダールハイム Dalheim (DE) 182
ダーレン原野 Dahlener Heide 171
タオヌス Taunus 12,15
ダテルン Datteln 399
中部ネーデルラント環状都市群 Stedenring

Centraal-Nederland 156,158,176
泥灰岩地帯 Mergelland 300,345
ディツム Ditzum 368
ディナン Dinant 232,239
ディンスラーケン Dinslaken 97
テーヘレン Tegelen 145,159,160,175,180, 181,188
デトモルト 53,189
テフェレン Teveren 299,345
デペール De Peel 184,186
デュースブルク Duisburg 41,79,81,82,87, 90,98-100,102,106,116,118,129,142, 144,157,160,164-166,178,181,182,199, 207,208,212,215,217,269
デュースブルク-カスラーフェルト D.-Kaßlerteld 101
デュースブルク商工会議所 Industrie-und Handelskammer Duisburg 128,129
デュースブルク-ホホフェルト D.-Hochteld 101
デュースブルク-ラインハオゼン D.-Rheinhausen 207
デューレン Düren 230,233,236,238,240, 248,249,257,270,275,279,282,290,302, 308-310
デュセルドルフ Düsseldorf 53,108,126, 128,139,143,156,157,159,160,164,165, 169,173,174,181,189,198,207,233,246, 269,310,346
デュセルドルフ-オーバービルク Düsseldorf-Oberbilk 242
デュセルドルフ中部ニーダーライン Region Düsseldorf / Mittlerer Niederrhein 157,173,188,190
デュセルドルフ経済圏 144,175,176,178, 193,310
デュセルドルフ手工業会議所 128
デュルケン Dulken 182
テルアーペル Ter Apel 363,399,402
デルフセイル Delfzeil 22,383,393,399
デルペン Dörpen 361,398,400,401,420
デルメンホルスト Delmenhorst 386,418, 420,421

デンハーフ Den Haag 86,384,440
デンボス Den Bosch 169
ドイツ語共同体 Deutschsprachige Gemeinschaft 226,228,275,278,286,314,316, 473
ドイツ商業会議所 Deutscher Handelstag 253
トイトブルガーバルト Teutoburger Wald 15,524
トゥウェンテ Twente 43,66,86,272,413, 521,523,524,530
トゥウェンテ連接都市 Twentse stedenband 61
登記社団レギオ-アーヘン 257
統合公国 217,218
ドゥズビュルフ Doesburg 88,521
トゥリーア Trier 261,290
ドゥレンテ Drenthe 61,353,354,358,359, 368,370,375,379,381,384,386,389,395, 398,407,411,413,415
ドラルト Dollart / Dollard 24
ドルトムント Dortmund 242,399
ドルドレヒト Dordrecht 28
ドルマーゲン Dormagen 178,181
トンゲレン Tongeren 232,283

【な】
ナミュール Namur 232,290
ニーウェスターテンゼイル Nieuwe Staatenzijl 368
ニーウェスハンス Nieuweschans 49,55, 353,356,357,361,402
ニーダークリュヒテン Niederkrüchten 160
ニーダーザクセン Niedersachsen 9,15,25, 30,33,53-55,61,66,164,356,358,362, 366,369,370,374-376,378,386,395,405, 408-410,412,413,416,417,421,448,458
ニーダーザクセン干潟自然公園 410
ニーダーベルク Niederberg 181
ニーダーライン Niederrhein 16. 79,89, 118,134,144,157,203,204,206-209, 211-217
ニーダーライン低地 Niederrheinisches Tief-

land 206
ニーダーライン沃野 Niederrheinische Börde 207
ニーダーライン湾状地 Niederrheinische (Kölner) Bucht 206
ネイケルク Nijkerk 港 90
ネイメーヘン Nijmegen 15,81,83,87,91, 95,116,133,156,158,178,179,180,199, 406
ネーデルウェールト Nederweert 137,178, 292
ネテタール Nettetal 159,160,175,181,183
ノイス Neuss 124-126,130,143,157,159, 161,163-168,172,174,175,178,181,183, 207,230,310,523
ノールト Noord 123,134,136,140,163,167, 184-186,188,189,190
ノールト／ミデンリンビュルフ Noord-en Midden-Limburg 145,147,148
ノールトドゥレンテ Noord-Drenthe 380
ノールトブラーバント Noord-Brabant 92, 157,161,164,166,176,193,194,285,292
ノールトフリースラント Noord-Friesland 380
ノールトリンビュルフ Noord-Limburg 92, 93,130,135,138,157,165,167,172,175, 185,290
ノルデン Norden 406
ノルデンハム Nordenham 399,419
ノルトダイヒ Norddeich 398
ノルトフリース諸島 Nordfriesische Inseln 410
ノルトホルン Nordhorn 521,523
ノルトライン-ベストファーレン Nordrhein-Westfalen（NRW） 9,11,15,30,33, 53-55,75,91,99,101,108,136,137,145, 147,156,162,169,170,173,179,181,183, 185,188,190,191,193,206,227,231,256, 257,259-261,264,265,267,268,270,272, 274-276,287,289,302,318,346,395,397, 398,409,411,412,529

【は】
バーデン-ビュルテンベルク Baden-Württemberg 11,33,448,529
バートホネフ Bad Honnef 40
パーペンブルク Papenburg 362,363,384, 389,399,400,406
ハーレン Haren 363,399,402
バーレンドルフ Warendorf 61,65
バイエルン Bagern 12,33,458
バイスバイラ Weisweiler 298
ハインスベルク Heinsberg 157,164,166, 230,257,275,282,308-310
バオムベルゲ Baumberge 521
ハセルト Hasselt 143,227,232,235,274, 278,283,285,290,295,298,302,315,345
パテン／ワデン諸島 Waddeneilanden 407
パトベルク Pattberg 181
ハノーファ Honnover 253,352,370,413,416, 417,419,420
バルセル Barsel 379
バルネフェルト Barneveld 89,90
ハンブルク Hamburg 12,39,40,142,397, 407,418,419,458
ビートゥマルシェン Wietmarschen 397
ビクラート Wickrath 171
ビゼ-モンツェン Visé-Montzen 143
ビトゥムント Wittmund 353,363,379
ヒュートゥム Hüthum 28
ヒュクセ Hüxe 181
ヒュケルスマイ Hückelsmay 181
ビュトゲンバハ Bütgenbach 345
ヒュメリンク Hümmeling 362
ビリヒ Willich 159,176
ビルゼン Bilzen 290
ビルヘルムスハーフェン Wilhelmshaven 363,386,388,401,406,419,421
ファールス Vaals 22,232
ファルケンビュルフ Valkenburg 345,418
ファルビュルフ Valburg 86,180
フィーアゼン Viersen 130,135,142,143, 146,148,157,159,161,163,165-167,172, 212,310
ブートヤーディンゲン Butjadingen 418

フェーアデ Voerde　98, 181
フェーヘル Veghel　91
フェーンダム Veendam　383, 393, 398
フェルプ Velp　169
フェン Venn　228, 232, 345
フェンラーイ Venraij　137, 170
フェンラーイ-フェンロー Venraij-Venlo　91
フェンロー Venlo　97, 130, 134, 135, 141-145, 158-161, 165, 174-176, 178-183, 188, 192, 194, 199, 202, 290
フクファンホラント Hoek van Holland　27
ブシュミューレ Buschmühle　248
フラークトウェデ Vlagtwedde　368
ブラーケ Brake　399, 420
ブラーバント Brabant　214, 217
ブラーバント-ノールトオースト Brabant-Noordoost　91, 97
フラーンデレン Vlaanderen　216, 217, 228, 281
ブラオンシュバイク Braunschweig　53, 417
フランクフルト Frankfurt　12
ブランデンブルク Brandenburg　12, 33, 205
フリースオイテ Friesoythe　379
フリースラント Friesland　214, 358, 363, 379, 407
ブリュール Brühl　236
ブリュゲン Brüggen　160, 186, 187
ブリュセル Brussel　247, 290
ブリュヘ Brügge　215, 229
フリュベンフォルスト Grubbenvorst　167, 168
ブリュンスム Brunssum　300, 345
ブルタンゲ Bourtange　369, 410
ブルトシャイト Burtscheid　232, 249
ブレーマハーフェン Bremerhaven　13, 386, 420, 421
ブレーメン Bremen　12, 13, 39, 358, 386, 397, 399, 405, 407, 418-422
ブレーメン-オルデンブルク大都市圏　421
プロイセン Preußen　254, 261, 352, 416, 419
プロイセン商業会議所　253
フローニンゲン Groningen,　276, 353-356, 358, 359, 361, 364, 367, 368, 370, 375, 379,
381-386, 388, 389, 393, 397, 398, 406, 407, 411, 413, 418, 422, 524
フローニンゲン商業会議所　363, 369
フンスリュク Hunsrück　12, 15
ブンデ Bunde　353
ヘアブルム Herbrum　400
ベーク Beek　292
ベークベルク Wegberg　182, 183, 290
ベーザ-エムス Weser-Ems　53, 356, 362, 375, 376, 384, 395, 411, 412, 416, 417
ベーゼル Wesel　94, 97, 98, 101, 157, 164, 166, 181, 208, 216-218
ベーセル Beesel　81, 126, 160
ベーツェ Weeze　160, 169, 187
ベーツェ-ラールブルフ Weeze-Laarbruch空港　94
ベーテュウェ Betuwe　88
ヘーベラメア Hebelermeer　360
ヘール Heel　178
ヘールレン Heerlen　158, 174, 236, 281, 288, 290, 296, 301, 302
ヘーレン Haelen　178
ベスタシュテーデ Westerstede　361
ベストファーレン Westfalen　164, 208, 521
ベストミュンスターラント Westmünsterland　66, 530
ヘセン Hessen　11
ヘネガウ Hennegau　217
ヘネプ Gennep　79
ベフェルゲルン Bevergern　400
ベリングヲルデ Bellingwolde　412
ベルギシュグラトバハ Bergisch Gladbach　238
ベルク Berg　207, 209, 213, 215, 216, 232, 238
ベルクハイム Bergtheim　249
ベルゲスヘーフェデ Bergeshövede　399, 401
ヘルステル Hörstel　520
ヘルツォーゲンラート Herzogenrath　235, 236, 290
ヘルデルの門 De Gelderse Poort　87
ヘルデルラント Gelderland　28, 61, 66, 67, 86, 87, 90, 108, 204, 359

地名索引

ベルビエ Verviers　228, 240, 283, 285, 302
ヘルファ Herver　301
ベルフェルト Belfeld　160
ヘルベスタール Herbesthal　249
ベルヘン Bergen　116, 160, 187
ヘルモント Helmond　178
ベルリーン Berlin　12, 14, 40, 182, 253, 254
ヘレーン Geleen　298
ヘロンゲン Herongen　175
ヘンク Genk　274, 289, 302
ヘンゲロ Hengelo　61, 182, 521
ヘント Gent　229, 247
ホーエンブートベルク Hohenbudberg　181
ポーグム Pogum　368
ホーヘフェーン Hogeveen　381
ホールン Hoorn　367
ボクスメール Boxmeer　91
ボホルト Bocholt　426, 523
ボルクム Borkum　399, 411
ホルケム Gorinchem　28
ボルケン Borken　61, 65
ホルスト Horst　167, 168
ホルト原野 Holter Heide　171
ボルン Born　179, 292
ボン Bonn　272

【ま】

マースラント Maasland　283, 290, 524
マース渓谷 Maasdalen　300, 301
マーストリヒト Maastricht　49, 133, 158, 178, 227, 229, 232, 246, 274, 278, 279, 287, 290, 291, 296, 302, 313, 326, 331, 345, 418
マースブラハト Maasbracht　178, 187, 292
マーセイク Maaseik　283
マインツ Mainz　246
マルク　209, 208, 213, 215, 216, 238
ミデンリンビュルフ Midden-Limburg　123, 126, 134-136, 140, 157, 158, 163, 165, 167, 169, 178, 184-186, 188-190, 290
ミュールハイム Mülheim　207
ミュンスターラント Münsterland　64-66, 70, 164, 189, 207, 209, 272, 352, 359, 398, 521, 523

ミュンスタブシュ Munsterbusch　235
ミュンヘン München　12
ミリンヘン Millingen　28, 95
ミンデン Minden　254, 401
メインウェフ Meinweg　300
メース Moers　97, 205, 211, 218
メーアブシュ Meerbusch　176
メトマン Mettmann　157, 163-165
メペル Meppel　398, 399
メヘルニヒ Mechernich　236
メヘレン Mechelen　247
メペン Meppen　361, 363, 367, 381, 400, 402, 406, 412
メリク Melick　159
綿街道　523
メンヘングラトバハ Mönchengladbach　49, 123-126, 130, 131, 137, 139-142, 144, 146, 148, 155-159, 161, 163, 165, 166, 170, 171, 173-176, 178, 179, 181-183, 192, 202, 207, 215, 290, 307, 310, 361, 523
モンシャオ Monschau　228, 232, 233, 236, 238
モンツェン Montzen　291

【や】

ユイ Huy　232, 283
ユィーデン Uden　91
ユーヘン Jüchen　181
ユーリヒ Jülich　208, 209, 213, 228, 248, 254
ユトレヒト Utrecht　79, 86, 90, 142, 443, 530

【ら】

ラーテン Lathen　368
ラーフェンスベルク Ravensberg　209
ラールブルフ Laarbruch　187
ラーレン Raeren　345
ライスホルツ Reisholz　243
ライト Rheydt　131, 157, 182
ライネ Rheine　398
ライプツィヒ Leipzig　12
ライン-ズィーク-クライス Rhein-Sieg-Kreis　309
ライン-ネカル圏 Rhein-Neckar　12

ライン盆地 Rheinbecken 299
ライン-マイン Rhein-Main 12,133
ラインラント Rheinland 208,211,230,231, 244,246,247,251-254,261,272,311,346, 524
ラインラント・クライス組合 Landschaftsverband Rheinland 82
ラインラント-パルツ Rheinland-Pfalz 9, 11,15,33,164,167,315
ラインラント-ベストファーレン Rheinland-Westfalen 36
ライン-ルール圏 Rhein-Ruhr 5,12,22,27, 81,82,86,97-99,102,116,118,123,125, 133,134,142-144,155,156,158,159,161, 165,166,173,175-178,181-184,193,194, 198,202,238,243,257,298,311,349,384, 396,407,523,524,529
ラントスタト Randstad 28,81,82,86-89, 92,98,116,118,133,138,142,143,162, 166,173,178,179,184,194,198,202,352, 384,397,407,530
リエージュ Liège 143,226-229,232,239, 240,247,248,274,275,277-280,283,284, 286,290,291,295,297-302,315,316,345
リフィーレンヘビート RegioRivierengebied 88
リュクサンブール大公国 Grand-Duché de Luxembourg 245,227
リュリンゲン Lüllingen 168
リンゲン Lingen 66,364,367,385,393,395, 406,521
リンビュルフ Limburg 93,128,133,137,145, 158,166,169,179,184,188,198,204,223, 226-229,236,239,240,245,275-282,284, 285,287-289,295,296,298-301,316,345
ルール Ruhr 37,40,89,95,142,164,202,207, 233,234,238,239,242,259,290,336,399, 406,419,530
ルールオルト Ruhrort 99,242
ルール鉱工業地域 Montan-industriegebiet Ruhr 36
ルール渓谷 Roerdalen 160,187,300
ルール-デパルトマン Roer Departement 212
ルール-メインウェフ Rur-Meinweg 203
ルールモント Roermond 130,131,134,143- 145,158-161,178,182,183,187,194,199, 204,230,232,290
ルール地域連合 Regionalverband Ruhr 189
ルクセンブルク Luxemburg 234,236,243, 457
レイデルラント Reiderland 360
レーア Leer 353,357,360-363,367,368,379- 381,393,398,401,402,406,419
レーウワルデン Leeuwarden 406
レース Rees 79,84,97
レーデ Rhede 361,412
レーフェル Reuver 186
レギオ-アーヘン Regio Aachen 226,227, 229,230,255,257,260-267,272,275,277, 279,281,282,284,285,288,290,292,296, 298,300,301,307,308,310,313,346
レス Löss 301
レネプ Lennep 232,238
レマ Lemmer 399
レンダースドルフ Lendersdorf 234
ローゼン Lozen 178
ロービト Lobith 28
ロテルダム Rotterdam 16,22,27,39,40,86, 90,142,143,180,183,194,246,530
ロベールビュ Robertville 345
ロベリヒ Lobberich 166,202

【わ】
ワーヘニンゲン Wageningen 89,90,168
ワデン海 Waddenzee 518
ワデン諸島 Waddeneilanden 410
ワロニ Wallonie 216,336
ワレム Waremme 283

事項

【A-Z】
AER　513
AGEG　→　ヨーロッパ国境地域協会
AGEG の国境地域および国境を越える地域のヨーロッパ憲章　510
Agenda 2000　477,485,490
AGIT　262,267
AGITmbH　266
CAP　→　共同農業政策
CE　440,441
CEMAT　→　地域計画相会議
CEMR　→　ヨーロッパ地区・〈地域〉評議会
CM　443
Comunidad autonoma　436
CoR　→　〈地域〉委員会
COROP　123,379,380
CPMR　→　辺境海岸地域会議
DB　→　ドイツ（連邦）鉄道
EAGGF　→　ヨーロッパ農業指導・保証基金
EC のヨーロッパ　427
ECSC　→　ヨーロッパ石炭鉄鋼共同体
EEC 条約　428,460
EFTA　438,441
ENVIREG　494
EQUAL　495
ERDF　→　ヨーロッパ地域開発基金
ESC　453
ESF　486,488,495
EUREGIO　504
Euregio-die Watten　407
Euregio-Media　315,324,325
EURES　96,314,315,319,328-330,387
Eurocities　513
EuroMarkt Rhein-Maas　171
Europees Container Terminal（ECT）　143,144
Hafag　99
Hanzehogeschool van Groningen（International Business School）　392
IGEDO　174
INTERREG　57,58,72,110,127,131,155,262,267,314,319,331,332,334,340,346,353,363,366,369,370,374-376,385,394,412-414,421,425,472,478,485,490,493,495,496,500,512
INTERREG I　74,108,365
INTERREG II　264,397,414,496
INTERREG IIA　72,74,109,111,112,116,496
INTERREG IIB　73,496
INTERREG IIC　73,396,474,494,496
INTERREG III　496,497
INTERREG IIIA　73,74,112,194
INTERREG IIIB　73,474,494,512
INTERREG IIIC　73,359
INTERREG IV　497
INTERREG の目的　340
INTERREG 政策　312
KODAG NDS-NL　412,413
KODAG NRW-NL　412
KONVER　493
LEADER　493,495
LIOF　149
LTS　370,374
Natur 2000 Programm　188,206
NDCRO／DNRK　→　ネーデルラント-ドイツ空間秩序委員会
NDS-NL 調整作業集団　412
NHI　→　新ハンザ-インターレギオ
NMBS　→　ベルギー国鉄
NRUW　→　ニーダーライン原経済圏
NRW（産業立地共同行動）　259,473
NRW 諸地域のための将来政策／地域化された構造政策　259
NRW 諸地域のための将来先導政策地域 ZIN-Regionen　207
EU による INTERREG 計画の管理と実施のための協定　472
Fehnlandschaft　410
FIFG　486
gewest　436
GONG 列車（国境停車時間短縮貨物列車）

NS → ネーデルラント鉄道
NUTS → 統計のための行政地域単位分類
PACE　443
PESCA　493
PLEM　145
PRISMA　494
PTT（Posterijen, Telegrafie en Telefonie）　383
RECHAR II　493
REG → ライン鉄道会社
Region　436, 437
regione autonoma　436
REGIS II　493
REGLEG　513
RESIDEII　493
RESIDER　480
RETEX　493
RP　473
Ruhrkohle AG　258
RWE → ライン-ベストファーレン電力会社
SME　494
SNCB　291
STAR　480
STRIDE　493
SWOT 分析　110, 377
Telematique　493
TEU　451, 453, 457, 460
URBAN　485, 493, 495
VALOREN　480

【あ】
アーヘン地域会議 Regionalkonferenz Aachen　264
アーヘン工科大学 Reinisch-Westfälische Techjnische Hochschule Aachen　274, 296
アーヘン単科大学 Fachhochschule Aachen　296
アーヘン都市圏 Städteregion Aachen　255, 256, 268-270, 278, 309, 310
アーヘン文化圏 Kulturregion Aachen　260
アーヘン法　256
亜鉛鉱　239

亜無煙炭　236
アムステルダム条約　511
アルンヘム会議 Arnhem Overleg　132, 361
イセルブルク-アンホルト協定　57, 66, 89, 103, 107, 133, 356, 472
一次結節点 knooppunten van de eerste orde　180
一級中心地　302
インデ炭田 Inderevier　235
インネハーフェンサービス団地 Dienstleistungspark Innehafen　102
運河のエウレギオ　521
エイントホーフェン-フェンロー-ルールモント-メンヘングラトバハ-クレーフェルト・DE／NL 都市会議　158
エールデ空港 Luchthaven Eelde　406
越境買出し　165
越境者相談所　325
越境通勤者 Grenzgänger　163, 164, 241, 285, 303, 307, 313
エムス-ドラルト条約　25
エムスラント貨物輸送センター（GVZ Emsland）　398
エリゼ条約　49, 85
園芸作物販売会社 Gartenbau-Vertriebs-Gesellschaft（GVG）　168
園芸作物販売協同組合連合 Union GartenbaulicherAbsatsgenossenschaften　168
オーストフローニンゲン地区協議会 Streekraad Oost-Groningen　363
オーバーライン原経済圏（ORUW）　15, 529
押航輸送方式　144, 179
オスナブリュク単科大学 Fachhockschule Osnabrück　367, 393
オランダ行き Hollandgänger　367, 418
オルデンブルク大学 Universität Oldenburg　393
オルデンブルク-ブレーメンラント保険会社 Landesversicherungsanstalt Oldenburg-Bremem　421

【か】
外縁　3, 5, 7, 529

事項索引 | 609

改革派 Reformierte Kirche 212,216,217
ガイレンキルヘン-テフェレン軍用空港 Geilenkirchen-Teveren 300
隔地間協力 496,497
閣僚委員会 Committee of Ministers 442
閣僚理事会 Council of Ministers 428,429, 451,457-460,480,492,493,495
褐炭採掘 Braumkohlenabbau 236
褐炭田 146,169
褐炭露天掘り 159,186,298
絡みあい Verflechtung 155
カルバン派 216-218
基盤地域 basic region 462,466
基本計画 programming 479,480,483
教会会議 Synode 214,216,217
境界のヨーロッパ 466,467
行政区 Regierungsbezirk 433
共同体基本計画 Community programmes 480
共同体支援大綱計画 Community Support Framework 483,485
共同体主導政策 Community initiative 331, 369,485,490,493,495,512
共同体地域開発特別措置 Apecific Community regional development measures 479,492
共同任務 Gemeinschaftsaufgabe 475
共同農業政策（CAP） 450,478,482
漁業指導のための財政手段 477
局地的行政単位（LAU） 462
空間開発政策 473
空間秩序 189,473,474
空間秩序法 408
景観自然保全区域 411
経済・技術基本計画 258
経済・社会委員会（ESC） 452
警察行動 Politieacties 44
ケーフェラール-トゥビステーデン Kevelaer-Twisteden（130ha）弾薬庫 172
結束基金 Cohesion Fund 478
現場渡比率 Locoquoten 403
ケルンの紛糾 Kölner Wirren 253
ケルン-ミンデン鉄道 Köln-Mindener Eisenbahn 253,254
原経済圏 4,5,6,7,12,14,16,517,530
ケンペン炭田 Kempener Revier 301
構造改革地域 Herstruktureringsgebied 191, 275
構造基金 Struetural funds 259,451,476,478, 484,486
構造基金目的1 481,484,486,487,490,498
構造基金目的2 481,484,486,487,493,498
構造基金目的3 486,488,498
構造基金目的4 488
構造基金目的5a 482,484,489
構造基金目的5b 482,484,489
構造基金目的6 484
構造政策 structural policy 475,476
構造政策の地域化 259
構造対策 structural operation 478
構造転換中の工業地域向けの基本計画 259
交直切換設備 291
交直流機関車 290
高ライン原経済圏 6
国際建設展示場エムシャー園区（IBA） 102
国際ルール庁（IRA） 38,45
国土秩序 158
国立公園メインウェフへビート Meinweggebied 187
国会議員総会（PACE） 442
国家間協力 497
国家のヨーロッパ 426,427
国境条約 409
国境地域会議 Kongress der Grenzregionen 509
国境地域政策 131,425,471,477,492,495
国境を越える grenzuberschreitend／grensoverschrijdend 隔地間協力 34,353, 495
国境を挟む協力 grenzübergreifende Zusammenarbeit 494,496
国境を挟む空間秩序基準 409
国境を挟む空間秩序にもとづく開発構想 408,409
国境を挟む分散的貨物輸送拠点 grenzübergreifendes dezentrales Güterverkehrs-

zentrum　181
コナーベイション　28,124,133,184,229,530
　　→　連接都市圏
孤立大都市圏 Solitarer Großstadtraum; solitary metropolitanarea　12,14,118,161,524,530

【さ】
ザール規約 Saarstatut　54
ザイトリンビュルフ空港 Luchthaven Zuid-Limburg　292,300
ザイトリンビュルフ地区計画 Streekplan Zuid-Limburg　302
材料・素材開発技術基本計画　258
三級中心地　302
シェンゲン協定　361,412
施設園芸　135,167,188
施設園芸販売市場連合有限会社（UGA）136
シタルト-ネーデルラント-エネルギー開発会社 Sittard Nederlandse Energie Ontwikkelings-maatschappij　274,296
湿原 Moor　409
地続き効果　530
市民国家 nation state　465
市民のヨーロッパ　425,427,433,449,465
砂利・砂採掘　169,178,186
周域　5
就業不適格者法（WAO）　277
集権主義　434,454,465
集中原則　480,486
上級中心地 Oberzentrum　156,175,207,229,393,406,407,524
将来技術基本計画　258
新ハンザ-インターレギオ（NHI）　358,398,403
水利組合 Waterschap　61
スラン情報大学 École Provincial Superieur Dünformatique, seraing　297
石炭鉱業・エネルギー・鉄鋼技術基本計画　258
石炭鉱業・鉄鋼業地区将来政策　258
漸移地帯　3,14,15,125,176,193,517,524,525,529,530
全国交通計画　180
全ヨーロッパ網 Transeuropäische Netze（TEN）　396
措置 Ausrichtung　496-498

【た】
台車輸送 Huckepack　143
対等協力原則　480,483
第二ドゥロール包括協定　484
多国間協力 Transnational co-operation　494
単一基本計画立案書 Single Programming Document（SPD）　483
単一国家 unitary state　432,434
単一ヨーロッパ議定書　131,331,437,453,476,511
〈地域〉委員会（CoR）　451,452,453,465,511
地域化　426,434-436,454,455,465
地域会議 Regionalkonferenz　259
地域開発政策　473
地域化された構造政策　258
地域化の共同体憲章 Gemeinschaftscharta der Regionalisierung　429
地域間協力のためのヨーロッパ団体の形成（EGTC）　444,499
地域間の境界を挟む協力　431
地区計画 streekplan　188,189
地域計画拡充のための政府間委員会　474
地域計画相会議（CEMAT）　474,473,509
地域公共団体の国境を越える協力にかかるヨーロッパ枠組協定（マドリド協定）356,431,447,448,471,472,509,510
地域国家 regional state　465
地域主義　456
地域政策　259,450,451,453,476,477,492,511
地域政策総局　450
〈地域〉地区公共団体審議会　428,452
〈地域〉地区問題特別委員会　444
地域的構造政策　454
地域的空間秩序基本計画（RROP）　408
地域的経済構造改善のための共同任務に関す

事項索引 | 611

る法律　475
地域的ラント開発局（ArL）　408,416
地域のヨーロッパ　425-429,432,437,455,
　　456,466,467
地域のヨーロッパ会議　459
地区〈地域〉公共団体担当相会議　443
地区自治体のヨーロッパ憲章 European
　　Charter of Local Self-government　448,
　　471
地区労働局 regionales Arbeitsamt　491
中核　5,125
中間の道 via media　213,214,216
中級中心地　406
中心性（中心地機能）Zentralität　134,157,
　　158
中心地点 Zentraler Ort　14,311
長官協議会 Gouverneurskonferenz　314
追加原則 Principle of Additionality　58,480,
　　483
ティセン-ガス Thyssen-Gas AG　145
鉄のライン Der Eiserne Rhein　244,247
デハーメルト国立公園 de Hamert　187
デペール De Peel 軍用空港　170,188
デュースブルク港株式会社（Hafag）　99
デュセルドルフ地域開発計画　189
天然ガス田　276,383
デンハーフ協定　42
電力生産者組合（SEP）　145
ドイツ・ネーデルラント国境河川委員会
　　184,299
ドイツ・ベルギー空間秩序委員会　303
ドイツ（連邦）鉄道（DB）　290,291
トゥウェンテ綿工業　530
統計のための行政地域単位分類 nomencla-
　　ture commune des unités territoriales-
　　statistique（NUTS）　376,461
動植物生態圏命令　410
ドゥレンテ単科大学 Hogeschool Drenthe
　　367
ドゥロール改革　492,493
都市へウェスト　158
都市環ズヲレ-エムスラント Stäatering
　　Zwolle-Emsland　397,398,414

都市的結節点 stedelijk knooppunt　156
ドラルトのエウレギオ　524

【な】
ニーダーライン技術・起業拠点　174
ニーダーライン原経済圏（NRUW）　3,5,
　　15,16,82,118,125,167,176,231,238,
　　425,517,524,529,530
ニーダーライン産業革命　123,231,238
ニーダーラインのエウレギオ　524
ニーダーラインビズネス団地　102
ニーダーライン花卉販売登記協同組合ノイス
　　Niederrheinische Blumenvermarktung e
　　G Neuss　168
ニールス組合 Niersverband　117
二級中心地　302
二次的結節点 knooppunten van de tweede
　　orde　158,180
ネーデルラントガス連合株式会社 NV Ne-
　　derlandse Gasunie　145,383
ネーデルラント石油会社　145
ネーデルラント-ドイツ空間秩序委員会
　　132,299,303,358,365,409
ネーデルラント鉄道（NS）　290,291
ノールト／ミデンリンビュルフ　149
ノールト／ミデンリンビュルフ地区計画
　　302

【は】
ハインスベルク-リンビュルフ国境地域協議
　　体 Arbeitsgemeinschaft Grenzland
　　Heinsberg-Limburg　303
ハンザネットワーク計画 Hansa Passage Pro-
　　gramm　359
ハンザ-ロースクール　359
汎ヨーロッパ網 Trans-European Networks
　　484
ビエールセ Bierset 空港　292,300
東インド　41,52
東インド植民地　43,44
東インド政庁　43
干潟 Waddenzee／Wattenmeer　358,378,
　　409,410

非政府組織会議　443
ビルデンラート Wildenrath 軍用飛行場　300
フェン鉄道 Vennbahn　345
フェンロー卸売協同組合（C.C.V.）　136
フェンロー野菜卸売（V.G.V.）　136
フェンロー貿易港 VenloTrade Port　180
複合一貫貨物輸送　158, 189, 403
複合一貫貨物輸送拠点　180, 181
ブリケト　236
ブリテン・ライン河輸送管理部　41
ブリュゲ Brügge 軍用飛行場　300
ブリュゲン Brüggen・イギリス空軍空港弾薬庫　170
ブルム炭田 Wurmrevier　235, 236
ブレーメンラント銀行オルデンブルク信用金庫－手形交換所 Bremer Landesbank Kreditanstalt Oldenburg-Girozentrale　420
フローニンゲン国立大学 Rijksuniversiteit Groningen　355, 356, 360, 370, 382, 392, 393
フローニンゲン-東南ドゥレンテ地域開発基本計画（ROP）　359
文化闘争 Kulturkampf　253
分権　434, 435, 436, 437, 449, 455
分散的貨物輸送基地デュースブルク-ニーダーライン GVZ DUNI　181
ベーザ-エムス RIS 協議体　408
ベーザ-エムス地域技術革新戦略　408
ベーツェ-ラールブルフ Weeze-Laarbruch イギリス空軍空港　170
ベネルクス空間秩序委員会　303
ベネルクス経済同盟　45
ベルギー-リュクサンブール経済同盟（UEBL）　45
ベルギー国鉄 NMBS　290, 291
ヘルシングフォルス協定　472
ヘロンゲン-バンクム Herongen-Wankum 原野の弾薬庫　171
辺境海岸地域会議（CPMR）　513
補完区域 Ergänzungsgebiet　14
補完性原則 Principle of Subsidiarity　31, 58, 260, 331, 434, 450, 459, 476, 479, 490, 492, 496
北部のための羅針盤　408
北方協定　472
ポルダーモデル Poldermodell　277
ホルト／ダーレン原野 Holter ／ Dahlener Heide　170

【ま】

マース河中流域原経済圏　530
マース-シュバルム-ネテ Maas-Schwalm-Nette　187
マーストリヒト（ベーク Beek）空港　188
マーストリヒト国立大学 Rijksuniversiteit Maastricht　296
マイア造船所 Meyer　384, 389, 402
ミデンマースのエウレギオ　524
メノー派　212, 216, 218
モーゲンソー案 Morgenthau Plan　37
モーゼル委員会 Mozer Kommission　52, 70
モーゼル-ザール原経済圏（MSUW）　15
（優先）目的 Objectives　480

【や】

ユーリヒ研究センター Forschungszentrum Jülich　297
ユーリヒの原子核研究所 Jülich Kernforschungsanlage GmbH　296
ユーロリージョンの協力団体にかかる地域公共団体間の国境を越える協力にかかるヨーロッパ大枠協定　443
ヨーロッパ委員会　428, 429, 450, 479, 483, 485-487, 492, 495, 496, 511
ヨーロッパ運動　440
ヨーロッパ議会　428, 429, 432, 454, 465, 466, 491, 511
ヨーロッパ空間秩序構想――EU 領域の空間的に均衡がとれかつ持続する発展を目ざして（ESDP）　471, 512
ヨーロッパ国境地域協会（AGEG）　52, 56, 132, 501, 513
ヨーロッパ社会基金（ESF）　477
ヨーロッパ自由貿易同盟（EFTA）　438
ヨーロッパ石炭鉄鋼共同体（ECSC）　438,

事項索引 | 613

440
ヨーロッパ相談員 Euroadviser 329-331
ヨーロッパ地域開発基金 European Regional Development Fund (ERDF) 107, 108, 274, 312, 331, 359, 450, 453, 477-480, 485, 486, 489
ヨーロッパ地域計画憲章 473
ヨーロッパ地域総会 (AER) 444, 448, 452, 459, 510, 513
ヨーロッパ地区・〈地域〉公共団体議会 442, 444
ヨーロッパ地区・〈地域〉評議会 (CEMR) 428, 437, 438, 444, 452, 513
ヨーロッパ同盟運動 440
ヨーロッパ農業指導・保証基金 (EAGGF) 477, 478, 486, 495
ヨーロッパ標準船 292, 400
ヨーロッパ連合 (マーストリヒト) 条約 (TEU) 427, 429, 441, 477
ヨーロッパ商工会議所連盟ライン・ローヌ・ドーナウ・アルプス Union europäischer Industrie- und Handelskammern Rhein, Rhône, Donau, Alpen 39
ヨーロッパ投資銀行 EIB 479

【ら】

ライン河環境保護 474
ライン河航行協定 28, 246, 247
ライン河航行自由化 246
ライン河航行中央委員会 (CCNR) 41
ライン共和国 254
ライン航行庁 41
ライン鉄道会社 (REG) 244, 247, 249, 250, 253, 254
ライン-デルタのエウレギオ 523
ライン-ベストファーレン電力会社 (RWE) 145, 146
ライン-ルール環状鉄道 Ringzug Rhein-Ruhr 183
ラント 434, 452-458, 460, 465, 495, 529
ラント観測官 Länderbeobachter 457, 459
ラント空間秩序基本計画 408
ラント計画法 Landesplanungsgesetz 189,

408
ラント経済振興信託機関 370
ラント首相会議 426, 453, 455, 456, 459
リエージュ工科大学 École polytechnique de Liège 297
リエージュ大学 Université de Liège 274, 295
リズボア (リスボン) 条約 476, 477
リンガルジャティ仮協定 42
流通立国ネーデルラント Nederland Distributieland 180
隣人関係 431
リンビュルフ-ガス配管会社 Limagas 145
リンビュルフ炭鉱業 276
リンビュルフ浄水組合 Zuiveringschap Limburg 117
ルール開発基本計画 258
ルール-ガス株式会社 Ruhrgas AG 145
ルール規約 Ruhrstatut 38, 44
ルール行動計画 258
ルール占領 35-38
ルター派 212, 216, 217
レジオン-ワロンヌ Région Wallonne 473
連接都市圏 (コナーベイション) 81
レンビル協定 42
連邦化 434, 437, 454, 465
連邦交通路計画 188
連邦国防軍弾薬庫ホルトハイス原野 Holthuyser Heide 171
連邦国家 federal state 432, 434
連邦参議院 Bundesrat 454, 457, 459
連邦主義 454
連邦主義者のヨーロッパ連合 439
連邦制 33, 433, 456, 458, 459
連邦制原則 31
連邦制のヨーロッパ 426
連絡事務所 Informationsbüro 457, 458
ロイト Leuth 演習場 171
労働局 Agentur für Arbeit 270
ローマ条約 441, 453
露天掘り 169

【わ】
ワセナール協定 Akkoord van Wassenaar　277

人名

[A]
Abelshauser, Werner 9
Achilles, Fritz Wilhelm 99
Adelmann, Gerhard 36
Adenauer, Konrad 49, 85, 254
Albers, Willi 549
Ammon, G. 434
Anderweg, Rudy B. 16, 43, 45
Angermann, Erich 250, 255
Antwerpes, Franz-Josef 328
Auel, Katrin 483, 485, 489, 491

[B]
Barkhausen, Max 228, 232, 233, 238, 244
Bauer, Hans-Joachim 426, 428, 429, 432, 440, 442, 444, 445, 454, 458, 466
Beissel, Ludwig 234
Bensch, German 101, 103
Benz, Wolfgang 550
Berger, E. A. 93
Bergmann, Jan M. 426
Beyer, Burkhard 419
Birkenhauer, Josef 232, 238, 242, 311
Blanc, Jacques 437, 445, 461
Blotevogel, Hans 206, 209, 211, 213
Blum, Léon 440
Bocklet, Reinhold 452
Böcker, Anita 279
Bollen, Frank 478, 479, 481-486, 495
Bourdouxhe, Nicolaus Joseph 234
Bouwmans, O. P. M. 92
Bovend'Eert, Paul P. T. 30
Boxem, J. C 88
Brinkhorst, Laurens Jan 427, 458
Bruckner, Clemens 227, 231, 233, 235, 236, 240, 297
Bruns, Johannes 434
Burkhard, Wolfgang 79, 89, 94, 98, 99, 101
Bussmann, Claus 207, 208, 213, 220

[C]
Camphausen, Ludorf 247, 248, 250-254
Cassalette, Peter Josef 241
Christaller, Walter 14, 311
Churchill, Winston L. S. 36, 37, 439, 440
Cockerill, William 234, 240
Cornelissen, Georg 211, 212
Cünzer, Englerth 235
Cünzer, Matthias-Hubert 234
Curtius, Friedrich Wilhelm 101

[D]
Däbritz, Walter 252
Daelen, P. Lambert 240
Dascher, Ottfried 400
Dauerlein, Ernst 37, 38
Dawans, Adrien 235
Deckart, Wolf-Christof 457, 460
de Gaulle, Charles A. J. M. 49, 52, 85
Delors, Jacques 435, 437, 453
D'Hondt, E. M. 84, 108
Didszun, Klaus 278
Dinan, Desmond 328, 450
Ditt, Karl 400
Dobbs, Samuel 234, 240
Dressler, Jürgen 103
Driessen, Christoph 416
Droege, Georg 261

[E]
Eckhardt, Albrecht 417, 418
Ellerbrock, Berend 544
Ellerbrock, Karl-Peter 544
Engelen-Kefer, Ursula 450
Englerth, Carl 234
Englerth, Friedrich 234, 240
Erhard, Ludwig 457
Esser, T. 234
Euchner, Walter 37
Evans, Andrew 477-479, 481-491, 495

【F】

Feldmann, Irene　209
Fenzl, Manfred　28
Fischer, M.　434
Först, Walter　37,38
Fremdling, Rainer　245
Fuhse　235
Funk, Albert　434

【G】

Gabbe, Jens　471,511,512
Gasperi, Alcide de　440
Geuenich, Dieter　206
Gijsel, Peter de　327,329
Gladen, Albin　36
Goppel, Thomas　426,432,446
Gottwald, Vicente Colom　99
Götz, Volkmar　55,408,418,473
Groenendijk, Kees　279

【H】

Hamm, Rüdiger　97
Hansemann, David　249,251-255
Hantsche, Irmgard　204,208,209,211,212,
　214,216-218
Hartwig, Ines　478
Heath, Edward　441
Heinemann, Gustav　52
Heinze, Rolf G　258,260
Hellmond, Thomas　418,421
Henkel, Fritz　243
Henneberg, Jörg Michael　417-419
Hickmann, T.　434
Hierl, Hubert　426,435,-437,450,453,458
Hoederath, Roland　41
Hoesch 家　233,240
Hoesch, Eberhard　234
Hoesch, Leopold　242
Huussen Jr., Arend H.　227,279,296

【I】

Irwin, Galen A.　16,43,45

【J】

Jansen, G. J.　86
Janssen, Manfred　95,97,326,327

【K】

Kanner, Aimee　551
Karrsen, C. M.　91
Kellenbenz, Hermann　227,231-233,235,
　236,238,239,241-243
Kicker, Renate　440,442
Kiefer, Andreas　443,444
Kiesewetter, Hubert　13
Klaus, Joachim　473
Klein, Franz　31
Kleinschmidt, Christian　400
Klemann, Hein A. M.　289
Klepsch, Egon A.　436
Klump, Rainer　9
Köbler, Gerhard　218,227,229,352,416
Kok, Wim　70
Konrad, Dahlmann　162
Kooijmans, Pieter　19
Koopmans, Joop W　227,279,296
Kopper, Christopher　400
Korte, Karl-Rudolf　8
Kortmann, Constantijn A.J.M.　30
Krajewski, Christian　162
Kumpmann, Karl　247,248

【L】

Lassotta, Arnold　65
Lepszy, Norbert　30,227
Lienemeyer, Max　446
Lombard, Andreas　417-420
Loose, Kurt　252
Lubbers, Ruud　277
Lucke, Horst-Günter　417-419
Lüders, Carsten　37
Lutum-Lenger, Paula　65

【M】

Marchand, Lutwin　329
Martin, Hans-Peter　85,94,103

Matthes 101
Mayen, Thomas 55,190
McGowan, Lee 328
Melsa, Armin K. 117
Merzig, Rudi 97
Michiels, Télémaque Fortuné 234
Mickel, Wolfgang W. 328,426
Mietzner, Erhard 65
Milan, Bruce 452
Milert, Werner 37
Milward, Alan S. 38,39
Miosga, Manfred 67,84,108,109,256
Mörs, Norbert 94
Mozer, Alfred 52,352,502,504,514
Mühlhausen, Walter 52
Müller, Bernd 278

【N】
Nebe, Bernhard 98
Neef, R. C. E. 349,353,364,365,369,377
Nellessen, Franz 241
Neuman, J. H. 234
Neuman, Johann Leonhard 240
Neumann, Peter 162
Nicolaides, Phedon 478
Noll, Wulf 258,260
Nonn, Christoph 228
Nutz, Manfred 190

【O】
Orban, Henry Josef 235

【P】
Pastor, Heinrich 240
Pauly, Michael 227
Perou, Marie-Lou 69
Peters, L. H. J. 89
Petri, Franz 261
Petzina, Dietmar 37
Pfeiffer, Thomas 55,68,75
Phinnemore, David 328
Piedboeuf 234
Pingel, Falk 38

Platen, Anton 97
Poensgen, Albert 234
Poensgen, Reinhard 234
Prettenthaler-Ziegerhofer, Anita 440,442
Pujol, Jordi 436,450,452,460

【R】
Raich, Silvia 35,53,55,67
Ramsay, Anne 328,499
Rau, Johannes 70
Reuleaux, Joseph 240
Rhodes, R. A. W. 426
Romijn, Peter 19
Rouette, Hans-Karl 232
Roy, Joaquin 551
Ruland, Nicolas 239

【S】
Sachs, Michael 55,190
Sala, J. F. 91
Scheibler 家 232
Scheler, Dieter 70,214,215
Schleicher 233
Schmidhuber, Peter M. 426,431,432,436,452
Schmidt-Bleibtreu, Bruno 31
Schmitz 233
Schneider, Jürgen 6
Schoeller, F. W. 233,234
Schremmer, Eckart 37
Schubert, Klaus 261
Schulz, Christian 15
Schürings, Ute 35
Schwimmer, Walter 442
Scott, J. W. 70,434
Seeling, Hans 239
Seibert, Max-Jürgen 55,190
Semmelmann, Winfried 65
Siefert, Fritz 205
Simons, Menno 218
Sluyterman, Keetie E. 42-44
Spaak, Paul-Henri 440
Spiegels, Thomas 409

人名索引

Springsfeld, Eduard-Georg-Christian　242
Springsfeld, Jacob　234
Starck, Christian　55, 408, 418
Steiniger, Rolf　37, 38, 45
Stemmermann, K.　434
Stenkamp, Hermann Josef　65
Stingl, Alfred　446
Stoiber, Edmund　426
Stöve, Eckehart　213, 214
Strating, Henk Hoogerduijn　369, 370
Strüver, Anke　97
Sturme, Anja　84, 85, 88, 91-94, 98, 103, 117

【T】
Talbot　234
Taute, Ilona　278, 279
Thomson, George　450
Thyssen, Friedrich August　234
Tiemann, Susanne　453
Tofahrn, Klaus W.　551
Trausch, Gilbert　227

【V】
van Beek, J. J.　84, 85, 88, 91-94, 98, 103, 117
van der Kammen, Daniel　239
van der Mandele, Karel Paul　39, 49
van der Velde, M.　95, 96
van Eyll, Klara　247, 251
van Houtom, H.　95, 96
van Maanen, Rob　279
van Paridon, Kees　276, 278, 281, 289
Vanthoor, Wim F. V.　313
von Ameln, Hermann　88
von Beckerath, Hermann　252
von Blumenthal, Julia　434
von Mevissen, Gustav　251, 252
von Oppenheim, Abraham Frh.　251
Vrijhoef, W.I.J.M.　91

【W】
Wassenberg, Birte　440-442, 444, 447, 448
Watanabe, Hisashi　6, 39
Weidenfeld, Werner　8

Weigt, Detlef　66, 69
Weise, Christian　476, 478, 480, 484, 485, 488-490, 495
Welp, Jörgen　417
Wenke, Martin　97, 278
Wenzel, Hans-Joachim　327
Wielenga, Friso　19, 22, 25, 52, 85, 278, 279, 289
Winkler, Hans　442
Wissen, Markus　103, 258, 260
Woltering, Michael　327
Woyke, Wichard　30, 35, 67, 84, 227

【Z】
Zanen, T.J.　387
Zorn, Wolfgang　233, 236
Zunkel, Friedrich　252, 255

【あ】
アーデナオア　→　Adenauer, Konrad
アオエルスバルト　Auerswald Hans Jacob　253
阿部照哉　229, 436, 461
池谷知明　435
石井米雄　42
石垣信浩　39
石坂昭雄　15, 43, 242
岩崎允彦　227
浦野起央　42
エーアハルト　→　Erhard, Ludwig
江沢譲爾　14
遠藤輝明　435
大野英二　4
オーラニュエ家 Oranje　205, 218
小笠原茂　37
岡村茂　435
オペンハイム　→　von Oppenheim, Abraham Frh.

【か】
カーレル・ポウル・ファンデルマンデレ　→ van der Mandele, Karel Paul
ガスペリ　→　Gasperi, Alcide de

ガベ → Gabbe, Jens
川勝平太 99
河﨑信樹 38
川本和良 123, 233
カンプハオゼン → Camphausen, Ludorf
久邇良子 435
クリスタラー，バルター → Christaller, Walter
クルティウス → Curtius, Friedrich Wilhelm
黒澤隆文 4, 6
クンプマン → Kumpmann, Karl
ケセル伯 Graf von Kessel 205
ケルン選帝侯領 Kurfürstentum Köln 205
ケレンベンツ → Kellenbenz, Hermann
幸田亮一 4
コーエイマンス → Kooijmans, Pieter
コク → Kok, Wim
小久保康之 45
小島健 28, 45, 440, 448
小林純 12
コルネリセン → Cornelissen, George

【さ】
作道潤 13, 242
桜井健吾 13
佐藤勝則 434, 437, 446, 448
シェーラー → Scheler, Dieter
篠塚信義 15
渋井甲斐 291
島袋 450
シュテーフェ → Stöve, Eckehart
シュレーダー → Scheler, Dieter
シュレンマー → Schremmer, Eckart
庄司克宏 446
スウェンデン，ウィルフリド Swenden, Wilfried 434
鈴木邦夫 43
ストゥラーティング → Strating, Henk Hoogerduijn
スパーク → Spaak, Paul-Henri
住谷一彦 4
祖田修 4

【た】
高田敏 461
高橋秀行 13, 15
竹居一正 436
武居一正 229
田中豊治 12
チャーチル → Churchill, Winston L. S.
ツォルン → Zorn, Wolfgang
辻悟一 477, 490
辻村みよ子 461
ドゥゴール → de Gaulle, Charles A. J. M.
ドゥロール → Delors, Jacques
ドブズ → Dobbs, Samuel
トラウシュ → Trausch, Gilbert

【な】
長坂寿久 278
永田秀樹 461, 473
中野実 435
中屋宏隆 38
ネーフ → Neef

【は】
バイゼ → Weise, Christian
ハイネマン → Heinemann, Gustav
畑博行 229, 436, 461
初宿正典 461, 473
濱下武志 99
バルクハオゼン → Barkhausen, Max
ハンゼマン → Hansemann, David
ハンチェ → Hantsche, Irmgard
ヒース → Heath, Edward
疋田康行 43
ビトゲンシュタイン 250
ファンアイル → van Eyll, Klara
ファンデルマンデレ → van der Mandele, Karel Paul
ファンパリドン → van Paridon, Kees
フェルトマン → Feldmann, Irene
フォンメーフィセン → von Mevissen
ブスマン → Bussmann, Claus
ブルクナー → Bruckner, Clemens
ブルム → Blum, Leon

ブローテフォーゲル → Blotevogel, Hans
ベーアトリクス王女（女王）Beatrix 313, 314
ベケラート → von Beckerath, Hermann

【ま】
松尾展成 37
松野尾裕 12
三ツ石郁夫 5
宮崎繁樹 8
メノー・シモンズ → Simons, Menno
モーゼル → Mozer, Alfred
森良次 5
諸田實 4, 37

【や】
柳澤治 12, 37

山﨑榮一 435
山田晟 473
山田徹雄 4, 171, 304
ヤンセン → Janssen, Manfred
ユィリアーナ女王 Juliana 42, 52

【ら】
ラオ → Rau, Johannes
リュベルス → Lubbers, Ruud

【わ】
渡辺尚 3, 6, 12, 13, 15, 28, 37, 99, 123, 231, 238, 242, 340, 429

著者紹介

渡辺尚（わたなべ・ひさし）

1937 年生まれ。東京大学大学院経済学研究科博士課程単位取得退学。京都大学経済学博士。京都大学経済学部教授、東京経済大学経済学部教授を務めた。京都大学名誉教授。専門はヨーロッパ経済史。主な著作に『ラインの産業革命―原経済圏の形成過程―』（東洋経済新報社、1987 年）、『ヨーロッパの発見―地域史のなかの国境と市場―』（編著、有斐閣、2000 年）、『孤立と統合―日独戦後史の分岐点―』（共編、京都大学学術出版会、2006 年）などがある。

エウレギオ　原経済圏と河のヨーロッパ

2019 年 5 月 28 日　初版第一刷発行

著　者	渡　辺　　　尚	
発行人	末　原　達　郎	
発行所	京都大学学術出版会	

京都市左京区吉田近衛町 69
京都大学吉田南構内（〒606-8315）
電話 075(761)6182
FAX 075(761)6190
URL http://www.kyoto-up.or.jp

印刷・製本　亜細亜印刷株式会社
装　幀　　　野田和浩

ⓒ Hisashi Watanabe 2019　　　　　　　Printed in Japan
ISBN978-4-8140-0217-7　　定価はカバーに表示してあります

本書のコピー、スキャン、デジタル化等の無断複製は著作権法上での例外を除き禁じられています。本書を代行業者等の第三者に依頼してスキャンやデジタル化することは、たとえ個人や家庭内での利用でも著作権法違反です。